20 世纪儒学研究大系

总主编：傅永聚　韩钟文

儒家宗教思想研究

本卷主编　李　建

中　华　书　局

20 世纪儒学研究大系

编辑委员会

中国文化的基本精神（代序）

　　在现今时代，做一个中国人，最重要的是具有爱国意识。爱国意识有一定的思想基础。必须感到祖国的可爱，才能具有爱国意识。而要感到祖国的可爱，又必须对于中国文化的优秀传统有正确的理解。中国文化，从传说中的羲、农、黄帝以来，延续发展了四五千年，在15世纪以前一直居于世界文化的前列。15世纪，中国的四大发明传入欧洲，促进了西方近代文明的发展，于是西方文化突飞猛进，中国落后了。19世纪40年代之后，中国受到资本主义列强的侵略凌辱，中国各阶层的志士仁人，奋起抗争，努力寻求救国的道路，经过一百多年的艰苦斗争，终于取得了胜利，于1949年建立了新中国，"中国人民站起来了！"中国文化虽然一度落后，但又能奋发图强，大步前进。这不是偶然的，必有其内在的思想基础。中国文化长期延续发展，虽曾经走过曲折的道路，但仍能自我更新，继续前进。这种发展更新的思想基础，就是中国文化的基本精神。

　　何谓精神？精神即是思维运动发展的精微的内在动力。中国文化中的基本精神，在中国历史上确实起到了推动社会发展的作用，成为历史发展的内在思想源泉。当然，社会发展的基本原因在于生产力的发展，但是思想意识在一定条件下也有一定的积极作用。文化的基本精神必须具有两个特点：一是具有广泛的影响，为大多数人民所接受领会,对于广大人民起了熏陶作用;二是具有激励进步、促进发展的积极作用。必须具有这两方面的表现,才可以称为文化的基本精神。

我认为,中国几千年来文化传统的基本精神的主要内涵有四项基本观念,即(1)天人合一;(2)以人为本;(3)刚健有为;(4)以和为贵。

一　天人合一

天人合一即肯定人与自然的统一,亦即认为人与自然界不是敌对的,而具有不可割裂的关系。所谓合一指对立的统一,即两方面相互依存的关系。天人合一思想在春秋时即已有之。《左传·昭公二十五年》记载郑大夫子大叔述子产之言说:"夫礼,天之经也,地之义也,民之行也。天地之经,而民实则之。"又记子大叔之言说:"礼,上下之纪,天地之经纬也,民之所以生也,是以先王尚之。"这是认为礼是天经地义,即自然界的必然准则,"天经"与"民行"是统一的。应注意,这里天是对地而言,天地相连并称,显然是指自然之天。子产将天经地义与民则统一起来,但也重视天与人的区别,他曾断言:"天道远,人道迩,非所及也,何以知之?"(《左传·昭公十八年》)当时占星术利用所谓天道传播迷信,讲天象与人事祸福的联系,子产是予以否定的。孟子将天道与人性联系起来,他说:"尽其心者,知其性也。知其性,则知天矣。"(《孟子·尽心上》)孟子认为人性是天赋的,所以知性便能知天。但孟子没有做出明确的论证。《周易大传》提出"裁成辅相"之说,《象传》云:"天地交,泰。后以裁成天地之道,辅相天地之宜,以左右民。"《系辞》云:"范围天地之化而不过,曲成万物而不遗。"《文言》提出"与天地合德"的思想:"夫'大人'者,与天地合其德,与日月合其明,与四时合其序,与鬼神合其吉凶。先天而天弗违,后天而奉天时。"这里所谓先天指为天之前导,后天即从天而动。与天地合德即与自然界相互适应,相互调谐。

汉代董仲舒讲天人合一,宣扬"天副人数",陷于牵强附会。宋代张载明确提出"天人合一"的四字成语,在所著《西铭》中以形象语言宣示天人合一的原则。《西铭》云:"乾称父,坤称母,予兹藐焉,乃混然中处。故天地之塞,吾其体;天地之帅,吾其性。民吾同胞,物吾与也。"所谓天地之塞指气,所谓天地之帅指气之本性,就是说:"天地犹如父母,人与万物都是天地所生,人与万物都是气构成的,气的本性也就是人与万物的本性,人民都是我的兄弟,万物都是我的朋友。这充分肯定了人与自然界的统一。但张载也承认天与人的区别,他在《易说》中讲:"鼓万物而不与圣人同忧者,此直谓天也,天则无心……圣人所以有忧者,圣人之仁也。不可以忧言者天也。"天是没有思虑的,圣人则不能无忧,这是天人之别。所谓天人合一是指人与自然界既有区别,而又有统一的关系,人是自然界所产生的,是自然界的一部分,人可以认识自然并加以改变调整,但不应破坏自然。这"天人合一"的观念与西方所谓"克服自然"、"战胜自然"有很大区别。在历史上,中西不同的观点各有短长,西方近代的科学技术取得了改造自然的辉煌成绩,但也破坏了自然界的生态平衡。时至今日,重新认识人与自然的统一,确实是必要的了。

二　以人为本

以人为本是相对于宗教家以神为本而言的,可以称为人本思想。孔子虽然承认天命,却又怀疑鬼神。他说:"务民之义,敬鬼神而远之,可谓知矣。"(《论语·雍也》)认为人生最重要的是提高道德觉悟,而不必求助于鬼神。孔子更认为应重视生的问题,而不必考虑死后的问题。《论语》记载:"季路问事鬼神,子曰:'未能事人,焉能事鬼?'曰:'敢问死!'曰:'未知生,焉知死?'"(《先进》)孔子更不赞成祈祷,《论语》载:"子疾病,子路请祷。子曰:'有诸?'子路对曰:有之,诔曰:'祷尔于上下神祇。'子曰:'丘之祷久矣。'"(《述而》)孔子对于鬼神采取存疑的态度,既不否定,亦不肯定,但认为应该努力解决现实生活中的问题,而不必向鬼神祈祷。孔子这种思想观点可以说是非常深刻的。

这种以人为本的思想,后汉思想家仲长统讲得最为鲜明。仲长统说:"所贵乎用天之道者,则指星辰以授民事,顺四时而兴功业,其大略也,吉凶之祥,又何取焉? ……所取于天道者,谓四时之宜也;所壹于人事者,谓治乱之实也。……从此言之,人事为本,天道为末,不其然与?"(《全后汉文》卷八十九)这里提出"人事为本",可以说是儒家"人本"思想最明确的表述。所谓以人为本,不是说人是宇宙之本,而是说人是社会生活之本。

佛教东来,宣传灵魂不灭、三世轮回的观念,一般群众颇受其影响,但是儒家学者起而予以反驳。南北朝时何承天著《达性论》,宣扬人本观念。何承天说:"人非天地不生,天地非人不灵……安得与夫飞沈蠕蠕,并为众生哉? ……至于生必有死,形毙神散,犹春荣秋落,四时代换,奚有于更受形哉!"这完全否定了灵魂不灭、三世轮回的迷信。范缜著《神灭论》,提出形为质而神为用的学说,更彻底批驳了神不灭论。

宋明理学中,不论是气本论,或理本论,或心本论,都不承认灵魂不灭,不承认鬼神存在,而都高度肯定精神生活的价值。气本论以天地之间"气"的统一性来论证道德的根据,理本论断言道德原于宇宙本原之"理",心本论则认为道德伦理出于"本心"的要求。这些道德起源论未必正确,但是都摆脱了宗教信仰。受儒家影响的中国知识分子,宗教意识都比较淡薄,在中国文化中,有一个以道德教育代替宗教的传统。虽然道德也是有时代性的，但是这一道德传统仍有其积极的意义。

三　刚健自强

先秦儒家曾提出"刚健"、"自强"的人生准则。孔子重视"刚"的品德，他说："刚毅木讷近仁。"(《论语·子路》)刚毅即是具有坚定性。孔子弟子曾子说："可以托六尺之孤，可以寄百里之命，临大节而不可夺也。君子人与？君子人也。"(《论语·泰伯》)临大节而不可夺，即是刚毅的表现。《周易大传》提出"刚健"、"自强不息"的生活准则。《大有·象传》云："大有，柔得尊位大中，而上下应之，曰大有。其德刚健而文明，应乎天而时行，是以元亨。"《乾·文言传》云："大哉乾乎！刚健中正，纯粹精也。"《乾·象传》云："天行健，君子以自强不息。"乾指天而言，天行即日月星辰的运行。日月星辰运行不已，从不间断，称之曰健，亦曰刚健。人应效法天之运行不已，而自强不息。自强即是努力向上、积极进取。《系辞下传》又论健云："夫乾，天下之至健也，德行恒易以知险。"这是说，天下之至健在于能知险而克服之以达到恒易(险指艰险，易指平易)。所谓自强，含有克服艰险而不断前进之意。儒家重视"不息"，《中庸》云："故至诚无息。不息则久，久则征；征则悠远，悠远则博厚，博厚则高明。……《诗》云：'维天之命，於穆不已。'盖曰天之所以为天也。'於乎不显，文王之德之纯！'盖曰文王之所以为文也，纯亦不已。"儒家强调不懈的努力，这是有积极意义的。

在古代哲学中，与刚健自强有密切联系的是关于独立意志、独立人格和为坚持原则可以牺牲个人生命的思想。孔子肯定人人都有独立的意志，他说："三军可夺帅也，匹夫不可夺志也。"(《论语·子罕》)又赞扬伯夷叔齐"不降其志，不辱其身"(《论语·微子》)，即赞扬坚持独立的人格。孔子更认为,为了实行仁德可以牺牲个人的生命,他说:"志士仁人,无求生以害仁,有杀身以成仁。"(《论语·卫灵公》)孟子进而提出:"生亦我所欲也,义亦我所欲也,二者不可得兼,舍生而取义者也。生亦我所欲,所欲有甚于生者,故不为苟得也;死亦我所恶,所恶有甚于死者,故患有所不辟也。"(《孟子·告子上》)这里所谓"所欲有甚于生者"即义,其中包括人格的尊严。他举例说:"一箪食、一豆羹,得之则生,弗得则死。呼尔而与之,行道之人弗受;蹴尔而与之,乞人不屑也。"不受嗟来之食,即为了保持人格的尊严。坚持自己的人格尊严,这是则健自强的最基本的要求。

先秦时代,儒道两家曾有关于刚柔的论争。与儒家重刚相反,老子"贵柔"。老子提出"柔弱胜刚强"(《老子》三十六章),认为"天下之至柔,驰骋天下之至坚"(《老子》四十三章)。他以水为喻来证明柔能胜强:"天下柔弱莫过于水,而攻坚强,莫之能先,其无以易之。故弱胜强,柔胜刚,天下莫能知,莫能行。"(《老子》七十八章)老子贵柔,意在以柔克刚,柔只是一种手段,胜刚才是目的,贵柔乃是求胜之道。孔子重刚,老子贵柔,其实是相反相成的。

在中国古代哲学中,儒家宣扬"刚健自强",道家则崇尚"以柔克刚",这构成中国文化思想的两个方面。儒家学说的影响还是大于道家的,在文化思想中长期占有主导的地位。刚健自强的思想可以说是中国文化思想的主旋律。《周易大传》"天行健,君子以自强不息"的名言,在历史上,对于知识分子和广大人民,确实起了激励鼓舞的积极作用。

四　以和为贵

中国古代以"和"为最高的价值。孔子弟子有若说:"礼之用,和为贵。先王之道斯为美，小大由之。"(《论语·学而》)孔子亦说：
"君子和而不同，小人同而不和。"(《论语·子路》)区别了"和"与
"同"。按：和同之辨始见于西周末年周太史史伯的言论中。《国
语》记述史伯之言说："夫和实生物，同则不继。以他平他谓之和，
故能丰长而物归之。若以同禅同，尽乃弃矣。"(《郑语》)这里解释
和的意义最为明确。不同的事物相互为"他"，"以他平他"即聚集
不同的事物而达到平衡，这叫做"和"，这样才能产生新事物。如果
以相同的事物相加，这是"同"，是不能产生新事物的。春秋时齐晏
子也强调"和"与"同"的区别，他以君臣关系为例说："君所谓可而
有否焉，臣献其否，以成其可。君所谓否而有可焉，臣献其可，以去
其否。"这称为"和"。如果"君所谓可"，臣亦曰可；"君所谓否"，臣
亦曰否，那就是"同"，而不是"和"了。晏子说："若以水济水，谁能
食之？若琴瑟之专一，谁能听之？同之不可也如是。"(《左传·昭公
二十年》)这是说，必须能容纳不同的意见，兼容不同的观点，才能
使原来的思想"成其可"、"去其否"，达到正确的结论。孔子所谓
"和而不同"也就是能保留自己的意见而不人云亦云。"和"的观
念，肯定多样性的统一，主张容纳不同的意见，对于文化的发展确
有积极的促进作用。

　　老子亦讲"和"，《老子》四十二章："万物负阴而抱阳，冲气以为
和。"又五十五章："知和曰常，知常曰明。"这都肯定了"和"的重要。
但是老子冲淡了"和"与"同"的区别，既重视"和"，也肯定"同"。五
十六章："塞其兑，闭其门，挫其锐，解其忿，和其光，同其尘，是谓玄
同。"这"和光同尘"之教把西周以来的和同之辨消除了。

　　墨子反对儒家，不承认和同之辨，而提出"尚同"之说。墨家有
许多进步思想，但是尚同之说却是比和同之辨后退一步了。

　　儒家仍然宣扬和的观念，《周易大传》提出"太和"观念，《乾·象
传》说："乾道变化，各正性命，保合大和，乃利贞。"这里所谓大和指

自然界万物并存共育的景况。儒家认为,包含人类在内的自然界基本上是和谐的。《中庸》云:"万物并育而不相害,道并行而不相悖。"这正是儒家所构想的"大和"景象。

孟子提出"人和",他说:"天时不如地利,地利不如人和。三里之城,七里之郭,环而攻之而不胜。夫环而攻之,必有得天时者矣;然而不胜者,是天时不如地利也。城非不高也,池非不深也,兵革非不坚利也,米粟非不多也,委而去之,是地利不如人和也。故曰:域民不以封疆之界,固国不以山溪之险,威天下不以兵革之利。得道者多助,失道者寡助。寡助之至,亲戚畔之;多助之至,天下顺之。"(《孟子·公孙丑下》)这里所谓人和是指人民的团结,人民的团结是胜利的决定性条件。"得道多助,失道寡助",这是今天仍然必须承认的真理。

儒家以和为贵的思想在历史上曾经起了促进民族团结、加强民族凝聚力,促进民族融合、加强民族文化同化力的积极作用。在历史上,得民心者得天下,失民心者失天下,已成为长期起作用的客观规律。在历史上,汉族本是由许多民族融合而成的;在近代,汉族又和五十几个少数民族融合而成中华民族。中华民族内部密切团结而成为一个统一的整体。中华民族是多元的统一体,中国文化也是多元的统一体。多元的统一,正是中国古代哲学家所谓"和"的体现。所谓"和",不是不承认矛盾对立,而是认为应该解决矛盾而达到更高的统一。

以上所谓"天人合一"、"以人为本"、"刚健自强"、"以和为贵",都是用的旧有名词。如果采用新的术语,"天人合一"应云"人与自然的统一",或者如恩格斯所说"人与自然的一致"(《自然辩证法》,人民出版社1971年版第159页)、"自然界与精神的统一"(同上第200页)。"以人为本",应云人本主义无神论。"刚健自强",应云发扬主体能动性。"以和为贵",即肯定多样性的统一。这些都是中国古代哲学中的精湛思想,亦即中国文化基本精神之所在。

以上,我们肯定"天人合一"、"以人为本"、"刚健自强"、"以和为贵"等思想观念在历史上曾经起了促进文化发展的积极作用。但是,历史的实际情况是非常复杂的,许多思想观念的含义也不是单纯的。正确的观念与荒谬的观念、进步的现象与反动的落后的现象,往往纠缠在一起。所谓天人合一,在历史上不同的思想家用来表示不同的含义。例如董仲舒所谓天人合一主要是指"人副天数"、"天人感应",那完全是穿凿附会之谈。程颐强调"天道人道只是一道",认为仁义礼智即是天道的基本内容,也是主观的偏见。在董仲舒以前,有一种天象人事相应的神学思想。认为天上星辰与人间官职是相互应合的,所以《史记》的天文卷称为"天官书",但这不是后来哲学家所谓的"天人合一"。如果将上古时代天象与人事相应的神学思想称为天人合一,那就把问题搞乱了。这是应该分别清楚的。儒家肯定"人事为本",表现了无神论的倾向,但是这并不意味着宗教迷信在中国社会并无较大的影响。事实上,中国旧社会中,多数人民是信仰佛教、道教以及原始的多神教的。但是这种情况也不降低儒家人本思想的价值。"以和为贵"是儒家所宣扬的,但是阶级斗争、集团之间的斗争、个人与个人的斗争也往往是很激烈的。我们肯定"和"和观念的价值,并不是宣扬调和论。

中国文化具有优秀传统。同时也具有陈陋传统。简单说来,中国文化的缺陷主要表现于四点:(1)等级观念;(2)浑沦思维;(3)近效取向;(4)家族本位。从殷周以来,区分上下贵贱的等级,是传统文化的一个最严重的痼疾,辛亥革命推翻了君主专制,但等级观念至今仍有待于彻底消除。中国哲学长于辩证思维,却不善于分析思维。事实上,科学的发展是离不开分析思维的。如何在发扬辩证思维的同时学会西方实验科学的分析方法,是一个严肃的课题。中国学术向来注重人伦日用,注重切近的效益,没有"为真理而求真理"的态度,表现为一种实用主义倾向,这也是中国没有产生自己近代实验科学的原因之一。中国近代以前的社会可以说是以家族为本位。西方近代社会可以说"自我中心、个人本位",而中国近代以前则不重视个人的权益,这是一个严重的缺陷。五四运动以来,传统的家族本位已经打破了。在社会主义时代,应该是社会本位、兼顾个人权益。

我们现在的历史任务是创建社会主义的新文化,正确认识中国传统文化的长短得失,是完全必要的。

傅永聚、韩钟文同志主编的《20世纪儒学研究大系》,循百年思想学术发展的脉络,以现代学术分类的原则,择选有学术价值、文献价值的代表文章,以"大系"的形式编纂而成,共有21卷,每卷附有专题研究的"导言"一篇。这部《20世纪儒学研究大系》是由曲阜师范大学、孔子研究院、山东大学、复旦大学等单位的中青年学者合力编纂而成,说明了儒学研究事业后继有人。《大系》被列入国家社会科学基金规划项目,又由中华书局出版,这是在弘扬和培育中华民族精神方面做出了一件非常有意义的事情,我感到十分欣慰。编者征求我的意见,于是略陈关于中国文化的基本精神和儒家文化传统的一些感想,以之为序。

张岱年

前　言

傅永聚　韩钟文

　　儒学犹如一条源远流长的大河,导源于洙泗,经过二千五百多年生生不息的奔腾,从曲阜、邹城一带流向中原,形成波澜壮阔的江河,涉及整个中国,辐射东亚,流向全球,泽惠万方。儒学曾经是中华文化的主流,东亚文明的精神内核。但是进入20世纪后的儒学,遭遇到空前严峻的挑战,也面临着再生与复兴的历史机遇。一百多年来,儒学几经曲折,备受挫折,又有贞下起元、一阳来复之象,至20、21世纪之交成为参与"文明对话"的重要角色。

　　牟宗三先生说:"察业识莫若佛,观事变莫若道,而知性尽性,开价值之源,树价值之主体,莫若儒。"(《生命的学问》)儒、道、释及西方的哲学、耶教等都指示人的生命意义的方向,但就中国人特别是中国古代知识分子而言,儒学是安身立命之道。孔子、儒家追求的"内圣外王之道",一直是中国人的人格修养与经世事业的价值理想。"士不可以不弘毅,任重而道远。仁以为己任,不亦重乎?死而后已,不亦远乎?"(《论语·泰伯》)从孔子、曾子、子思、孟子至康有为、梁启超、梁漱溟、熊十力、牟宗三,中国的儒学代表人物就是怀抱志仁弘道的精神去实践自己的生命价值,开拓教化天下的事业与创建文化中国的理想的。中华文化历尽艰难,几经跌宕,却如黄河、长江一样流淌不息,且代有高潮,蔚成奇观,与孔子及其所创建的儒家学派所做的贡献是分不开的。

儒学一直对中华文化各个层面产生着巨大而又深远的影响。儒学统摄宗教、哲学、伦理、政治、教育、艺术等人文社会科学的学术品格及关怀现世人生的精神,使它成为一套全面安排人间秩序的思想体系,从一个人的生存方式,到家、国、天下的构成,都在儒学关怀与实践的范围之内。经过二千多年的传播、积淀,儒学一直影响着中华民族的民族性格、心理结构的形成。然而,进入 20 世纪,又出现类似唐宋之际"儒门淡泊,收拾不住"的危机,陷入困境之中。唐君毅以"花果飘零"、余英时以"游魂"形容儒学危机之严峻,张灏则称这是现代中国之"意义危机"、"思想危机"。

从 19 世纪中后期开始,中国社会、文化进入从传统农业社会向现代工业社会、从传统文化向现代文化转型的时代。1905 年废除科举制度,1911 年辛亥革命推翻了帝制,"五四"新文化运动的兴起,西方各种思潮、主义潮水般地涌入,风起云涌的政治革命、文化革命、社会转型、文化转型,导致了传统士阶层的解体与分化,新型知识分子的诞生与在文化思想领域倡导"新思潮"、"新学说",激进的反传统思潮的勃兴,现代化进程的启动和在动荡不安中急遽推进,使 20 世纪中国处于"三千年未有之大变局"的境遇之中,儒学的危机也由此而生。

一个世纪以来,儒学的命运与中国现代化的历史进程相消长,也与学术界、思想界及政治界对儒学与现代化的关系、儒学与西方文化的关系、儒学与全球的"文明对话"的关系所形成的认识有关。从 19 世纪末至 21 世纪初,一百多年来,中国的学术界、思想界与政治界围绕着孔子、儒家及儒学的命运、前景问题展开了广泛的、持久的争鸣,而这类争鸣又直接或间接地同传统文化与现代化、中学与西学、新学与旧学、科学主义与人文主义、全球化与中国化、文明冲突与文明对话、西方智慧与东方智慧等等论题交织在一起,使有关儒学的思想争鸣远远超出中国儒学史的范围,而成为20世纪中国思想史、学术史的有机组成部分。

百年儒学的历史大致沿着两个方向演进:一、儒学精神的新开展,使儒学于危机中、困境中得以延续、再生或创造性转化;二、儒家学术思想的研究,包括批判性研究、诠释性研究、创造性研究在内。由于20世纪中国是以"革命"为主潮的世纪,学术研究与政治革命的关系特别密切,故批判性研究常常烙上激进的政治革命的烙印,超出学术研究的范围,并形成批判儒学、否定儒学的思潮,酿成批判论者、诠释论者与复兴论者的百年大论争,并一直延续到21世纪。

回顾百年儒学精神新开展与儒学研究的历程,有一奇特现象值得重视。活跃于20世纪中国思想界、学术界、政治界、教育界的精英或代表人物,都不同程度地介入或参与了有关孔子、儒家思想的争鸣。如:早期马克思主义者陈独秀、李大钊、瞿秋白、李达、郭沫若、范文澜、侯外庐等,三民主义者蔡元培、陶希圣、戴季陶等,自由主义的代表人物严复、胡适、殷海光、林毓生等,无政府主义者吴稚晖、朱谦之等,现代新儒学的代表人物梁漱溟、熊十力、唐君毅、牟宗三、徐复观等,学衡派的代表人物梅光迪、吴宓、陈寅恪、汤用彤等,东方文化派的杜亚泉、钱智修等,新士林学派的罗光等,以及张申府、张岱年等,都参与了有关儒学的争鸣,并在争鸣中形成思想的分野,蔚成中国近代思想文化史上最壮观的一幕。

20世纪中国思想史的复杂性、丰富性远远超出了唐宋之际和明清之际,其思想争鸣具有现代性或现代精神的特色。美国学者列文森在《儒教中国及其现代命运》中以"博物馆化"象征儒学生命的终结,有些中国学者也说儒学已到"寿终正寝的时节"。但从百年儒学的精神开展与儒学研究的种种迹象看,儒学的生命仍然如古老的大树一样延续着。儒学曾经创造性地回应了印度佛教文化的挑战,儒学也正在忧患之中奋然挺立,回应西方文化的挑战。这是儒学传统现代创造性转换的契机。人们在展望"儒学第三期"或"儒学第四期"的来临。百年儒学的经历虽曲折艰难,时兴时衰,但仍是薪火相传,慧命接续,间有高潮,巨星璀璨,跨出本土,落根东亚,走向世界,成为一种国际性的思潮,在全球性的"文明对话"中扮演着重要角色,为人类重建文明秩序提供了可资汲取的智慧。儒学并没有"博物馆化",儒学的新生命正在开始。因此,对百年儒学作系统的全面的反思与总结,是一项具有历史意义与现实意义的学术课题。

纵观百年儒学的历程,大致经历了五个阶段,在这五个阶段中,儒学的命运、所遭遇的景况不尽相同,分述如下:

19 世纪末至 1911 年辛亥革命为第一阶段 洋务运动、戊戌变法导致儒家经世思想的重新崛起,晚清今文经学的复兴,特别是康有为《新学伪经考》、《孔子改制考》的出版,托古改制,以复古为解放,既开导儒学的新方向,又开启"西潮"的闸门,如思想"飓风",如"火山火喷"。章太炎标举古文经学的旗帜,与以康有为为代表的今文经学派展开经学论争,而这场思想学术争鸣又与政治上的革命与改良、反清与保皇、君主立宪与民主共和等论争交错在一起,显得格外严峻与深沉。诸子学的复兴,西学输入高潮的到来,政治革命的风暴席卷神州,社会解体与重建进程加速发展,传统士阶层的分化与新型知识分子的诞生,预示后经学时代的降临。思想界、学术界先觉之士以"诸子学"、"西学"为参照系,批判儒学或重新诠释儒学,传统儒学向现代儒学转型已初见端倪。

以辛亥革命至 1928 年南京政府成立为第二阶段 康有为、陈焕章等仿效董仲舒的"崇儒更化"运动创建孔教会,"五四"新文化运动兴起,吴虞、胡适等提倡"打孔家店",《新青年》派陈独秀、胡适与文化保守主义者梁启超、梁漱溟、杜亚泉等,学衡派梅光迪、吴宓等展开思想文化争鸣,以张君劢、梁启超等为代表的人文主义与以丁文江、胡适、王星拱等为代表的科学主义的论辩,马克思主义者李大钊、瞿秋白等也积极参与思想争鸣,各大思潮的冲突与互动,不论是批判儒学,还是重释儒学及复兴儒学,都有一个共同的特点,就是将儒学的研究纳入现代思想学术的领域之中,使思想争鸣具有了现代性,从而导致儒学向现代思想学术转型。20世纪中国人文社会科学的学科建制、研究方法深受"西学"的影响,有关孔子、儒学的论争已不同于经学时代,且与国际上各种思潮的论争息息相通。以现代西方哲学、科学、政治等学科的范畴、概念、方法去解读、分析、批判或重新诠释儒学,成为一时的学术风气,并出现了"援西学入儒学"的现象。有些思想家、哲学家试图摄纳西学、诸子学及佛学中有价值的东西重建儒学,如梁启超的《儒家哲学》及《欧游心影录》,梁漱溟的《东西文化及其哲学》,冯友兰的《人生哲学》,已透露出现代新儒学即将崛起的消息。

1928年至1949年中华人民共和国建立为第三阶段　30年代后,中国思想界、学术界出现"后五四建设性心态"。吸取西学的思想、方法,以反哺儒学传统,创造性地重建传统儒学,如张君劢、冯友兰、贺麟等;或者回归儒学传统,谋求儒学的重建,如熊十力、钱穆、马一浮等;即使是"五四"时期反传统的学者,在胡适提倡"研究问题,输入学理,整理国故,再造文明"之后,也将儒学作为"国故"的重要组成部分,作为学术史、思想史、文化史的思想资料加以系统的研究。胡适的《说儒》就是一篇以科学方法研究孔子、儒学的示范之作。"后五四建设性心态"的形成,对中国现代学术的建构起了积极的作用。一大批专家、学者参照西方人文社会科学学科建制的原则与方法,分哲学、宗教学、政治学、经济学、伦理学、社会学、法学、史学、美学、文学艺术、教育学、心理学等等,对儒学进行系统的研究，还对不同学科的发展史作深入的探讨。如中国哲学史、中国教育思想史、中国政治思想史、中国学术史、中国伦理学史、中国文化史、中国通史等等，儒学研究也纳入分门别类的学科及学科发展史的研究之中。钱穆在《现代中国学术论衡》中说："民国以来，中国学术界分门别类，务为专家，与中国传统通人通儒之学大相违异。"将数千年经学、儒学作为学术思想的资源或资料，分门别类地纳入学科专题研究之中，虽然使儒家"内圣外王之道"的"道"变为"学术"，由"专门之学"代替"通儒之学"，但恰恰是这种转变，才促使了儒学由传统形态向现代形态转型。这一阶段是中国社会动荡不安的年代，令人惊异的是，在动荡的岁月中出现了一个学术繁荣期，学术研究的深度与广度并不亚于乾嘉时代，儒学研究也是如此。"专门之学"代替"通儒之学"乃大势所趋，是现代学术的进步。

抗日战争的爆发、救亡运动的高涨，把民族文化复兴运动推向高潮，为儒学精神的新开展或创造性重建提供了历史机缘。儒学在民族文化复兴的大潮中获得再生并走向现代。1937年沈有鼎在《中国哲学今后的开展》，1941年贺麟在《儒家思想之开展》，1948年牟宗三在《鹅湖书院缘起》中，都强调中国进入一个"民族复兴的时代"。民族复兴应该由民族文化复兴为先导，儒家文化是中华文化的主流，儒家文化的命运与民族文化的命运血脉相连、息息相关。他们认为，如果中华民族不能以儒家思想或民族精神为主体去儒化或汉化西洋文化，则中国将失掉文化上的自主权，而陷于文化上的殖民地。他们期望"儒学第三期"的出现，上接宋明儒学的血脉，对儒学作创造性的诠释，或者会通儒学与西学，使古典儒学向现代思想学术形态转换。以熊十力、贺麟、牟宗三等为代表的新心学，以冯友兰、金岳霖等为代表的新理学，是儒学获得现代性并走向成熟的重要标志。此外，王新命、何炳松等十教授发表

《中国本位的文化建设宣言》(1935年1月10日),新启蒙运动倡导者张申府、张岱年等提出"打倒孔家店,救出孔夫子"的口号及综合创造论,都体现了"后五四建设性心态",都有利于儒学的学术研究之开展。

1949年至1976年"文革"结束为第四阶段　余英时在《现代儒学论》序言中指出:20世纪中国以1949年为分水岭,在前半个世纪与后半个世纪,中国的文化传统特别是儒家命运截然不同。1949年以前,无论是反对或同情儒家的知识分子大部分曾是儒家文化的参与者,他们的生活经验中渗透了儒家价值。即使是激进的反传统者,他们并没有权力可以禁止不同的或相反的观点,故批判儒学或复兴儒学之争可以并存甚至互相影响。1949年以后,儒家的中心价值在中国人的生活方式中已退居边缘,知识分子无论对儒学抱着肯定或否定的态度,已失去作为参与者的机会了,儒学和制度之间的联系中断,成为陷于困境的"游魂"。

就实际状况而言,这一阶段的儒学研究或者儒家思想之开展,比余英时分析的还要复杂。其中值得注意的是分化现象:大陆出现批判儒学的新趋向,50年代至60年代中期,以批判性研究为主,除梁漱溟、熊十力、陈寅恪等少数学人外,像冯友兰、贺麟、金岳霖等新理学与新心学的代表人物,都在思想改造、脱胎换骨之后批判自己的学说,即使写研究孔子、儒学的文章,也离不开批判的框框。当时思想界、学术界的儒学研究,多以"苏联哲学"为范式,进行"唯心"或"唯物"二分式排列,批判与解构儒学成为当时的风潮。70年代中期出现群众性的批孔批儒运动,真正的学术研究根本无法进行。儒学已经边缘化了。在港台地区和海外华人社群中,儒学却得到不同程度的认同,移居港台、海外的学者,如张君劢、钱穆、陈荣捷、唐君毅、牟宗三、徐复观、方东美等,继续以弘扬儒家人文精神为己任,立足于学术界、教育界,开拓儒学精神的新方向,成

20世纪儒学研究大系

就了不少持之有据、言之成理的"一家之言"。

70 年代后期至 21 世纪初为第五阶段　中国大陆的改革开放，思想解放运动，传统文化与现代化的论争，"文化热"的出现，以及日本、韩国、新加坡等国与香港、台湾地区经济腾飞所产生的影响，东亚现代化模式的兴起，全球化进程中形成的文化多元格局，文明对话，全球伦理，生态平衡，以及"文化中国"等等课题的讨论，使人们对孔子、儒学的研究逐渐复苏，重评孔子、儒学的论文、论著陆续出版，有关孔子、儒学、中国文化的学术会议频繁举行，中国孔子基金会、国际儒学联合会、中华孔子学会、中国文化书院、孔子研究院等学术团体和研究机构的建立，历代儒家著作及其注解、白话文翻译、解读本的大量出版，有关儒家的人物评传、思想研究、专题研究以及儒学与道、释、西方哲学及宗教的比较研究，成为学术界关注的课题。还有分门别类的人文社会科学及自然科学，也将儒学纳入其中作专门研究，如儒家哲学思想、儒家伦理思想、儒家美学思想、儒家史学思想、儒家政治思想、儒家教育思想、儒家宗教思想、儒家科学思想、儒家管理思想等等。专门史的研究也涉及儒学，如中国哲学史、中国经济思想史、中国教育思想史、中国伦理思想史等等，一旦抽掉孔子、儒家与儒学，就会显得十分单薄。此外，原来处于边缘化的港台、海外新儒家，乘改革开放的机遇，或者进入大陆进行学术交流，或者将其思想、学说传入大陆。至 90 年代，出现当代新儒家、自由主义与马克思主义重新论辩、对话与互动的格局，有关"儒学第三期"、"儒学第四期"的展望，儒学在国际思想界再度引起重视，说明儒学的确在展示着其"一阳来复"的态势。

纵观百年儒学的历程，不论在哪一个阶段，不论是儒家思想之新开展，或者是有关儒学的学术研究，都积有丰富的思想资源或文献资料，已经到了对百年儒学进行系统研究、全面总结的时候了。站在世纪之交的高度，我们组织编纂《20 世纪儒学研究大系》，就是为了完成这一学术使命。

　　《20世纪儒学研究大系》是孔子研究院成立后确定的一项浩大的学术工程,现已列入2002年国家社会科学基金项目。《大系》的编纂与出版,实为孔子、儒学研究的一大盛事,必将对21世纪的儒学研究产生积极而又深远的影响。

编选原则及体例

　　《20世纪儒学研究大系》是一部大型的相对成套的专题分卷的儒学研究丛书,力求通过选编20世纪学术界研究儒学的代表性论文、论著,全面反映一百年来专家、学者研究儒学的学术成果及水平,为进一步研究儒学提供一部比较系统的学术文献。

　　一、将20世纪海内外专家、学者研究儒学的代表性论文、论著按研究专题汇集成册,共分21卷。所选以名家、名篇及具有代表性的观点为原则,不在多而在精,力求反映20世纪儒学研究的全貌。

　　二、所选以学术性讨论材料、思想流派性材料为主,兼收一些具有代表性并产生过重大影响的批判性文章。

　　三、每一卷包括导言、正文、论著目录索引三个主干部分。

　　四、每卷之始,撰写导言,综论20世纪该专题研究的大势及得失,阐发本专题研究的学术价值和意义,为阅读利用本卷提示门径。

　　五、一般作者原则上只入选一篇具有代表性的成果,重要代表人物可选2—3篇。

　　六、所收文章均加简要按语,介绍作者学术生平及本文内容。合作创作的论著,只介绍第一作者。

　　七、每卷所收文章,原则上按公开发表或正式出版的时间先后为序。

八、所收文章,尽量使用最初发表的版本,并详细注释文章出处、发表或写作时间。

九、入选文章、论著篇幅过长者,适当予以删节,并予以注明。

十、为统一体例,入选文章一律改用标准简化字,一律使用新式标点。

十一、所选文章的注释一律改为文中注和页末注,以保持丛书的整体风格。材料出处为文中注(楷体),解释性文字为页末注。

十二、每卷后均列论著目录索引,将未能入选但又有学术价值与参考价值的论著列出。论文和著作分门别类,并按公开发表和正式出版的时间先后为序。

目　录

20世纪儒学研究大系

20世纪儒学研究大系

20世纪儒学研究大系

导　言

李　建　刘雪飞

引　言

　　20 世纪学术界对儒家宗教思想的研究,很大程度上表现为对儒学宗教性问题的探讨①。在 20 世纪的百年中国,这一颇具争辩性的问题由于时代背景的不同、社会因素的影响、文化思潮的变迁和政治立场、思想主张及学术观点各异的派别或个人的参与而呈现出一定的阶段性和复杂性。从纵的角度看,该方面的探讨争鸣大致可分为四个阶段、两个高潮。第一阶段是 19、20 世纪之交至新文化运动前后,在儒家思想作为传统社会政治意识形态即将退出历史舞台的大背景下,以康有为为代表的"孔教派"② 掀起的儒学宗教化、国教化运动所引发的儒学宗教性问题的论争,并由此形成了该问题探讨争鸣的第一个高潮。第二阶段是"五四"运动后至 40 年代末,在"西化"思潮风行中国的氛围中,近代西方科学、民主

---

　　①　这里用"儒学宗教性问题"的提法,是针对 20 世纪学者对儒家宗教思想研究的实际而言。它实际包含儒学或儒教是否是宗教,或是否具有宗教性,儒学与宗教的关系,儒家的宗教鬼神观等内容。

　　②　关于"孔教派"是我们给予的一个特定名称,下文"孔教派的儒教(孔教)观"部分有对该名称的解释。

理念深入人心,作为"文化守成主义"① 者的第一代新儒家,在为西方思想激荡下的中国传统文化探寻新的发展途径以对应西化的情况下,对儒学与宗教问题的认识和阐发。第三个阶段情况较为特殊,主要是指 50 年代至 80 年代移居港台及海外的有感于儒家文化"花果飘零"的第二代新儒家和对西方文化有较多体认,更具开放宽容心态的第三代新儒家,在其特定的氛围、心态、视域下,在进一步对西方文化中的宗教意蕴有了更深更全面理解的基础上,为了发掘儒家文化中所蕴含的宗教精神以回应和沟通西方文化而对儒学宗教性问题进行的重新审视、诠释和阐发。第四个阶段是 70 年代末由任继愈先生重提儒教是宗教说开始,所引发的大陆学术界关于儒学宗教性问题的激烈争鸣。这次关于该问题的探讨争鸣不仅在 20 世纪最后的 20 年里又形成了一个高潮,而且其余波将会随着中外学术文化交流的进一步深入,儒学研究水平的进一步提高,在 21 世纪朝着纵深方向发展。儒学宗教性问题的探讨,关涉到如何认识儒学的特质,如何界定与评价以儒家思想为核心的中国传统文化以及如何评估儒学的现代价值和未来走向等重要问题。因此,系统整理和研究 20 世纪百年来的儒学宗教性问题,对于深化人们在该方面已有的认识具有基础性、启发性和开拓性的意义。

一

在中国近代思想史上,最早系统阐发儒学宗教性问题的应数

---

① 当代美国学者艾恺(Guy S. Alitto)曾把"五四"运动以来和反传统主义相反的思潮称为"文化守成主义"思潮。参见其中文著作《世界范围内的反现代化思潮——论文化守成主义》"前言",贵州人民出版社 1991 年版。

站在儒家今文经学立场上并吸收和借鉴了西方哲学、宗教思想的康有为。他关于儒教(孔教)问题的思想主张又直接影响到以其为核心的孔教派的儒教观。

(一)康有为的儒教(孔教)观

19世纪末至20世纪初期(辛亥革命前后),曾作为维新运动领袖、保皇党首领、复辟派代表及孔教派核心的康有为撰述了一系列发挥改造传统儒学的论著。其中《孔子改制考》(1898)、《请尊孔圣为国教立教部教会以孔子纪年而废淫祀折》(1898)、《孔教会序》(1912)、《以孔教为国教配天议》(1913)等论著以及康氏1923年在陕西的系列演讲(汇集为《康南海先生长安演说集》)比较集中地反映了康有为改造儒学为儒教(孔教),欲以孔教为国教的思想理念。

《孔子改制考》是康有为为维新变法寻找"托古改制"的理论依据而重塑孔子形象、重释儒学宗旨的代表作。在该书中,康有为继承今文经学注重"微言大义"的传统,详尽考证阐发了儒教的创立、发展及孔子、儒教在中国思想文化史上的地位和作用等问题,并对儒教(孔教)的内容、形式、仪式(教主、教义、教仪)等都做了明确规定。康有为指出,春秋战国是一个诸子纷起而"创教改制"的时代,先秦诸子利用厚古薄今的人之常情皆借托古圣事迹言论来"创教"推行"托古改制"。孔子也是如此。他提出,"儒教"即是"神明圣王""万世教主"[①] 的孔子为"托古改制"而创立的宗教。"儒教"经过战国秦汉的普遍传播,到汉武帝时终于"天下归往,大道统一"而为"国教",也即儒教成为万民归宗、天下崇仰的延续二千余年的正宗大教。

具体来说,康有为首先考述论证了"儒教为孔子所创"。"今发

---

① 　本处引文依据上海古籍出版社1992年版《康有为全集》(第三卷)收入的《孔子改制考》一书。下同。

明儒为孔子教号,以著孔子为万世教主"(《孔子改制考》卷七)。并从八个方面作了具体的论证:孔子创儒显证;孔子自明创儒大义;孔子弟子后学发明创儒大义;异教非儒专攻孔子知儒为孔子所创;孔子创儒后其服谓之儒服;孔子创儒后其书谓之儒书;孔子创儒后诸弟子传其口说谓之儒说;孔子创儒后诸弟子从其教者谓之儒生(同上)。其次,论证了"孔子为制法之王"。"乃上古昔,尚勇竞力,乱萌惨黩。天闵振救,不救一世而救百世,乃生神明圣王,不为人主,而为制法主"(《孔子改制考》卷八)。再次,论证了"孔子创儒教改制"。"凡大地教主,无不改制立法也。诸子已然矣。中国义理、制度,皆立于孔子,弟子受其道而传其教,以行之天下,移易其旧俗。若冠服、三年丧、亲迎、井田、学校、选举,尤其大而著者"(《孔子改制考》卷九)。复次,论证了"六经皆孔子改制所作"(《孔子改制考》卷十)。然后,分三个阶段论证了儒教的发展、传播及儒教一统。其一,"声教遍于大地,必先行于诸夏","汉夷四表咸诵'六经',必先行于鲁国","道必行于乡,教必起于近"。故儒教在孔子生前身后,"鲁国全从儒教"(《孔子改制考》卷十九),首先遍传鲁国。其二,战国至秦汉时,"服儒衣冠传教者充塞天下","惟以行教为事",故孔子身后"儒教遍传天下,战国秦汉时尤盛"(《孔子改制考》卷二十)。其三,"孔子之道,配神明,醇天地,育万物,本末精粗,六通四辟,无乎不在。诸子奋其螳斧,自取灭亡。自获麟至元狩三百年,削莠铲乱,芟墨夷老,天下归往,大道一统。非特郡国立学,乃至裔夷遣子,章缝遍于外域,'六经'揭于日月"。故"汉武帝后儒教一统"(《孔子改制考》卷二十一)。

《孔子改制考》一书,奠定了康有为儒教(孔教)思想体系的基本框架。概括而言有以下三点:一,儒教的性质——儒教(孔教)就是宗教。这是康有为儒教思想的一贯立足点。早在18世纪80年代,康有为在其《康子内外篇》的《性学》、《不忍》、《肇域》等篇章中就提出，世界上的宗教虽然不可悉数，但真正的宗教无外乎孔教与佛教二种。"其立国家，治人民，皆有君臣、父子、夫妇、兄弟之伦，士、农、工、商之业，鬼、神、巫、祝之俗，诗、书、礼、乐之教，蔬、果、鱼、肉之食，皆孔氏之教也……凡地球内之国，靡能外之。其戒肉不食，戒妻不娶，朝夕膜拜其教祖，绝四民之业，拒四术之学，去鬼神之治，出乎人情者，皆佛氏之教也。耶稣、马哈麻、一切杂教皆从此出也。圣人之教，顺人之情，阳教也；佛氏之教，逆人之情，阴教也"（《康子内外篇·性学篇》）。"是二教者终始相乘，无有相生，东西上下，迭相为经也"（同上）。但无论是逆情出世之阴教，还是顺情入世之阳教，其本质一致，都是宗教。在《孔子改制考》中，康有为更是系统而深入细致地论证儒教（孔教）即宗教的观点。二，儒教的特征——儒教（孔教）具有作为宗教体系的所有特征。这表现为，儒教有自己天降的神明的创立儒教的"万世教主"孔子；有《诗》、《书》、《礼》、《乐》、《易》、《春秋》等为孔子所作而非修述的犹如佛典、道藏性质的"儒书"六经教义；有袈裟、道袍一样的作为宗教身份的儒冠儒服标志；有丧葬、亲迎、井田、学校、选举等仪规制度；有从孔子教、衣儒衣冠、传教布道遍天下，"或为卿相而立法，或为友教士大夫而变俗"的无数教徒等等。至于儒教组织系统，孔子创教时，"孔子为君，颜渊为臣，即所谓仲尼为素王，颜渊为素相也"（《孔子改制考》卷八）。即儒教如同世俗的国家政权一样，也有一套以孔子为素王教主，以七十二贤，三千弟子为素臣教士的宗教组织系统。孔子以后，由于儒教遍传天下，"范围不过，曲成不遗，人人皆在孔教中，故不须立会也"（《孔教会序一》）。即虽不立组织而孔教自在。三，儒教的功能——"本神明，配天地，育万物，泽万世，明本数，系末度，大小精粗，六通四辟，无乎不在"（《孔子改制考叙》）。在其向光绪帝进呈《孔子改制考》等书的奏折中进一步说明"孔子之道，博大普遍，兼该人神，包罗治教，固为至矣。然因立君臣夫妇之义,则婚宦无殊;通饮食衣服之常,则齐民无异。因此之故,治教合一,奉其教者,不为僧道,只为人民,在昔一统闭关之世也,立义甚高,厉行甚严,固至美也。若在今世……不以孔子大教为尊,则人心世道不可问,故今莫若令治权分途,则实政无碍而人心有补焉"(《请尊孔圣为国教立教部教会以孔子纪年而废淫祀折》,《康有为政论集》(上),中华书局 1981 年版)。

康有为在《孔子改制考》中体现的上述儒教(孔教)观,在其以后的著述中作了进一步发挥。他不仅以西方近现代学说改造儒学以为儒教教义,而且还为儒教确立了教会机构、宗教仪式、宣道职司和政权分离的立教原则。尤其是在儒教(孔教)的社会功能方面,他极力宣扬设立儒教(孔教)和定孔教为国教的重要性。例如,他在《中华救国论》(1912)中说:"将欲重道德之俗,起畏敬之心,舍教何依焉。逸居无教,则近禽兽,今是野蛮之国,犹有教以训其俗,岂可以五千年文明之中国,经无量数先圣哲之化导,而等于无教乎?""今吾国数千年奉孔子之道以为国教,守信尚义,孝弟爱敬,礼俗深厚,廉耻相尚。其在后汉,让产让爵,史不绝书,贼畏贤名,以为美谈。至宋明世,讲学重教,美风未坠也。前清以利为俗,渐即凌夷,然人重先圣言也,家知礼法俗也,故数百年中,法令未具,无辩护士,而国能小康,民能尊生者,以半部《论语》犹未废坠,人知礼义廉耻之可尊,家知孝弟忠信之宜学故也。……然今在中国,欲立废祠墓之祭扫,弃祖宗之系,恐未能也。然则苟不欲去教,而欲宜其民之风气事势,以养其性情,而形其法律者,不能舍孔子之道矣"(《不忍》1913 年第 1 册)。

在《孔教会序》(1912)中他也表述了同样的观点,并说,"夫国所与立,民生所依,必有大教为之桢干,化于民欲,入于人心;奉以行止,死生以之,民乃可治,此非政事所能也。否则皮之不存,毛将焉付。中国立国数千年,礼义纲纪,云为得失,皆奉孔子之经,若一弃之,则人皆无主,是非不知所定,进退不知所守,身无以为身,家无以为家,是大乱之道也。……恐教亡而国从之。……今中国人所自以为中国者,岂徒谓禹域之山川、羲轩之遗胄哉,岂非以中国有数千年之文明教化,有无量数之圣哲精英,融之化之,孕之育之,可歌可泣,可乐可观,此乃中国之魂,而令人缠绵爱慕于中国者哉"(《孔教会杂志》1913年第1卷第2号)。此后,在《中国学会报题词》(1913)、《以孔教为国教配天议》(1913)、《复教育部书》(1913)、《乱后罪言》(1913)、《中国颠危误在全法欧美而尽弃国粹说》(1913)中,康有为反复申言作为中国国魂的"孔教"在道德教化、人心、风俗、纲纪、政治等方面的重要,并强调,"速张孔教,中国犹有望也"(同上),"今欲救人心,美风俗,惟有亟定国教而已;欲定国教,惟有尊孔而已"(《不忍》1913年第3册)。否则,"若一旦弃之,则举国四万万之人,彷徨无所从,行持无所措。怅怅惘惘,不知所之,若惊风骇浪,泛舟于大雾中,迷茫惶惑,不知所往也"(《复教育部书》,《孔教会杂志》1913年第1卷第5号)。"人心无所附,风俗败坏,礼化缺裂,法守扫地,虽使国不亡,亦与墨西哥同耳"(《乱后罪言》,《不忍》1913年第8册)。所以,他积极提倡以孔教为国教,以孔子配天帝。

　　这里有两点值得提及,尽管康有为将其改造构建的儒教(孔教)作为一种宗教,但他主张的孔教与其他宗教如佛、道、耶、回等不尽相同。他认为,宗教有人道教、神道教二种,孔教为重人的人道教,其他则为言神的神道教。而且,作为"人道教"的孔教是依据人性、人情、人道以为教,更适合于人类的需要,优于其他宗教,具有更为广泛的世界意义。孔教"敷教在宽,故能兼容他教而无碍,不似他教必定一尊,不能不党同而伐异也"(《中华救国会》,《不忍》1913年第3册),所以他认为定孔教为国教,并不妨碍信教自由。但无论人道、神道,其作为宗教的本质是一致的,"其为教则一也"。另外,对康有为维新运动前后两个时期所宣扬的儒教(孔教)应持不同的评价。

维新时期他所要建立的孔教是为其变法提供理论依据,带有明显的资产阶级改良主义色彩;维新失败后,他在政治上迅速落伍,此时他一再呼吁定孔教为国教、读经祭孔的目的是同他企图维护封建纲纪、礼教、秩序和复辟帝制相一致的,因此,他的主张成为一股时代逆流。当然,抛开康有为的政治立场,仅从他对儒教(孔教)本身的某些认识来说,对当代社会是有一定的借鉴意义的。

(二)孔教派的儒教(孔教)观

康有为的儒教(孔教)宗教论及倡孔教为国教的思想直接影响到孔教派的儒教观。所谓孔教派,是指在辛亥革命前后形成的,以康有为为核心,以孔教会(孔教总会)及其机关刊物《孔教会杂志》、《不忍》、《经世报》等为组织、舆论基地,以"昌明孔教救济社会"(《孔教会开办简章》,《孔教会杂志》1913 年第 1 卷第 1 号)和宣扬孔教为国教为宗旨的具有浓厚政治意味的尊孔思想派别。其主要人物除康有为外,还有沈曾植、麦孟华、陈焕章、梁鼎芬、孙德谦、张尔田、顾震福、马其昶、李文治、劳乃宣、廖道传等。孔教派的活跃期大体在民国成立至 20 年代前后。尽管孔教派人物具体的思想学术不尽相同,但在对待孔教问题的立场上基本一致。一定意义上说,是发展了康有为的儒教思想。孔教派的孔教观概括体现在如下三个方面:

第一,在孔教性质问题上,强调孔教是宗教,孔子是宗教家(教主)。

1912 年 7 月,康有为弟子、孔教派中坚陈焕章应美国传教士李佳白之邀于上海尚贤堂演说孔教,后其演稿结为《孔教论》出版。其中《论孔教是一宗教》,系统论说了作为宗教的孔教,较为详备。择其要点如下:一,"教"字界说。孔教经典《中庸》有"修道之谓教"的"教"字界说,此"教"即是致力于天人相与之际的"宗教",据此亦可明孔教为宗教。"教"在中国原是"一至美至善神圣不可侵犯之名词",如孟子曰:"善政不如善教之得民也。"非指惟尚迷信者始得为

"教"。教有以神道为教，以人道为教者，其所以为宗教的性质一样。孔教兼明人道与神道，比其他宗教更平易近人而切实可行①。二，孔子是一教主（宗教家）。因为（一）孔子以教主自持；（二）孔子弟子及其后学以孔子为教主；（三）孔子之时人以孔子为教主；（四）后世以孔子为教主；（五）外国人以孔子为教主。三，孔教是一宗教。表现为：（一）孔教有名号曰"儒"（儒教）；（二）孔教有特别之宗教衣冠"儒服"；（三）孔教有与天有密切关系之经典（六经）；（四）孔教有孔子为其教徒所立戒规信条《儒行》；（五）孔教有《礼经》（即《仪礼》、《礼记》所定宗教礼仪；（六）孔教有上帝、祖宗等鬼神信仰；（七）孔教有所谓灵魂之学、天堂之说；（八）孔教言报应；（九）孔教有宗教一样的宣教师（传教士）传布；（十）孔教有教统体系；（十一）孔教有文庙、圣庙、学宫之类的教堂及礼拜仪式（如春秋释奠、朔望释菜）；（十二）孔教有如同耶教之耶路撒冷、回教之麦加性质的圣地孔林。总之，他认为孔教之为宗教，证据确凿。从陈氏所论的孔教中，可看出其师康有为对他的影响。

与陈焕章论孔教角度相似的还有狄郁的《孔教平议》（载《孔教会杂志》1913年第1卷第4—5号）一文较具代表性。他认为：（一）凡宗教皆以信仰天为根据，孔子自言五十而知天命。（二）凡宗教皆以受天委托代表天意为责任，孔子曾说"天何言哉"、"天生德于予"等。（三）凡宗教或祀一神，或祀多神，要必视其所祀神，即为天之职司，而对之有赫声濯灵之体认，孔子曾说：鬼神之为德，其盛矣乎！视之而不见，听之而不闻。赞《易》"十翼"，论鬼神尤精深活泼。（四）凡宗教皆以主祭祀为敛摄心性之具，孔子虽蔬食菜羹瓜祭，必斋如也，祭神如神在。（五）凡宗教皆以祈祷为通诚或悔罪之形式。

① 本处引文凡未注明出处者，皆见陈焕章著《孔教论》，商务印书馆1913年版，收入上海书店《民国丛书》第4编。

孔子曾说:获罪于天,无所祷也。又尝说:丘之祷久矣。(六)凡宗教皆有宣誓以质信天神,孔子曾发誓说:予所否者,天厌之,天厌之。因此,孔子之教育中,本具有宗教精神(参见《孔教平议》(上),《孔教会杂志》1913 年第 1 卷第 4 号)。他进而指出,其他宗教的宗教性质由来有二:一、教主自造之因,教主敬天立教、代天宣教,欲人人以敬教者敬天。二、亲炙教主之信徒所共造之因,信徒入教深、守教笃,视其师为天所委任,因而相组以敬天者敬其师(参见《孔教平议》(下),《孔教会杂志》1913 年第 1 卷第 5 号)。而孔教既包含有其他宗教的共同性质,又具有自身的特质。所以,孔教、儒教本是宗教。与陈狄两论不同,孙德谦、顾震福分别从孔子受天命立经教(孙德谦《孔子受命立教论》,《孔教会杂志》1913 年第 1 卷第 3 号)和孔子天降神圣、灵异配天(顾震福《论孔子配天为教主之征》,《孔教会杂志》1913 年第 1 卷第 4 号)的角度论证孔教的宗教性质和孔子为宗教家、大教主的身份地位。张尔田则博征载籍,历数中国自古以孔子为宗教家,以孔教为宗教,从而力驳孔教非宗教、孔子非宗教家之论(参见张尔田《驳某君论孔教非宗教、孔子非宗教家书》,《孔教会杂志》1913 年第 1 卷第 11 号)。

第二,在孔教地位问题上,强调孔教为固有之国教,宪法宜明定孔教为国教。与康有为的孔教观一脉相承,孔教派认定并强调孔教数千年来一直居于中国国教位置。"孔教乃中国之国教也","吾中国自古奉孔教为国教"(陈焕章《明定原有之国教并不碍于信教自由之新名词》,《孔教会杂志》1913 年第 1 卷第 1 号)。"孔教者,我中国固有之国教也"(张尔田《为定孔教为国教事敬告两院议员》,《孔教会杂志》1913 年第 1 卷第 9 号)。"孔教自是吾华国教,孔教自是吾华儒教,孔教自是吾华独一无二之教"(参见《孔教平议》(下),《孔教会杂志》1913 年第一卷第 5 号)。其依据是,"魏文侯受经于子夏,此孔教立为国教之始也"(陈焕章《明定原有之国教并不碍于信教自由之新名词》,《孔教会杂志》1913 年第 1 卷第 1 号)。"至汉武帝罢黜百家,孔教遂成一统。自时厥后,庙祀遍于全国,教职定为专司。经传立于学官,敬祀隆于群校。凡国家有大事,则昭告于孔子;有大疑,则折衷于孔子。一切典章制度、政治法律,皆以孔子之经义为根据;一切义理学术、礼俗习惯,皆以孔子之教化为依归。此孔子为国教教主之所由来也。……历观往史……(皆)奉孔教为国教"(陈焕章等《孔教会请愿书》,《孔教会杂志》1913 年第 1 卷第 6 号)。孔教为国教,"乃历史上之产物,其位置天造地设"(孔教总会《为宪法起草委员会否决国教敬告全国同胞书》,《孔教会杂志》1913 年第 1 卷第 9 号)。所以,"中国当仍奉孔教为国教,有必然者"。"今日著于宪法,不过以久成之事实,见诸条文耳"(陈焕章等《孔教会请愿书》,《孔教会杂志》1913 年第 1 卷第 6 号)。既然孔教作为国教已历数千年,民国初期宪法(约法)中又规定信教自由,为什么还要明著宪法定孔教为国教呢? 孔教派理由主要是,宪法中只引用"信教自由"新名词而不明著奉孔教为国教,易使"浅妄者流"轻弃孔教,动摇历史上所形成的孔教作为国教(国本)的地位,况且明定孔教为国教与信教自由二者在中国本来并行不悖(可参见陈焕章《明定原有之国教并不碍于信教自由之新名词》,《孔教会杂志》1913 年第 1 卷第 1 号、陈焕章等《孔教会请愿书》,《孔教会杂志》1913 年第 1 卷第 6 号、孔教总会《为宪法起草委员会否决国教敬告全国同胞书》,《孔教会杂志》1913 年第 1 卷第 9 号等篇)。

　　第三,在孔教功能问题上,更强调其适合当代社会的现实意义,以为保存国教之理由。孔教派不仅论证孔教在历史上的重要功效,而且更强调其适合当代社会的现实功能,以为昌明孔教、定孔教为国教的理由。例如,陈焕章从"孔教适用于今日之个人"、"孔教适用于今日之家庭"、"孔教适用于今日之国家"、"孔教适用于今日之社会"、"孔教适用于今日之世界"五个方面论述了孔教的现实功用,从孔教可以"混合全球"、"变化种色"、"大振女权"、"同为天民"、"公营生业"、"博爱众生"、"同止至善"等角度说明了孔教的将来意义,并根据孔教在当代的境遇论说了十五条孔教所以必当昌明的缘由(参见陈焕章《论中国今日当昌明孔教》,《孔教论》,商务印书馆1913年版)。而且,他把民国建立以来国内出现的种种弊端如所谓道德沦丧,人心大坏,政治腐败,国势动荡等归因于废弃孔教,从废弃孔教与政局关系的角度申明昌孔教、定国教的必要(参见陈焕章《论废弃孔教与政局之关系》,《孔教会杂志》1913年第1卷第5号)。其说在孔教派中颇有代表性。又如,1913年10月,宪法起草委员会否决了"将孔教定为国教"的提案,孔教会闻讯立即以孔教总会的名义发表了《为宪法起草委员会否决国教敬告全国同胞书》,声称这是"天祸中国",并进而指出,自临时约法未明定孔教为国教的两年来,"道德败坏,人心险诈,秩序紊乱,伦理消沉。家无以为家,国无以为国,人无以为人,将相卒而入于禽兽。虽古称洪猛之祸,未有烈于今日者也"(孔教总会《为宪法起草委员会否决国教敬告全国同胞书》,《孔教会杂志》1913年第1卷第9号)。意谓孔教关系着世道人心、国家存亡,"欲匡救今日颓靡之人心,挽回滔天之巨祸,未有出乎孔子孔教之外者也"[1]。

此处值得附带介绍的是张尔田之弟、著名学者张东荪早年对于孔教问题的认识。张东荪虽不属孔教派,但正因如此,他能站在比较客观的学术立场上观察孔教,得出相应的结论,因而具有一定的代表性。1913年8月,张东荪在《庸言报》发表《余之孔教观》,后又

---

[1] 梁士贤《论国与教存亡之关系》,《孔教会杂志》1913年第1卷第11号。另还可参见张尔田《与人论昌明孔教以强固道德书》、麈厂《孔教救亡论》、张尔田《论孔教与东南兵祸之关系及一年来对于孔教诋毁者之心理》、蒋元《昌教论》等,分别载《孔教会杂志》1913年第1卷第5号、第6号、第8号、第11号。

刊载于《孔教会杂志》。在该文中,他从宗教、哲学两个观察点分析了孔教。一,在宗教的观察点上,他从西方自康德以来有关学者对"宗教"的定义归纳出"宗教"具有神(精神现象)、信仰、道德及风习、文化四种必要属性。由此而论,他得出,"自宗教方面观察孔教,知孔教确为宗教。以孔教复足以挽回今日人心之堕落。且孔教所诠乃中国独有之文明,数千年之结晶,已自然的为国教矣"。他虽然认为孔教为宗教,具有国教地位,但反对在宪法中定孔教为国教。他说,"近人谋建议案于国会,欲定孔教于国教,且以祀孔配天,此无足为孔子增光,殆亦画蛇添足之类,无足取也"①。二,在哲学的观察点上,通过与西洋哲学比较,他认为孔教哲学的特质是二元的(Dualistic)、人本主义的(Humanistic)、实用主义的(Pragmatic)、进化的(Evolutionalistic)、社会本位思想的(Socialistic)哲学。他最后得出两点结论:第一,以孔教挽回道德堕落有一定的积极意义,但并非"今日道德之救济仅恃孔教,不过言于生计、政治、教育之外,而孔教亦为不可轻忽者耳"。第二,保守固有之文明(指孔教)也有一定的积极意义,因为,"孔教为中国固有文明之结晶……将来苟中国人不知自保,则西洋人必代而发明之。东西思想相融合,世界又必放一异彩矣"②。

二

康有为及孔教派的儒教(孔教)观,尤其是宣扬儒教(孔教)为宗教以及定孔教为国教的做法,一开始便受到了各方面的反对和批

①②　本处所引依据《近代中国史料丛刊》第 50 辑《民国经世文编》(宗教部分)所收张东荪《余之孔教观》一文。《孔教会杂志》第 1 卷第 8 号所载略有删节。

驳,其焦点之一自然集中在儒教或儒学是否宗教的问题上。在20世纪初期持儒教或儒学非宗教论的反对者中既有思想激进者,也有思想保守者,既有反孔者,也有尊孔者。今择要叙述之。

(一)梁启超的观点

最早批驳儒学宗教说的是曾为康有为得意门生的梁启超。梁启超原本从其师说,以儒教为宗教,但当康有为大倡设孔教会、定孔教为国教、祀天配孔,思想日趋守旧时,他一改初衷,抱着"吾爱孔子,吾尤爱真理;吾爱先辈,吾尤爱国家;吾爱故人,吾尤爱自由"的进步思想态度,力驳儒学宗教论之谬,成为"保教党之大敌"①。1902年2月,他在《新民丛报》发表《保教非所以尊孔论》,较全面而深刻地阐述了孔子非教主(宗教家)、儒学(儒教、孔教)非宗教的思想观点,从而拉开了20世纪关于儒学是否宗教问题论争的帷幕。梁启超认为,"孔教者,悬日月,塞天地,而万古不能灭者也"。孔子是提倡人格教育(德育)的圣哲,孔教是教导人何以为人、人群何以为群、国家何以为国。世界上只要存在政治、教育、哲学,"孔教之光大,正未艾也"。但是,孔教性质与其他宗教不同。"今之持保教论者,闻西人之言曰支那无宗教,辄怫然怒形于色,以为是诬我也,是侮我也。此由不知宗教为何物也"。"所谓宗教,专指迷信宗仰而言,其权力范围在躯壳界之外,以魂灵为依据,以礼拜为仪式,以脱离尘世为目的,以涅槃天国为究竟,以来世祸福为法门"。而且,各种宗教都以"起信"窒人思想自由,持门户以排外,"故宗教非使人进步之具也"。"孔子则不然,其所教者,专在世界国家之事,伦理道德之原,无迷信,无礼拜,不禁怀疑,不仇外道,孔教所以特异于群教者在是"。而且,"孔子未尝如耶稣之自号化身帝子,孔子未尝如佛之自称统属天龙,孔

---

① 《保教非所以尊孔论》,《饮冰室合集文集之九》。下文凡未注明出处者皆同此。

子未尝使人于吾言之外皆不可信,于吾教之外皆不可从。孔子人也,先圣也,先师也,非天也,非鬼也,非神也"。所以,"质言之,孔子者,哲学家、经世家、教育家,而非宗教家也"。他指出,那些儒教(孔教)宗教论、保教论者是"误解宗教之界说,而艳羡人以忘我本来也"。梁启超的这种儒学(儒教)非宗教观,在他以后的论著中,如《论佛教与群治之关系》、《孔子教义实际裨益于今日国民者何在欲昌明之其道何由》、《清代学术概论》等,又做了相关论述。

(二)刘师培、章太炎的观点

梁启超的儒学非宗教观得到了当时一些著名学者的赞同。国学大师刘师培、章太炎虽然在政见及学术思想上与梁氏相左,但在儒学是否宗教的问题上他们却提出了与梁类似的主张。1904年5月,刘师培发表了《论孔教与中国政治无涉》,批驳了所谓"中国之政治皆受孔教之影响"的观点。他说,孔子是"学术家"而非"宗教家",孔门之学"不过列九流中儒家之一耳"。六经不过是该学派的教科书。"孔门所言之教,皆指教育言,非指宗教言(案:《中庸》云'修道之谓教',又云'自诚明谓之教',郑注皆以礼义释之。《说文》云:'教,上所施下所效也。'则古代所谓教者,皆指教育、教化而言。故《王制》言七教,《荀子》言十教也。孔子诲不倦即'教'字之确诂)"[①]。而且,"奉孔子者本无迷信之心,而使人立誓不背矣,与西教强人必从之者,大相背驰(孔教无祈祷,无入教之仪式,皆孔子非宗教家之确证)"[②]。因此,孔子不是宗教家,孔教不是宗教,"孔教"二字本身亦"最不合论理"。"知孔教二字不合论理,即知孔子之非宗教家矣。知孔子之非宗教家,即知孔教与政治无涉矣"。其后孔学与政治发生关联,是"后世之利用孔学,非果政治之原于孔

[①] [②]　《论孔教与中国政治无涉》,原载1904年5月《警钟报》,此处转引自《东方杂志》1904年第3期。下同。

教也"。所以他提出,中国的现实需要不是宣扬什么孔教,而是应革除"中国之神教",让孔学恢复其"九流之一"的面目——儒家。刘师培的儒学非宗教观,显然是站在古文经学的立场上对以康有为为核心的孔教派孔教观的反动。与刘师培同属古文经学派的国学大师章太炎亦极力反对孔教派的孔教宗教说及定孔教为国教。他认为,"宗教至鄙","中土素无国教","今人猥见耶稣、路德之法,渐入域中,乃欲建树孔教,以相抗衡,是犹素无创痍,无故灼以成瘢,乃徒师其鄙劣,而未有以相君也"(《驳建立孔教议》,《雅言》1913 年第 1 卷第 1 期)。况且,自古学校诸生所尊礼孔子,"犹匠师之奉鲁般,缝人之奉轩辕,胥吏之奉萧何,各尊其师,思慕返本,本不以神祇灵鬼事之,其魂鬼存亡亦不问,又非能遍于兆庶也"。若以孔子为教主,"则轩辕、鲁般、萧何,亦居然各为教主矣"(同上)。所以,"孔教本非前世所有,则今者固无所废;莫之废则亦无所复矣"。并且指出,若树孔教为宗教,将会"杜智慧之门,乱清宁之纪"。他还认为,把"儒术"称为"儒教",名实已不相称,康有为等又改为"孔教","实今文经师之流毒"①。这里,章太炎不仅是站在古文经学的立场,而且是站在宗教与人文主义对立的角度上,否定了孔子、儒学为宗教的观点。

　　另外,在当时反对定孔教为国教的人物中,许世英、艾知命二人的儒学(孔道、孔学或儒术)非宗教观也有一定的代表性。他们认为,若以孔道、孔学或儒术为国教,不良后果有四:一将激起宗教之纷争,二将破坏五族共和之国体,三将违背民国约法"民国人民一律平等、无宗教之区别"之规定,四将导致政教合一,阻碍政治之一统②。而且,"孔子为教育家,为政治家,非宗教家"(《上国务院

---

　　①　《示国学会诸生》,转引自《章太炎政论选集》(下),中华书局 1977 版。
　　②　参见许世英《反对孔教为国教呈》、艾知命《上国务院暨参众两院信教自由不立国教请愿书》,《民国经世文编》第三十九卷(宗教部分)。下引同。

暨参众两院信教自由不立国教请愿书》）。"孔道与宗教原理，本不相符。世俗相沿，动称孔教，究其解释，乃教育之教，非宗教之教也"（《反对孔教为国教呈》）。艾氏还指出，举——非宗教的孔教立为国教，"非惟昧乎今之大局，抑不知孔之所以为孔，且并不知教之所以为教也"（《上国务院暨参众两院信教自由不立国教请愿书》）。

（三）蔡元培、陈独秀的观点

1916年袁世凯死后，国会重开，康有为、陈焕章等人开始了再次要求"定孔教为国教"的活动。这时，重新学习西方近代思想文化、倡导民主与科学的新文化运动思潮已经兴起，作为自由派的知识分子开始走上历史舞台，他们对孔教及儒学的批判，对儒学宗教性的认识有了新的特点。这可以蔡元培、陈独秀等人的观点为代表。

蔡元培在民国成立之前，原本也主张儒家逐渐演变成了宗教，如在其《中国伦理学史》一书中曾论及，自汉武帝后，"儒家具有宗教之形式"，"儒家言亦含有宗教之性质"，是"儒教之托始"阶段；宋明时期，"理学之儒辈出，讲学授徒，几遍中国"，儒教"自是始确立为普及之宗教"，是"儒教之凝成"阶段①。但到1916年国会重开，康有为及孔教派再次要求定孔教为国教时，蔡氏的观点由儒家宗教论转向儒学非宗教论。归纳蔡氏该方面的观点和主张，主要有两点：第一，孔子不是宗教家，孔子学说不是宗教（不能以之建设宗教）。"夫孔子之说，教育耳，政治耳，道德耳。其所以不废古来近乎宗教之礼制者，特其从俗之作用，非本意也。季路问事鬼神，曰：'未能事人，焉能事鬼？'问死，曰：'未知生，焉知死？'是孔子本身对于宗教，已不肯自划界限。且宗教之成也，必由其教主自称天使，创立仪式，又以攻击异教为惟一之义务。孔子宁有是耶？"②"自

---

①　参见蔡元培《中国伦理学史》，东方出版社1996版。

②　《在信教自由会之演说》，《蔡子民先生言行录》，北京大学新潮社编印。

广义的宗教言之（信仰心），必有形而上之人生观及世界观，而孔子无之。其所言者，皆伦理学、教育学、政治学之范围。孔子自言无可无不可，孟子评为圣之时者，其不立一定之信条可见。自狭义的宗教言之，必有神秘思想，而孔子又无之……故孔子决非宗教家，而孔教为不辞"[①]。第二，基于对宗教将随着科学发展和人类进步日趋衰亡而无存在必要和永存本性的认识，他提出"以美育代宗教"说。总之，蔡元培认为孔子是孔子，宗教是宗教，孔子学说与宗教两不相关，不能以之建设宗教，即使宗教，将来也要被哲学上的主义所替代。

陈独秀是"五四"前后新文化运动的领袖人物，他以代表封建旧思想旧道德的儒学（孔子之道、孔教）不适合于现代社会为出发点，坚决主张儒学非宗教，反对把孔教定为国教。1916 年 10 月，在康有为发表《致总统总理书》重申其孔教主张后不久，陈独秀发表了著名的《驳康有为致总统总理书》[②]，文章直截了当地指出"孔教"是"别尊卑，重阶级，事天尊君，历代民贼所利用"的"帝制根本思想"，"孔教与帝制，有不可离散之因缘"，并且重申和深化了梁启超、刘师培先前提出的儒学非宗教的论断。"吾华宗教，本不隆重；况孔教绝无宗教之实质（宗教实质，重在灵魂之救济，出世之宗也。孔子不事鬼，不知死，文行忠信，皆入世之教，所谓性与天道，乃哲学，非宗教）与仪式，是教化之教，非宗教之教"。"吾国非宗教国，吾国人非印度、犹太人，宗教信仰心，由来薄弱。教界伟人，不生此土，即勉强杜撰一教宗，设立一教主，亦必无何等威权，何种荣耀"[③]。他指斥康有为等以孔教为宗教是平地生波，惑民诬孔，是凿孔栽须，另有所图。随后，陈独秀又发表了许多有关孔教的言

---

①　《致许崇清君函》，《新青年》1917 年第 3 卷第 3 号。
②③　原载《新青年》1916 年第 2 卷第 2 号，后收入《独秀文存》卷一。

论,继续深化了对儒学与宗教问题的认识。概括而言有以下四方面:一、礼教(三纲五常、伦理学说)是孔教之精华,是中国伦理政治之根本。礼教别尊卑明贵贱,适合于古之闭关时代,而不适于以人权平等精神为新信仰的现代社会。康有为先是以孔教为宗教之教而要尊为国教,后又不以孔教为出世养魂之宗教而称之为人伦日用之世法,正说明孔教原本不是宗教,康有为强以之为宗教,是厚诬孔子①。二、凡宗教重在出世间,必言鬼神,必论生死。儒家以道得民,以六艺为教。作为儒者的孔子,“其为教也,文行忠信,不论生死,不语鬼神。其称儒行于鲁君也,皆立身行己之事,无一言近于今世之所谓宗教者”。则“孔教自非宗教”。“孔教名词,起源于南北朝三教之争,其实道家之老子与儒家与孔子,均非教主。其立说之实质,绝无宗教家言也”。所以,“孔教二字,殊不成一名词”②。三、儒家所谓鬼神,“与《周易》一阴一阳谓之道相同,非宗教家所谓有命令的拟人格的主宰之神也”。即使把孔教划为泛神教,也并非是纯正宗教(陈氏认为只一神多神两类可称为纯正宗教,泛神教实质是无神教,无神教实际是反对宗教的哲学家见解)(参见《答俞颂华》)。生于古代宗教思想未衰时代的孔子,“言天言鬼,不过假借古说,以隆人治”。“其实孔子精华,乃在祖述儒家,组织有系统之伦理学说。宗教玄学,皆非所长”(《再答俞颂华》,《新青年》第3卷第3号)。四、尊孔与复辟相依为命,孔教与共和两不相容,“提倡孔教必掊共和”,“信仰共和必排孔教”(《复辟与尊孔》,《新青年》第3卷第6号)。

---

①　参见《宪法与孔教》、《孔子之道与现代生活》,分别载《新青年》1916年第2卷第3号、第4号,《独秀文存》卷一。

②　参见《再论孔教问题》,《新青年》第2卷第5号,《独秀文存》卷一;《答俞颂华》,《新青年》第3卷第1号,《独秀文存》卷三。

蔡元培、陈独秀等人的思想主张在当时无疑是先进和进步的，但由于他们是在全面接受了近代西方民主与科学、激烈反对和否定中国传统的基础上评价儒家思想问题（如有人称之为西化派），这使得他们对儒学宗教性问题的认识不免有失偏颇。其内在原因正如有些学者所指出："我国知识精英出于救亡图存、求富求强的心结，几乎全都接受了近代西方的启蒙理性，并使之变成20世纪中国的强势意识形态。这就包括了对宗教的贬斥，以及人类中心主义、科学至上，乃至以平面化的科学、民主的尺度去衡量前现代文明中无比丰富的宗教、神话、艺术、哲学、民俗等等。其解释学框架是单线进化论，如孔德（A. Comte）的'神学——形上学——科学'的三段论，特别是已成为我们几代人心灵积习的'进步——落后'的二分法。其'成见''前识'正是以'排斥性'为特征的（排斥宗教、自然等）寡头的人文主义。"①

（四）马相伯的观点

在当时关于儒学宗教性问题的论争中，值得介绍的还有马相伯的观点。马氏为当时社会知名人士、天主教徒（曾获神学博士学位），曾创办震旦学院、复旦公学，一度代理北京大学校长，故其对康有为、陈焕章等孔教派请定孔教为国教的批驳有一定的代表性。马氏首先指出孔教派请定为国教的"孔教"实为"儒教"之误。因为，"儒"本学者之通称，"孔子不厌不倦，独以学名，从其学者遂专以儒称"②。其后佛教入中国，奉孔子者遂自称儒教，以与佛老鼎足而三。古代站在儒家立场批评佛、老的，亦只用"儒教"，不称"孔

---

① 　郭齐勇《当代新儒家对儒学宗教性问题的反思》，《中国哲学史》1999年第1期。

② 　马相伯《书〈请定儒教为国教〉后》，朱维铮编《马相伯集》，复旦大学1996年版。下引同。

教"，称孔子也是到"至圣先师"，不称"教主"。孔教派所言"人必有教"，"人非教不立"，"中国自古奉孔教"，此"教"决非"孔教"，"不然，岂有孔子以前之唐虞，已奉孔教之理？"其次，指出儒教无宗教性质，即使孔教派改作"孔教"，孔教仍不得为国教。因为，"西国所称 State-religion，国教之教，华语无相当之译。译所谓教，乃 the Performance of our duties of love and obedience towards God，人对于造物主务尽其天职，以爱敬顺事之谓。国乃 the whole body of people under one govern ment，全体人民，属于同一政权之谓。"他以此质问请定"国教"者，"教有此教义否？国有此国义否？义既不同，纵令外洋各国定有国教，我国宪法亦不得援为先例，依样画葫芦也"。"孔子之教，原不外诸子百家"①。复次，指出宗教乃主观之信仰，"仰者望也，望其有益于我身心性命，不虚生不梦死也"。综观孔子，即使作为道学家、博学家、哲学家、政治家或社会学家，以及所谓称为孔子之道的仁、义、礼、智（实际是"智、愚、文、蛮之人所固有"）皆与期望有益身心性命的宗教信仰不同。"吾国所论孔子之教，质言之要不外教学之教耳，非西文所谓国教之教也"。即使以孔教派所谓"孔子改制"而言，也不过是"理学"一派或"政治"一派，"非今世所称宗教国教明甚"②。马氏批驳了孔教派的孔教功能论，如"孔子述而不作者也，即曰生前改制，亦不过喟然兴叹，致慨想于空言"，"乃谓死后之残篇，能以大道之行托诸后代之英以成其志，孔子得勿曰'吾谁欺，欺天乎'乎"？"而一经宪法定为国教，即能'谋闭而不兴，盗窃乱贼而不作，外户不闭'，以致大同大顺，人亦肥，家亦能，国与天下无不肥，是宪法之化神，神于孔子，妙然高出于众经之上"。并且嘲讽，"至谓孔教有左右全球之能力，尤有指导全球

_____

①②　马相伯《书〈请定儒教为国教〉后》，朱维铮编《马相伯集》，复旦大学 1996 年版。下引同。

之资格,为全球所仰望,而吾国所恃以自豪于世界者,此尤未免为呆气矣!今欧战方酣,外交方急,陈君(陈焕章)何不用无线电,将所谓孔教者指导左右之耶"①?马氏所论,理辩交融,颇具说服力。

　　20世纪初期关于儒学宗教性问题的探讨与论争,具有鲜明的时代特色,即其出发点政治意味和思想斗争(如新旧思想、保守与进步、新旧文化传统与反传统、东西文化西化与国粹、帝制与共和、民主与专制等)意味较浓。尽管如此,其对于学术史来说,亦不无重要意义或启示。其中关键的一点是,它促使人们开始以西方文化(哲学、宗教等)为参照系重新审视和检讨作为中国传统文化核心部分的儒学。尽管这时的审视和检讨具有很大的片面性,但它毕竟向人们提供了该方面的课题,激发着学者们在此基础上进一步深入研究和认识。

三

　　现代新儒家是20世纪主要的思想流派或文化思潮之一。它是五四运动以来,面对强劲的西方文化思潮对以儒学为主干的中国传统文化的挑战,欲以儒学及中国传统文化为本位,并吸纳、融合、会通西学,以回应西化思潮和反孔反传统思潮的产物。现代新儒家发展至今已历三代,作为一个以继承儒家道统、复兴儒学为己任的思想文化派别,三代新儒家对儒学宗教性问题有着独特的运思和见解②。

---

　　①　马相伯《书〈请定儒教为国教〉后》,朱维铮编《马相伯集》,复旦大学1996年版。下引同。

　　②　这里仅就现代新儒家关于儒学宗教性问题比较有代表性或某些代表人物的观点略作陈述。

（一）现代新儒家第一代的观点

1. 梁漱溟之"以道德代宗教"

20 年代初，梁漱溟先生在《宗教问题的讲演》及《东西文化及其哲学》中，把宗教界定为"以超绝于知识的事物谋情志方面之安慰勖勉"，满足宗教须有两个条件：其一，必以对于人的情志方面之安慰勖勉为他的事务；其二，必以对于人的知识作用之超外背反立他的根据。"超绝"与"神秘"是宗教的特质。孔子及儒家本不具有这样的条件与特征，不算是宗教。但孔子提倡实施的孝悌和礼乐与其他大宗教对于人生有同样伟大的作用，"凡宗教效用，他无不具有，而一般宗教荒谬不通种种毛病，他却没有"①，所以，儒家（孔家）非宗教又似宗教。即是说，孔子及儒家本身不是宗教，却起了宗教的作用。其后，在此基础上，他形成了比较系统的关于儒学宗教性问题的论说，这就是 40 年代末他在《中国文化要义》中阐述的"周孔教化非宗教"，儒家"以道德代宗教"说②。撮其要点有以下几方面。

首先，中国文化中"几乎没有宗教底人生"或"缺乏宗教"。缘由有三：其一，中国文化的发展开朗，原是周公孔子以后近三千年的事，上述判断即是就此而言。其二，中国文化流传至今，且一直为中国民族所实际受用的，是周孔以来的文化，在其之前的文化，对后世生活无大关系，仅有文化史上的意义。其三，周孔以来的文化虽然有一部分属于宗教范畴，但从总体上看，三千年文化的"发展统一不依宗教做中心"。中国文化之统一的精神中心"是周孔教化而非任何一宗教"。其他同时并存的宗教，如自古沿袭的祭天祀

---

①　上引参见梁漱溟《东西文化及其哲学》第 4 章"西洋中国印度三方哲学之比观"，商务印书馆 1923 年版；《宗教问题讲演》，载《漱溟卅前文录》，商务印书馆 1926 年版。

②　参见《中国文化要义》第 6 章"以道德代宗教"，路明书店 1949 年版。

祖,外来的佛、回、耶等,要么成为"孔子教化内涵之一部分",要么成为孔子教化的"帮腔"。由上而言"中国缺乏宗教"①。

其次,"周孔教化非宗教"。所谓"周孔",是"举周公以代表他以前那些人物;举孔子来代表他以后那些人物"。周公及其所代表者,贡献在礼乐制度等具体制度创造上;孔子则推阐昔贤制作之理以教人。所以对中国文化的影响孔子又大过周公。故推断"周孔教化非宗教"可以首先从孔子方面予以说明。主要有两点:其一,生死鬼神问题是宗教赖以存在的基础,因为"它恰合于宗教底两条件:情志方面正需要宗教,知识方面则方便于宗教之建立"。但在宗教脱离不开的生死鬼神一套,孔子偏不谈它,这充分证明孔子不是宗教。而且,伴随生死鬼神而来的宗教的罪福观念、祈祷禳祓等宗教行为,孔子也表示反对。其二,孔子不具备宗教所必有的要素,却有一种宗教所不能有的精神,即相信人都有理性,完全信赖人类自己。因此,孔子没有宗教那种要求人的独断的标准,而是要人自己反省。"这就是宗教里所万不能有底事"②。

第三,儒家"以道德代宗教"。孔子虽没有排斥或批评宗教,却"实是宗教最有力的敌人",因为孔门的教法与学风是"一面极力避免宗教之迷信与独断","一面务为理性之启发"。"儒家没有什么教条给人,有之,便是教人反省自求一条而已。除了信赖人自己的理性,不再信赖其他"。这种理性精神的实质是"道德",而非"宗教"。"道德为理性之事,存于个人之自觉自律。宗教为信仰之事,寄于教徒之恪守教诫。中国自有孔子以来,便受其影响,走上以道德代宗教之路。这恰恰与宗教之教人舍其自信而信他、弃其自力而靠他力者相反"。而且,在人类文化历史上,"道德比之宗教还为后出",但中国较早实现了"以道德

①② 参见《中国文化要义》第6章"以道德代宗教",路明书店1949年版。

代宗教",所以说,"中国文化是人类文化的早熟"①。

第四,"周孔之礼"是儒家之所以能"以道德代宗教"的依旁。宗教在古代往往居于政治之上,涵容礼俗法制,整个社会靠其组成,整个变化以之为中心,并非道德所能轻易取代。儒家之所以能以道德代宗教,关键在于古时儒家把古宗教转化为理性化之"礼"(周孔之礼),"更把宗教所未及者,亦无不礼乐代之",而"周孔之礼",正可起到"设为礼乐揖让以涵养理性"和"安排伦理名分以组织社会"的功能。"礼乐使人处于诗与艺术之中,无所谓迷信不迷信,而迷信自不生","礼乐有宗教之用,而无宗教之弊;亦正唯其极邻近宗教,乃排斥了宗教"②。

2. 熊十力之"人道天道融合为一"

熊十力先生之所以被称为现代新儒学的真正开山者,乃在于他为现代新儒学奠定了形上学的基础,构建了一套博大深邃、细密谨严的儒家哲学本体论体系。他所谓的儒学本体,"非是离自心外在境界及非知识所行境界",也非是"离我的心而外在的物事"。即不是作为外缘的、离开主体(心)客观独存的实体,或超越于主体和客观的"第一因"、"主宰者",君临万物之上的造物主、神天、上帝,而是"万物本原与吾人真性(本心),本非有二"的"心物不二"、"体用不二"的本体。因此,不能"把本体当做外界独存的东西来推度",或向外界求"构画一种境界而建立为本体"③。儒学"体用不二之旨,实融天人而一之",这与"情感上有超越万有之神之信仰"的宗教截然殊途④。

---

①　②　参见《中国文化要义》第 6 章"以道德代宗教",路明书店 1949 年版。
③　　参见熊十力《新唯识论》卷上"明宗"章,中华书局 1985 年版。
④　　参见熊十力《答徐复观》,《十力语要初续》,台北东天出版社 1971 年版。

熊先生并且指出"儒言天道,乃宇宙本体之称,非谓神帝。……视本体为超越于人类而独在,惊叹其无穷,是犹宗教以神道统治人道之余习也。如其实悟吾人之真性即是遍为天地万物本体,天地万物之本体即是吾人真性,则高明悠久无穷者,皆吾性分上所固有,孰谓天人对立,不得融而为一耶?……孔子曰:'人能弘道,非道弘人'(道者,即本体或真性之称)。斯义广大渊微至极,其否认有超越吾人与天地万物而独尊之神道,使神道不复能统治吾人。哲学精神,至此完全脱去宗教尽净,遂令人道天道融合为一,不可于人之外觅天也。其功诚巨哉"①! 也就是说,由儒家"心物不二"的本体来说,宗教是以外求神道统治人道,儒学是以内省人道融摄天道。儒学与宗教有着内在根本的差别。

3. 冯友兰之"儒家婚丧祭礼非宗教"

冯友兰先生亦是主张儒学非宗教论者。如在 40 年代成书的《中国哲学简史》中,他指出"儒家不是宗教",中国人"不太关心宗教,是因为他们极其关心哲学。……他们在哲学里满足了他们对超乎现世的追求",是"以哲学代宗教"②。这里具体介绍一下他关于儒家婚丧祭礼非宗教的论说。1928 年 6 月,冯友兰在《燕京学报》第 3 期发表了一篇《儒家对于婚丧祭礼之理论》的论文,其内容涉及"儒家婚丧祭礼非宗教"的观点,在同时期有关儒学宗教性问题的论述中具有代表性。其要点如下:

第一,"儒家婚丧祭礼是诗与艺术而非宗教"。人心有情感及理智两方面,人们对待死者若纯依理智,则为情感所不许;若专凭情感,则使人流于迷信而妨碍进步。而儒家以述为作,将古时已有的宗教性质的丧祭礼加以修正,予以新意义。使对待死者之道折

---

① 熊十力《原儒》上卷,"绪言第一",上海龙门联合书局 1956 年版。
② 参见冯友兰《中国哲学简史》,北京大学出版社 1989 年版。

衷于二者之间，兼顾理智与情感。这就把宗教的一套变为诗与艺术。诗与艺术所代表的虽然不真实、不科学，但它与理智和科学并不相冲突。人们既可以在诗与艺术中得到情感的安慰，又不妨碍理智的发展，所以它是"非宗教的"。例如，古时为死者预备器具（儒家所谓"明器"），未尝不以为死者灵魂继续存在，但儒家为之赋予新义，即"备物而不可用"。"备物"是希望死者能用，符合人的情感；"不可用"符合人的理智，即明知死者不能用。所以，儒家对待死者态度是"诗的、艺术的、而非宗教的"①。第二，儒家对于丧祭礼的理论，专就主观情感方面立论，以达到人们情感的慰安。例如祭礼，因人们主观方面对死者有"志意思慕之情"，所以儒家通过祭祀以使人们得到情感的慰藉，至于祭祀的对象，儒家则以"无形影"、"如或飨之"、"如或尝之"的态度对待，所以儒家祭祀"君子以为人道"而"百姓以为鬼事"。而且，儒家还为祭祀赋予了"报本反始"、"崇德报功"之义，目的是使"民德归厚"。另外，儒家还把公共祭祀看成是一种休息娱乐。因而，儒家主张的祭祀是艺术而非宗教。第三，凡人皆有死，于是种种迷信借此产生，许多宗教皆以灵魂不死相号召。而儒家（至少一部分儒家）不主张灵魂不死，于是特别使人得生物学意义上的不死及理想的不死（不朽）之道。这就是儒家在婚姻理论上完全注意于其生物学的功用，即在于使人有后。中国传统结婚生子，造"新吾"以代"旧吾"，"以为自己生命已有寄托，即安然以俟死，更不计死后灵魂之有无。此实儒家思想所养成之精神"。由儒家的婚丧祭礼可知，"儒家之思想乃极人文主义的（Humanistic），积极主义的（Positivistic），并不需渺茫虚幻之假定，而一切根据于事实，此所谓中庸之道也"。也即是说，儒家本质

---

　　①　冯友兰《儒家对于婚丧祭礼之理论》，载《燕京学报》1928 年第 3 期，《古史辨》1930 年第 2 册。下引同。

上不属于宗教。

4．钱穆之"孔子与心教"

钱穆先生在儒家与宗教的问题上，通过比较中、西方（儒家与宗教）的"不朽"观念，"灵魂"与"人心"观念，提出了孔子"心教"说①，亦颇具典型性。其主要内容有以下几点：一，西方解决人生生死、不朽乞灵于宗教。"他们用宗教灵魂出世之说来慰藉现世孤零的人心，他们把人生不朽的要求引到别一世界（天国）去"。"他们的人生是两个世界。来世的人生是宗教的，现世的人生是法律的。二者相互为用，他们的政治社会以及一切文明，都支撑在此上"。二，中国人的"不朽"观念（《左传》所谓立德、立功、立言三不朽）都属于现世，是现世的不朽，因此中国人可以不信灵魂而仍有其不朽。这是儒家仁的境界建立的基础。在仁的境界里，自私自利之心自不复有，人生问题亦牵连解决。由此扩充至极，则中国社会可以不要法律和宗教而另有支撑点，这便是内在的"仁"和外在的"礼"。三，西方人的不朽为灵魂，故重上帝与天堂。中国人的不朽即在人群之中，故重现世与人群。两者相较，中国人的不朽观念更著实更高超，是更进步的观念。从事宗教生活者必须求知上帝的意旨，求三不朽现世生命者必须求知人群的意志。中国人的上帝即是人类大群。人能解脱"小我"的隔膜与封蔽，而通晓人类大群的意志者，其心的境界即谓之"仁"。四，中西方"人心"观念不同。西方所谓"心"，只是肉体—机能，与灵魂为两物，超肉体者、可以与上帝相通者只有灵魂，却不认为人我之间的心可以直接相通（须经上帝旨意转手）。中国人以心即仁，其境界可以超乎肉体，人心能超出个体"小我"之隔膜与封蔽而相互之间直接相通。此即中

---

① 钱穆《孔子与心教》，《思想与时代》1943 年第 21 期。下引同。

国儒家所谓"仁"。孔子是首倡此论者。五,孔子讲人生直指人心。由人心显而为世道,这是中国人传统的人生哲学,亦可说是"中国人的宗教"。孔子舍弃了古人上帝鬼神之信仰,使以后的人但讲"人心世道"而不谈上帝,这实是中国的大进步。由此可称西方宗教为"上帝教",中国宗教为"人心教"或"良心教"。六,孔子培养良心最直捷的方法是教人孝悌。心之相通,必自孝始,因此中国宗教亦可说是孝的宗教。孝之外貌有礼,其内心则为仁。由此推广则为整个的人心与世道。因此既有孔子,中国便可不需再有宗教。孔子不从来世讲永生,避免了先民朴素的天鬼旧观念束缚,直捷以人生问题来解决人死问题,与其他宗教以人死问题为解决人生问题绝不相同。他只看重人心的境界,不再在人心以上补一个天鬼的存在,这实在是超宗教的、进步的。七,孔子的心教把握了人生的"基本大原",即追求超出肉体生命的心的生命。所谓人生的不朽与永生,即是指其人能常留在人类大群的公心中而永不消失。人生即在仁体中,人生之不朽应在此仁体中不朽。孔子的心教使中国能无需法律宗教的维系而屹立不摇。所以,"此后的中国乃至全世界,实有盛唱孔子心教之必要"。综观钱氏该说,实为主张"以儒家心教代宗教"。

(二)《为中国文化敬告世界人士宣告》与儒学宗教性问题

现代新儒家的第二代人物由于时代氛围和社会环境的变化,在儒学宗教性问题的看法上与第一代新儒家有了较大的差别。大陆解放前夕移居港台的新儒家第二代人物唐君毅、牟宗三等,在西方宗教意识及宗教价值的启发下,进一步认识到宗教在西方文化中的底蕴和深意,基于与西方文化抗衡与护持中国文化精神的心结,开始以新的视域认识、掘发、诠释儒学资源中所蕴含的宗教精神、宗教意识,并试图以此与西方宗教文化进行理解式的对话。这里以牟宗三、徐复观、张君劢、唐君毅联名发表的、集中代表第二代新儒家观点的《为中国文化敬告世界人士宣言》为例,简要介绍第二代新儒家对儒学宗教性问题的反思①。

　　《宣言》指出,多年来众多中外人士普遍认为中国文化(儒家思想)只注重人间伦理道德,不注重人对神的宗教信仰;或以为中国文化中缺乏宗教性的超越感情,中国之伦理道德思想,都是一些外在的行为规范的条文,缺乏内心之精神生活上的根据。这些见解,在《宣言》看来,是犯了"莫大的错误"。《宣言》认为,中国文化中虽然没有独立的宗教文化传统,没有像西方那种制度化的宗教教会及宗教战争,但并不意味着中国民族没有宗教性的超越感情或宗教精神。这可以从以下几个方面说明。一,中国诗书中明显地"原重上帝或天之信仰",普通家庭中有"天地君亲师之神位",古代帝王也以"天子"代万民祭天祀上帝。在中国人生道德伦理实践中,"明明涵有宗教性之超越感情"。二,自孔孟以来的儒家,都重视"天人合德、天人合一、天人不二,天人同体"。其中"天"的含义,初为"超越现实的个人自我与现实的人与人关系的","明明指有人格之上帝"。后来,古人对天的宗教信仰被儒家贯注于关于"人"的思想中,融合于人生伦理道德中。三,不是中国"无神、无上帝、无宗教",而是儒家能"天人交贯":一方面使"天""由上彻下以内于人",一方面使人"能由下升上而通于天"。儒家的义理之学、心性之学是打通人的生活之内外、上下、天人的枢纽。四,儒家倡言"气节",为"最高理想献身"。此中若没有对仁义等价值的绝对信仰是做不到的。这种既内在于心而又超越个体现实生命的对仁义之价值及道本身的信仰,即是一种"宗教性的超越信仰"。

　　在《宣言》中,第二代新儒家虽然没有明确提出儒家或儒学就

　　① 《宣言》起草者为唐君毅,1958年元旦由唐、牟、徐、张四人署名发表于香港《民主评论》,后收入《唐君毅全集》卷四,名为《中国文化与世界》。

是宗教，但他们对儒家、儒学中超越情感或宗教精神的掘发与诠释，充分说明了儒家既超越又内在、既神圣又凡俗、既具宗教性又超越一般宗教的特征。所以，唐君毅、牟宗三等在其后的著述中就儒学的宗教性问题又做了多方面的、进一步的阐述。如唐君毅认定儒家精神有与一切人类高级宗教共同之点，"此共同点即其宗教性"①。牟宗三则更进一步，直接把儒教界定为"道德的宗教"、"成德之教"、"人文教"，明确提出，儒学具有"高度的宗教性，而且是极圆成的宗教精神，它是全部以道德意识道德实践贯注于其中的宗教意识宗教精神，因为它的重点是落在如何体现天道上"②。

应当说明的是，同在《宣言》中署名的徐复观、张君劢（张本是新儒家第一代人物），在儒学宗教性问题的意见上并不与唐、牟一致，他们并不赞成以儒家为宗教的观点。例如徐复观认为中国文化自春秋时代起就逐渐从宗教中脱出，儒家所谓"天命"，"乃道德性之天命，非宗教性之天命"（徐复观《中国人性论史》先秦篇，台湾商务印书馆1987年版）。张君劢则把儒家思想"看作一套论理或哲学体系而不看作宗教"，因为，"中国人从来没有把孔子看作是先知或教主。孔子也从来没有自称为主或光。……孔子根本不想谈超现实世界或创立宗教"（张君劢《新儒家思想史》导言，台北弘文馆出版社1986年版）。但无论如何，从总体上看，第二代新儒家关于儒学宗教性问题的反思及唐、牟等对儒学资源中蕴含的超越理念（内在超越）和宗教精神的掘发，丰富了人们对儒家精神特质的认识，更深深启迪了第三代新儒家对该问题的见解。

　　（三）"终极关怀"、"内在超越"与儒家的宗教意蕴

---

　　①　参见唐君毅《中国人文精神之发展》，台北学生书局1978年版。

　　②　参见牟宗三《心体与性体》第一部"综论"及《中国哲学的特质》，上海古籍出版社。

　　第三代新儒家学者大多是第二代新儒家的弟子。他们在儒学宗教性问题上，具有更为开放宽容的心态。在第二代新儒家的基础上，他们借助西方有关"宗教"的新界定、新诠释，积极阐发儒学的价值与意义，主动与西方宗教、文化对话。他们对神性与人性、道德精神与宗教精神、终极关怀与现实关怀、内在超越与纯粹超越的问题做出进一步探讨，尤其阐发宋儒"身心之学"、"自我"观念与自我实践过程中的本体论意蕴和伦理宗教的特质。面对两种西方模式——科学主义与绝对外在的上帝模式的夹击，他们做出了创造性回应，努力与西方神学界沟通，为其提供儒家资源中把超越外在的天道与俗世生活、自我反思连在一起的慧解①。这里从"终极关怀"、"内在超越"理念的角度，概要介绍第三代新儒家(以刘述先、杜维明为例)在儒学宗教性问题上所进一步阐发的儒家宗教意蕴。

　　儒学是否宗教或具有宗教性，不仅是一个事实的判断问题，而且涉及"宗教"一词的界定。近代以来儒学宗教性问题的探讨者，无不以自己所理解的"宗教"作为自己立论的出发点。刘述先先生认为，如果宗教的意思只是相信一个超自然的上帝，祈向一个永恒的天国，那么，很明显，孔子所彰显的是彻底的现世精神，缺少对于超世的祈向，中国人的思想的确绝大多数是现世性和非宗教性的。但他又认为，无神未必一定非宗教，佛教就是一个明显的例子②。所以，他在 70 年代初就提出，必须捐弃传统以神观念为中心的宗教定义，对其重新加以修正。对"宗教"含义的新理解，他比较倾向于现代基督教神学家田立克(Paul Tillich)的见解，即把宗教信仰

重新定义为人对"终极之关怀"(Ultimate Concern)。他认为,每个人都有他自己不同的终极关怀,有的人终身为名利,有的人终生为国家民族。如果把终极关怀的对象界定为神,那么每个人都有他自己的神,虽然内容可以完全不同。在这个意义下,乃至一个无神论者也有他自己的神,虽然他的神可以完全不同于一般人所信仰的神。在这一意义下,人的宗教的祈向是普遍的,因为每个人必有他自己的终极的关怀①。这种"终极关怀"的比较宽泛的宗教涵义,他以为恰恰适合时代的需要。

由此出发,他认为,从现代西方神学思想的发展看,现世精神之注重未必一定违反宗教超越之祈向。拿儒家来看,它虽不是一个组织宗教,但它既然可以为人提供安心立命之所,就不能不说他有深远的宗教意涵。当代新儒家就由此角度立论,定儒家思想为"内在超越"之形态以对比于基督教"纯粹超越"之形态。他指出,事实上也只有通过正视儒家思想的宗教意涵,才能够解释何以基督教在中国传教得不到巨大成功的理由,正如田立克所指出的,只有信仰才能对信仰形成抗拒的作用。中国传统一向有"三教"之称,这个"教"虽不是现代所谓的宗教(Religion),但不容置疑的是儒家思想与佛家、道家思想一样有宗教的意涵②。总之,儒家的思想既有内在的一面,也有超越的(宗教性的)一面。从此亦可看出,刘先生是以当代西方神学思潮的发展(如俗世化趋向)来反观本来即是俗世化性格的学说体系——儒学的,即儒学与现代世俗化走向的宗教有相通处,故儒学具有如此的宗教性意蕴。

当代最活跃的新儒家代表杜维明先生在对儒家经典《中庸》进

---

① 参见刘述先《儒家宗教哲学的现代意义》,收入《生命情调的抉择》,台北学生书局 1974 年版。

② 参见刘述先《理一分殊》,上海文艺出版社 2000 年版,第52—53页。

20世纪儒学研究大系

行现代诠释的基础上，对儒学的宗教性问题又有一番别样的理解。他认为，所谓儒学的宗教性归根结底是一个"成为宗教的人的儒家取向"问题，这种取向可"界定为一种终极的自我转化"，"儒家的宗教性是经由每个人进行自我超越时具有的无限潜在和无可穷尽的力量而展现出来的"。"终极的自我转化"意味着追求"成圣"的过程是永无止境的，"终极"是人性最大限度的实现，"自我转化"则意味着经过修身能够达到人性的最高境界。儒家终极的自我转化不是超离人性而是最大限度地实现人性，这实质具有伦理宗教意义。而且，儒家重视群体(社群)，因而，"强调信赖社群之为终极的自我转化中一种不可消解的终极的真实，乃儒学宗教性的一个规定性特征"，并且"不受同超越者无涉的社会伦理的支配"。他还认为，儒家包容的人文主义内蕴着一种与天的"盟约"，因为儒家的道德责任不在于把自己作为一个孤立的个体来实现自己，也不在于把社群完善成某种自足的实存，而是通过自我实现和社群完善去实现"与天地参"的人类的最高理想。儒家天人一体观的人的概念为儒家的伦理学更增添了超越的层面①。

四

　　70 年代末，任继愈先生重提"儒教是宗教"说，接着，他连续发表了多篇有关的论文，较为详尽地论述了儒家与儒教、儒教与宗教的关系、儒教的形成和发展、儒教的本质及特征、儒教在中国历史上的地位、作用和影响等问题，把儒教(理学)作为一种纯粹意义上的宗教。任先生及其论说认同者的"儒教是教"观，引起了学界长

---

① 参见杜维明《论儒学的宗教性》第 5 章，武汉大学出版社 1999 年版。

期的至今未艾的热烈争辩和讨论。

(一)儒教(儒学)宗教说

任继愈先生在《论儒教的形成》一文中阐述了儒家逐渐演化为儒教的过程。他认为,春秋时期孔子创立的儒家学说本来就是直接继承了殷周奴隶制时期的天命神学和祖宗崇拜的宗教思想发展而来的,本身就具有进一步发展成为宗教的可能。但在先秦儒家学说还不是宗教,由儒学发展为儒教是伴随封建统一大帝国的建立和巩固逐渐进行的。孔子的学说共经历了两次大的改造:第一次改造在汉代,从董仲舒起,孔子被抬上了宗教教主的地位。汉代的孔子成了儒教庄严、神圣的教主,被塑造成神,成了永恒真理的化身。儒家定于一尊,儒家的经典成为宗教、哲学、政治、法律、道德、社会生活、家庭生活以及风俗习惯的理论依据。孔子学说经过第一次改造产生了董仲舒及白虎观会议的神学目的论,儒家已具有宗教雏形。第二次改造在宋代,产生了儒、释、道三教合一的宋明理学。宋明理学以儒家封建伦理纲常名教为中心,吸取了佛、道一些宗教修行方法,加上烦琐的思辨形式的论证,形成了一个体系严密、规模宏大的宗教神学结构。宋明理学的建立,标志着中国儒教的完成。任先生进而认为,在中国中世纪独霸的支配力量是"不具宗教之名而有宗教之实的儒教"。儒教的教主就是孔子,其教义和崇奉的对象为"天地君亲师",其经典为儒家"六经",教派及传法世系即儒家的道统论。儒教虽然缺少一般宗教的外在特征,却具有宗教的一切本质属性。僧侣主义、禁欲主义、"原罪"观念、蒙昧主义、偶像崇拜,注重内心反省的宗教修养方法,敌视科学、轻视生产,这些中世纪经院哲学所具备的落后宗教内容,儒教应有尽有①。

---

① 参见任继愈《论儒教的形成》,《中国社会科学》1980 年第 1 期。

对于儒教的特性，任先生在《儒教的再评价》一文中认为，中世纪的封建社会为宗教的滋生蔓延提供了良好的土壤，儒教是在中国封建社会形成的一种宗教，它既具有中世纪世界的一般宗教的共性，也有自己独特的个性。主要表现为：一，中国封建社会比较完备的宗法制度造就了儒家以"三纲五常"为基本内容的宗法思想。宗法思想本身不是宗教，但当它宗教化之后，就变成一种绝对神圣的教条。如董仲舒的神学目的论就是一种宗教化的宗法思想。把宗法思想宗教化，是中国封建统治者的一种内在要求。至于采取何种形式来宗教化，用什么理论来论证，这是为各个不同时期的科学技术和思维发展的水平所决定的。董仲舒的神学目的论比较粗糙，宋明理学扬弃了这种粗糙的神学形式，吸收佛教的宗教理论，用作为世界本身的"理"或"天理"来论证"三纲五常"的合理性。二程、朱熹把天、天命、上帝这些神学概念都解释成为"理"，当作哲学概念来宣传，看起来好像脱掉了神学的外貌，实际上却是一种具有深刻意义的神学；二，儒教虽不重视个人的生死问题，却十分重视宗族的延续，"奉天法祖"的观念本身就是一种宗教观念；三，儒教不主张出家，而注重现实的人伦日用之常，带有很强的世俗性。它不是先虚构一个彼岸世界，然后逐渐挪到现实世界中来，而是把现实世界中的"三纲五常"进行宗教的加工，使之转化成为一个彼岸世界。宋明理学反复讨论的"下学上达"、"极高明而道中庸"和禅宗从"运水搬柴"中去体验妙道一样，这是主张从下学人事去上达天理，在人伦日用之常中去追求所谓高明的精神境界。这种精神境界实质上就是一种彼岸世界；四，宋明理学这种成熟了的儒教，既是宗教又是哲学，既是政治准则又是道德规范。这四者的结合，完整地构成了中国中世纪经院神学的基本因素。他还指出，有些史家误认为中国没有经历欧洲中世纪那样黑暗和神学统治时期，其原因就是得力于儒教，这种误解一是只看到了西方中世纪宗教形式与中国儒教的区别,而忽视了儒教的宗教实质,一是只看到儒教具有丰富的哲学思辩内容,而忽视了它的宗教思想核心。儒教所起的主导作用是一种严重的思想阻力,甚至也是社会阻力①。

在《中国的宗教与传统文化》一文中,任先生进一步总结了儒教作为制度化宗教的特征,并把儒教划分为三个发展阶段。三个阶段是:一,前儒教时期——殷周开始到春秋战国。提出了以昊天上帝为信奉中心,祖先崇拜,图腾崇拜以及地方巫术,都纳入这一上帝信仰之下;二,准儒教时期——汉代到隋唐。推出了以孔子为教主的经学神学系统。魏晋南北朝建立了三教。三教并立,儒教入世,佛、道出世,共同教化天下。三教都尊奉中国的忠、孝三纲原则。最上神,三教分立,未统一;三,儒教时期——宋到"五四"时期。宋以后,三教合一已成定局,儒教占绝对优势,终于从三教鼎立到三教合一,以儒教为核心,建成完整的儒教体系。儒教作为体制化或制度化宗教的特征是:一,儒教以上帝为最高神,下面包括地上百神、祖先神、孔子为首圣贤神三大系统;二,儒教是"政教合一"体制,"教皇"与国君统一为一个人。秦汉以后,中国长期稳定统一,与此有关;三,儒教具有高度的包容性,兼收并蓄其他地方宗教、地区神,诸神并存,共同拱卫着至高无上的上帝;四,儒教经典是四书五经及其注疏等;五,儒教的宣传机构及传教方式既有高度抽象思维的哲学思想,究天人之际,极高明而道中庸,也为一般信奉者提供通俗宣传形式,如宝卷、劝善文,结合民间文艺、通俗故事,宣传忠孝节义的人物,吸收了佛教因果报应学说;六,儒教的宗教仪式是"礼",另外天坛祭天,先农坛祈祷丰收等也是儒教政教合

① 参见任继愈《儒教的再评价》,《社会科学战线》1982 年第 2 期。

一的宗教仪式①。

任继愈先生是大陆改革开放后首位较系统论述儒教是宗教的学者。但该说提出后所引起的讨论和争辩，可说是赞同者少，反对者多。在为数不多认同任先生观点的学者中，李申先生是最为突出的一位。他不仅极力赞同"儒教是教"说，而且发表一系列论著多角度地进一步系统阐述和发展完善了该说，可谓80年代以来继任先生之后关于"儒教是教"说的理论总结者。

李申先生《关于儒教的几个问题》一文从一般宗教特征或者说从体制化宗教角度集中阐述了"儒教是教"说。该文从"孔子和鬼神"、"儒教的上帝和神灵"、"儒教的彼岸世界"、"儒教的组织和祭仪"等方面系统论述了儒教是宗教的观点，其内容概要如下：一，从孔子所"述"的作为教材的《诗经》《尚书》和礼经等儒经的内容看，孔子是虔诚地相信天命鬼神，并且为维护传统的宗教礼仪制度进行了顽强的努力。至于孔子"敬鬼神而远之"一类的论述，仅是说明孔子时代传统的宗教观念随着时代进步发生了某种变化，并不能说明孔子根本不信鬼神；二，从孔子开始，没有一个儒者不信上帝、否认上帝的存在。儒教的至上神是天或上帝，上帝给人类指派了君和师，让其来教化、治理上帝的子民。天或上帝之下是所谓"百神"（日月、山川、鸟兽、名儒、名人等），儒教百神组成像人间官僚系统那样的等级体系；三，儒教的彼岸世界就是上帝和神灵们的世界。但儒教是主张入世的。儒教盼望一个圣帝明王，实现"治国、平天下"的目标，同样是宗教的追求，因为这是在天或上帝的名义下进行的，是为着实现上帝的意旨。宋代以后，儒者虽未放弃治国平天下的现实理想，同时也在心里为自己保存了一个上帝、一方

---

① 参见任继愈《中国的宗教与传统文化》，《中国文化报》1995年11月19日。

净土、一个天国、一个彼岸世界。这样一个彼岸世界，几乎是所有那些发展到高级阶段的宗教所追求的目标；四，儒教政教合一，国家政权组织同时也就是儒教的宗教组织。组织中任职的官员同时也是一种教职，执行宗教的职能。古代的宗教事务管理部门(如"春官"、礼部)本身就是宗教组织的一个机构，其任务是组织和实施宗教活动；五，儒教有系统详尽的祭祀制度①。这样，儒教具备了一般宗教的鬼神信仰、彼岸世界、教团组织、祭仪制度(教仪教规)等要素，当然是一种宗教。

从历史的角度多层面阐释"儒教是教"说理论的是李先生洋洋百万余言、上下两卷的巨著《中国儒教史》②。该著以宏大的规模叙述了自三代至近代儒教从产生到消亡的历史，揭示了儒教的神灵系统、祭祀制度、教义教理等从创立、不断完善到逐渐走向衰亡的过程，论述了儒者如何为实现上帝、神灵的意旨而治国、修身，并从事相关的理论探讨，其内容涉及宗教、哲学、科学、史学、文学等多领域。该书可谓80年代以来儒教宗教说的总结性著作。限于篇幅，这里摘引著者《自序》一段文字，以窥该书主旨之一斑：

> 由于过去的传统文化研究是以儒教非教立论，而本书是以儒教是教立论……依传统见解，儒家重人事；本书则要说明，儒家之所以重人事，乃是要履行辅相上帝的义务。依传统见解，儒家是讲伦理道德的；本书则要说明，在儒者们看来，他们所讲的仁义礼智，三纲五常，正是天即上帝的意志。传统认为，儒家是反对鬼神信仰的；本书则要说明，儒者们可以反对礼制以外的淫祀，可以反对神人同形，但是不反对鬼神的存

---

① 参见李申《关于儒教的几个问题》，《世界宗教研究》1995年第2期。

② 李申《中国儒教史》，上海人民出版社1999年12月版(上卷)，2000年2月版(下卷)。

在,特别是不反对上帝的存在和它对世界的主宰、对人的赏善罚恶。依传统结论,天人感应之学是汉代经学的外道;本书将要说明,天人感应之学正是汉代经学的主导。传统认为,魏晋玄学讲天道自然,否定上帝;本书将要说明,天道自然并没有否认上帝的存在,更没有取消对上帝的信仰,不过他们认为的上帝是个清静无为的上帝,不是一个事事干涉的上帝罢了,就像他们希望人世的君主是个清静无为的君主,而不是个多欲的君主一样。因此,被学界长期讨论的天人关系,从我们现代的眼光看来,它实质上可以是什么什么关系,然而在古人的心目中,它本来乃是神与人的关系,那物质的、元气浩大的苍苍之天,就是被儒者尊而君之的上帝、皇天。至于孔子,人们祭祀他,就像祭祀天地日月、山川社稷一样,就是把他当成了一尊神,是和老君、释迦一样的神。所谓圣人,就是人神的中介,是天意的传达者①。

任先生等提出和主张的“儒教是教”说其实并非一种新说,也正如李申先生所言,任先生“不过是恢复了二千多年中无人否认的旧说”②,不过是重提该说。从近代以来关于儒学(儒教)宗教性问题的探讨看,儒教宗教说确与自康有为以来的儒教(孔教)就是宗教的观点在学术理论上有某些契合处,尤其是在把儒教作为一种纯粹的体制化的(如有较稳定的教主、教义、教规、教仪、教团组织等)宗教方面。这大概也是任先生该说提出后赞同者少、反对者多的原因之一。因为,把儒教(儒学)作为一种体制化宗教的观点经过自梁启超以来众多学者反驳后,本来已愈来愈少认同的学者。拿现代新儒家来说,第一代新儒家自不待言,就是极力发掘儒学宗

①　《中国儒教史》(上卷)自序。
②　李申《儒教研究史料补》,《中国哲学史》1999 年第 1 期。

教性层面的第二、三代新儒家,也否认儒学或儒家是一种体制化的宗教。如牟宗三先生就曾有针对性的指出,"儒教不是普通所谓宗教,因它不具备普通宗教的仪式"①,"儒家并未成为西方意义之宗教"②。他认为,刻意把儒家描述为纯粹形态上的宗教,像康有为、陈焕章等那样以基督教为范本,把儒家塑造成有教主、教仪、教徒组织和宗教信仰的体制化宗教,实际上是对儒家的"体验与认识不足,思想义理亦不够。他们的心思尚仍只是在典章制度风俗习惯之制约中而不能超拔,故其根据纯是外在"③。

(二)关于儒学性质(学与教)问题的学术争鸣

任继愈先生儒学是教说提出后,在大陆学术界引发了热烈争鸣。这次学术争鸣不仅体现在儒学是否宗教的论辩,而且由此刺激了对儒学性质问题的相关探讨,因而此次争鸣超越了"儒学是否宗教"问题本身的意义,一定程度上促进了大陆改革开放以来儒学研究的深入。此处仅就"儒学是否宗教"问题,略陈其他学者的不同观点。

1.理学(道学)非宗教

对于任继愈先生提出的宋明理学完成了儒教的宗教化,即理学宗教论之说,冯友兰、张岱年等学者提出了相反的意见。冯先生认为,道学(即理学)不承认孔子是一个具有半人半神地位的教主,也并不承认有一个存在于这个人的世界以外的、或是将要存在于未来的极乐世界。至于说到精神世界,那也是一种哲学所应该有的,不能说主张有精神世界的都一定是宗教。"天地君亲师"五者中,君亲师都是人而非神。儒家所尊奉的五经四书都有来源可考,

---

① 牟宗三《中国哲学的特质》,上海古籍出版社 1997 年,第 103 页。
② 牟宗三《生命的学问》,台北三民书局 1989 年版,第 77 页。
③ 牟宗三《生命的学问》,台北三民书局 1989 年版,第 109 页。

并非出于神的启示，不是宗教的经典。如果说道学是宗教，那就是一无崇拜之神，二无教主，三无圣经的宗教，而这种宗教事实上是根本不存在的。至于说西方中世纪宗教的东西道学都有，因之道学为宗教，这种推论也是不合逻辑的①。张先生指出，理学是哲学而非宗教。宗教与非宗教的一个根本区别在于是否重视生死、是否讲来世彼岸。理学不信仰有意志的上帝，不信灵魂不死，不信三世报应，不讲来世彼岸，没有宗教仪式，更不做祈祷，故理学不是宗教。理学虽吸取了道教、佛教的一些修养方法，但不能因此便认为理学也是宗教。儒教之教，泛指学说教训而言，儒教即儒学而并非一种宗教②。不过，张先生后来在儒学宗教性问题上的看法有些改变，他认为儒学虽不信鬼神，不讲来世，但对于人生有一定理解，提供了对于人生的一定信念，能起指导生活的作用，也可称为超越了有神论的宗教③。

2. 儒学发展线索非单一

按照任继愈先生的逻辑，儒学流传和发展的线索只有儒家变成儒教一条。有学者指出，这是与实际情况不相符的。儒家有"发展成为宗教的可能"，这仅仅是一种"可能"，还有其他的可能。综观三千多年的历史，儒学的流传和发展并不是单一线索，而是纵横交错，情况复杂，在某种条件下，其兴衰存灭也并不完全随封建政权而转移。如孔孟的儒学，没有因秦始皇的"焚书坑儒"而殆灭，王肃的纯古文学，也未因晋帝司马炎的帮助而避免失败。因此，在考察儒学演化过程时，要防止简单化的方法和片面性的观点，不能只

----

① 参见冯友兰《略论道学的特点、名称和性质》，《社会科学战线》1982年第3期。

② 参见张岱年《论宋明理学的基本性质》，《哲学研究》1981年第9期。

③ 参见张岱年《儒学与儒教》，《文史哲》1998年第3期。

看到其接受封建政治改造、被利用做统治工具,"可能"变成宗教的一面,还要看到它有自己独立的发展线索以及反宗教的一面①。

3. 从儒学来源、过程及宗教本质看儒教(理学)非宗教

对于任继愈先生提出的儒学是从殷周宗教思想发展而来,从汉代到宋代儒学的发展是一个造神运动过程,以及"儒教(宋明理学)具有宗教的一切本质属性",崔大华先生发表了不同的看法。首先,儒学不是从殷周宗教思想发展而来,而是从西周的伦理道德思想发展而来。西周在意识形态方面发挥最重要作用的不是宗教而是伦理道德。孔子继承和发展了西周的道德伦理思想而弃置了殷周以来的宗教思想。这样,他所创立的儒学就进一步固定了殷周之际已开始形成的那个中国古代文化的发展方向,即伦理的而非宗教的方向。其次,从先秦儒学到宋明理学的儒学发展过程,也不是儒教的"造神运动"的完成过程,而主要是对儒家所主张的伦理道德的根源及修养方法不断提出新的论证的过程。儒学作为一种伦理思想体系,它的主要理论对象不是超脱于人之外的某种客观力量或彼岸世界,而是人置身于其中的现实社会的各种关系,它的思想发展主要表现为不断探索这些关系的最后根源,以论证封建伦理道德规范的绝对合理性、永恒性,以及完成这种道德修养的方法。第三,任先生所举儒教的诸如禁欲主义、蒙昧主义、"原罪"观念等,实际上并不是一般宗教的思想本质,而是任何一种唯心主义思想体系都可能具有的思想特征。作为一种意识形态的宗教之本质特征或属性是"神"观念和"彼岸"观念,宋明理学的核心并不是这些②。

4. 理学是哲理而非宗教

① 参见李国权、何克让《儒教质疑》,《哲学研究》1981年第7期。
② 参见崔大华《"儒教"辨》,《哲学研究》1982年第6期。

李锦全先生认为，唯心主义哲学和宗教神学最容易相混淆，但二者并非都是宗教，恩格斯就曾把黑格尔学说定性为唯心主义哲学，而不是宗教神学。理学是一种精巧的信仰主义，不是宗教神学。而且，中国特殊的社会历史条件是不容许产生具有独立权力的宗教的，即使是外来的宗教，也要按照中国的国情来加以改造。董仲舒的天人感应论的确含有宗教神学的思想内容，但董学中没有一个宗教标准的教主；谶纬神学中孔子为教主，儒典神圣化，但随着谶纬被禁绝，儒学宗教化的路子终未走通。另外，宗教信仰总有它崇拜的偶像和宗教仪式，它要人们在世俗生活中修养出一套超越世俗的精神境界，但理学并无出世思想，没有成仙做佛的宗教理想国，拜祭天地祖先上古有之，而不能说自上古以来人人都是儒教徒①。

5. 儒学与"中国宗法性传统宗教"

中国古代除佛教、道教等一般性的宗教外，特殊形态的天地鬼神信仰亦非常突出，如官方的郊祀、封禅等祭天活动及制度仪规和民间的祭祖、丧仪等神鬼崇拜。这些是否儒教作为宗教的内容或特征？它们与儒学是一种什么样的关系？儒学（儒教）宗教论者（如李申先生的《中国儒教史》）几乎把上述形态的天地鬼神信仰全部纳入了儒教体系，作为儒教是宗教的重要特征。对此，牟钟鉴先生提出了较有代表性的不同意见，即认为，应把儒学与中国宗法性传统宗教区别开来。其观点择要如下。

一，宗教的基本特征是出世性，以某种超世的信仰为核心，同时还要有相应的教义、活动、组织等要素，构成立体化的多层次的实体。儒学的基本倾向是入世的，它以修身为出发点，以平治天下

---

① 参见李锦全《是吸取宗教的哲理，还是儒学的宗教化》，《中国社会科学》1983 年第 3 期。

为最后归宿;它长期处在学术文化的范围,没有属于它的实体和祭祀活动。因此儒学不是宗教。可以说儒学在中国古代社会意识形态上占主导地位,而不可以说儒学在中国古代宗教史上占主导地位。二,中国一向有自己正宗的、绵延数千年不绝的、为社会上下普遍接受的宗教信仰,它不是儒学,也不是对中国传统文化有全局性影响的道教、佛教,而是"宗法性传统宗教"。三,中国宗法性传统宗教以天神崇拜和祖先崇拜为核心,以社稷、日月、山川等自然崇拜为羽翼,以其他多种鬼神崇拜为补充,形成相对稳固的郊社制度、宗庙制度以及其他祭祀制度,成为维系社会秩序和宗族体系的精神力量,成为慰藉中国人心灵的精神源泉。这种宗法性国家宗教形成于三代,在秦汉后不断走向完备。历代的史籍文献和各朝的礼典都有对这种宗法性国家宗教的专题论述及对宗教祭祀和丧葬礼仪详备的规定与说明。四,宗法性传统宗教与儒学确有交渗之处,如儒学中的礼学,有一部分属于传统宗教,并成为后者制定祭祀典制的理论基础,儒学中的天命鬼神思想与传统宗教信仰相一致等。但儒学不能代替和包容传统宗教。因为儒学是一种理论形态的学术文化,宗教祭祀与鬼神观念并非儒学的核心部分,其核心和重心是"人"学与内圣外王之学,儒学自有其形成独立学统(道统)的发展脉络。而传统宗教则是以祭祀活动为中心的信仰与实体相结合的实践化了的社会综合体系,自有其前后相继的教统,并且教权始终为君权族权夫权所左右,基本上不受儒学学派分化和儒学思潮起伏的影响。总之,不能将宗法性传统宗教与儒学混为一谈①。

---

①　参见牟钟鉴《中国宗法性传统宗教试探》,《世界宗教研究》1990年第1期;《中国宗教纵览》第1章中国宗法性传统宗教,江苏文艺出版社1992年4月版。

6. 儒学是入世的人文的又具有宗教性品格的精神形态

郭齐勇先生认为,儒家的生命与理想、信念融成一体;其人文理想和价值世界与敬天法祖、天帝崇拜,对天与天命、天道的敬畏信仰,有密不可分的联系。儒家道德伦理及儒者生活中间有深刻的终极根据,有超越的形上的关怀,其"杀身成仁"、"舍生取义"等神圣感、使命感、责任感、担当精神、忧患意识和力行实践的行为方式,特别是信仰上的终极承担,与宗教徒无异。但儒者又生活在伦常之中,不离日用常行,在凡庸中体验生命,体悟天道,达到高明之境。它虽有终极关怀,但又是世俗伦理。所以,儒学是入世的,人文的,又具有宗教性的品格。但它不能归结为宗教①。

另外,还有学者认为儒学非宗教却具有宗教的功能及反对将儒学泛宗教化,等等。

总之,80 年代以后大陆学界关于儒学是否宗教或是否具有宗教性问题的探讨争鸣远远没有结束,正如有学者指出的,对儒学宗教性这样一个重要学术课题,发表观点者多而深入研究者少,理论条框多而实证研究少,该研究在理论建树和资料积累方面还有许多工作要做②。而且,无论是儒学宗教论还是儒学非宗教论,其学术观点与 20 世纪初期关于儒学宗教性问题的探讨以及现代新儒家的观点有某些契合与相通处,但在理论的广度和深度上似乎还需要作进一步超越。因此,对 20 世纪初期儒学宗教性问题探讨中的学术理论和现代新儒家关于该问题的探讨进行系统研究和总结,将会对该问题研究的深入有启发性的意义。

---

① 　参见郭齐勇《儒学:入世的人文的又具有宗教性品格的精神形态》,《文史哲》1998 年第 3 期。

② 　参见邢东田《1999 年的儒教研究》,《世界宗教研究》2000 年第 4 期。

五

　　由上述关于儒学宗教性问题探讨与争论的大略内容可以看出，该问题是 20 世纪儒学研究中举足轻重的主要和重要议题之一，它形成了本世纪儒学研究的一大特色。尽管 20 世纪该问题的争论与探讨有不同的出发点，如政治的目的、思想文化的心结、学术角度的研究等，但这一问题本身，对于重新认识儒学及以儒学为核心的中华文化毕竟有重大深远的意义。这里，姑且尝试提出几点相关的认识或问题，以期有助于"儒学宗教性"这一至今意见纷纭、争而未决问题的进一步探讨。

　　第一，"宗教"、"儒教"等含义界定问题。20 世纪儒学宗教性问题的探讨与争论，很大程度上与"宗教"一词的近现代含义是从西方引进有关。也就是说，在中国古代，本不存在儒家或儒教是否宗教或儒学是否具有宗教性的问题（当然有特例，即在康熙年间由西方传教士引发的"中国礼仪之争"中曾涉及到该问题），因为中国古代文献中没有西方"religion"一词含义的"宗教"概念①。所以，在中国古代有所谓儒释道三教之争，但所争的仅是是非高低，而非是否宗教。在此意义上也可以说，近现代关于儒学宗教性问题的探讨是以西方的宗教观念为标准对儒家思想的重新审视与阐释。然而，从西方传入的"宗教"概念在中国的理解似乎最不具有确定性或一致性。正如学者谢扶雅所说："自海通以后，西学东渐，译名之最不幸者，莫过于宗教二字矣。考今日西方所用 Religion 一语，与我国所谓宗教者，实大有出入……（宗教）既不足以概无神之佛

————————

　　①　佛教传入中国后，以佛陀所说为教，以佛弟子所说为宗，合为宗教，不具有西方"宗教"（Religion）含义。

教,及介乎有神无神之间之儒教,亦未能包括宗教的神契经验及伦理行为。"① 如果说20世纪前半期儒学宗教性问题的探讨大体是从"宗教""外在超越"(天地鬼神信仰、此岸彼岸、宗教经典、组织生活等外部特征)的角度出发的话,那么在20世纪后半期探讨该问题的角度则是宗教的"外在超越"、"内在超越"、人文精神、道德意蕴、终极关怀等各有侧重。尤其是第二、三代新儒家的代表人物从超越精神的角度发掘儒家思想的宗教意蕴,阐发儒家精神的"内在超越"的宗教性本质,从而避开了儒学因缺少宗教组织、仪式等一般的制度化宗教所具有的外部特征而无法将其归入宗教体系致使难以与西方宗教文化对话的障碍。但问题是,以最不具确定性、最富有歧义的"宗教"观念谈论儒学宗教性问题,其结论自然众说纷纭,难以一致。而且,从当前国内外学界对"宗教"一词的界定来看,其含义日趋宽泛,几乎涵概了所有的思想学说,这更增添了探讨儒学宗教性问题的复杂性。因此,如何比较科学地给"宗教"概念一个大家都比较认可的含义界定是解决儒学宗教性问题的一个关键。但这一工作在20世纪的学界做得并不理想。

与此相关,还有在20世纪有关儒家思想的探讨中使用频率较高的"儒教"一词的界定。在中国历史上,至晚在魏晋以后即称儒家为"教",并与佛教、道教相提并论。那么,对历史上较早出现的"儒教"之"教"如何理解和定位? 是指一种"宗教",还是指一种学说或学派性的思想体系? 这一问题也成为争论的热点之一。对此,我们认为,应该运用发展、全面的观点具体问题具体分析,不可一概而论。就中国古代出现的"儒教"而言,它是一个内涵较大的术语,除司马迁所说"鲁人皆以儒教"(《史记·游侠列传》)之"儒教"

---

① 谢扶雅《宗教哲学》,山东人民出版社1998年版,第204页。

是一动态词语而非思想概念外，它至少有三层含义：一层是如同诸子学说性质的思想体系，一层是作为一种社会教育功能的儒家教化，再一层就是如同体制化的道教、佛教、基督教性质的宗教。这正如西方用"confucianism"一词表示"儒家思想、儒教、孔教"一样。就中国近现代使用的"儒教"而言，孔教派、儒教宗教论者及非宗教论者大多偏执一义，局限于是否属于近现代意义上的"宗教"范围内，从而缩小了该术语的内涵。例如，康有为明显地将自孔子创立儒学以来的"儒教"界定在"宗教"的范围。在孔教派那里，他们把经过改造了的宗教意义上的"儒教"称为"孔教"，大力倡导定"孔教"为国教，更加缩小了"儒教"的内涵。80年代以来，大陆学界关于该问题的争鸣亦大体如此，立论点要么是"儒教之教就是宗教，儒教即宗教"，要么是"儒教之教乃教化（育）之教，儒教非宗教"等等。但无论对这一命题做肯定还是否定的判断，似乎都不很符合"儒教"一词的应有含义，倒是那些看似模棱两可的观点，如儒学（儒家）具有宗教的某些特征或因素，儒教非宗教却起到了宗教的功能等，对"儒教"含义的把握似乎还较全面、确切些。总之，这里列举"宗教"等概念的含义问题，是要说明它是20世纪儒学宗教性问题探讨中的一个基点问题。因为，探讨儒教（或儒学、儒家）是否宗教或是否具有宗教性，不仅是事实的论证，还需要有关概念的界定。

　　第二，儒学创立的思想文化背景或理论基础问题。由孔子创立的儒家学说是直接继承上古三代以来天命神学等宗教思想发展而来，还是建立在殷周以来天命神威日益下降、人的地位相对上升、以崇神事鬼、以神为本位的宗教文化开始向以人为本位的伦理文化转型和过渡的思想潮流基础上？相关的问题是，孔子创立的儒学是具有一定的宗教性，还是儒学就是宗教学说？儒学创始人孔子的天命鬼神观是宗教信仰立场上的，还是非宗教信仰意义上的? 孔子是"神圣教主",还是其他(学者、哲学家、思想家等)? 等等。对这些问题的不同认识或见解,直接涉及到儒学的最初特性及其发展趋向问题。可以说,20 世纪儒学宗教性问题的探讨中,各种观点都不可回避地涉及到儒学创立的思想文化背景或理论基础问题。

　　第三,汉代儒学神学化、谶纬神学及经今古文学派异同问题。西汉公羊学大师董仲舒在其天人感应论的基础上将儒学发挥成一神学体系,并得到当时统治者的大力推崇,成为官方的正统学说。东汉章帝时白虎观会议后成书的《白虎通义》也一定意义上成为这种儒学神学体系的具有权威和统一性的经学法典①。汉代儒学的神学化,一定程度上导致了预示祥瑞灾异和以神学迷信解经的谶纬思潮的盛行。经学的谶纬化,使儒学更加笼罩上了一层神秘和神圣的宗教光环。如何看待或定位汉代儒学神学化和经学谶纬化在儒家思想发展史上的地位和意义,是 20 世纪儒学宗教论或非宗教论乃至儒学具有怎样宗教性论者产生分歧的重要原因之一。与此相联系,还应注意到儒学史上的经今古文学派问题。今古文学派在学术思想和方法上的不同(可参阅周予同先生《经今古文学》,它较详细地阐述了今古文学的十三点差别,具有一定的代表性)在历史上影响深远,今古文学派的儒学思想观点也一定程度上对 20 世纪儒学宗教性问题的研究探讨有着直接或间接的影响。例如,康有为与刘师培、章太炎等在儒学宗教问题上的意见差异,不能说没有该方面的因素。

　　第四,关于宋明理学的性质及"三教合一"问题。同上一问题相似,儒学思想发展的一个重要阶段——理学(或道学)是哲学还

---

　　①　参见侯外庐《白虎观会议与神学法典〈白虎通义〉》,《历史研究》1956年第 5 期。

是宗教,这是大陆学界自任继愈先生提出"儒教(理学)是教"说后展开的一个重要问题(具体内容见前所述)。该问题有继续深入探讨的必要。另外,与上一问题相应的还有对"三教合一"的认识。历史上儒释道三教经过隋唐的发展,有所谓"三教合一"的趋势,宋明理学一定意义上就是"三教合一"的结果。然而,"三教合一"的走向究竟对儒学及其宗教性起到了怎样的作用和影响?是儒学在"三教"义理相互吸收、涵融中成就了哲学化的理学,还是在"三教"内容与形式的相互融合中改造形成了如佛、道二教式的宗教性质的儒教?这既需要对"三教合一"趋势做历史的具体考察,也需要对"三教合一"本身做恰当的理解定位。这也是儒学宗教性问题探讨中的一个值得注意的课题。

第五,中国传统的(除佛、道等宗教外)宗教鬼神信仰与儒学或儒家传统的宗教观的关系问题。毫无疑问,儒家思想学说中蕴含有内容丰富的天地鬼神思想以及与宗教相似的某些特征,如敬天法祖、鬼神祭祀、"神道设教"等。而问题的关键是,儒家这些思想及特征是否建立在宗教信仰主义的基础上?中国传统的天地鬼神信仰是否为儒家所独专,抑或都可划入儒家的范围?20世纪以来以儒学为宗教或非宗教论者,始终存在着儒家传统的宗教观(天命鬼神观、祭祀观、敬天法祖说、"神道设教"观等)是否为宗教信仰意义上的和传统的宗教信仰与儒学的关系上的意见分歧。如儒学(儒教)宗教论者大多认为儒家有天或上帝至上神信仰,有天地鬼神祭祀礼仪体系及活动,乃至把国家的祀典如郊祭、封禅等祭天活动及其制度仪规和民间的鬼神崇拜如祭祖、丧仪等全部纳入"儒教"范畴。持此种认识且进行系统阐说的大陆学者要数李申先生(见前)。持相反意见的,前面提到,是牟钟鉴先生的观点。牟先生的立足点是把中国传统的宗教鬼神信仰体系("宗法性传统宗教")与儒学或儒家传统的宗教观区别开来,而不应笼统地把性质不同但互有交渗的两种体系划归一起。事实上,中国传统的宗教鬼神信仰与儒学或儒家传统的宗教观的关系问题涉及的内容极为复杂,对此问题进行全面深入的探讨将会有助于深化对儒学宗教性问题的认识。

第六,从西文"Religion"一词翻译的"宗教"概念传入中国来看,儒学宗教性问题是一个近代以来才出现的新课题。但这一新课题并非没有历史的因缘。暂撇开"宗教"一词的具体含义,从较宽泛的思想文化史角度看,儒学宗教性问题可谓渊源久远。但若确切指明该问题在历史上的发展线索却殊非易事,因为它所涉及的自儒学创立以来在其各个发展阶段的具体问题异常复杂。因此,从历史的角度探讨和总结儒学或儒教的相关问题,将会加深对儒学宗教性问题的认识。另外,从学术角度说,80 年代以来大陆学界关于儒学是否宗教或是否具有宗教性问题的理论讨论,在一定意义上是 20 世纪初期关于该问题论争理论的再现。但在许多具体问题上,似乎还未突破前人的理论深度,如康有为及孔教派的儒教(孔教)观点。他们政治、思想方面虽然保守或反动,但学术理论上值得借鉴。因此,儒学宗教性问题的研究深化,也应重视对20 世纪初期关于该问题理论的深入系统总结和研究。当然,现代新儒家的儒学宗教性致思理路亦值得借鉴。但问题在于,正如某些学者所指出的,他们对该问题的诠释,也存在一些尚待进一步研究思考和值得商榷的问题。

孔子改制考叙

康有为

　　孔子卒后二千三百七十六年，康有为读其遗言，渊渊然思，凄凄然悲，曰：嗟夫！使我不得见太平之治，被大同之乐者，何哉？使我中国二千年，方万里之地，四万万神明之裔，不得见太平之治，被大同之乐者，何哉？使大地不早见太平之治，逢大同之乐者，何哉？

　　天既哀大地生人之多艰，黑帝乃降精而救民患，为神明，为圣王，为万世作师，为万民作保，为大地教主。生于乱世，乃据乱世而立三世之法，而垂精太平；乃因其所生之国而立三世之义，而注意于大地远近大小若一之大一统。乃立元以统天，以天为仁，以神气流形而教庶物，以不忍心而为仁政。合鬼神山川、公侯庶人、昆虫草木，一统于其教，而先爱其圆颅方趾之同类，改除乱世勇乱战争角力之法，而立《春秋》新王行仁之制。其道本神明，配天地，育万物，泽万世，明本数，系末度，大小精粗，六通四辟，无乎不在。此制乎，不过于元中立诸天，于一天中立地，于一地中立世，于一世中随时立法，务在行仁，忧民忧，以除民患而已。《易》之言曰："书不尽言，言不尽意。"《诗》、《书》、《礼》、《乐》、《易》、《春秋》为其书，口传七十子后学为其言。此制乎，不过其夏葛冬裘，随时救民之言而已。

　　若夫圣人之意，窈矣，深矣，博矣，大矣。世运既变，治道斯移，则始于粗粝，终于精微。教化大行，家给人足，无怨望忿怒之患，强弱之难,无残贼妒疾之人。民修德而美好,被发衔哺而游,毒蛇不螫,猛兽不搏,抵虫不触,朱草生,醴泉出,凤凰麒麟游于郊陬,囹圄空虚,画衣裳而民不犯。则斯制也,利用发蒙、声色之以化民,末矣。

夫两汉君臣、儒生,尊从《春秋》拨乱之制而杂以霸术,犹未尽行也。圣制萌芽,新歆遽出,伪《左》盛行,古文篡乱。于是削移孔子之经而为周公,降孔子之圣王而为先师,《公羊》之学废,改制之义湮,三世之说微,太平之治,大同之乐,暗而不明,郁而不发。我华我夏,杂以魏、晋、隋、唐佛老、词章之学,乱以氏、羌、突厥、契丹、蒙古之风,非惟不识太平,并求汉人拨乱之义亦乖刺而不可得,而中国之民遂二千年被暴主、夷狄之酷政。耗矣,哀矣!

朱子生于大统绝学之后,揭鼓扬旗而发明之,多言义而寡言仁,知省身救过而少救民患,蔽于据乱之说而不知太平大同之义,杂以佛老,其道觳苦。所以为治教者,亦仅如东周、刘蜀、萧詧之偏安而已。

大昏也,博夜也,冥冥汶汶,霿雾雾雾,重重锢昏,皦日坠渊。万百亿千缝掖俊民,跂跂脉脉而望,篝灯而求明,囊萤而自珍,然卒不闻孔子天地之全、太平之治、大同之乐,悲夫!

天哀生民,默牖其明,白日流光,焕炳莹晶。予小子梦执礼器而西行,乃睹比广乐钧天,复见宗庙百官之美富。门户既得,乃扫荆榛而开涂径,拨云雾而览日月,非复人间世矣。不敢隐匿大道,乃与门人数辈朝夕钩撰,八年于兹,删除繁芜,就成简要,为《改制考》二十一卷。同邑陈千秋礼吉、曹泰箸伟,雅才好博,好学深思,编检尤劳。墓草已宿。然使大地大同太平之治可见,其亦不负二三子铅椠之劳也夫!

嗟夫!见大同太平之治也,犹孔子之生也。《孔子改制考》成书,去孔子之生2449年也。光绪二十四年正月元日,南海康有为广厦记。

（原载《不忍杂志》1913 年第 1 册，选
自《孔子改制考》，中华书局 1958 年版）

康有为（1858—1927），字广厦，号长素、更生，广东南海人。1893 年中举人。1895 年赴京会试，发动"公车上书"。旋中进士，授工部主事。同年，发起强学会，编印《中外纪闻》、《强学报》，呼吁维新变法。1898 年组织保国会，在光绪帝支持下领导变法，失败后流亡海外，组织保皇会，宣传保皇立宪。辛亥革命后，在上海创办《不忍》杂志，任孔教会会长，提倡尊孔读经、建立孔教。1917 年参与张勋复辟，旋败。1927 年病逝于青岛。主要著述有《新学伪经考》、《孔子改制考》、《大同书》、《共和平议》、《戊戌奏稿》等数十种。

《孔子改制考》是康有为为维新变法寻找"托古改制"的理论依据而重塑孔子形象、重释儒学宗旨的代表作，该著所反映的康氏改造儒学为宗教的儒教（孔教）观，对 20 世纪初期孔教派的孔教观以及关于儒学宗教性问题的论争都产生了重大的影响。本文即该著的叙言。

孔 教 会 序

康有为

（一）

中国数千年来奉为国教者,孔子也。大哉孔子之道,配天地,本神明,育万物,四通六辟,其道无乎不在,故在中古,改制立法,而为教主,其所为经传,立于学官,国民诵之,以为率由,朝廷奉之,以为宪法,省刑罚,薄税敛,废封建,罢世及,国人免奴而可仕宦,贵贱同罪而法平等,集会言论出版皆自由,及好释、道之说者,皆听其信教自由。凡法国革命所争之大者,吾中国皆以孔子之经说先得之二千年矣。学校遍都邑,教化入妇孺,人识孝弟忠信之风,家知礼义廉耻之化,故不立辩护士,法律虚设而不下逮,但道以德、齐以礼,而中国能晏然一统,致治二千年者何哉？诚以半部《论语》治之也。

盖孔子之道,本乎天命,明乎鬼神,而实以人道为教。《中庸》曰:"道不远人,人之为道而远人,不可以为道。"故凡在饮食男女别声被色而为人者,皆在孔教之中也。尚虑滞于时用,若冬裘之不宜于夏,水舟之不宜于陆,又预陈三统三世小康大同据乱升平之道,而与时推迁,穷变通久,使民不倦,盖如大医王,无方不备也。如使人能去饮食男女别声被色,则孔子之道诚可离也,无如人人皆必须饮食男女别声被色,故无论何人,孔子之道不可须臾离也。故范围不过,曲成不遗,人人皆在孔教中,故不须立会也。

惟今者共和政体大变,政府未定为国教,经传不立于学官,庙祀不奉于有司,向来民间崇祀孔子,自学政吴培过尊孔子,停禁民间之祀,于是自郡县文庙外,民间无祀孔子者。夫民既不敢奉,而国又废之,于是经传道息,俎豆礼废,拜跪不行,衿缨并绝,则孔子之大道,一旦扫地,耗矣哀哉!

夫国所与立,民生所依,必有大教为之桢干,化于民俗,入于人心;奉以行止,死生以之,民乃可治,此非政事所能也,否则皮之不存,毛将焉傅。中国立国数千年,礼义纲纪,云为得失,皆奉孔子之经,若一弃之,则人皆无主,是非不知所定,进退不知所守,身无以为身,家无以为家,是大乱之道也。即国大安宁,已大乱于内,况复国乱靡定乎?恐教亡而国从之。夫耶路撒冷虽亡,而犹太人流离异国,犹保其教,至今二千年,教存而人种得以特存;印度虽亡,而婆罗门能坚守其教,以待后兴焉。若墨西哥之亡也,教化文字并灭,今人种虽存,而所诵皆班文,所行皆班化,所慕皆班人之豪杰,则墨人种面目虽有存乎,然心魂已非,实则全灭也。今中国人所自以为中国者,岂徒谓禹域之山川,羲、轩之遗胄哉,岂非以中国有数千年之文明教化,有无量数之圣哲精英,融之化之,孕之育之,可歌可泣,可乐可观,此乃中国之魂,而令人缠绵爱慕于中国者哉。有此缠绵爱慕之心,而后与中国结不解之缘,而后与中国死生存亡焉。故犹太人之流离去国二千年,而天下尚号之曰犹太人,为有此犹太魂,而爱慕缠绵其犹太故也。若徒以其人种与地域也,则今之巴比仑、雅典之遗黎,殆无存者,而山川易主,万国多有。过西贡之市,昔之孔庙皆毁,昔之诵四书五经者,今后生皆诵法文,而无识华文者矣。鉴于墨、秘,能无恫乎?

且夫虽为野蛮,岂有无教之国者,况欲立于天下者哉?昔者吾国人人皆在孔教之中,鱼相忘于江湖,人相忘于道术,则勿言孔教而教自在也。今则各国皆有教而我独为无教之国，各教皆有信教奉教传教之人，坚持其门户而日光大之。惟孔教昔者以范围宽大，不强人为仪式之信从，今当大变，人人虽皆孔教，而反无信教奉教传教之人。夫人能弘道，非道弘人，无人任之，不殖将落，况今者废教停祀毁庙之议日有闻，甚至躬长教育之司，而专以废孔教为职志者，若无人保守奉传，则数千年之大教将坠于地，而中国于以永灭，岂不大哀哉！印度为佛生之地，自回教行后，佛教遂灭，尽于今千年矣，乃至五印度反无一寺一僧，过舍卫而问佛迹，答之曰，佛乃中国者，印度无之。嗟乎！不可畏耶？或谓教者非以强力取，优胜劣汰，教果优者，不患不传，则佛义岂不精深于回教，何以印度故国，荡灭埋夷，至于若是，则信乎在人之宏道也。嗟我同志，为兹忧恐，爰开大会，用宏斯道，以演孔为宗，以翼教为事，其亦仁人志士所不弃也耶，其亦仁人志士所不弃也耶？

（二）

仆缘于大地之上，古今立国以万数，语人曰："国不严军兵，不设辩护士，民老死熙熙，不知律例，不识长吏，而能长治久安数千祀，统一方里数千万，孚衍种族数万万，则横览欧亚，竖穷历史，未之有也。"闻者则窃窃笑之，疑其诬也。虽然，吾中国数千年之为治，实有然也，未尝无法律，而实极阔疏，未尝无长上，而皆不逮下，上虽专制，而下实自由，狱讼鲜少，赋敛极薄，但使人知礼义忠信之纲，家知慈孝廉节之化而已。嗟乎！何由而致是哉，昧昧我思之，岂非半部《论语》治之耶？夫《论语》何氏之书也。

其非然耶，或者慕欧思美，偏知政治之为国也。夫人有耳目心思之用，则有情欲好恶之感，若无道教以范之，幽无天鬼之畏，明无礼纪之防，则暴乱恣睢，何所不至。专以法律为治，则民作奸于法律之中;专以政治为治,则民腐败于政治之内。率苟免无耻暴乱恣睢之民以为国,犹雕朽木以抗大厦,泛胶舟以渡远海,岂待风雨波浪之浩淘涌哉。若能以立国也,则世可无圣人,可无教主矣。

今之谬慕欧、美者,亦知欧、美今所以盛强,不徒在其政治,而有物质为之耶。欧、美所以为人心风俗之本,则更有教化为之耶?政治教化之与物质,如鼎之足峙而并立,教化之与政治,如车之双轮而并驰,缺一不可者也。或者以法革命之废教也,岂知法废旧教而已,而尊天与基督无异也。万国自小蛮夷,莫不有教。嗟乎!天下岂有无教而可为国者哉?教宜何从,审其历史风俗之宜、人心之安者,其道至顺,则从之,非其历史风俗之宜、人心之安者,则可以致乱,如是则置之。

举中国万里之土壤,历 2400 年之绵延,合数万后王卿士绅缨民庶妇孺之礼俗,所信受奉行、诵读尊敬者,岂非先圣孔子之遗教耶?夫孔子之道,本于天,人之性出于天,故因人性以为道,若男女食味被服别声,人之性也,但品而节之,而不绝之,故至易至简,而人不可须臾离其道也。苟非若婆罗门之去肉出家,墨子之非乐不歌,则普大地万国之人,虽欲离孔教须臾而不能也。非惟中国也,凡人之为人,有生我者,有与我并生而配合同游者,有同职事而上下者,则因而立孝慈友弟义顺忠信笃敬之伦行。苟非生于空桑,长于孤岛无人之地,则是道也,凡普大地万国之人,虽欲离孔教须臾而不能也。非惟中国为然也,恻隐羞恶谋虑进取,人之性也,扩而充之,以为仁义智勇之德,虽禽兽亦有是一二焉,但不能合而扩充耳。则是道也,凡普大地万国之人,虽欲离孔教须臾而不能也。

孔子尚虑后世之泥于一端,而不能尽于事变,故曰"书不尽言,言不尽意";又曰"观其会通以行其典礼"、"穷则变,变则通",故为运世之道。近则设三统,远则张三世,以极其变通之宜。三统则有忠质文之异,亲亲尚功明鬼,时为重轻,子丑寅之三正,赤白黑之三色,时为建尚,乃至立明堂,则三十六牖七十二户,或高大圆侈,或椭圆衡方,或卑污方,为衣服,或长前袵,或长后袵,或前后长,而今各国正朔宫室衣服之制皆在焉。今非衣长后袵,而玄冠缁衣耶?其《春秋》明三世之义,则发据乱、升平、太平之异,据乱内其国而刺大夫,升平内诸夏而贬诸侯,太平则内外大小若一,而去天子,其三世之中,各自为三世,亲亲仁民爱物,迟衍达于无穷,故于《诗》首文王以明立宪,《书》称尧、舜以明民主,《易》称"见群龙无首,为天下之至治",于《礼运》尤大畅其微旨,以天下为公,为大同,以正君臣为小康,故子思述祖德,以为"万物并育而不相害,道并行而不相悖,如四时之错行,日月之代明"。善乎庄生尊孔子为神明圣王也,曰"配天地,本神明,育万物,六通四辟,本末精粗,其运无乎不在"。嗟乎!此孔子之道所以为大也。夫大医王者,药笼中无不备,期于瘳民之疾,岂有挟一独步单方,而可以为圣医者乎?

自汉时行孔子拨乱之治,风化至美,廉让大行。宋明儒学,仅割据其一体,或有偏矫,然气节犹可观焉。若夫《春秋》讥世卿,故汉时已去世爵,而布衣徒步,可为公卿。诸经之义,人民平等而无奴,故光武大行免奴,先于林肯二千年,孔子法律尚平,其有讼狱,则亲王宰相受法同罪,未以伪《周礼》议亲议贵为然也。经尤言薄税敛,故轻减税率。今天津亩田税仅十三钱。汉时学校,已遍全国,人民皆得入学,工商惟人民所习,无限制,聚会著书言论皆自由。孔子敷教在宽,其有从佛道教者皆听。凡此皆法革命时流血百万而后得之者,而吾中国以奉孔子教,诸儒日以经义争而得之于二千年前,遍校万国,皆未得有,此吾中国之美化,岂非孔教之盛德大功欤?吾人何幸而受之。

顷年学士不通道教之原,立学官之经传,已有选择,大道沦坠,几付烧薪,用致廉耻扫地,礼化荡夷,极至晚清之季,而大道丧矣。自共和来,礼乐并废,典章皆易,道揆法守,扫地无余,遂至教育之有司，议废孔子之祀典，小则去拜跪而行鞠躬，重则废经传而裁俎豆，黉序鞠茂草之场，庙堂歇丝竹之声。呜呼！曾不意数千年文明之中华，一旦沦胥，至为无教之国也，岂不哀哉。夫印度虽亡，而婆罗门教二万万人，守教之严毅如故，则印度人之政权虽亡，而教化未亡，他日印人即可从此而兴焉。犹太虽亡，而犹太教不亡，虽流离异国，奉之不移，乃至于今，犹太耆旧男女，当日之午，犹抚其大辟所罗门之城石而哭焉，则犹太人之政权虽亡，而教化未亡，他日犹太人，即可由教而兴焉。呜呼！耗矣哀哉，灭绝无余者，墨西哥也。为班所灭，至古文字图画而灭之。今墨人面目，虽为墨之遗黎哉，而所述之圣哲豪杰，往训遗徽，皆班人之贤哲豪杰也，则是全灭也。故灭国不足计，若灭教乎，则举其国数千年之圣哲豪杰，遗训往行尽灭之，所祖述者，皆谓他人父也，是与灭种同其惨祸焉。何其今之人，不自爱国，乃并数千年之文明教化，与其无量数圣哲之心肝、豪杰之骨血，而先灭之欤？彼以孔教为可弃，岂知中国一切文明，皆与孔教相系相因，若孔教可弃也，则一切文明随之而尽也，即一切种族随之而灭也。嗟乎！中国人而有此也，是何心哉？

或谓教不待传，优者自存，劣者自汰，天演之自然也。虽然，吾尝遍游五印度矣，奄万里之境，无一香火之寺，无一印人之僧，驱车于舍卫，止宿于王舍城，问以鹫岭以佛迹，博物院之人曰："佛乃在中国，此地无之。"呜呼！以佛教之精微广大也，至于历劫不能不坏，故曰"人能弘道，非道弘人"，岂得谓教不待传而自行哉？

或谓儒家大义，最重伦纲，今政改共和，君臣道息，则遗经垂教，窒碍难行，此沟犹瞀儒，未通古义之论也。夫君臣之本义，但指职事之上下言之，非为一帝者言之。《传》曰："王臣公，公臣大夫，大夫臣士，士臣皂，皂臣舆，舆臣隶。"由斯而言，士对于大夫为臣，而对于皂则为君矣；舆对于皂为臣，而对于隶亦为君。故大夫有家臣，而家主得称君，《礼·丧服》妾为君，为女君，家人则父母为严君。

至汉时人相呼以君臣,而为郡将死节,犹尽君臣之义焉。自梁时改称下官,禁称君臣,于是千年来,但对帝者为君臣,而宋儒益厉天泽之分,遂使今人有专制之忿,而波怒误及于孔子焉。然求以孔子古义,则一切之主伯亚旅,无在不有君臣之义存焉。譬若一肆之中,肆主不以礼待其肆伙,肆伙不以忠事其肆主,而望其肆之兴也,其可得乎?然则君臣之道,不能须臾离,而孔子之教,无可毫厘疑也。况孔子复有天下为公,选贤与能之大同道,群龙无首之太平世哉。执一端以疑先圣,是飞沙眯目,而责日月之失明也,岂不大愚哉。

或谓各国宗教,皆主神道,孔子既不语神,则非教主也。愚儒一孔,遂敢妄议孔子只为哲学、政治、教育之名家、仅侪之于希腊索格拉底、伯拉图之列,此自日人不知孔教之谬论,而吾国人为所蔽惑,误祖师其说,而自弃其教,尤愚谬之甚者也。中国数千年之言儒释,只曰教而已矣,无神人之别也。夫今人之称宗教者,名从日本,而日本译自英文之厘离尽 Religion 耳,在日人习用二文,故以佛教诸宗加叠成词,其意实曰神教云尔。然厘离尽之义,实不能以神教尽之,但久为耶教形式所囿,几若非神无教云尔。夫教而加宗,义已不妥,若因佛、耶、回皆言神道,而谓为神教可也,遂以孔子不言神道,即不得为教,则知二五而不知十者也。夫凡为圆首方足之人,身外之交际,身内之云为,持循何方,节文何若,必有教焉以为之导。太古草昧尚鬼,则神教为尊,近世文明重人,则人道为重,故人道之教,实从神道而更进焉。要无论神道人道,而其为教则一也。譬如君主有专制立宪之异,神道之教主独尊,如专制之君主焉,人道之教主不尊,如立宪之君主焉,不能谓专制之君主为君主,而立宪之君主非君主也。然则谓言神道者为教,谓言人道者非教,谓佛、耶、回为教,谓孔子非教,岂不妄哉!况孔子尊天事帝,无贰尔心,明命鬼神,为黔首则,原始反终,而知死生之说,精气为物,游魂为变,而知鬼神之情状,孔道何所不有,乃执不语神之单文,以概孔教之大道,是犹南洋人不知北地之有冰雪,而疑其无也。岂知孔子弟子传道四方,改制立法,实为中国之教主,岂与夫索格拉底仅明哲学者等量齐观哉。

善乎吾友英名卿勃拉士之言曰:"共和国以道德物质为尚,尤过于政治也。国无道德,则法律无能为。今观国者,视政治过重,然政治非有巧妙,在宜其民之风气事势,养其性情,形以法律。"然则今中国之所以为教,宜知所从矣。佛、回久入中国,既以信教自由之故,民久安之,而相忘相混矣。然佛在蒙、藏,久明罪福,其教宜行。夫佛说虽微妙澶漫,然多出世之言,如全施于中国,未见其周于民用也。基督尊天养魂,戒恶劝善,行之欧、美,成效久彰矣。然孔子之道,以人为天所生,故尊天以明万物皆一体之仁,又以人为父母所生,故敬祖以祠墓著传体之孝,若基督只明尊天而敬祖阙焉。今岂能举中国四万万人之祠墓而一旦尽废之,若今不尊孔,则何从焉,将为逸居无教之民欤? 暴戾恣睢,以快嗜欲,而近于禽兽乎,则非待烹灭绝种而何?

嗟乎! 皮之不存,毛将焉傅。今欲存中国,先救人心,善风俗,拒诐行,放淫辞,存道揆法守者,舍孔教末由已。美人杜威告吾曰:"吾美之患,有国而无家。"信如父不父,子不子,夫不夫,妇不妇,虽有粟,其得而食诸。凡我同人,将恐将惧。夫教为天下,不为一国而设,日本近者广厉儒学,崇祀孔子,况吾宗邦而自弃之。且吾国人人,本皆覆帱于孔教中,不待立会,犹吾国人人皆为中国民,不待注籍也。惟今列国交逼,必有国籍,诸教并立,亦有教籍,则教会之立,不可已也。大夫君子,邦人诸友,莫肯念乱乎。谁无良知,谁无责任,服教有年,弘道是务,守死善道之士,血气含识之伦,同扬泗水之波澜,共奏壁中之丝竹,其不致于洪水滔天,猛兽满野耶? 其诸邦人咸乐从于是会欤,吾中国犹有望也。孔子 2463 年秋八月壬子,南海康有为撰。

（原载《孔教会杂志》第 1 卷第 2 号,1913
年 3 月,收入《康南海文集汇编》卷七）

　　1912 年陈焕章等孔教派发起全国孔教总会,推康有为为
总会长,本文即康有为应陈焕章之请而为该会成立所作的序
文。文章指出,中国数千年来一直将孔教奉为国教,孔教以人
道为教,人人皆在其中;中国一切文明,皆与孔教相系相因,一
旦放弃,则文明随之尽,种族随之灭,从而肯定了孔教会以演
孔为宗、以翼教为事的宗旨。

陕西孔教会讲演

康有为

今日孔教会同人请鄙人讲演,绅商学界到者万余人,教庭为满,鄙人不胜欢幸。追思十年前鄙人倡此会时,人虽寥落,亦殊可慰也。

人之生世,不能无教,教有二:有人道教,有神道教。耶、佛、回诸教皆言神,惟孔子之教为人道教。人之道莫大于人伦,古时草昧初开,人伦未明,其见于经传佚说者,如楚王之娶媚,则以妹为妻,卫诗之《新台》,鲁昭之娶同姓吴孟子,此兄弟父子同姓为婚之事,至春秋时犹然。而太公望亦为老妇之出夫,然则女人有权,可以逐夫。凡此风俗,中国古时为然,今各国亦有之。墨国、美国兄妹为婚,英国则以同曾祖为限。惟吾国自孔子明人伦以正人道,前此旧俗,乃为丕变。当时诸子,莫不改制,如墨子之薄葬、短丧、非乐,而孔子有礼乐重丧服,庄子谓墨子其道太觳,使民不堪,离于天下,其去王远矣。推孔子为神明圣王,以为四通八辟,本末精粗,无所不备,道不远人,与时变通,为人道所不能外,故能成其教也。盖必知古制,方知孔子之改制,又必知婆罗门、佛、耶、回各教之制,由各方面而观,乃知孔子改制立教为人道也。婆罗门教,身不被衣,腰束一带,食一撮米,或一日一食,或数日一食,或至七日、九日乃至一月始一食,不居房屋,或于树下土沟中以之止息,且有缚身十字架,身上涂油,盛暑则上晒太阳,下铺屎干棘刺卧其上,展转反侧,通体流血，或自焚者，或割臂者，佛之为教，舍身爱物，故断臂饲鹰，割肉饲虎，僧不娶妇，尼不嫁夫。耶之天主教亦然，神父不能娶妻，则无男女之好，无父子之亲，但言专养灵魂，求升天上，或不失人身，或不堕轮回，是皆无与人事，所谓神教非人道也。道教主长生，天下安有长生者，道家之祖老子亦曰"天地且不能久"，何况于人乎？然则老子亦不言长生也。

夫饮食男女，人之大欲存焉，孔子许之而不之禁，但有道以节之，否则奇邪乖僻之事出焉，故孔子本人情以为教，听人有夫妇，故礼始于谨夫妇也。庶人则匹夫匹妇，又以女多男少，而诸侯大夫荒淫无道，故为定限制焉。夫妇定而后父子出，故生我者为父母，同生者为兄弟，交游者为朋友。凡事必有主，伯亚旅则主伯为君，亚旅为臣，故有父子则示以孝慈，有兄弟则示以友恭，有夫妇则示以义顺，有朋友则示以信义，有君臣则示以礼忠，有威仪礼仪以养外，有明德达道以养内，自养生送死，制为仪法，令人无憾。丧祭之法，宗庙之礼，以体魄虽降，知气在上，故立庙而享声名，魂魄施于罔极，以人道而兼神道，无须臾之可离也。吾前在美时，门人陈焕章与各教中人辩论，问于吾，吾曰"汝问之"。曰："汝食乎？"曰："食。"曰："汝衣乎？"曰："衣。""汝居室乎？"曰："居。""汝有夫妻乎？"曰："有。""汝须忠信乎？须文行乎？"曰："须。"应之曰："衣食住，夫妻文行忠信，即孔子之教也。然则汝实孔教矣。"人无以难。盖孔子之教，人类所不能外，中西一也。故《中庸》曰："道不可须臾离也，可离非道也。"即人道也。孔子之道，人情以为田人有口，则与以五味；有目，即与以五色；有耳，则与以五声；有鼻，则与以五臭，有身，则衣以五采；复盛之礼乐以节文之，以安乐之，故言寡欲，不言绝欲也。又曰：视思明，听思聪，色思温，貌思恭，言思忠，事思敬，疑思问，忿思难，见得思义，事事物物，皆为之法。所谓有物有则，人所不能外也。试问视不明，听不聪，貌不恭，言不忠，其可行否？凡此皆非身外之物，而身内之则也。至天之命人，更有性，性者，人之所以生。《礼纬》《孝经纬》，董子皆以性为生之质，有义礼，有气质。朱子以性为理，则偏而不全，性人有之，物亦有之，譬如附子性热、大黄性凉是也。率性而行，外之为耳目口体，男女五伦，各有道焉，内之则仁智勇，三达德也。仁从二人，己与人之谓，有己即有人，故爱己更须爱人。智者，智识之谓，不智则愚，等禽兽。勇者，力行之谓，不勇则弱，不仁则柔，不智则愚。三者之中，以仁为重。孟子述孔子曰："道二，仁与不仁而已矣。"又曰："仁者人也，合而言之道也。"盖以人行仁，乃为仁道。如今日之会，诸君环聚一堂，敬恭鄙人，鄙人深感诸君，乐为话言，皆仁之显而易见者也。故推爱一人以爱一家，爱一家以爱一国，爱一国以爱天下，皆仁之等也。其仁多者为大人，其仁小者为小人，其不仁者非人也。至视人之溺犹己溺之，人之饥犹己饥之，匹夫匹妇有不被其泽者，若己推而纳之沟中，则仁之量始为完备。均是人也，或为圣人大人，其不能者可耻也，故以不忍之心为主，推斯心可以保四海，不推斯心不足以保妻子也。智者，人与物之别也。人惟大智，故生于万物之中，出于万物之上，禽兽惟不智，故为人宰割，不能抵抗。佛言波罗密，以智慧为第一，《华严经》言佛之极，亦云大圆镜智，智之时义大矣哉。勇者，知耻之谓，知耻则人能之事，我亦能之。颜渊曰："舜何人也，予何人也，有为者亦若是。"故人能爱人，我如不能，则我不勇也。人能讲物质，富国家，我如不能，则我不勇也。《中庸》曰："强哉矫。"《易》曰："天行健，君子以自强不息。"勇之谓也。仁智勇之本，皆在明德，明德即佛、耶之灵魂也，但名不同耳。虚灵不昧，有以养之，则光大无穷，如电灯然，由十枝光加至百枝千枝万枝，如电光之明，星光之照，故《易》贵大明终始也。明德之极，通于鬼神。孔子云："莫见乎隐，莫显乎微。"言隐微之地，鬼神临之，不可或忽，隐微之极，在于人思。凡诡诈阴谋，人以为隐微，鬼神早已感触。今摄影中,往往冤鬼显出,岂非明证乎?《大学》言"慎独",《中庸》开端即言"莫显乎微",末章亦言"内省不疚"。《诗》曰:"神之格斯,不可度斯。"故鬼神如在其上,如在其左右,上帝临汝,无贰尔心,以人有心也,当正有身也,当修有家也,当齐有国也,当治有天下也,当平内则尽己性以尽人性,尽性以尽物性。而经世大法则有三统,有三世。三统之制,托之夏、商、周,各有不同。三正建寅、建丑、建子,今改历建子,仍是孔子制也。冠有圆有方,衣裳有长有短,有衣长前衽,有衣长后衽,今欧人礼服有燕尾服是也。其色尚黑、尚白、尚赤,今欧人尚黑色是也。屋则七十二牖三十六户,非欧人屋而何。故言夏制则卑小,方今中国是也;言周制则钧衡椭圆;言殷制则高大圆侈。欧人宅室,皆孔子制也。三世则有据乱、升平、太平,据乱内其国而外诸夏,升平内诸夏而外夷狄,太平则内外大小男女若一。吾国人向轻外,此据乱也;今引欧、美文明为友,而轻各野蛮国,升平也。一切可推之,亦可推三世为九世,有据乱之据乱,有据乱之升平,有据乱之太平,有升平之据乱,有升平之升平,有升平之太平,有太平之据乱,有太平之升平,有太平之太平,各地世既不同,制亦相反。今中国尚有生番,而俄已行过激,因时制宜,与世消息,孔教固无所不包,所谓"溥博渊泉,而时出之","道并行而不悖"也。当时颜子早世,以有子为大宗,故《论语》称为有子而不名,当时子夏、子游、子张皆愿师之。子夏传《春秋》三世学,子游传大同之学,子贡传性与天道之学,一传田子方,再传庄子。故《庄子·天下篇》言孔子为神明圣王,而以己与天为徒,为第二等,尊孔子至矣。其以老子为真人,为第三等焉。后世以庄子为第三等,非也,此亦孔门自割地也。曾子守约,《论语》一书,是其传也。盖曾子寿九十,生长于鲁,弟子众多,然将死言道尚在,正颜色,出辞气,远鄙倍,则浅狭孔子之道。韩非子言儒分为八,有颜氏之儒,有子游氏之儒,子夏氏之儒,子张氏之儒,漆雕氏之儒,有孟氏之儒,有乐正氏之儒,有公孙氏之儒。当战国时,孟、荀两大宗为之龙象,孔子弟子三千,其后学者徒侣六万,纷纷传教。魏文侯师子夏,滕文公行三年丧,秦立博士,皆行孔教。至汉祖入鲁特祀孔,而董仲舒最为醇儒,请汉武帝特尊孔子,诸不在孔子之学科者绝勿进,置五经博士,令郡国皆置文学,置弟子,讲诵五经。博士弟子通经得一第者即为郎。于是全国公卿守令皆由儒学进,孔子之教遍行中国,遂垂后世矣。其时传《易》有田何,有施、孟、梁丘,传《书》有伏生,至欧阳、大小夏侯,传《诗》有齐、鲁、韩三家,《礼》有大小戴,传《春秋》有公羊、榖梁,师师相传,皆有口说,大师著录,弟子万数,盖儒学之盛也。然西汉之末,刘歆伪作古文经,先改《国语》为《左传》,以其事详,于是夺公、榖,晋世公、榖有书无师,于是三世之学绝矣。又伪托周公,作《周礼》以攻孔子之礼,即如太监,今文无之,《周礼》有之,于是后世仍养太监,而十常侍亡汉,天策亡唐,魏忠贤亡明,李联英、小德张亡清矣。至今中国大乱,皆刘歆作俑也。古文行于晋后,孔教遂为一厄,然教术传播,深入人心。东汉之季,政失于上,而俗清于下,范蔚宗《儒林传赞》所谓人诵先王言也,下畏逆顺势也。人知君臣父子之纲,家知违邪归正之路,故让产让爵,崇尚气节风俗之美,后世所无,盖孔教之效也。当时佛教始入中国而未行,而中国教化大盛,地球无比,今人乃敢言孔子非教,何其谬也。佛入中国后,老氏亦盛,孔教始衰,然学官弟子,家诵孔经,举秀孝,论政治,无不以孔经为国教也。王通当隋之初,独昌孔教,唐之刘迅、肖颖士皆拟作五经,韩愈继之,愈著有《原道》,其徒李习之著有《复性》,刘禹锡著《原天》,柳宗元亦讲道尊孔。宋则范文正、欧阳文忠皆尊孔子,明大道,周敦颐、程颐、程颢、张载继之,明道学,辟佛老,尊德性,孔子之学大盛。于程子一传为杨龟山,再传为罗仲素,三传为李延年,四传为朱子。朱子集其大成,范围七百岁,朱子博极群书,又能居敬穷理,注韩文、《楚辞》、《参同契》,能诗能词,能写字,并能作画,盖无所不通,千古异才,无有其比。其穷理上本韩,极阴阳理气之极,中明德性之微,下讲小学,言动视听之则,其于人道,庶几备矣。惟蔽于刘歆伪古之说,谓《周礼》盛水不漏,信为周公所作,谓大同为老子之说,谓《春秋》实不可解,盖其虚心,故不敢注《春秋》,而所为《通鉴纲目》,如刑书然,只知尊王攘夷而已。其于三纲亦鞭辟太过,令女道甚苦。然以康熙时特定功令,须服从朱子,故数百年人信其学,以为孔子如是,不知其非也。今若只守朱子据乱之说,今中国已为共和不必论,而欧、美各共和国,皆天下为公,若无《春秋》三世、《礼运》大同之学,则孔子之道,已不能范围今世矣。其必见改而致倒,虽有力者无能为之辨护也。吾甚敬朱子,惟于大教所在,不能不明之。今人驳孔教者,实是驳朱子,非驳孔子也,以孔子之教,通于三世,圆融无碍。今欧、美之制,不能外之。然则虽知孔子之教,当知《春秋》三世之义,当知《礼运》大同之说。欲知大同之说,当求西汉今文五经之说,而黜东汉以来伪古文五经之说,进而求之六纬。吾有《伪经考》、《孔子改制考》、《春秋笔削微言大义考》、《论语注》、《中庸注》、《孟子微》皆发此义,庶几孔教可兴,大同之治可睹,而诸君尊孔之心为之大慰,于今日会讲,有厚望焉。

（选自《康南海先生长安演说集》,系康有为
1923 年 11 月 17 日在陕西孔教会的讲演）

　　本文是康有为 1923 年 11 月 17 日在西安应陕西孔教会之邀而做的关于孔教大义的讲演,是其游历陕西时所做的第四次讲演。康氏在该讲演中继续阐发了其早期孔教观,认为人世不能无宗教,宗教有人道教和神道教二种,孔教为人道教,佛、道、耶、回等为神道教;孔子本人情以为教,衣食住、夫妇、文行忠信即孔教;孔教通于三世,范围今古,圆融无碍。

保教非所以尊孔论①

梁启超

绪　论

近十年来,忧世之士,往往揭三色旗帜以疾走号呼于国中,曰保国,曰保种,曰保教。其陈义不可谓不高,其用心不可谓不苦。若不佞者,亦此旗下之一小卒徒也。虽然,以今日之脑力眼力,观察大局,窃以为我辈自今以往,所当努力者,惟保国而已,若种与教,非所亟亟也。何则?彼所云保种者,保黄种乎,保华种乎,其界限颇不分明。若云保黄种也,彼日本亦黄种,今且浡然兴矣,岂其待我保之;若云保华种也,吾华四万万人,居全球人数三分之一,即为奴隶为牛马,亦未见其能灭绝也。国能保则种莫不强,国不存则虽保此奴隶牛马,使孳生十倍于今日,亦奚益也。故保种之事,即纳入于保国之范围中,不能别立名号者也。至倡保教之议者,其所蔽有数端:一曰不知孔子之真相,二曰不知宗教之界说,三曰不知今后宗教势力之迁移,四曰不知列国政治与宗教之关系。今试一一条论之。

---

① 此篇与著者数年前之论,正相反对,所谓我操我矛以伐我者也。今是昨非,不敢自默。其为思想之进步乎?抑退步乎?吾欲以读者思想之进退决之。

第一 论教非人力所能保

教与国不同。国者积民而成,舍民之外更无国,故国必恃人力以保之。教则不然,教也者,保人而非保于人者也。以优胜劣败之公例推之,使其教而良也,其必能战胜外道,愈磨而愈莹,愈压而愈伸,愈束而愈远;盖其中自有所谓一种烟士披里纯(Inspiration)者,以嘘吸人之脑识,使之不得不从我,岂其俟人保之。使其否也,则如波斯之火教,印度之婆罗门教,阿剌伯之回回教,虽一时借人力以达于极盛,其终不能存于此文明世界,无可疑也。此不必保之说也。

抑保之云者,必其保之者之智慧能力,远过于其所保者,若慈父母之保赤子,专制英主之保民是也①。彼教主者,不世出之圣贤豪杰而人类之导师也,吾辈自问其智慧能力,视教主如何,而漫曰保之保之,何其狂妄耶!毋乃自信力太大,而亵教主耶!此不当保之说也。然则所谓保教者,其名号先不合于论理,其不能成立也固宜。

第二 论孔教之性质与群教不同

今之持保教论者,闻西人之言曰支那无宗教,辄怫然怒形于色,以为是诬我也,是侮我也。此由不知宗教之为何物。西人所谓宗教者,专指迷信宗仰而言,其权力范围乃在躯壳界之外,以魂灵为根据,以礼拜为仪式,以脱离尘世为目的,以涅槃天国为究竟,

---

① 保国不在此数,国者无意识者也,保国实人人之自保耳。

以来世祸福为法门,诸教虽有粗精大小之不同,而其概则一也。故奉其教者莫要于起信①,莫急于伏魔。起信者,禁人之怀疑,窒人思想自由也;伏魔者,持门户以排外也。故宗教者非使人进步之具也,于人群进化之第一期,虽有大功德,其第二期以后,则或不足以偿其弊也。孔子则不然,其所教者,专在世界国家之事,伦理道德之原,无迷信,无礼拜,不禁怀疑,不仇外道,孔教所以特异于群教者在是。质而言之,孔子者,哲学家、经世家、教育家,而非宗教家也。西人常以孔子与梭格拉底并称,而不以之与释迦、耶稣、摩诃末并称,诚得其真也。夫不为宗教家,何损于孔子!孔子曰:"未能事人,焉能事鬼","未知生,焉知死","子不语,怪为乱神"。盖孔子立教之根柢,全与西方教主不同。吾非必欲抑群教以扬孔子,但孔教虽不能有他教之势力,而亦不至有他教之流弊也。然则以吾中国人物论之,若张道陵②　可谓之宗教家,若袁了凡③　可谓之宗教家④,而孔子则不可谓之宗教家。宗教之性质,如是如是。

持保教论者,辄欲设教会,立教堂,定礼拜之仪式,著信仰之规条,事事摹仿佛、耶,惟恐不肖。此靡论其不能成也,即使能之,而诬孔子不已甚耶!孔子未尝如耶稣之自号化身帝子,孔子未尝如佛之自称统属天龙,孔子未尝使人于吾言之外皆不可信,于吾教之外皆不可从。孔子人也,先圣也,先师也,非天也,非鬼也,非神也。强孔子以学佛耶,以云是保,则所保者必非孔教矣。无他,误解宗

①　耶教受洗时,必诵所谓十信经者,即信耶稣种种奇迹是也。佛教有起信论。

②　即今所谓张天师之初祖也。

③　专提倡太上感应篇、文昌帝君阴骘文者。

④　宗教有大小有善恶,埃及之拜物教、波斯之拜火教,可谓之宗教,则张、袁不可不谓之宗教。

教之界说,而艳羡人以忘我本来也。

第三 论今后宗教势力衰颓之征

保教之论何自起乎?惧耶教之侵入,而思所以抵制之也。吾以为此之为虑,亦已过矣。彼宗教者,与人群进化第二期之文明,不能相容者也。科学之力日盛,则迷信之力日衰;自由之界日张,则神权之界日缩。今日耶稣教势力之在欧洲,其视数百年前,不过十之一二耳。昔者各国君主,皆仰教皇之加冕以为尊荣,今则帝制自为也;昔者教皇拥罗马之天府,指挥全欧,今则作寓公于意大利也;昔者牧师神父,皆有特权,今则不许参与政治也。此其在政界既有然矣。其在学界,昔者教育之事,全权属于教会,今则改归国家也。哥白尼等之天文学兴,而教会多一敌国,达尔文等进化论兴,而教会又多一敌国;虽竭全力以挤排之,终不可得,而至今不得不迁就其说,变其面目,以弥缝一时也。若是乎耶稣教之前途可以知矣。彼其取精多,用物宏,诚有所谓百足之虫,至死不僵者,以千数百年之势力,必非遽消磨于一旦,固无待言。但自今以往,耶稣教即能保其余烬,而亦必非数百年前之面目,可断言也。而我今日乃欲摹其就衰之仪式,为效颦学步之下策,其毋乃可不必乎!

或曰,彼教虽浸衰于欧洲,而浸盛于中国,吾安可以不抵制之。是亦不然。耶教之入中国也有两目的:一曰真传教者,二曰各国政府利用之以侵我权利者。中国人之入耶教也亦有两种类:一曰真信教者,二曰利用外国教士以抗官吏武断乡曲者。彼其真传教、真信教者,则何害于中国;耶教之所长,又安可诬也。吾中国汪汪若千顷之波,佛教纳之,回教纳之,乃至张道陵、袁了凡之教亦纳之,而岂其有靳于一耶稣。且耶教之入我国数百年矣,而上流人士从之者稀,其力之必不足以易我国明矣,而畏之如虎,何为者也。至各国政府与乡里莠民之利用此教以侵我主权挠我政治,此又必非开孔子会、倡言保教之遂能抵抗也。但使政事修明,国能自立,则学格兰斯顿之予爱兰教会以平权可也,学俾斯麦、嘉富尔之山水外教徒以限制亦可也,主权在我,谁能侵之。故彼之持保教抵制之说者,吾见其进退无据也。

第四　论法律上信教自由之理

彼持保教论者,自谓所见加流俗人一等,而不知与近世文明法律之精神,适相刺谬也。今此论,固不过一空言耳,且使其论日盛,而论者握一国之主权,安保其不实行所怀抱,而设立所谓国教以强民使从者。果尔,则吾国将自此多事矣。彼欧洲以宗教门户之故,战争数百年,流血数十万,至今读史,犹使人毛悚股栗焉。几经讨论,几经迁就。始以信教自由之条,著诸国宪,至于今日,各国莫不然,而争教之祸亦几熄矣。夫信教自由之理,一以使国民品性趋于高尚①,一以使国家团体归于统一②,而其尤要者,在画定政治与宗教之权限,使不相侵越也。政治属世间法,宗教属出世法,教会不能以其权侵政府,固无论矣,而政府亦不能滥用其权以干预国民之心魂也③。故此法行而治化大进焉。吾中国历史有独优于他国者一事,即数千年无争教之祸是也。彼欧洲数百年之政治家,其心血

---

①　若特立国教,非奉此者不能享完全之权利,国民或有心信他教,而为事势所迫强自欺以相从者,是国家导民以弃其信德也。信教自由之理论,此为最要。

②　昔者信教自由之法未立,国中有两教门以上者,恒相水火。

③　自由之理,凡一人之言论行事思想,不至有害他人之自由权者,则政府不得干涉之。我欲信何教,其利害皆我自受之,无损于人者也,故他人与政府皆不得干预。

手段，半耗费于调和宗教恢复政权之一事，其陈迹之在近世史者，班班可考也。吾中国幸而无此镠辖，是即孔子所以贻吾侪以天幸也。而今更欲循泰西之复辙以造此界限何也？今之持保教论者，其力固不能使自今以往，耶教不入中国，昔犹孔自孔，耶自耶，各行其自由，耦俱而无猜，无端而画鸿沟焉，树门墙焉，两者日相水火，而教争乃起，而政争亦将随之而起。是为吾国民分裂之厉阶也，言保教者不可不深长思也。

第五　论保教之说束缚国民思想

文明之所以进，其原因不一端，而思想自由，其总因也。欧洲之所以有今日，当由十四、五世纪之时，古学复兴脱教会之樊笼，一洗思想界之奴性，其进步乃沛乎莫能御，此稍治史学者所能知矣。我中国学界之光明，人物之伟大，莫盛于战国，盖思想自由之明效也。及秦始皇焚百家之语，坑方术之士，而思想一室；及汉武帝表章六艺，罢黜百家，凡不在六艺之科者绝勿进，而思想又一室。自汉以来，号称行孔子教者二千余年于兹矣，而皆持所谓表章某某、罢黜某某者，以为一贯之精神，故正学、异端有争，今学、古学有争，言考据则争师法，言性理则争道统，各自以为孔教，而排斥他人以为非孔教，于是孔教之范围，益日缩日小。浸假而孔子变为董江都、何邵公矣，浸假而孔子变为马季长、郑康成矣，浸假而孔子变为韩昌黎、欧阳永叔矣，浸假而孔子变为程伊川、朱晦庵矣，浸假而孔子变为陆象山、王阳明矣，浸假而孔子变为纪晓岚、阮芸台矣。皆由思想束缚于一点，不能自开生面。如群猿得一果，跳掷以相攫，如群妪得一钱，诟骂以相夺，其情状抑何可怜哉！夫天地大矣，学界广矣，谁亦能限公等之所至，而公等果何为者，无他，暖暖姝姝，守一先生之言，其有稍在此范围外者，非惟不敢言之，抑亦不敢思之,此二千年来保教党所成就之结果也。曾是孔子而乃如是乎?孔子作《春秋》,进退三代,是正百王,乃至非常异义可怪之论,阗溢于编中,孔子之所以为孔子正以其思想之自由也。而自命为孔子徒者,乃反其精神而用之,此岂孔子之罪也。呜呼,居今日诸学日新、思潮横溢之时代,而犹以保教为尊孔子,斯亦不可以已乎!

　　抑今日之言保教者,其道亦稍异于昔。彼欲广孔教之范围也,于是取近世之所学新理以缘附之,曰某某者孔子所已知也,某某者孔子所曾言。其一片苦心,吾亦敬之,而惜其重诬孔子而益阻人思想自由之路也。夫孔子生于二千年以前,其不能尽知二千年以后之事理学说,何足以为孔子损?梭格拉底未尝坐轮船,而造轮船者不得不尊梭格拉底,阿里士多德未尝用电线,而创电线者不敢菲薄阿里士多德,此理势所当然也。以孔子之圣智,其所见与今日新学新理相暗合者必多多,此奚待言。若必一一而比附之纳入之,然则非以此新学新理厘然有当于吾心而从之也,不过以其暗合于我孔子而从之耳。是所爱者仍在孔子,非在真理也。万一遍索之于四书、六经,而终无可比附者,则将明知为铁案不易之真理,而亦不敢从矣;万一吾所比附者,有人从而剔之曰孔子不如是,则亦不敢不弃之矣。若是乎真理之终不能饷遗我国民也。故吾最恶乎舞文贱儒,动以西学缘附中学者,以其名为开新,实则保守,煽思想界之奴性而滋益之也。我有耳目,我有心思,生今日文明灿烂之世界,罗列中外古今之学术,坐于堂上而判其曲直,可者取之,否者弃之,斯宁非丈夫第一快意事耶! 必以古人为虾,而自为其水母,而公等果胡为者? 然则以此术保教者,非诬则愚,要之决无益于国民可断言也。

第六　论保教之说有妨外交

　　保教妨思想自由,是本论之最大目的也;其次焉者,曰有妨外交。中国今当积弱之时，又值外人利用教会之际，而国民又夙有仇教之性质，故自天津教案以迄义和团，数十年中，种种外交上至艰极险之问题，起于民教相争者殆十七八焉。虽然，皆不过无知小民之起衅焉耳。今也博学多识之士大夫，高树其帜曰保教保教，则其所著论所演说，皆不可不昌言何以必要保教之故，则其痛诋耶教必矣。夫相争必多溢恶之言，保无有抑扬其词，文致其说，以耸听者，是恐小民仇教之不力，而更扬其波也。吾之为此言，吾非劝国民以媚外人也，但举一事必计其有利无利、有害无害，并其利害之轻重而权衡之。今孔教之存与不存，非一保所能致也，耶教之入与不入，非一保所能拒也，其利之不可凭也如此。而万一以我之叫嚣，引起他人之叫嚣，他日更有如天津之案，以一教堂而索知府、知县之头，如胶州之案，以两教士而失百里之地，丧一省之权，如义和之案，以数十西人之命，而动十一国之兵，偿五万万之币者，则为国家忧，正复何如？呜呼，天下事作始也简，将毕也巨。持保教论者，勿以我为杞人也。

第七　论孔教无可亡之理

虽然，保教党之用心，吾固深谅之而深敬之。彼其爱孔教也甚，愈益爱之，则愈益忧之，惧其遂将之也，故不复权利害，不复揣力量，而欲出移山填海之精神以保之。顾吾以为抱此隐忧者，乃真杞人也。孔教者，悬日月，塞天地，而万古不能灭者也。他教惟以仪式为重也，故自由昌而仗式亡；惟以迷信为归，故真理明而迷信替。其与将来之文明，决不相容，天演之公例则然也。孔教乃异是，其所教者，人之何以为人也，人群之何以为群也，国家之何以为国也，凡此者，文明愈进，则其研究之也愈要。近世大教育家多倡人格教育之论，人格教育者何，考求人之所以为人之资格，而教育少年,使之备有此格也。东西古今之圣哲,其所言合于人格者不一,而最多者莫如孔子。孔子实于将来世界德育之林,占一最重要之位置,此吾所敢豫言也。夫孔子所望于我辈者,非欲我辈呼之为救主,礼之为世尊也。今以他人有救主、世尊之名号,而我无之,遂相惊以孔教之将亡,是乌得为知孔子矣乎!夫梭格拉底、亚里士多德之不逮孔子也亦远矣,而梭氏、亚氏之教,犹愈久而愈章,曾是孔子而顾惧是乎!吾敢断言曰:世界若无政治、无教育、无哲学,则孔教亡;苟有此三者,孔教之光大,正未艾也。持保教论者,盍高枕而卧矣。

第八 论当采群教之所长以光大孔教

吾之所以忠于孔教者,则别有在矣。曰:毋立一我教之界限,而辟其门,而恢其域,揖群教而入之,以增长荣卫我孔子是也。彼佛教、耶教、回教、乃至古今各种之宗教,皆无可以容纳他教教义之量何也?彼其以起信为本,以优伏为用,从之者殆如妇人之不得事二夫焉。故佛曰天上地下惟我独尊,耶曰独一无二上帝真子,其范围皆有一定,而不能增减者也。孔子则不然,鄙夫可以竭两端,三人可以得我师,盖孔教之精神非专制的而自由的也。我辈诚尊孔子,则宜直接其精神,毋拘墟其形迹。孔子之立教,对二千年前之人而言者也,对一统闭关之中国人而言之也,其通义之万世不易者固多,其别义之与时推移者亦不少。孟子不云乎:"孔子圣之时者也。"使孔子而生于今日,吾知其教义之必更有所损益也。今我国民非能为春秋、战国时代之人也,而已为二十世纪之人,非徒为一乡一国之人,而将为世界之人,则所以师孔子之意而受孔子之赐者必有在矣。

故如佛教之博爱也、大无畏也、勘破生死也、普度众生也,耶教

之平等也、视敌如友也、杀身为民也、此其义虽孔教固有之,吾采其
尤博深切明者以相发明;其或未有者,吾急取而尽怀之,不敢廉也;
其或相反而彼为优者,吾舍己以从之,不必吝也。又不惟于诸宗教
为然耳,即古代希腊、近世欧美诸哲之学说,何一不可以兼容而并
包之者。若是于孔教为益乎,不待智者而决也。夫孔子特自异于
狭隘之群教,而为我辈遵孔教者开此法门,我辈所当自喜而不可辜
此天幸者也。大哉孔子! 大哉孔子! 海阔从鱼跃,天空任鸟飞,以
是尊孔,而孔之真乃见,以是演孔,而孔之统乃长。又何为鳃鳃然
猥自贬损,树一门划一沟,而曰保教保教为也。

结　论

　　嗟呼嗟乎,区区小子,昔也为保教党之骁将,今也为保教党之
大敌。嗟我先辈,嗟我故人,得毋有恶其反复,诮其模棱,而以为区
区罪者。虽然,吾爱孔子,吾尤爱真理;吾爱先辈,吾尤爱国家;吾
爱故人,吾尤爱自由。吾又知孔子之爱真理,先辈、故人之爱国家、
爱自由,更有甚于吾者也。吾以是自信,吾以是忏悔。为二千年来
翻案,吾所不惜;与四万万人挑战,吾所不惧。吾以是报孔子之恩
我,吾以是报群教主之恩我,吾以是报我国民之恩我。

(原载《新民丛报》1902 年 2 月 22 日第
2 号,收入《饮冰室合集·文集之九》)

　　梁启超(1873—1929),字卓如,号任公,又号饮冰室主人,
广东新会人。早年师从康有为。1895 年同康有为发动"公车
上书",组织强学会,担任《时务报》主笔,创办大同译书局,宣
传维新变法,时称"康梁"。1898 年变法失败后逃往日本。曾

创办《清议报》、《新民丛报》。1913 年后,曾任北洋政府司法总长,与蔡锷组织护国军反袁,通电反对张勋复辟,出任段祺瑞内阁财政总长。1918 年赴欧洲游历。1920 年后任清华大学研究院导师。其著作汇集为《饮冰室合集》。

　　本文是批驳当时保教论及孔教宗教论的文章。作者较全面论述了孔教的性质、宗教的趋势及保教与思想政治的关系,认为,孔子是哲学家、经世家、教育家,而非宗教家,孔教也非宗教,保教之说不仅束缚思想自由、妨碍外交,而且无益于孔教之光大。孔教是教人如何为人、人群如何为人群、国家如何为国家,并无可亡之理。

论孔教与中国政治无涉

刘师培

　　近世忧时之士，鉴于中国政治之弊，以为中国之政治，皆受孔教之影响也，而革教之问题以起。自吾观之，孔子者，中国之学术家也，非中国之宗教家也。何则？上古之时，本有宗教，而宗教之源，起於神教，因祀先而祀人鬼①，因禘礼而祀天神②，因祭在而祀地祖③。又因祀人鬼以推之，而崇德报功之典著(见《祭法》)；因祀天神以推之，而日月星辰之祀立④；因祀地祇以推之，而山陵川谷之祀兴⑤。是则中国古代之宗教，可分为三：一曰多神，一曰拜物⑥，一

---

　　①　教字从孝，《孝经》曰：夫孝，教之所由生也。此古教起于祖先教之证。

　　②　因祀祖而并推祖之所自出以托之于天，故禘为祀远祖之祭，又为祀天之祭。

　　③　如在为土地之神，而二十五家亦为社，是古代团体之结合，由于奉神同奉一神，即同居一地。今中国各村落虽民户数十，必有一祀土神之所，此其征矣。

　　④　风雨水旱之祭亦然。

　　⑤　《山海经》所言皆地祇也。

　　⑥　上古原人不明万物运行之理，以为皆有神以凭之，故多神、拜物二教，皆生于神物一体说。

曰祀先。习尚相沿，至今未革①。一言以蔽之，曰神教而已②。此皆孔子以前之教也。汉魏以降，老释二家继兴，中国陋儒，以昔之崇奉多神拜物各教者，参入老释二家之说③，故草野愚民，崇奉张道陵袁了凡者④，大抵占国民之多数，此中国古今宗教之大略也，与孔教果何涉乎？若孔子所立六经，则皆周史所藏旧典⑤，而孔门之教科书也⑥。至《论语》《孝经》，又为孔门之学案。则孔学之在当时，不过列九流中儒家之一耳⑦。观孔门所言之教，皆指教育言，非指宗教言⑧。即有改制之文⑨，亦与宗教无涉⑩。若祀神之言⑪，又大抵沿中国古籍之语。其所以受学士崇信者，不过以著述

---

① 祀先、多神二教，固为今日所通行，即拜物教亦然。观中国所祀金龙大王五通神以及拜草木、拜禽兽之风，皆与埃及拜物无异。

② 又可谓之巫教。

③ 道教亦非宗教。中国古代之神教，其末流为燕齐方士。西汉之时，以其说参入儒道两家，一为谶纬，一为符箓。而符箓遂为道教矣。又佛教本祀一神，而中国之僧，则大抵仍奉多神，乃以神教参入佛教者也。

④ 道陵固为符箓派，了凡亦沿中国福善祸淫之说，而又缘饰佛教者也。亦不得以佛教目之。

⑤ 孔子得《易》于鲁史，得百二国宝书于周史，问礼乐于苌弘、老子，而《诗》又为孔子远祖太师正考父所传。

⑥ 《易》为哲学讲义，《诗》、《书》为唱歌、国文课本，《春秋》为本国近世史课本，《礼》为伦理、心理讲义，《乐》为唱歌、体操课本。

⑦ 观《汉·艺文志》可见。

⑧ 案《中庸》云：修道之谓教。又云：自明诚，谓之教。郑注皆以礼义释之。《说文》云：教，上所施下所效也。则古代所谓教者，皆指教育、教化而言。故《王制》言七教，《荀子》言十教也。孔子诲不倦，即教字之确话。

⑨ 公羊家说。

⑩ 改制者，革政也，非革教也，与耶稣、摩哈麦特另创教者不同。

⑪ 如非其鬼而祭之，祭神如神在诸语，皆孔子信神教之证，若据公孟子无鬼神一言，似不足为信。

浩繁①，弟子众多②，而又获帝王之表章耳，于传教亦无涉也。

至牟融始言儒道③，而顾欢张融之辈④，遂有儒道佛三教之称，是则孔教之名，由与老释相形而立。故唐宋以降，多以孔教与老释并衡⑤。至韩愈信儒辟老释，李贽又谓三教同源，而孔教遂俨然为宗教之一矣。近世以来，西教侵入，中国学者，又欲树孔教之帜，以与彼争，而孔教之名词愈起。岂知孔教二字，乃最不合论理者哉⑥。知孔教二字不合论理，即知孔子之非宗教家矣。知孔子之非宗教家，即知孔教与政治无涉矣。盖世之谓孔学影响政治者，仅有三端：一则区等级而判尊卑⑦，一则薄事功而尚迂阔⑧，一则重家族而轻国家⑨。然皆神权时代之思想⑩，而孔子沿用其说耳。降及后世，习俗相仍，以士民之崇信孔学也，于是缘饰古经，附会政治，此则后世之利用孔学，非果政治之原於孔教也。否则，商君著书，

---

① 为诸子百家冠。

② 凡三千人，有势力者亦众。

③ 牟子以儒道与佛道并称。

④ 见《夷夏论》及《齐书》传赞。

⑤ 如以日月星比儒释道三教是。

⑥ 孔子为古代学派之一，如以孔子为宗教，则凡老庄管墨申韩皆可以某教称之，岂理也哉。

⑦ 如君子以辨上下，定民志，亲亲之杀尊贤之等礼所生也是。

⑧ 如孟子侈口陈正义，而董子又言正义不谋利，明道不计功，皆孔学末流之失也。

⑨ 如奖励孝慈笃敬，大抵皆指对于个人之私德言，非指公德言也。

⑩ 《洪范》："惟辟作福。"《北山》："莫非王臣。"即判尊卑也。《干羽》格苗，《旅獒》陈戒，即尚迂阔也。尧亲九族，契教五伦，即重家族也。此皆孔学所本。

亦严等级①，老庄立说，亦薄事功②，管子治民，亦明族制③，舍孔学而外，彼法家、道家之书，亦得为中国政治之左验④，何得以是罪孔子哉！吾观晋帝梁宗，皈依佛法(见《晋书·康帝本纪》《梁书·武帝本纪》)，而崇孔子如故；元魏李唐，施行道教(见《魏·释老志》《唐·玄宗纪》)，而崇孔子仍如故。若王羲之、谢灵运之流，则又信二氏而并崇孔子。是则奉孔子者，本无迷信之心，而使人立誓不背矣，与西教强人必从之旨，大相背驰⑤，其得以宗教家称之哉！居今日而欲导民，宜革中国之神教⑥，而归孔学于九流之一耳⑦，奚必创高远难行之论哉！

(原载 1904 年 3 月《警钟报》，选自
1904 年 5 月《东方杂志》第 3 期)

刘师培(1884—1920)，字申叔，号左盦，江苏仪征人。1904 年任上海《警钟日报》主笔，入光复会。1907 年赴日本任《民报》编辑，入同盟会。1909 年入两江总督端方幕，后到四川国学院讲学。1915 年参与发起"筹安会"，拥护袁世凯称帝。1917 年受聘为北京大学教授。1919 年发起《国故月刊》社，任总编辑，反对新文化运动。受家传汉学，对经学及汉魏诗文皆有深邃研究。遗著汇为《刘申叔先生遗书》，凡 74 种。

---

① 如尊君抑臣诸说是。
② 主消极而不主积极。
③ 如管子治齐首重六亲和睦是。
④ 孔学之影响政治者，乃诸子所同，非孔子特创之说。
⑤ 孔教无祷祈，无入教之仪式，皆孔子非宗教家之确证。
⑥ 民智愈启，则神教日衰。
⑦ 仿周秦之例，称为儒家。

　　本文认为,孔子是学术家,非宗教家,孔学不过是古代学派之一;孔门所言之教,皆指教育、教化而言,非指宗教,孔教二字,源于儒、道、佛三教之称,最不合论理。孔学与政治发生关联,是后世利用孔学,并不是政治原于孔教。

论孔教是一宗教

陈焕章

孔教之为宗教也,数千年于兹矣,微独中国人公认之,即外国人亦公认之,故欲论孔教之为宗教,实属辞费,以其本不成问题也。然近今十年,偶有谓孔子非宗教家者,海内耳食之徒,竟执之为口实,拾人牙慧,不求甚解,遂妄欲推倒数千年之教主,而陷中国于无教。呜呼!亦大可哀矣。兹因美国李佳白博士之请,说孔教于尚贤堂,特先证明孔教之为教焉。

一 何谓宗教

宗教二字,乃日本名词,若在中文,则一教字足矣。考之经传,《尧典》曰:"敬敷五教在宽。"五教者五伦之教也。孟子曰:"人之有道也,饱食暖衣逸居而无教,则近于禽兽,圣人有忧之,使契为司徒,教以人伦,父子有亲,君臣有义,夫妇有别,长幼有序,朋友有信。"即《书》经五教之确诂。《王制》曰:"明七教以兴民德。七教者父子、兄弟、夫妇、君臣、长幼、朋友、宾客也。"以此言之,凡《书》经所谓五教,礼记所谓七教,皆伦理之教,孔教之骨髓也。然经传之中,亦非无指神道以为教者。《易》曰:"圣人以神道设教而天下服。"此其尤彰明较著者也。是故有人道之教,有神道之教,道虽不同,而皆名之曰教。孔教兼明人道与神道,故《乐记》曰:"明则有礼乐,幽则有鬼神。"是孔教之为宗教,毫无疑义。特孔教平易近人,而切实可行,乃偏重人道耳。

今欲证孔教之为教,当先定宗教之界说。宗教二字,在英文为厘里近(Religion),解释之者,虽各各不同,然大致偏重于神道。若以英文之狭义求之中文,则以礼字为较近。《说文》曰:"礼履也,所以事神致福也。"徐铉曰:"五礼莫重于祭,故从示,豊者其器也。"盖礼之起原,始于祭祀,即西人之所谓宗教,而我中国亦有礼教之称,盖礼即教也。然名从主人,乃《春秋》之义,故吾今不必问西人之所谓教,只问中国人之所谓教,不必问别教人之所谓教,只问孔教人之所谓教。孔教之经传,其确定教字之界说者,莫著于《中庸》。《中庸》曰:"天命之谓性,率性之谓道,修道之谓教。"此教字之定义也。天者上帝之谓也,由上帝所命,与生俱来者,则谓之性。《书》所谓"惟皇降衷,厥有恒性",《诗》所谓"天生蒸民,有物有则",是也。遵性而行,即谓之道。孟子所谓"道若大路,人病不求",是也。然天命之性,每多汨没,则人行之道,或不轨于正,故修道尚焉。修道者修正人之云为思虑,以纳于率性之道,而合于天命之性也。此乃尽人合天之功,而致力于天人相与之际者,非教而何? 故谓之教也。据《中庸》教字之界说,以评论孔教,则孔教之为教,铁案如山不可动矣。

且夫宗教者人类之所不能免者也,其发达在政治之先,其重要与政治相并,而其功效在政治之上。所谓宗教之发达在政治之先者何也? 生人之始,各各独立,未成社会,安有政治。然而饮食居处,稍略得所,则祭祀兴焉。《礼运》曰:"夫礼之初,始诸饮食,其燔黍捭豚,污尊而抔饮,蒉桴而土鼓,犹若可以致其敬于鬼神。"《洪范》于食货之后,即继以三曰祀,诚以宗教之发达,比政治较早也。天演日深,社会之组织日备,而宗教与政治,遂为两大,故中国常以政教并称。《书》曰:"天降下民,作之君,作之师,惟曰其助上帝,宠之四方。"此以师统之宗教,与君统之政治,相提并论者也。虽然,宗教之功效,实在政治之上。孔子曰:"道之以政,齐之以刑,民免而无耻;道之以德,齐之以礼,有耻且格。"孟子曰:"善政不如善教之得民也。善政民畏之,善教民爱之,善政得民财,善教得民心。"此之谓也。是故教也者,乃中国一至美至善神圣不可侵犯之名词,敬教劝学,自古有明训矣。乃近人不识教字之义,竟以为惟尚迷信者始得为教,不尚迷信者即不得为教,于是视教字如蛇蝎,以教字为不美不洁之名词,遂谬曰中国乃无教之国,孔子非宗教家,以宗教家尊孔子实是亵渎孔子。又曰:孔教不是教。此等谬论,直是狂吠。呜呼!其亦不思之甚矣。

且夫教亦多术矣,有以神道为教者,有以人道为教者,其道虽殊,其所以为教一也。夏葛而冬裘,衣料殊,而其为衣则一也。朝饔而夕飧,食品殊,而其为食则一也。今乃谓人道之教非教,是何异谓冬之裘不是衣,夕之飧不是食也,有是理乎?必谓如西人之神道教者方可为教,则是食饭者不得谓之食,必食面包而后可也;用丝者不得谓之衣,必用洋呢而后可也。若必谓非迷信不得为宗教,则何不曰非茹毛饮血不得为食,非衣其羽皮不得为衣乎?亦太不识宗教进化之理矣。夫神话时代,则野蛮世界之教主,每假托于鬼神,若人文时代,则文明世界之教主,每趋重于伦理,此亦天演之道也。我中国自五帝三王以来,其文明至春秋而大备,而鲁又为中国文明之中心点,其时其地,皆与孔子以特别之位置。而孔子乃诞生于其间,质本生知,性复好学,久游列国,遍接通人,经验既多,年寿又永,且得天下之多数英才,而与之共荷大道,呜呼!孔教之成一特别宗教也,岂无故哉!妄者不察,见他人之宗教如彼如彼,而孔子之宗教如此如此,因谓孔教非宗教,是何异见及肩之墙则谓之墙,见数仞之墙遂谓其非墙乎!又何异见专制之国则谓之国,见共和之国遂谓其非国乎!亦太可笑矣。

　　或曰：宗教之名，各教所共，今孔教既为一特别宗教，何如划孔教于宗教之外，以示其尊无与并乎？若仍以宗教之名名之，恐人将视孔教为迷信，而因以贬孔子也。应之曰不然。凡物必有类，凡类必有等，若因其不同等之故，遂以为不同类，此大谬也。今夫圣人之与愚人，其相去亦远矣，然若谓圣人非人，恐其与愚人相混，岂不淆乱名实也哉？故吾辈可谓孔子为人，为圣人，为教主，亦可谓孔教为教也，盖教者普通之名词而已。

二　孔子是一教主

　　教字之意义既明，则孔教之为教，不辨而自白矣。然论者或分孔子与孔教为二，谓后世之所谓儒教孔教，与孔子不同，当分别观之，意以为孔教虽已成为宗教，而孔子究非宗教家也。故吾今欲证孔教之为教，当先证孔子之为教主，然后世之瞽说，可一扫而空也。

　　第一　孔子以教主自待　孔子以前，中国政教合一，凡为开创之君主，即为教主，包牺、神农、黄帝、尧、舜、禹、汤、文王是也。自孔子以匹夫创教，继衰周而为素王，政教分离，实自此始。盖至是而宗教始能独立，为教主者不必兼为君主，教统乃立于政统之外矣。孔子自为素王，古之儒者，皆为此说。董仲舒曰："孔子作《春秋》，先正王而系万事，见素王之文焉。"贾逵《春秋序》云："孔子览史记，就是非之说，立素王之法。"郑玄《六艺论》云："孔子既西狩获麟，自号素王，为后世受命之君，制明王之法。"卢钦《公羊序》云："孔子自因鲁史记而修《春秋》，制素王之道。"然论者或以为此不过后儒之言论耳，则且述孔子之言论，以明孔子之自命为教主焉。《钩命决》云："丘以匹夫徒步以制正法。"又云："吾作《孝经》，以素王无爵之赏，斧钺之诛，故称明王之道。"《援神契》云：丘为制法主，黑绿不代苍黄。"言孔子黑龙之精，不合代周家木德之苍也。《演孔图》又云："圣人不空生，必有所制以显天心，丘为木铎，制天下法。"此孔子以教主自命之证也。然论者或犹以为此不过根据纬书也，则且取世界所最尊信之《论语》以明之。《述而篇》曰："天生德于予，桓魋其如予何。"此孔子自信其为天生之圣子，非人之所能伤害也。《子罕篇》曰："文王既没，文不在兹乎，天之将丧斯文也，后死者不得与于斯文也，天之未丧斯文也，匡人其如予何。"此孔子自信道统在躬，为天所佑也。夫孔子与文王，世之相后也。殆六百岁，而孔子自谓直接文王之传，不许他人于其时间稍占一位置，虽以武王周公之圣，而不得齿数焉，此其自视为何如，尚安有不以教主自待者哉。此孟子所以谓由文王至于孔子，孔子则闻而知之也，此王充所以谓文王之文，传在孔子也。昔孔子将卒，歌曰："泰山其颓乎，梁木其坏乎，哲人其萎乎。"以泰山梁木自喻，以哲人自称，此孔子以教主自待之证也。又曰："明王不兴，而天下其孰能宗予。"郑注云："今无明王，谁能尊我以为人君乎。"此孔子自伤其不能为得位之教主也。故曰："凤鸟不至，河不出图，吾已矣夫。"西狩获麟，则曰："吾道穷矣。"此皆孔子自叹其不能得位乘时，而但垂空文以自见也。然而孔子之自认教主，则已情见乎辞矣。至于天何言哉之论，则虽英儒力忌（Legge），亦谓孔子自比于天，盖孔子不独自认为天生之圣子而已。

或曰：凡为教主者，每具上天下地惟我独尊之概，若孔子则谦卑逊顺，入太庙而每事问，三人行而必有师，然则孔子殆非宗教家也。应之曰不然。凡教主之创教，必因其时其地以为差。野蛮之世，民智未开，道同则不能相先，情同则不能相使，故为教主者，必高自位置，以耸动愚民。或以为天之独子，或以为天之使者，自位于天人之间，而独掌其人与天通之路，苟有欲见上帝者，非凭该教主之介绍末由焉。上帝有言，则该教主传之，上帝有身，则该教主化之，此亦至尊无对矣。然试问当文明之世，民智大开，为教主者，能若是之自尊否乎？孔子生春秋之季，文明灿烂，人治既盛，神权渐衰，为孔子者，固不必假托鬼神，以予智自雄矣。且孔子之卑以自牧，谦以受益，此正孔子之所以为大教主，而出类拔萃者也。权术之主，劫持百姓，独霸为王，自以为天下莫及，然而能保其社稷者仅矣。贤圣之君，望道如未见，求善如不及，然而圣德日彰焉。此其孰优孰劣，不问可知，固不能谓权术之霸主方为君主，而谦恭之圣主非君主也。质而言之，野蛮世之教主，犹专制之君主也，故惟我独尊。文明世之教主，犹立宪之君主也，故人皆平等。此固由孔子之盛德，而亦由中国之进化独早也。吾故曰，孔子者文明之教主，而孔教者文明之宗教也。

　　且夫中国人之特性，以谦逊为美，而此种特性，尤莫著于孔子。故曰："君子道者三，我无能焉。"又曰："君子之道四，丘未能一焉。"又曰："若圣与仁，则吾岂敢。"然试问吾辈果认孔子于仁者不忧、知者不惑、勇者不惧之三者，为无能乎？于子臣弟友四者之道，为未能一乎？于圣与仁之地位，为不能居乎？吾有以知其必不然也。凡人之评论人也，不必问其人自命为何等人，然后以何等人许之也，止问其实际何如耳。今若有妄人于此，自称圣人，自号教主，而其实则非，吾辈岂将以教主许之乎？反是以观，则孔子之圣不自圣，而实为教主，吾辈自当以教主奉之也。此乃出于其教徒之心悦诚服，而非由于其本人之智取术驭也。比于神道设教之教主，托于鬼神上帝以自尊显者，岂不更光明正大而有征可信乎。而况孔子固非一意谦逊，其常以教主自待，有如上文所述者乎。要而言之，即使孔子不自认教主，亦不过孔子之谦让，彼既有教主之实，吾辈自当以教主之名奉之。况孔子之自认教主，屡见不一见，则孔子之为宗教家，更不成问题。而乃人云亦云，谬曰孔子非宗教家，以自诬教祖而全卖孔国，甚矣世人之不读书也。

　　夫孔子固非独宗教家而已，凡道德家、教育家、哲学家、礼学家、文学家、历史家、群学家、政治家、法律家、外交家、理财家、音乐家、博物家、神术家、兵法家、武力家、旅行家之资格，无一不备，此孔子所以为大也。然岂能因孔子具备诸家之资格，遂并其宗教家之资格而削夺之乎？他教之教主，多属单纯之宗教家，而孔子独为美富之宗教家，不能谓单纯之宗教家方是宗教家，而美富之宗教家非宗教家也。

　　第二　孔子之弟子及其后学以孔子为教主　孔子之为教主，非独孔子之自待也，其弟子及其后学，皆以此待之焉。宰我曰："以予观于夫子，贤于尧舜远矣。"夫孔子布衣，尧舜帝王，苟非教主，拟不于伦矣，惟孔子实为教主，师表万世，故贤于尧舜远甚，此宰我之以孔子为教主也。子贡曰："见其礼而知其政，闻其乐而知其德，由百世之后，等百世之王，莫之能违也。"夫孔子一匹夫耳，不过有其德耳，何能有礼乐，何能有政，更何能由百世之后等百世之王而莫之能违，惟孔子实一教主，制礼作乐，立政立德，故有所谓其礼其政其乐其德者焉。惟子贡能知圣，故见其礼而知其政，闻其乐而知其德，以为由百世之后等百世之王而莫之能违，此孔子所以为圣之时者也。邵康节曰："日月星辰齐照耀，皇王帝霸大铺舒。"呜呼！非教主之地位而能若是乎？子贡又曰："固天纵之将圣，又多能也。"将圣者大圣也，此子贡之以孔子为教主也。《论语纬》云：子夏曰："仲尼为素王，颜渊为司徒。"又云："子夏六十四人，共撰仲尼微言，以事素王。"此子夏等之以孔子为教主也。《礼记·檀弓篇》："孔子之丧，公西赤为志，兼用三王之礼以尊之。"孔《疏》曰："夫子圣人，德备三代文物故也。"此公西赤之以孔子为教主。《中庸》曰："大哉圣人之道，洋洋乎发育万物，峻极于天，优优大哉，礼仪三百，威仪三千，待其人而后行。"又曰："君子之道，本诸身，征诸庶民，考诸三王而不缪，建诸天地而不悖，质诸鬼神而无疑，百世以俟圣人而不惑。"又曰："仲尼祖述尧舜，宪章文武，上律天时，下袭水土，辟如天地之无不持载，无不覆帱，辟如四时之错行，如日月之代明。"又曰："凡有血气者，莫不尊亲，故曰配天。"此子思之以孔子为教主也。《孟子》于禹抑洪水、周公兼夷狄、驱猛兽之后，则举孔子，于舜明物察伦之后，历举禹汤文武周公又举孔子，其全书之末，于尧舜汤文之后，止举孔子，以孔子为圣之时，以孔子为集大成，所愿学者惟孔子，而以私淑诸人为幸。又曰："《春秋》天子之事也。"此孟子之以孔子为教主也。《推度灾》曰："庚者更也，子者滋也，圣人制法，天下治平。"此《诗纬》之以孔子为教主也。《稽命征》曰："文王见礼坏乐崩，道孤无主，故设礼经三百，威仪三千，以孔子为文王。"此《礼纬》之以孔子为教主也。《合成图》云："皇帝立五始，制以天道。五始者元年一也，春二也，王三也，正月四也，公即位五也。"以孔子为皇帝，盖即教主之谓，此《春秋纬》之以孔子为教主也。《庄子》虽流于道家，而尊孔甚至。《天道篇》曰："虚静恬淡，寂漠无为者，万物之本也。以此处上，帝王天子之德也，以此处下，玄圣素王之道也。"《齐物篇》曰："《春秋》经世，先王之志，孔子志在《春秋》，故曰先王之志也。"《天下篇》曰："古之人其备乎，配神明，醇天地，育万物，和天下，泽及百姓，明于本数，系于末度，六通四辟，小大精粗，其运无乎不在。其明而在数度者，旧法世传之史，尚多有之，其在于《诗》《书》《礼》《乐》者，邹鲁之士，搢绅先生，多能明之。《诗》以道志，《书》以道事，《礼》以道行，《乐》以道和，《易》以道阴阳，《春秋》以道名分。其数散于天下而设于中国者，百家之学，时或称而道之。天下大乱，贤圣不明，道德不一，天下多得一察焉以自好，譬如耳目鼻口，皆有所明，不能相通，犹百家众技也，皆有所长，时有所用。虽然，不该不遍，一曲之士也。判天地之美，析万物之理，察古人之全，寡能备于天地之美，称神明之容，是故内圣外王之道，暗而不明，郁而不发，天下之人，各为其所欲焉以自为方。悲夫！百家往而不反，必不合矣，后世之学者，不幸不见天地之纯，古人之大

体,道术将为天下裂。"庄子既称孔子为素王,为先王,又称孔子为
神明圣王,而深慨乎道术之将裂,此《庄子》之以孔子为教主也。
《春秋繁露》曰:"有非力之所能致而自至者,西狩获麟,受命之符是
也。"又曰:"《春秋》应天,作新王之事。"此董仲舒之以孔子为教主
也。《淮南子》虽为杂家,而其《氾论篇》曰:"殷变夏,周变殷,春秋
变周。"则《淮南子》亦以孔子为教主也。太史公曰:"仲尼为天下制
仪法,垂六艺之统纪于后世。"又曰:"桀纣失其道而汤武作,周失其
道而《春秋》作。"以孔子与汤武并举,明《春秋》为一革命之大业,故
特列孔子于世家,而赞之曰"可谓至圣"。《索隐》云:"教化之主,吾
之师也,为帝王之仪表,示人伦之表率。圣人为教化之主,又代有
贤哲,故亦称系家焉。"太史公特立《孔子世家》,原以孔子为教化之
主故。此司马迁之以孔子为教主也。《盐铁论》曰:"礼义由孔氏
出。"此桓宽之以孔子为教主也。《说苑·至公篇》曰:"精和圣制,上
通于天而麟至,此天之知夫子也。"此刘向之以孔子为教主也。《典
引》曰:"天命玄圣,使缀学立制。"此班固之以孔子为教主也。《论
衡·超奇篇》曰:"孔子作《春秋》以示王意,然则孔子之《春秋》,素王
之业也,诸子之传书,素相之事也。"此王充之以孔子为教主也。类
此之文,不可胜引,故孔子之为教主,毫无疑义。

　　第三　孔子之时人以孔子为教主　孔子之为教主,不独其弟
子及其后学公认之也,即其时人亦公认之焉。孟厘子诫其嗣懿子
曰:"吾闻圣人之后,虽不当世,必有达者,今孔丘年少好礼,其达者
欤! 吾即没,若必师之。"此孟厘子预知孔子之必为教主也。齐景
公欲以尼谿田封孔子,晏婴曰:"夫儒者滑稽而不可轨法,倨傲自
顺,不可以为下;崇丧遂哀,破产厚葬,不可以为俗;游说乞贷,不可
以为国。自大贤之息,周室既衰,礼乐缺有间,今孔子盛容饰,繁登
降之礼,趋详之节,累世不能殚其学,穷年不能究其礼,若欲用之以
移齐俗,非所以先细民也。"此晏婴之以教主攻孔子也。孔子释防

凤氏之骨，而吴客曰："善哉圣人。"盖时人多以圣人称孔子，而吴客因以此叹美之也。此吴客之以孔子为教主也。微生亩诘孔子之栖栖，晨门谓孔子知其不可而为之，荷蒉叹孔子之有心，楚狂伤凤兮之德衰，桀溺谓孔子欲易滔滔之天下，此微生亩、晨门、荷蒉、楚狂、桀溺诸人之以孔子为宗教家也。陈子禽曰："夫子至于是邦也，必闻其政。"子贡曰："夫子温良恭俭让以得之。"此列邦诸侯，以孔子为宗教家，故特许孔子以必闻其政也。不然，以政务之机密，安能使异邦人必闻之哉。达巷党人曰："大哉孔子，博学而无所成名。"郑玄曰："美孔子博学道艺，不成一名而已。"盖无所成名，即荡荡乎民无能名之意，亦即孟子所谓集大成之意。此虽里巷之童子，亦知孔子之为大教主也。大宰问于子贡曰："夫子圣者与，何其多能也。"此大宰之以孔子为教主也。仪封人曰："二三子何患于丧乎，天下之无道也久矣，天将以夫子为木铎。"此仪封人之确信孔子受天明命，将为教主，而斯道不至丧失也。《孔子家语》，称齐大史子余叹美孔子之言曰："天其素王之乎。"此齐大史子余谓孔子为天所命之教主也。是故孔子之为教主，当时之人，无不公认之也。

　　第四　后世以孔子为教主　孔子曰："君子疾没世而名不称焉。"《语》曰：盖棺论定。故后世之以何者待奉孔子，不可不考也。太史公曰："孔子葬鲁城北泗上，弟子及鲁人往从冢而家者百有余室，因命曰孔里。鲁世世相传，以岁时奉祀孔子冢，而诸儒亦讲礼、乡饮、大射于孔子冢，孔子冢大一顷。故所居堂，弟子内，后世因庙藏孔子衣冠、琴、车、书，至于汉二百余年不绝。高皇帝过鲁，以太牢祠焉。诸侯卿相至，常先谒然后从政。"又曰："余适鲁，观仲尼庙堂车服礼器，诸生以时习礼其家，余低回留之不能去云，孔子布衣，传十余世，学者宗之，自天子王侯中国言六艺者，折中于夫子。"此孔子卒后，而全国以孔子为教主之证也。孔子五百有四年，孔霸以帝师赐爵，号褒成君。奉孔子后，以至于今，孔氏之世爵不绝焉。

孔子六百一十年,汉明帝命于辟雍及郡县之学校,皆祀孔子,而学校之祀孔子,遂成故事焉。统中国之历史,从未有一人焉敢谓孔子非宗教家者也,是何也? 不合于事实也。我国人苟丧心病狂,而自认为无教之国,则亦已矣,若犹认为有教之国也,则此二千余年中,主中国之教统者,非孔子而谁? 而乃自昧良心,颠倒事实,谬谓孔子非宗教家,以卖去其教祖,而启滔天之巨祸,呜呼! 其亦不仁甚矣。

第五　外国人以孔子为教主　今吾国人之谓孔子非宗教家者,不过借口于英文厘里近之字义耳。然以吾观于孔子之教旨,实与英文厘里近之字义,并无不合。以吾所识之外国人,并无一不以孔子为教主者。凡西人所著之书,一言及中国之教主,必首举孔子,一言及中国之宗教,必首举孔教,一比较世界各教及其教主,必举孔教及孔子。盖孔子之为教主,久成事实,外国人固无不公认之也。其或偶有在中国传教之教士,谓孔子非宗教家者,此不过一二人之私言,别有用意,欲取孔子而代之耳,非通论也。至若最大多数之外国人,又岂不以孔子为教主哉。观于英儒李提摩太君,梅殿华君,美儒李佳白君,皆耶教巨子,而皆以孔子为教主,斯亦可见其概矣。

三　孔教是一宗教

孔子既是教主,则孔子所创之孔教,是一宗教,本可不言而喻,然吾今欲大明斯旨,则且详说孔教之是教焉。

第一　孔教之名号　孔教之名号曰儒。儒字本为有道艺者之通称,及孔子创教,其名为儒,遂为特别之名词矣。亦犹道字本为普通玄名,及老子创教,其名为道,遂又为特别之名词矣。《孔丛子·儒服篇》云:平原君曰:"儒之为名何取尔?"子高曰:"取包众美,兼六艺,动静不失中道。"《韩诗外传》云:"儒者儒也,儒之为言无也,不易之术也。千举万变,其道不穷,六经是也。若夫君臣之义,父子之亲,夫妇之别,朋友之序,此儒者之所谨守,日切磋而不舍也。"扬子《法言》云:"通天地人曰儒。"此皆儒字之义也。《淮南子·要略篇》曰:"孔子修成康之道,述周公之训,以教七十子,使服其衣冠,修其篇籍,故儒者之学生焉。"此明儒教之创于孔子也。《论衡·案书篇》曰:"儒家之宗孔子也,墨家之祖墨翟也,且案儒道传而墨法废者,儒之道义可为,而墨之法议难从也。"此明孔子为儒教之宗祖,且抉儒墨兴废之由也。当周末及汉初,儒墨两教,中分天下,故儒墨多并称,亦犹后世之称儒释道三教也。自汉武以儒为国教,举国皆儒,后人乃缩小其字义而狭用之,只称士大夫为儒,其实凡奉孔子教者,皆当名之曰儒也。儒字之范围,既如是其广,则人数众多,其中自不免有高下之殊,此等阶级,不独于后世见之,即孔子时亦已有之。是故孔子谓子夏曰:"女为君子儒,无为小人儒。"勉其为孔门之高弟也。

  第二 孔教之衣冠 孔子衣逢掖之衣,冠章甫之冠,此所谓儒服也。衣则因鲁制,冠则因宋制,此儒服之所自出,亦犹殷辂周冕,集合而成也。孔颖达曰:"以丘为制法之主,故有异于人,所行之事,多用殷礼,不与寻常同也。"孔子自为教主,而别制衣冠之意,孔颖达其知之矣。乃孔子答哀公儒服之问,竟曰不知儒服者,此婉斥哀公之意不在儒,徒问其服,有以儒为戏之心也。然儒服实有益于人,盖制外即所以养中。资衰苴杖者不听乐,非耳不能闻也,服使然也,黼衣黻裳者不茹荤,非口不能味也,服使然也。服制之有益于人如是,故孔子特制为儒服,使其教徒服之。《淮南子》曰:"孔子教七十子,使服其衣冠。"《盐铁论》曰:"孔子外变二三子之服。"此其证也。《孝经》以先王法服与法言德行同重,孟子亦以服尧之服,与诵尧之言行尧之行并称,甚矣衣服之不可不讲也。有特别之宗教，即有特别之衣冠，孔教既有特别之衣冠，故孔教实为宗教，此可不烦言而明也。

第三　孔教之经典　孔子之事业，莫大于作经。盖六经皆孔子所作也。《淮南子·氾论篇》曰："王道缺而《诗》作，周室废礼义坏而《春秋》作，《诗》《春秋》学之美者也，皆衰世之造也，儒者循之以教导于世，岂若三代之盛哉。"《淮南子》以《诗》《春秋》为衰世之造，不若三代之盛，此孔子作《诗》之证也。是故《关雎》为风始，《鹿鸣》为小雅始，《文王》为大雅始，《清庙》为颂始，皆托始于文王。若《生民》、《公刘》思文，虽言文王远祖，反在于后，此孔子作《诗》之微意也。《论衡·须颂篇》曰："问说书者钦明文思以下谁所言也？曰篇家也。篇家谁也？孔子也。然则孔子鸿笔之人也，自卫反鲁，然后乐正，雅颂各得其所也，鸿笔之奋，盖斯时也。"此孔子作《书》之证也。《礼记·杂记》曰："恤由之丧，哀公使孺悲之孔子学士丧礼，士丧礼于是乎书。"此孔子作《礼》之证也。孔子曰："吾自卫反鲁，然后乐正，雅颂各得其所。"此孔子作《乐》之证也。是故墨子之攻孔子，有非乐之论，扬雄《解难》曰："是以宓牺氏之作《易》也，绵络天地，经以八卦，文王附六爻，孔子错其象而象其辞。"《论衡·谢短篇》曰："伏羲作八卦，文王演为六十四，孔子作《彖》《象》《系》《辞》，三圣重业，《易》乃具足。"盖除伏羲画八卦、文王重为六十四卦之外，凡《易经》之文字，皆孔子所作也。《乾凿度》云："垂皇策者羲，卦道演德者文，成命者孔。"《通卦验》又云："苍牙通灵，昌之成，孔演命，明道经。"此孔子作《易》之证也。孟子曰："孔子惧，作《春秋》。"此孔子作《春秋》之证也。是故《演孔图》曰："孔子作法五经，运之天地，稽之图象，质于三王，施于四海。"《论衡·对作篇》曰："五经之兴，可谓作矣。"又《效力篇》曰："孔子周世多力之人也，作《春秋》，秘书微文，无所不定。"又《谴告篇》曰："六经之文，圣人之语，动言天者，欲化无道惧愚者之言，非独吾心，亦天意也。"此不独明孔子为作六经之人，且明六经动必言天之义，盖欲化无道而惧愚者，不能不称天以临之也。此孔子之所以为教主，而孔教之所以为宗教也。且孔教之为宗教，尤有明征焉，《春秋·演孔图》曰："获麟之后，天下血书鲁端门，曰趋作法，孔圣没，周姬亡，彗东出，秦政起，胡破术，书记散，孔不绝。子夏明日往视之，血书飞为赤鸟，化为白书，署曰《演孔图》，中有作图制法之状。"此孔子受天命之符瑞也。《孝经·右契》曰："孔子作《春秋》制《孝经》既成，孔子斋戒，簪缥笔，衣绛单衣，向北辰而拜，告备于天，天乃洪郁起白雾摩地，赤虹自上下，化为黄玉，长三尺。"此孔子制作功成，而封禅以告于天，天亦受之也。是故孔教之经典，实与天有密切之关系，此孔教之所以为宗教也。

第四　孔教之信条　既服儒之服而诵儒之言矣，则行儒之行尚焉，《儒行》者孔教之信条也。郑玄曰：儒行之作，盖孔子自卫初反鲁时也。考《儒行》一篇，共十七条，皆孔子为其教徒所立之规条也。虽所陈之事，亦有前后乖异者，则如孔颖达所谓儒包百行，事非一揆，量事制宜，随机而发。吾教中人，果能以此篇自治，则不愧为儒，而已受孔子之戒矣。吾昔在纽约，曾为孔教义学著有《儒行浅解》一篇，今不赘。

第五　孔教之礼仪　凡宗教必有仪式，若孔教之仪式，则最为详备矣。《礼经》①之所著，《礼记》之所述，大小精粗，靡不毕具，事神事人，均有定礼，信乎孔教之为宗教也。

第六　孔教之鬼神　今之谓孔子非宗教家者，动曰孔子不言鬼神，而不知非也。《论语》谓子不语怪力乱神，李充释之曰："力不由理，斯怪力也；神不由正，斯乱神也。怪力乱神，有与于邪，无益

---

① 俗称《仪礼》。

于教，故不言也。"夫《洪范》以弱为六极之一，《中庸》以勇为三达德
之一，孔子何尝不语力。至孔子之言鬼神，则尤多矣。《祭义》曰：
"合鬼与神，教之至也。因物之精，制为之极，明命鬼神，以为黔首
则，百众以畏，万民以服。"《中庸》曰："鬼神之为德，其盛矣乎，视之
而弗见，听之而弗闻，体物而不可遗，使天下之人，齐明盛服，以承
祭祀，洋洋乎如在其上，如在其左右。"此孔子言鬼神之证也。然论
者或执季路问事鬼神一章以相难，此则误解之过也。夫孔子谓未
能事人焉能事鬼者，非不能事鬼不必事鬼之谓也，先能事人，然后
能事鬼也。此乃孔子直答季路之问，简捷了当，而季路遂深明夫人
鬼一源之义，知既能事人，即能事鬼，故不复再问，乃更端而曰"敢
问死"，孔子又直答之曰："未知生，焉知死。"盖为学有序，先能知生
然后能知死也。且生死无二，既能知生即能知死也，而季路遂心领
神会，了无疑义，不复再问矣。《系辞》曰："原始反终，故知死生之
说。精气为物，游魂为变，是故知鬼神之情状。"此等彰明较著之经
传，尽人皆见，论者乃熟视无睹，竟妄曰孔子非宗教家也，亦太可怜
矣。

　　孔子之教，不止一神，然百神之上，冠以上帝，上帝者固非别教
之所得私也。《诗》曰："小心翼翼，昭事上帝。"又曰："上帝临女，无
贰尔心。"其尊敬上帝为何如乎。《论衡·雷虚篇》曰：《论语》迅雷风
烈必变，《礼记》有疾风迅雷甚雨则必变，虽夜必兴，衣服冠而坐。
子曰："天之与人犹父子，有父为之变，子安能忽。故天变己亦宜
变，顺天时，示己不违也。"此孔子尊敬上帝之义也。其曰天之与人
犹父子，尤见亲爱上帝之意，与耶教之以天为父，若合符节也。

　　孔教之中，每多三统三世之义，盖欲推行尽利，至于万世而皆
准，不能不如是也。即如上帝之名，乃宗教家言，孔子固特尊之矣。
然《易经》始于乾元，《彖》曰："大哉乾元，万物资始，乃统天，云行雨
施，品物流形，大明终始，六位时乘，时乘六龙以御天，乾道变化，各

正性命,保合大和乃利贞。首出庶物,万国咸宁。"《春秋》始于元年,何休注曰:"元者气也,无形以起,有形以分,造起天地,天地之始也。"此元字,即上帝之代名词,此天字,则非指上帝,而指有形体之天也。惟上帝故能统天御天而造起天,此孔教中之创世记也。凡《系辞》之所谓太极,《礼运》之所谓大一,皆元之谓也,亦上帝之谓也。然《文言》又曰:"元者善之长也。"君子体仁足以长人,则元者即仁也,亦即上帝也。夫道一而已矣,一者何也?曰仁也。仁天心,故仁即上帝也。以宗教家言之,则名之曰上帝;以哲学家言之,则名之曰元;以伦理家言之,则名之曰仁,其实一也。上帝为孔教之主脑,仁亦为孔教之主脑,故尸子曰:孔子主仁。仁为天心,亦为人心,故欲尽人以合天,则求仁可矣。然仁之为器重,其为道远,我欲求仁,将何所着手哉?《论语》曰:"夫仁者己欲立而立人,己欲达而达人,能近取譬,可谓仁之方也已。"如恕也者仁之方也。《中庸》曰:"忠恕违道不远。"《论语》曰:"夫子之道,忠恕而已矣。"能尽忠恕之道,即能尽仁之道,亦即能尽上帝之道,故孔子曰:"吾道一以贯之。"此之谓也。彼无识者徒欲执一神教以傲孔子,又乌知孔子之大也哉,又乌知孔教之大也哉!

孔子之教,有最特别者,则上帝与祖宗并重是也。上帝者人之所从出也,祖宗者亦人之所从出也。苟无上帝,则人将失其天命之性,而与下等动物同矣。苟无祖宗,则人将为物,而不必其有人身也。故《郊特牲》曰:万物本乎天,人本乎祖,此所以配上帝也。《穀梁传》曰:独阴不生,独阳不生,独天不生,三合然后生。故曰母之子也可,天之子也可。阴者母之谓也,阳者父之谓也,天者上帝之谓也,人人皆父母之子,亦人人皆上帝之子,或曰父母之子可也,或曰上帝之子亦可也。受之父母而有吾魄,亦受之上帝而有吾魂。知有父母而不知有上帝,则狭隘偏私,不仁而不可为也。知有上帝而不知有父母,则等至亲于行路,不智而不可为也。孔教仁智兼之,故仁孝并行,而上帝与父母并重也。《祭义》曰:"唯仁人为能飨帝,孝子为能飨亲。"《中庸》曰:"郊社之礼,所以事上帝也,宗庙之礼,所以祀乎其先也。明乎郊社之礼,禘尝之义,治国其如示诸掌乎。"此孔教之精义也。

且夫专拜上帝者,固可以为宗教矣,专拜祖宗者,亦可以为宗教矣,即专拜下等动物者,亦可以为宗教矣,甚至一无所拜而倡无神之论者,亦可以为宗教矣。乃妄人偏谓兼拜上帝及祖宗之孔教非教,岂不大谬也哉!若必谓专拜上帝而不拜祖宗者,方为宗教,兼拜上帝与祖宗者,不得为宗教,是何异谓止知有母而不知有父者,方为人子,其兼知有父母者,不得为人子乎,必不然矣。

第七　孔教之魂学　孔教经典之言灵魂,每多换字,故必当会其通而观之。其在《大学》,则名之曰明德;其在《中庸》,则名之曰天命之性,曰德性,曰诚;其在《礼运》,则名之曰知气;其在《系辞》,则名之曰精气;其在《孟子》,则名之曰浩然之气,曰良知,曰良心,曰本心,或直称之曰心,皆谓灵魂也。从伦理一方面言之,则灵魂者吾心中之一最美善之部分也。从宗教一方面言之,则灵魂者吾身后之不可磨灭者也。同一灵魂,不过止有生前死后之别,苟能于生前善养之,则精气为物,身虽死而魂不灭,苟不能善养,则身死而魂散,游魂为变矣。

夫谓灵魂不灭者何也?此根据于孔教之经典者也。《檀弓》曰:"骨肉归复于土命也,若魂气则无不之也。"《礼运》曰:"天望而地藏,体魄则降,知气在上。"《郊特牲》曰:"魂气归于天,形魄归于地。"《祭义》曰:"骨肉毙于下阴为野土,其气发扬于上为昭明,焄蒿凄怆,此百物之精也,神之著也。"凡此皆言灵魂之不灭也。孔教虽无地狱,却有天堂,《诗》曰:"文王在上,于昭于天。"又曰:"文王陟降,在帝左右。"又曰:"三后在天。"此孔教之天堂也。奈何世之无目者,竟谓孔教非宗教也哉。

惟孔教重魂,故孔子曰:"志士仁人,无求生以害仁,有杀身以成仁。"又曰:"自古皆有死,民无信不立。"又曰:"笃信好学,守死善道。"又曰:"朝闻道,夕死可矣。"凡所谓成仁,所谓守信,所谓善道,所谓闻道,皆养魂之学也,故其死也,不独无损于魂,而且有益于魂。不然,仅以一死了事,而此外并无余物,则死乃不过计无复之之事,亦何贵有此一死哉。若夫贪生畏死弃魂重魄之徒,则正孔教之门外汉,终其身而不可与入孔子之道者也。

第八　孔教之报应　凡宗教家言,必有报应之说,所以劝善惩恶也。孔教之说报应,有在于本身者,有在于子孙者,其报应之在本身者,又分世间与出世间两层。出世间之报应,则灵魂之说是也,为善者得精气为物之报,不善者得游魂为变之报,此自作自受者也。世间之报应,又分及身与身后两层,及身之报应,则命是也。《援神契》曰:"命有三科,行善得善曰受命,行善得恶曰遭命,行恶得恶曰随命。"故孟子曰:"莫非命也,顺受其正。"身后之报应,则名是也。孔子曰:"君子疾没世而名不称焉。"又曰:"立身行道,扬名于后世,以显父母,孝之终也。"是故名也者,孔教特立之大义,所以赏善罚恶者也。《春秋》之义,善善恶恶,贤贤贱不肖,一字之褒,荣于华衮,一字之贬,严于斧钺,盖以名为教也,故谓之名教。《论语》曰:齐景公有马千驷,死之日民无德而称焉。伯夷叔齐饿于首阳之下,民到于今称之。此身后之报应也,亦自作自受者也。

言报应之在子孙者,莫著于《易经》,积善之家,必有余庆,积不善之家,必有余殃,此言报应之在子孙者也。是非独宗教家觉世之言而已,实有科学家之至理存焉,所谓遗传性是也。积善之家,其遗传之善性必深,又加以家庭之善教育,安得不有余庆乎!积不善之家,其遗传之恶性必深,又加以家庭之恶教育,安得不有余殃乎!此一定之报应也。虽然,若纯以天道之报应言之,则吾又当以春秋之义释之矣。《公羊传》曰:"君子之善善也长,恶恶也短,恶恶止其身,善善及子孙。"据此以谈,则上帝之罚恶也,止及其身,而赏善也,及其子孙,此亦上帝之仁爱也。

第九 孔教之传布 《论语》曰:"人能弘道,非道弘人。"《系辞》曰:"苟非其人,道不虚行。"《中庸》曰:"待其人而后行。"故宗教非能自行也,必有待于传教者焉。孔子之教,自孔子时而已大盛,门人七十,弟子三千,徒侣六万,盖骎骎乎气逼帝王矣。是故孔子曰:"盖周文武起丰镐而王,今费虽小,傥庶几乎。"又曰:"夫召我者而岂徒哉?如有用我者,吾其为东周乎。"楚令尹子西亦曰:"孔丘得据土壤,贤弟子为佐,非楚之福也。"自孔子卒后,七十子之徒,散游诸侯,大者为师傅卿相,小者友教士大夫,或隐而不见。故曾子居鲁,子张居陈,澹台子羽居楚,子夏居西河,子贡终于齐。如田子方、段干木、吴起、禽滑厘之属,皆受业于子夏之伦,为王者师。呜呼!孔徒之传教,可谓盛矣。当孔子一百四十五年,魏文侯受经于子夏,是为孔教立为国教之始。其后滕文公受孟子之教,而孔教中如三年丧及井地之制,多见实行。盖当战国之时,孔教大行,鲁齐魏宋秦五国皆立博士,博士者国立之孔教宣教师也。据《韩非子·显学篇》,则当时之孔教,分为八大派:有子张氏之儒,有子思氏之儒,有颜氏之儒,有孟氏之儒,有漆雕氏之儒,有仲良氏之儒,有孙氏之儒,有乐正氏之儒,皆孔教之支派也。然孔徒之中,其尤能力张圣道,抵抗异端者,莫如孟子、荀卿,孟荀者孔教之开国功臣也。及李斯佐始皇以定天下,藏《诗》《书》于博士,民若欲学,则博士为师,国有大事,则下博士议之,盖孔教之为国教,至秦时而遍天下矣。虽始皇、李斯,焚书以愚民,坑儒以诛异己,大悖乎孔教之道,然此乃其欲私孔教于己而禁人异议之过,非秦之欲绝灭孔教也。秦灭汉兴,百家之说犹盛,及孔子四百一十二年,董仲舒劝汉武帝罢黜百家,表章六经,而孔教始一统天下矣。董子者诚孔教之元勋也。嗟乎!观先圣先贤之创业艰难如此,后之学者,其能无少尽其任道之责也耶！

　　第十　孔教之统系　孔子之教，分大同小康两大派。小康之道，由仲弓传之荀卿，及李斯用以相秦，而后世皆遵守之，其传最永。大同之道，又分两支：一支由有若、子张、子游、子夏传之，而子夏复以传于田子方及庄子；又一支则由曾子传之子思、孟子。然大同之道，其后不著。

　　西汉今文之学，实为孔教之嫡传。通天人之故，重口说之师，宗教家言，此为最著，董仲舒及刘向，其代表也。然此学至东汉而微，及魏晋而几绝。

　　古文之学，始于刘歆，而盛于东汉。郑玄虽兼今学，实为古学大家，集汉学之大成，非郑玄莫属矣。故孔教之在两汉，可名为经学时代。

　　魏晋而后，老佛并兴，孔教不绝如线，其奋于隋者则有王通，奋于唐者则有韩愈，略存统绪而已，洎乎五代，衰弱益甚。

　　炎宋肇兴，孔教复振，周程张邵，同时并起，而朱子实集宋学之大成。逾元及明，以至于清，皆为朱学。朱子者诚孔教之马丁路得也。与朱角立者为陆九渊，继陆之统者为王守仁。综宋元明三朝，以及清之初期，皆可名为理学时代。

　　开清朝之学派者为顾炎武，注重考据，此其所长也；反对讲学，此其所蔽也。故清之中期，尚可名为经学时代。与顾并起者为黄宗羲，然其后学不著。及清之末造，孔教衰弱，而清亦以亡矣。

　　第十一　孔教之庙堂　凡宗教必有教堂，孔教之教堂，则学校是矣。或曰文庙，或曰圣庙，或曰学宫，要而言之，则孔教之教堂而已。不能谓惟佛寺、道院、清真寺、福音堂等，始可谓之教堂，而夫子之庙堂，独不可谓之教堂也。春秋释奠，朔望释菜，礼拜有期，仪式有定，儒学之职，号曰教官，此皆孔教是宗教之明证，人人皆知，无待赘言矣。

第十二　孔教之圣地　耶教之耶路撒冷,回教之麦加,孔教之孔林,皆教主之圣地也。孔林之中,树皆异种,盖孔子弟子,各持其方树来种之者,郁葱佳气,万古常新,帝王展奠拜之仪,儒者讲乡射之礼,呜呼! 可谓盛矣。

综上所述,孔教之为宗教,固已证据确凿,无可动摇矣。昔孟子有云:"予岂好辨哉,予不得已也。"吾今说明孔教是一宗教,本属词费,亦不得已而已。夫以人类之不能无宗教也如彼,而孔教之确是宗教也又如此,嗟我兄弟,邦人诸友,又岂能听人之排击我孔教,而不一为之所乎? 昌而明之,是在吾党矣。能言昌孔教者,圣人之徒也。

(选自《孔教论》,孔教会事务所 1913
年版,收入《民国丛书》第 4 编第 2 册)

陈焕章(1881—1933),字重远,广东高要人。早年投康有为门下受业,中进士。1907 年留学美国哥伦比亚大学,获博士学位。1912 年与沈曾植等发起全国孔教总会,拥康有为为总会长,自任主任干事。1913 年 2 月发行《孔教会杂志》,任总编辑。8 月联名向国会提出《请定孔教为国教书》。同年秋,被推为孔教会总干事。不久,被袁世凯聘为总统府顾问。1917 年改《北京时报》为《经世报》,作为孔教会机关报,任总经理兼总编辑。1918 年任安福国会参议院议员。1923 年任北京孔教大学校长。1927 年赴香港,曾创办香港孔教学院、孔教中学。主要著作有《孔门经济学原理》、《孔门理财学》、《孔教论》、《孔教经世法》等。

本文是陈焕章 1912 年 7 月应美国传教士李佳白之邀,在上海尚贤堂讲演孔教的一部分。文章从何谓宗教、孔子是一教主、孔教是一宗教等三方面论述了作为宗教的孔教,是康有为孔教观的延续,在孔教派中影响较大。

孔 教 会 序

陈焕章

以二千五百岁博深精切统天而治之孔教，产于五六千年声名文物自创自守之中国，抚有五六百兆聪明强力伟大蕃衍之华民，而适当九大洲瀛海交通物质发达之时代。昔子思子说圣祖之德有言：舟车所至，人力所通，天之所覆，地之所载，日月所照，霜露所队，凡有血气者，莫不尊亲。意在斯乎？意在斯乎？以其时考之则可矣。陈焕章曰：宗教者人类之所不能外者也，自野蛮半化，以至文明最高之民族，无不有教，无不有其所奉之教主，其无教者，惟禽兽斯已耳，非人类也。太古之时，大地未通，各尊所闻，各行所知，各信其聪明首出者以为教主，而其教主之教义高下广狭，即以其时其地之文明程度为差。太古之时，民智幼弱，道同则不能相先，情同则不能相使，故为教主者，必托之鬼神。是故有群鬼之教，有多神之教，有合鬼神之教，有一神之教。有托之木石禽兽以为鬼神，有托之尸像以为鬼神，有托之虚空以为鬼神，其道虽殊，其以神道设教者则一而已。我中国固全球最古最大之文明国也，自包牺神农黄帝尧舜以至禹汤文武，政教不分，皆以作君兼作师之任。周公以懿亲摄政，而不有天下，制礼作乐，实为师统渐离君统之始，周公者诚一过渡时代之重要人物也。天哀生民，黑帝降神。素王受命，宗教一新，孔子乎，其中国特出之教祖哉！自有孔子，师统乃独立于君统之外矣。孔子既生于中国文明绚烂之时，而复在于礼乐彬彬之鲁,故其为教也,包举天地,六通四辟,此固由孔子之圣智,超越大地诸教祖,而亦由中国之文明,冠绝全球也。故大地诸教,皆不脱神道之范围,而孔教独以人道为重。取眇眇七尺之躯,而系之一元之始,天地之前,使人人皆有可以位天地育万物之道。魂灵如如,止于至善,孔教其至矣哉!乃无识者仅知有神道之教,而反疑人道之非教,是犹见欧美刀叉之用,而反谓中国匕箸之不良于食,睹欧美毡裘之俗,而反谓中国丝帛之不足为衣,岂不愚妄也哉!且孔教亦非绝不言鬼神也,其尤深切著明者。《易》曰:"圣人以神道设教而天下服。"《礼》曰:"合鬼与神,教之至也。因物之精,制为之极,明命鬼神,以为黔首则,百众以畏,万民以服。"盖春秋之时,神权太盛,孔子既扫除而更张之矣,而不为已甚,尚稍留其切近者以为据乱之制,此孔子所以为圣之时者也。而愚妄者乃谓孔子非宗教家,是诚瞽者无与于丘山之观,聋者不闻夫雷霆之响也,适见其陋而已矣。焕章不量绵薄,发愤任道,立会昌教,十有四年。发始于高要,推行于纽约,薄海内外,应者日多,方谓圣教之隆,指日可待,乃回国以后,所见全非。文庙鞠为武营,圣经摈于课本,俎豆礼阙,经传道丧,举国皇皇,莫知所依,甚至以教育部而倡废学校之祀孔,以内务部而不认孔教为宗教。倒行逆施,自乱其国。呜呼!痛矣!夫教育部之废孔祀也,以孔子为教主,而不欲杂宗教于教育耳。然教育部岂不认孔子为教育家乎?欲提倡教育,而必先推倒中国之唯一大教育家,是欲求长生而自饮毒药也。苟不认孔子为教主,则何必停孔子之祀?苟认孔子为教主,又何可停孔子之祀?吾见教育部之进退失据也。至内务部不认孔子为宗教家,以为非此不足以推尊孔子,然则内务部何不曰孔子非人乎!孔子为世界各教主之冠,而不得为宗教家,则孔子为生民未有之圣,岂尚得为人也哉!且内务部不认孔教为教,然人类有宗教之欲,必不能免,内务部其将以佛、回、耶诸外教代之乎?抑将以各土木偶像代之乎？欲求进化，而先不承认最文明之宗教，是却行而求前也。吾今且正告天下曰：道字与教字，本可互易，故谓曰孔道也可，谓曰孔教也亦可。《中庸》曰修道之谓教，盖二者一而已矣。然今处群言淆乱之时，虽以内务部犹妄分孔道孔教为二，故必当正孔教之名，而不曰孔道。盖近人视孔道二字，不过如一种理论，一派学说，不若孔教二字之包罗万象也。孔学二字，益偏狭矣。至以尊孔名会，又嫌肤泛，孔之可尊，岂非以其为教主乎？既尊其实，而复讳其名，果何为者？夫中国之教字，本含三义：曰宗教，曰教育，曰教化。惟孔教兼之，此孔教之所以为大也。然孔教虽具备三者，而究以宗教为本。盖惟孔教是一宗教，故能范围天地而不过，曲成万物而不遗也。若徒以一家学说视之，则孔子之圣经，乃不过与老墨诸家并列，本欲尊孔子于释迦、耶稣、穆罕默德之上，乃反降孔子于诸子百家之中。以是为尊孔，不其倒置欤？希腊之哲学，为耶教所无，然而欧美之人心，不归依于希腊之哲学，而归依于耶教。此教与学效果之异也。夫释迦、耶稣、穆罕默德，虽不及孔子之大，然皆为教主，其教徒皆尊之以配上帝，乃我国人偏夺孔子配天之资格，降教主以为学者，而所谓尊孔，乃不过一种崇拜英雄之气味。呜呼！我中国其真陷于无教也乎？夫国之所以立，民之所以生，必有教焉，以为之主，使无男无女，无老无少，无贵无贱，无智无愚，无贤无不肖，皆涵濡生息于其间。苟无教乎，则吾国数万万人，将何所依归也？是故，谓孔子为道德家，则孔子不过夷惠之班耳；谓孔子为哲学家，则孔子不过老庄之类耳；谓孔子为政治家，则孔子不过伊吕之伦耳；谓孔子为教育家，则孔子不过朱陆之畴耳，皆不足以尊孔子，而反陷中国于无教。惟以教主尊孔子，则孔子乃贤于尧舜，继于文王，其在中国集群圣之大成，而开万世太平之治。其在天下，补各教之未备，而管世界大同之枢。盖孔子既备道德、哲学、政治、教育诸家之资格，而萃于一身，即聚道德、哲学、政治、教育诸学之精华，而创为一教。乃近人竟嫌孔教之太大，必欲斫而小之，何其不思之甚耶！吾尝谓孔道必不亡，孔学亦必不亡，惟不认孔教为宗教，则孔教必亡。何则？凡人之心思材力，苟其有不可磨灭者，自足以常存，况孔子之道德文章哉？故孔道孔学之不亡，有必然矣。然苟不认孔教为教，则孔道虽存，不过空文之理论，孔学虽存，不过私家之学说，即使六经不废，世之读者，不过视如诸子百家之书耳。既无尊信之诚心，必无奉行之实事，而世道人心，将无所维系，此则不认孔教为教者之罪也。且今之能读诸子百家之书者有几人乎？既不认孔教为教，于是学校不拜孔子，学校不读孔经，将来虽有读经之人，亦不过寥若晨星，然则孔道孔学虽不能亡，其所存者亦仅矣。是故诚欲昌明孔道，发挥孔学，以尊孔为目的，则孔教二字，必当加意保存，表而出之，使昭昭然揭日月而行，万不能避而不用也。今夫国家之亡也，非必其国土变为沧海，其国民化为虫沙也，但使其国不能以其国名通于列国，斯其国亡矣。宗教之亡也，亦非必其教义全坠于地，其教徒尽变其心也，但使其教不能以其教名显于世界，斯其教亡矣。古来各教之发生于大地者何可胜数，今其存者，不过数大教焉，斯亦亡教之覆辙也。今之攻孔废孔者，既不认孔子为教主，不认孔教为教，谬借孔道孔学之名目，以饰邪说而文奸言，阴怀废孔之心，而阳托尊孔之貌。乃吾党之真正尊孔者，亦以为用孔道孔学等名，便足以扶翼圣教，或仅用尊孔二字，使浑沦无迹，免受人攻。诸君子委曲苦心，固所钦佩，然而名不正则言不顺，遂使神圣不可侵犯之教字，竟变为隐约忌讳之名词，将来孔教二字，无人敢用，而孔子非宗教家之谬论，遂成事实，是孔教之亡，始于废孔者，而实成于尊孔者也。夫废孔者之不认孔教为教，犹可言也，尊孔者之不称孔教为教，不可言也。不正其名，遂失其实，我尊孔之诸君子，其念之哉！或谓教之优者，自能生存，无待于保，且教徒之才力，不逮教主，又安能保教。而不知皆非也。《中庸》曰："待其人而后行。"此言教之有待于保也。今夫佛教固亦可谓优美之教矣，然其在出产之印度，反屈于回教而绝灭焉。教虽优美，苟无人保之，安能以自存哉。孔子曰："人能宏道，非道宏人。"故教徒之才力，虽不逮教主，而足以保教。笃信好学，守死善道，岂非尽人可能之事也耶！盖开创者难为功，保守者易为力，理势然也，安可自谢不敏，而放弃责任哉！焕章目击时事，忧从中来，惧大教之将亡，而中国之不保也，谋诸嘉兴沈乙盦先生曾植，归安朱彊村先生祖谋，番禺梁节闇先生鼎芬，相与创立孔教会，以讲习学问为体，以救济社会为用；仿白鹿之学规，守蓝田之乡约；宗祀孔子以配上帝，诵读经传以学圣人。敷教在宽，借文字语言以传布；有教无类，合释、老、耶、回而同归。创始于内国，推广于外洋，冀以挽救人心，维持国运，大昌孔子之教，聿昭中国之光。所望鸿儒硕学，志士仁人，效忠素王，报恩教祖，同声响应，大力提倡。或锡以鸿文，或助以钜款，为山九仞，各呈一篑之功，集腋千狐，慨助万金之费。庶几提纲挈领，肇开总会之基；合力同心，大振儒门之铎。当仁不让，见义勇为其诸世之君子，亦有乐于是欤？

孔子二千四百六十三年大成节即民国元年十月七日高要陈焕章谨序。

（选自《孔教论》，孔教会事务所 1913 年版，收入《民国丛书》第 4 编第 2 册）

1912 年 10 月，陈焕章与沈曾植、朱祖谋、梁鼎芬等创立孔教会，本文即是陈焕章为孔教会创立而作的序文。文章阐述孔子之伟大，孔教之必不可缺；强调孔子是圣智超越大地诸教祖的教主，孔教是以人道为重的世界最文明的宗教；认为孔教之教兼具宗教、教育、教化三者，而以宗教为本，不认孔教为宗教,则孔教必亡;声明孔教会宗旨是以讲习学问为体,以救济社会为用,宗祀孔子以配上帝,诵读经传以学圣人,传教国内海外,以挽救人心,维持国运,大昌孔教。

孔教会请愿书（节选）

陈焕章等

孔教会全体代表陈焕章、严复、夏曾佑、梁启超、王式通等《为请定孔教为国教事》：窃惟立国之本在乎道德，道德之准，定于宗教。我国自羲炎立国以来，以天为宗，以祖为法，以伦纪为纲常，以忠孝为彝训，而归本于民。在四千年前，已有尧舜之揖让，为世界之美谈。逮及三代，政体时有不同，而道本始终不变。此中国国教之所由来也。姬周之末，百家竞起，于先王之道，稍有异同，而孔子生于其间，祖述尧舜，宪章文武，其制法分为三世。据乱世、升平世为小康，太平世为大同。小康法文武，是为后王；大同法尧舜，是为先王。六经大义，触处皆然，不可殚述。其后虽凤鸟不至，河图不出，太平未致，颂声未作，而梦奠两楹，已足自信于千古。周秦之际，儒学大行，至汉武罢黜百家，孔教遂成一统。自时厥后，庙祀遍于全国，教职定为专司，经传立于学官，敬礼隆于群校。凡国家有大事，则昭告于孔子，有大疑，则折衷于孔子，一切典章制度，政治法律，皆以孔子之经义为根据，一切义理学术，礼俗习惯，皆以孔子之教化为依归。此孔子为国教教主之所由来也。历观往史，非无不好儒术之主，偏信释老之君，极顽如五胡，极乱如五季，异族如辽金元清，皆不敢不服从民意，奉孔教为国教。今日国体共和，以民为主，更不容违反民意，而为专制帝王之所不敢为。且共和国以道德为精神，而中国之道德，源本孔教，尤不容有拔本塞源之事。故中国当仍奉孔教为国教,有必然者。或疑明定国教,与约法所谓信教自由,似有触抵,而不知非也。吾国固自古奉孔教为国教,亦自古许人信教自由,二者皆不成文之宪法,行之数千年,何尝互相抵触乎。今日著于宪法,不过以久成之事实,见诸条文耳。信教自由者,消极政策也;特立国教者,积极政策也,二者本并行不悖,相资为用。苟许人信教自由而无国教,则放任太过,离力太大,而一国失其中正。有国教而不许信教自由,则干涉太甚,压力太重,而一国失其和平。此中国之治道,所以最为中和,而进化在各国之先,而孔子之教,所以与天地同其大也。《王制》有之曰:"修其教不易其俗,齐其政不易其宜。"修其教齐其政者,即确定国教之谓也;不易其俗,不易其宜者,即信教自由之谓也。吾之经义,本已斟酌尽善,施行有效,岂待外国名词之输入,而吾始知信教之自由哉。今且条引各国现行宪法,以明国教之规定,本无碍于信教之自由,而吾中国之奉孔教为国教者,其宽大实比各国而过之也。(下略)

其所谓信教自由,皆非极端放任,若如意普等国,明定国教,并许信教自由,尤为折衷至当,此世界通行之宪典,实即我国经验之良规。凡君主国,民主国,联邦国,一统国,旧教国,新教国,耶教国,回教国,靡不适用。盖信教自由者,所以伸少数人民之意志,使无一夫不得其所。特崇国教者,所以表最大多数人民之信仰,使合全国而定一尊。阴阳阖辟之间,罔非法律精神所寄。中国今日若仅言信教自由,并不规定国教,则人将疑立法者有破坏国教之意,而假信教自由之号以行之,其祸必至于国粹沦亡,国基颠覆,国性消灭,国俗乖敝,而国且不保矣。在立法者,或别有牵掣,不能不周旋信奉别教之少数人,然其实于信奉别教者,有损无益。盖其所得之自由,无以复加于昔日,其所奉之宗派,又不能以之代国教,徒坐受国家危乱社会扰攘之祸而已。列国之中,虽有以特别理由,而不明定国教者,然彼非无国教也,特不成文之宪法耳。若英美之新教，法之旧教，俄之希腊教，非皆有国教之实者哉。我国今日国体初更，群言淆乱，误解信教自由者，几变为毁教自由。破坏家既不免于发狂，保守家亦不免于惊恐。民情惶惑，国本动摇，而适当新定宪法之时，则不得不明著条文，定孔教为国教，然后世道人心，方有所维系，政治法律，方有可施行。焕章等内审诸夏之国情，外考列邦之成宪，迫得请愿贵院，于宪法上明定孔教为国教，并许信教自由，则德教大行，国本永固矣。

（《孔教会请愿书》原载《孔教会杂志》1913年7月第1卷第6号）

1913年中华民国国会召开，孔教会代表陈焕章、严复、梁启超、夏曾佑、王式通等联名上书参众两院，请定孔教为国教，著于宪法。本文即所上请愿书的一部分。文中指出，宗教是道德之准则，中国自古以孔子为教主，以孔教为国教，如今仍当奉孔教为国教。而且，明定国教并不妨碍信教自由，相反，不规定国教，仅言信教自由，则将国粹沦亡，国基颠覆，国将不国。孔教会请定孔教为国教的观点和主张，引起当时各界关于孔教问题的激烈论争，影响深远。

政教终始篇

张尔田

人之初胎，先有教乎？先有政乎？教与政果无嶡尔乎？曰无以嶡也。原人初离草昧也，獉獉然，狉狉然，外缚于天然之环境，而无由脱其轭，则神之观念兆。神也者，其教之初原乎？有神于是有事神之律，则政之雏基矣。演进逾深，于是有婚姻之律而始有室，骨肉之律而始有家，大宗小宗之律而始有族，通工易事之律而始有群。有长以为之率，有君以为之奥主，设官分职，纲纪法度之，而始有国。神学谢，形学苗，天事终，人事起，教与政遂常峙于角立之位。故要而核之，教以天诏，政以人诏，教以神治，政以形治，其大抵也。而溯其朔，二者固非绝对不相附系也。善言天者必有諴于人，善言神者必能养其形，形睽则神离，人侊则天礻丧，故教与政常如车之两轮，鸟之双翼。一群之政革，则一群之教，未有不随之俱蹶者。挈乎慢哉！尘尘积劫，宇宙各大教祖，其终有不血食之一日乎？虽然吾以为政可革，而教祖必不终渐，何也？则以亘古今弥宙合有一物焉，为人类之所不能逃者也，此何物耶？吾无以名之，名之曰元。董子曰:《春秋》一谓之元。元犹原也，其义以随天地终始也。人惟有终始也，而生不必应四时之变，故元者万物之本，而人之元在焉。安在乎？乃在乎天地之前。盖元也者，人与万物同本，以成此总总林林之宇宙者也。万物所同之元无终始，而人为万物递嬗之一期，则有终始。以演化公例言之，世界末日，终有至乐之一境,而此至乐之境,为人类所能享受与否,则尚在不可知之天。教祖者,即视元之消息盈亏,隄之导之,以增进人类于至乐之一境,而为之归墟,故其精神常超然于群治之上,而为政变之所不能荡。夫然始可建诸天地而不悖,质诸鬼神而无疑,百世以俟圣人而不惑。此泰东西各大教祖之所蕲,而亦我孔子之所同也。乃若其建教之权实顺逆,则不能不因时而制宜矣,是何也?则以教祖虽聪明天亶,亦人类之首出也,人类固不能与天演之公例争,而教祖则常能左右天演潮流,而为一群谋幸福者之先导。夫是之谓时中,夫是之谓时乘六龙以御天。随时者,众人也,乘时者,教祖也。教祖惟能乘时而济之以中,而后人类始有所系属,是故有人类必有教祖,无教祖即非人类。非人类,则一听天行之虐,奴隶之,狝薙之,与禽兽侪,奚不可者。今夫位于亚细亚洲之东大陆,食四千年天产之上腴,而执其牛耳者,非中国也耶?我中国之教祖,厥维孔子;我孔子之教经,厥维六艺。六艺其先,皆尧、舜、禹、汤、文、武、周公之政典也。乃者,我民脱四千年颛制之羁绁,举尧、舜、禹、汤、文、武、周公相沿之政体,改弦而更张之,沟瞀鬼琐之。夫积其仇于政者,而仇于教,而孔子非宗教之邪辩,且萌芽矣。呜呼!安得此亡种之言也!然而斯言也,我仪之,盖有缘焉。人情讼新恶故也。譬若水之趋壑,兽之走圹然。刍豢悦口者,已饫粱肉,进以元醴太羹则吐矣。服制美体者,已被文绣,进以卉衣毳裘则鄙矣。当其未有粱肉,未有文绣也,厌元醴太羹而甘之,御卉衣毳裘而暖之,何也?天演之激刺于环境者然也。今我已由蛮野,一蹴而跻文明,而我教祖方欲以尧、舜、禹、汤、文、武、周公太古之政,窳败而无庸者,强聒之,其倦而掩耳也,岂待其辞之毕哉。虽然,吾敢下一诙诡之评判曰:尧、舜、禹、汤、文、武、周公之政,自尧、舜、禹、汤、文、武、周公之政,而我孔子之教,自孔子之教。六艺虽为孔子之教经,始于合,常卒于分,二而不一,一而不二者也。学者疑吾言乎?吾请更端以明之。

闻之治群学者之言曰:有游牧之群,有树艺之群,有成国之群。树艺之群之食于其地也,非其祖父,即其子孙,祖父始田者也,是为大宗,大宗立宗子;子孙始田者之佐也,是为小宗,小宗立支子,而以其羡为余子,余子统支子,支子统宗子,故其政重合族。树艺之群之食于其地也,恩祖父最严,训子孙最肃。余子奉支子为君,支子奉宗子为君,宗子抚支子为臣,支子抚余子为臣,不君臣之,则四体不勤,而农之业隳,故其政重尊君。树艺之群之食于其地也,必有律令焉,律令以先祖之训诫,辟呞而诏之,故治内也惮变古。树艺之群之食于其地也,鬼非其胤不享,人非其祖不戴,客籍入则诛,故对外也严非类。此四者,树艺民之特长,而群治由之日钝者也。然则,我中国民族果何如?我中国民族所谓以农殖民者,经传有明训矣。其脱游牧而入树艺也最先,其成国也最古。成国矣,而无环境之激荡以为驱,故其演进也亦最迟。树艺之制度,保持于国中,历三古而不变者,凡以此也。征诸《周礼》,其在《太宰》曰:以九职任万民,一曰三农生九谷,其制地域而封沟之曰,不易之地家百亩,一易之地家二百亩,再易之地家三百亩。由是以土宜之法,辨十有二土之名物,以相民宅,而知其利害,以阜人民,以蕃鸟兽,以毓草木,以任土事。辨十有二壤之物,而知其种,以教稼穑树艺。以土均之法,辨五物九等,制天下之地征,以作民职,以令地贡,以敛财赋,以均齐天下之政,而施十二教焉。十二教者,以祀礼教敬,以阳礼教让①,以阴礼教亲②,以乐礼教和,以仪辨等③,以俗教安④,以

---

① 郑康成注:阳礼,乡射、饮酒之礼。
② 郑注:阴礼,谓男女之礼,昏姻以时。
③ 郑注:仪谓君南面,臣北面,父坐子伏之属。
④ 郑注:俗谓土地所生习。

刑教中，以誓教恤①，以度教节②，以世事教能③，以贤制爵，以庸制
禄。其有不率教者，则屏之远方，终身不齿。山川神祇有不举者为
不敬，不敬者君削以地；宗庙有不顺者为不孝，不孝者君绌以爵；变
礼易乐者为不从，不从者君流；革制度衣服者为畔，畔者君讨。有
功德于民者，加地进律。凡以拥护树艺之制度者，至纤至悉如
此④。是故，教缘农而立，兵缘农而出，礼缘农而作，刑缘农而制，
女顺从男故贞，子系属父故驯。我民族蕃衍于此大陆，所谓长治久
安者，岂不以此也哉！虽然，此善良之制度，苟无环境之激荡以为
驱，则教养生息，虽谓至今存可也，吾人又孰得而议之？而无如天
演之公例，固不许其如此也。故及其弊也，在下者养成依赖之性，
而无沈鸷独立之概；在上者酿成苟旦之习，而无忧患前民之虑。生
之者日益众，食之者日益寡，世禄之家兼并于上，而民之勤动于南
亩者，终岁不足以自赡，不必遭遇外强，而内幂固已土崩瓦解矣。
尧、舜、禹、汤、文、武、周公之政，解纽于春秋末叶，而大革于秦汉之
际。当春秋末叶，士固有忧之者，杨之术以为我为宗，从为我之说，
则君之制可以铲。墨之术以兼爱为原，从兼爱之说，则父之制可以
摧。是二氏者，使生于尧、舜、禹、汤、文、武、周公之世，必蒙行坚言
辩之诛，而在当日实足表我民族思脱树艺制度以进大同之学想者
也，图傲乎岂非抹时之桀哉。虽然，二氏者学者也，非教祖也，学者
以其悬想诏人，其事多不蕲于实现。若教祖，则牖民也，不能不有
权实矣；其增进民之幸福也，不能不有顺逆矣。我中国之教祖维孔

---

① 郑注：恤谓灾危相忧。
② 郑注：度谓宫室、车服之制。
③ 郑注：世事谓士农工商之事。
④ 此种制度，六经中悉数之不能终，今姑举其大者，暇当专辑一书详
之。

子,我请继此更言孔子。

　　吾于言孔子之先,有一事欲与学者辨明者,则当知孔子与儒家之不同是也。孔子虽出于儒家,而儒家实不足以尽孔子。班固《汉志》曰:"儒家者流,出于司徒之官。"《周礼》大司徒之属,师氏以三德教国子:一曰至德以为道本,二曰敏德以为行本,三曰孝德以知逆恶。教三行:一曰孝行以亲父母,二曰友行以尊贤良,三曰顺行以事师长。保氏养国子以道,乃教之六艺:一曰五礼,二曰六乐,三曰五射,四曰五驭,五曰六书,六曰九数。乃教之六仪:一曰祭祀之容,二曰宾客之容,三曰朝廷之容,四曰丧纪之容,五曰军旅之容,六曰车马之容。此儒者两大支裔也。求之战代,孟子微近于师,荀子大同乎保①。其为教也,树艺之群之所特长也。何以言之? 树艺民之畏其宗子也,躬躬然,儒者因诏之以隆君;树艺民之恩其宗子与我以食也,肫肫然,儒者则诏之以敬父;树艺民妇之于夫,供箕帚之役,无外事,儒者则诏之以贞;树艺民弟视其兄也,如一家之主,与父同,儒者则诏之以顺;树艺民获有羡也,率其属必报始田者,儒者则诏之以祀人鬼;树艺民木饥土壤,受天然之降罚最酷,其需之也最殷,儒者则诏之以祭四望四类之礼。而性与天道之大原,罔敢训焉何也? 恐蹂躏祖宗之成法,而乱名改作也。故其启民聪也,譬犹凿方窦然,弛其一而键其一。老子所谓《诗》《书》也者,非以明民,将以愚之也。我孔子其先固出于儒家者,而又生于春秋末叶,当尧、舜、禹、汤、文、武、周公之政大弊之时,儒术之不能支配人国,盖已兆其端矣。虽然,我民族千余年相生相养于树艺制度之下,果可一跃而登进大同欤? 登进大同矣,无元首以为之表,无部长以为统,聚如飘风,散如沃雪,人各勇于私斗,而弁髦国事,果可以御外侮欤? 今夫民由无制度以入于有制度,非其始性之也,圣人冒天下之不讳而诱

---

　　① 孔子以前之儒与孔子以后之儒不同,此举其大概。相似者实则《荀》、《孟》,二书孔子绪言最多,学者当分别之。吾友陈君重远有《张儒篇》可参观也。

之,及其久群萃而利见焉,则相与安之矣。今也举圣人所为制用前民者,一切铲夷之,大同诚大同矣,顾其国家何如哉?董子曰:"天地人,万物之本也。"天生之,地养之,人成之。天生之以孝悌,地养之以衣食,人成之以礼乐。三者相为手足,合以成体,不可一无也。无孝悌则亡其所以生,无衣食则亡其所以养,无礼乐则亡其所以成。三者皆亡,则民如麋鹿,各从其欲,家自为俗,父不能使子,君不能使臣,虽有城郭,名曰虚邑。如此者,莫之危而自危,莫之丧而自亡,是谓自然之罚。自然之罚至,襄袭石室,分障险阻,犹不能逃之也。悲夫悲夫!此驱国而弃之术也,此争肉相啖之道也。驱国而弃,无异灭我黄帝遗胤也;争肉相啖,无异灭大地人类也。彼教祖者盖恫之矣,恫之必思大为之坊,坊之奈何?则上系万物于一而属之元,而儒孔之茅蕝,始自此而芘。明乎此而后可以言我孔子之教义矣。

人之一生,以生死为大剂;人类之一期,以宇宙为大剂。今试问人类何以有今日,则其始固未有不缘于争。争也者,人类所由变蛮野以趋进大同者也,然而争之不以其道,则率兽食人,人将相食,人类由之而竞存者,终必由之而竞灭,而人之元或几乎息矣。教祖曰:人类终当进于大同,而大同非幸获也,必使一循天然之轨辙,而后人类之争祸始可以弥。天然之轨辙无他,所谓演化之阶级是矣。孔子于是作《春秋》,立三世之义焉。立爱自亲始,由亲而推之,于是有传闻之世,有闻之世,有见之世。于所传闻之世,见治起于衰乱之中,用心尚粗粗,故内其国而外诸夏,先详内而后治外。于所闻之世,见治升平,内诸夏而外夷狄。至所见之世,著治太平,夷狄进至于爵,天下远近大小若一。盖必天下远近大小若一,而大同之化乃可以言。求之《礼运》曰:"大道之行也,与三代之英,某未之逮也,而有《志》焉。大道之行也,天下为公,选贤与能,讲信修睦,故人不独亲其亲,不独子其子,使老有所终,壮有所用,幼有所长,矜寡孤独废疾者,皆有所养,男有分,女有归,货恶其弃于地也,不必藏于己;力恶其不出于身也,不必为己。是故谋闭而不兴,盗窃乱贼而不作,故外户而不闭,是谓大同。今大道既隐,天下为家,各亲其亲,各子其子,货力为己,大人世及以为礼,城郭沟池以为固,礼义以为纪,以正君臣,以笃父子,以睦兄弟,以和夫妇,以设制度,以立田里,以贤勇知,以功为已,故谋用是作,而兵由此起,禹、汤、文、武、成王、周公,由此其选也,此六君子者,未有不谨于礼者也,以著其义,以考其信,著有过,刑仁讲让,示民有常,如有不由此者,在执者去,众以为殃,是谓小康。"由是观之,小康乃我孔子教义之始基,而大同则我孔子教义之鹄也。小康之世重家育,大同之世重群育。重家育故首言孝悌,重群育故首言忠恕。尽己之心之谓忠,己所弗欲勿施于人之谓恕。求之《论语》,子曰:"参乎,吾道一以贯之哉。"曾子曰:"唯。"子出,门人问曰:"何谓也?"曾子曰:"夫子之道,忠恕而已矣。"子贡曰:"我不欲人之加诸我也,吾亦欲无加诸人。"子曰:"赐也,非尔所及也。"求之《中庸》,子曰:"道不远人,人之为道而远人,不可以为道。"忠恕违道不远,施诸己而不愿,亦勿施于人,明忠恕为孔子教义所特櫫,彼儒家者流,盖不足以尽之也。故儒家尊君制,孔子亦尊君制,孔子之尊君制也,据乱则然,升平则然,太平则不然。《春秋》之谊,大宋宣以居正,褒叔术以让国。《论语》说之曰:"夷狄之有君,不如诸夏之亡也。"夷狄诸夏,文野假定之词耳①。《周易》亦曰:"见群龙无首,吉。"文明而可以无首,则大同

---

① 《论语》此章,苞氏注:"诸夏,中国也。亡,无也。"不赘一辞,最得本旨。皇侃疏则谓:此章为下僭上者发。夫下僭上者,其心目中固皆欲为人上者,安得言无君? 余疑此乃孔子微言,盖谓文明时代,虽无君,犹胜于蛮野时代之称帝、称王者耳。后儒跧伏于君制之下,不敢明言,故苞氏注隐略如此。若如皇氏说,语意翻反,全失之矣。《春秋》经夷狄、中国之称,往往从变而移,故知此为文野之一名号也。

矣。儒家私父权。孔子亦私父权。孔子之私父权也，据乱则然，升平则然，太平则不然。《春秋》之谊，不以父命辞王父命，不以家事辞王事。《郊特牲》说之曰："万物本乎天，人本乎祖。"《中庸》亦曰："凡有血气者，莫不尊亲，故曰配天。"又曰："万物并育而不相害。尊亲而溥于万物，则大同矣。"儒家之论治也，以变古为大诟。《春秋》之谊，重改作，然而有得与民变革者焉，徙居处也，更称号也，改正朔也，易服色也，则不以变古为嫌矣，不以变古为嫌则大同矣。儒家之为国也，以非族为大防，《春秋》之谊，不予夷狄而予中国为礼。然而夷狄进于中国则中国之，则不以非族为阈矣，不以非族为阈则大同矣。是故我孔子之教义，可一言以断之，亦曰：始于小康，终于大同而已。其始于小康而终于大同也，可一言以断之，亦曰：志在《春秋》，行在《孝经》而已。《孝经》以治小康，《春秋》以进大同。《钩命决》曰："欲观我褒贬诸侯之志在《春秋》，崇人伦之行在《孝经》。"《中庸》曰："为能经纶天下之大经，立天下之大本。"郑康成注曰："大经谓六艺而指《春秋》，大本《孝经》也。"然则举《孝经》与《春秋》，而我孔子教义一以贯之矣。传有之，有始有卒者，其惟圣人乎。信乎我孔子之教义，有始有卒也。

今既知我孔子之教义，则尧、舜、禹、汤、文、武、周公之所以为政，与我孔子之所以为教，区以别矣，何则？尧、舜、禹、汤、文、武、周公之政，树艺民之制度，小康世之所必需也。若孔子则以大同为归墟矣，然而不废尧、舜、禹、汤、文、武、周公之政者，无小康以为之阶梯，则所谓大同者将如海上三神山，可望而不可即也。职是之故，六艺虽为孔子之教经，而尧、舜、禹、汤、文、武、周公之政，留遗于六艺者为独多。徐彦《公羊疏》曰：孔子未得天命之时，未有制作之意，故但领缘旧经，以济当时而已。既获麟之后，见端门之书，知天命已制作，以俟后王，于是选理典籍，欲为拨乱之道。以为《春秋》者赏善罚恶之书，若欲治世反归于正道，莫近于《春秋》。《春秋》既为我孔子进大同之新经,则尧、舜、禹、汤、文、武、周公之政典,为我孔子治小康之旧经明矣。虽然,我孔子之取尧、舜、禹、汤、文、武、周公之政典也,固非欲人塑封建而绘井田也,亦非欲人必玉帛而后为礼,必钟鼓而后为乐也。此又教与政之所以分北也,何以言之?政重乎事,而教则贵乎义。《春秋》本鲁史,孔子则曰:"其事则齐桓晋文,其文则史,其义则某窃取之。"《春秋》为孔子改制之经,尚取其义,况六艺之为尧、舜、禹、汤、文、武、周公之政典者哉。《白虎通》曰:经所以有五,何?经,常也,有五常之道,故曰五经,乐仁、书义、礼礼、易智、诗信也。人情有五性,怀五常,不能自成,是以圣人象天五常之道而明之,以教人成其德也。以尧、舜、禹、汤、文、武、周公之政典,而可为孔子教人成德之经,则政典也,已失其为政典之作用矣。余故曰:尧、舜、禹、汤、文、武、周公之政,自尧、舜、禹、汤、文、武、周公之政,而我孔子之教,自我孔子之教此也。余故曰:六艺虽为孔子之教经,始于合常卒于分者,亦此也。嗟乎!我孔子闵王路废而邪道兴,删述六经,以制义法,所以使后世由小康以登进大同者,至详且备。后世之君天下者,恶大同之不便于已,而又不敢显背六经也,则假窃孔子小康之权说,袭其糟粕,以自私焉。儒者阿主苟容,不能别白政与教之异同也,则假窃尧、舜、禹、汤、文、武、周公之制度,粉饰太平,献媚于其君,以固宠希位焉。君权日以增,教权日以绌,不特大同非所期,即小康教义,古贤哲所为慨想唐虞者,亦渺不复得矣。晦盲否塞,群治之不进者,且二千余年,是岂我教祖始愿之所及料哉! 今我民族承天之灵,尧、舜、禹、汤、文、武、周公相沿之制度,后世帝王盗之以愚我黔首者,既一举而摧拉之、廓清之矣,则由小康而登进大同。今虽非其时,苟遵我孔子六经之道,历级而驯致焉,意者终有此至乐之一日乎。天地生我,父母鞠我,教祖恩我,然则吾人对于我民族惟一之大教祖,又安得而不顶首膜拜而颂祷之也!扬万古之天声,延斯文于未丧,不佞梼昧,且愿执简而随吾党二三子之后已。

(选自《孔教会杂志》第 1 卷第 2 号,1913 年 3 月)

张尔田(1874—1945),字孟劬,号遁堪,浙江钱塘人。曾任清政府刑部主事。1913 年参加孔教会。1914 年任清史馆纂修。1915 年应沈曾植之邀参与编修《浙江通史》。后引退专心著述。1921 年后历任北京大学、北京师范大学、中国公学、上海光华大学和燕京大学教授。后在燕大哈佛学社研究部任职。与王国维、孙德谦并称"海山三子"。主要著述除为《清史稿》撰写《乐志》、《刑法志》、《地理志》外,另有《史微》、《元朝秘史注》、《蛮书校补》等,并编有《遁盦文集》。

本文主要阐述尧、舜、禹、汤、文、武、周公之政与孔子之教的异同。作者认为,政与教如车之两轮、鸟之双翼,教祖孔子作《春秋》,立三世之义,孔子教义始于小康而终于大同,尧、舜、禹、汤、文、武、周公之政是小康世所必需,是孔教归向大同的阶梯,故孔子教经六艺中多有尧、舜、禹、汤、文、武、周公之政典,但孔子以之作为教人成德之经,则政典已失其政典作用,故二者又有区别。

论孔子配天为教主之征

顾震福

　　自《鲁论》称孔子不语神怪，又曰："未知生，焉知死。"于是宋释慧琳，著《均善论》，遂谓周孔为教，正及一世，不照幽冥之途，弗及来生之化（《宋书·天竺迦毗黎国传》）。梁皇侃作《论语义疏》，亦称周孔之教，唯说现在，不明过去未来。近人之研究宗教者，又据英文之里厘近（Religion），为偏重神道，更谓孔子非宗教家。岂知原始反终，精气游魂，死生之说，鬼神之情状，子固非不知之故曰：圣人以神道设教。曰合鬼与神教之至也。据经传纬候，孔子之言鬼神，悉数之，不能终，第即孔子个人之死生言之，其信为世界之宗教家，我国之大教主，已确乎其不可拔矣。读者疑吾说乎？盍观各教主之奇诡。释迦，佛教之世尊也，其生也，四大天王，擎以天缯，二大龙王，濡以圣水，祥光普照，天乐铿锵，终得道上忉利天，为众生说法。老聃，道教之真君也，其生也，玄妙玉女，梦吞流星，或说五色彩珠，大如弹丸，自天而下，吞之有娠，至千岁厌世，去而上仙，乘彼白云，仍至帝乡。耶稣，基督教之救主也，其生也，母与神遇，谓天主特命汝生圣子，汝身必被灵感动，是夕牧人，皆见天发大光，又闻空中奏乐，至死而复活，上升天堂，遂群推为上帝之独生子。回教主摩哈默特之生，虽无甚异，然其修道传教，于天空传言，上帝命为天使，亦一再言之。之数说者，灵感不同，然以教主上承帝命，降生世间，死复升天，在帝左右，代天行教，尊若帝天，先圣后圣，其揆一也。自理学家,实验科学家视之,渺茫恢诡,若不可稽,然教徒信仰,奉若实录,终不敢一议其诬。我孔子德侔天地,幽赞神明,原不必援外教之浮夸,强为比附,然谓孔子专重人道,不侈神权则可,谓尼山圣迹,无各教主之灵异则不可,以孔子无各教主之灵异,遂谓孔教为孔道,为孔学,不得与释道耶回诸教,并称为宗教,则尤不可子思子之赞圣,推而至于配天,以予所闻,盖孔子感天而生,故其薨亦配上帝。此孔门所受之口说,汉儒相传之大义,言之凿凿,不同杜撰者也。不罪诞妄,请毕其辞。

人乌乎始? 始于有男女。男女乌乎始? 始于有阴阳。阴阳者,天地之元气也,天地以化醇,男女以化生,故曰有天地然后有万物,有万物然后有男女,有男女然后有夫妇,有夫妇然后有父子,有父子然后有君臣。张横渠曰:"天地之始,固未尝先有人也,则人固有化而生者矣,盖天地之气生之也。"自有人类以来,身体发肤,受之父母,而阴阳五行之理与气,则仍禀于天,所谓民受天地之中以生也。《穀梁》说:"独阴不生,独阳不生,独天不生,三合而后生,故曰母之子也可,曰天之子也可。"《庄子》曰:"与天为徒者,知天子之与己,皆天之子。"然则天地者,生人之大父母也。家人有严君焉,父母之谓也,父曰家君,则公父之天,自是生人之共主。《易》曰"帝出乎震"。《书》曰"惟皇降衷"。《诗》曰"皇矣上帝"。上帝是皇,曰皇曰帝曰上帝,皆尊天以大君之名,此乾既为天,所以又为父为君也。

古之神圣人母,感天而生子,故曰天子,此许叔重《说文》说也(《女部·姓字下》)。至作《五经异义》,载三家《诗》,《春秋公羊》说,亦曰圣人皆无父,感天而生。惟又谓尧母庆都,若感赤龙而生尧,安得有九族,有五庙,知不感天而生,说殊自相歧异。康成则据刘媪感龙,笃生高祖,谓感生不必无父。且以蒲卢之气,尚能煦姁桑虫,况天气因人之精,就而神之,其子之贤圣,自可预决。粤稽经典，玄鸟之卵，简狄吞而生商，大人之迹，姜嫄履而生契，具载《史记》，述于《郑笺》。虽以素辟邪说之朱子，《集传》亦叙其事，《语类》复破其疑，知感天生子之说，朱子亦颇信之。观华胥履迹，是生庖牺，女登遇龙，攸降炎帝，大电绕斗，附宝实孕轩辕，瑶光贯月，昌仆爰怀颛顼，在昔圣皇大帝，靡不感天发祥，而吞卵履迹之明见经文，尤其信而有征者矣。

由前之说，尽人皆由天而生，由后之说，惟古神圣帝王，或其有功德之烈祖，始感天而生。果孰是而孰非欤？曰皆是也。《穀梁》说："为天下主者天也，继之者吾也。"张子《西铭》："乾吾父也，坤吾母也，民吾同胞，物吾与也。"大君者，吾父之宗子也。同胞既皆以天为主为父，则尽人皆得天之气而生，惟神圣继天，独为吾父之宗子，则得天之气必厚，即受天之感必奇朱子。《诗集传》引苏氏曰："凡物之异于常物者，其取天地之气常多，故其生或异。麟麒之生，异于犬羊，蛟龙之生，异于鱼鳖，物固有然者矣。"神人之生，而有异于人，何足怪哉。

三代而上，教权掌之君主，故听政之君长，即垂教之师儒，亦即礼神之祭主。一犹太之祭司长，罗马之教皇也。考自古君主，遍于群神，怀柔百神，虽与欧西古代多神之教，大略相似，然以祭天为惟一之大祭，又以祭天为天子独有之权，则进化殊较欧西为早，此其故，可得而言矣。天位天禄，孰主宰是，天叙天讨，孰纲维是，不应天命，曷称天王。况道之大原出于天，举天德天理天性天伦，皆自天道中抽绎而出，故莫不冠以天字，以见一王之政教，皆奉天垂象以示人，所谓作之君，作之师，惟曰其助上帝也。而王者之特重祭天，亦遂根源于此。受终文祖，即飨帝于明堂，肆类上帝，即郊天于圜丘。礼重燔柴，其来久矣。

且夫上帝，天神也，祖考，人鬼也。先王之殷荐上帝，遂以配其祖考者何哉？《郊特牲》有之："万物本乎天，人本乎祖。此所以配上帝也,郊之祭也,大报本反始也。"《公羊》说:"郊则曷为必以其祖配? 无所与会合则不行,必得主人乃止。天道暗昧,故推人道以接之。"盖常人之报本也,至祖而止,或至始祖而止耳,王者则更推及始祖所自出之帝。帝既为始祖所自出,天人神鬼,息息相通,灵爽式凭,自宜配享。朱子《诗集传》曰:"文王之神在天,一升一降,无时不在上帝之左右。"文王如此,其他感天之圣,何独不然。合而祀之各安所止,此尊祖配天之祭之所由起也。夷考其制有三:一曰祀上帝于圜丘,以其祖配之,如虞夏禘黄帝,殷周人禘喾是也。二曰祭天于南郊,以祖配天,如郊喾郊鲧郊冥,郊祀后稷,与禘其祖之所自出是也。三曰祭祖宗于明堂,以配五帝,如祖契宗汤,祖文宗武,或宗祀文王是也①。观此则尊祖配天之祭,为王者崇德报功之特典,或天子上祀先公追王圣祖之隆仪,其礼不綦重哉。至明堂配五帝,而南郊配其祖之所自出之帝,则尤有说。天官家言,天之尊神,统曰上帝,析之有大帝,有五帝。中宫紫微,大帝所居,是为北辰,即北极星。其一常明者,天一也,一曰太一太乙泰一,即所谓耀魄宝。太一佐曰五帝,五帝座星,在太微宫。苍帝木受制,其名灵威仰;赤帝火受制,其名赤熛怒;黄帝土受制,其名含枢纽;白帝金受制,其名白招矩;黑帝水受制,其名汁光纪。斯五帝者,皆能降精以

---

　① 《祭法》:有虞氏禘黄帝而郊喾,祖颛顼而宗尧。夏后氏亦禘黄帝而郊鲧,祖颛顼而宗禹。殷人禘喾而郊冥,祖契而宗汤。周人禘喾而郊稷,祖文王而宗武王。郑注:禘,郊祖宗谓,祭祀以配食也。此禘谓祭昊天于圜丘也。祭上帝于南郊曰郊,祭五帝五神于明堂曰祖宗,祖宗通言尔。《丧服·小记大传》:王者禘其祖之所自出,以其祖配之。郑注:凡大祭曰禘,谓郊祀天也。《孝经》:郊祀后稷,以配天配灵威仰也,宗祀文王于明堂,泛配五帝也。《诗·周颂》:思文后稷,克配彼天。孔疏:此南郊祀天之乐歌也。《鲁语》:周人郊稷。韦注:祭上帝于南郊曰郊。《公羊传》:郊则曷为必祭稷,王者以其祖配。《逸周书》:周公设丘兆于南郊,以祀上帝,配以后稷。

生圣人,故王者之先祖,皆感太微之精以生。帝王承天,因立五帝之府。苍帝之府名灵府,周曰青阳;赤帝之府名文祖,周曰明堂;黄帝之府名神斗,周曰太室;白帝之府名显纪,周曰总章;黑帝之府名玄矩,周曰玄堂。唐之灵府,夏之世室,殷之重屋,周之明堂,其制实同①。然则帝王禘其祖之所自出,以其祖配之,岂非出自苍帝之祖,配灵威仰,出自赤帝之祖,配赤熛怒哉。知此而始可与言孔子配天之义矣。

《乐稽耀嘉》:"德象天地曰帝。"《易坤灵图》:"帝者天号也。德合天地,不私公位曰帝。"孔子者,博厚配地,高明配天,与天地合其德者也。天纵将圣,其所不可及者,犹天之不可阶而升,故曰知我者其天乎,曰天生德于予,曰天之未丧斯文,曰天何言哉,四时行焉,百物生焉,天何言哉。子之以天自信,且以天自况,毋亦即以受天明命自期欤!且夫龟龙负图,斯乃羲黄之所以承天祚也;凤鸟衔

---

① 《史记·天官书》:"中宫天极星,其一常明者,太一常居也。"《索隐》:"春秋合诚图,紫微大帝室太一之精也。"《正义》:"泰一,天帝之别名也。"《封禅书》:"天神贵者太一,太一佐曰五帝。"《索隐》:"乐叶图征,天宫紫微,北极天一太一。"宋均云:"天一、太一,北极神之别名。"《春秋佐助期》曰:"紫宫,天皇耀魄宝之所理也。"《公羊传》何注:"帝皇天大帝在北辰之中,主领天地、五帝、群神也。五帝居太微之中,迭生子孙,更主天下。"《春秋·文耀钩》:"中宫大帝,其精北极星,含元出气,流精生一,太微宫有五帝座星。苍帝春起受制,其名灵威仰,赤帝夏起受制,其名赤熛怒,白帝秋起受制,其名白招矩,黑帝冬起受制,其名汁光纪,黄帝季夏六月起受制,其名含枢纽。"《五经通义》:"苍帝灵威仰,赤帝赤熛怒,黄帝含枢纽,白帝白招矩,黑帝汁光纪。"《大传》郑注:"王者之先祖,皆感太微之精以生,苍则灵威仰,赤则赤熛怒,黄则含枢纽,白则白招矩,黑则汁光纪。"又注《尚书·帝命验》曰:"天有五帝,集居太微,降精以生圣人,故王承天立五帝之府,赤帝赤熛怒之府名曰文祖,周曰明堂,黄帝含枢纽之府,名曰神斗,周曰太室,白帝白招矩之府,名曰显纪,周曰总章,黑帝汁光纪之府,名曰玄矩,周曰玄堂,苍帝灵威仰之府,名曰灵府,周曰青阳。"

书,斯乃唐虞之所以迓天庥也。凤杳图沉,知道之不行矣。然而麟者仁兽也,有王者则至,西狩获麟,孰为来哉,孰为来哉!为《春秋》当新王而来所以示受命之符也(《繁露·符瑞篇》)。故说《春秋》者,或以孔子为文王①,或以为素王②。素王有二义,以有其道为天下所归而无其爵者为素王③,此训素为空者④;以太素上皇,其道质素称素王(《史记·殷本纪》索隐),此训素为质者⑤。二说异义训质为长,一质一文终始之变,自其尚文言之,曰文王,自其尚质言之,曰质王。言非一端,义各有当。孔子既监二代,从周郁郁之文,而礼乐又从先进之野,至作《春秋》也,则更变周之文,从殷之质,是以号为质素之王。夫尚质,殷制也。昔伊尹从汤,尝说素王及九主之事(《史记·殷本纪》),足征素王之法,有殷道焉。孔子为宋之后(《家语·本姓解》),即殷人⑥,殷之太祖契,先王成汤,均感黑帝而生者

---

①　《公羊传》:"王者孰谓?谓文王也。王愆期,曰文王孔子也。"《论语》:"文王既没,文不在兹乎。"俞曲园曰:"孔子一文王也,文王未有天下而一王制度已备,是无王天下之名而有王天下之实。孔子际苍姬之末运,建百王之大法,作《春秋》一经,借鲁以明王者之制,是文王为有周一代之文王,孔子为继周万世之文王。"

②　《繁露》:"孔子作《春秋》,先正王而系万事,见素王之文焉。"卢钦《公羊传序》:"孔子因鲁史而修《春秋》,制素王之道。"贾逵《春秋序》:"立素王之法。"郑玄《六艺论》:"孔子既西狩获麟,自号素王。"《论语摘辅象》:"仲尼为素王。"

③　《庄子·天道篇》郭注:"又《孝经援神契》:素王无爵禄之赏、斧钺之诛。"

④　《广雅》:素空也。

⑤　《易乾凿度》:太素,质之始也。

⑥　汉梅福、匡衡均以孔子殷后,宜上承汤祀至成辛时。推迹古文,以《左氏》、《世本》、《礼记》相明封孔子世为殷绍嘉公。

也，故又曰玄王①。而《论语撰考谶》曰："叔梁纥与徵在，祷尼丘山，感黑龙之精，以生仲尼。"《春秋演孔图》："孔子母徵在，游于大冢之陂，梦黑帝谓已，汝乳必于空桑。"又曰："孔子母徵在，感黑帝而生，故曰玄圣。"②生之夕，有二苍龙③，护圣母之房，五老列圣母之庭。五老者，五星之精，亦即五天帝也。因下奏钧天之乐，列于颜氏之房，空中有声言，天感生圣子，故降以和乐笙镛之音。时又有麟，吐玉书于阙里人家曰：水精之子，继衰周而素王。徵在贤明，知为神异，乃以绣绂系麟角，信宿而去。相者云，夫子系殷汤水德而素王（《拾遗记》、《阙里志》）。水精者，即黑帝汁光纪水德之精也④。由是观之，孔子固黑帝感生，与其始祖契，先王汤，同一异兆。《檀弓》：夫子曰："殷人殡于两楹之间，某也殷人也，予畴夕之夜，梦坐奠于两楹之间，予殆将死也。"死之先，既梦殷人送死之礼，生之先，自符殷祖感生之祥，事之可信，无逾于此。其疾病也，子路请祷，则曰："某之祷久矣。"使门人为臣，则曰："吾谁欺，欺天乎。"卒之梁岱兴歌，哲人其萎，逍遥曳杖，神明弗衰，生荣死哀，如何可

---

　　① 《诗·商颂》："有娀方将，帝立子生商。"郑笺："帝，黑帝也。"玄王桓拨，毛传："玄王，契也。"郑笺："承黑帝而生子，故称玄。"《荀子·成相》："契，玄王，生昭明，居于砥石，迁于商。"《周语》："玄王勤商，十有四世而兴。"贾侍中说亦以为契。韦注更以水德为说。朱子《集传》："玄王，契也。以玄鸟降而生。"《白虎通·瑞贽》引诗，则以玄王为汤。《诗纬》："含神雾扶都，见白气贯月，感黑帝而生汤。"《春秋元苞》殷，黑帝之子。《洛书·灵准听》黑帝子汤。

　　② 《孝经·援神契》："某为制法主，黑绿不代苍黄，言孔子黑龙之精，不合代周家木德之苍。"班固《典引》："天命玄圣，使缀学立制。"《庄子·天道篇》："玄圣素王之道。"

　　③ 案：当作黑龙。

　　④ 《春秋》："汉含孳某，水精治法。郑注：帝命验黑帝汁光纪之府，名曰玄矩。矩，法也。水精玄昧，能权轻重，故谓之玄矩。鲁相史晨祀孔子奏铭曰：昔在仲尼，汁光之精，大帝所挺，黑不代苍。"

及。孔子之知死生,知过去未来,即于此可见。以视释、道、耶、回之奇诡,孰可信,孰不可信耶?是故,言宗教而不尚神异则已,言宗教而尚神异,则神异孰有过于孔子也哉!

大易之理,神以知来。至诚之道,可以前知。夫子圣神,可知百世,不必皆传之非其真也。赤乌之化白书也,曰周姬亡,彗东出,秦政起,胡破术,书纪散,孔不绝(《演孔图》)。赤虹之化黄玉也,曰宝文出,刘季握,卯金刀,在轸北,字禾子,天下服(《搜神记》、《宋书·符瑞志》)。又孔子表《洛书·摘亡辟》曰:"亡秦者胡也。"(《易·通卦验》)将死遗谶书曰:"不知何男子,自谓秦始皇,上我之堂,踞我之床,颠倒我衣裳,至沙丘而亡。"(《论衡·实知篇》)《孔子玉版》曰:"定天下者,魏公子桓。"(《三国志·魏文纪》注)至钟离意为鲁相,修夫子庙,张伯除草,得璧七枚,怀其一,以六白意,意发夫子瓮,中有素书,文曰:"后世修吾书,董仲舒,护吾车,拭吾履,发吾笥,会稽钟离意,璧有七,张伯怀其一。"即召问,伯果服焉(《后汉·钟离意传》注,又《水经注·泗水》)。先几之兆,何其神也。且孔子之灵征异兆,岂仅垂之谶文而已哉。昔鲁人浮海失津,至于亶州,见仲尼及七十子,游海中,与鲁人一杖,令闭目乘之,鲁人出海,投杖水中,视之,乃龙也(崔鸿《十六国春秋·北凉录》)。然则,孔子其未死耶?其复活耶?其真浮海居夷以从凤嬉耶①?抑果乘六龙以御天耶?

《左氏》说:人之精爽,是为魂魄,用物精多,则魂魄强,是以有精爽至于神明。说者曰:魂与魄相附而有精爽,故魂可达于神明。圣贤之魂魄,有精爽,有神明,其死也,神明之魂,能摄魄上升于天而为神。《礼戴记》说:"魂气归于天,形魄归于地,体魄则降,知气

---

① 《逸论语》:子欲居九夷。从凤嬉。

在上。气也者，神之盛也，魄也者，鬼之盛也。众生必死，死必归土，其气发扬于上，为昭明焄蒿凄怆，此百物之精也，神之著也。"说者曰：气也知气也，皆灵魂也。发扬于上，有为蒸薰郁勃之气者，豪杰之魂也；有为凄凄怆怆，不克自存之气者，众庶之魂也。至昭昭明明之气，常存不散，如三后在天，文王在上，于昭于天者，圣贤之魂也。我孔子生有自来，死自必有所归。其作《孝经》、制《春秋》既成，擂缥笔，衣绛单衣，向北辰而拜，告备于天，天乃洪郁起白雾，赤虹自上而下（《孝经·援神契》、《搜神记》、《宋书·符瑞志》）。或说《孝经》文成道立，斋以白天，玄云踊，北极紫宫开，天使阳衢乘紫麟，下告地主要道之君，后年麟至，得血书鲁端门曰："趋作法，孔圣殁"云云（《孝经·右契》、《孝经·中契》、《公羊》何注、《搜神记》、《宋书·符瑞志》）。呜呼！北辰之拜，紫宫之开，诀荡天门，去来风马，阴阴裔裔，帝座归真，其灵魂永生，高高在上也，断可识矣。

且孔子之受命配天，为我国之教主也，不必自麟见始信也。仪封人曰："天将以夫子为木铎。"《演孔图》曰："圣人不空生，必有所制以显天心。某为木铎，制天下法。"考木铎金口木舌，古者将有新令，必奋木铎以警众，使明听也，文事奋木铎，武事奋金铎（《周礼》郑注）。马端临曰："木铎振文事，在天子则行而为政，在玄圣素王，则言而为教。"刘申受《论语述何》曰："封人以夫子不有天下，知将受命，制作《春秋》，垂教万世也。"孔子之为木铎，即孔子之为教主，孔子之为木铎，而曰天将以为，是天命孔子为教主，封人已预知之。况孔子绍承殷道，殷道自契始，舜之命契也，曰：百姓不亲，五品不孙，汝作司徒，敬敷五教。孟子述之曰："契为司徒，教以人伦，父子有亲，君臣有义，夫妇有别，长幼有序，朋友有信。"孔子对鲁哀公亦曰："君臣也，父子也，夫妇也，昆弟也，朋友之交也。五者，天下之达道也。"然则五教之心传，契固已授之孔子矣。契可以配黑帝，而谓孔子不可以配水精乎？明王不兴，礼崩乐坏，玄堂废坠，玄圣奚凭。虽然,明堂者,天子布教之宫也。据卢植、颍容、蔡邕等说,明堂、太庙、辟雍、太学,同实异名,然则祀圣配天,在明堂太庙也可,在辟雍太学也亦可。夫明堂古制,后王虽未能复,而辟雍太学,靡代无之。君子观于临雍幸学,释奠先师,知祀圣配天之遗意,孔子之享其礼也久矣。

抑闻之,三正若循环,夏正建寅为人统,殷正建丑为地统,周正建子为天统。《春秋》之义,王者受命,必改正朔,存二代之后,与己为三,所以通三统也。《汉书》述三统历曰:"太极元气,函三为一。"《说文》:惟初太极,道立于一,造分天地,化成万物。一即易之太极。易有太极,是生两仪,两仪生四象,四象生八卦,天地万物,罔不自太极生。太极者,絪缊之元气也。《春秋》变一为元,开宗明义,大书特书曰:元年春王正月。何言乎王正月?大一统也。王者孰谓?谓文王也。文王既属孔子,则凡通三统。大一统,即谓为素王改制,以统一天地人之元气也。谁曰不宜,观于以元之深,正天之端,以天之端,正王之政(《公羊》何注)。是孔子固明明以元统天,以天统君焉。元为气泉,无形以起,有形以分,造起天地,天地之始也。其在《易》曰:大哉乾元,万物资始,乃统天。至哉坤元,万物资生,乃顺承天。元者善之长也,君子体仁足以长人,即《春秋》体元居正之义。生理流行,生生不已,仁心也而实元气焉。天地之元气不息,则孔子之道统不绝。财成辅相,参赞位育,先天而天弗违,后天而奉天时,天且弗违,而况于人乎,况于鬼神乎。统天之效,彰彰若此,又岂惟是配天云尔哉!

难者曰:人生有三大分,未生之前,一分也,既死之后,一分也,既生之后,未死之前,一分也。其一分,实而有者也;其二分,虚而无者也。圣圣相传之学,在实有之一分,其二分既虚无矣,乌从致力于其间哉,于是外教起而致力焉,此所以异于孔子之教也。今子之说,根据乎谶纬,出入于释老,得毋有援儒入墨,阳儒阴释之嫌欤？曰：孔子之教，在率性修道，在文行忠信，在格致诚正，修齐治平，凡致力于实有之一分，奉孔教者，固宜身体而力行之。然孔教之大，仅谓濂洛关闽，乃得其传，而秦汉诸儒，去春秋较近，所受之微言大义，转不得圣人之一体焉，有是理哉？孔子德侔天地，幽赞神明，原不必援外教之浮夸，强为比附，孰不知之。然旷观中外历史，草昧时代之君主，多尚神权，非常异义可怪之论，往往而有，所以示神异而俾服从也，教主之创教也何独不然。陆象山曰："东海有圣人出焉，此心同，此理同也。西海有圣人出焉，此心同，此理同也。千百世而上，有圣人出焉，此心同，此理同也。千百世而下，有圣人出焉，此心同，此理同也。"教主之心理，亦若是而已矣。吾固知孔子师表人伦，受教者心悦诚服，非他教之借神道以愚民者可比。特孔教兼容并包，其灵感神通，有近似外教，而不以自炫，为各教主所不能及者，又乌可任其湮没而不彰耶。至其祥符瑞应，第弗深考，信以传信，疑以传疑，《春秋》之教也。《朱子语类》曰：后世所谓祥瑞，固多伪妄。然岂可因后世之伪妄，而并真实者，皆以为无乎？凤鸟不至，河不出图，不成亦以为非，旨哉言乎。且外教之得以流传者，以教徒之信其教主也，信其教主之神通广大也。外教尚迷信，孔教则重明诚。《中庸》曰："自诚明，谓之性，自明诚，谓之教。"诚者天道也，不思不勉，从容中道，是为圣人。故曰至诚如神，曰至诚无息，曰可以与天地参，曰洋洋乎发育万物，峻极于天。诚之者，人之道也，不诚无物，是故君子诚之为贵。既明其理，自竭其诚，信仰奉行，与天无极。彼教徒也，我教徒也，吾何让彼哉！嗟嗟！荧爝争明，日月可毁，宗风不振，几丧斯文，发挥而光大之，吾党之责也。其诸弘道之君子，亦有乐于是欤？

篇中引用谶纬，皆据孙瑴《古微书》、马国翰《玉函山房辑佚书》以未标明，附志于此。震福自记。

（选自《孔教会杂志》第 1 卷第 4 号,1913 年 5 月）

顾震福(? —1935),字竹侯,江苏淮安人。幼承家学,治音韵训诂。15 岁补博士弟子员,曾于江阴南菁学院、苏州学古堂修业。1897 年中举人。后创立勺湖、青云两级小学、县立师范传习所、省立府中学校,致力于教育。还曾任淮安陆军学堂文史教师、北京女子高等师范学校诗文词曲教授。主要著作有《函雅古斋丛书》。

本文引征经传、谶纬诸书,以论证孔子是黑帝感生、具有灵征异兆的受命配天的孔教大教主。并且认为,孔子之教,在于率性修道、文行忠信、格致诚正、修齐治平;孔子是人伦师表,受教者心悦诚服,并非其他宗教借神道以愚民可比;孔教兼容并包,虽然灵感神通与其他宗教相似,但其不以此自炫,又非其他教主所能及。

说孔教祈祷之真意

顾震福

孔子宋之后(《家语·本姓解》),宋又为殷之后,故孔子曰:"某也殷人也。"(《礼·檀弓》)殷始祖契,创五伦之教,是为我孔教旧教开山始祖。其母简狄以春分玄鸟降时,祈于郊禖而生契(《诗·毛传》)。禖者,禖宫,祈子之宫也。或曰:吞虼卵而生(郑笺)。祈祷之礼,已开其端。越十四传及汤,时旱七年,汤以六事自责,剪发断爪,身为牺牲,用祈福于上帝,天果大雨(刘峻《辨命论》注)。故桑林之祷,著为美谈。至圣父叔梁纥,圣母颜氏徵在,又以祷尼邱山而生孔子(《春秋·演孔图》,《论语·比霁谶》),此孔子先世世重祈祷之证。《周官》小宗伯大祝、小祝、司巫、女巫等职,皆掌祷祠之事,以祈福祥求永贞。周人之事祈祷,礼数綦烦,孔子达人,岂为所惑,然而南人有言,孔子善之,乡人之傩,孔子敬之,从俗从宜,子亦何尝深拒而痛绝之乎。观于子疾病,子路请祷,子曰:"某之祷久矣。"王充《论衡》述其义曰:"孔子修身正行,素祷之日久,天地鬼神,知其无罪,故曰祷久矣。"足征孔子平日,久已祷天。《公羊传》:"饮食必祝。"何休曰:"因祭祀祝也。"(《襄·二十九年》)此古者食时祷告之礼。以观孔子,虽疏食菜羹瓜祭,必斋如也。郑注:鲁读瓜为必,谓虽疏菜之薄,孔子必举而祭祝之。《杂记》载孔子曰:"少施氏食我以礼,吾祭作而辞"云云。亦孔子每食必祭之证,所以报功不忘本也①。至过宋，与诸弟子习礼大树下，桓魋率兵拔树，子曰："天生德于予，桓魋其如予何！"过匡，阳虎曾暴于匡，孔子貌似阳虎，匡简子以甲士围之，子曰："天之未丧斯文也，匡人其如予何。"此孔子周游列国，因传教而遇难，观其两次呼天，或此数语，即其祷告文中之大旨，后果夷然出险，谓非至诚感神之效欤？顾或者谓，富贵在天，死生有命，道之将行也欤，命也；道之将废也欤，命也。孔子进以礼，退以义，得之不得曰有命，故曰乐天知命，故不忧。曰君子居易以俟命，曰夭寿不贰修身以俟之，所以立命也。既知命俟命矣，何事于求，更何事乎祈祷？特是天命之谓性，性也者，天命之所托也，知其性则知天，尽其性则可以赞天地之化育。何谓性？善是也。何谓知性尽性？择善而固执之是也。圣贤下学上达，只自尽存养工夫，然目手之严，旦明之显，屋漏之相，上帝之临，高高在上之日监，未尝不明鬼神之义，以相儆惕，况为普通人说法，有不可概语上者。故圣人设教，不废神道，举彰善瘅恶之大柄，归之神祇，此由社会心理人之畏神权也，甚于畏国法，其乞灵于冥漠也，亦重于求助于身心。敬恭明神，既属世人之习惯，因势利导，较易为力，故明命鬼神，以为黔首则，俾夫妇之愚，可以与知，不肖可以能行。而又虑悉听于神，不尽人事也，乃又为天道本于人道之说，以期人之尽人以合天。《书·汤诰》："天道福善而祸淫。"《伊训》："惟上帝不常作善降之百祥，作不善降之百殃。"胥是意也。斯道也，孔子知之矣，《易·文言传》："夫大人者，与天地合其德，与鬼神合其吉凶。"《礼·中庸》："至诚之道，可以前知，国家将兴，必有祯祥，国家将亡必有妖孽。祸福将至，善必先知之，不善必先知之，故至诚如神。"

---

① 《礼运》："昔者先王，未有火化，食草木之实，鸟兽之肉，饮其血，茹其毛。后圣有作，然后修火之利，范金合土，以炮、以燔、以烹、以炙，以为醴酪、以事鬼神上帝，皆从其朔，所以报功不忘本也。"

然则殃祥祸福,虽曰天降,实则仍在人为。"《诗》曰:"自来多福。"《大甲》曰:"自作孽,不可活。"闵子马曰:"祸福无门,唯人所召。"《孟子》曰:"祸福无不自己求之者。夫人必自侮,而后人侮之,家必自毁,而后人毁之,国必自伐,而后人伐之。惠迪吉,从逆凶,惟影响,焉可诬也。"则谓修德悔过即孔教求福免祸之道,亦即孔教祈祷之真意可也,岂必斤斤于祈祷之仪式哉。不务修省,而日事祈祷之虚文,不知祝史正辞,信也,祝史矫举以祭(《左·桓六年传》),是欺天矣。负欺天之罪,神其听之乎。是以孔子曰:"获罪于天,无所祷也。"昔齐侯疥遂痁,期而不瘳,欲诛祝史,《晏子》曰:"有德之君,动无违事,祝史荐信,无愧心矣。是以鬼神用飨,国受其福。其遇淫君,暴虐淫纵,肆行非度,不思谤讟,不惮鬼神,神怒民痛,无悛于心。祝史荐信,是言罪也,盖失数美,是矫诬也。进退无辞,虚以求媚,是以鬼神不飨其国以祸之,民人苦病,夫妇皆诅。祝有益也,诅亦有损,虽其善祝,岂能胜亿兆人之诅。君若欲诅于祝史,修德而后可。"公说,使有司宽政毁关,薄敛己责(《左·昭二十年传》),疾遂愈。景公能自忏悔,所以天亦不念旧恶。《孟子》曰:"虽有恶人,斋戒沐浴,则可以事上帝。"比物此志也,然则修德悔过,非我孔教祈天永命,独一无二之真意欤!

(选自《孔教会杂志》第 1 卷第 5 号,1913 年 6 月)

　　本文论述了孔子及孔教祭祝祷告(祈祷)的涵义,认为修德悔过是孔教求福免祸之道,是孔教祈祷之真义。

孔子受命立教论

孙德谦

　　大哉孔子之教，所以传之万世，足与川岳同寿，日月常新者，非独为道高也，盖亦有受命之征焉。昔者唐贤有云，圣人之受命也，必因积德累业，丰功厚利，诚著天地，泽被生人，万物之所归往，神明之所福飨，则有天命之应。夫以一代兴王，崛起在此位，犹必皇天乃眷，神人合谋。是故舜之受终也，观察玉衡；汤之承运也，诞膺金箓。周武见白鱼之瑞，汉高应赤蛇之符，皆各往往灵贶自甄，昭显其令德，岂我孔子为教化之主，腾跨百辟，孤绝一人，有不受天明命者哉！当鲁哀公之十四年，有樵于野者而获麟焉，得麟之后，天下血书鲁端门，曰："趋作法，孔圣没，周姬亡，彗东出，秦政起，胡破术，书记散，孔不绝。"子夏明日往视之，血书飞为赤乌，化为白书，署曰《演孔图》，中有作图制法之状。孔子仰推天命，俯察时变，却观未来，豫解无穷，知汉当继大乱之后，故作拨乱之法以授之。则《春秋》一经，孔子作此拨乱反正之书，以垂教于天下后世者，实由天所授命。故董仲舒曰："有非力之所能致而自至者，西狩获麟，受命之符是也。"及至《春秋》《孝经》即成，孔子使七十二弟子向北辰磬折而立，使曾子抱河洛事北向，孔子斋戒，簪缥笔，衣绛单衣，向北辰而拜，告备于天曰："《孝经》四卷，《春秋》《河洛》凡八十一卷，谨已备。"天乃洪郁起，白雾摩地，赤虹自上下，化为黄玉，长三尺，上有刻文，孔子跪受而读之。易之言曰："其受命也如响，无有远近幽深,遂知来物,非天下之至精,其孰能与于此。"然则孔子之立教也,受命于天,斯非明征大验也哉!不然,告子贡曰:"知我者其天乎?"责子路曰:"吾谁欺,欺天乎?"适宋而遭伐檀之厄,则曰"天生德于予,桓魋其如予何"。孔子苟非受命,曷为而言必称天若是也。今夫孔子之教,载诸六经者备矣,然而孔子尝曰:"吾志在《春秋》,行在《孝经》,欲观我褒贬诸侯之志在《春秋》,崇人伦之行在《孝经》。"岂不以一则教国,一则教家,受命制作,莫有大于此者乎。虽然,孟子曰:"王者之迹熄而《诗》亡,诗亡然后《春秋》作。"是直以孔子之修《春秋》,接踵衰周之后,受命而为新王也。又以《春秋》为天子之事,而比诸禹之抑洪水,周公之驱猛兽,所以见《春秋》之教,其功不在禹与周公下也。若是《春秋》者,据行事,仍人道,因兴以立功,就败以成罚,假日月以定历数,借朝聘以正礼乐,凡其一笔一削,达吾王心者,孔子特奉天而行而已矣。当时游夏之徒,不赞一辞,非不能言也,殆亦恐素王受命,隐其书而不宣,所以免时难乎。然子张知之,则以十世为问矣,孔子语之曰:"殷因于夏礼,所损益可知也,周因于殷礼,所损益可知也,其或继周者,虽百世可知也。"盖孔子受命之事,惟子张能明其故,孔子为言损益三代之义,以成《春秋》之制,而其道之传世行远,足以俟百世圣人而不惑,昭然若揭矣。抑不惟子张为然,子贡亦深知之,对太宰曰:"固天纵之将圣。"又曰:"见其礼而知其政,闻其乐而知其德,由百世之后,等百世之王,莫之能违也。"子贡之所絺言此者,非谓《春秋》继周,礼明乐备,立一王之法,为百代之师,而我孔子实禀受天命之至圣乎?或者曰:一文一质,周监二代,郁郁乎文,孔子于是乎定《礼》。始作翕如,纵之纯如,皦如绎如也以成,孔子于是乎定《乐》。《关雎》以为风始,《鹿鸣》为小雅始,《文王》为大雅始,《清庙》为颂始,孔子于是乎删《诗》。断自唐虞,下讫秦缪,孔子于是乎删《书》。序《彖》、《系》、《象》、《说卦》、《文言》,孔子于是乎赞《易》。此五经者,皆孔子立教之书也。解《公羊》者曰：孔子未得天命之时，未有制作之意，故但领缘旧经以济当时而已。既获麟之后，见端门之书，知天命已制作，以俟后王，于是选理典籍，欲为拨乱之道，以为《春秋》者赏善罚恶之书，若欲治世反归于正道，莫近于《春秋》之义。是以得天命之后，乃作《春秋》。信斯言也，将《春秋》为受命而作，其余诸经不过整齐旧籍，非出于天之大命与？应之曰：唯唯，否否，不然。五十而知天命，孔子自言之矣。考之史，《诗》、《书》、《礼》、《乐》，孔子取而厘订之者，皆在归鲁之后。其曰"吾自卫反鲁，然后乐正，雅颂各得其所"。但举乐以为言者，其文不备也。是时孔子六十有八，为鲁哀十一年，则纂修群经，以施教术，无不受命而兴矣。况《易》则穷理尽性，以至于命，尤孔子晚岁所喜者乎。治今文者，仅就《春秋》之作，谓孔子受命，道在于是，而他则从略者，真所云书不尽言，言不尽意也。且亦由麟致太平，《春秋》之应，其事更彰明较著耳。夫孔子圣德在庶，功业不加于民，独受命而立经教，世世崇奉之，此固天之生是使独也。吾闻之，孔子未生时，有麟吐玉书于阙里人家，文云：水精之子，继衰周而素王。及其降生之始，有二苍龙自天而下，又有二神女擎香露于空中而来以沐浴，天帝下奏钧天之乐，列于颜氏之房，有声言，天感生圣子，故降以和乐笙镛之音，异于俗世也。复有五老列于其庭，则五星之精也。《中庸》记曰："天命之谓性，率性之谓道，修道之谓教。"子思盖谓吾祖之生，福瑞骈臻，本诸性道，推而行其教于来世者，天命有所受之也。且夫孔子非上法文王者哉？文王以受命之年称王，而断虞芮之讼，其时二国相让，诸侯归之者四十余国，咸尊西伯为王。《帝王世纪》云："文王即位四十二年，岁在鹑火，文王更为受命之元年，始称王。"夫称王改元，殷天子犹在，揆诸三分服事之心，当不为此，不知有觉德行，四国顺之，文王固受命之君也。孔子叹凤鸟不至，河不出图，吾已矣夫。盖尝自伤不遇矣。然而孔子未尝不知后之天下，礼教自我而出，得以追美文王也。吾何以知此哉？孔子曰："文王既没，文不在兹乎？天之将丧斯文也，后死者不得与于斯文也，天之未丧斯文也，匡人其如予何？"则文王以受命之岁，改法度，制正朔，孔子虽未得文王之位，而以斯文为己任，其必称天以示之者，言乎己之立教，亦受命自天也。观于颜渊死，子曰："天丧予。"子路死，子曰："天祝予。"释之者曰：天生二子，为夫子辅佐，今不幸而死，是天亡夫子之证，此既然矣。然由吾论之，孔子特痛惜夫行道设教，不能传之其人耳，又况以学者之死，而谓之为天丧天祝者，是其意将使之传吾教以播之天下，并可见孔子立教，受天之命为信而有征者也。魏文帝云："千载之后，莫不宗其文以述作，仰其圣以成谋，可谓命世之大圣，亿载之师表。"斯亦尊崇之至矣。乃曰：仲尼资大圣之才，怀帝王之器，当衰周之末，无受命之运，呜呼！岂不谬哉！岂不谬哉！抑吾犹有说焉。尧曰："咨尔舜，天之历数在尔躬，四海困穷，天禄永终。"舜亦以命禹："余小子履，敢用元牡，敢昭告于皇天后土，有罪不敢赦，万方有罪，罪在朕躬，朕躬有罪，无以尔万方。"《论语》者记言之书耳，今有此者，柳子厚氏则以孔子覆生人之器，上焉尧舜之不遭，而禅不及己，下之无汤之势，而己不得为天吏，生人无以泽其德，日视闻其劳死怨呼而己之德涸焉无所依而施，故于常常讽道云尔而止也。此圣人之大志也，无容问对于其间，故于卒篇之首，严而立之，其意以为孔子生不逢时，未能受命为天子耳。然继之以子张问从政，而终之曰："不知命无以为君子"，则孔子之祖述尧舜，宪章文武，其所谓五美四恶者，盖自陶唐以来相承允执厥中之旨。有王者起，必当则而用之，吾之不行政而行教，斯乃天之诰命，责在我躬者也。使非然者，群弟子撰录言语，而载古帝王之受命，夫何为哉？嗟乎！嗟乎！世之废孔教者，吾不能无惑焉，夫民之所欲，天必从之，孔子之教，亘古不变。今必以一二人摧之毁之，亦徒见其拂民心，违天意，而教统岂遂因此而绝灭哉！仪封人曰："天下之无道也久矣,天将以夫子为木铎。"南宫敬叔曰："物不能两大,吾闻圣人之后,而非继世之统,其必有兴者焉。今夫子之道至矣,乃将施之无穷,虽欲辞天之祚,故未得耳。"阶是以观,则孔子言为天铎,创业垂统,施之将来,无有穷尽。是前有千古,后有千古,未有受命若斯之盛者也。彼二贤者,已早逆睹之矣。夫孔子,玄圣也。昔孔子之母,游于大泽之陂,梦黑帝语之曰:"女乳必在空桑。"觉而若感,遂生之于其中。故五德之运,孔子独得黑统,其教乃能栋宇群萌,舆航亿祀也。《传》曰:"凡有血气者,莫不尊亲,故曰配天。"诚以孔子之教,范围不过,曲成不遗,方将合中外为一统,而尊亲之不暇,犹可一任其晦盲否塞,自陷于禽兽之无教耶!虽然,非受命其又安能以配上帝也乎!

（选自《孔教会杂志》第 1 卷第 3 号,1913 年 4 月）

孙德谦（1873—1935）,字受之,又字益葊,晚号隘堪居士,江苏元和(吴县)人。早年致力于声韵、训诂、经史之学。辛亥革命后移居上海。历任东吴大学、大夏大学、交通大学、政治大学教授,并从事著述。与王国维、张尔田并称"海山三子"。主要著作有《诸子要略》、《诸子通考》、《汉书艺文志举例》、《太史公书义法》、《吕氏春秋通谊》等。

本文认为,孔教之所以传之万世,与川岳同寿,同日月常新,是因为孔子受命于天而立教。孔子降生,福瑞并臻,是天命有所受;自卫反鲁,厘定《诗》、《书》、《礼》、《乐》,群经皆为孔子受命立教所作。

祀天以孔子配议

孙德谦

今夫治人之道，莫急于礼，礼有五经，莫重于祭。岂非有天下者，将以经国家，理民人，而尤以祭祀为当务之急哉。昔者圣王之制祭祀也，法施于民则祀之，以死勤事则祀之，以劳定国则祀之，能御大灾则祀之，能捍大患则祀之，其所以载在祀典者，皆取有功烈于民，盖使为人民者，用以事神而报德也。然而三代以上，治民之要在政，三代以下，治民之要在教。《祭法》曰："契为司徒而民成。"解者曰："民成谓知五教之礼也。"若是周公定礼，亦尝尊契之敷教，以修其祀事矣。顾其时君师合一，政教不分，虽以契为儒家之祖，敬教而奉祀之，而其实则与尧舜汤文同在勋劳之列，未有设为专祀者也。我孔子生晚周之世，以天纵之圣，环游四国，闵其道之不行，于是退而删述六经，为万祀教化之主。自汉以后，天下建立庙堂，春秋释奠，以诸弟子配飨，凡传道之儒，亦得从祀，即以天子之尊，犹且屈身北面，恪恭将事，而不敢旷废明禋，斯其故何哉？孔子之教，行之者二千余年，有王者起，苟于人伦师表，而不隆其献享，致其严肃，则民心有所不安也。故历代开创之主，当其经纶草昧，知圣教之可以化民也。以汉高祖之谩骂溺冠，过鲁则以太牢祠孔子，而刘氏国祚绵历至数百载者，当由于此。然则为人上者，安民之本，其亦谨谨焉于祀孔加之意哉。世之议者，不顾理之是非，事之顺逆，乃欲举孔子之祀而沮毁之，呜呼！是正庄生所谓大惑不解也

矣。虽然,孔子者,其道至大,固峻极于天者也,后之重民事者,诚
知立国之基,源于教养,又岂惟陈笾豆,供酒醴,以行其典礼去尔
哉!夫天不言而四时行,百物生,孔子则代天宣教者也,故曰天之
道在仲尼。子思之作《中庸》也,始之以修道之谓教,而终之以上天
之载,无声无臭。其意盖谓吾祖德教,不同于声色之化,实有与天
并隆者也。至其言曰:"凡有血气者,莫不尊亲,故曰配天。"则惟天
为大,足以上配之者,我孔子一人而已矣。古之帝王,晓然于敬天
之义,而独于配天之孔子,当郊祭之时,不知奉以作配,是非古今之
钜憾也哉!且夫祀天于郊,必以孔子为配者,盖有故焉。记礼者
曰:有虞氏禘黄帝而郊喾,祖颛顼而宗尧;夏后氏禘黄帝而郊鲧,祖
颛顼而宗禹;殷人禘喾而郊冥,祖契而宗汤;周人禘喾而郊稷,祖文
王而宗武王。康成郑氏则谓祭祀配食,用有德者,夫虞舜而下,若
喾若鲧若冥若稷,其克配彼天者,既以明德维馨矣。孔子为生民未
有,道德之高,远逾前圣,则祀昊天于圜丘,立为严配,更合崇德之
意。此一说也。吾尝读《汉书·郊祀志》矣,孔子曰:人之行莫大于
孝,孝莫大于严父,严父莫大于配天。王者尊其考欲以配天,缘考
之意欲尊祖,推而上之,遂及始祖。是以周公郊祀后稷以配天,宗
祀文王于明堂以配上帝,可知圣人以孝治天下,类无不尊其祖父,
以为祭天之配者,顾王者禘其所自出,以其祖配之是也。然此特一
姓之祖耳,孔子者礼教之宗,人之身受其教者,乃能明敬祖之义,则
何如奉万姓之祖,配侑于天,尤有公私之判乎。此又一说也。今夫
孔子之教,非禀受天命,遂以传之千百世哉?其生也,天感生圣子,
特奏钧天之乐,以示灵贶,及至《春秋》既成,复有麟出之瑞,是孔子
上得天命,而昭垂经教,故天应以休征若是也。夫古者有功之臣既
殁之后,往往以佐命元勋,有入配太庙之礼,岂孔子功在名教,伦纪
以正,王通所云,君君臣臣,父父子子,夫夫妇妇,夫子之力,独不可
配祀泰坛乎?况其教思无穷,有命自天,较之辅弼兴王,以成一代

之治安，盖有不能同年而语者矣。此又一说也。或者曰：考之《礼经》，言郊者则谓祭天，言社者则谓祭地。先王之制，子月祀天于南郊，午月祭地于大社。宋元祐间，苏子瞻氏独主合祭，其说然与？曰：后之人君，不亲祭地，故于南郊合祀，以致其父天母地之诚，则通变制宜，苏氏之言未可尽非也。若以为经义固然，则非是耳。然人者天地之心，五行之秀气也，孔子参赞天地，立人道之极，燔柴肆类之时，以之升配并祀，如是则三才之道备矣。孟子云："故凡同类者，举相似也。"何独至于人而疑之？圣人与我同类者，夫于人类相同之中，援出类拔萃之孔子，配匹天神，固有无所用其疑虑者也。议礼之家，乃纷纷焉置辩于郊社，而于孔子之配天，则存而不论，此何为者？故由吾言之，天地不妨合祀，有圣人焉为之配，庶天生时而地生财，人其父生而师教之，益将修明孔教，而不敢悖天逆理矣。《晋书·礼乐志》云："太昊配木，神农配火，少昊配金，颛顼配水，黄帝配土。"此五帝者，配天之神，同兆之于四郊。挚虞亦云："礼同人理，故配以近考。"郊堂兆位，居然异体，皆不及孔子，岂不异哉？岂不异哉？虽然，汉匡衡、张谭有言曰：天之于天子也，因其所都而各飨焉。周文武郊于丰鄗，成王郊于雒邑，天随王者所居而飨之可见也。长安圣主之居，皇天所观视，宜于长安定南北郊，为万世基。似乎祀天之地，当在国都矣，而不知天者人人可以享祀，非王者所独有。孔子生长于鲁，《诗》曰："泰山岩岩，鲁邦所瞻。"今既以孔子为配，则祀天之必于泰山，有不必沿袭旧制者焉。吾何以言此哉？古之行封禅也，自无怀氏以下，皆登蹑于泰岱，虽封禅为秦汉侈心，前贤讥之，而其礼亦与郊祭报天厘然有别。然刘勰则云："封禅者，固禋祀之殊礼名，号之秘祝，祀天之壮观。"则同为祀天之事，亦昭然若揭矣。以德封绝典，展礼岱宗，则告燎以定天位，正可于泰山而设坛场，荐牲币焉。昔孔子登泰山而小天下，有若之形容圣德，亦以泰山之于丘垤比之，盖孔教之大，极高明而道中庸，有非泰山不足以拟议者。祀天而以隋配，犹可治事都城乎？知其必不然矣。闻之《祭义》曰："君子之教也，必由其本，顺之至也，祭其是与。故曰祭者教之本也已。"夫孔教为生人之本，近之忘本者，甘为无教之民，乃使不祀忽诸，固无论矣，然苟知报本反始，则不特祀孔子于庠校，高禋尚祀而配我孔子，将益见敦劝儒风，光崇圣烈乎？《传》曰："明乎郊社之礼，禘尝之义，治国其如示诸掌。"有治平天下之责者，吾愿其三复思之。

（选自《孔教会杂志》第 1 卷第 5 号，1913 年 6 月）

本文认为，经国治民之道，莫重于祭祀。孔子生于晚周之世，闵其道不行，退而删述六经，是万祀教化之主，是代天宣教者。孔子之教，与天并隆，足以配天者，唯孔子一人。作者建议，以孔子配天祭祀，可仿古代封禅而设祭于泰山。

辨　难　篇

孙德谦

　　自本会请愿参众两院，以孔教定为国教，嗣后各省电致议员，莫不表其同意，以促通过，是可见孔教之为国教，天下人心所公认矣。乃宪法起草会，竟从而否决焉，此诚事之至可骇异，大拂民情者也。准之近日之所闻，其违背孔教，以否决为然者无论矣，亦有尚知尊孔，而不以请定国教为是者，其人则实繁有徒。或曰：今为民主国，不宜有孔教，何必列入宪法。或曰：孔教与天地俱存，非一二否决者所可废，亦非一二力争者所可兴。夫国无分君主民主，一言以蔽之，则在不可无教，既不可无教，则生乎中国之人，奉我孔子之教必矣。若谓孔教之兴废，非由人力所能为，此其言则亦未得，何也？孔子有言曰："人能弘道，非道弘人。"可知道之隆污，存乎其人耳。今已国教否决，如或者言，将明知孔教之必不亡，遂忍而与之终古乎？窃恐任其否决，吾人设或默尔而息，天下皆疑孔教不用于世，自此而毁之灭之，不特荡检逾范，无所忌惮，亡国夷种，祸即随之矣！故明定国教，虽经否决，其势有不得不争者也。虽然，此皆尊孔之士也，以尊孔之士，而不知国教之定否有绝大关系，所谓知其一未知其二也。顾彼虽能言之，未尝见之文字，犹若无害于事。近又有作为文字，用以相难者，其中所抒议论，固亦以尊孔为主，持之有故而言之成理，实则近于废教之所为，爰为条列而明辨之。

难者曰:诸君子慨人心不古,世道陵夷,力争定孔教为国教,订入宪法,以期挽回末俗,补救颓风,毅力热心,诚足钦佩,然孔子乃道学家,非宗教家。

辨曰:近世人心之不古,世道之陵夷,有识者无不忧之,不但本会同人有慨于是,在作者当亦有深慨焉。本会之请定国教,是正为世道人心计。为世道人心计,而思以挽回之补救之者,舍孔教而犹有他术乎?则以国教订入宪法,所以望末俗颓风不至败坏而不可收拾者,其道在是矣。作者于本会之毅力热心,诚不能不有以赞美之,亦既以赞美之,则当斥否决者为非,相与以观其成,不应又助其焰而扬其波也。断之曰:孔子乃道学家,非宗教家。然则作者特认孔子非宗教,遂以为国教不必定乎?夫孔子之为宗教,固于杂志中已大书特书不一书矣,吾更为之说曰:宗教者,直是宗仰其教而已,如一姓之子孙,奉其祖父,以立宗法云尔。此尤可罕譬而喻者也。太史公曰:"孔子布衣传十余世,学者宗之。"夫以十余世之后,人皆宗事孔子,则宗教也者。就后学言之,如是而孔子犹非宗教乎?况自汉以降,定孔教为一尊,建立庙堂,示人宗仰者,有二千四百余年之久乎?不特此也,孔子尝言曰:"明王不兴,天下其孰能宗予。"则孔子亦自知吾之立教,当为天下所宗矣。由是以观,孔子而非宗教,其谁信之。且《道学》一传,始于《宋史》,盖以宋儒之专治性理,故别于儒林也。今视孔子为道学家,则其小我孔子也实甚。

难者曰:孔子之道,日月经天,江河行地,所谓孝弟忠信,礼义廉耻,如饮食衣服,为人伦一日不可无之事,非一教所私,亦非一国所私,凡圆颅方趾跂行喙息于人间者,非斯道无以为人,是以历数千年来,未尝别之为教。

辨曰:孝弟忠信,礼义廉耻,此八者,为人伦之不可或无,非斯则无以为人,其说诚是矣。盖人生天地间,苟不孝不弟,不忠不信,无礼无义,无廉无耻,是实非人类也。作者殆深知孔子为人伦之至，而其道果如日月之经天，江河之行地矣，乃谓历数千年来未尝别之为教，岂真孔子仅仅一道学家，而不得为宗教乎？《论语》云："子以四教，文行忠信。"又云："有教无类。"则孔子之教，在诸弟子编录言行，明明称为教矣。且《中庸》曰："率性之谓道，修道之谓教。"盖言道者人所共由，孔子修明之，乃谓之教也。试即孝弟、忠信、礼义、廉耻而论，苟不诏人以若何为孝弟，若何为忠信，若何为礼义，若何为廉耻，但曰孔子之道其要如是，人必恍兮惚兮，无所依据矣。故孔子纂修六经，以垂教于后世者，使之知所法则也。昔者韩昌黎之言曰："道与德为虚位，仁与义为定名。"吾则谓道者虚位，教者定名，未有可以孔子为非教者也。抑闻之《齐书》云："人寻孔教，家诵儒书。"《史记索隐》云："孔子者教化之主。"又何尝不以孔子之道别之为教哉？虽然，推作者之意，谓道与教不必分别，犹之可也，其言非一教所私，亦非一国所私，则又索解而不能得矣。将谓为人之道，吾孔教不当私为己有乎？抑谓立为国教，遂若示人以私乎？夫兴一教也，固有别立宗旨出于秘密者，是可谓之私，若孔教之大，本会之请定国教，作者许其为挽回末俗，补救颓风者，而有一毫私意存于其间耶？然而中国今日，苟不正名为孔教，明定为国教，积而久之，既不读经，将孝弟忠信礼义廉耻，人所不可须臾离者，无一人而知之矣。岂不可危哉！岂不可危哉！

难者曰：所谓儒教云者，亦佛氏老氏异己之言，不过欲强抑孔子，使与释伽牟尼、太上老君等诸教主列于同等，以自尊其教耳，非定论也。中华向尊孔子，固不待言，即近今东西各国亦创尊孔之说者，皆其哲学之士，寻绎我国《学》、《庸》、《论》、《孟》诸书，心悦诚服，而尚误于儒教二字，故一若于各教外别树一帜，殊不知自有人类以来，早在此范围之中，特未尝明言之耳。故于孔字下安一教字不妥，孔教定为国教更不妥。

辨曰：孔子之教，固高出于儒家之上，观《汉书·艺文志》，首列

《六艺略》，以尊孔子之经，而于诸子传说，则别入之儒家，其意可见。然班固之论儒家也，曰宗师仲尼，以重其言，是儒教云者，由于宗师孔子，遂成为儒教耳。荀子者战国大师，故有《儒效篇》。《礼记》者汉时所录，故有《儒行篇》。此岂为佛老诸教，强抑孔子，自尊其教所致哉？盖诸教皆后起者也。见于《论语》者，则子谓子夏曰，"女为君子儒，无为小人儒"。见于《孟子》者，则有夷子曰"儒者之道"，诚以天生孔子，为万世师统。在周之时，学者信奉其教，已有儒之目矣。今必谓佛老诸教之贬抑，吾恐为彼教者，亦不乐承受也，何也？各教虽与吾教异趋，初未有抑我孔子之心也。近今东西各国，创尊孔之说，读《学》、《庸》、《论》、《孟》诸书，而心悦诚服，此正见孔子之教，有大一统之基，所谓声名洋溢乎中国，施及蛮貊是也。至于儒教二字，彼既误以为别树一帜，则就其尊孔之意，直称之为孔教可矣。中国本以孔教立，前此之标为儒教，固无不可，然其中言训诂者，谈性道者，能文章者，无不托之于儒，甚者显分门户，互相攻击，则不如别白为孔教，质言之无容文言之也。本会以孔教为名，不同世之隐约其词者，其崇实黜虚在是，安有孔字下安一教字不妥，孔教定为国教更不妥哉。夫孔子不得为教，孔教不得定为国教，犹以为中国向尊孔子，是其心但欲使中国为无教之国而已矣。

　　难者曰：夫所谓宗教云者，如佛氏之释教，不茹荤，不饮酒，不婚不嫁，忏善悔过，求证佛果；老氏之道教，虚无寂灭，炼形养生，祈晴祷雨，求为飞仙。东西各国崇信之基督、耶稣、天主各教，其劝人为善，有墨氏兼爱之旨，皆别乎中庸之为德，而抱一定不易之宗旨，是以谓之教也。人伦明于上，小民亲于下，就个人言，为立身之本，就国家言，为治世之法。合上下千古东西万国之宗教家，无一能出其范围，于是而列之为教，尊孔乎？亵孔矣。

　　辨曰：以孔教在个人，为立身之本，以孔教在国家，为治世之法，我孔子之教所以统教育政治而一以贯之者也。作者谓合古今中外，凡一切宗教无能出其范围，其尊孔亦可谓至矣。顾既知尊孔矣，而以列之为教，遂目为亵孔，然则孔子非中国之教主乎？明明是中国之教主，必欲别之于各教之外，而不与并列，斯真亵视孔教矣。夫至亵视孔教，则立身之本无以存，治世之法无以则，率天下之人而甘为无教之民者，必自此言始，乃转以列之为教者，诋为亵孔，甚矣其谬也。或者曰：佛道诸教抱有一定之宗旨，故名之为宗教，孔子之教无所不包，作者盖以是而尊孔也。然各教皆可信仰自由，昧者不知，遂以孔教为不足尊矣，于是屏孔子之书，罢孔子之祀，至近世而屡有所闻矣，表而出之曰孔教，见我中国自有孔教在也。且孔教独无一定宗旨乎？《尸子》曰"孔子贵公"。《吕氏春秋》曰"孔子贵仁"。则公与仁者，即孔教之宗旨也。作者以孝弟、忠信、礼义、廉耻为人伦之不可一日无，此孝弟、忠信、礼义、廉耻，非尤孔教宗旨所在乎？是故一教之立，必有其宗旨，乃可以传世而行远，佛教有佛教之宗旨，道教有道教之宗旨，基督诸教则有基督诸教之宗旨，独能谓孔教无宗旨遂不得为宗教也哉？况时至今日，孔教当绝续之交，使不定为国教，因其否决又随声附和之，曰：孔教本无宗旨。则是助纣为虐，其罪大恶极，心术更不可问矣。当《临时约法》之许人信教自由也，盖为服从他教者而言，孰知中国旧有之孔教，竟不难以数人之私意而否决之。如作者之志在尊孔，方当叹息恨痛之不置，乃姑夸大其辞曰：宗教家无一出其范围，谓如是则世之昌明孔教者，可以关其口而悦其心，至其隐谋秘计，则以为孔非宗教，自无订定国教之理矣。《春秋》诛心，责贤者独备，作者又何能逃哉！

难者曰：中国之弊，在蹈虚而不践实。佛老以福善祸淫为宗旨，与基督耶稣天主相同，其实皆补国法之不逮。泰西各国。奉行宗教，虚实兼到，为祸福劝人为善，使凛冽不敢犯，虚也；如学堂医院工厂,使之习于为善,实也。中国奉行佛老,迷于天堂地狱之说,而不求实际,致为人所诟病矣。孝弟忠信,礼义廉耻者,人生之布帛粟菽也,即统佛老诸教,皆在范围不过曲成不遗之中。今指而名之曰国教,又曰仍可听人民信教自由,于《约法》并无违背云云,然则既定为国教之后,仍可听人民自由,有不信孔教者,国法不得而禁之,于是放乎孝弟、忠信、礼义、廉耻之外,而为禽兽矣。

辨曰:中国之人,蹈虚而不践实,其弊诚有之。作者据各国之奉行宗教,以祸福劝人为善,以学堂医院工厂之使人习善,谓其虚实兼到,又援中国之奉行佛老,迷惑于天堂地狱之说,痛恶其不求实际,是盖惧孔教复兴,或仍不知实力奉行也。然孝弟、忠信、礼义、廉耻,固人生之布帛粟菽,伊古以来,敦孝弟,言忠信,行礼义,尚廉耻,其实事求是,昭著史册者,不可胜数,凡此皆实行孔教之成效大验也。且一国之中,所以必有宗教者,皆足补国法之不逮,亦岂佛老诸教已哉。我中国尊崇孔教,人知谨守绳墨,而不敢为犯分作乱之事,正以救国法之穷也。故历代开国之初,非不颁示国法,而必先祠祀孔子者,均知夫徒法之可以畏民,不若善教之入民心深也。或者曰:孔教之裨益国法,是则然矣,今必载之宪法,定为国教,此何为哉?答之曰:孔教之为国教,我中国固有之事。夫亦何足怪?今者各教林立,加以《约法》之内,但听人信教自由,于是异说横恣,人皆乐其便己也。父子不相亲爱,男女不妨苟合,机械变诈,胥天下而出于盗贼之行,所谓孝弟、忠信、礼义、廉耻者,几于扫地俱尽,如是而尚足以立国乎?本会之请定国教,恐挽回末俗,补救颓风,其势有所不足,思借宪法之明文,以保我孔教,作中流之砥柱也。虽然,不欲违背《约法》,而仍使人自由信教者何也?孔子曰:"与其进也,不保其往也。"孟子亦曰:"往者不追,来者不拒。"盖孔子之教,大公无我,使既定国教之后,人之信从佛老各教者,而不许其自由,何以见孔教之范围不过,曲成不遗哉。然而自由云者,第对信别教者言之,非一切任其自由也。作者疑不信孔教,放乎孝弟、忠信、礼义、廉耻之外,至于行同禽兽,国法亦不得而禁,则岂请定国教之本旨哉!况不信孔教,而苟行同禽兽,此其人必为别教所不容,将不待国法而严惩之矣。非然者,不信孔教,则信别教,何至一入别教,而遂为禽兽乎?作者之误解自由,并以污彼佛老诸教,亦不思之甚矣。

难者曰:孔子之道,天经地义,有生同具,非孔子所独有,舍此即沦于禽兽,万无听人自由之理,为此说者,目睹教化不行,伦常斁废,定为国教,诚救世之苦心,然此则可无虑也。道德不修,法律即为保障,沦于禽兽,斧钺加之已。

辨曰:本会之请定国教,而仍听人信教自由也,盖以《约法》已定,不可更易,未入他教者,固可我孔教,如已入他教,则亦听之而已矣,初非欲规定国教以后,禁人自由,令人之必从孔教也。作者曰:舍此即沦于禽兽,万无听人自由之理。如其说,似国教一定,有信别教者,皆当出而阻止之矣。若是则教争既起,且亦非孔子宽则得众之义也。至谓孔教以外,听人自由,必至沦于禽兽,然则作者亦知国教之当定,所患者只在信教自由乎?不知佛老诸教,以福善祸淫为宗旨,作者前既称之矣,乌有舍我天经地义之孔教,以各教为宗仰,即逸居无教,近于禽兽哉?虽然,近今教化不行,伦常斁废,本会目睹世变,以孔教定为国教,具有救世苦心。作者其知之耶?抑未知之耶?果其知之,则当曰今日救世之策,诚无有逾于订定国教者,奈之何归重法律,而谓道德不修,法律即为保障哉!夫人之生也,同具良知,然非习闻乎孔子之教,使陶镕沉浸于其中,岂复识有道德。至于道德不修,专恃法律为之保障,自来用法严明,莫如暴秦之世,何以传至二世而其国为人所灭乎?是法律不足凭也。《传》有之:“民不畏死,奈何以死惧之。”观于近数年来,人之争夺相杀,犹且幸逃法网,斧钺不得加诸其身,则何如阐明孔教,奉为立国之本,急急焉以定国教为先务,庶几有治安之望乎。教之不存,而惟以法治,后此之乱象将有加而无已也,尚得曰此可无虑哉?

呜呼!可与乐成而不可与图始者,此中国自古相沿之积习也。然苟作一事也,有利害之可言,有是非之可言,固不能不郑重将之。至孔教之为国教,名正言顺,乃亦如老子所言,民之从事常于几成而败之,不亦可长叹哉!虽然,否决此议者,自是忘本逐末流,或且别有用意,不谓引申其说者,反出于尊孔之士,则诚庄生所谓大惑不解矣。即如作者,标明孝弟、忠信、礼义、廉耻,以恢宏孔子之道,不欲称为宗教,使笃乎佛老诸教之上,岂不陈义甚高者。然观其以孔教定为国教,谓更不妥,则是阳托尊孔之名,阴具废教之实也。且本会请愿之书,发行者已非旦夕,不于未经否决之先进以抗议,及至否决后,则莫不振振有辞,是盖喜乘人于厄而知下石之较易耳。或曰:孔子为伦理学基础,今者已行表决矣,又何庸哓哓置辨乎?曰:学校之中,科目繁多,修身者止其一科,且复不甚注意,如是而行孔教,则在无足轻重之列矣。况国教之不定,使成于尊孔之徒,其事尤堪惊怪,何则?蚩蚩者众,纵使肆力诋排,人未必信之,一入于尊孔者之口,牵合附会,可以惑人之观听,故其阴贼险狠,为害更大也。孟子曰:"予岂好辨,予不得已。"荀子曰:"有争气者勿与辨。"世之以国教而著为言论,以相抵拒者多矣,吾亦何必一一与之辨,所以不能已于言者,盖惧废教者借词尊孔,而此案之无从修正也,特借此以辨诘之。有志保存圣教者,其亦可以览观焉。

(选自《孔教会杂志》第1卷第10号,1913年11月)

本文以答辨诘难的形式阐述了孔教是宗教、应定为国教而不可废止的理由。作者认为,宗教不过是宗仰其教而已,孔子布衣,人皆宗事之,故为宗教。孝悌、忠信、礼义、廉耻等是孔教的宗旨。孔教统教育、政治而一以贯气,衰视孔教,则立身之本无以存,治世之法无以则,使天下之人甘为无教之民,使中国为无教之国。孔教为国教,是中国固有之事。

孔 教 平 议

狄 郁

上篇

　　一教字而析为三义，曰教化，曰教育，曰宗教。此近世之判别，由欧美发生者也。吾华自羲轩尧舜，迄夏商周时代，则惟浑沦言之，谓为教而已矣。其教字之意义，属于教化为多，由被教者言之，是为化，由施教者言之，是为教，故统乎两方面，则曰教化，就乎一方面，则曰教而已足赅也。虽然，前古岂绝无教育与宗教二者特别之精神哉？有虞氏之上庠下庠，夏后氏之东序西序乡校，商之右学左学乡序，周之辟雍泮宫、北虞学、东夏学、西殷学，西郊之虞庠，州之夏序，党之殷校，类皆于象魏县书、遒人振铎、司徒敷教、乡老宣化而外，更选少数之秀民，使之成德达财，以供辅世长民之用，此其事皆以学制规定之。报本追远，祀天以溯其原；福善祸淫，奉天以昭其鉴；神道设教，寓诰诫于禘祫烝尝，此其事皆以礼制规定之。"禮，从示从曲从豆，豆为祭器，曲象祭品，其简体作礼，从乙，乙象人拜跪形，故凡礼悉由祀神孳生也。"礼制学制，固系特别之教化，而实则并为教化中之一端云耳，故一言教而义亦罔弗赅焉。其时圣帝明王，以作君兼作师之任，实能躬行道德，识拔贤材，俾政教日益修明，芸芸者相与正德利用厚生于其间，而不自知其所由致此，是以熙熙然皞皞然。当其盛世无教育普及之可言，为其教化本已普及也；无宗教成立之必要，为其教化自足以维系全国人心也。

以儒生自任教育，其事实始见于孔子，其名词则始见于孟子，所谓得天下英材而教育之，为君子之三乐是已。孔子一生，事事主于先行其言而后从之，践其实以待名之归。盖设教杏坛，弟子三千人，身通六艺者七十二贤，在他人见为创生民未有之盛，在后世见为开万古学者之宗。而孔子当日，则固自视欿然，觉其以教育补教化之阙者，于素志未满万分一也。是以教育二字名词，且待后贤私淑而表章之，初不以此自矜异。然而不侈其名，又非不道其实也。我学不厌而教不倦；自行束脩以上，吾未尝无诲焉；有教无类，无行不与；人洁己以进，与其洁也，不保其往也，与其进也，不与其退也；有鄙夫问于我，空空如也，我叩其两端而竭焉；循循善诱之忱，谆谆致意之语，恳挚缠绵，不一而足。期令吾党之士，咸体其承先觉后之寸诚，以扩充递传于天下后世，永永无穷，为问古今中外，所称为大教育家者，谁复具此热心毅力乎？

孔子圣之时者也，其离乎政而设教，离乎君而作师，时为之也，应乎时之宜而不得不然也。前古圣帝明王教化之衰歇，一见于夏之季，商汤起而代任之；再见于殷之季，周文武起而代任之；三见于西周之季，平桓东迁，奄奄一息，齐晋继霸，孑孑力征，政治之形式不完，遑论教化哉？久之而无人可代，生民之祸亟焉。于是孔子应时而起，所谓当仁不让于师，所谓文王既没文不在兹乎，固毅然以主教自任矣。其自任主教之初心，固欲假尺寸柄，以措其立道缓动之绩，使臻程效于当时。列国周流，终莫能用，乃反鲁删订六艺，藉空文以垂教。盖先尝注重于教化，而后专注意于教育，以为教育之所育，仅逮少数英贤，不若教化之所化，广被多数民众，必至万不获已，始守吾缩小之范围也。然而教化至衰歇时，将求代任者于少数帝王中，其遇至难得。教育至衰歇时，但求分任者于多数儒士中，其事犹易能。能令教育屹立而绵延，则虽圣帝明王，竟绝迹于宇宙,甚至帝统王位,不适用于人群,而民德有恃以滋培,民智有恃以启导,则毫无阻碍于生灵之幸福。是论功之大且远,教育实逾于教化什伯。此中分量之轻重,殆又孔子壮岁抗颜为人师时,所夤为计及而预立之基者矣。

木必有本,水必有源。教育以何者为本源乎?则必曰本源于学业。孔子之教,盖亦以所学为本原,虽天纵之资,不能以生知而无待讲习也。孔子之学,固羲、轩、尧、舜、禹、汤、文、武诸圣帝明王所作所述,所积累所贻留。文物声明,灿然美备,幸而人存政举,则教化之流行,浑沦包涵学制礼制,而道无不该。不幸而人亡政息,则教化之代任,无妨姑待将来,而学与礼之精神,固自听有志者之随时探索,随时担负,即所谓教育与宗教二者之特别精神也。神州国粹,冠绝全球,尼山集成,凭借至厚,况从十五志学而后,不厌不倦,又自以其所具特别之真精神,迎合而融贯之。是以大含细入,践实课虚,理无不通,义无不洽。用诸政界,教育即教化也;质诸神明,教育即宗教也。孔教中之宗教精神,殆如今日教育中之首崇德育者然。故其他宗教,可以判别之于政治教育而外,而孔教中之宗教精神,断不能与政治教育离而为二,析而为三也。

或曰,孔子为大政治家、大教育家,今世学人多已公认,若夫孔子非宗教家一说,则持之者亦颇不乏人矣,其所以持此说,用意虽各有不同,要之异口同声,所至洋洋盈耳,吾子乃谓孔子之教育中,即有宗教精神在,其然,岂其然乎? 应之曰:奚为其不然。近世真理益明,凡事须求实际。实际之所有,必不能使之无;实际之所无,必不能使之有,是岂得以意气争辩口给哉! 今试条举宗教重要之点,而引孔子之事与言以证之。

一 凡宗教皆以信仰天为根据。孔子自言五十而知天命。其谓子贡曰:"下学而上达,知我者其天乎。"子思子阐其理由曰:"天命之谓性,率性之谓道,修道之谓教。"其信仰心有如此者。

二　凡宗教皆以受天委托代表天意为责任。子贡曰："子如不言，则小子何述焉？"子曰："天何言哉，四时行焉，百物生焉，天何言哉。"子曰："天生德于予，桓魋其如予何。"又曰："天之未丧斯文也，匡人其如予何。"其责任心有如此者。

三　凡宗教或祀一神或祀多神，要必视其所祀神，即为天之职司，而对之有赫声濯灵之体认。孔子曰："鬼神之为德，其盛矣乎。视之而不见，听之而不闻，体物而不可遗。"赞《易》十翼，论鬼神尤精深而活泼。其体认有如此者。

四　凡宗教皆以主祭祀为敛摄心性之具。孔子虽蔬食菜羹瓜，祭必齐如也，祭神如神在，曰："吾不与祭，如不祭。"告哀公曰："齐明盛服以承祭祀，所以修身也。"又曰："洋洋乎如在其上，如在其左右。"其敛摄有如此者。

五　凡宗教皆以祈祷为通诚或悔罪之形式。王孙贾问曰："与其媚于奥，宁媚于灶，何谓也？"子曰："不然，获罪于天，无所祷也。"又尝晓子路曰："丘之祷久矣。"其形式有如此者。

六　凡宗教皆有宣誓以质信天神。子见南子，子路不说，夫子矢之曰："予所否者，天厌之，天厌之！"其质信有如此者。

历观以上六条，则孔子之教育中本具有宗教精神，确凿可征。讵得谓之傅会牵强耶？若夫黑帝降神，素王受命，《春秋》成而致麟瑞，天书降而化乌飞，见于公羊家言及纬书所纪载，在今日用科学之实验与哲学之理想以观察之，固若邻于诞妄矣。顾吾思之，彼其说乃出于孔门高足弟子。何至以诞妄施诸圣师哉？意者两间之事之真理，固自有其特出异常不经见者，固非今日科学之实验哲学之理想所能尽乎。故使当日果有其事耶，则自有其所以致此瑞应之真理。其真理惟何？殆造化之机缄，偶一昭示者也。使当日并无其事而仅有其说耶，则亦有其所以作此称说之真理。其真理惟何？殆由孔门弟子，心悦诚服，相与推崇之为万古教宗，因不得不尊严之以起一般人敬悚之心理也。耶教徒谓耶稣代民受罪钉死复苏，佛教谓如来法身不坏与天无极，彼亦应时势之需要，欲立教以救世，不得不作此言。衡以常人之知识，洵属恢诡，出于古人之苦心，即是真理。仁者见仁，智者见智可也。信者笃信，疑者阙疑亦可也，而况公羊家及纬书之言。以为有耶，固于孔教之精神，益见尊严；以为无耶，亦于孔教之精神，无少欠缺。诚以上举六条，已足证明宗教精神，流动充满矣。人安得藉口于是，以为反对乎。今夫环顾坤舆，宗教渐替，循因证果，各有由来。或以宗教之权力，于政治时有冲突也，斯教化与宗教分离之问题，从而发生焉。或以宗教之迷信，于科学时有障翳也，斯教育与宗教分离之问题，从而发生焉。奉规律而笃于旧仪之保守，虑其以固执梗进化之机，重灵魂而澹于现世之竞争，虑其以文弱招灭亡之祸，此皆政教脱离宗教之种种大原因也。返而观之吾华孔教中之宗教精神，曾有类此者乎？其达天以下学为基，毫无所矫诬假用权力之处；其事神以民义为，务毫无所迷信致滋流弊之端。好学力行知耻并为一诚，崇德而不废尚武；据乱升平太平列为三世，爱国而不碍大同。自秦汉以来，土地之广，人民之众，法律之不完备，人心机械之灵警而难治，以及君主专制历时之久远，吾华事事甲于全球。顾其多数人，犹能相养相生相安相保，以徐待今日改建共和政体，用图人类之大幸福者，谁为为之？孰令致之？虽曰非孔教，吾不信也。无其他宗教之纷纭，而有一切宗教之利益。譬如我有商业工厂，资本家经理家工作家，本系一家至亲骨肉，无间可离，忽睹他人营业，股东与管事，管事与众伙，众伙与管事股东，交相龃龉，诉讼裁判，我反因而效之，妄分限界，岂不可笑之甚？今何以异于是。不认孔教为宗教者，约分两大派：一派主于排孔，细别之，则背本之妄人也，媚外之惏人也，喜新之浅人也，厌束缚而愿恣肆之野人也。吾皆不欲与言，请姑舍是。一派主于尊孔，亦可细别为甲乙二说，请先列乙说而上及于甲：

乙　谓孔教不当与宗教同侪，若侪诸宗教，适所以卑视孔教，而小之乎孔子矣。

甲　谓世界进化开通，必将造乎无宗教而但有教育之程度，吾华正须力求教育美备，以应时趋，于德育一门，修明孔教足矣。若奉孔教为宗教，反嫌多事。

此二说者，持之各有故，言之胥成理。特无如审之外势，验之内情，参之事实，舍孔将无教，无教将不国，猝难副高明之理想。何也？鳅生不敏，当于下篇毕吾辞。

下篇

世界各教精神仪式均不相同，而有惟一之大本大原焉。非彼此相仿效，非后先相沿袭，自然殊途而同归，则敬天之一事是也。人类所以为万物之灵，能发扬其道德知识材艺，用以宰制万物者，其大本大原所在，即敬天之性根是也。各教主之教人以敬天也，非能强人以性之所本无，特善导人以性之所固有耳。在未有教主以前，人类所以能合群，能立国，能服从政治规则法律范围，能为贤君相教化所转移，良师保教育所造就者，无非由此固有之性根。《记》曰："甘受和，白受采。"敬天之性根，和与采之甘白也。贤君相不世出，良师保不多觏，而人不可一日无教，于是乎始有教主者兴，应其需而承其乏，以绵教化于永久，以植教育之证基，要皆顺人性而为之也。故少数人之提倡，遂能得多数人之信仰。借非然者，彼教主纵具广长舌，纵化千亿身，焉是人人而聒之，使其风行一时，传流异代也哉。各教成立之后，或以优美见称，或不免于流弊，而待后起之改良，此固由于教主与教主之程度不齐，抑亦由其所逢之时，所处之地，多数人之程度若是耳。窃谓既能成立一教，则就其时其地而论，盖无不优美者，其敬天之大本大原，使人类不昧其本性，而有以植其生命,盖无不有至弘至远之功效,以补政治法律之不逮者。他教且然,矧我最优美之孔教乎？而谓可废之背之,别求治安之效乎？

孔教之敬天也,体降衷于维皇,以正饮食男女之始。惺明命于顾谉,以凝肃雍临保之神。其旨极精微,而其事极平实。深之无幽渺虚廓之弊,浅之无穿凿矫诬之弊,是以不假权力,自然印入人人脑筋。惟其不假权力。故绝无政界人仇视教徒之事,亦绝无新旧教徒争竞教权自相仇视之事。惟其自然印入人人脑筋,故奉行二千余年,无智愚贤不肖,莫不知有天理人情国法之一语。语国法,语人情,必以天理冠之,皆孔教牖民之成绩也。孔教之礼制从时宜,初无妨于进化,则政与教无事分离。孔教之学科崇实用,初非略于知新,则学与教亦无事分离。且也,敬天之大本大原,印入人人脑筋者,实为政治与学业之元质,之要素,之主骨,之灵魂,是中国之教化教育,有万万不能与孔教分离之理。必欲强为分之离之,则虽有少数耆英,起而保存孔教,尊奉孔教,而令大多数人,澌灭其固有之性,相习于肆无忌惮,不受范围,势必至饕餮穷奇魑魅罔两,充塞道路,由斯术以求政治学业之发达,真所谓求马于唐肆,适燕而南辕者矣！

人但见欧美各国,有政教分离之现象,有信教自由之法言,而国势勃兴焉,遂疑其致富致强,关键在此,刻意慕效其形迹,是何异见西子之捧心而颦,不失其美,因亦对镜作态者乎？抑知西子非好颦也,其捧心之颦,迫于疾不得不然也,顾犹能不失其美者,则由于生质之妍丽,平时之好修,在旁观见为因病增美,在西子终不自谓其颦之非病也。尚信,尚武,尚群,能自立,能自治,知公益,知爱国家,彼哲种之特长,即耶教之特色,此吾所取譬于生质妍丽,平时好修者也。教权与政权抵牾,新教与旧教龃龉,教徒与平民水火,此吾所取譬于捧心之颦,不得谓非病者也。其政学界伟人,本于尚信、尚武、尚群、自立、自治、公益、爱国种种奉教之精神，以求脱去其历久弊生之形式，是以主张政教分离，而国民之道德心自在，声明信教自由，而国粹之固结力弥彰，此吾所取譬于鹳而不失其美者也。中国之孔教，本无此病，乃以妄人背本，恲人媚外，浅人喜新，野人厌束缚而愿恣睢之故，逞少数之意见，乘多事之纷纭，竟欲铲绝人民敬天敬教之性根，而不顾贻外人以东施效颦之笑。夫使效颦而后，东施仍不失其为东施，犹可言也，乃今竟何如者？中人以上，戾气用事，予智自雄；中人以次，依附作哄，惶惑无主；中人以下，安危利灾，贼民奋兴。为政治计，人不服从政治，虽有良好政策何益。为法律计，人不服从法律，虽有完善法制何益。为学业计，人不服从学规，虽学科美备，校舍栉比何益。昔人讥学步邯郸，未得其似，反失故步，匍匐而归，乌乎！我国何不幸而忽类此。

或曰：今之从政者，对于孔教，未尝敢废之背之也，特辨明孔子非宗教家耳。谓孔子非宗教家，正所以尊孔耳。孔教之平近真实，固大异于其他宗教之性质，则不得斥其言为蘦言也。余曰否否，不然。他教之所特有，纯为宗教性质，孔教无所不有，不仅为宗教性质，而亦含有宗教性质。夫宗教性质之所由来者，其因有二：一则教主自造之因也。教主本原于敬天以立教，斯不得不以代天宣教，自任为职务之当然，因而不得不自视为天所委任之人，因而不得不受吾信教之徒，推敬天之心以敬己。非欲人敬己也，亦冀人人以敬教者敬天而已。一则亲炙教主之信徒所共造之因也。此信徒者，类具开悟之知识，坚卓之诣能，入教最深，守教最笃，中心悦而诚服，视其师为天所委任之人，因而相组以敬天者敬其师，因而庄严其礼，使人知吾师德可配天，欲敬天即不可不敬吾师。此亦非私敬其师，仍体其师，冀人人敬教敬天之初心，求得踌躇满志而已。

上言二因，为宗教性质所由来。而吾孔教之所以为孔教者，又当分析言之。

　　宽裕而谦和,吾华族民性之媺德也。舜禹受禅,汤武革命,皆为天下任劳,毫无恝却退诿之私。然而对义务一方面,则自任毅然;对名位一方面,则仍自视欿然,自处傓然。此即华民媺德之代表也。帝王神圣,无非民族中一人,其德性不脱民性之同,于人爵犹然,况专葆天爵之尊,如吾孔子之贤于尧舜者乎。是以为诲不厌倦,则言之毅然。圣仁岂敢居,则言之欿然。有教无类,君子居之,何陋之有,有志大同,斯人吾与,知我者其天,天之未丧斯文,天生德于予,则言之毅然。述而不作,窃比老彭,我非生知,好古敏以求之,吾有知乎哉,三人行必有我师焉,则又言之欿然。太宰圣者之称,仪封人木铎之喻,齐太史素王之拟议,皆为异日梦奠两楹,寝疾七日而后,群弟子特别尊崇,奉圣师以配天之先声。其不与他宗教同,不于及身之日,有所表异者,正由孔子之德性不惟自视欿然,抑且自处傓然,斥而不许故也。姑舍《史记》、《家语》、公羊家说,请先以《论语》证吾言。《论语》载子疾病,子路使门人为臣,病间,曰:"久矣哉! 由之行诈也,无臣而为有臣,吾谁欺,欺天乎? 且予与其死于臣之手也,无宁死于二三子之手乎。且予纵不得大葬,予死于道路乎?"后人注解此章,多未明澈,不如圣师贤弟子,于斯各成其是也。夫有门人侍疾,即病不起,治丧裕如,何必使之为臣,多此一举耶? 使门人为臣者,盖群贤将以君王殊礼尊孔子耳。在孔子斥为行诈,陷己于欺天,在群贤实出于敬天敬师之真诚,谓非以圣配天,末由敷教万方,垂教万世,达其人人敬圣以敬天之冀望也。孔子非不知其意,非谓事理不当然,特不欲假借人爵为尊,反邻欺饰耳。以为吾道自尊,吾教自尊,得二三子善承吾教,传道于后世,则实际已得,大葬饰终虚号,谓可无庸。此又所谓自处傓然者。然安于无臣,密受君王之称奉,非并谢教主之资格,而辞不为万世师也。循省圣言,其旨若揭。既而子路结缨先逝,未获与于筑场之侣,马鬶之封。而采用素王，追志灵异，由子夏公羊穀梁诸贤之门弟子为之，亦犹行仲子之志也。惟是孔教于人人固有之性根，无所不洽，化行尤易。是以二千年来，其平实之精神，已普被于社会，而其庄严之形式，反等故事于胶庠。或一二博览好古之儒，知有其说而已。此所以不仅为宗教性质者也。

考宗教之名词，本东瀛所译定。吾华不用宗教二字，而直称之曰孔教，未为不可。以事实言，定为国教可也，或以习惯言，仍称儒教可也，更以其大无不赅言之，径称为教亦可也。盖孔教自是吾华国教，孔教自是吾华儒教，孔教自是吾华独一无二之教。惟名正而后言顺也，然空言虽顺，尤当有实政以示民。祀孔大典，拜跪古礼，虽胶庠等诸故事，固为教风普及社会之模型。他国不屈体于生人，不屈体于偶像，正以郑重其敬天敬教主之拜跪礼，以示不妄施也。彼之教士，日日拜跪教主前，即非教士，亦每拜跪教主前。吾乃盲从附会，并令读孔氏书之校生，岁时偶一行于圣师前之拜跪礼，而亦废止何也？即谓信教自由，则校中有奉他教者，听其自便，不奉他教者，仍其祀孔拜孔之旧可也，而概令恫然鞠躬，傲亵教主何也？听其言则但云孔教非宗教，等于歇后之廋词，观其行，则不惟不知所以尊孔教于宗教之外，且不啻有意抑孔教，而使之弗得并列于宗教之中，又何怪有心人之引为大戚，狱以废教亡国灭种之罪名也哉！

虽然，孔教之大本大原，即在人人固有之性，人类一日不虫沙，人性一日不煨烬，即孔教一日不可废。沪滨教会，一册风行，域外寰中，遐迩响应，其始效已见矣。夫今之邪说诐行，妄欲废遏孔教者，其用心吾不之知，其藉口者吾闻之矣，无非曰为教育计，为教育中之科学计耳。君子尽其在我，致用固贵识时，吾会同人，所宜商榷订定各学级适用之教科书，筹设初高两等小校，选择经言，以植德育基础，而不夺其智育体育之时间，校中定拜孔祀孔礼制，"亦折衷于不疏不数,使渐为全国模范,间执顽佞之口,挽回狂澜之冲。庶有豸乎? 庶有济乎?"

(选自《孔教会杂志》第 1 卷第 4、5 号,1913 年 5、6 月)

狄　郁,字文子,江苏溧阳人。

本文论述了作为宗教和国教的孔教。作者认为,孔子的教育中本具有宗教精神,孔教不仅包含其他宗教共有的性质,而且具有自己的特性,孔教是中国独一无二的国教,跪拜祀孔不可废止。

国教名义答问

狄 郁

或问于狄子曰：国教之名义，吾中华古代曾有之欤？抑拾欧美牙慧邪？狄子答之曰：吾华自有国教名义久矣，稽厥时代，远在欧美立国以前，曷言拾人牙慧乎？《虞书》载帝舜命契之辞曰："百姓不亲，五品不孙，女作司徒，敬敷五教，在宽。"夫曰百姓，曰五品，是赅全国之人而言矣。敷教于全国之人，是非国教而何？由唐虞越夏商周，踵行罔替，《周官》记成王之分职曰："司徒掌邦教，敷五典，扰兆民。"邦非国而何？邦教非国教而何？兆民非全国之人而何？故今日之请定国教者，乃欲葆所固有，非欲创所本无也。

或问：《虞书》言敷教，《周官》言邦教，诚有然矣，顾未尝立主名，定一尊。今孔教会诸君子，乃专于尊孔，力请定为国教，何也？答之曰：此吾华事实有然，又迫于今日之时势而不得不然耳。吾华未有孔子以前，以君相主教一时，既有孔子以后，以师儒主教万世。主教一时者，不立主名，主教万世者，必定一尊。是以羲、农、轩、顼、尧、舜、禹、汤、文、武、皋、益、稷、契、伊、旭、望、旦不为教主，而孔子为教主。自汉武帝用董仲舒议，表章六艺，罢黜百家，人无异言，家无异学，不惟神州治道，必视洙泗为依归，即外族入主中邦，外人入居中土者，亦自然同化于孔教。孔教之具有国教资格，事实如斯，迄今已二千余年。今者民国改建，少年新进之士，误认平等自由之说，乱之所生，斯其厉阶，胥戕胥虐，憯莫予惩，不急为倡提孔教，将别无救止之术,则当制造宪法之际,请定孔教为国教,事理固应尔矣。

或问:欧美之定为国教者,类皆宗教耳,若吾华《虞书》所谓教,《周官》所谓邦教,以及孔子垂教万世之教,则分科之教育,普及之教化也。宗教托于神权,教育教化切于人事。托于神权之教,适用于前此民智未开化时代,而不适用于今此民智大开化时代,尤不适用于后此世界大进化时代,欧美识时之彦,近者力倡政教分离,职是故也。切于人事之教,毋论民智若何开化,世界若何进化,要为国人所资以启迪,不可须臾离者,是以吾华忧国之士,非不知恢复秩序,亟须孔教,扶翼伦纪,亟须孔教,培养道德,利乐群生,在在亟须孔教,然而必曰孔子非宗教家,必不敢赞成定孔教为国教者,诚虑侪孔教于其它宗教之中,后来反不适于用,反失其美善教育美善教化之效力耳。此其意未可厚非,而教会诸君子弗亮,几欲与狂妄喜乱蔑视孔教之徒,混一而诋呵之,同类而非笑之,何也? 答之曰:唯唯,否否,不然。夫孔教者,以时雨化之成德达财答问私淑艾为教级,以德行、言语、政事、文学为教科,以文行忠信为教具,以循循善诱博文约礼为教法,以不倦无类为教旨,具有教育之完美也,而非若今所谓教育,仅知注重游艺之偏。其本诸身,征诸庶民,作之表率,树之风声,我泽如春,下应如草,旧染污俗,咸与维新,具有教化之功能也,而非若晚近所谓教化,徒知文饰一二欺人耳目之事。抑其齐明盛服,报本敬天,夕惕朝乾,敛心守约,亦临亦保,在上在旁之观念,则又具有宗教之精神焉,而固绝无其它宗教之流弊。故孔教者,兼有宗教性质、教育义法、教化根本三者之长,以自成其独一无二中华民国国教之资格也。今议者预挟一宗教流弊之成见,因而必谓孔子非宗教家,必不敢赞成定孔教为国教,是犹见他方人,专啖蓣薯,多患噎疾,遂甘饿死,而不敢进食,且不敢自名其嘉谷嘉殽为食品,岂不童呆之甚乎? 即云彼所持孔非宗教之说,彼其意固在尊孔,彼固将别孔教于它宗教外也,然亦知主张定孔教为国教者,固非囿孔教于宗教中乎？宗教者东瀛之名词，孔教者吾华之国本，吾自保吾国本，以范围吾全国士民，初何尝计宗教不宗教哉。它宗教自不适用于民智开化世界进化时代，故前世定为国教，今乃日言政教分离。吾孔教自是民智愈开化世界愈进化而愈益适用，故前世已弥漫全国，今乃更宜明定之于宪章。夫议者亦知恢复秩序，扶翼伦纪，培养道德，利乐群生，固在在亟须孔教矣，而独于定为国教一事，首鼠狐疑，惩邻舍之沸羹，辍阖门之福胙，甚无谓也。诸君子对于狂妄喜乱蔑视孔教者流，不屑与言，亦不必与言，为其自绝于天，不久自归奸殄也。惟于号为忧国之士，而不赞成定孔教为国教者，则不惮辞费，必与往复诤辩，盖冀真理之克明耳。

或问：孔教既切于人事，民智愈开化，世界愈进化，而愈益适用，则奉为教化之准，教育之方，自足以范围全国，又何必定为国教，致犯宗教之嫌乎？答曰斯又不然。谓为教化之准，此特虚语而已，谓为教育之方，而教育仅被于学校少数人，是将令学校而外之多数人，不知有孔教也。且今教育部仅规定修身伦理等科，用孔氏书教授，是将令学校中少数人，亦置孔教于无足重轻之列，驯至全国人无一知有孔教也。乌乎可哉？且令议者所以必欲避孔教之嫌者，岂非为迷信未除，为时贤所诟病耶？则试与剖迷信之说。夫迷信云者，乃教外人所加于教中人耳。其实奉教者信仰教主之心，其迷也欤哉？其诚也。信仰教主之诚心，乃报本敬天敛心守约之精神所从出，孔教虽不囿于宗教，亦具有宗教真精神，故必定为国教，然后能提撕国人信仰诚心，然后可以收恢复秩序扶翼伦纪培养道德利乐群生之实效。孔教既兼宗教教育教化三者为一体，又何宗教之嫌之避之有。

或问：近人谓宗教迷信，足以障碍真理，故思破除之，如子之说，不当曰迷信，当曰诚信，而谓孔教亦具有此精神，然则迷信固不当破除欤？答曰：不然，是当判别论之。它宗教所信仰者，有可谥之曰迷，吾孔教之使人信仰者，无一可诬之为迷。它宗教之近于迷信，或当破除以修改,而其信仰教主之诚心,则固不容破除。近世物质文明日进,民欲之恣,物竞之烈,大造将弗能供其求,欲臻长治久安,恐终赖宗教之力,何况我孔教素为人生日用所不可须臾离者哉!

或问:教祸之剧,西史具载,读之可为寒心,若定孔教为国教,果能不蹈泰西覆辙欤?答之曰:此必无之事,勿庸鳃鳃过虑也。盖它宗教之绝异于孔教者,不在迷信之有无,在有我与无我之殊而已。它宗教惟有我也,故当旧教主创教时,即自命为天之独子,取其往代之先哲、先贤、先知、先觉一切抹揉之,及新教主改教时,又自命为天之真子,取其旧教主并往代之先哲、先贤、先知、先觉,复一切抹揉之,于是新教与旧教相仇,此教与彼教更相仇。欧洲十字军之战征,祸固由此。我孔教惟无我也,故其所以教人者,承先则述而不作,诗书易礼,上以集羲、农、轩、顼、尧、舜、禹、汤、文、武、皋、益、稷、契、伊、旭、望、旦之大成;启后则无行不与,由三千七十之徒,下逮两汉隋唐宋元明清诸学者,以嬗递于无已。奉一孔子为教主,则孔子以前孔子以后之君相师儒,皆橐括其中,而不啻雍容逊让于一堂,岂有新旧之争哉。其对于同教,既主群而不党,其对于异教,尤主矜而不争,故孔教向无仇视它教事。孔子曰:“攻乎异端,斯害也已。”又曰:“道不同,不相为谋。”正谓我既以彼为异,彼亦必以我为异,攻伐之衅一启,必贻害于民生,毋宁以不相为谋者听之,优劣是非,待其久而自明,徐而自悟,纵令其终于不明不悟,而天无不帱,地无不载,万物并育而不相害,道并行而不相悖,此孔教之所以会极于大同也。孟子号为拒杨墨最力者,其言曰:“杨墨之道不熄,孔子之道不著。”是但务口舌辩论,著吾孔子之道云尔。又曰:“逃墨必归杨,逃杨必归儒。”归斯受之,墨者夷之求见,则委曲详晰,和平以导之,无纤毫仇视攻击之意气。韩退之号为攘斥佛老最力者,顾惟少年文字,愤彼徒众游食蠹民,有人其人火其书庐其居等语,洎经忧患,阅历渐深,则所至多方外交,其论颠上人曰:世有墨其迹而儒其行者,可不与之言乎。是知孔教中人，无不归于孔子大同之义，故无教争教祸之虞。试观前清时，耶教徒务扩张势力，广事搜罗，怆人悖为护符，欺陵同类，激起反动力，始有所谓教案。然而少读孔氏书者，便不与其事，便不受其煽诱，便以保全大局为怀。由此言之，吾华定孔教为国教，决不致生教祸，抑亦正惟定孔教为国教，乃可以永免于教祸。中外明达之士，当共晓此理由矣。

或问：民国合五族以共和，而特定孔教为国教，回蒙藏人倘缘此生疑议，甚且耶教徒纷来诘难，可奈何？答之曰：是当明目张胆开诚布公以告之，告之以国不可无教，民国今日乱象四伏，尤不可无国教以收束人心，倘任其无教而乱生，中外人无不受损，将谁任其咎者？孔教为中华固有之教，论资格最旧，论时代最先，对于它教，若地主之于众宾然。况国教虽定，仍许信教自由，是不啻孔教自标出地主之责任，以保护众宾之自由也。藉曰不然，将强宾中之一人为主，可以相安乎否乎？抑听其无主致扰之为得乎？回蒙藏人即有疑议，闻此自当释然，其一部分有它心者，又无关于国教之定不定矣。惟耶教徒，一方面受反对孔教者之挑拨，一方面见当事之将牢太过，犹豫不决，从而生心，诘难之来，必费唇舌，然而我固有辞矣。学界名吾中华固有之文字为国文，初非以此抑置洋文，且持此以融合英法德俄日文之用焉。教界名吾中华固有之孔教为国教，非以此抑置它教，且由此以推广耶回佛教之义焉。况国教系我内政，凡有国者，莫不有自定国教之主权，固非它邦所得干涉也。轻言之，则国教犹之国文，重言之，则国教属之国权。彼虽喷有烦言，我本此意应付，岂不绰绰然有余裕哉。

或曰：记有之，大哉圣人之道，洋洋乎发育万物，峻极于天，优优大哉，礼仪三百，威仪三千，待其人而后行。故曰：苟不至德，至道不凝焉。子视今吾中华民国英彦，亦有至德其人乎？子视今制造宪法者，有于根本之地，中心悦而诚信孔教者乎？无其人而望其为此事，彼则虚与委蛇,聊求靖民焉耳,讵肯力肩重任耶? 诸君子休矣,其勉旃以孔教励实行,使孔教增实力,日务发育后贤,徐俟修改宪法之机会可矣。狄子闻之,悄然以悲,喟然而叹曰:果如若言乎? 沧海横流,将得为河清之俟乎? 虽然,吾不敢遽信子说,以厚诬时贤也,且记此问答语为之券。

(选自《孔教会杂志》第 1 卷第 12 号,1914 年 1 月)

本文以问答的形式阐述了作为宗教和国教的孔教,问题主要涉及:中国古代是否有国教名义,为何以孔教为国教,孔教之教是教育教化之教还是宗教之教、是否适用于民智大开及世界进化时代,孔教有否迷信、是否破除,以及定孔教为国教能否引发教祸、民族分裂等。

祀天配孔议

马其昶

某月日奉国务院训令,祀天配孔,关系绝重,应征集国民多数意见,并发交王式通,请定祀典说帖,徐绍桢请改天坛为礼拜堂,呈文二件。仰见博采群言,慎重典礼之至意,虽愚陋,曷敢不竭其忱。谨按,治国以礼为重,五礼以祭为先,而祀天之礼,又祭礼之大者也。《周礼》:"冬日至祀昊天上帝于圜丘。"《礼器》云:"因吉土以飨帝于郊"是也。今之天坛,义本于此。《礼经》称名不一,或言天,或言帝,或言上帝,言五帝,言皇天上帝。郑康成又据纬书,有耀魄宝、灵威仰、含枢纽,诸称儒者,咸辟其诞。夫纬书耀魄宝云云,特后世崇上徽号之类耳,要其为天则一也。古者圜丘祭天,方丘祭地,各有专祀,而天无所不统,则祀天而以地从之,亦无不可者。南郊北郊之异,分祭合祭之说,聚讼千载,迄无定论。窃尝以谓先王制礼之大原,在洞达天人之故,而管慑乎人心,以即于安,虽一名一物之微,莫不有精义存焉。苟得其精义之所存,则因革损益,礼随时变,举凡名物之微,纷纷异同之论,又有不足道者矣。盖天生人而立之君,以一人加乎亿兆人之上,其刑赏举错出乎一人,必无以合乎亿兆人之心。亿兆人之心,即天心也,故称天以治之。讨曰天讨,命曰天命,禄曰天禄。举其大者言之,则征伐禅继之事,皆归之于天。《书》曰:"予畏上帝,不敢不正。"《诗》曰:"上帝临女,无贰尔心。"《孟子》曰:"天与贤则与贤,天与子则与子。"选其细者言之,则一呼吸出入之顷,无不与天相胖盫焉。《诗》曰:"昊天曰明,及尔出王,昊天曰旦,及尔游衍。"《书》曰:"顾视天之明命。"其言天亲切如此,而又非矫诬以托于窈冥不可知之天也。《书》曰:"天聪明,自我民聪明,天明畏,自我民明威。"以天治君,以君治民,而又以民验天,古之王者无一时一事敢或恣于民上,诚畏天也。世谓吾国君主专制,而不知实有民主之精义存焉。自天子以至庶人,皆畏于天,曷敢自专哉?以孔子之圣,犹畏天命,畏大人,畏圣人之言,盖天下大乱必自人心之无所畏惮始矣。先王知其然也,故祀天之礼不厌其烦,冬至圜丘为祀天之正祭,孟春祈谷于上帝,仲夏大雩帝,季秋大飨帝。其礼皆杀于冬至,其事皆主于为民。然冬至之祭圜丘,郊特牲日祭天,扫地以祭焉,于其质而已矣,则亦不似后世之劳费也。一岁四祭天,至于陟位行师巡守,诸大事又有所谓类祭焉。风雨水旱无不致其祈祷,而日月薄蚀可推测而知者,庙堂之上犹必斋戒伤省,积其精诚,恪慎之心以上答天谴。董仲舒所谓天人相与之际,甚可畏也。而说者疑古神道设教,藉以儆人主,犹未为知天也。圣人纯亦不已,时时有对越上帝之思,其在常人则,必制为登降拜跪之仪,以作其震动恪恭之气。今民国肇建,号称共和,天下之心,皆放无纪极,昔患一人专横于上,今乃患亿兆人纵恣于下。欲已其乱,惟崇祷而重祀天。一人专横则称天以治之,亿兆人纵恣则立君以治之。以天治君,以君治民,复以民验天,而民又如此其纵恣也。民之中有圣人焉,圣人之心,实合乎亿兆人之公心,乃所谓天心也。圣人与天一而已矣。礼也者,圣人之所制也,谓祀天之礼为可废者,是自绝于天也。冬至之祭,大总统主之,其余祭,国务卿轮主,民庶预往所不禁,此自吾国旧典,毋庸效法他族。徐绍桢请改天坛为礼拜堂,名称不正不可施行。王式通谓郊祀之礼,总统不亲。总统亦万民之一也,敬天之义人人所同,何有帝制之嫌乎?又案万物本乎天,人本乎祖,知本乎天,则知祀天之礼,知本乎祖,则知配天之礼。《大戴礼》曰:祀天于南郊,配以先祖是也。唐虞三代之祖,若黄帝,若颛顼,若帝喾,若契,若稷,若文王,皆圣人而在天位,其配天宜也。后世王者，各隆其祖以配天，疑于僭矣，尤与民国之制不合。匹夫而可以配天，宜莫如孔子。孔子尝援天以自信，曰"天生德于予"，曰"知我者其天"。明太祖曰："仲尼之道，广大悠久，与天地相并。"前清升孔子为大祀，则孔子之当配天也久矣。子思作《中庸》，以昭明圣祖之德也，其言曰："仲尼祖述尧舜，宪章文武，上律天时，下袭水土，此天地之所以为大也。"又曰："天之所覆，地之所载，日月所照，霜露所队，凡有血气者，莫不尊亲，故曰配天。"今已兆其端矣。人之性与天地之性同，其大以蔽于有我之私，斯渺乎小耳。惟孔子为能尽其性以尽人物之性，故与天地参。《孟子》曰："逸居而无教，则近于禽兽。"大之可以参天地，小之不免为禽兽，设世无孔子，人之不禽兽也几希！或谓孔子尊君，不适于今制。不知民国非无君也，特君不专属。《诗》不云乎，天命靡常，况孔子大同之旨，载于《礼运》，彼自不察耳。孔子明人伦，覃教思，集大成，于道为至高，东西国学者，苟稍通儒术，莫不尊亲。而吾乃弁髦视之，失崇德报功之旨，非所以揭国华，明宗教也。祀天而配以孔子，实协于礼，当乎人心。谨议。

（选自《孔教会杂志》第 1 卷第 5 号，1913 年 6 月）

马其昶（1855—1930），字伯通，晚号抱润翁，安徽桐城人。早年习古文辞、经学。曾执掌庐江潜川书院、桐城中学校、师范学堂。1910 年应学部聘，任编纂，后授主事。1914 年主持北京法政学校教务，兼备员参政院。1916 年应清史馆聘，参与编撰《清史稿》。著有《周易费氏学》、《毛诗学》、《中庸篇义》、《三经谊诂》、《老子故》、《屈赋微》、《桐城耆旧传》、《左忠毅公年谱》、《抱润轩文集》等。

本文通过阐述古代祀天祭礼之意义，说明民国时期祀天配以孔子之必要。

请尊孔教为国教议

廖道传

　　盖闻国于天地,必有与立。天地之所立曰极,命之人曰性,率性之谓道,修道之谓教。故国有教然后能立于天地之间。外国民族,强武如俄,坚毅如德,特立如英,活泼自由如法、如美,虽学艺精微,功利发扬,而其民服从于宗教者唯谨,其效盖彰彰焉。我中国历载五千,道德之传,肇自伏羲,历神农、黄帝而始大。尧、舜精之,禹、汤、文、武、周公明之,而孔子集其大成。其删述在五经,其言行在《论语》、《孝经》,而《春秋》、《大学》、《中庸》尤为心法治法之所昭示,复哉范百王,师万世已。孔子既崩,百子繁兴,瑕瑜互见,道真将晦,孟子距之,董子述之,越汉中叶,天下皆尊孔子,而道统定于一。自是以后,虽经师大儒辈出,而佛老之学杂骛其间,圣教有中衰之象。唐儒韩愈,抗言辟之,卫道之功,超董追孟。逮有宋濂洛关闽诸儒崛起,益表章微言大义以教人,近之切身心言行之际,远之穷天人性命之微。理学已昭,道脉斯寄,深粹宏博,以朱子为大宗,而陆王二家,亦相发明而不相悖。由宋而来七百年,俗敦礼法,士尚节义,盖浸淫于先圣诸贤之教泽者深,其明效大验有如此者。民国肇兴,开中国前古未有之局,虽应于世界之进化,而实本于吾国固有之道德。故革命之事,敏捷稳健,逾法越美。夫其始内夏外夷者,《春秋》之义也;而终以五族统一者,大同之旨也;摧君主民者,天下为公、民贵君轻之理也;烈夫志士,饮枪蹈刃,相踵不悔者,成仁取义之宗也。此其荦荦较著者,其余道德风俗,有较之欧美诸国为尤美者,要在修而明之,扩而充之焉耳。今志功利者,或以道德为迂谈;醉新学者,或以旧学为诟病;又或高语禅玄;或倾向外教;而以己国固有之孔教,辄以平庸无奇忽之。夫绍宣圣学,发扬国教,以延伏牺以来列圣魁贤之道德精神,而辨人禽之界,其关系全国民族,真乃至高无上之要义,较之保种权以御外侮,摧君主以博自由,其事尤难,其绩尤伟,而可以迂阔置之耶?旧学有必宜保存者,有宜改良通变者,而天地立心、生民立命之大原要不可易。以欧美政治科学之精优,而守宗教极笃,吾国人其可轻拨本根耶?至夫信教自由,文明通律,各国宗教,具有旨极,勿用相非。即就释道二教论,清净空寂,优于出世,不适社会。且诸教大抵皆侈神奇、崇迷信,与吾孔教之重人道大异。夫道犹大路也,教者示人以遵从此路之正轨也,各教以无、以空、以迷信、以未来境、以离乎人境为道,而孔教以有、以实、以不迷信、以现在境、以不离乎人境为道,而超绝人境之理,所谓天地相似,天地与参者,亦由是而得焉。夫吾人已现在处于有且实之人境,则所从之大道,必随人随时随地可以共行者,且必由此道行,而即可以达吾人生存播衍之鹄的者。斯道也,惟吾中国被服二千余年之孔教有然,而非他教之所可比也。或者曰,孔子尊君,与民国不合。不知古代非君主不能治民,君国不分,故忠君即为忠国。经传所载重民轻君之旨极多,特专制积习,以崇奉一人为忠,湮其本义耳。或曰:儒教缓弱,不适竞争。夫杀身成仁,舍生取义,此何等语哉!末流儒缓,正当以古教矫之。且他教之出家寂修,衣食于人者,论者尚或以勇猛精进美之,儒教即有缓弱者,尚不坐食废事,况其本旨非缓弱乎?或曰:凡为宗教,必有迷信,故孔子为政治、教育、哲学家,而非教主。不知修道谓教,圣有明训。若以彼迷信者为教,而谓孔子非教,抑毋宁以我之不迷信为教,而谓彼非教乎?且政治、教育、哲学之型范后人,即教主矣。或曰：六经大漫，难以诵服。抑观各教经典，或空虚无著，或怪诞不经，彼教中人尚能举口，孰若我圣经身心家国，本末毕具，宁吾国人而可不是训是行欤？或曰：五族一家，佛回并峙，今若崇孔教为国教，得不背信教自由之约法乎？不知孔教经纬人事，与各宗教异趣，固可以包各教而无外，实可以超各教而独行。今试执各宗教之徒而问之曰，若能离知觉心意身家国天下而独存在乎？必佥曰不能。则彼所以格致诚正修齐治平者，固亦不外孔道矣，亦何妨并存哉。夫以孔子之道，渊源于伏牺、神农、黄帝、尧、舜、禹、汤、文、武、周公，而衍发于汉唐宋以来诸儒者，其根脉之悠久博大如此。其学术始于一心，极于天下，近切人事，高参天道，适宜于人类之世界，且有以尽人而合天如此。其学说为全国大多数人所诵法，支配吾国二千余年之政学界，而又有以孕育民国如此。乃宫墙寥落，释奠简疏，六经不列于胶庠，四子且束之高阁，国为无教之国，民为无教之民，而转藉异邦之教以寄信仰，道传实耻之。道传愚昧，拟请大总统定孔教为国教，孔子为教主，祭则配天，永立国极；京师暨各直省府县文庙改称圣庙，文武国民，皆可敬礼；选学问勋望素著之退老，或学校人员之有学望者，兼典圣庙；彝鼎、图籍、礼乐，岁时陈列；释奠仪节，采用古制。学校教授，酌存经学，大学本科，仍设经学专科。召集通儒，厘正经义，俾适教授。尤要在设圣教会以资风倡，京师圣庙为总会，省圣庙为省会，县圣庙为县会，各学校照旧奉圣人为分会，以讲明圣学。并由京师及省垣之圣教会选派儒士，往各国传教，以资普化。以旧衍圣公典曲阜圣庙，大总统待以上宾之礼，从祀诸贤，由大总统与国会及大学问家慎重厘定，进退而增减之，大约以立德立功立言有俾全国或世界，其立功立言者，须操行不诡于正，方许厕列。其有大功德于国于民者，铸造铜像，建之圣庙，以志景仰。诚如是行见士争濯磨，以圣为归。常则收化民成俗之功，变则励取义成仁之节，则吾国性道文章之微，贯瀛寰，际天地,抑岂难事哉！虽然以形式尊圣抑末也,必人人勉为圣贤斯为贵。自洒扫应对以至尽性知天,造诣浅深不一,而必有事焉。是在有魁儒硕学,志存开继者,广设学会,宏宣圣道,为之振木铎而镜群流焉,非吾国民任而谁任欤！道传姿性梼昧,志业樗谫,凡所陈述,均属庸言,诚望吾国人不以此为不急之务、迂阔之论,速定大计,建立国教,中国幸甚！

（选自《孔教会杂志》第 1 卷第 7 号,1913 年 8 月）

廖道传,字叔度,广东梅县人。1902 年入京师大学堂,后赴日本考察教育。回国后任广西优级师范学堂监督。民国初年,任广东高等师范学校校长。后任广西督军秘书、统税局局长、梅浦蕉平公路局总办。曾创办嘉应大学。著有《金碧集》、《三香片羽集》等。

　　本文认为,宗教是示人遵从大道的正规,孔教以有、实、不迷信、现世、人间为教。孔道之根脉渊源悠久、博大,其学术始于一心,极于天下,近切人事,高参天道,适宜于人类世界,其学说支配中国二千余年,为多数人所诵法。作者建议,定孔教为国教,尊孔子为教主配天,京师、省、府、县文庙改称圣庙,设圣教会,岁致祭奠,讲明圣学,并选派儒士往各国传教等。

余之孔教观（附张尔田后记）

张东荪

　　顷者沪上陈焕章博士，发起孔教会，一则欲以宗教挽回人心，二则欲以保存东方固有之文明，其用意诚美备矣。惟此问题，为根本上之解决，亦殊不易。荪不敏，敢贡区区，以求教于博士之前，且与海内明哲共商榷也。

　　今以论述之便，分吾之观察点为二：

　　甲、自宗教上观察。

　　乙、自哲学上观察。

　　自宗教上观察孔教，凡有问题三：

　　一、孔教果为宗教与否？

　　二、宗教果有挽回人心之可能与否？

　　三、中国果宜有国教与否？

　　自哲学上观察，复有问题三：

　　一、孔教哲学之特质如何？

　　二、孔教哲学及于中国文明之影响如何？

　　三、孔教哲学与西洋哲学之比较如何？

　　兹请以次论之。惜余不文，或未能尽达吾意耳，此则引为憾者也。

　　甲、自宗教上观察　孔教果为宗教与否，其难解之处，不在孔教，而在宗教之定义。此盖古今至绞脑之问题，非数言可解决者也。宗教之定义，各人不同，乾毋斯教授喻之以政治，政治离主权、人民、警察、军队、议会、法律等属性之外，别无明了之定义，宗教现象又何独不然耶？（James, The Varieties of Religious Experience, P.26）司密斯谓各学者之定义所以不同者，正以各人之信仰与不信仰之形式不同故耳（Smith, Religion in the Making, P.25）。是故宗教二字，虽脍炙人口，然苟一旦求其精确之定义，则虽积学之士，亦有所难也，矧常人哉。

今暂为参考之资，略举其一二。

康德　谓宗教为认识义务为神之命令；

泰洛　谓宗教为对于精神上灵物之信仰①；

斯宾塞　谓宗教为先天的宇宙观；

赫胥黎　谓宗教为道德理想之崇仰，而欲此理想之实行者；

卡德　谓宗教为人类对于宇宙表示其终极之态度②；

缪勒　谓宗教为从服自身以外之物之感情（Menzies, History of Religion, P.11）；

明斯　谓宗教为高力之崇拜（Max Müller, Introduction to the Science of Religion, P.13—15）；

海甫庭　谓宗教为感情、欲求、恐惧、希望等直觉与想象之精神状态（Hoffding, the Philosophy of Religion, P.1）；

乾毋斯　谓宗教为独立之个人之感情、行为、经验，且以此使其自身与所谓神者有关系者也（James, Ibid, P.31）；

统观以上各说，或偏于仪式方面，或偏于玄理方面，或偏于心

①　Tylor者，研究太古文明大家也，其所谓灵物盖指古代崇拜动物之类，此定义殊狭。

②　Caird为研究康德哲学之大家，其定义乃从黑智儿演绎而出，见所著An Introduction to the Philosophy of Religion, P.2—13。

理方面，或偏于道德方面，正如司密斯所谓各以其信仰与否之自家心理以为悬拟也，则毫无可统一之道，不待言矣。惟吾人于此诸说之中，虽未得宗教之真正定义，然借此可得其必要之性质焉。性质之数有四，今试举之：

一、神　神者不仅指所谓 God，且即 Supernatural being（超自然物）、Sublimial thing（玄妙物）、Something from without（身以外之物）、Higher power（高权力即高于人类之权力者之意），无不在包括之中。自心理学上言之，此不过一精神现象而已①。

二、信仰

三、道德及风习　风习即 Custom 也。

四、文化　明斯谓宗教与文明，尝合而为一（Menziesbid, P. 13），盖二者混合不可分，乃历史上与吾人之知识无可反对者也。

准此以论孔教，则虽不能一一皆相符合，然于其第一条所谓神者，则有孔子所称之天及天道以配之。孔子尝以天道诒人，正如他种宗教，以神上帝等警谕其信徒也。于其第二条所谓信仰者，虽未如他种宗教之甚，然自孟子以降，均极力排除异端，异端之入，必减轻其对于孔子之信仰，足见孔教未尝不尚信仰也。于其第三条所谓道德者，则孔子毕生所述，皆道德之教训，其言实为数千年中国立国道德之大原，任公先生曾详述之，所谓报施等思想，以孔子思想足以代表之也。于其第四条所谓文化者，更不待言，中国数千年文化，何一而非孔教之文化耶？此最易识别者也。由是观之，不仅孔教可为宗教，且其为宗教也，复于中国有莫大之关系。容于后节详论之。

近日主张孔教非宗教者，大半拾西人之吐余。西人不仅言孔

———————————————

①　最近 F. H. Johnson 所著 God in Evolution, A Pragmatic Story of Theology，其中详述此观念之起源及发展，盖良书也。

子非宗教,且有言佛教为不完全者。推其故,盖西人以耶教之形式
内容求之于孔佛,宜其不相贯通也①。

复次,宗教果有挽回人心之可能与否? 其问题之解释,在宗教
哲学及伦理学。吾闻之翁特曰:若吾人追溯既往,则必见宗教与道
德相混合,将愈古愈甚,然而不得谓道德起源于宗教,犹之不得谓
宗教起源于道德也②。海甫庭亦谓宗教为道德之基础。惟海氏历
述宗教之进化,由自然宗教而变为伦理宗教,由低等理想之神而变
为高尚理想之神,皆伦理上要求之结果,实则宗教视道德为转移也
(Hoffding,Ibid,P.322—331)。于此则可知宗教与道德,有密切之
关系。自历史上观之,盖有种种之时代,大抵时代愈古,其混合愈
甚,迨至近世,则道德与宗教已绝有分离之势矣。

惟中国文化之程度,不可与泰西同日而语。在泰西今日,则宗
教自宗教,道德自道德,欲以宗教振兴道德殊属艰难之业。盖道德
之关于宗教也尚浅,而关于他种如生计、教育、政治等更较深焉。
惟吾国则不然,以所处之时代不同,其道德之与宗教有关,乃较泰
西为甚,故不可一例论也③。吾非谓欲挽回中国今日人心,屏教
育、生计、政治不顾,实言于此数者之外,宗教亦为有力之原因。振
刷宗教,以之唤醒道德堕落,亦一极重要之方法耳,乌可忽哉。正

---

　　① Menzies 一派即主张佛教不完全,不得谓为宗教,复主张耶稣为世界
的宗教,盖其心目中只有耶教。原始耶教又何尝如今日者,则非彼所知也。
甚矣,学术之不易言也。

　　② Wundt,Ethics,Vol.I.P.125 翁特曾分宗教之定义为三类:曰独立定
义,曰形而上学的定义,曰伦理上定义,其三盖即汲康德之流也。此分类殊有
价值,颇足说明教宗二字。

　　③ 案孔教之宗教性质,于道德方面最详,与各教溺神话者不同,此正我
国宗教进化之征,道德与宗教互为消长之好机会也。将来苟有人发明之,必
能创一种最新、最良之道德,以与欧西竞爽,但今尚非其时耳。

以今日中国尚未达到泰西今日之文明程度，时代阶级有所不同，故中国除宗教以外，别无道德，非若泰西二者分立，反足以促道德之进化也。一孔之儒，不知历史，乃仅思效法欧人，殆亦徒自苦耳。故李登堡曰：改良其国民，必改良其信之神。其此之谓欤！①

复次，中国果宜有国教与否？此问题不待解释者也，盖此乃事实。以吾之见，中国数千年文明之结晶，即为孔教，则孔教即为中国之国教矣。世人对于国教，殊多误解。第一，须知国教非强制信教之谓也。古代专制之国，其君主具莫大之权利，可以强制人民。政治以力服人，宗教以德服人，政教不分，故可以政治之力，扶植宗教。若夫共和国，政教既分，则断无强制人民服从宗教之理，而人民固有之服从，亦不能屏弃而禁绝之。此所以政教不分之国，其国教之性质，大异于政教既分之国所谓国教者也。第二，须知信教自由，非国民之权利，不过一种消极状态，此消极状态，无关于国教，诚以国教非以政治之力而定，乃本于国民自觉心而定耳。是故国教者社会上之事业，非政治上之事业。往往一语及国教，辄连想专制，此误解之尤，不可不辨也。

由是观之，自宗教方面观察孔教，知孔教确为宗教。以孔教复足以挽回今日人心之堕落，且孔教所诠乃中国独有之文明，数千年之结晶，已自然的为国教矣。

乙、自哲学上观察　今将孔教哲学之特质，及其于中国文明之影响合述之，且与西洋哲学为之比较焉如下：

一、孔教哲学为二元的（Dualistic）也。孔教哲学之精华在《易经》，《易经》所论，无一不根于二元以立论也。虽曰太极生两仪，实

① So wie die Volker sich bessern, bessern sich auch ihre Götter – Lichtenberg。

则一切自二仪而起,所谓阴阳、天地、乾坤等皆二系也。是以自二仪以下,始有论列为可知的(Known),而太极则归于不可知的(Unknown)之范围,不复思议矣。此孔教哲学之特质一,亦中国民族根本思想之特征之一也。以之与希腊思想比较,则太相径庭。盖希腊思想,不归于一元论,即归于多元论。印度思想亦然。今日欧人之思想,大半为希腊、印度之遗,故乾毋斯教授曾致书与吾友,言东西思想,必须调合,调合之后,世界必大异于今日。其即以此故欤。

二、孔教哲学为人本主义的(Humanistic)也。人本主义,盖对于自然主义(Naturalism)而言,后者以自然为本位,前者以人类为本位,所谓万物皆备于我矣,即此义也。以人类为本位者,非否认人类以外之万物皆不存在,不过吾人之知识所及,仅足供给吾人人类之用而已。最近哲学大家法人白噶孙曰:吾人之知识,自狭义观之,专为吾人保护身体使之适应外境而已(Bergson, Creative Evolution, P. IX)。此近世人本主义之根据。孔子之说,其精确虽远不及此,然孔子之精神,未尝不在此。故小儿问日,孔子不答。此外《论语》一书,多类此之语,足见孔子处处以人类为前提,人类以外非不问,不过不能得正确知识,徒乱人类进步之程序耳。所谓六合之外,论而不议者也。此则与近世西洋哲学倾向相同耳。

三、孔教哲学为实用主义的(Pragmatic)也。实用主义,亦挽近发达之新哲学倾向,其言谓人类之认知,仅以致用为标准,所谓真伪,即有用与无用之判也。乾毋斯曰:真者不过善之形式耳(James, Pragmatism, P. 76)。此近世实用主义之主张。孔子之说,其精密相去虽数万里,然未尝不微有所启发。孔子之说,所以不能明示实用主义者,正以其混合形而上学、认识论及伦理学而一之也。但中庸所述,无一语不足证此。中者折中之谓,庸者致用之意,孔子之教,一以有用为宗旨。若夫佛耶之空谈性理,必非孔子所喜者也。此又与近世西洋哲学相同耳。

四、孔教哲学为进化的(Evolutionalistic)也。进化之思想,自生物学上论之者为斯宾塞,自形而上学论之者为黑智儿。斯宾塞之说,乃集合近世科学研究之结果而成,非可以孔子附会之。若黑智儿则纯粹从理性上立论,微有与孔子相同者。《易经》一书,即论此进化之道者也。进化之法则,即孔子所谓道,吾人必率此以遵行之。故曰:天命之谓性,率性之谓道。道者进化之法则,人类所必遵行者也。黑智儿谓理性之演化,颇有相类似之处。余最忌附会,苟读者取《易经》、《中庸》而细读之,当有发明也。

五、孔教哲学为社会本位思想的(Socialistic)也。社会本位思想者,以社会为本位,与个人本位思想成一反比例焉。此乃中国民族之特性,孔子不过为之代表耳。所谓仁者从二人,即言二人以上成社会。故孔子之教,重在一仁字,实则一仁字固足以包括无余矣。其他如忠恕,忠者待人之谓,恕者信人之谓,要之以人为前提,即以社会为本位也。此思想传至日本,日本之国体,即基于此而立,是以日人尝谓以儒教立国,良有以也。吾人所见,日人之偏狭爱国心,未尝不影响于此,杀身成仁者数见不鲜。若夫吾国近者人心堕落,风教陵夷,以伟人而卖国,足见个人思想之发达,实有一日千里之势。国之不亡,又将何待! 此所以有人提倡孔教,而苏即踊跃三百者也。

综合以上所论观之,吾人之所得结果有二:

一、对于以孔教挽回今日道德堕落已得积极之肯定对答。但非谓今日道德之救济,仅恃孔教,不过言于生计、政治、教育之外,而孔教亦为不可轻忽者耳。

二、对于保守固有之文明,亦得积极之肯定对答。盖孔教为中国固有文明之结晶,而此结晶,近为西洋恶思想攻破,苟中国国民具自觉之力，必当保存之、维持之，所幸者反观西洋，乃大吸收此种思想。将来苟中国人不知自保，则西洋人必代而发明之，东西思想相融合，世界又必放一异彩矣。

以上从简单之言，自知多纲而少目，颇有不惬意之处。惟以多忙如余者，则唯有以详论期之于异日耳。读者谅之。

右余弟东荪所作，曾载《庸言报》十五号。弟留东瀛有年，研精西籍，此篇以哲学眼光观察孔教，切理餍心，与目论者迥分霄壤。余卧病家衖，怂恿之，削稿再四，促登杂志中，以质读者。虽然，孔教精义，弟之所测，浑浑圜矣，而余独有所感者，则国教问题耳。夫孔教原不藉国教而尊，共和亦万无强迫人民入教之理，此一班新学家普通之论也。以法理论之，何尝不然，而征之事实，则有大不然者。自民国成立以来，《临时约法》规定信教自由，非不明许教徒以权利，然而各教未闻得信教自由之利，而我孔教则已先受信教自由之害。试举两年来所发生破坏孔教事件：如广东钟荣光提议学校废孔案、教育部没收圣庙学田案、华亭县议会争夺洒扫田亩案、沭阳县议会捣毁孔庙牌位案、处州拆毁府学圣庙改建习艺所案、黄各建议江西省议会请废去孔教案、香山秦荣章毁圣庙办初级师范学校案、太仓县议会议改学署作女学堂案、长沙中学校校长纵容学生强占明伦堂为寄宿舍案，此皆见诸报告者，其未经报告者，尚不知凡几。无论中外，凡有血气，观此当无不发指眦裂。是信教自由者，直不啻毁教自由耳。政府专横于上，暴民恣睢于下，吾侪小民，既无能力陈诉于政府，而政府转得藉约法条文，为暴民作护符，甚者且肆为非法之干涉。议院诸公，褒如充耳，不闻有一纸之质问。行政长官，虽有热心卫教者，又格于法律，莫敢谁何。若循此不变，反激愈烈，怨毒愈深，吾恐不及数年，必酿成宗教上之大革命，十字军流血之惨祸，寻将见于我国矣。非我迫人，人实逼我，众怒难犯，天命靡常,彼毁教者虽忏悔以谢国民,岂可得哉①!故同一共和国,在欧美可不必明定国教,以其社会上之习惯,本无毁教之事件发生也。若我国则万不能不明定国教。明定国教者,所以限制政府非法之干涉,及暴民无意识之破坏,并非强迫全国人民,悉入孔教。此与共和原则,本自不相抵触②。今者宪法起草矣,国宪为人民之保障,共和亿万斯年之基础,议员又皆学淹中西明通博雅之选,吾甚望其对于国教问题,勿再如临时约法之违反民意也。孟劬张尔田扶病记。

(选自《孔教会杂志》第 1 卷第 8 号,1913 年 9 月)

张东荪(1886—1973),字圣心,浙江杭州人。早年留学日本。辛亥革命后历任孙中山秘书,《大共和日报》、《大中华杂志》、《时事新报》等报刊主笔、总编辑,并任上海中国公学大学部部长兼教授。1919 年创办《解放与改造》杂志,次年与梁启超等成立"讲学社"。1927 年与瞿菊农等创办《哲学评论》。

---

① 吾闻《约法》草定时,当事诸君妄疑六经皆古帝王时书,深虑帝政复活,故不惜竭力破坏孔教,不知孔教与帝政实属风马牛不相及。历代虽尝假尊君卑臣,诸邪说愚惑黔首,然此乃作俑于宋人,岂原始孔教如是哉。即以帝政复活论,亦断非毁教所能限制,且恐孔教一旦毁灭,四万万人之心理愈无所托命,必愈为野心帝政家有所藉口。何则? 当此过渡时期,孔教之古义既未尽发明,而历代之旧毒又未能尽去,宪法苟不餍人望,则此种思想最易萌芽,将来由教争而移入政争,则国家从此多事矣。有立法之责者,尚其慎之。

② 一面明定国教,一面仍留信教自由之文,如此自无强迫流弊,法至善也。前见某报主张不定国教,且删去信教自由条文,此极端社会主义,其意盖欲使中国为无教之国也。倘宪法如此规定,不以信教之权利明予人民,不特孔教信徒不甘心,吾恐各教信徒皆将起而与之为难矣,则又大背于共和原则也。

1932 年与张君劢组创国家社会党。1934 年与张君劢创办广州学海书院。后任光华大学、燕京大学教授。1938 年当选国民参政会参政员。1944 年参与组建中国民主同盟。1949 年后曾任中央人民政府委员、政务院文教委员会委员、北京大学教授。著有《哲学》、《道德哲学》、《认识论》、《新哲学论丛》等。

本文从宗教和哲学角度分析了孔教。作者认为,从宗教方面观察,孔教确为宗教;从哲学方面观察,同西洋哲学相比,孔教哲学的特质是二元的、人本主义的、实用主义的、进化的、社会本位思想的哲学。以孔教挽回道德堕落,保守固有文明结晶,孔教都有一定积极意义。

演 教 篇

孙乃湛

　　孔教之在今日,其于世道人心,固大有关系哉!夫孔圣之道,民无能名,昔者子思则曰:"凡有血气者,莫不尊亲,故曰配天。"孟子则曰:"乃所愿则学孔子也。"达巷党人则曰:"大哉孔子,博学而无所成名。"宰我则曰:"以予观于夫子,贤于尧舜远矣。"子贡则曰:"生民以来,未有夫子也。"其尊崇孔子如此,吾诚不敢为一言之赞也,虽然,孔圣者大教主也,孔教者最文明最高尚之教也,此则不敢不言者也。

　　夫吾侪之列祖列宗,有一言一行不奉孔教为准则者乎?《书》之五教,《礼》之七教,《易》之神道设教,无一非孔教之精神,所谓明则礼乐,幽则鬼神,其范围之广,实无所不包。吾侪之列祖列宗,皆终身由之而不自察者也。是故孔圣之为教主,孔教之为教,实为二千数百年之实事矣。乃今者荒谬不经之人,离经畔道,妄作短长,谓孔教非教,孔圣非教主,下愚之人,闻而惑焉。在若辈知识浅陋,初不知何者为教,何者为孔教,何者为世界之文明,何者为民族之特性,本可置之不论,独吾顾念孔门己立立人、己达达人之义,义不敢默,非好辩也。

　　我国之所谓教者,在日本为宗教,在英国为厘里,在法国为罗厘洋,在拉丁为来里乔。生人之初,各有其教,亦各有其言语,故人种千百,教亦千百,立名虽异,而实义则同,形式虽异,而精神则同,递演虽异,而起源则同,细目虽异,而大纲则同。就我国教字与外国教字之义相考证,则虽昏诞者亦当晓然于孔教之为教,而孔圣之为教主矣。

日本宗教二字,系取吾国之教字,加一宗字而成,无须研究。英国之里厘近(Religian)出于法国之罗厘洋(Religion),法国之罗厘洋出于拉丁之来里乔(Religio),故英法两国之字义,亦无须研究。今日所欲论者,我国之教字究竟与拉丁之来里乔有无异义。虽然,拉丁之来里乔(Religio)乃由来里奇来(Religere)及来里杰来(Religare)二字转成者,来里奇来含斋祷之义,亦即含神人相通之义,而我国教字之解说,莫明于《中庸》"天命之谓性,率性之谓道,修道之谓教"一语。犹言上帝所命,与生俱生者谓之性。《书》曰:"惟皇降衷,厥有恒性。"《诗》云:"天生蒸民,有物有则。"此之谓也。且言率性而行者谓之道,孟子曰"道若大路然,人病不求"。又曰"舍正路而弗由"。此之谓也。但性相近,习相远,故天命之性,往往为习俗所移,致人行之道,不轨于正,是以修道尚焉。修道者修正人之云为思虑,以纳于率性之道,而合于天命之性也,此义与来里乔母字来里杰来(Religare)意义全然相同。何也? 来里乔来有胶接连合之义,即修道复性之谓。观英字原释 Bind anew or back,岂非修道复性之义乎? 故从字义上解释,孔教之谓教,无可疑也。

然西哲下教之定义,不一其说,故仅从字义上论之,犹未足为备也,必也综合西哲之所以诠释教者比较而论究之,然后证诸孔教之精神,始恍然于孔教之谓教,实为千古不刊之公理也。近见《庸言报》张君东荪标举诸家之说甚详,兹更为述其略焉:

康德谓宗教以认识义务为神之命全;

泰洛谓宗教为对于精神上灵物之信仰;

斯宾塞谓宗教为先天的宇宙观;

赫胥黎谓宗教为道德理想之宗仰，且欲此理想之宾行者；

卞德谓宗教为人类对于宇宙表示其终极之态度；

穆勒谓宗教为服从身外之物之感情；

海甫定谓宗教为感情欲求恐惧希望真觉，与想象之精神状态；

乾母斯谓宗教为独立之个人之感情行为经验，且以此使其自身与所谓神者有关系者也。

综各家学说而论，其大要不过谓教有四端：一曰神，二曰信仰，三曰道德，四曰文化。

欧美学者之所谓神，并非仅指 God，凡超自然物 Supernatural being、玄妙物 Sublimial thing、身外物 Someteing from without、高权力 Higher power 等心理上之精神现象，无不包括，是与孔教之言天、言上帝、言鬼神，如出一辄。《诗》云："小心翼翼，昭事上帝。"又云："上帝临汝，无贰尔心。"《祭义》曰："合鬼与神，教之主也。"《中庸》曰："鬼神之为德，其盛矣乎。"诸如此类，不胜枚举，皆为孔教言神之明证。孟子距杨墨，汉武罢百家，昌黎排佛老，此外以昌明孔教，闻于后世者，不可一二数，斯又为孔教有信仰之明证。至于孔教之有道德与文化，又人人所知矣，则证诸各家之学说，孔教之为教，又无可疑也。夫孔教之为教，既昭然若此矣，则孔圣之谓教主，尚何疑乎？尚何疑乎？

考人群进化之迹，不外从群鬼教进为多神教，从多神教进为一神教，更于神道设教之神道教，进为人道主义之人道教。神道教重迷信，人道教重伦理。孔子删《诗》，存《板》、《荡》诸篇，畅言上帝，然孔圣不甚言天道与鬼神，可以知孔子上则祖述神道设教之神道教，以承既往，下则提倡人道主义之人道教，以开来兹。由是而论，则吾侪生于孔子降生后二千四百年科学昌明、迷信破除之日，与夫人道主义日益发达之日，论孔佛耶回各教之得失，当知所适从矣。

此吾所敢言孔圣为大教主,孔教为最高尚最文明之教也。

抑教与国家之关系甚巨也。夷考一种民族,当未有政治法律以前,业已有教,故教在政法之前,而初生之民,无所谓政法也。如分别言之,则考诸群学图腾,社会虽仅知饮食男女,而已有祭祀。稽诸我国典籍,则《礼运》曰:"夫礼之初,始诸饮食。"《洪范》食货之后,即继之曰食。则教在政先,可征之中外之典章。至于法律,必根据数千百年之习惯信条辏集而成,然习惯信条,为教之产物,无教固无所谓习惯信条也,故法律亦后于教。总两者而论之,则教者道德之基础也。何则?人类之所以不背道德者,不外二因:一曰信仰,二曰敬畏。有此两者,而后道德始有所托命,否则虽执途人而聒以道德无济也,故道德成于信仰与敬畏。然欲巩固二者,非教之力不为功,然则教且为道德之本矣。孔子曰:"道之以政,齐之以刑,民免而无耻。"今我国已变专制为共和,政策政见日腾于耳鼓,法律条规日进于严密,斯可谓道之以政,齐之以刑矣,假无道德为之基,则奸伪萌起,上下相遁,法律愈严密,奸徒之弊愈深,法高一丈,弊高一丈,将率天下而为行险侥幸之徒,斯乃民免无耻之景象也。假以礼乐为刑政之本,则法律纵宽,而干纪作乱者自少,让畔之风,刑措之事,亦可庶几,斯乃有耻且格之景象也。故有为国家图万年有道之基者,可不于其国之教加之意乎。

史家来劳夫曰:"凡民族善发挥其特质则强,否则弱,甚则亡。"又曰:"日本初维新时,一意模楷西洋,识者戚戚虑其不国,后乃悔悟,大发挥其本有之特性,而国亦日长。"而我国特性一本于孔教,而孔教之盛衰兴废,吾人犹漠然视之,是何心哉?昔蒙古慓悍,善于战斗,一旦入主中国,习为柔弱,迨纽解鼎迁,无复故墟之可依。日本人治台湾,专用同化主义。土耳其本一强大之国,其后国性分散,新旧教派冲突,新旧习惯冲突,新旧道德冲突,而土耳其遂寝寝微灭矣。德国专采大德意志主义,扩张自己民族特性,而凌铄他族,国势遂蒸蒸日上矣。由是观之,一国特性之存亡,即一国之存亡也,吾国特性一本于孔教,而孔教之盛衰兴废,犹可漠然视之乎?是何心与?法兰西大革命之初,正承天主教之腐败,暴民不复信教,毁圣坛,拜优伶,流血数十年,祸变之酷,可称极矣,吾人能不惧耶?自清季尊孔之心渐衰,而弊政害端,遂一一表见,政治腐败之极,不免革命,革命以后,蜩螗沸羹,益不可问,此盖有所自也。

　　窃谓今日国人稍留意孔子之道,祸患必可少舒。报馆中人,以文字相谩骂,此亦一是非,彼亦一是非,皆不宗孔教之害也。汉黄禹,吾先言之矣,曰微孔子,则群学无所折衷。何至演此怪剧耶?现今暴徒最多,国会之中,竟有打架殴人之事,此亦不宗孔教之害也。《诗》曰:"谨慎威仪,惟民之则。"《论语》曰:"血气方刚,戒之在斗。"非议员之良箴乎! 中国大患,在不能统一,都督不能令州县,中央亦不能令都督,亦不宗孔教之害也。董子曰:"《春秋》大一统者,天地之常经,古今之通义也。"使在位者明乎此,亦不致桀骜不驯,不甘服从也。昔贾谊有言:秦人有子,家富子壮则出分,家贫子壮则出赘,假父耰鉏有德色,母取箕帚,立而谇语,抱哺其子,与公并倨,妇姑不相悦,则反唇而相稽,而秦人卒后十三年而亡国。今中国骎骎有此现象焉,亦不宗孔教之害也。《论语》有云:"父不父,子不子,虽有粟,焉得而食之。"其亦可痛也矣。总而言之,如上所述,其一当知孔教为最高尚最文明之教,孔圣为世界之大教主,其二当知国家必当有教,其三当知孔教对于吾国之重要,其四当知不宗孔教之弊。仆虽不敏,敢揭此四者,以告奉教之君子。呜呼! 孔教之在今日,于世道人心,固大有关系哉!

　　(选自《孔教会杂志》第 1 卷第 10 号,1913 年 11 月)

孙乃湛,孔教会日本东京支会会员。其他事迹不详。

　　本文引述中外关于"教"或"宗教"的涵义，论证了孔圣（子）是世界大教主，孔教是最文明、最高尚之宗教；并且认为，孔教对于中国关系巨大，当时社会各种弊端，皆是由于不尊崇孔教所致。

驳建立孔教议

章太炎

近世有倡孔教会者,余窃訾其怪妄。宗教至鄙,有大古愚民行之,而后终已不废者,徒以拂俗难行,非故葆爱严重之也。中土素无国教矣,舜敷五教,周布十有二教,皆掌之司徒,其事不在庠序,不与讲诵,是乃有司教令,亦杂与今世社会教育同类,非宗教之科。《易》称圣人以神道设教,斯即盥而不荐禘之说也。禘之说孔子不知,号曰设教,其实不教也。观《周礼》神仕诸职,皆王官之一守,不以布于民常。逮及衰周,孔、老命世,老子称以道莅天下,其鬼不神;孔子亦不语神怪,未能事鬼。次有庄周、孟轲、孙卿、公孙龙、申不害、韩非之伦,浡尔俱作,皆辩析名理,察于人文,由是妖言止息,民以昭苏。自尔二千年,虽佛法旁入,黄巾接踵,有似于宗教者。佛典本不礼鬼神,其自宗乃以寂定智慧为主,胜义渺论,思入无间,适居印度,故杂以怪迂之谈,而非中土高材所留意。加其断绝婚姻,茹草衣褐,所行近于隐遁,非所以普教齐民。若黄巾道士者,符箓诡诞,左道惑人,明达之士,固不欲少游其藩。由斯以谈,佛非宗教,黄巾则犹日者卜相之流,为人轻蔑,则中国果未有宗教也。

盖自伏羲、炎、黄,事多隐怪,而偏为后世称颂者,无过田渔衣裳诸业。国民常性,所察在政事日用,所务在工商耕稼,志尽于有生,语绝于无验,人思自尊,而不欲守死事神,以为真宰,此华夏之民所以为达。视彼佞谀上帝,拜谒法皇,举全国而宗事一尊,且著之典常者,其智愚相去远矣。即有疾疢死亡,祈呼灵保者,祈而不应,则信宿背之,展转更易,至于十神,譬多张罝罗,以待雉兔,尝试为之,无所坚信也。是故智者以达理而洒落,愚者以怀疑而依违。总举夏民,不崇一教。今人猥见耶稣、路德之法,渐入域中,乃欲建树孔教,以相抗衡,是犹素无创痍,无故灼以成瘢,乃徒师其鄙劣,而未有以相君也。

古者上丁释菜,止于陈设芬香。至唐世李林甫,始令全国悉以牲牢荐奠,刘禹锡蚩其不学。自尔乐备宫县,居模极殿,宛转近帝制矣。然庙堂寄于学官,所对越不过儒士,有司财以岁时致祭,未尝普施闾阎,甿及谣俗。是则孔子者,学校诸生所尊礼,犹匠师之奉鲁班,缝人之奉轩辕,胥史之奉萧何,各尊其师,思慕反本,本不以神祇灵鬼事之,其魂魄存亡亦不问,又非能遍于兆庶也。夫衣裳庐舍,生民之所以安止,律令文牒,国家不可一日废也。今以士人拜谒孔子,谓孔子为教主,是则轩辕、鲁班、萧何,亦居然各为教主矣。若以服用世殊,今制异古,故三君不能擅宗教者,此则民国肇建,制异春秋,土俗习行,用非《士礼》,今且废齐斩之服,弛内乱谓亲属相乱之诛,虽孔子且得名为今之教主乎?俪其侯度而奉其仪容,则诳耀也;贵其一家而忘其比类,则偏畸也。进退失据,挟左道,比神事,其不可以垂则甚明。

盖尝论之,孔子之在周末,与夷、惠等夷耳。孟、荀之徒,曷尝不竭情称颂,然皆以为百世之英,人伦之杰,与尧、舜、文、武伯仲,未尝侪之圜丘清庙之伦也。及燕、齐怪迂之士兴于东海,说经者多以巫道相糅,故《洪范》旧志之一篇耳,犹相与抵掌树颊,广为绅绎,伏生开其源,仲舒衍其流,是时汉廷适用少君、文成、五利之徒,而仲舒亦以推验火灾,救旱止雨,与之校胜,以经典为巫师豫记之流,而更曲傅《春秋》,云为汉氏制诰,以媚人主而梦政纪。昏主不达,以为孔子果玄帝之子,真人尸解之伦。谶纬蜂起,怪说布彰,曾不须臾而巫蛊之祸作，则仲舒为之前导也。自尔或以天变灾异，宰相赐死，亲藩废黜，巫道乱法，鬼事干政，尽汉一代，其政事皆兼循神道。夫仲舒之托于孔子，犹宫崇、张道陵之托于老聃。今之倡孔教者，又规摹仲舒而为之矣。彼岂不曰："东鲁之圣，世有常尊，今而废之，则人理绝而纲纪敁耶？"此但知孔子当尊，顾不悟其所尊之故。今不指陈，则无以餍人望。盖孔子所以为中国斗杓者，在制历史、布文籍、振学术、平阶级而已。往者，《尚书》百篇，年月阔略，无过因事记录之书，其始末无以猝睹。自孔子作《春秋》，然后纪年有次，事尽首尾；丘明衍传，迁、固承流，史书始灿然大备。椠则相承，仍世似续，令晚世得以识古，后人因以知前，故虽戎羯荐臻，国步倾覆，其人民知怀旧常，得以幡然反正，此其有造于华夏者，功为第一。《周官》所定乡学，事尽六艺，然大礼犹不下庶人，当时政典，掌在天府，其事迹略具于《诗》《书》，师氏以教国子，而齐民不与焉。是故编户小氓，欲观旧事，则固闭而无所从受，故《传》称宦学事师，宦于大夫，明不为贵臣仆隶，则无由识其绪余。自孔子观书柱下，述而不作，删定六书，布之民间，然后人知典常，家识图史，其功二也。九流之学，靡不出于王官，守其一术，非博览则无大就；尽其年寿，无弟子则不广传。自孔子布文籍，又自赞《周易》、吐《论语》，以寄深湛之思，于是大师接踵，宏儒郁兴，虽所见殊涂，而提振之功则一，其功三也。春秋以往，官多世卿，其自渔钓饭牛而兴者，乃适遇王伯之君，乘时间起，逮乎平世则绝矣。斯岂草野之无贤才，由其不习政书，致远恐泥，不足与世卿竞爽，其一二登用者，率不过技艺之官，皁隶之事也。自孔子布文籍，又养徒三千，与之驰骋七十二国，辨其人民，知其土训，识其政宜，门人余裔，起而干摩，与执政争明。夫膏粱之性习常，而农贾之裔阅变，其气之勇怯，节之甘苦，又相万也。猝有变衅，则不得不屈志以求。故自哲人既萎，未阅百年，六国兴而世卿废，人苟怀术，皆有卿相之资，由是阶级荡平，寒素上遂，至于今不废，其功四也。总是四者，孔子于中国，为保民开化之宗，不为教主。世无孔子，则宪章不传，学术不起，国沦戎狄而不复，民居卑贱而不升，欲以名号列于宇内通达之国难矣。今之不坏，繄先圣是赖，是乃其所以高于尧、舜、文、武而无算者也。

若夫德行之教，仁义之端，《周官》已布之齐民，列国未尝坠其纲纪，故上有蘧瑗、史鱿之贤，下有沮、溺、荷蓧之德，风被土宇，不肃而成，固不悉自孔子授之。孔氏书亦时称祭典，以纂前志，虽审天鬼之诬，以不欲高世骇俗，则不暇一切粪除，亦犹近世欧洲诸哲，于神教尚有依违。故以德化则非孔子所专，以宗教则为孔子所弃。今忘其所以当尊，而以不当尊者诒之，适足以玷阙里之堂，污泰山之迹耳。

谈者或曰："崇孔教者，所以旁慰沙门，使蒙古、西藏无携志。"此尤诳世之言。二藩背诞，则强邻间之，给以中国废教，藉口其实，非宗教所能驯也。昔张居正之抚蒙古，攻讨惠绥，刑格势禁，无所不用，势已宾服，然后以黄教固之耳。今不修攻守之具，而欲以虚言羁致，是犹汉臣欲讲《孝经》以服黄巾，必不得矣。就欲以佛法慰藉者，自可不毁兰阇，又非县设孔教以相笼罩也。孔教本非前世所有，则今者固无所废，莫之废则亦无所复矣。愚以为学校瞻礼，事在当行，树为宗教，杜智慧之门，乱清宁之纪，其事不便。

（原载《雅言》第 1 卷第 1 期，1913 年 12 月）

章太炎（1869—1936），名炳麟，字叔枚，号太炎，浙江余杭人，早年熟读经史，倾向维新。1903 年因"苏报案"被捕入狱。1904 年与蔡元培发起成立光复会。1906 年东渡日本，加入同盟会，主编《民报》，与改良派论战。1913 年策动讨袁，遭软禁。1917 年任护法军政府秘书长。五四运动后宣扬尊孔读经。九·一八事变后主张抗日救国。1934年迁居苏州,次年设立国学讲习所,出版《制言》杂志,从事讲学。著作有《訄书》、《文始》、《国故论衡》、《齐物论》等数十种。

本文是驳孔教会建立孔教的文章。作者认为,中国素无宗教,古所谓教,与今世社会教育类似。士人尊孔,犹如工匠奉鲁班、裁缝崇轩辕、胥吏尊萧何,各尊其师,思慕返本。孔子功在制历史、布文籍、振学术、平阶级,为保民开化之宗,不为教主。学校礼敬孔子,事在当行,但立为宗教,则杜智慧之门,乱清宁之纪。

示国学会诸生

章太炎

迩者有人建立孔教，余尝为《驳议》一首，幸不为智士弃捐，彼昏不知，犹欲扬其余滓，定为国教，著之宪章，虽见排于议会，其盗言邪说未已，犹不得不拒塞之。盖中土素无国教，孔子亦本无教名，表章六经，所以传历史，自著《孝经》、《论语》，所以开儒术，或言名教，或言教育，此皆与宗教不相及也。三仁异行而皆是，由、求进退而兼收，未尝特立一宗，以绳人物。是故异教之在中国，足以在宥兼容，所谓以无味和五味，以无声君五声者，更二千年而未有宗教战争之祸，斯非其效欤？其间有小小沾滞者，若汉武帝罢黜百家，尊崇孔氏，内多欲而外施仁义，至于民不乐生，王莽继之，其流益厉，所假借者，岂独孔子耶？并与元后而假借之，欲以禅让为名，卒无解于篡盗，匈奴之愚，犹不可欺也。徒令士民疾首，四海困穷而已。庄生云：圣人者，天下之利器。儒以《诗》、《礼》发蒙，乃于此见其明验也，然仍世相称，皆以儒术为之题署，云儒教者无有也。及佛法被于东方，天师五斗之术起，佛道以教得名，由是题别士人号以儒教，其名实已不相称，犹未有题名孔教者也。

孔教之称，始妄人康有为，实今文经师之流毒。刘逢禄、宋翔凤之伦，号于通经致用，所谓《春秋》断狱、《禹贡》治河、三百五篇当谏书者，则彼之三宝已。大言夸世，故恶明文而好疑言，熹口说而忌传记。以古文《周礼》出于姬公，嫌儒术为周、孔通名，于是特题孔教，视宋儒道统之说弥以狭隘，其纰缪亦滋多矣。言《公羊》者，辄云孔子为万世制法，《春秋》非纪事之书。夫以宪章文、武，修辑历史者而谓之变乱事迹，起灭任意，则是视六经为道士天书，其祸过于秦之焚烧史记。推其用意，必以历史记载为不足信，社会习惯为不足循，然后可以吐言为经，口含天宪，近者于光复事状，既欲泯其实录矣。夫其意岂诚在宗教耶？

点窜《尧典》、《舜典》以为美，涂改《清庙》、《生民》以为文，至于冕旒郊天，龙衮备物，民国所必不当行者，亦可藉名圣教，悍然言之。政教相揉，不平者必趋而入于天方、基督，四万万人家为仇敌，小则为义和团之争，大乃为十字军之战，祸延于百年，毒流于兆庶。昔康有为尝云，观革命党之用心，非四万万人去半不止。余尝亲为革命党，自知同类无是心也。若循此辈所为，宁将以半数之命殉其宗教而无所悔，涓涓不绝，成为江河，岂不哀哉！

又古者释奠释菜，礼本至薄，近世亦直岁时致祭而已。如昔三水徐勤之述其师说也，谓当大启孔庙，男女罗拜，祷祠求福，而为之宗主者，人人当舐足致礼，则是孔子者，乃洪钧老祖、黄莲圣母之变名，而主持孔教者，亦大师兄之异号耳。渎乱风纪，乃至于此，言孔教者亦尝戒心否矣。若其系于学术者，锢塞民智，犹其小者尔，大者乃在变乱成说，令人醒醉发狂。往者宋翔凤之说《论语》，好行小慧，已足以易人心意矣。近世如王闿运，则云墨家巨子即榘子，榘者十字架也。按：榘形本曲，与十字之形迥异，闿运或未向匠人处视榘耶？"有朋自远方来"，朋即凤，谓凤凰自远方来也。廖平则云"法语之言"，谓作法兰西语；"君子之道斯为美"，谓俄罗斯一变至美利加；"吾犹及史之阙文也，有马者借人乘之"，知孔子以前皆音字，马即号马，乘谓乘除也。如此之类，荒诞屈奇，殆若病寐。彼说耶稣，以为耶即是父，稣即死而复生，犹太名字尚可以汉语读之，况于国之经传文言，非略随情颠倒，亦安往而不可哉！循此诸说，则昔人以西方美人为佛者,固无足怪,今且可说为美利加人矣。苟反唇以相稽,虽谓孔丘即空虚。本无是人,而今之所传者,皆阳虎为之词,又何以难焉。以若所教,行若所学,非使学术泯绝,人人为狂夫方相不已。事已成而挫之,病已甚而疗之,则无及矣。

今为诸君说是者,以其寄名孔子,所托至尊,又时时以道德沦丧,借此拯救为说,足以委曲动人,顾不知其奸言莠行有若是者。夫欲存中国之学术者,百家具在,当分其余品,成其统绪,宏其疑昧,以易简御纷糅,足以日进不已。孔子本不专一家,亦何为牢执而不舍哉!欲救道德之沦丧者,典言高行,散在泉书,则而效之,躬行君子,亦足以为万民表仪矣。若以宗教导人,虽无他害,犹劝人作伪耳。况其因事生奸,祸害如彼之甚也。若犹有观望者,请观陈焕章自谓在美洲学习孔教二十年,张勋以白徒拥兵,工于劫掠,而孔教会支部长,其言果足以质信,其人果有主教之资格耶?惧未有汉武之能、王莽之学,而窃比于厂公配享也。

（选自《章太炎政论集》,中华书局 1977 年版）

本文撰于 1913 年《驳建立孔教议》后不久。作者认为:孔子传历史,开儒术,言名教,言教育,皆与宗教无关。称"儒术"为"儒教",名实已不相称,康有为又改称"孔教",实是今文经师之流毒,且别有用意。

定孔教为国教议

李文治

孔教为中国煌煌之国教,二千余年,人心风俗,道德法政,莫不于孔教维系之,即莫不于孔教承认之。今虽民国新造,实维旧邦,值此宪法创兴,正宜发扬国故,振笔书之,以表示宪法全体之精神,而凝定国家灵长之命脉,无可疑者。乃起草虽云告成,而兹义迄未明定,呜呼!中国孔教,原不以宪法明定与否见重轻,而全国忧世之士,乃至气竭声嘶以争之者,良以今日国家,一发千钧之关系,有在于此,非徒泛泛然曰保持国粹云尔。而诸君视为无关宪法也而略之,此本席之所以不能无疑也。夫起草诸君,岂必漠然于孔教,其所以不欲定为国教之故,约有四端:其为学说所误,则因现世宗教家多主迷信,遂谓孔子非宗教家,一也。其为政策所夺,则恐定为国教,有妨信教自由,且虑各族生心,将启教争之祸,二也。其为宪法所拘,则谓宗教为自由之信仰,宪法之定孔教为国教与否,于孔教无所损益,三也。其为教育所混者,谓明定孔子之道于小学修身一门,较之定为国教,尤为切实,四也。凡兹四说,皆以为不定为国教,无害于孔教,反足以见孔教之大,而不知我中土二千年来所固有之大教主,尊之者徒悬诸理想,而不求诸实事,俾大多数食旧德者,彷徨而靡所之,其背本也孰甚。又况今日之道德堕落,岌岌不可终日,思慕孔子遗泽,如赤子之慕父母,号呼唯恐失之,法律生于人心,奈之何其违之也。兹拟将宪法草案内第十一条,改为中华民国以孔子之教为国教,另加第十二条,其文曰:中华民国人民均得信教自由。请诸公详加讨论而取决焉。

辨孔子非宗教家之说之谬

(甲)宗教二字,当认为中外公共之名词。

各国有教,中国岂无教,各国有宗教,中国岂无宗教。故欲知中国之教,当知《中庸》所言"修道之谓教","自明诚谓之教"之教字,即为孔子之教。欲知中国之宗教,当知太史公所言:孔子布衣,传十余世,学者宗之。与曾子传孔子之道,后人称为宗圣,且谓曾氏之传,独得其宗之宗字,即为孔子之宗教。

禮始于饮食祭享,故其字从示从豊,示为神事,豊为神器。《中庸》为礼书之精,其言鬼神特详。《易》启于河图,范肇于洛书,事极神奇,而示人吉凶,托诸蓍龟,如响斯应,皆古圣幽赞神明之能事。至于《春秋》言灾异,《诗》《书》累言上帝,而以治神人,和上下,莫善于乐。知圣人以神道设教之说,绝非虚语。特孔子垂教,将以觉世牖民,不欲多言以滋其惑,故教字从攴,以小击见意,正提撕警觉之旨。乃反谓其不得为宗教家,何其与宗字之旨相剌谬也。

释氏号其师传曰宗门,儒者弟子呼先生亦多曰宗师,未闻有因称宗师之故,而疑其为释氏之徒者。盖称名虽同,而所称名之人,固各不同也。故各国宗教家主神权,其作用在使人迷信,孔子以道德为宗教,则由神道教而进于人道教,故其施教在破除迷信而使人笃信。

国于天地,不能有政而无教,尽人而知其然,乃因宗教之名词,著于各国,而谓他国有宗教,中国本无宗教,是世界公共之美名词,竟让他国以专有也。犹之各教既以教命名,而谓以孔教为教,未免夷我孔子于各国教主之列,不如避教字不言之为得,是他国有教,而中国反无教也,而可乎?

(乙)孔子非宗教家之说之为有意破坏。

今人之论我孔子者，无不以为圣人是也，但尊以为圣，而或分别言之，曰非宗教家，斯言也，骤而聆之，以为将推我孔子于释迦、耶稣、穆罕默德之上而尊之也，徐而察之，乃实排我孔子于释迦、耶稣、穆罕默德之外而疏之也。

斯言而出于孔教之徒也，徒鼓其颊舌，不先定宗教之标准，以权量世界上有数之大人物，而判其优劣，徒以迷信之有无为比较，而定之为是否宗教家，遂摈弃我孔子于宗教之外。其论孔子也不协，由知孔子也不深，无足怪也。

其言而出于非孔教之徒也，盖思以己所信仰之教代孔教，而势有不能，则必推翻我国民素所信仰之大人物，以摇动国内之人心，使之靡所适从，而后徐而钩牵之，以入己教，以达其目的。由前之说，则为瞽说而已，由后之说，则阴谋以祸人家国，其肉不足食也。

（丙）以孔子为宗教家，孔子不因宗教而小，宗教转因孔子而大。

有政治家者，有宗教而政治家者；有哲学家者，有宗教而哲学家者；有教育家者，有宗教而教育家者。如释迦牟尼为宗教而哲学家，穆罕默德为宗教而政治家，耶稣为宗教而教育家，孔子则以宗教家而为哲学家、政治家，又为教育家，乃徒以为政治、哲学教育家，而不以为宗教家，是睹三垣列宿之灿烂，而不识其皆日曜之分光，见嵩华泰岱之崔巍，而不知其皆昆仑之发脉也，何其愦也。

我中国立国之久，地域之广，人类之繁，学术之纷，固非有包摄政治、哲学、教育之宗教如我孔子者，弗克当之也，故今日之中国，必当以孔子为极醇、极备之大宗教家。

故明标孔教为国教于宪法中，使地球之上，知我国有统摄群学不落迷信之宗教家，群恍然于非是不足以言宗教也，而向来宗教上之丰蔀，为之一廓。

辨定为国教有妨信教自由且虑各族生心而启教争之说

（甲）信教自由，本人民最重最要之第一义，断不容稍加限制，有损人民之自由，故宪法中不可不明定专条。前次陈君焕章等所陈于本院之请愿书，言之最明，不惟不相侵越，而且互相利益。

（乙）五族共和者，宪法之定义，而尊孔教为国教，尤为宪法之精神。汉族之胚胎于孔教者，不待论矣，若满若蒙之于孔教，登屋建瓴，早居于提倡之数者也。而回族之在中土，其被服孔教，早有浑合无间之势焉。藏族虽边远，而涵濡于孔教，亦不自今日始也。奉孔教为国教，则国体虽新，而教义未改，各族之遵宪法，即不啻遵孔教者也，此考之已然之迹而可知者也。

（丙）其间从佛从耶从回各教，或寡或多，或久或近，不能齐一，然终以孔教定于宪法之故，得自由信教于其中，以为国内既不忘祖国之教而定一尊，则在己所举之教，必能与孔教共休戚而相互维持，而守教之思弥固，此又事理之必然者也。何也？定孔教为国教，于国教仍定为信仰自由，实以尊重各教，并无歧视之心，各教之信仰者，亦必同此爱国爱教之心，而共表同情矣。

（丁）若夫恐启教争之说，尤非确论。孔教不立为国教，则人心无主，异说得而乘之，国性销灭，亡不旋踵，何有于教争。国教苟立，则国性明，人心定，国境可保，国势日强，借曰因国教而启争教之端，亦应胜于国亡而无教可争者，又况因定孔教而启教争，为历史断断必无之事，又何必预为之虑哉。

辨定孔教于宪法无关损益之说

（甲）孔教之礼治，关于宪法。今日制定宪法，将以期中国之为法治国也，虽然，法者礼之粗也，礼者法之精也，舍礼而专从事于法，恐终不足以保法。《春秋传》论鲁之不遽亡，曰犹秉周礼，周礼所以本也。又曰国将亡，本必先颠，而后枝叶从之。故欲中国之为法治国，必务保存已往礼治国之精粹，以冀吾中国由法治而达乎礼治，而后所议之宪法，始克巩固而悠久。

（乙）孔教之精神，关于宪法。中国自羲轩而下，至于有周，圣作明述，礼教大著。孔子应时而生，综累世之传贻，发挥而光大之，故孔子者中国国粹，递推递衍，孕育而集于厥躬者也。今日之国家，为数千年神圣所留遗，今日之宪法，即系数千年文明所挛乳，故一部宪法中以国教提其纲领，而后见宪法逐条皆涵有国教之精神，此之谓法治国之宪法，此之谓礼治国之宪法。以民国初立，而先定国教，实提振精神之第一义。

（丙）孔教之标准，关于宪法。或谓宪法者政也，孔教者教也，载教义于宪法，是以教为政也。性质各别，则不能杂，从违在人，则不能强，勉而载之，空文而已，置而不议，于事无损。抑知礼为法原，标准斯在，孔子论治卫，曰必也正名乎，老子谓三十六辐共一毂，当其无，有车之用。苟宪法表而出之，使全国之人，睹指知归，立竿见影，如航海者之视北极，东西南北，暮夜可以不迷，故定孔教为国教，非为孔教也，为宪法也。

（丁）信教自由者，亦必赖国教之定，乃能达其希望。美洲未定国教，因其历史与中国异，然其实际上仍有国教，非纯任信教之自由也。若中国为世界最古之国家，有数千年之国粹为主体，不于此时明定国教，而但言信教自由，则主体不立，其祸必至于一国之历史俱亡，而信教自由之诸客体，亦必不能一日安矣，故非定孔教为国教不足以保护信教者之自由。

辨定孔教于国民教育修身一科之谬

或谓中国之宗教，可以释迦、耶稣等教尸之，若孔教则归之于国民教育小学修身一方面，既无宗教门户之嫌，复收义务教育之效，何必定为国教以启争端乎。噫！以孔子之道，主小学修身一科，较之竟不明定者，裨益诚夥，然窃闻之，教育为制造国民之机关，恒依国政为操纵，宗教有左右世界之能力，不随国势为转移，不崇孔教为国教，而徒利用之于小学教育，此与外国教会在中国所立之学堂,以四书五经为课本者何异,岂得以此遂谓能保存立国之精神乎？终亦并小学教育之效果而弃之矣。此全国多数之人民,所为大声疾呼,不达以孔教为国教之目的不止也。

（选自《孔教会杂志》1914年1
月第1卷第12号,略有删节）

　　李文治,字南彬,云南大理人。清举人。1910年任云南咨议局议员。民国成立后任云南都督府参议处议长。1913—1922年曾任都督府咨议、国会参议院议员。

　　本文原是作者准备向参议院提出的在宪法中定孔教为国教的议案,因国会搁浅而未能提出,后被《孔教会杂志》索取发表。该文提议将当时宪法第十一、十二条分别修改为:中华民国以孔子之教为国教,中华民国人民均得信教自由。并辩驳了反对者的四点理由,即:孔子非宗教家,定为国教有妨信教自由且引起教争,定孔教于宪法无关损益,以及孔教可归于国民教育修身科等。

齐四教论

抱　木

今欲齐四教,当先论宗教今后存废如何。说者或谓宗教必存,或谓宗教必废。自科学日明,世多著书以非诋宗教,以为国家与国民之力既进,可不假宗教,自维持其道德法律。其说似也。然国家之权威,仅能治人之形体,不能治人之精神。无论科学如何进步,必终尚有不能达之一境,为人意所不厌者。人意不厌,则必宁暂托于惝恍不可知之域以自慰。宗教所以不能废也。或又谓哲学已可囊括宗教之精理,然中等以下之人民,多劳于生计,维日不足,安能得暇以求高深之哲学。宗教则见深见浅,存乎其人,既可接引高流,亦使愚下得以跂及。纵使国家与学术一旦挟其全胜之势,悉废灭宗教,世间道德必益堕坏,秩序必且大扰。此固宜将来执政者之所慎。而宗教之士,又必能自推阐其教义,以与当时之社会相容。故宗教存废之论,在今日犹不成问题也。

吾所谓齐四教者,即取吾国人民所信奉较多之教,即孔教、佛教、耶教、回教,而论其根本实义相同也。吾之说固将取罪于四教之士,然其实义所在,固不得不论也。世之所谓教者,不止于四教,不过就今日吾国所行最大之教论之耳。其中孔教尤学者所以为不当谓之宗教,谓之宗教,则小孔子,然抱教自尊者,亦何教不然。今一切比而同之,诚知其不自揆。大抵宗教与非宗教之分,在其实义,不在其仪式。一教有一教之实义,诸教有共通之实义。诸教共通之实义，即在救人，在尽救一世之人，而以其责自任者也。何以救之？以道救之。斯道也，何道也？救人于恶而纳人于善之道也。世若无善恶，则无有宗教；无以救人于恶纳人于善自任之人，亦无有宗教。孔子栖栖皇皇，席不暇暖，自西自东，自南自北，匍匐救之（《韩生外传》语）。释氏度尽众生，然后成佛。耶回并言救世之主。故救世是各教之通义也。孔佛耶回，救世之通义既同，故皆是宗教①。通义既同，而其立教之别义又同，故所以有齐四教之论也。

中国古惟道教，又有儒教，其后诸子并作教。汉世惟儒道二教为盛，后汉始有佛教，大行于六朝之间，于是遂有儒释道并为三教。其间学者，或齐儒释，或齐道释，或齐三教，并见载籍。耶回二教，入中国最晚，荐绅先生，罕有信奉。其翻译经书，亦无文采动人，比似内典者，故素为士人轻鄙，不以究意。西士来者渐多，于四教或偶比论，而扬己自是，难以服人。四教之书，至为浩博，今不得不求至约之词，以论其所同者。盖四教至约而相同之教训有二：曰示人以信，示人以仁而已。曰信曰仁者，即救世之大道，救世之恶人，使为善人之大道。四教所教之实义，皆在于此，而无有异者也。西方耶回二教之相非也数世矣，德国学者赖孙（Lessing），尝托为一寓言以讽之，以为犹太教、耶稣教、回教之实义，皆在于爱。其说最持平，颇为宗教学者所称。赖孙记古时犹太国中，犹太教、耶教、回教三教并行，各相龃龉，国王忧之，欲求三教真义。时有贤者名那丹（Nathan），王请而问焉。那丹不欲显言，遂设喻曰：昔东方国王，有一约指，中嵌宝石，晶彩无比，历世以此传国，谓得此宝，则天人归附。后一王者，独有三子，并为所爱。但有一宝，不能悉与三子。

----

① 文人学士、诸子百家，亦每言利济天下，然见道有浅深，自信力有强弱，信徒有多寡，不能并列为教也。

若独与一人,非是并爱之道。乃以重赏求一巧匠,别制二约指,破宝为三,分纳其中,而巧合形色,使与前者了无有异。于是并私语三子曰:我当独以宝物与汝,不传余人。死后三子各得宝物,其中皆杂真者,信其父语,各谓此一是真,彼二是伪。争持积年,诉于大国,大国之王曰:约指不能自言,孰能定其真伪。然谓得此真宝,则天人归附。天人归附者,必爱心至大之人,子三人中孰爱心最大,即孰得真宝。能充其爱心,子之宝皆真;不充其爱心,子之宝皆伪。子但充其爱心,归而求之,各以此宝传子孙。千年之后,自有天帝为子断曲直者矣。那丹语毕,国王大悟,执那丹之手曰:吾深感子,吾惟求子爱我耳。此系节录赖孙文中大意。然以爱统诸教之义,不若以仁统诸教之义,爱本在仁之中也。孔佛耶回,并明仁道,然欲求仁必先起信,故信与仁二者,可以括四教之要义,今略论之。

宗教之所谓信者,信自力,信他力。信自力即他力,信他力即自力。宗教所以为宗教,即在于信。其所以受人诟病,亦在于信。信之体必兼具自力他力而后完。自力即他力,实无可分。且信他力愈强者,其信自力始愈强。孔教不得不称天命,佛教不得不言佛力,耶回不得不言上帝,皆以明信,皆以明自信而已。凡自信之力大强者,常觉自力超出人间一切万物之上,非其身之所能载,一若有物焉主持扶助而命令之,虽欲罢而有所不能,而后其力之大乃至于如此也。夫我之外又何尝有物,古之创作宗教之人,乃以其诚实之心,确见乎有物焉主之,而决非己之力之所能至者。于是称天命,称佛力,称上帝以当之,夫然后乃弥以证其信自力之强。盖信自力者易知,而信他力即自力者难知。佛教耶教回教,于其信他力者,为之种种赞颂祈祷之仪式,而孔教未有,为孔教者,遂有鄙于佛耶回所为之仪式为有所侥幸。佛耶回之徒,亦以孔教之信他力者为犹未至。此皆碍于其事而未能深察其理者也。孔佛耶回之于信他力即自力者，殆相同无二。孔子遇桓魋之难，曰"天生德于予，桓魋其如予何。"包咸注曰："天生德于予者，谓授我以圣性也。合德天地，吉而无不利，故曰其如予何也。"子畏于匡，曰："文王既没，文不在兹乎？天之将丧斯文也，后死者不得与于斯文也；天之未丧斯文也，匡人其如予何。"马融注曰，"如予何者，犹言奈我何也。天之未丧斯文也，则我当传之，匡人欲奈我何，言其不能违天而害己也。"又公伯寮诉子路于季孙，子服景伯以告曰："夫子固有惑志于公伯寮，吾力犹能肆市朝。"子曰："道之将行也与，命也，道之将废也与，命也，公伯寮其如命何。"朱子《集注》曰："此以晓景伯，安子路，而警伯寮耳。"圣人于利害之际，则不待决于命而后泰然也。然则孔子岂真信天信命哉？自我以外，又岂别有所谓天与命哉？天命即我，我即天命，信他力即信自力也。信自力奈何？信真理而已。真理何在？在此心而已。故明乎儒家之所谓天命性理者，则佛耶回之所谓佛，所谓上帝，皆可得而明矣。《朱子语类》论天与命、性与理四者之别，天则就其自然者言之，命则就其流行而赋于物者言之，性则就其全体而万物所得以为生者言之，理则就其事事物物各有其则者言之。到得合而言之，则天即理也，命即性也，性即理也。王阳明曰："性一而已。自其形体也谓之天，主宰也谓之帝，流行也谓之命，赋于人也谓之性，主于身也谓之心。"又曰："良知是造化的精灵，这些精灵生天生地，成鬼成帝，皆从此出，真是与物无对。"此说天帝性命之理，最为真切。佛所信之佛，耶回所信之上帝，皆当作如是观。故信天、信命、信佛、信上帝、信我，皆是信此心之良知。识得此心之良知，则谓有天、有命、有佛、有上帝、有我固可，即谓无天、无命、无佛、无上帝、无我亦可。大道真理，岂得有二；吾人之信，亦岂得有二。斯尽之矣。佛耶回不教人自信其良知，而教人信佛、信上帝、信上帝之使者，盖恐其自力薄弱，必待助于他力，而后良知始能发见，即是教人自信其良知也，犹孔教每言知天知命矣。古之教主,惟自信之力强,故自视其身与大道真理为一,即与天帝神圣为一。能信我者,即是能信天帝神圣;不能信我者,即是不能信天帝神圣,不能信大道真理。能信我者,即是为善;不能信我者,即是为恶。于是乎有劝善之方,无所不用其极;于是乎有惩恶之法,亦无所不用其极。自居于先天弗违万物皆备。自居于大觉,自居于救世主,自居于受命传道独一之人,而不得谓之夸也。劝惩之以天堂、地狱、末日审判种种之说,而不得谓之惑也,皆由己之自信以助人之自信之道也。中庸曰:天命之谓性,率性之谓道,修道之谓教。盖立性、道、教三者,佛教立法身、报身、应身三者,耶教立圣父、圣灵、圣子三者。法身即是性,报身即是道,应身即是教。圣父即是性,圣灵即是道,圣子即是教。而性道教三者又本是一,孔佛耶皆用三位一体。回教晚出,独不用三位一体,只用一位。一即是三,三即是一,其间无大区别。回教本与耶教同源,见耶教立三位,恐人迷误,以为不如直指大道,教人起信,故但立上帝为造物主,为至高无所不能之道,而以己身当传达此道之任。又恐人信他力较薄,则信自力亦薄,又在说教中多鼓其大勇之气,而益繁其祈祷之条。然其教人起信之意一也。教人起信,即是教人自信,起信为唯一去恶之道。人之为恶,其所自为也,其去恶亦其所自为也。其始去道远,故不得不信他力,信他力则其心专一,而后能渐发其自力以达于最高之善:曰诚,曰圣,曰涅槃,曰常乐我净,曰完全,曰圣洁,皆最高之善,而皆由信以达之者也。孔子曰:民无信不立。又曰:回也于吾言无所不悦。至于佛耶回尤专言信。能信而道在其中矣。此四教教人起信以趣于唯一正道之小异而大同者也①。

　　孔子专言仁②，释迦之名，即是能仁之义，耶回二教，同主于爱，爱即是仁。故四教皆以仁为教义也。信是其体，仁是其用，信以居之，仁以成之，四教所以教吾人者，如是而已。仁是最大之善，不仁是最大之恶。去不仁而就仁，始于愧悔。孔子曰："耻之于人大矣。"孟子曰："恻隐之心，仁之端也。"增一阿含经，谓无惭无愧，即同畜类。要须以大悲心，忏悔一切罪恶。耶教入德之初，亦在悔过。故曰：尔须悔改，天国近矣（《马太》四章十七节）。又曰：十二使徒，远出播道，皆是劝人悔过（《马可》六章十二节）。回教寓忏悔于祈祷之中。是知愧悔乃诸教起信之基，亦成仁之本也。仁本是用，因其方便。事有不同，盖三位之中，性道教虽一，而教有因时之义，故仁之事四教不无差别，然其大端则相同也。孔子最重仁，以圣与仁并称。樊迟问仁，子曰"爱人"。墨子受业孔子，最能言爱。又曰："志士仁人，无求生以害人，有杀身以成仁。"佛教慈爱所被，

────────

　　①　孔教所言天人合一及人人可为圣贤之义，与佛教言一切众生皆有佛性之理，随处可见，无烦胪举。惟耶教、回教，视上帝过尊。今欲明其与道合一，与人合一，不可不略证明之。耶稣本神子，然《约翰》第一章十二节曰：凡信耶稣之名者，即赐之权，为上帝子。又耶稣自称己与天父为一，《约翰》五章八章中多有此语。犹太人不善耶稣，即因其称己与上帝同等，亦见《约翰》五章十七八节。是耶稣能使人为上帝之子，上帝子皆可与天父同等。与天父为一，即是与大道为一也。回教但立一上帝，不立三位，最为耶教所非，以为如此则天父与人隔离，人终不能与神相通矣。然英译《哥兰经》第九十三章曰：无论白昼黑夜，汝之主从不弃汝，亦不厌汝，汝将来必益胜于今，汝之行若为主所悦，主必锡汝福。又加里发俄马二世（Caliph Omar II）曰：能祈祷者，则行于上帝之途；能禁食者，则至于上帝之门；能布施者，则入于上帝之室。所云上帝即大道。上帝不弃舍人，明大道常与人俱，而人又能由其信心以入大道之室也。故性道教是一，皆在于我，我充其信心，斯得之矣。

　　②　程子曰：孔子只说一个仁字，孟子开口便说仁义。

遍及六道众生。释迦弘誓,以度尽众生为志,且自无始世来,布施无数头目手足,不生悭吝。耶稣登山示众,谓人宜推爱及仇(《马太》五章四十五节)。又于受难前一夜谓门徒曰:我以新诫与尔,令尔相爱,如我爱尔(《约翰》十三章三十四节)。又示死于十字架,代世人受罪。惟回教仅以布施为爱。谟罕默德闻道之后,力施贫困。《哥兰经》中,言布施者极多。又曰:汝当尽力布施于汝所爱,自此之外,无有达于正道之路(英译《哥兰经》第三章)。大抵仁有二种:一为积极之仁,一为消极之仁。布施济度,是积极之仁;宽恕忍耐;是消极之仁。四教所说仁爱,兼有此二种。然积极之仁,重在人己并成;消极之仁,不妨利人损己。回教有报复之条,《哥兰经》曰:汝若报仇,当适如彼所加于汝之度(英译《哥兰经》第十六章)。耶教之徒,遂以复仇实有褊心,不如耶教爱仇之宏。然因果报复,乃是世间自然之法,但复仇不逾所施,亦自无损仁量。若必差别广狭,则爱仇岂遽尽仁理。盖人己并当同在爱中,削己爱以爱人,犹之未全乎仁也。然则耶教之非回教,仅为相对之谈,孔子亦曰以直报怨,此未足议回教也。孔教回教,大抵尤多言积极之仁,皆欲治国平天下,以行爱人之实,而无使一夫不得其所。回教至以武力诛灭不信者,杀人以爱人,其形迹异于佛耶,要其根本并出仁爱之意。此四教教人行仁以达于大道之小异而大同者也。

然则四教之所同者,在其同言信与仁而已。在其同言世间仅有唯一之大道,而用信与仁以达之而已。吾人所受于四教之教训,亦惟此信与仁而已。短篇不能广及,仅著其荦荦大者。

抱　木,生平不详。

本文认为,宗教与非宗教区别在于实义而不在于仪式,诸教共通之义是救世,孔、佛、耶、回四教救世之通义相同,故皆是宗教。四教相同之教义为示人以信与仁,信与仁即是救世之大道;信是其体,仁是其用,信以居之,仁以成之。作者以儒教诠释佛、耶、回三教,齐之为一。

驳康有为致总统总理书

陈独秀

南海康有为先生,为吾国近代先觉之士,天下所同认。吾辈少时,读八股,讲旧学,每疾视士大夫习欧文谈新学者,以为皆洋奴,名教所不容也;前读康先生及其徒梁任公之文章,始恍然于域外之政教学术,粲然可观,茅塞顿开,觉昨非而今是。吾辈今日得稍有世界知识,其源泉乃康、梁二先生之赐。是二先生维新觉世之功,吾国近代文明史所应大书特书者矣。

厥后任公先生且学且教,贡献与国人者不少,而康先生则无闻焉。不谓辛亥以还,且于国人流血而得之共和,痛加诅咒。《不忍》杂志,不啻为筹安会导其先河。天下之敬爱先生者,无不为先生惜之!

中国帝制思想,经袁氏之试验,或不至死灰复燃矣,而康先生复于别尊卑,重阶级,事天尊君,历代民贼所利用之孔教,锐意提倡,一若惟恐中国人之"帝制根本思想"或至变弃也者。近且不惜词费,致书黎、段二公,强词夺理,率肤浅无常识,识者皆目笑存之,本无辩驳之价值。然中国人脑筋不清,析理不明,或震其名而惑其说,则为害于社会思想之进步也甚巨,故不能已于言焉。

惟是康先生虽自夸"三周大地,游遍四洲,经三十国,日读外国之书",然实不通外国文,于外国之论理学,宗教史,近代文明史,政治史,所得甚少,欲与之析理辨难,知无济也。

曷以明其然哉？原书云："今万国之人,莫不有教,惟生番野人无教。今中国不拜教主,岂非自认为无教之人乎？则甘认与生番野人等乎？"按台湾生番及内地苗民,迷信其宗教,视文明人尤笃。则人皆有教,生番野人无教之大前提已误。不拜教主,且仅指不拜孔子,竟谓为无教之人乎？则不拜教主即为无教之小前提又误。大小前提皆误,则中国人无教与生番野人等之断案,诉诸论理学,谓为不误,可乎？是盖与孟子"无父无君,是禽兽也"之说,同一谬见。故知其不通论理学也。

欧美宗教,由"加特力教"(Catholicism),一变而为"耶稣新教"(Protestantism),再变而为"唯一神教"(Unitarianism),教律宗风,以次替废。"唯一神教",但奉真神,不信三位一体之说,斥教主灵迹为惑世之诬言,谓教会之仪式为可废:此稍治宗教史者所知也。德之倭根,法之柏格森,皆当今大哲,且信仰宗教者也①;其主张悉类"唯一神教派",而主教之膜拜,教会之仪式,尤所蔑视。审是,西洋教宗,且已有隆而之杀。吾华宗教,本不隆重;况孔教绝无宗教之实质②与仪式,是教化之教,非宗教之教。乃强欲平地生波,惑民诬孔,诚吴稚晖先生所谓"凿孔栽须"者矣!

君权与教权,以连带之关系,同时削夺,为西洋近代文明史上大书特书之事。信教自由,已为近代政治之定则。强迫信教,不独不能行之本国,且不能施诸被征服之属地人民。其反抗最烈,影响最大者,莫如英国之"清教徒",以不服国教专制之故,不惜移住美洲,叛母国而独立。康先生蔑视佛、道、耶、回之信仰,欲以孔教专

---

① 倭根对于一切宗教皆信仰,非只基督教已也。

② 宗教实质,重在灵魂之救济,出世之宗也。孔子不事鬼,不知死,文行忠信,皆入世之教,所谓性与天道,乃哲学,非宗教。

利于国中,吾故知其所得于近世文明史政治史之知识必甚少也。然此种理论,必为康先生所不乐闻;即闻之而不平心研究,则终亦不甚了。吾今所欲言者,乃就原书中,指陈其不合事实,缺少常识,自相矛盾之言,以告天下,以质之康先生。

康先生电请政府拜孔尊教,南北报纸,无一赞同者;国会主张删除宪法中尊孔条文,内务部取消拜跪礼节,南北报纸,无一反对者。而原书一则曰"当道措施,殊有令国人骇愕者",再则曰"国务有司所先行,在禁拜圣令,天下骇怪笑骂!"吾知夫骇愕笑骂者,康先生外宁有几人?乌可代表国人,厚诬天下?此不合事实者一也。

欧洲"无神论"之哲学,由来已久,多数科学家,皆指斥宗教之虚诞,况教主耶?今德国硕学赫克尔,其代表也。"非宗教"之声,已耸动法兰西全国,即尊教信神之"唯一神教派",亦于旧时教义教仪,多所唾弃。而原书云:"数千年来,无论何人何位,无有敢议废拜教主之礼,黜教主之祀者。"不知何所见而云然?此不合事实者二也。

吾国四万万人,佛教信者最众。其具完全宗教仪式者,耶、回二教,遍布国中,数亦匪鲜。而原书云:"四万万人民犹在也,而先自弃其教,是谓无教。"又云:"今以教主孔子之神圣,必黜绝而力攻之,是导其民于无教也。"以不尊孔即为无教,此不合事实者三也。

原书命意设词,胥乏常识;其中最甚者,莫若袭用古人极无常识之套语:曰,以《春秋》折狱;曰,以《三百篇》作谏书;曰,以《易》通阴阳;曰,以《中庸》传心;曰,以《孝经》却贼;曰,以《大学》治鬼;曰,以半部《论语》治天下。吾且欲为补一言,曰,以《禹贡》治水,谅为先生所首肯!

夫《春秋》之所口诛笔伐者,乱臣贼子也;今有狱于此,首举叛旗,倾覆清室者,即原书所称"缁衣好贤宵旰忧劳"之今大总统,不知先生将何以折之①？ 所谓以《大学》治鬼者，未审与说部《绿野仙踪》所载齐贡生之伎俩如何？ 所谓半部《论语》治天下，不识"民可使由之，不可使知之"，"天下有道，则庶人不议"等语，是否在此半部中也？

呜乎！ 先生休矣！ 先生硁硁以为议院，国务院，无擅议废拜废祀之权，一面又乞灵议院，以"以孔子为大教，编入宪法"，要求政府"明令保留府县学宫及祭田，皆置奉祀官"②。夫无权废之，何以有权兴之？

然此犹矛盾之小者也。孔教与帝制，有不可离散之因缘；若并此二者而主张之，无论为祸中国与否，其一贯之精神，固足自成一说。不图以曾经通电赞成共和之康先生，一面又推尊孔教；既推尊孔教矣，而原书中又期以"不与民国相抵触者，皆照旧奉行"。主张民国之祀孔，不啻主张专制国之祀华盛顿与卢梭，推尊孔教者而计及抵触民国与否？ 是乃自取其说而根本毁之耳，此矛盾之最大者也！

吾最后尚有一言以正告康先生曰：吾国非宗教国，吾国人非印度、犹太人，宗教信仰心，由来薄弱。教界伟人，不生此土，即勉强杜撰一教宗，设立一教主，亦必无何等威权，何种荣耀。若虑风俗人心之漓薄，又岂干禄作伪之孔教所可救治？ 古人远矣！ 近代贤豪，当时耆宿，其感化社会之力，至为强大；吾民之德弊治污，其最大原因，即在耳目头脑中无高尚纯洁之人物为之模范，社会失其中枢，万事循之退化③。若康先生者，吾国之耆宿，社会之中枢也，但

---

① 辛亥义师起，康先生与其徒徐勤书，称之曰贼曰叛，当不许以种族之故，废孔子之君臣大义也。

② 以上皆原书语。

③ 法国社会学者孔特，谓人类进化，由其富于模仿性。英雄硕学，乃人类社会之中枢，资其模仿者也。

务端正其心,廉洁其行,以为小子后生之模范,则裨益于风俗人心者,至大且捷,不必远道乞灵于孔教也。

一九一六,十,一。

(原载《新青年》第 2 卷第 2 号,收入《独秀文存》卷一)

陈独秀(1879—1942),字仲甫,安徽怀宁人。早年留学日本。1915 年起主编《新青年》,倡导新文化运动。1917 年春任北京大学文科学长,次年与李大钊等创办《每周评论》。五四运动后,接受和宣传马克思主义。1920 年组织上海共产主义小组并发起成立中国共产党。1921 年 7 月在中共一大上被选为中央局书记。后又被选为中共第二至五届中央委员会委员长、总书记。1927 年因右倾主义错误被停职,后被开除出党。1932 年在上海被国民党逮捕,至 1937 年 8 月出狱。后病逝于四川江津。主要著述编为《独秀文存》等。

1916 年 9 月,康有为致信黎元洪、段祺瑞,要求以孔教编入宪法、复祀孔子并保留府县学宫及祭田、置奉祀官等。本文即是批驳康氏该书信的文章。作者认为,孔教是别尊卑、重阶级、事天尊君、历代民贼所利用的帝制根本思想,孔教无宗教实质与仪式,是教化之教而非宗教之教,以孔教为宗教是平地生波、惑民诬孔。

再答俞颂华(附俞颂华书)

陈独秀

再答俞颂华

颂华先生：

洛诵惠书，无任欣感。好学深思若足下者，仆虽备蒙教斥，窃所愿焉。惟愚见终有不敢苟同者，尚希进而教之。

第一，今之人类(不但中国人)是否可以完全抛弃宗教，本非片言可以武断。然愚尝诉诸直观，比量各教，无不弊多而益少。是以笃信宗教之民族，若犹太，若印度，其衰弱之大原，无不以宗教迷信，为其文明改进之障碍。法兰西人受旧教之迫害，亦彼邦学者所切齿；其公教会与哲人柏格森，俨如仇敌。此乃宗教之弊，事实彰著，无可讳言。

至于宗教之有益部分，窃谓美术哲学可以代之。即无宗教，吾人亦未必精神上无所信仰，谓吾人不可无信仰心则可，谓吾人不可无宗教信仰，恐未必然。倘谓凡信仰皆属宗教范围，亦此不合逻辑。此仆所以不信"伦理的宗教"之说也。吾国人去做官发财外，无信仰心，宗教观念极薄弱。今欲培养信仰心，以增进国民之人格，未必无较良之方法。同一用力提倡，使其自无而之有，又何必画蛇添足，期期以为非弊多益少之宗教不可耶？此愚所以非难一切宗教之理由也。

复次则论孔教。孔教教义，多言人事，罕语天人关系，亦足下所云然。良以中国宗教思想，渊源甚古。敬天明鬼，皆不始于孔氏。孔子言天言鬼，不过假借古说，以隆人治。此正孔子之变古，亦正孔子之特识。倘缘此以为敬天明鬼之宗教家，侪于阴阳、墨氏之列，恐非孔意。性与天道，赐也多闻，其他何论？欲强拉此老属诸宗教家，岂非滑稽？缪勒氏于印度宗教，亦未必了了，遑论中国，其言乌足据耶？《中庸》天命，性，道，教，四者联举，是为一物。以性释天命，则所率所修，均不外此。下文又云："道不可离，可离非道。"是盖与老氏道法自然；西哲所谓宇宙大法相类。天性以外，绝无神秘主宰之可言。乌可以其有天命与教之名词，遂牵强以为宗教也？

孔子生于古代宗教思想未衰时代，其立言间或假古说以伸己意。西汉儒者，更多取阴阳家言以诬孔子，其实孔子精华，乃在祖述儒家，组织有系统之伦理学说。宗教玄学，皆非所长。其伦理学说，虽不可行之今世，而在宗法社会封建时代，诚属名产。吾人所不满意者，以其为不适于现代社会之伦理学说，然犹支配今日之人心，以为文明改进之大阻力耳。且其说已成完全之系统，未可枝枝节节以图改良，故不得不起而根本排斥之。盖以其伦理学说，与现代思想及生活，绝无牵就调和之余地也。即如足下所主张之改良家族制度，倘孔教之伦理学说不破，父子析居，则有伤慈孝；兄弟分财，则有伤友恭。欲笃信孔教之民族，打破大家族制度，其事如何可行？足下欲奋如椽之笔，提倡小家族制度，以为事半功倍，不知将何说以处孝弟之道？倘无说以处之，特恐事倍而功半耳。

吾人讲学，以发明真理为第一义，与施政造法不同。但求别是非，明真伪而已，收效之迟速难易，不容计及也。哥白尼倘畏难而顺社会的惰性，何以发明天象？哥仑布倘畏难而不逆社会的惰性，何以发见新世界？一切科学家，哲学家，倘畏难而不肯违反俗见，何以有今日之文明进步？真理与俗见，往往不能并立。服从真理乎？抑服从俗见乎？其间固不容有依违之余地，亦无法谋使均衡也。高见如何，尚希续教。

独秀

附俞颂华书

独秀先生座右：

辱承不弃葑菲，赐以裁答，说理缜密，感佩良深。今尊论之前提，与仆之所持者大相径庭，所得结论，缘是异趣，似无复讨论之余地。然又不能已于言者，盖假定尊论之大前提无误，所得断案，是否确切，仆尚不能无疑也，请略为言之。

窃以为吾国之宗教源于天，所以圣人配天，视为天之使命，拟孔子为天之木铎，是明明以天之使命属诸孔子。孔子虽不语鬼神，而其于天人之关系，又未尝不形诸教义。《中庸》开篇即曰："天命之谓性，率性之谓道，修道之谓教。"夫率性与修道并举，天命与设教对引，与欧文字书以 bind anew or back 诂宗教之字源，适相符合，皆所以明天人关系也。且也，吾国古时之宗教思想，乃为复一神的，以天为最高之主宰，其下复设有种种神祇。孔子所以言天道者，盖为敬天也。其不语神怪者，以其视种种神祇属诸神话故耳，盖亦敬天也。缪勒氏（Max Müller）言之綦详①。然则孔教又未尝无命令的拟人格的主宰，不亦彰彰明乎？此仆之所以终不能无疑于先生之论也。

---

① 参见 Introduction of the science of Religion, pp. 126—144。

孔子之教义,言人事居多,语天人之关系者盖寡,无可讳言。仆不谓为一神教,而谓之凡神的伦理的宗教,正坐此耳。先生之所以诋孔,为宗法社会之道德,不适于现代生活,既闻命矣。窃谓欲变吾国宗法之习俗,则打破大家族制度,最为要端①,不在一味诋孔。

夫孔教之伦理学说,在今日诚有不可取者存②。仆前书所谓可改良者,即冀忠于孔教者,于此发愤改革也。宗教之教义,固属无形的,然其形式(宗教上祀典种种)乃有形的,亦犹文字之分思想与文学部分也。今先生既恶宗法社会之道德,胡不于此点促孔教教徒之反省,忠告而善导之? 即不然,奋椽笔以提倡小家族制度,或能事半而功倍。若必欲废弃孔教,以为改革宗法习俗之终南捷径,遑论填海移山,事有未易,就令能之,旷日弥久,恐收效反迟。况孔教非绝无可取之点,先生亦承认之。若并此可取之点,一律删夷,先生其忍之乎?

顺社会的惰性 Social inertia 而徐图改善者易为力,逆社会的惰性而思创造者难为功。罗蓬氏曰:"无古之传说,不能有文明之开化。不废弃古说,又不能有进步。故欲于此中静动之间,谋所均衡,实属事之至难。"又曰:"民众乐于竺旧,其保守旧制也,苟能于不知不觉间逐渐改善,最为足尚。"③乃先生欲革宗法之习俗,而惟孔是排,是何异舍易就难,欲速反缓;仆虽不敏,窃为先生惜之。

抑仆又有与先生所见不敢苟同者,即先生若论及宗教,一切皆非之。仆则以为宗教在现社会尚有存在之价值。无论物质的文明若何发达,苟社会国家,未臻理想上完全之境界,则蚩蚩者氓,其精

---

①　仆不自量,思于家族制度究其得失以告邦人。他日成文,或当呈正。

②　孔教教义不止伦理学说,其伦理学说亦非全与现代生活不合。

③　The crowd by Gustave Le Ben, pp. 93—94.

神上不能无所信仰,以与物质的文明相调和。若在吾国,物质的文明过不发达,似无需提倡宗教。然方今人心玩愒,世风浇漓,教育犹未普及,仍不能无待于宗教,以资救济。鄙见如此,先生必否认之。惜在吾国未闻有大宗教学家与大哲学者,不则仆将不远千里,裹粮挟赞以从,以一证鄙说之果有当否也。

凡此所言,亦各道其所见云尔,非敢自是也。真理所在,自当服从。倘蒙进而教之,则为幸多矣。

此颂撰安。

　　　　俞颂华白　四月二十一日作于东京旅次

　　(原载《新青年》第3卷第3号,收入《独秀文存》卷三)

　　本文是作者与俞颂华讨论孔教问题的书信之一。俞氏认为,孔教以天之使命属诸孔子,有"修道之谓教"说,言天道,亦有拟人格主宰,似属宗教。而且,孔教乃至宗教不无可取之处,在现社会尚有存在价值,不应一味排斥。作者认为,一切宗教对于社会皆弊多而益少,所以皆可废弃或取代。至于孔教,孔子生于古代宗教思想未衰时代,其言天鬼,不过借古说以伸己意;孔子精华在于祖述儒家,组织有系统的伦理学说,宗教玄学皆非所长。孔教伦理学说适应宗法社会封建时代,而不可行之于现代社会。

尊 教 篇

陈澹然

一

　　人之心其至静者乎？物至而动焉，则静者动矣。动而激，其心愈激而不可收，非心之好动也，势为之也。今人之性岂必远于古哉，乃独相争无已者何也？教之绝人伦、重争夺为之也。夫教者，天下之监督，列国之所尊也。人之远于禽兽者，伦与节耳。以人责人，而自堕于禽兽，人其与之乎。古之圣哲，肫肫立教者，何哉？哀人群争杀，特尊天帝鬼神，起其敬畏，思以静之耳。故其法大率敬天神①。重伦纪②，以植其根，辨人己，绝竞争，以严其律③。虽理解精粗④，礼俗殊异⑤，其说靡不根天理，协人心。舍此盖未有能立教者何也？教也者，本人心之好恶为之。其人必皆圣哲，故能审人

────────────

　　①　儒道敬天神至矣。释称惟我独尊，我者亦神也。摩耶回皆尊上帝，称为独一无二，称为真神。

　　②　详后。

　　③　儒称君子无争，争民施夺，此类甚多。道之戒贪戒杀，释之戒贪嗔，摩西禁夺邻之田宅、妻女、奴婢、牛马，耶回皆遵之，而耶尤禁绝其心。

　　④　儒道佛耶为精，摩回为粗。

　　⑤　儒拜上帝、君、亲、师，道释皆拜天神，拜其师，摩耶回皆拜天神，不拜君亲，国俗也。

情之极致,建政法之大原。苟违人情,其曷克行天下。故其本原之始,靡不大同。苟有乖违,则奉行者之过,而非创教人之过也,庸可废欤。

二

或曰,儒回之重伦著矣,道释耶何伦也? 曰:老庄,道之祖也①,其与释迦也皆有室家②。耶氏之为十诫也,以夫妻为人伦之正,特禁邪淫,此岂无室家者。或曰:谟氏以教为君③,与摩西等,即身即伦,可无惑矣,道释耶之绝君亲何也? 曰:此非创教者为之,后之教者误之也。老官柱下,庄吏漆园,且谓君臣无逃于天地,此岂无君父者。或曰:何以解于释耶之绝君亲也? 曰:二子之绝君亲,其天壤至痛者乎。释迦,王子也,痛婆罗门以教尸政,攘夺民生,必几谏而父不纳,乃绝妻妾之奉以逃之,冀君父之一悟耳。于何见之,观于天下平等之说而得之矣。其为言也,惟其不平等,所以必平等。其哀隐不已皎然于天壤间乎④。或曰:史称释见老病死之哀,弃家求道,非欤? 曰:释诚若是,则并老病死不知,其愚不可瘳矣,尚能立教乎。或曰:如子言,彼奈何甘不孝之名,竟无一言自白也? 曰:彰父之虐,明己之仁,何所容于天地。甘不孝以救人群,所以为至德欤。以吾观之,泰伯之行,宁复逾此。彼为君父,此

----

① 道教只行中国,势亦甚微,可无论矣。因其教法与佛教从同,故并及。

② 宋人《语录》,如来、老子皆有室家。

③ 谟哈默特,回教祖,自为君师。

④ 程子谓其有托而逃,而未窥其真际。

为人群也。耶之为诚也，敬天而后，首敬父母，其义乃并生我、治我①、教我②，而父母之。其定制也，教行何国，即若彼民，一遵其法。其见嫉祭司而被袭也，门人怒，刃其仇，耶独止之，而夷然就逮。嗟乎！彼之行教，以救民也，独何罪哉？乃卒死而无怨者，尊君故也。其死也，母至，托诸门人③，而后即刑，其爱君亲固已至矣。后世不察，而漫议之，不已过欤？或曰：三家之始，靡不重伦，而其徒弃之，何也？曰：道之徒误于长生，佛之徒误于哀死，耶之徒误于殉师④。此三者，始皆特立独行，重大伦根至性，故当时君相，靡不重之。后世不察其原，漫以绝伦为教。嗟乎！诸子皆保群者也。伦者群之本，使果去伦，其群灭矣，教何有焉？是故重伦者，教之干也。

三

或曰：如子言，彼之先固重伦矣，后世乃皆辟之，何也？曰：恶其争杀，自叛其言也。曰：然则立教之人，固以此导之耶？曰：否。教者，所以绝争杀，无争杀，可无教也，乌有立教之人，而自叛其说者。人群之争，靡不生于权利，权利愈盛，汰侈愈张，不争而无能已，此教者所为痛悼者也。诚令自蹈于争，虽有雄辨，安能诳天下而使从其说。曰：教者，天下窭人也，彼欲无争，其可从耶？曰：古

---

① 即君长。

② 教师。

③ 对门人谓其母曰：此尔母也。对母谓门人曰：此尔子也。

④ 耶氏横死，门人哀之，弃家行教，死于猛兽者十二人。至后回人夺耶墓，其徒起十字军，战征百七十年，欧人死者三百万。事定，其教分为东西。以欧亚两洲为界，东教有家，西教独否。盖东皆本教，西则因教徒舍家从战，而误以舍家为教也。

之立教者,靡不勤职业以养其身,贞节俭以严其嗜欲①,岂古圣贤乐於自苦哉。诚见天下争杀,始自贪侈,不得不忍此以先天下,所谓言教不若身教也。是故孔孟教授,老庄微官,耶氏任医,佛氏持钵,谟氏入山,类无不苦身焦思,以翛然寂守。道佛且哀虫鱼鸟兽,而惜其生,此何为哉? 诚见人群之众,物产之艰,贪侈一萌,货财必竭,必致内外上下,争夺无餍,慈爱绝于人心,杀戮横于天下,不得不自治其生,自甘荼苦,示天下慈爱之原也。岂欲天下之人,一返毛茹血饮,不求一利以为生哉,惧其夺人也。不然,之数子者,皆匹夫耳,虽日言慈爱,言仁义,安所补于天下,而万世从之也哉。严其身,所以示帝王也。后世以煦仁孑义轻道佛,斥耶稣,是乌知立教之人,志量乃如此哉。是故去争者,教之心也。

四

或曰:教必称天帝鬼神,何也? 曰:所以慑强暴,悚凡民,动其敬畏,而生其慈爱也。天下惟至诚之圣,无一息不敬畏其心,虽无天帝鬼神,断无毫发之微动于其恶。下此出入离合,靡不视此为差,未有无所劝而善,无所惧而不为恶者。帝王且尔,况乃凡民,贤智且然,况于强暴。教者忧之,深见帝王之法,可治人事之已然,不能慑人心于未兆,不得已,尊天帝鬼神,生其不敢之诚,而使之敬畏,所以绝为恶之源,制其心,而不使动。此仁爱之深,出于无可如何者也。或曰:儒既尊天帝矣,乃复为宗祀以存人鬼,何也? 曰:惧神祇之莫获见,而尊信或微,乃即尊亲之鬼神而闻见者动之,使人推极其源,虽百世犹相亲爱,类皆本人情至乐,使自动其不忍之诚,

---

① 孔子称节用爱人,孟子称宝珠玉者殃必及身,墨子尚俭,老子慈俭并称,佛戒贪,耶清斋。

然后不敢之诚,益胶凝而不可涣,乃可相保而无争。呜呼! 中国之民,数千百年不轻变乱而无离散者,其不以此哉! 所谓民可使由不可使知者此也。知而叩之,所谓天帝鬼神安在也。由此观之,儒称鬼神为德,体物不遗,道称谷神不死,释称佛在心头,其意固可见矣。或曰:儒称日月蚀食,雷震星流①,地坼山崩,疫生川竭,皆为天戒,其果然乎? 曰:古之教者,谓帝王之尊,莫由生其敬畏也②,不得不假此以悚之,庶几天帝鬼神,森列人心,而无敢肆,乃可各安其分,而无争夺之忧。故孔子作《春秋》,书此而不明其事,其义固深远也。汉儒实其事③以饰之,而争端起矣。夫圣如孔子,宁不知天地者。古说流行,既以悚人君修省,益于治理,而无或伤,不得不因而著之也。然则道佛耶回之尊天神,复何异此。或曰:诸家尊上帝,佛称惟我独尊,何也? 曰:我者,心也。谓人尊其心,即以尊上帝也。曰:摩耶回一辟诸神,独尊上帝,何也? 曰:恶淫祀以求福④,谓人能返诸善,而无动于恶,乃可以事上帝也。反是虽敬诸神,罪可逭耶? 此绝其恶之萌也,岂谓事之而可邀福耶。曰:摩耶回皆无像设,儒佛道或主之,或像之,何也? 曰:非其始也,久之虑民无所见,敬畏莫能生也,乃想像为之。像者,想像之义也。儒之始祭也以尸⑤,后乃为之主焉,谓其神之主此也。非祖而主之像之,何也? 敬爱其人,而不忍忘之也。嗟乎! 圣贤豪杰,人心不忍其死亡,而时想像以亲之,东西列国皆然,所以生景仰于无穷也,何异焉。曰:佛道何为而像也? 曰:其始动人之敬畏,使不敢为恶耳。

---

① 雷震指震人、震庙社。

② 当时佛家施报轮回,未入中国。

③ 汉董仲舒、刘向皆实其事。

④ 摩西时,有拜火、拜蛇之教,波斯至今尚有火教。

⑤ 子祭其父,则以孙服祖衣冠为尸于上,而子拜之,三代皆然。

后乃求福焉，则敛财之术矣，此岂前贤之义哉。为狞鬼，为刀锯鼎镬，何也？所以劫强暴，慑凡民也。官吏刑杀不恒见，假此以威奸慝焉，教之穷无复之者也。西国图战败以警其民，宁独异欤。或曰：耶氏独言造天地，何也？曰：此本摩说而仍之。为民之久从其说，使乐以从吾说也。《春秋》之书灾异奚别焉。曰：谓天地末日，何也？曰：所以悚暴君也。观其言曰：人攻其人，国攻其国，末日乃在是焉。不已皎然乎？是故尊天帝鬼神者，教之帜也。

五

或曰：古之畏鬼神者，为其能施报耳。其说信乎？曰：有。曰：儒称降殃降祥，即施报也，其果鬼神降此乎？曰：中庸言之矣。祸福将至，善否先知。所谓知者，岂果鬼神告之哉。验诸其心，固已知之矣。己或不知，人则无不知矣。以小者验之，吾苟一言过当，使人不安，彼无能报。他人且逆我，而或过之，岂必知我之过当于彼，抑岂必与彼相亲，为之报复哉。吾过当于彼，则骄戾之气，乘诸人人，遂致他人逆我，而不自知也。夫以乡里之微，宁复有天帝鬼神，伸其谴罚。即此而施报之说可知矣，况乎军国之大，杀夺之多，而谓其无报耶。曰：佛耶以诵经为忏，施布为赎，然乎？曰：否。佛耶所云忏赎者，谓其自改，天且福之，诵经则敛其身心，诱之迁善云尔。至于施布，则后世敛财之为，而岂佛耶之旨哉。曰：彼称善恶至，而人莫报焉，天帝鬼神且将报之，其可必乎？曰：如之何其可必也？天下不求福而自善，不畏祸而无恶者几人，安能无以动之也。虽然，报者固已多矣。厄如孔子，横死如耶稣，后世崇报若此，此岂天帝鬼神哉。然此犹其民也，民岂足动凡民哉。请以实者证之：工商之正也，信多而利且倍，君相之仁也，信久而邻且归，此岂争夺所能胜者，乃皆利而无害焉。反是，未有利而不害，害而不倍者，此岂天地鬼神哉。顾其事皆若有司其券以克其偿，即谓天帝鬼神，抑又乌足辨哉。夫天易见者也，鬼神难测者也，而时或验焉，虽圣者不能决其无也。则抑何妨坚其说，以绝其趋利而不顾害之私也。曰：佛称轮回，期诸三世，耶回神① 道皆以天堂地狱为断断，信乎？曰：天堂地狱，验诸吾心，前说详矣。独至轮回，未敢决其必妄。何也？气固然也，无此何以服天下哉。是故言报施者，教之衡也。

六

或曰：古之尊天帝者，为其司命数耳。其说信乎？曰：孔子罕言之矣。曰：孔子既罕言命矣，乃复系易以明数，又曰，不知命无以为君子，何也？曰：命数者，君子退藏之学，幽赜难知，上知不能尽也，此可喻凡民哉。故孔子罕言之，惧人之委心命数，放废无为也。孟子之言曰：求之有道，得之有命，人事尽，然后乃听天命焉。此何为哉？冀人之尽天职，以守其常，毋为争夺而已。曰：道佛耶回，皆未及言，何也？曰：道佛耶回，其知之深矣。老称知足不辱，知止不殆，非以明命数耶？谟称先天来降，后天复升，非以明命数耶？佛称应如是住，即如是住，非以明命数耶？且佛之泡影山河，一空天地，岂果视天下无物哉。哀天下杀夺相仍，终归沦灭，使人安命，毋祸其群而已。耶之见嫉祭司，知其必杀，语其徒曰：吾荣时至矣。粒麦遗地而未化，则固一粒也，化则结实繁矣。此何谓哉？明其死，教且播诸无穷也。且其言曰：惜生命者反丧之，不惜生命者，永

---

① 日本神教。

其世。耶氏苦行治疾,化天下争杀之萌,观其十诫,则固皦然日月矣①。祭司惧其说行,己不获愚民夺利也②,而思杀之,耶既已知之矣,夫岂不能变术奔逃,避其残虐,而独守死殉道,何哉?观其死,但呼上帝,曰:吾事毕矣,而终无一怨怼焉。可不谓知命者乎?由此观之,释称寂灭,谟重清真,道求玄静,皆知命数之深,而特浅明其义,绝人心之祸于无穷也。后世为孔教者,既骛盗行以求名利,为佛耶者,尽弃生业以食于人,遂至西国贫民,妄求均富。回称战死生天,自愚其族,教主专制,烈于王侯,而皆不知自返。甚至突厥朝鲜,不谋自立,竟依人国,以取衰亡。此可谓知命者哉!孔子所谓罕言者此也。数系诸易,何也?此圣人忧天下之深也。夫刚柔之节,动静之幾,皆有进退存亡之义。审焉不当,将致进者终退,退者终进,存者转亡,亡者莫致其存。此失其天,莫由振拔,所谓不知命无以为君子也。悲乎!耶稣之仁,卢梭之义,乃皆横死,不获令终,岂云非命。脱令埃之雪黎,脱之民主,独持公理,坐抗强梁,此可谓知命者欤。故凡命数之学,厉君子以尽己待时,而非导凡民以放弃职业。是故言命数者,教之权也。

（选自《大中华杂志》第2卷
第11期,1916年11月20日）

---

① 一专奉上帝;二毋呼上帝名;三守安息日;四孝敬父母;五毋杀人。不独杀害生命,凡诅咒怨毒,无故自戕,皆犯此;六毋邪淫。夫妻为人伦之正,余皆邪淫;七毋偷盗。凡阴谋篡取,伪造契约,假贷不偿,拾遗不归,贸易不公,皆隐偷盗也,显者无论矣;八妄证。凡口舌害人,沾名节,攻阴私,皆是;九毋念他人妻。凡他人男女,彼此皆不得起邪念;十毋贪他人财。

② 当时政权皆在祭司,虐民无诉。

陈澹然，生平不详。

本文综论儒、道、释、耶、回各教，认为，宗教是圣哲本人心、审人情而立，其说根天理、协人心，不可废弃。儒、道、释、耶、回等各教皆以爱君亲、重伦纪为主干，以尚节俭、去争杀为核心，以尊天地、称鬼神为旗帜，以言报施、论命数为权衡。

在信教自由会之演说[①]

蔡元培

鄙人今日因信教自由会新年俱乐会之机会,得与国会及学界、报界诸君相聚一堂,诚为鄙人之幸。窃闻今日论者往往有请定孔教为国教之议,鄙人对兹问题,深致骇异。据鄙人观察,宗教是宗教,孔子是孔子,国家是国家,各有范围,不能并作一谈。

请言宗教。上古之世,草昧初开,其民智识浅陋,所见惊奇疑异之事,皆以为出于神意。如人之生也从何来,人之死也从何去,万物之生生而代谢也为之者何人,高山之崔巍,大海之汪洋,雨露之恩泽,雷霆之威严,日月之光华,即下至一草一木,一勺水,一撮土,凡不知其理由者,皆以为有神寓乎其间而崇拜之。此多神教所由起也。其后于经验上发明统一之理,则又以为天地间有大主宰焉,虽大至无外,小至微尘,莫不由其意匠之所造。此一神教之所由起也。既有宗教,而天地间一切疑难勿可解决之问题,皆得借教义以解答之。且推之于感情方面,而人类疾病死亡病苦一切不能

① 1916 年 12 月 26 日,信教自由会在北京中央公园开会,讨论国教问题。蔡元培已到达北京,准备就任北大校长,应邀到会,发表这一演说。演说词先刊载于《新青年》第 2 卷第 5 号(1917 年 1 月 1 日出版),并刊载于《东方杂志》第 14 卷第 3 号(1917 年 3 月 15 日出版)。后来,他重新改写,辑入北京大学新潮社编印的《蔡孑民先生言行录》。

满足之心虑,皆得于良心上有所慰借,与之以新生之希望。又推之于行为方面,而福善祸淫,有人人有天堂之歆羡与地狱之恐怖,以去恶而从善。此皆半开化人所信仰之主义,而无不求其主宰于冥冥之中者也。其后人智日开,科学发达,以星云说明天地之始,以进化论明人类的由来,以引力说原子论明自然界之秩序,而上帝创造世界之说破;以归纳法组织伦理学、社会学等,而上帝监理人类行为之说破。于是旧宗教之主义不足以博信仰。其所余者,祈祷之仪式、僧侣之酬应而已。而人之信仰心,乃渐移于哲学家之所主张,所以各国宪法,均有信仰自由一条,所以解除宗教之束缚也。

不意我国当此时代,转欲取孔子之说以建设宗教。夫孔子之说,教育耳,政治耳,道德耳。其所以不废古来近乎宗教之礼制者,特其从俗之作用,非本意也。季路问事鬼神,曰:"未能事人,焉能事鬼?"问死,曰:"未知生,焉知死?"是孔子本身对于宗教,已不啻自划界限。且宗教之成也,必由其教主自称天使,创立仪式,又以攻击异教为惟一之义务。孔子宁有是耶? 孔子自孔子,宗教自宗教,孔子、宗教,两不相关。"孔教"二字,当〔尚〕能成一名词耶?

至于国家,乃一政治的团体,以政治为其界限。换言之,即发源于某一土地之人民,于一定土地范围之内,集成一大团体,设立机关,确认相互遵守之约,举任共同信望之人,利行其团体之任务,克达生存之目的云耳。然所谓达其生存之目的云者,乃谓关于身体的,非关于灵魂的;关于世间的,非关于出世间的;关于人类既生以后未死以前之一段的,非关于人类未生以前既死以后的。其与宗教,可谓相反。所以一国之中,不妨有各种宗教;而一宗教之中,可以包含多数国家之人民。既以国家为界,即不复能以宗教为界;既以宗教为界,即不能复以国家为界。换言之,既论国界,即不论教界,故国家不干涉宗教;既论教界,即不论国界,故宗教亦不能干涉国家。国家自国家,宗教自宗教,"国教"二字,尚能成一名词耶?

孔教不成名词,国教亦不成名词,然而所谓"以孔教为国教"者,实不可通之语。鄙见如是,幸诸君教正之。

（原载《新青年》1917 年 1 月第 2 卷第 5 号,《东方杂志》1917 年 3 月第 14 卷第 3 号,后辑入北京大学新潮社编印的《蔡孑民先生言行录》）

蔡元培(1868—1940),字鹤卿,号孑民,浙江绍兴人。光绪进士。授翰林院庶吉士,补编修。曾组创中国教育会、光复会,分别任会长,并加入同盟会。1907 年留学德国莱比锡大学。辛亥革命时任南京临时政府教育总长。1913 年与吴玉章等在法国创办留法勤工俭学会。1917 年任北京大学校长,实行"思想自由,兼容并包"的办学方针。五四运动中反对北洋政府镇压学生。1924 年当选国民党"一大"候补中央监察委员。1927 年后历任国民政府大学院、中央研究院、监察院院长兼代司法部部长等职。九·一八事变后与宋庆龄、鲁迅等发起成立中国民权保障同盟,任副主席。1937 年移居香港。有《蔡元培全集》。

　　本文是蔡元培应信教自由会之邀而发表的关于国教问题的演说。作者认为,孔子学说是教育、政治、道德,孔子、宗教两不相关,孔教、国教不成名词。

致许崇清函

蔡元培

许崇清先生鉴：

读《学艺》，第一号，有足下所著《批判蔡孑民在信仰自由会之演说并发表吾对于孔教问题之意见》。知以青年会速记者之误记，而累足下为此不经济之批判，甚可惜也。鄙人自见《新青年》第二卷第五号转载某日报所记信教自由会之演说，即投一函于《新青年》记者，已于第三卷第一号披露，想足下尚未之见。今奉油印本一通，鄙人本意可见大概。凡足下对于文辞上之批判，速记者当负其责，鄙人不必过问也。但读足下此文，实有误会之点，爰复略叙鄙人本意于下。

（一）宗教之定义，自其狭义者言之，自多神教以外，可指数者，惟回、耶、佛三种。皆于科学哲学发展以后，无存在之必要（佛经中自有哲理当分别观之）。自其广义者言之，则不过一种之信仰心，随各人哲学思想之程度为进退，即人各一教，亦无妨碍。此鄙人对于宗教之观念也。与Windelband之说不同（鄙人于《哲学大纲》中略言之。又于《以美育代宗教》之演说中亦略言之）。

（二）鄙人所谓国家自国家，宗教自宗教者，因一国常有数教，一教常涉数国，不能以教限国，亦不能以国限教也。足下以白马为喻，谓名词上可任意加一形容词。然形容词亦有别，如言白教则不辞。喇嘛教虽有黄教、红教之名，然彼为黄衣的喇嘛教与红衣的喇嘛教之省文。若依严格,则不得直云红教黄教也。昔有以孔雀为孔氏家禽,杨梅为杨氏家果者,传为笑柄。足见形容词与名词,非可任意联合。现今文明国宪法中,皆有信仰自由一条,即不能以国限教之意。足下所列各图,均与鄙人所见无涉。准鄙人所见而为图则如下。此图举中国为例,其他各国可以例推。如德国有加特力教(天主教)、新教(耶稣教)、犹太教、融合各教之退阿索斐会、及不信教之一元哲学家等。俄国有希腊教、加特力教、新教、犹太教、回教、退阿索斐会、及不信宗教之虚无党等。皆其例也。

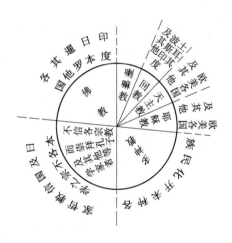

（三）孔子非宗教家。自广义的宗教言之(信仰心),必有形而上之人生观及世界观,而孔子无之。其所言者,皆伦理学、教育学、政治学之范围。孔子自言无可无不可,孟子评为圣之时者,其不立一定之信条可见。自狭义的宗教言之,必有神秘思想,而孔子又无之。未知生,焉知死,未能事人,焉能事鬼。不语神怪。立祀典则以有功德于民及以死勤事为条件。古代稍涉神秘之传说,如感生帝及符瑞谣谶之属,见于谶纬者,皆孔子所删。其不涉神秘可见。

故孔子决非宗教家,而孔教为不辞。

（原载《新青年》第 3 卷第 3 号,1917 年 5 月）

　　本文是作者应答许崇清发表的《批判蔡孑民在信教自由会之演说并发表吾对于孔教问题之意见》的信函。作者认为,宗教有广义狭义之分,自广义宗教(信仰心)而言,必有形而上的人生观及世界观,而孔子无之;自狭义宗教而言,必有神秘思想,而孔子又无之。故孔子非宗教家,孔教为不辞。

反对孔教为国教呈

许世英

孔教为国教一事，海内士大夫之主张，几趋一致，世英窃期期以为不可。盖谓尊孔子之道，尊孔子之学，则可也；以孔道孔学为国教，则不可也。谨将国教之有无，与国家关系之利益，缕析陈之。一为对外之关系。欧洲中古，崇尚国教，新旧相仇，致生战事，十字军以翼教为二百年之兵争，飞蝶南以野心致三十年之祸乱。即如西士搆衅，杀戮相寻，揆厥原因，亦由异教，欲经法律大家共谋解决，于是信教自由，载入宪法。世英曩岁游历欧洲，参观古时监狱，询及仇教惨祸之狱人，尚口噤心悸而不敢言。中国自天主耶稣流行后，教案时生，影响政治，租地赔款，损害万端，庚子之役，尤为创痛。然民与教争，其害犹小，教与教争，其害乃大。此次国教问题发生以来，海内教会，抗议纷纷，不谋而合。若不取消此议，异时各主一宗，各扶国力，恐宗教战端，再见中国。此不可者一。二为对内之关系。我国共和国体，本以五大民族，组织而成，以言乎教，蒙信喇嘛，回信天方，红黄两派，弥纶西藏。汉满虽不立主名，大率宗信佛教，相安无事。虽儒释聚讼，小有争持，而各有皈依，并无教祸，此中国之最大特色，为世界所歆羡不置者。方今科学之力大，迷信之毒衰，自由之帜张，神权之界缩，倘复重兴国教，树之门墙，试问蒙回西藏，能弃其固有之旧教，服从国立之新教耶？试问民国宪法，能将蒙回西藏，摈之于国教之外，而仍认其旧教耶？由前之说，是特予蒙回西藏以自由，由后之说，是歧视蒙回西藏为化外，二者无一可，必欲强而行之，始则以国教而致人心之离析，终则以国教而致土地之分崩，理有固然，势所必至。此不可者二。不宁唯是，昔者罗马教皇，其势力至于夺政权，摩西教徒，其国体亦自成阶级，而宪法之运用不灵，侵政权则政府之威信不立，政治学问，俱受束缚，收赋免税，要求特权，人民失自由之精神，国家无统一之能力。政教合一，祸不胜言，即令有预防之法，不使如教皇之专横，然有国教则必有教规，有教堂亦遂不能无教主，信徒之归化既众，教会之势力必伸，妨害安宁，干预政治，患始于社会，终及于国家。履霜坚冰，由来者渐，罗马覆辙，尚忍蹈乎？孔道与宗教原理，本不相符，世俗相沿，动称孔教，究其解释，乃教育之教，非宗教之教也。自汉武黜罢百家，表章六籍，孔子之道，如日中天，由唐宋元明，迄乎前清，备极尊崇，垂为令典，人人怀洙泗之风，家家被诗书之泽，尊之曰师，推之为圣，顾名思义，洵为千古不刊之论。为今之计，惟有令饬教育部，以孔道孔学，编入于伦理教科书，定为强迫教育中必授之课，自能发挥礼教，阐扬国光。立国之道，胥在乎此。将来宪法万不可有国教之规定，更不可以孔道孔学为国教。至于创教之论，保教之会，学者斥为多事，久已辞而辟之，此自在洞鉴之中，无庸世英赘述。区区管见，伏冀垂察。

（本文选自《民国经世文编》宗教卷）

许世英（1873—1964），字静仁，安徽贵池人。1897 年任清政府刑部主事。1910 年赴欧美考察司法、监狱，回国任山西提法司、布政司。辛亥革命时联名吁请清帝退位。1913 年任福建民政长，后任内务、交通总长、国务院总理等。1930 年后曾任全国赈灾委员会委员长兼财政委员会主席、驻日公使、行政院政务委员兼蒙藏委员会委员长等职。1950 年去台湾，任"总统府资政"。著有《许世英回忆录》。

本文是作者为反对孔教派要求"定孔教为国教"而作的呈文。作者认为，孔学孔道可尊，可编入伦理教科书以发挥礼教、阐扬国光，但以之为国教则不可，因为定立国教，可导致宗教战端和五族分裂。而且孔教与宗教原理不符，是教育之教而非宗教之教。

书《请定儒教为国教》后

马相伯

　　题曰儒教,不曰孔教者,名从其旧也。儒本学者之通称,黄、老、杨、墨各有其学说,而孔子不厌不倦,独以学名,从其学者遂专以儒称。孟子曰逃杨必归于儒,是其证矣。其后佛教入中国,奉老子者既称道教,奉孔子者亦自称儒教,以与佛老鼎足而三,故有《三教一贯》等书。总之辟佛老者,亦止称古帝王治天下,不用二氏,惟用儒教而已,无称孔教者;称孔子亦止称至圣先师,无称教主者。其请定国教之心理亦然,故一则曰:"人必有教。"复变其文曰:"人非教不立。"但孔子以前已有人,是其所谓教,断非孔教矣。至于某某等所言,中国自古奉孔教,又曰中国所以为声明文物之邦者,实赖有孔子云云。曰孔子,曰孔教,要皆儒教之误。不然,岂有孔子以前之唐虞,已奉孔教之理? 而郁郁乎文哉之成周,犹不得为声明文物之邦也乎? 为此矫正其误,题曰儒教,使请定国教诸贤圣,有以自圆其说,而免遁名改作之诛焉。

　　或曰,诸贤圣之讳言儒教有故:一则以学者方可称儒,而中国学者最少,万不能谬称儒教为大多数矣。一则《儒行》所称,儒有如此者十余事,而诸贤圣自问良心,一无有焉,是称儒,孔子且不容,称儒教之张天师,儒教之大护法,孔子即不鸣鼓而攻,亦当取瑟而歌也。一则以太史公《六家之要旨》曰:夫阴阳、儒、墨、名、法、道德,此务为治者也。但务为者治有若可称为宗教家,是尧、舜、禹、汤、文、武、周公之为教主也,应在孔子之先。况"儒者滑稽而不可轨法,倨傲自顺不可以自下,破产厚葬不可以为俗，游说乞贷不可以为国（恐诸贤圣自问良心反——皆有）。今孔子盛容饰，繁登降之礼，趋详之节，累世不能殚其学，当年不能究其礼，君欲用之以移齐俗，非所以先细民也"。此非晏平仲语齐景之言乎？然则儒者欲称政治家，当时犹或非之，今欲冒称宗教家，势非阴结多数武装护法殆不可，此诸贤圣所以讳言儒教欤？

又况自号素王，躬作民主（据陈某杜撰）之孔子，亦止曰"吾志在《春秋》，行在《孝经》"。即后之圣人，允文允武，其自相标榜也，亦止曰：以《春秋》折狱，《诗》作谏书，《易》通阴阳，《中庸》传心，《孝经》却贼，《大学》治鬼（张天师欤？张天师也），半部《论语》治天下。凡此云云，其无宗教性质，不待言矣！今即巧言破律，改作孔教，须知孔自孔，国自国，孔教仍不得为国教。在彼日读外国书不通外国文者，庸或不知，而陈君焕章固尝游学于美者也，当知西国所称 State-religion，国教之教，华语无相当之译。译所谓教，乃 the performance of our duties of love and obedience towards God，人对于造物主，务尽其天职，以爱敬顺事之谓。国乃 the whole body of people under one government，全体人民，属于同一政权之谓。此非哲学家言，乃寻常英文字典浅义。试问诸贤圣请定之国教，教有此教义否？国有此国义否？义既不同，纵令外洋各国定有国教，我国宪法亦不得援为先例，依样以画葫芦也。

西文教字，由 Religare 束缚以得名。请定国教者不云乎，人非天不生？既受生于天，即不能逃天命与孝事之天职，而被天职天命之束缚也。孔子而亦人也，既受生于天，即不能逃天命与孝事之天职，而被天职天命之束缚矣！故孔子而有教也，教当从西文之义，不从，是不尽心养性，事天俟命也。老子一周末隐君子耳，何尝设有道教如其徒之所为者？然则孔子亦何尝设有孔教如请定国教之所为者？尝见周末诸子并起创教，不但管晏创教，原壤许行、陈仲子亦创教，甚至白圭创教，兵家创教，纵横家亦创教，故谓大地诸教之出，尤盛于春秋战国之时，惟孔子能积诸子之成，而为诸子之卓云尔。然则不打自招,请定国教之意中,孔教亦不过诸子百家之雄耳! 故议员中附和之者,其极大理由,亦不过以孔子为国教,则诸子百家之学可以连带保存耳! 初不意孔子之教,原不外诸子百家。诸子百家虽"不该不遍,如耳、目、口、鼻各有所长,时有所用,而不能相通"。能通之者虽为孔子之教,究不能脱离耳目口鼻而有所感触,变更声色臭味而有所会通,则其不能自外于诸子百家有可断言。况推极诸子百家,犹不能成一科学,按确然之原理,或假定之原理,以征诸古今中外人性物性而无违焉。学且不成科学,教又何足以成宗教哉!

夫宗教与科学之辨,一贵信仰,一贵见知。若徒信师言,而于所习之科无真知确见,则不得谓之学矣! 譬则西文 Constitution 宪法,由 Constituere 以得名,意犹建设也,即国体政体所由建设,以维系全体国民之生存之权利,而敦促而扩张之也。虽有条件,而非法律之谓。法律乃人民与人民,人民与政府,分际上之规定,逾乎此则谓之非分非义。故法律虽本良心,而非道德之谓。不明乎此,虽言法律,不得谓之科学矣。宗教不然,全系乎良心之信仰,践所言者谓之言而有信,客观之信也;考实其人诚实无妄,而所言之事既与哲理无违,又为其人权力所及,因此信仰其言必有成就,此乃主观之信仰也,宗教之信仰也。仰者望也,望其有益于我身心性命,不虚生不梦死也。譬如"获罪于天无所祷也"句,可含数义:一是既受生于天,不可小有获罪。二是若不幸而获罪,非祷无以求免。三是除祷于天之外,无所可祷。四是获罪于邻国,道歉之条件,须得其同意,并得其满意,不然即造成今日欧洲之大战,然则祷于天之条件,非由天定不可。五是天定与否,义当自去研寻,如欲作官当自投考,此人所共知者也,人所应为者也。六是寻有实据,深信天不欺人,按其条件以祷之,望得免罪之恩,而去身心之累,是谓明信,何迷之有? 何妄之有? 今设深信孔子乃道学家,凡《乡党》所记,语语不虚。又深信孔子为博学家,所言羵羊诚羵羊也,萍实诚萍实也,防风之骨,肃慎之矢,文王之琴操,桓僖之庙灾,无不一一如所言也，麕而角者，果麟也，而孔子反袂拭面，涕泣沾衿，不为无以也。且深信其为哲学家、政治家、社会学家，犹佛氏之如何果，要如何便信他如何，究于我身心性命何益也耶？一信再信，便能善其生以善其死否耶？况知孔子之道者，宜莫如曾子，曾子曰："夫子之道忠恕而已矣。"知孔子之教者宜莫如门弟子，而记于《鲁论》者则曰："子以四教：文、行、忠、信。"此犹仁、义、礼、智，智、愚、文、蛮之人所固有，而无所用其信仰者也。综观吾国所论孔子之教，质言之要不外教学之教耳，非西文所谓国教之教也。何苦效颦欧、美，而定实不中其声之国教者哉？

乃有滑稽者流，则谓与谓孔子为哲学家，为宗教家，宁谓孔子为社会学家，今后非大讲科学，则孔子之道不得而明也。总之今后国民教育，宜应世界之潮流，修身教育，急宜输入功利派之伦理思潮，庶民生可裕，国计可饶，而断不宜存留宪法草案之第十九条，犹沿孔子动机派之伦理思想，以为国民教育前途之大阻障也。此是国民将来之死活问题，教育即国民之死活问题，诚不可不慎重而断行之者也。必不得已，则规定孔教为国教，一任一般人之迷信或信仰①，而宗教本可超国而独立者也②。若夫国民教育，则既为国民，万不能有超国之思想③。今

---

①　一任云者，放任之谓也。乃今始知规定于宪法内者，乃放任主义也，宪法之效可想。

②　超国云者，苟谓超然国表不受政府之干涉欤？则必其教自具元首股肱之系统，以统一其教理、教规、教众之信仰，亘古今不变，而后可此，绝非死则变为枯骨之人所能创业。设创焉子姓，无改于父之道，且不能必，又焉能必其教徒万世无改其学说、学派、学风也哉？西谚云"一脑袋一意见"，彼亦一是非，此亦一是非。彼亦一素王之长兄，此亦一关公之义弟。而教争之起，即起于夫子之宫墙。小者争庙产，争住持。大者争道统，争配享。活魏阉死孔子，尝并坐而受孔教徒之仆仆亟拜矣，故孔教而为国教。无怪周末诸子创教之多也，所虑以后之多，将自今始。宗教云乎哉？异说云乎哉？还当质诸孔教。

③　彼言超国而独立者，独非国民欤？

日欧洲各国,若法、若奥、若义、若德等国,纷纷逐出学校中之耶教,置诸学校之外,即为此故也。何我国人尚不明世界大势之所趋,而必奉孔子之道,为国民教育修身之大本,且规定于刚性之宪法中,使之不可摇动哉?奥国即规定宗教于宪法,国民教育非常不良,且起大喧争,可鉴也①!其以为孔子非宗教家者误也②!而规定如宪法草案第十九条者,更误之又误也。订定宪法不可以误国者也。以上皆滑稽先生请定国教文,并谓"子贡亦功利派人也,惜乎其蜷伏于孔子之下,而不能自发挥光大其人格及学理也"。可见中国儒者于万事万物所以然之故,鲜所究心,往往窃取一二成语,望文生意以武断一切。一若天下大势所趋,国民教育惟有功利问题,不知功利问题,亦有非物质派者,犹教育之有德育焉。民之于仁也,有杀身以成仁,无求生以害仁,不然国将谁与守耶?乃抱定功利以非孔子,孔子亦未必甘心也。至于以宗教国教,谓不关人民教育与修身,故虽规定孔子为宗教为国教,本无足重轻,不审孔教之徒甘心否耶?为是说者,重孔子欤?轻宪法欤?抑重宪法而轻孔子也?

又或谓宪法定孔教,拜孔子不过如拜国旗耳。期期以为拟不与伦。何也?盖无论孔子为人也鬼也,其自性有足以受吾敬故也。旗也帜也,其自性不足以受吾敬,不足以受吾敬,故所敬不在旗也帜也明甚。或又曰:西人以女像像国家,女亦人也,其自性不足以受吾敬乎?答曰否。女像像母抚字人民之义,像由意造,女非实有其人,其不足以受吾敬,与实有其人之孔子大异。且西人无拜祀国像者,今拜祀孔

---

①　既知教育不良,起大喧争,皆因规定国教,何为又欲规定孔教为国教?得毋自相矛盾乎?

②　方才尚说与谓孔子为宗教家,宁谓云云,然则先生先误矣。

者,是否照孔子所说"祭神如神在"乎①? 若照其说,第一该问孔子之神,至今在否? 抑故鬼小,新鬼大,二千余年以来渐灭殆尽乎? 第二该问孔子之神而在,往时丁祭日,几二千所,所所皆在乎? 不祭之时,有定在否? 能自由否? 孔子在生,厄陈畏匡,不习遁甲,不克分身,与众人无以异也,万无一死而顿异独异之理。天地之大,大小星球,幼眇如极微质点,其相拒相嚙之规无以异也。然则生而为人,死则为鬼,孔子之鬼,不能与他人之鬼而独异。死而在,则与桓魋、少正卯而俱在幽明,不克自由,理定相仿;设幽而为鬼,可大自由,是求速死之为愈矣。倘谓孔子已不在矣,死无知矣,又何为拜祀无知之物? 倘谓孔子在固在也,不在祭所,然则所拜祀者,不过木主耳,木主非鬼也。孔子曰:"非其鬼而祭之是谄也!"谄孔子且不可,况谄朽木乎? 设谓在祭所,且分身而在各所有征乎? 无征乎? 无征不信,哲学有言:gratis asse ritur, gratis negatur,言无征者,不待征以否之,此拜祀孔子,按诸哲理当否认者一也。试问拜祀孔子,于孔子有益乎? 倘谓祭则得食以? 孔子比天,天大多矣,一年不过一牛,孔子一年四千,不将侏儒饱欲死乎? 如谓不祭则不得,食除丁祭外,不将饿欲死乎? 此拜祀孔子,按诸情理为无益,所当否认者二也。且试问于拜祀者有益乎? 夫拜活孔子者,宜莫如孔子妻与子,妻与子皆先孔子而死,其无益也决矣。清末尊孔升为上祀,庙未修竣,而清室不纲矣! 各府州县,春秋二祭,文武百官未尝不奉行也,而人心日坏,风俗日偷,官为甚。此拜祀孔子,按诸事理为无益,所当否认者三也。诚使请定孔教者,有坚信有迷信,信文武百官向如在之孔子,一拜一跪,一祭一祀,而天下军民悉

① 此"如"字当与下句"如不祭"同义,义非意之也。譬之父母在,子远游,每朝念亲,设席设座,尚酒尚食,事生如生在,人且笑其妄,况事已亡之鬼,鬼又不在,非妄之尤妄乎? 故"如"字当与"如不祭"同义。

然于变时雍焉，则犹可说也，不然以九牛二虎之力，强人迷信也何为？

以故平心而论，呼声极高之孔子，以诸子创教考言之，不过理学一派耳！以孔子改制考言之，不过政治一派耳！非今世所称宗教国教明甚。如谓国不可以无教，我国万不能舍故有之孔子，而奉行外来之教，此犹言国不可以无法，我国万不能舍向有之法律，而仿定外来之宪法也。人纵顽固，当无敢出此言者。至论以孔子之道为教育之大本，又有不可者三，而侵夺他教之自由不与焉。一者，孔子之道，志在《春秋》，戎狄是膺，荆舒是惩，尊王攘夷之说久矣，灌输脑筋，通都大邑在所难免，而乡间尤甚，故初设小学时，有呼为洋学堂而焚毁之者矣。保清灭洋之举，非俨然尊王攘夷之道乎？山东发其端，全国蒙其难，故用以为教育似不可。二者，孔子之道，学优则仕者也，栖栖皇皇，席珍待聘。我国自有宾兴以后，士之仕也急于农夫之耕，"耕也馁在其中，学也禄在其中"，往往有辍耕而怅恨者矣，此古今所由大乱也。三年学不志于谷，孔子曰"不易得也"。不谋作官，定谋出洋。谋道欤？谋食欤？一内地镇守使告予曰：南北兵刃并未接也，而向之谋事者已近万人。志最小者求一县知事，其他在省在京谋事之数可想。帝制伟人得鱼而去，反对者又携筌而来，即此一端，足以亡中国矣！何忍复以孔子之道为獭为鹯耶？三者，孔子之道，以学稼学圃为小人，又以货殖为不受命。四体不勤，五谷不分，实业之不讲，此我国之大愚也。而孔子出不徒行，后车必数十乘，从者必数百人，所至如成都市。不然，陈蔡之厄何能相持七日之久，愈慷慨讲诵弦歌不衰欤？且恐党人党魁闻之，虽使吾侪小民减衣缩食以奉其从者亦不足矣！况党人之外又有浪人乎！

英国宪法三四起，除王位确定法外，无不历举人民权利之被侵，凡由裁判官、警务官、地方官，官吏等之不称，军人等之不法者，与土地城砦之被夺,河港口岸之被禁,皆一一谋以救正防护之①。我中国政治不修,生计不讲,人民死于疾疫、饥寒、水火、盗贼、兵荒、刑狱中者,十常四五,能泰然利其利而乐其乐者,千百无一二。即如禁种洋烟,而不代谋他利;禁吸洋烟,而不先治其瘾②,此非驱涉大川而不施舟楫乎?民之父母,竟忍出此,日挞其子弟,而望邻右爱重之,得乎? 通商通商,只准人来云耳! 我往,有德国宪法上保护国外贸易之条否? 而宪法会议,漠不睹闻。会有总长诘其同寅曰:做过百姓否? 竟全忘耶? 孰意人民疾苦,人民代表亦全忘矣! 一若四海困穷,非政治之过也,生计之艰也,惟在不拜跪孔子已耳,祭祀孔子已耳③! 爰提出修正案曰:"今国体已造成共和,并许人民信教自由,若不声明以孔子为国教④,恐人民误会,以为旧政废,新教亦随之以革,本欲信教自由,反至毁教。"教必指旧教矣,孔教矣,可见脱离旧政,是人民所喜,脱离孔教,亦人民所喜,故提案者,欲以宪法干涉之,不打自招,肺肝如见矣。大毛子春雷见之,不禁哑然失笑,曰:"岂诸君不自信孔子之道溥博高坚,而必借重法院与政府之大力,始能保护而尊崇之欤? 若法院与政府不加以特别

---

① 日本改制,其公地公产推让人民作自治区内之用者何限。中国反是,官者归官,公者亦归官。官荒悉为权豪报领,农人出千倍之价,转领而不得,宁荒毋垦,居为奇货,此之谓民主国。总之,民国以来,赏功之典日日有,民间之苦不一问。古止有功人、功狗,今则有功狼、功虎。德之战功大矣多矣,威廉二世以铁十字作宝星,尚郑重以出之。赔偿兵燹之损害,洋人有,华人无,能不视为通匪已万幸。故人民心理,愿生生世世不生帝王家,但为洋人而已。

② 上海广慈医院有不用鸦片、吗啡之断瘾方,七日除根,未闻当道有劝告采用者。

③ 光绪十年前后,有见高丽墙壁、地平均用字纸糊者,勒令铲除,谓敬惜字纸,则高丽可兴。时人或书一人字掷乞儿身畔,渠则什袭藏之。意者乞儿非人也,则不之恤,故知所重在字,乃掷一文钱,亦不肯拾,盖羞其类于乞儿也。然则所重又不在字。伪言伪行,不求真理真道者可慨。

④ 前有朕即国家,曰孔子为国教,何异朕即国教,何狗脚朕之多也!

保障,则孔道将归于毁弃欤? 吾不惜诸君自待太薄,而惜诸君待孔子太薄也!"① 鄙人则谓待孔子太薄无足怪,由来秀才人情纸半张,半张提案不为薄矣,独怪其自待太高,竟以为一经品题,则孔子之神通声价十倍,有是理乎?

孔子述而不作者也,即曰生前改制,亦不过喟然兴叹,致慨想于空言。孟子不曰,"然而无有乎尔,则亦无有乎尔乎"? 乃谓死后之残篇,能以大道之行托诸后代之英以成其志,孔子得勿曰"吾谁欺欺天乎"乎? 同一天望地藏之孔子也,枯骨不能庇其子孙,不盗不倡②,而一经宪法定为国教,即能"谋闭而不兴,盗窃乱贼而不作,外户不闭",以致大同大顺,人亦肥,家亦肥,国与天下无不肥,是宪法之化神,神于孔子,妙然高出于众经之上。前者以明经取士,而明者落落如晨星。今者不以宪法取士,但加入孔教,孔教即深入人心,人心于宪法前,虽有孔教而江河日下,人心于宪法后,即视孔教如日月经天。孔教日月乎? 宪法日月乎? 愿与提案者一审定之。提案者又曰:"大同之世,天下为公,此孔教精神亦即共和精神③。孔子预言二千年前,以备今日之适用也,国民果爱共和,其能无爱孔教乎?"吾亦曰:诚然当爱,不见媒婆祝新婚,必预言多子乎? 以故爱子孙者,无勿爱媒婆云。吾尝读西人咏强权,具四大理由云:一日者狮与他兽猎于山林,得大鹿一头,平分为四,他兽喜,以为可各分一杯羹也。狮曰:我为百兽王,第一分应归我;第二分,我力最多应归我;第三分,我功最大应归我;第四分,有敢动者请试大王爪牙。提案者所具四大理由,何其声之相似耶? 其最相似者,莫如第四条武装护法理由,"倘不定孔教为国教,他日中国群雄,万一仿欧洲保教而兴师,则国会失其信用,且恐国本亦为动摇,吾国会

---

① 见天津某报。

② 山东道中荡子班多姓孔,为族人告发之衍圣公,类此者当不少。

③ 然则孔教即共和,共和即孔教,二而一者也。

实为误国之戎首"云云。吾不敢以"劫之以众而不惧,沮之以兵而不慑,见利不亏其义,见死不更其守①,不悔不豫之特立性"责望国会议员也。人民代表,对于人民,对于代表,犹敢肆其恫吓,况彼虎而冠者乎?谨奉劝议员,——如命,命定孔教为国教乎?命保存郡县学宫及学田祭田乎?命设奉祭主②行拜跪礼乎?命编入宪法,宪法可以修改,而此则永不得再议乎?即永不再议,无伤也,孔子不云乎,要我以盟,非义也?神不听。钦定宪法犹不可为训,况强权宪法乎?天下无自违宪法而责令人守者,盖有诸己而后求诸人,孔子有知,断不肯利用武装矣!

至如陈君焕章之请愿书,则大毛子春雷所谓毫无辩论之价值者也。然不肯道听途说,遍举三洲国教以自耀其聪明,盖深知其中不实不尽,春雷所谓非真知各国之内容也。又深知民主国体,定国教者实不多见③,此则其能读洋文之一长也。至谓中国历史与国情,皆以孔教为国教,而最大多数人之幸福在此④。此未免少读华文之一

---

①　文官不爱钱,武官不爱命,诸议员非文官,非武官,理当爱钱、爱命。

②　归孔教会世袭。元首不兼主祭论,尝为之规定。

③　若按瑞士潘拿州以三教为国教,我国当以九教,佛三回二故。

④　查中国历史,化家为国曰国家,君为大田主、大厂主,民为劳力动物。主人视为生利品,有以爱护保存之者,贤君也。民之狡者,谋为司事、总管、把头、庄头,可不劳而多获,以故做官心最热。司事与主人所最怕者,即此劳力动物聚众抗租、罢市、罢工,必多方以愚之、弱之,禁刀兵,禁弓箭,禁大小防身之火器,独不能禁匪类,匪类之豪往往取主人而代之。主人之贤者,以兼并他主之产为务,司事等以此为功。既兼并而专利矣,又不知享,试看颐和园,四望皆牛山,是房门口之事,亦照看不到,而望其治天下乎?为问一部廿四史,非此类乎?至论国情古今所困者,惟钱财,而末世为甚。民情所喜者,亦惟钱财。多财之祝,自古有之,孔子亦用之,终不余力而襄财矣。此宁有政教发征期会哉?故财神而可定为国教也,莫此最宜。宜于国史,宜于国情,宜于最大多数之民意。陈君抚膺自问,当亦首肯,何尝国史国情皆以孔教为国教哉?请愿之电虽多,总不及洪宪之电,何也?孔教之费,总不及帝政之费也。人以陈君为善谎,窃谓陈君实不知之国情为何物。

短矣！何以言之？梁任公戊戌新政时，并不知宪法，但定于宪法之国教，果见于历史，任公岂有不知？康南海于《不忍杂志》云，全佛山男女数十万以神事为业，则其购用必数十百万之多。一镇如此，则全国之信仰神佛为最大多数，显而易证。二公是乎？陈君是乎？陈君又言以吾国民之饮食男女也，固不能以佛教代之也①；以吾国民之尊祖敬宗也，亦不能以耶教代之也。此则近于稚气矣，何也？盖人之尊，在不同于禽兽。饮食雌雄，禽兽亦能之，且胜于人，一索再索，百发百中。世有言，虽孔子生伯鱼，不禽兽则不生，故何得以同于禽兽者为教耶？祖与宗，人多不见，不见则爱敬之心不生，故遗腹子只知有母。汉高祖、明太祖，祖先世代皆不知，其余中国人，不知者无其数，耶教何由得代之？至谓孔教有左右全球之能力，尤有指导全球之资格，为全球所仰望，而吾国所恃以自豪于世界者，此尤未免为呆气矣！今欧战方酣，外交方急，陈君何不用无线电，将所谓孔教者指导左右之耶？中国地位，至有名士谓予曰：虽为奴为隶，人民不能更苦，苦者惟无业游民不能做官耳！则陈君之为此说，非呆气而何？不信，试将请愿书译为英文，邮寄美国，其英文师有不怪其太无伦理者，吾不信也。徐州将军之文，则视陈君高出万倍，虽使康南海为之，亦不相上下，堂堂乎！雍雍乎！真儒将之风也。惜乎"照旧定孔教为国教"句，微有语病，盖照旧定云者，必也旧已定有国教，不识见于何经何典何档案？何吾侪老百姓未之前闻耶？总之人各有心，定者不能禁其不定，但使对于国教，仍许人人得以自由，自由者必居多数，而国教将成孔教会之专利品，尚得谓之国教乎？必也禁止素王素臣，总统总理，下至保甲甲长俱不得自由，庶几一切利权，可以一网打尽。恭喜恭喜！发财发财！谁谓

① 佛教有欢喜佛及无遮大会，陈君以为于男女之事犹未能尽致耶？然则孔教究何如？

"大哉孔子博学而无所成名"乎？其教之所就,孰与他教多乎？恭喜恭喜！发财发财！

（选自《马相伯集》,复旦大学出版社 1996 年版）

马相伯(1840—1939),名良,字相伯,晚号华封老人,江苏丹阳人。天主教徒(1870 年获神学博士学位)。曾任清政府驻日使馆参赞及驻神户领事。1903—1905 年先后创办震旦学院、复旦公学。1909 年被选为江苏省咨议局议员。1913 年曾代理北京大学校长。后历任政治会议、约法会议议员和参政院参政。九·一八事变后积极参加救亡活动,发起和组织文化界救国会,被誉为爱国老人。1937 年任国民政府委员。有《马相伯先生文集》行世。

1916 年国会重开,孔教会陈焕章等再次上书参众两院,要求"定孔教为国教",本文作于此事之后。作者通过分析儒教、宗教及国教之含义,指出儒教无宗教性质,孔子之教,原不外诸子百家及教学之教,非西方所谓国教之教。以孔教为宗教国教于情于理无益、于国于世无补。

宗教问题之研究

梁漱溟

宗教是人类文化上很普遍,很重要的一桩东西。但是从近代遭许多人批评之后各人都拿自己的意思来解释宗教,你以为宗教是这样,他以为宗教是那样,以致一般人对于宗教都莫明其妙。所以我们现在对于宗教问题之解决实在是很紧要的。

我们现在要解决宗教的问题,头一句自然要问宗教究竟是何物? 知道了这层然后对于宗教的真妄利弊此后存在不存在的话方好去说,否则无从说起。差不多将"宗教是什么"弄明白了,各种问题便算已经解决了。绝不应明确的宗教观念未得到,便胡乱评断什么宗教的存废!

我们看好多的宗教,形形色色,千奇百怪,什么样子都有,很不一致。但我们要寻出他一致的地方,方能渐渐晓得宗教是怎么一回事,而有一个明白真确的"宗教"观念。这所谓一致的地方,就是所有宗教的共同必要条件。但若非是一致的,就不算宗教的必要条件,不过是某宗教或某项宗教的特殊现象罢了。断不应把这殊象认作"宗教"观念构成的一义。如此研究下去我们得到一个归结是:

所谓宗教的,都是以超绝于知识的事物,谋情志方面之安慰勖勉的。

我们就着众人所认为宗教的去研寻,寻到如此的结果。无论怎样高下不齐,种种的宗教,个个皆然,没有一个例外,除非那聚讼未决的孔教,或那立意辟创,未经公认的赫克尔一元教,倭铿精神生活等等,有些不合而已,这个不合,不但不能证明我们结论之非,反倒看出我们结论之是。孔家是否宗教之所以聚讼未决,正以他不甚合我们所说的,才招致人家疑问。换句话说;如果孔家亦合乎这结论,就不致聚讼不决了。这以见我们所说是深得宗教的本真——本来面目;而那赫克尔,倭铿,都是要变更宗教面目的,当然不会同我们就宗教本来面目寻出的说法相合。他之不合于我们,正为我们之吻合于宗教也。他们的说法都是拿着自己意思去说的,我们纯就客观的事实为材料而综合研寻的,其方法原不同。方法所以不同,因为我们只想知道宗教的真相,而他们则想开辟宗教。凡意在知道宗教真相的。我们的说法大约无疑问的了。至于孔教何以非宗教而似宗教,何以中国独缺乏宗教这样东西,与赫克尔倭铿之徒何以立意谋宗教之辟创,俱待后面去解说。这结论分析开来可以作为两条——宗教的两条件:

　　一,宗教必以对于人的情志方面之安慰勖勉,为他的事务;

　　二,宗教必以对于人的知识之超外背反,立他的根据。

　　这两条件虽是从上头一句话分析出来的,也是就客观事实研寻出来如此,无论怎样高下不齐的宗教所共同一致的。我们试去讲明这两个条件,然后再合起来讲那一句总的。

　　对于人的情志方面加以勖勉,可以说无论高低或如何不同的宗教所作皆此一事,更无二事。例如极幼稚低等拜蛇拜黄鼠狼乃至供奉火神河神瘟神种种,其仙神的有无,且无从说他,礼拜供奉的后效,能不能如他所期,也不得而知。却有一件是真的,就是他礼拜供奉了,他心里便觉得安宁舒帖了,怀着希望可以往下生活了。这便所谓对于情志的勖勉。便是程度高了许多的大宗教,如基督教等其礼拜祈祷,喊上帝,语其真际,也还是如此。乃至基督教所作用于托尔斯泰的,托尔斯泰所受用的基督教的,也还是如此。宗教除与人一勖慰之外。实不作别的事。此即大家所谓得到一个安心立命之处是也。在托尔斯泰固然当真得到一个安心立命之处,得到一个新生命,而其他基督教徒也未尝不可说是如此,在较高的宗教固然能给人一个安心立命之处,即其他若拜蛇拜鼠也何尝不是如此呢? 不过各人所怀问题不同,得到的答也不同,——情志知识的高下浅深不同,得到的安慰勖勉因之而差异,若其得安慰勖勉则无二致。在当初像是无路可走的样子,走不下去——生活不下去——的样子,现在是替他开出路来,现在走得下去了。质言之,不外使一个人的生活得以维持而不致溃裂横决,这是一切宗教之通点。宗教盖由此而起。由此而得在人类文化中占很重要一个位置,这个我们可以说是宗教在人类生活上之所以必要(是否永远必要,将来占何位置,下文去说)。

对于人的知识作用处于超外背反的地位,可以说无论高低或如何不同的宗教所持皆此态度,更无二致。例如那蛇与鼠,在礼拜他们的,都说他们是大仙,具有特别能力。若照我们知识作用去论断,总说不下去,他便不得立足了。所以他总要求超绝于我们知识作用之外。又如那火神瘟神,我们并不曾看见,而要认他们是有,也是在超乎知识作用地方去立足。基督教的上帝,婆罗门的梵天⋯⋯没有不是如此的。无论他们的说法怎样近情近理,他那最后根据所在,总若非吾人所与知,或为感觉所未接,或为理智所不喻。由此大家一说到宗教就离不了"超绝"同"神秘"两个意思。这两个意思实在是宗教的特质,最当注意的。我们试略加讲说:

(一)超绝　所谓超绝是怎么讲呢? 我们可以说就是在现有的世界之外什么是现有的世界呢? 就是现在我们知识中的世界——感觉所及理智所统的世界宗教为什么定要这样呢? 原来所以使他情志不宁的是现有的世界,在现有的世界没有法子想,那么,非求之现有世界之外不可了，只有冲出超离现有的世界才得勖慰了。那一切宗教所有的种种"神"、"仙"、"帝"、"天"……的观念都应于这个要求而出现的。都是在现有世界之外立足的。因此一切宗教多少总有出世的倾向——舍此（现有世界）就彼（超绝世界）的倾向。因为一切都是于现有世界之外别辟世界，而后借之而得安慰也。"超绝"与"出世"实一事的两面，从知识方面看则曰超绝，从情志方面看则曰出世。

（二）神秘　所谓神秘是什么呢？大约一个观念或一个经验不容理智施其作用的都为神秘了，这只从反面去说他，他那积极的意味在各人心目中，不容说。宗教为什么定要这样呢？因为所以使他情志不宁的是理智清楚明瞭的观察。例如在危险情境的人愈将所处情境看的清，愈震摇不宁。托尔斯泰愈将人生无意义看的清，愈不能生活。这时候只有掉换一副非理性的心理，才得拯救他出于苦恼。这便是一切神秘的观念与经验所由兴，而一切宗教上的观念与经验莫非神秘的，也就是为此了。

超绝与神秘二点实为宗教所以异乎其他事物之处。吾人每言宗教时。殆即指此二点而说。故假使其事而非超绝神秘者即非吾人所谓宗教，毋宁别名以名之之为愈。此类特别处："感觉所未接"，"理智所不喻"，"超绝"，"神秘"可以统谓之"外乎理知"。理智不喻的固是外乎理知，感觉未接而去说具体东西，便也是理智不喻的了。若神秘固是理智不喻的，超绝尤非理智范围（理智中的东西皆非东西，而相关系之一点也，超绝则绝此关系也）。故一言以蔽之曰外乎理知。但理智是人所不能不信任的，宗教盖由此而受疑忌排斥，几乎失其文化上的位置。这一点我们可以说是宗教在人类生活上之所以难得稳帖和洽。

分言之，则"对于人的情志方面加以勖勉"与"对于人的知识作用超外"为宗教之二条件，合起来说则固一事也。一事唯何？即前头所标"以超绝于知识的事物谋情志方面之安慰勖勉"是已。此是一事不容分开。为情志方面之安慰勖勉其事尽有，然不走超绝于知识一条路则不算宗教；反之单是于知识为超外而不去谋情志方面之安慰勖勉者亦不是宗教。必"走超绝于知识的一条路以谋情志方面之勖慰"之一事乃为宗教。所有宗教皆此一事。亦特此一事之作法各有不同耳。或者是礼拜，或者是祈祷，或者祝颂，或者讽咏，或者清静，或者苦行，或者禁欲，或者瑜伽……种种数不尽。然通可谓之一事——对于出世间（超绝于现有世界之世界，现有的世界则吾人知识中之世界也，具如上说），致其归依而有所事为是也。此一事作得一点则得一点之勖慰，而愈作亦愈远现世而趣近现世之超离。故此一事吾名之曰"出世之务"宗教者出世之谓也。宗教之为宗教如此如此，我们并不曾有一丝增减于其间。我们既明宗教之为物如此，夫然后乃进问：若此其物者在后此世界其盛衰存废何如呢？我们还是要他好还是不要他好呢？我们试以前问为主，后问为副，而研求解答之。

若问宗教后此之命运，则我们仍宜分为二题以求其解答：（一）人类生活的情志方面果永有宗教的必要乎？（二）人类生活的知识方面果亦有宗教的可能乎？假使不必要，而又不可能，则宗教将无从维持于永久。假使既必要，而又可能，夫谁得而废之。此皆可两言而决者。若其虽必要而不可能，或虽可能而不必要，则其命运亦有可得而言者。

人类生活的情志方面果永有宗教的必要乎？我们要看以前曾赖宗教去勖慰的情志都是如何样的情志，以后世界还有没有这些样的情志，这些样的情志是不是定要宗教才得勖慰。倘以后没有这些样情志，则宗教不必要。即有这些样的情志，虽以前曾赖宗教勖慰，却非以后定要宗教而不能变更替换者，则宗教仍为不必要。至于以后人类生活迁异，有没有另样须要宗教勖慰的情志，则吾人未曾经验者亦不欲说他。吾人唯就现有，以后仍要有，又无别种办法者，而后说为宗教的必要。

　　我们就着一般宗教徒在他正需要，接受，信奉宗教的时节，看其情志是怎样的？再对着不信教的人在他拒却宗教的时节看其情志是怎样的？结果我们看到前一种情志与后一种情志可以用"弱"，"强"两字来表别他。所有前种的人他的情志都是弱的，他总自觉无能力，对付不了问题很不得意的，……所有后种的人他的情志都是强的，他总像气力有余样子，没有什么问题，很得意的……。大概教徒的情志方面都是如此"弱"的状态，不过因为问题不同，所以弱的有不同罢了。然则宗教是否即立足于人类情志之弱的一点上呢？不是的。如此状态有时而变的，不过当人类稚弱的时节如此，能力增进态度就改换了。虽改换却非宗教便要倒的。在以前人类文化幼稚的时期，见厄于自然，情志所系，问题所在，只不过图生存而已。而种种自然界的东西，都是他问题中对付不了的东西，于是这些东西几乎就莫不有神祇了。诸如天，地，山，川，风，云，雷，雨……的神是也。而其宗教之所务，自也不外祈年禳灾之类了。一旦文化增高，知识进步，渐渐能征服自然，这种自觉弱小必要仰赖于神的态度，就会改变。因为这是一个错误，或幻觉，人类并不弱小(同后来征服自然最得意时节之自觉强大尊威一样幻妄，都是一时的不能常久，记得罗素从考算天文而说人类渺小，这虽与前之出于主观情志的"弱小"两样，但也不对，这怕是他们理性派的错误，但却非理性的错误，理性不会错误)。宗教之所以在人类文化初期很盛，到了后来近世就衰微下来，所以在别的地方不受什么排斥而翻在宗教势强的欧洲大遭排斥，都是为人类情志方面转弱为强的原故。有人以为近世宗教的衰败，是受科学的攻击，其实不然。科学是知识，宗教是行为。知识并不能变更我们行为，行为是出于情志的。由科学进步而人类所获得之"得意"，"高兴"是打倒宗教的东西,却非科学能打倒宗教。反之,人若情志作用方盛时,无论什么不合理性的东西他都能承受的。如此我们看这样自觉弱小的情志在近世已经改变日后也不见得有了,(即有这类对自然问题因情志变了,也不走这宗教一途),那么,宗教如果其必要只在此,也将为不必要了。但是我们看见只应于这种要求产生的宗教不必要罢了,只这种现在不必要的宗教倒了罢了,宗教并不因之而倒,因为人类情志还有别的问题在。

虽然好多宗教都是为生存问题祸福问题才有的,但这只是低等的动机,还有出于高等动机的。这高等动机的宗教,经过初期文化的印度西洋都有之(惟中国无之,中国文化虽进而其宗教仍是出于低等动机,——祸福之念,长生求仙之念——如文昌,吕祖之类,其较高之问题皆另走他途,不成功宗教)。不过一宗教成立存在绝非一项动机,一项动机也怕不成宗教,所以很难分辨罢了。比较看去似乎还是基督教富于忏悔罪恶迁善爱人的意思,基督教徒颇非以生存祸福问题而生其信仰心者。我曾看见过一位陈先生(陈靖武先生的儿子)他本是讲宋学的,后来竟奉了基督教。他把他怎样奉教的原故说给我听。话很长、很有味,此时不及叙。简单扼要的说:他不是自觉弱小,他是自觉罪恶,他不是怯惧,他是愧恨,他不求生存富贵,他求美善光明。但是一个人自己没有法子没有力量将作过的罪恶涮除,将愧恨之心放下,顿得光明别开一新生命,登一新途程,成一新人格——这如勇士不能自举其身的一样——只有哀呼上帝拔我,才得自拔。他说上帝就在这里,宗教的必要就在此等处。我很信他的话出于真情,大概各大宗教都能给人以这样的劝慰,不单是基督教。这在宗教以前所予人类帮助中是最大之一端,在以后也很像是必要。人类自觉弱小惧怯可以因文化增进而改变。但一个人的自觉罪恶而自恨,却不能因文化增进而没有了(人类自觉生来就有罪恶这是会改变的,但一人作过罪恶而自恨，或且因文化之进而进）。除非他不自恨则已，当真自恨真无法解救。这时他自己固不自恕，即自恕也若不算数。即他所负罪的人恕他，也都不算数。只有求上帝恕他一切，才得如释重负，恍若上帝在旁帮他自新，才觉顿得光明。几乎舍此无他途或即走他途，也绝无如是伟力神效。然则宗教的必要是否即在此呢？还不是的。论起来，这样的情志，后此既不能没有，而对他的勘慰，舍宗教又无正相当的替代，诚然是必要了。但这必要是假的，是出于"幻情"。明是自己勘慰自己，而幻出一个上帝来。假使宗教的必要只在这幻的上边，也就薄弱的很了（况且还有许多流弊危险，此处不谈）。然而宗教的真必要，固还别有在。

照上边这一例，已经渐渐感觉说话的人与听话的人所有材料——宇宙——同不同的问题。因为我亦曾有陈先生那样的材料，即我亦曾厌恨自己，几于自杀，所以对他所说的话得少分相喻。而大家若没尝过这味道的，就有难得相喻之感。但这还非难的，例如那某时期之托尔斯泰之宇宙便非我们大家一般人所有的了（如有托尔斯泰的宇宙，其人便一托尔斯泰）。在那时他觉得"人生无意义"。虽然这五字你也认识，他也认识，仿佛没甚难解，其实都并不解。这五字不过是一符号唤超大家的"人生无意义"之感罢了，大家若没有此感，便如与瞎子说花怎的美观，简直不能相喻的。然聪明人，多情多欲的人多有此感，不过有强弱浅深之差。现在不管大家相喻到如何，姑且去说就是了。在托翁感觉人生无意义时节，他陷于非常之忧恼痛苦，不定那一时就会自杀。却一旦认识了基督，寻到了上帝，重复得着人生意义，立时心安情慰而勉于人生。差不多同已死的人复得再生一般。这非宗教之力不及此。然则宗教的必要，就在对付这类问题的么？诚然宗教多能对付这类问题，而且有从这类问题产出的宗教。然还不定要宗教。这类问题——人生空虚无聊，人生究竟有何意义——也可径直走入否定人生一

途,也可仍旧折回归还到勉于人生。由前一途其结果固必为宗教:
或长生的出世法如道教及印度几外道,或无生的出世法如佛教及
印度几外道。由后一途其结果则不必为宗教如托翁所为者,尽可
于人生中为人生之慰勉,如孔家暨后之宋明儒皆具此能力者也(关
于孔家者后边去说)。并且我们很可以有法子保我们情志不陷于
如此的境地,则宗教尤其用不着了。原来这样人生空虚无意义之
感,还是一个错误。这因多情多欲,一味向前追求下去,处处认得
太实,事事要有意义,而且要求太强,趣味太浓,计较太盛。将一个
人生活的重心,全挪在外边。一旦这误以为实有的找不着了,便骤
失其重心,情志大动摇起来,什么心肠都没有了只是焦惶慌怖,苦
恼杂集,一切生活都作不下去。在这茫无着落而急求着落的时候,
很容易一误再误抓着一个似是而非的东西便算把柄,如托翁盖其
例也。在生活中的一件一件的事情,我们常辨别他的意义,评算他
的价值,这因无意中随便立了个标的在,就着标的去说的。这种辨
别评算成了习惯,挪到根本的人生问题,还持那种态度,硬要找他
的意义价值结果。却不晓得别的事所以可评算,因他是较大关系
之一点,而整个的人生则是一个独绝,更不关系于较大之关系,不
应对之究问其价值意义结果之如何。始既恍若其有,继则恍若其
无;旋又恍若得之者,其实皆幻觉也。此种辨别计较评算都是理智
受了一种"为我的冲动"在那里起作用。一个人如果尽作这样的生
活,实是苦极。而其结果必倦于人生,会要有人生空虚之感,竟致
生活动摇,例今之罗素辈皆知此义。若于生活中比较的凭直觉而
不用理智当可少愈,而尤莫妙于以理智运直觉使人涵泳于一"直觉
的宇宙"中。凡倭铿所谓精神生活,罗素所谓灵性生活皆目此也
(按两家于英语皆为 The life of spirit 字样而说法不尽同,时下译
家对前多译称精神生活,对后多译称灵性生活,有个分别也好)。
又若诸提倡艺术的人生态度者,或提倡艺术生活者,或提倡以美育

代宗教者(此说之安否另议),其所倾向盖莫不在此也。此其说过长,不能详论。我们且只说此种倾向几为今日大家所同,而且很可看清改造后的社会,那时人确然是这样生活无疑。这样生活作去,宗教当真有措而不用之势。并非这样生活太美满,没有什么使情志不宁的问题,是我与宇宙融合无间,要求计较之念销归乌有,根本使问题不生也。什么人生有意义无意义,空虚不空虚,短促不短促,他一概不晓得。这时是将倾欹在外边的重心挪了回来,稳如泰山,全无动摇。因此而致情志动摇者既没有,即无待宗教去勖慰,使宗教之必要在此,宗教将为不必要了。然宗教之必要固不在此,而别有在。

我们寻绎少年中国学会田汉君曾慕韩君争论宗教的信,他意思里所隐约指的宗教的必要,是能令我们情感丰富热烈,而生活勇猛奋发。我们看差不多大家都认悲悯爱人的怀抱,牺牲一己的精神,是宗教家的模样。这有没有相连的关系呢? 似乎是有的。这种特殊的怀抱与精神,实出于一种特殊的宇宙观——不由理智的而为非理性的神秘的宇宙观。因他这种宇宙观是宗教式的宇宙观。所以多半是宗教家才得有此了。既然宗教家才得有此,此而必要,亦即宗教的必要了。我们看见有这种怀抱精神的人,他的生活很活泼奋发而安定不摇,可以说他自己很必要的,而这样人于人群也很必要的。然则宗教的必要是不是在这里呢? 这实非必要。我们觉得单就个人看,人的生活活泼奋发与温爱的态度是必要的,若"悲悯""牺牲"和田君所说的"白热"似无必要。而生活活泼奋发与温爱的态度非必宗教才能给我们,这是很明白的。若就人群来看,虽然在现在我们很提倡悲悯、牺牲、热情,却恐一旦社会用不着。都因社会有病,社会制度不良,或者文化低时人力不能胜天行,才需要这样人。但这非长久如此,故尔救人的人,殊非永远的必要。假使宗教的必要不过如此,则宗教便也不得长久了。然宗教的必要固别有在。

这一个个必要的鉴定也不能很详尽，我现在可以把宗教的真必要告诉大家了。这个话说出来似也不希奇，却待细细批评过，方晓得只有他是真的。从这真的必要才产出真的宗教，宗教之真，直到此才发现。这便是印度人——尤其是数论和佛教——所问的问题。我们看小乘经（如佛本行集经等）上边叙说佛当初是为什么出家，那就是代表本来的佛教是应于那种要求而起的（所以说作"本来的佛教"是因大乘教便稍不同，但我并不说大乘是后来才有的）。照那经上的话大约可分作两种问题，却有一种是尤常常说的。均略为讲明如下：

经上叙说佛未出家时发见了人生上的问题，使他心动情摇，屏去左右，思维莫释，约计有四次。头一次略叙云：

太子出游，看诸耕人，赤体辛勤，被日炙背，尘土坌身，喘呼汗流。牛𪄱犁端，时时捶掣，犁稿研领，靷绳勒咽，血出下流，伤破皮肉。犁扬土拨之下皆有虫出，人犁过后，诸鸟雀竞飞吞啄取食。太子见已，生大忧愁，思念诸众生等有如是事。语诸左右悉各远离，我欲私行。即行到一阎浮树下，于草上跏趺而坐，谛心思维，便入禅定。

以后第二次便是于城东门遇老人，第三次是于城南门遇病人，第四次是于城西门遇死人，每次有遇皆屏人默坐，惨切忧思，不能去怀，大约便都是问题所在了。这四次中头一次是一种问题，后三次是一种问题。头一次的问题意思是说"众生的生活都是相残"所以数论和佛教皆持慈悲不杀之义，不肯食肉（由戒杀故不食肉，并不包在不吃荤范围内，荤谓葱等之属）。并且正在生机活泼欣欣向荣的果蔬也不肯割采，只吃那老败的（此说偶忘其何出）。差不多是他对着这样残忍的事，他心里便疼一样。他这个疼便是你大家所没有的感觉，所以感觉不到的材料，即便去点明也还不喻的。像这众生相残的世界是他所不能看的,但是我们能想象世界众生会有不相残的一天么? 这明明是不可能的。连自己的生活尚不免于残伤别物,那鸟兽虫豸本能的生活怎得改呢? 那么,这样世界他就不能一日居,这样生活他就不能往下作。他对于这样生活世界唯一的要求就是脱离。我们试鉴定剖析他这种痛感或有没有错幻之处? 有没有可以安慰之法? 后此世界能不能使他不生此感? 他实在没有错幻之点可指,他出于吾人所不能否认之真情,顶多说他要求过奢罢了。但这由我们的情有所未至,对于他的情感不相喻,所以拿理智来评算情感,说这种隔膜无当的话。其实他这种的感是无可批评的,只有俯首承认。并且这个是全无安慰之法的,客观的局面固无法改变,主观的情志亦无法掉换转移。对于别种情志不宁时所用的转移方法,如所谓使人涵泳于一"直觉的宇宙"中者,至此全不中用。这个痛感便是直觉(一切情感俱属直觉),正以他出于直觉,而且不搀理智之单纯直觉,所以不可转移不能驳回。若问他于后此世界如何? 我们可以很决断不疑的明白告诉你,这种感情顶不能逃的莫过于改造后的世界了! 因为后此人类的生活之尚情尚直觉是不得不然,这对以前固为一种纠正补救,而其结果适以为后来之自杀(并且我们很看清楚那时所尚并非浮动激越走极端的感情,而是孔家平稳中和的感情,但其结果皆适以自杀)! 就是说人类陷于非生此感不可之地步,引入无可解决之问题以自困也。所以吾人对此只有承认其唯一"脱离"之要求不能拒却。宗教自始至终皆为谋现前局面之超脱,然前此皆假超脱,至此乃不能不为真超脱真出世矣。宗教之真于是乃见,盖以宗教之必要至此而后不拔故也。

　　然上面之一问题不常说,其常说者为后三项老,病,死之问题。所以我们去讲说印度人的问题时节亦常常只说这三项便好。这三项为一种问题,即"众生的生活都是无常"是也。他所谓老,病,死,不重在老,病,死的本身。老固然很痛苦的,病固然很痛苦的,死固然很痛苦的,然他所痛苦的是重在别离了少壮的老,别离了盛好的病,别离了生活的死。所痛在别离即无常也。再节经文:

太子驾车出游,……既又出城西门见一死尸。众人轝行,无量姻亲围绕哭泣,或有散发,或有捶胸,悲咽叫号。太子见已,心怀酸惨。还问驭者,驭者白言,此人舍命,从今以后不复更见父母兄弟妻子眷属,如是恩爱眷属生死别离更无重见,故名死尸。一切众生无常至时,等无差异。太子闻已,命车回宫,默然系念如前。终于城北门更见比丘,须发毕除,着僧伽黎,偏袒右肩,执杖擎钵,威仪肃整,行步徐详,直视一寻,不观左右。太子前问。答言我是比丘,能破结贼,不受后身。太子闻说出家功德,会其宿怀。便自唱言:"善哉! 善哉! 天人之中此为最胜,我当决定修学是道。"时年十九,二月七日,太子自念出家时至。于是后夜中内外眷属悉皆昏睡,车匿牵马,逾城北门而出。尔时太子作师子吼:"我若不断生老病死忧悲苦恼,不得阿耨多罗三藐三菩提,要不还此!"

这是顶能代表他们的问题之一段话,但问题固不止一件。他们觉得好多事情不愿看,不忍看见。比如看见花开得很好看,过天看见残落了,此为最难过最不忍的时候。觉得没法想! 昨天的花再也看不见了! 非常可恼的过不去。又如朋友死了,父母妻子恩爱家庭的人死了,真痛煞人! 觉得不能受,我不能再活着! 或者幼时相聚的人,一旦再见老了,要想恢复以前幼时乐境不可能了! 恨煞人! 或者看着亲爱的人乃至余人,病苦宛转,将如何安慰他才好? 急煞人! 尤其是看见别人为其亲爱病苦而着急时候,或看见别人为其亲爱之死而哀痛时候——如佛之所见,——觉得实在难过不忍。我如何能叫死者复活以安慰他才好? 我怎么能够将世间的老病死全都除掉,永不看见! 若这样的世界我则不能往下活! 那么唯一的归向只有出世。

　　我们试来鉴别,像如此的情感要求,有没有错幻之处。大家要留意,他们印度人这种怕老病死,与中国人的怕老病死很不同。从印度式的怕老病死产出了慈悲勇猛的佛教。从中国式的怕老病死,产生了一般放浪淫乐唯恐不遑的骚人达士,同访药求仙的修炼家。都因根本上当初问题大有不同的原故。中国总是想:"一个人不过几十年顶多一百年的活头,眼看要老了!要死了!还不赶快乐一乐么!"或者"还不想个长生不死的法子么?"你看自古的文艺如所谓诗,歌,词,赋所表的感情何莫非前一种;而自古以来的本土宗教如所谓方士,道家者流,其意向何莫非后一种呢?像这样的感想,姑无论其可鄙,实在是错谬不合。他的错误始则是误增一个我,继则妄减一个我。"我"是从直觉认识的(感觉与理智上均无"我"),但直觉只认识,无有判断,尤不能区划范围(感觉亦尔)判断区划,理智之所事也,而凡直觉所认识者只许以直觉的模样表出之,不得著为理智之形式。现在他区划如许空间如许时间为一范围而判立一个"我";又于范围外判"我"。不存;实误以直觉上的东西著为理智之形式也。质言之,"我"非所论于存不存,更无范围,而他全弄错了,且从这错的观念上有许多试想,岂不全错了么(此段话从认识论来,莫轻忽看过)!印度人的感想则全与此不同,中国人是理智的错计误虑,而印度人则直觉的真情实感也。印度人之怕死,非怕死,而痛无常也。于当下所亲爱者之死而痛之,于当下有人哀哭其亲爱之死而痛之,不是于自己未来之死而虑之,当他痛不能忍的时候,他觉得这样世界他不能往下活,诚得一瞑不顾者,彼早自裁矣。但怕死不了耳,死了仍不得完耳。死不是这样容易的,必灭绝所以生者而后得死,所以他坚忍辛勤的求出世即求死。彼非怕死,实怕活也,与中国之虑死恋生者适得其反焉。故道家之出世,宁名之为恋世。此辈自虑其死者,盖全不怕这些年中会要看见几多他人之死;于朋友之死,于所亲爱者之死,想来都是不动心的了！何其异乎印度人之所为耶？故一为寡情，一为多情，其不同有如此者，不可不辨也。寡情故运理智而计虑未来，多情故凭直觉而直感当下。此种真情实感，吾人姑不论其可仰。抑亦无从寻摘其知识上之疵瘢。还有一层，情志之从理智错计来者可以驳回转易，中国人凡稍得力于孔家者，便可不萌此鄙念。而情志之从直觉的实感来者，全不能拒却转易。质言之前者是有法可想的，后者乃全无办法也。而客观一面亦复绝对无能改变。子无谓科学进步可以征服天行也。宇宙不是一个东西而是许多事情，不是恒在而是相续，吾侪言之久矣。宇宙但是相续，亦无相续者，相续即无常矣。宇宙即无常，更无一毫别的在。而吾人则欲得宇宙于无常之外，于情乃安此绝途也。吾固知若今日人类之老病死可以科学进步而变之也；独若老病死之所以为老病死者绝不变，则老病死固不变。若问后此世界此种印度式情感将若何？我们可以很决断不疑的明白告诉你，那时节要大盛而特盛。我且来不及同你讲人类生活的步骤，文化的变迁，怎样的必且走到印度人这条路上来。我只告诉你，这不是印度人独有的癖情怪想，这不过人人皆有的感情的一个扩充发达罢了。除非你不要情感发达，或许走不到这里来，但人类自己一天一天定要往感觉敏锐情感充达那边走，是拦不住的。那么这种感想也是拦不住的，会要临到大家头上来。我告诉你，你莫以为人类所遇到的问题，经人类一天一天去解决，便一天从容似一天，所谓问题的解决，除掉引入一更难的问题外，没有他义，最后引到这个无解决的问题为止。除非你莫要去解决问题，还可以离得这项困厄的问题远些，但是人类一天一天都在那里奋力解决问题，那是拦不住的。那么这个问题便眼看到我们前面了，我们遇到这种不可抗的问题没有别的，只有出世。即是宗教到这时节成了不可抗的必要了。如此我们研寻许久，只有这一种和前一种当初佛教人情志上所发的两问题是宗教的真必要所在，宗教的必要只在此处,更无其他。

从上边最末所指出的这种必要,我们可以答第一条的问:宗教是有他的必要,并且还是永有他的必要,因为我们指出的那个问题是个永远的问题,不是一时的问题。盖无常是永远的,除非不生活,除非没有宇宙;才能没有无常;如果生活一天,宇宙还有一天,无常就有,这问题也就永远存在。所以我们可说宗教的必要是永远的,我们前头说过,宗教即是出世,除非是没有世间,才没有出世,否则你就不要想出世是会可以没有的。

人的情志方面,固是常常有出世的这种倾向,——宗教的要求——但是因这种倾向要求的原故,必致对于知识方面有叛离之势。前头我们讲"超绝""神秘"的时候,已经说明这个道理。这种叛离之势,知识方面自然是不容许,他是拒绝这种超绝的要求,反对神秘的倾向而要求一切都在知识范围里,没有什么除外。这两种倾向要求既然如此的适相冲突,而人的生活是一个整的,统一的,不能走两个方向的。假使这两个方向都是不应否却的,那么,岂不是要强他分裂为二? 但是两下里只能迭为起伏的争持,却是绝不会分裂为二的。他只有三条道:

(一)情志方面的倾向要求得申,而知识方面的被抑;

(二)知识方面的倾向要求得申,而情志方面的被抑;

(三)于二者之间有个真正的妥协,即是走出一条二者并得申达而不相碍的路。

现在要问的就是第三条路走得出来走不出来。走得出来,宗教就可能;走不出来,而只能走前两条路,宗教就是不可能。第二条宗教的要求被抑,固然不成功宗教;就是第一条虽然成功宗教,却是一时假立的,还要翻下来的;所以这两条路的结果都是宗教不可能。而偏偏现前这许多宗教同一般人的宗教信仰,几乎都是走第一条路而成功的,就是说,情志方面占了上风,知识退避被抑,糊糊涂涂的妥协而来,因这并非是真妥协,一旦感情冷静知识翻身,宗教就好像要倒下的样子,所以大家就疑虑宗教是不可能的了。我们因此要问:人类生活的知识方面果亦有宗教的可能吗?

这现前大家所看见的同一般人的宗教信仰,使得大家心目中有了一个宗教的格式:一则宗教信仰是不容你以常理推测批评的;二则所信仰的都尊尚绝对,而且能力特别大或无限,人要仰赖他;三则宗教对人都有很大束缚力,不容你同时再信仰别的,你要迁移改变也很难。这三条总起来,他一致的归结就在沮抑人类的自己个性。盖都为人有所不知——对外面的宇宙或自己的人生——而宗教家造出个说法来解答他,这个解答在平时不见得就相信的,却是在情志不宁时有那疑问,就很容易的信受了,并且奉行他的教训。宗教家原与信教的人在同一程度的社会,从这种程度的社会生出疑问还不过这个社会自己去答,所以他这个解说原非出于真的知识,自然要以常理不测为遮拦。这个遮拦的承受就是上边所谓知识方面的倾向要求被抑,也就是人的自己个性被沮抑。不可单看作知识被抑,实整个的自己被抑;知识方面原无所谓抑不抑,所抑者是倾向要求,倾向要求实自己也,个性也。人当情志不宁的时候,总要得所归依,夫然后安,所以宗教都建立一个主宰,他们就一心托命了。这一心托命,自然又是人的自己的一个沮抑。他那不许怀贰,一面也是宗教的自固,一面还是安定人心,而人受他这种束缚,自然又是一个沮抑。这差不多是从许多小宗教一直到基督天方的一定格式,其间所差的不过在所不知的颇两样罢了:

一种所不知的不是当真不可知,只是他们知识没到而已;那么,他这种的"神秘""超绝""外乎理知"就算不得什么神秘,超绝,外乎理智。例如那些杂乱崇拜许多神祇的,其神祇的存在和他的性质能力,都有超越世间之外,同非寻常道理所能测的意味,便是这类宗教所要求的"外乎理知"所在。但就事实去看,这类的"外乎理知"都是由于人有所不知而拿他所有的知识去造出来以应他情志方面的需要。譬如当初的人，不知打雷下雨是怎么回事，于是就着他已有的知识去下解释，说是有同人相仿的这么一种东西，就是所谓神者在那里做这件事情。所以你去看他那说法，他那所由造成的材料，总不出原有的知识范围，如说雷响是打鼓……。他那关系总在他的正需要上边，如科举时代拜文昌。他为冲开他现有的世界的狭迫，他就辟造这个，使情志有活动的余地。这是很显然的。他不得不拒绝别人本乎知识的批评而倾向于"外乎理知"一面。却又仍旧适用知识的形式，成为一个观念，同一片说辞，竟还以"外乎理知"这个东西纳于理智范围，自相谬戾，不知其不通。所以这种的"外乎理知"，只是知识的量不丰，理智未曾条达而有一种自相谬戾的现象。既没有他所目为"外乎理知"的事实，而且"外乎理知"也不成其"外乎理知"。等到知识增进，于向所不知者而知道了，那么，当初的所谓"外乎理知"，也随即取销了。像这类的宗教，其为走第一条路而成是不消说的。

一种所不知的是当真有一分不可知的在内，并不能以知识量数的增进而根本取销他的"外乎理知"。例如信仰惟一绝对大神如基督教，天方教之类，其神之超出世间，迥绝关系，全知全能，神秘不测，就是他所要求的"外乎理知"之所在。这实在是比以前那种"外乎理知"大不相同，进步多了。但我们就事实考之，也还是因人有所不知而就着所有的知识去构成的，以应他自己情志方面的需要。不过这所不知者，却是宇宙的，人生的根本究竟普遍问题，与前不同罢了。譬如对于一切生命不知道他从何而来，忽生忽死，遭祸得福，不由自己，不知道何缘致此，便去替他下解释而说为有上帝——造物主——了。缘这类的根本究竟问题，无论知识如何增进，得到许多解答，而始终要余不可知的一分。斯宾塞在他的《第一原理》第一、二、三、四章中讲得最明白可以拿来看看，此不多说。因为这种问题含有不可知的一分在内，所以在这种问题上辟造一说以为解答而主张其为"外乎理知"，以拒绝人之批评时，可以悍然若有所恃，而在旁人也很难下批评似的。故此这类绝对大神教，占的年限很久，不轻容易倒下来，即或知识进步，仍旧不足以颠覆他，不能完全取消他，因为始终余有不可知的一分的缘故。这不是知识的量增加所能革除的，这必待理智条达，认识论出来，把知识本身是怎么一回事弄明白了，方能使他自镜其失。譬如基督教所谓上帝六日造世，圣母玛利亚童贞受胎，等等一些话，知识进步，宗教家自己也收起来不说了。但所取销的只不过宗教中关于上帝的一篇说辞，至于上帝本身尚非容易取销的。而且因为这一层一层把说辞剥掉，和人的心思日巧的原故，这个神的观念由实入虚，由呆入玄，别有所谓神学，形而上学，来作宗教的声援护符，宗教更不易倒。然而等到哲学上大家来酌问形而上学的方法的时节，虽然对于所不可知的一部分——宇宙之本体，已往的缘起，此后之究竟等等——仍是不能知道，但是宗教，神学，形而上学对于这些问题皆为胡乱去说，却知道了。于是到此际无论怎样圆滑巧妙，也不能够再作宗教的护符，而途穷路绝了。此类宗教其当初立足是在第一条路也不消说了。

大家因为看见宗教如此，就料定宗教无法图存，其实不然。你们要晓得世界宗教最盛且多又发达最高明的是在印度；你们于印度宗教并不曾加意，而尤于其最高明之佛教还完全隔膜莫明其妙，而所见不出基督天方之属，则何足以衡论乎！这个不同所在大约因为印度人的宗教动机是与别的地方两样。别的地方多半是情志怯弱，所以其结果必至诎抑个性；印度人多半不是想有所仰赖托命而是堂堂正正要求出世——，……其人的个性是很申展的，绝不得以他方为例。从这论难，所以产出哲学和他的论辩术。而哲学所究讨得的他就拿去实行，因他原是为实行而究讨的；所谓实行，即种种苦行瑜伽之类，这些都是因其思想而各不同的；及至修证有得，则又宣诸口，还以影响于思想。他是即宗教即哲学；即哲学即

20世纪儒学研究大系

宗教的。这种情形他方那里有呢？他因此之故，竟可以有持无神论的宗教；这在西方人听了要不得其解的。数论，佛教反对宇宙大神的话很多很明白，详印度哲学概论。就是其他如胜论宗，尼耶也宗，瑜伽宗等其有神无神也都难定，即神的观念不废，也不是他哲学中的重要观念。虽然如此，印度的许多宗教还是在人类知识方面说不过去的，惟一无二只佛教是无可批评确乎不拔的。因为这许多宗派无论如何高明，却仍不出古代形而上学模样，对那些问题异论齐兴，各出意见；其无以解于妨难而不能不倒，盖不待细说了。惟佛教大大与他们两样：盖他们都要各有所说，而佛教在小乘则虽有所说却不说这件事，在大乘则凡有所说悉明空义，且此空义盖从确实方法而得，空义，佛教之所独也，自佛而外，无论印度乃至他方，无不持有见者，则其所见，悉不能安立。形而上学实应空一切见。此空一切见，在西方人亦稍稍见及之。例如斯宾塞所论"知识之相对性"，布来得雷所论"现象与本体"之类；又后世吠檀多大师商羯罗亦能为此言。然此固犹一见解，于空尚隔万重山也。佛家之空，殆殊非空，现量所得，宁曰"实相"这就是前面所叙唯识家的方法，于不变而缘的根本智中实证真如，待后得智中重现身土，乃为诸有情说出来的。这时候得到一个巧合，就是"外乎理知"实成其为外乎理知而又不外乎理知：于情志方面外乎理知的倾向要求固然申达，而又于知识方面之不容超外的倾向要求也得申达，互不相碍。何以故？所论外乎理知原不单是神秘而且重在超绝。在一般人替宗教解除知识方面之批评困难的时候，就想把宗教上的观念和经验都归到直觉，而说宗教是属于直觉范围的，理智不应来批评。这只有相当的是处，好多宗教固是依靠直觉的；但宗教中占最重要的地位的印度几种宗教却与此相反而排斥直觉；而且就是那依靠直觉的宗教，你提出直觉来，也只能圆成他的神秘，不能圆成他的超绝；但宗教实不能离超绝一义的。像那改超神为泛神，改求天国于他世为辟天国于此世，和今日倭铿心中的宗教，自然差不多不外乎直觉，但这不能算数，因为他们是削去超绝，收回出世，只余下现世神秘意味的假宗教。出世倾向是宗教的本来面目，非寻觅出超绝的根据，出世就为不可能，宗教就为不可能。尚用直觉，体会神秘，此宗教与艺术之所同也，宗教所独，实在超绝，然超绝实无论如何不能逃理智之批评而得知识方面之容纳。今佛家此方法乃得其解决之道，而所谓出世，所谓宗教，今日乃得其解。唯识上说根本智云："此智远离所取能取故，说名无得及不思议，是出世间无分别智。断世间故，名出世间。二取随眠，是世间本。唯此能断，独得出名"，盖一个感觉即自现一影象，所谓现前世间即在于此，遂若世间不出现前，以不能超感觉而有故也。欲超现前必超影象，然何有非影象者，于是超绝为妄想。惟此根本智实证真如远离能所取，才没有影象，乃真超出现前了。所以他说什么叫"出世"呢？只此断了世间根本的二取随眠的根本智或名无分别智实证真如的时节，才能叫作"出世"。世间之所以为世间在能所对待，出世之所以为出世，在断能所而成一体，此不可不识也。真如之体不属世间，知识不及，是为超绝，而又现量所得，初亦不妨说为仍在知识范围。真如绝对，概念作用所不能施，是为超绝，而后得智兴，纳之名言，权为人说，又不妨属诸知识范围，虽表诸名言而随表随遮不坏其绝对，如斯善巧，两面俱圆。顷所谓"外乎理知"实成其为外乎理知而又不外乎理知者此也。宗教于是可能，于是安立。

　　宗教者出世之谓也，方人类文化之萌，而宗教萌焉；方宗教之萌而出世之倾向萌焉。人类之求生活倾向为正，为主，同时此出世倾向为反，为客。一正一反常相辅以维系生活而促进文化；生活走一步，文化进一步，而其生活中之问题与其人之情志知识所变现于其文化中之宗教亦进一步。宗教实与文化俱进，而出世倾向亦以益著，此不可掩者也。但走至中途亦有变动，譬之近世若无事宗教者。此由知识方面以方法渐明而转利,有可批评之点,悉不能容;又情志方面以征服自然而转强,无须仰赖他方之安慰劝勉也。然此皆一时之现象,不久情志方面之不宁,将日多,日大,日切;因为到后来人类别的问题都解决的时候,就是文化大进步的时候,他就从暗影里现到意识上,成了唯一的问题。我们当奔走竞食的时节,问不到很高的问题,像前面所叙托尔斯泰以及印度人所问的。必要低的问题——生活问题——都解决了,高的问题才到了我们眼前。所谓低的问题都解决的时候非他,即理想的改造后之社会也;到那时候人类文化算是发达的很高了;则其反面的出世倾向也就走到他的高处。我们在第三章中曾列举人类生活有可满足的,不定得满足的,绝对不能满足的,三次第问题。人类是先从对于自然界要求物质生活之低的容易的问题起,慢慢解决移入次一问题,愈问愈高,问到绝对不能解决的第三问题为止。我们试看印度人——尤其是原来的佛教人——所问的问题,不就是第三问题吗?他要求生活而不要看见老病死,这是绝对做不到的,别的问题犹可以往前奋斗,此则如何?他从极强的要求碰到这极硬的钉子上,撞到一堵石墙上,就一下翻转过来走入不要生活一途,以自己取销问题为问题之解决。此非他,即我们前面所列人生之第三路向是。第三路向是违悖生活本性的,平常生活中用不着,凡没有这问题而用他,都是无病呻吟,自为错谬。惟第三问题要用第三路向,惟第二问题要用第二路向,惟第一问题要用第一路向。西洋人盖走第一路向而于第一问题大有成就者;而印度人则走第三路向而于第三问题大有成就者——成就了宗教和形而上学。

(节选自《东西文化及其哲学》
第四章,商务印书馆 1923 年版)

梁漱溟（1893—1988），原名焕鼎，字寿铭，祖籍广西桂林。早年曾参加同盟会，后潜心研究佛学。1918 年应聘北京大学，主讲印度哲学。1924 年辞去教职，到山东、河南从事乡村建设。曾任河南村治学院教务长，创办山东乡村建设研究院。抗战期间，曾任最高国防参议会参议员，参加发起中国民主同盟。1949 年后历任全国政协委员、常委，中国文化书院院务委员会主席，中国孔子研究会顾问。现代新儒家早期代表人物之一。主要著作有《印度哲学概说》、《东西文化及其哲学》、《中国民族自救运动之最后觉悟》、《乡村建设理论》、《中国文化要义》等。

　　本文体现了作者早年对宗教问题的认识。作者把宗教界定为"以超绝于知识的事物谋情志方面之安慰勖勉"，认为满足宗教须有两个条件：以对于人的情志方面之安慰勖勉为其事务；以对于人的知识方面之超外背反立其根据。"超绝"与"神秘"是宗教的特质。

以道德代宗教①

梁漱溟

一　宗教是什么

　　家族生活、集团生活同为最早人群所固有;但后来中国人家族生活偏胜,西方人集团生活偏胜,各走一路。西方之路,基督教实开之;中国之路则打从周孔教化来的,宗教问题实为中西文化的分水岭。凡此理致,于上已露其端。现在要继续阐明的,是周孔教化及其影响于中国者;同时,对看基督教所予西洋之影响。于此,必须一谈宗教。

　　人类文化都是以宗教开端;且每依宗教为中心。人群秩序及政治,导源于宗教;人的思想知识以至各种学术,亦无不导源于宗教。并且至今尚有以宗教包办一切的文化——西藏其一例。不仅文化不甚高的时候如此,便是高等文化亦多托庇在一伟大宗教下,而孕育发展出来——近代欧美即其例。我们知道,非有较高文化

---

　　①　关于中国缺乏宗教之故,常燕生先生尝从地理历史为之解说。见于《国论》第3卷第12、13、14期合刊《中国民族怎样生存到现在》一文(原引文略——编者注)。

　　此外王治心著《中国宗教思想史大纲》,于此问题亦有类似之解说。又近见新出版《东方与西方》第1第2期有许思园《论宗教在中国不发达之原因》、唐君毅论《墨子与西方宗教精神》两文,皆值得参看。

不能形成一大民族;而此一大民族之统一,却实都有赖一个大宗教。宗教之渐失其重要,乃只挽近之事耳。

盖人类文化占最大部份的,诚不外那些为人生而有的工具手段、方法技术、组织制度等。但这些虽极占分量,却只居从属地位。居中心而为之主的,是其一种人生态度,是其所有之价值判断。——此即是说,主要还在其人生何所取舍,何所好恶,何是何非,何去何从。这里定了,其他一切莫不随之。不同的文化,要在这里辨其不同。文化之改造,亦重在此,而不在其从属部分。否则,此处不改,其他尽多变换,无关宏旨。此人生态度或价值判断寓于一切文化间,或隐或显,无所不在。而尤以宗教、道德、礼俗、法律,这几样东西特为其寄寓之所。道德、礼俗、法律皆属后起,初时都蕴孕于宗教之中而不分。是即所以人类文化不能不以宗教开端,并依宗教作中心了。

人类文化之必造端于宗教尚自有故。盖最早之人群,社会关系甚疏,彼此相需相待不可或离之结构未著;然若分离零散则不成社会,亦将无文化。宗教于此,恰好有其统摄凝聚的功用。此其一。又社会生活之进行,不能不赖有一种秩序;但群众间互相了解,彼此同意,从理性而建立秩序,自不能期望于那时的人。而且因冲动太强,瞽不畏死,峻刑严刑亦每每无用,建立秩序之道几穷。宗教恰好在此处,有其统摄驯服的功用。此其二。此两种功用皆从一个要点来,即趁其在惶怖疑惑及种种不安之幻想中,而建立一共同信仰目标。一共同信仰目标既立,涣散的人群自能收拢凝聚,而同时宰制众人调驯蛮性的种种方法,亦从而得到了。

宗教是什么?此非一言可答。但我们却可指出,所有大大小小高下不等的种种宗教,有其共同之点,就是:一切宗教都从超绝于人类知识处立他的根据,而以人类情感之安慰意志之勖勉为事(见《东西文化及其哲学》第 90 页)。分析之,可得两点:

一、宗教必以对于人的情志方面之安慰勖勉为其事务;

二、宗教必以对于人的知识方面之超外背反立其根据。

世间不拘何物,总是应于需要而有。宗教之出现,即是为人类情志不安而来。人类情志方面,安或不安,强或弱,因时代变化而异。所以自古迄今,宗教亦时盛时衰。——这是从前一面看。从后一面看:尽管宗教要在超绝于知识处立足,而如何立足法(如何形成其宗教),却必视乎其人之知识文化而定。人类知识文化各时各地既大为不等,所以其宗教亦就高下不等。

据此而谈,人类文化初期之需要宗教,是当然的。因那时人类对于自然环境,一切不明白;由于不明白,亦就不能控制;由于不能控制,亦就受其威胁祸害,而情志遂日在惶怖不安之中。同时,其只能有极幼稚之迷信,极低等之宗教,亦是当然的。因那时人的知识文化,原只能产生这个。在此后,一般说来,人类对付自然之知能是进步了。而天灾虽减,人祸代兴,情志不安的情形还是严重。且其法律和道德虽渐渐有了,还不足以当文化中心之任;为了维持社会,发展文化,尤其少不了宗教。所以上古中古之世,宗教称盛。必待有如欧洲近代文明者出现,局势乃为之一变:

第一,科学发达,知识取迷信玄想而代之。

第二,征服自然之威力猛进,人类意态转强。

第三,富于理智批评的精神,于信仰之不合理者渐难容认。

第四,人与人相需相待不可或离之结构,已从经济上建筑起来,而社会秩序则受成于政治。此时作为文化之中心者,已渐在道德、礼俗暨法律。

第五,生活竞争激烈,物质文明之诱惑亦多,人生疲于对外,一切模糊混过。

人们对于宗教之需要既远不如前,而知见明利,又使宗教之安立倍难于前;于是从近代到今天,宗教之失势,遂不可挽。

有的人，轻率推断宗教后此将不复在人类文化中有其位置。此证之以最近欧美有识之士，警觉于现代文明之危机者，又转其眼光及兴趣于宗教，而有以知其不然。我们说到此，亦不能不更向深处说一说。

宗教是什么？如我在《东西文化及其哲学》所说：

> 宗教者，出世之谓也。方人类文化之萌，而宗教萌焉；方宗教之萌，而出世之倾向萌焉。人类之求生活倾向为正，为主，同时此出世倾向为反，为宾。一正一反，一主一宾，常相辅以维系生活而促进文化(《东西文化及其哲学》第113页)。

本书前章亦曾提及：

> 人类的生命，具有相反之两面：一面是从躯壳起念之倾向；又一面是倾向于超躯壳或反躯壳(中略)。宗教正是代表后一倾向。

宗教的真根据，是在出世。出世间者，世间之所托。世间有限也，而托于无限；世间相对也，而托于绝对；世间生灭也，而托于不生灭。超躯壳或反躯壳，无非出世倾向之异名。这倾向，则为人类打开一般生物之锢闭性而有：

> (上略)盖生物进化到人类，实开一异境；一切生物均限于"有对"之中，唯人类则以"有对"超进于"无对"——他一面还是站脚在"有对"，一面实又超"有对"而进于"无对"了(《中国民族自救运动之最后觉悟》第342页)。

世间，出世间，非一非异、隔而不隔。从乎有对则隔；从其无对则不隔。——这些话只是说在这里，不及讲明；讲明待另成专书。

人总是若明若昧地，或直接或间接地，倾向于出世，若不容已。此亦不必皆形成宗教；而宗教之本，则在此。费尔巴哈(L. Feuerbach)著《宗教之本质》一书，其第一章总括地说"依赖感乃是宗教的根源"，我们说到信教，亦恒云"皈依"，其情恰亦可见。然依赖却有多种不同，宗教最初可说是一种对于外力之假借；此外力却实在就是自己。其所依赖者，原出于自己一种构想。但这样转一弯过来，便有无比奇效。因为自己力量原自无边，而自己不能发现。宗教中所有对象之伟大、崇高、永恒、真实、美善、纯洁，原是人自己本具之德，而自己却相信不及。经这样一转弯，自己随即伟大，随即纯洁，于不自觉。其自我否定，每每就是另一方式并进一步之自我肯定。宗教最后则不经假借，彻达出世，依赖所依赖泯合无间，由解放自己而完成自己。所以同一礼拜祈祷、同一忏悔清修，恒视其人而异其内容。宗教之恒视其时代文化而异其品第，亦正为此。

"弱者而后需要宗教，愚者而后接受宗教"，过去或不免有此情形，非所论于一切。胡石青先生有云"理智尽处生信仰"，此谓理智有尽，理智与信仰非必不相容。基督徒有云"宗教之可贵，在它使人得到最大的好处"，此好处谓"永生"。"永生"虽为基督教名词，而其旨引申可通于一切。这两则说话都不及深，而宗教之可能，宗教之必要，端可识已。

二　宗教在中国

宗教在中国，有其同于他方之一般的情形，亦有其独具之特殊的情形。文化都是以宗教开端，中国亦无例外。有如王治心《中国宗教思想史大纲》所述，最早之图腾崇拜、庶物崇拜、群神崇拜等，即其一般的情形。其自古相传未断之祭天祀祖，则须分别观之：在周孔教化未兴时，当亦为一种宗教；在周孔教化既兴之后，表面似无大改，而留心辨察实进入一特殊情形了。质言之，此后之中国文化，其中心便移到非宗教的周孔教化上，而祭天祀祖只构成周孔教化之一条件而已。

往者胡石青先生论中国宗教①,似未曾留心此分别。兹先引述其说,再申明我的意见。

胡先生列世界宗教为三大系:希伯来一系,印度一系,而外中国亦为一系。他说,"大教无名,唯中国系之宗教足以当之",其内容"合天人,包万有"约举要义则有三:

一、尊天。"天之大德曰生","万物本乎天",人之存在,不能自外于天地。

二、敬祖。"人为万物之灵",而"人本乎祖",究本身之由来,不能自外于祖先。

三、崇德报功。渔牧工农,宫室舟车,文物制度,凡吾人生活日用皆食古人创造之赐,要莫能外。——按祭孔应属于此一则中。

此三原则,皆有充量诚信之价值;决不利用人民因理智不到而生畏惧之弱点,以别生作用。亦不规定入教之形式,不作教会之组织,以示拘束。与此不悖之各地习俗或外来宗教,亦不加干涉,不事排斥,亘古不见宗教战争,故实为人类信仰中之唯一最正大最自由者。——以上均见胡著《人类主义初草》第一篇第三章。

胡先生一面不把中国划出于宗教范围外,一面亦不曾歪曲了中国的特殊事实,贬损了中国的特殊精神。这是一种很通的说法,我们未尝不可以接受之。却是我愿点出:凡此所说,都是早经周孔转过一道手而来的,恐怕不是古初原物。如我推断,三千年前的中国不出一般之例,近三千年的中国,则当别论。胡先生似不免以近三千年的中国为准,而浑括三千年前的中国在内。以下接续申明我的意见。

前于第一章列举"几乎没有宗教的人生"为中国文化一大特

---

① 　见胡著《人类主义初草》第34页。此书胡氏自印,坊间无售处。

征,说中国文化内缺乏宗教,即是指近三千年而言。何以说中国文化,断自周孔以后,而以前不计? 则以中国文化之发展开朗,原是近三千年的事,即周孔以后的事;此其一。中国文化之流传到现在,且一直为中国民族所实际受用者,是周孔以来的文化。三千年以上者,于后世生活无大关系,仅在文化史上占分量而已;此其二。周孔以来的中国文化,其中有一些成分显然属于宗教范畴;何以说它缺乏宗教,说它是"几乎没有宗教的人生"? 则以此三千年的文化,其发展统一不依宗教做中心。前说,非较高文化不能形成一大民族,而此一大民族文化之统一,每有赖一大宗教。中国以偌大民族,偌大地域,各方风土人情之异,语音之多隔,交通之不便,所以树立其文化之统一者,自必有为此一民族社会所共信共喻共涵育生息之一精神中心在,唯以此中心,而后文化推广得出,民族生命扩延得久,异族迭入而先后同化不为碍。此中心在别处每为一大宗教者,在这里却谁都知道是周孔教化而非任何一宗教。

两千余年来中国之风教文化,孔子实为其中心。不可否认地,此时有种种宗教并存。首先有沿袭自古的祭天祀祖之类。然而却已变质;而构成孔子教化内涵之一部分。再则有不少外来宗教,如佛教、伊斯兰教、基督教等等。然试问:这些宗教进来,谁曾影响到孔子的位置? 非独夺取中心地位谈不到,而且差不多都要表示对孔子之尊重,表示彼此并无冲突,或且精神一致。结果,彼此大家相安,而他们都成了"帮腔"。这样,在确认周孔教化非宗教之时,我们当然就可以说中国缺乏宗教这句话了。

三　周孔教化非宗教

中国数千年风教文化之所由形成,周孔之力最大。举周公来代表他以前那些人物;举孔子来代表他以后那些人物;故说"周孔教化"。周公及其所代表者,多半贡献在具体创造上,如礼乐制度之制作等。孔子则似是于昔贤制作,大有所悟,从而推阐其理以教人。道理之创发,自是更根本之贡献,启迪后人于无穷。所以在后两千多年的影响上说,孔子又远大过周公。为判定周孔教化是否宗教,首先要认清孔子为人及孔门学风。

孔子及其门徒之非宗教论者已多。例如美国桑戴克(Lynn Thorndike)《世界文化史》一书所说就很好,他说:

> 孔子绝不自称为神所使,或得神启示,而且"子不语怪、力、乱、神"。
>
> 孔子没后,弟子亦未奉之为神。
>
> 孔子不似佛之忽然大觉但"学而不厌","过则勿惮改"。
>
> 孔子绝无避世之意,而周游列国,求有所遇,以行其改革思想(这对于宗教出世而说,孔子是世俗的)。
>
> 孔子尝答其弟子曰:"未能事人,焉能事鬼","未知生,焉知死","务民之义,敬鬼神而远之,可谓知矣",其自表甚明。

在费尔巴哈《宗教本质讲演录》中,曾说"唯有人的坟墓才是神的发祥地",又说"若世上没有死这回事,那亦就没宗教了"。这是绝妙而又精确的话。世间最使人情志动摇不安之事,莫过于所亲爱者之死和自己的死。而同时生死之故,最渺茫难知。所以它恰合于产生宗教的两条件:情志方面正需要宗教,知识方面则方便于宗教之建立。然在宗教总脱不开生死鬼神这一套的,孔子偏不谈它。这就充分证明孔子不是宗教。

随着生死鬼神这一套而来的,是宗教上之罪福观念,和祈祷禳祓之一切宗教行为。但孔子对人之请祷,先反问他"有诸?"继之则曰"丘之祷也久矣!"对人媚奥媚灶之问,则曰"不然,获罪于天无所祷也!"

宗教所必具之要素,在孔子不具备;在孔子有他一种精神,又为宗教所不能有。这就是他相信人都有理性，而完全信赖人类自己所谓"是非之心，人皆有之"，什么事该作，什么事不该作，从理性上原自明白。一时若不明白，试想一想看，终可明白。因此孔子没有独断的标准给人，而要人自己反省。例如宰我嫌三年丧太久，似乎一周年亦可以了。孔子绝不直斥其非，和婉地问他"食夫稻，衣夫锦，于汝安乎？"他回答曰"安"，便说："汝安则为之。夫君子之居丧，食旨不甘，闻乐不乐，居处不安，故不为也。今汝安，则为之！"说明理由，仍让他自己判断。又如子贡欲去告朔之饩羊，孔子亦只婉叹地说"赐也！尔爱其羊，我爱其礼！"指出彼此之观点，而不作断案。谁不知儒家极重礼，但你看他却可如此随意拿来讨论改作；这就是宗教里所万不能有的事。各大宗教亦莫不各有其礼，而往往因末节一点出入，引起凶争惨祸。试举一例，以资对照：

> 英王亨利第八曾亲身审判信奉 Zwingli 主张之新教徒，并引据圣经以证明基督之血与肉，果然存在于仪节之中，乃定以死刑，用火焚而杀之。1539 年国会又通过法案曰"六条"（Six Articles），宣言基督之血与肉果然存在于行圣餐礼时所用之面包与酒中，凡胆敢公然怀疑者，则以火焚之（下略）（见何炳松《中古欧洲史》第 278 页）。

这是何等迷信固执不通！在我们觉得可骇亦复可笑，其实在他们是不足怪的。宗教上原是奉行神的教诫，不出于人的制作。其标准为外在的，呆定的，绝对的。若孔子教人所行之礼，则是人行其自己应行之事，斟酌于人情之所宜，有如礼记之所说"非从天降，非从地出，人情而已矣。"其标准不在外而在内，不是呆定的而是活动的。

照王治心先生《中国宗教思想史大纲》所述，中国古来崇信"天"之宗教观念，沿至东周而有变化，至春秋战国百家争鸣之时而分两路。儒家和道家，皆怀疑一路之代表；唯墨家则代表信仰一路。道家老子庄子，显然具有无神论及唯物论机械论之论调。儒家孔子虽没有否定神之存在，而言语间模棱含糊，其神好像存于主观而止。所以墨子《非儒篇》讥评他们"无鬼而学祭礼"，是很切当的。下传至孟子荀子，孟子还从民意验取天意；荀子就根本否认天的意志，而说君子"敬其在己而不慕其在天"，其反对"错人而思天"，与《左传》上"国将兴，听于民；国将亡，听于神"意思相同。后来汉朝王充作《论衡》，极力破除迷信，似渊源于荀派。墨子学派后来不传，其所根源古代的天神崇拜，则影响于中国下层社会甚大云。——这所说，大体都很对；只末一句，待商。

四　中国以道德代宗教

孔子并没有排斥或批评宗教（这是在当时不免为愚笨之举的），但他实是宗教最有力的敌人，因他专从启发人类的理性作功夫。中国经书在世界一切所有各古代经典中，具有谁莫与比的开明气息，最少不近理的神话与迷信。这或者它原来就不多，或者由于孔子的删订。这样，就使得中国人头脑少了许多障蔽。从《论语》一书，我们更可见孔门的教法，一面极力避免宗教之迷信与独断（Dogma），而一面务为理性之启发。除上举宰我、子贡二事例外，其他处处亦无非指点人用心回省。例如：

己所不欲，勿施于人。

曾子曰，吾日三省吾身：为人谋而不忠乎？与朋友交而不信乎？传不习乎？

三人行必有我师焉；择其善者而从之，其不善者而改之。

见贤思齐焉，见不贤而内自省也！

子曰，已矣乎！吾未见能见其过，而内自讼者也！

司马牛问君子，子曰，君子不忧不惧。曰，不忧不惧斯谓之君子已乎？子曰，内省不疚，夫何忧何惧。

子曰，吾与回言终日，不违如愚。退而省其私，亦足以发，回也不愚。

君子有九思：视思明，听思聪，色思温，貌思恭，言思忠，事思敬，疑思问，忿思难，见得思义。

蘧伯玉使人于孔子，孔子与之坐而问焉。曰，夫子何为？对曰，夫子欲寡其过而未能也！

子贡方人，子曰，赐也，贤乎哉！夫我则不暇。

子曰，不愤不启，不悱不发；举一隅不以三隅反，则不复也。

《论语》中如此之例，还多得很，从可想见距今二千五百年前孔门的教法与学风。他总是教人自己省察，自己用心去想，养成你自己的辨别力。尤其要当心你自己容易错误，而勿甘心于错误。儒家没有什么教条给人；有之，便是教人反省自求一条而已。除了信赖人自己的理性，不再信赖其他。这是何等精神！人类便再进步一万年，怕亦不得超过罢！

请问：这是什么？这是道德，不是宗教。道德为理性之事，存于个人之自觉自律。宗教为信仰之事，寄于教徒之恪守教诫。中国自有孔子以来，便受其影响，走上以道德代宗教之路。这恰恰与宗教之教人舍其自信而信他，弃其自力而靠他力者相反。

宗教道德二者，对个人，都是要人向上迁善。然而宗教之生效快，而且力大，并且不易失坠。对社会，亦是这样。二者都能为人群形成好的风纪秩序，而其收效之难易，却简直不可以相比，这就为宗教本是一个方法，而道德则否。宗教如前所分析，是一种对于外力之假借，而此外力实在就是自己。它比道德多一个弯，而神妙奇效即在此。在人类文化历史上，道德比之宗教，还为后出。盖人类虽为理性的动物，而理性之在人，却必渐次以开发。在个体生命上，要随着年龄及身体发育成长而后显。在社会生命上,则须待社会经济文化之进步为其基础,乃得透达而开展。不料古代中国竟要提早一步,而实现此至难之事。我说中国文化是人类文化的早熟,正指此。

孔子而后,假使继起无人,则其事如何,仍未可知。却恰有孟子出来,继承孔子精神。他是最能切实指点出理性,给人看的。兹略举其言,以见一斑:

(上略)所以谓人皆有不忍人之心者,今人乍见孺子将入于井,皆有怵惕恻隐之心;非所以内交于孺子之父母也,非所以要誉于乡党朋友也,非恶其声而然也。由是观之,无恻隐之心非人也。

恻隐之心,人皆有之;羞恶之心,人皆有之;恭敬之心,人皆有之;是非之心,人皆有之。恻隐之心,仁也;羞恶之心,义也;恭敬之心,礼也;是非之心,智也。仁、义、礼、智,非由外铄我也;我固有之也。弗思耳矣!

(上略)故曰,口之于味也,有同嗜焉;耳之于声也,有同听焉;目之于色也,有同美焉;至于心,独无所同然乎? 心之所同然者何也,谓理也,义也。圣人先得我心之所同然耳。故理义之悦我心,犹刍豢之悦我口。

可欲之谓善(下略)。

无为其所不为,无欲其所不欲,如此而已矣!

生,亦我所欲也,义,亦我所欲也。二者不可得兼,舍生而取义者也。生亦我所欲;所欲有甚于生者,故不为苟得也。死亦我所恶;所恶有甚于死者,故患有所不辟也。

人能充无欲害人之心,而仁不可胜用也。人能充无欲穿窬之心,而义不可胜用也。

后来最能继承孟子精神的,为王阳明。他就说"只好恶,便尽了是非"。他们径直以人生行为准则,交托给人们的感情要求,真大胆之极！我说它"完全信赖人类自己"，就在此。这在古代，除了中国，除了儒家，没有谁敢公然这样主张。

径直以人生行为的准则，交托于人们的感情要求，是不免危险的。他且不言，举一个与宗教对照之例于此：在中国的西北如甘肃等地方，回民与汉民杂处，其风纪秩序显然两样。回民都没有吸鸦片的，生活上且有许多良好习惯。汉民或吸或不吸，而以吸者居多。吸鸦片，就懒惰，就穷困，许多缺点因之而来。其故，就为回民是有宗教的。其行为准于教规，受教会之监督，不得自便。汉民虽号称尊奉孔圣，却没有宗教规条及教会组织，就在任听自便之中，而许多人堕落了。

这种失败，孔孟当然没有看见。看见了，他仍未定放弃他的主张。他们似乎彻底不承认有外在准则可循。所以孟子总要争辩义在内而不在外。在他看，勉循外面标准，只是义的袭取，只是"行仁义"而非"由仁义行"——其论调之高如此；然这是儒家真精神。这才真是道德，而分毫不杂不假，不可不知。

但宗教对于社会所担负之任务，是否就这样以每个人之自觉自律可替代得了呢？当然不行。古代宗教往往临乎政治之上，而涵容礼俗法制在内，可以说整个社会靠它而组成，整个文化靠它作中心，岂是轻轻以人们各自之道德所可替代！纵然欹重在道德上，道德之养成似亦要有个依傍，这个依傍，便是"礼"。事实上，宗教在中国卒于被替代下来之故，大约由于二者：

一、安排伦理名分以组织社会；

二、设为礼乐揖让以涵养理性。

二者合起来，遂无事乎宗教①。此二者，在古时原可摄之于一

① 旧著《东西文化及其哲学》曾说孝弟的提倡，礼乐的实施，二者合起来，就是孔子的宗教。见原书第140—141页，可参看。

"礼"字之内。在中国代替宗教者，实是周孔之"礼"。不过其归趣，则在使人走上道德之路，恰有别于宗教，因此我们说：中国以道德代宗教。

五　周孔之礼

道德、宗教皆今世才有之名词，古人无此分别，孔子更未必有以道德代宗教的打算。不过我们从事后看去，中国历史上有此情形，而其关键则在孔子而已。孔子深爱理性，深信理性。他要启发众人的理性，他要实现一个"生活完全理性化的社会"，而其道则在礼乐制度。盖理性在人类，虽始于思想或语言，但要启发它实现它，却非仅从语言思想上所能为功。抽象的道理，远不如具体的礼乐。具体的礼乐，直接作用于身体，作用于血气；人的心理情致随之顿然变化于不觉，而理性乃油然现前，其效最大最神。这些礼乐，后世久已不得而见，其流传至今者不过儒书（如《礼记》、《仪礼》等）上一些记载而已。在把它通盘领会以后，我们知道礼乐设施之眼目，盖在清明安和四字，试看它所说的：

清明在躬，志气如神。

是故君子反情以和其志，广乐以成其教。乐行而民乡方，可以观德矣。德者，性之端也；乐者，德之华也；金石丝竹，乐之器也。诗，言其志也；歌，咏其声也；舞，动其容也。三者本于心，然后乐器从之。是故情深而文明，气盛而化神，和顺积中，而英华发外，唯乐不可以为伪。

礼乐不可斯须去身。致乐以治心，则易直子谅之心，油然生矣。易直子谅之心生，则乐，乐则安，安则久，久则天，天则神。天则不言而信，神则不怒而威，致乐以治心者也。致礼以治躬，则庄敬；庄敬则严威。心中斯须不和不乐，而鄙诈之心入之矣。外貌斯须不庄不敬，而易慢之心入之矣。故乐也者，动于内者也。礼也者，动于外者也。乐极和，礼极顺。内和而外顺，则民瞻其颜色而弗与争也；望其容貌而民不生易慢焉。故曰，致礼乐之道，举而错之天下无难矣！

（上略）故乐行而伦清，耳目聪明，血气和平，移风易俗，天下皆宁。

理性是什么，下章随有分析说明。这里且以清明安和四字点出之，形容之。而显然与理性相违者，则有二：一是愚蔽偏执之情；一是强暴冲动之气。二者恒相因而至；而有一于此，理性即受到妨碍。质言之，人即违失于理性。这是孔子所最怕的。孔子本无所憎恶于宗教，然而他却容受不了这二者。这二者在古代宗教每不能免；他既避之若不及，于是亦就脱出宗教之路。

人类的最大祸患，即从人类而来，天灾人祸二者相较，人祸远凶过天灾。在没有文化时，还差些；愈有文化，愈不得了。今日世界战争，是其显例。"移风易俗，天下皆宁"，是儒者所抱志愿；照我替他解说，就是要使人间无人祸而已。人祸如何得免？此应察看人祸究由何起。很多说是由自私起的，并以为自私是人的本性。这完全是一误解，此暂不加剖辨。我且提出一问题来：一个明白人是否亦要自私？或许有人承认，明白人不自私罢。然则病在不明白而已。再试问：一个自私的人若极其明白，是否还必得损人以求利己？似乎许多事理所诏示吾人者，不如此罢（所诏示者，都是：两利为利，损人亦将损己，为了利己不必损人）。然则问题还是怕不明白而已。再设想：人虽自私，却绝不残暴，是否祸害可以减轻呢？谅来必亦承认是可减轻的。然则自私还不可怕，可怕是强暴凶残了。总起来说，人祸之所由起及其所以烈，实为愚蔽偏执之情与强暴冲动之气两大问题。若得免于二者，自私未足为祸。更实在讲，若免于二者，则亦无自私；不过此理深细，人多不识罢了。总之，愚蔽、强暴、自私是一边；清明安和的理性，又是一边：出于此则入于彼。人而为祸于人，总由前者；从乎理性，必无人祸。古时儒家彻见及此，乃苦心孤诣努力一伟大的礼乐运动，以求消弭人祸于无形。它要把人生一切安排妥当而优美化之，深醇化之，亦即彻头彻尾理性化之。古时人的公私生活，从政治、法律、军事、外交，到养生送死之一切，既多半离不开宗教，所以它首在把古宗教转化为礼，更把宗教所未及者，亦无不礼乐化之。所谓"礼乐不可斯须去身"，盖要人常不失于清明安和，日远于愚蔽与强暴而不自知。

　　儒家之把古宗教转化为礼，冯友兰先生见之最明，言之甚早。他先以一篇论文发表，后又著见于他的《中国哲学史》417—432页。他引证儒家自己理论，来指点其所有祭祀丧葬各礼文仪式，只是诗，只是艺术，而不复是宗教。这此礼文，一面既妙能慰安情感，极其曲尽深到；一面复见其所为开明通达，不悖理性。他说：

　　　　近人桑戴延纳（George Santa Yana）主张宗教亦宜放弃其迷信与独断，而自比于诗。但依儒家对于其所拥护之丧祭各礼之解释，则儒家早已将古时之宗教，修正为诗，古时之丧祭各礼，或为宗教仪式，其中包含不少之迷信与独断，但儒家以述为作，加以澄清，与之以新意义，使之由宗教变而为诗，斯乃儒家之大贡献也。

本来在儒家自己的话中，亦实在说得太分明了。例如：

　　　　祭者，志意思慕之情也，忠信爱敬之至矣；礼节文貌之盛矣！苟非圣人，莫之能知也。圣人明知之，君子安行之；官人以为守，百姓以成俗。其在君子，以为人道也；其在百姓以为鬼事也（《荀子·礼论篇》）。

　　　　雩而雨，何也？曰，无他也，犹不雩而雨也。日月食而救之，天旱而雩，卜筮然后决大事，非以为求得也，以文之也。故君子以为文，而百姓以为神（《荀子·天论篇》）。

　　大约从祀天祭祖以至祀百神这些礼文,在消极一面可说是不欲骤改骤废,以惊骇世俗人的耳目;在积极一面,则一一本皆有其应有之情文,宜为适当之抒发。冯先生所谓"与之以新意义"者,其实不过使之合理化而已(凡不能使之合理化的,则不在祀典,如礼记祭法之所说)。这些礼文,或则引发崇高之情,或则绵永笃旧之情。使人自尽其心而涵厚其德,务郑重其事而妥安其志。人生如此,乃安稳牢韧而有味,却并非要向外求得什么。——此为其根本不同于宗教之处。

　　表面上看,其不同于宗教者在其不迷信。然须知一般人为何要迷信? 孔子又如何便能教人不迷信? 一般地说,迷信实根于人们要向外有所求得之心理而来。我在旧著中曾说:

　　　　宗教这样东西,饥不可为食,渴不可为饮,而人们偏喜欢接受它,果何所为呢? 这就因为人们的生活多是靠希望来维持,而它是能维持希望的。人常是有所希望要求;就借着希望之满足而慰安;对着前面希望之接近而鼓舞;因希望之不断而忍耐勉励。失望与绝望,于他是难堪。然而怎能没有失望与绝望呢! 恐怕人们所希求者,不得满足是常,得满足或是例外哩! 这样一览而尽,狭小迫促的世界,谁能受得? 于是人们自然就要超越知识界限,打破理智冷酷,辟出一超绝神秘的世界来,使他的希望要求范围更拓广,内容更丰富,意味更深长,尤其是结果更渺茫不定。一般的宗教,就从这里产生;而祈祷禳被为一般宗教所不可少,亦就为此。虽然这不过是世俗人所得于宗教的受用,了无深义;然宗教即从而稳定其人生,使得各人能以生活下去,而不致溃裂横决(《中国民族自救运动之最后觉悟》第 67 页)。

　　孔子正亦要稳定人生,但其所以稳定之者,又别有其道。我在旧著中曾说:

（上略）他给人以整个的人生。他使你无所得而畅快，不是使你有所得而满足；他使你忘物忘我忘一切，不使你分别物我而逐求。怎能有这大本领？这就在他的礼乐（同前书68页）。

礼乐使人处于诗与艺术之中，无所谓迷信不迷信，而迷信自不生。孔子只不教人迷信而已，似未尝破除迷信。他的礼乐有宗教之用，而无宗教之弊；亦正唯其极邻近宗教，乃排斥了宗教。

六　以伦理组织社会

设为礼乐揖让以涵养理性，是礼的一面；还有"安排伦理名分以组织社会"之一面，略说如次：

前章讲中国是伦理本位的社会，此伦理无疑地是脱胎于古宗法社会而来，犹之礼乐是因袭自古宗教而来一样。孔子自己所说"述而不作"，大约即指此等处。而其实呢，恰是寓作于述，以述为作。古宗教之蜕化为礼乐，古宗法之蜕化为伦理，显然都经过一道手来的。礼乐之制作，犹或许以前人之贡献为多；至于伦理名分，则多出于孔子之教。孔子在这方面所作功夫，即论语上所谓"正名"。其教盖著于"春秋"，"春秋以道名分"（见《庄子·天下篇》）正谓此。

我起初甚不喜"名分"之说，觉得这诚然是封建了。对于孔子之强调"正名"，颇不感兴趣；所以《东西文化及其哲学》讲孔子处，各样都讲到，独不及此。心知其与名学、论理不甚相干，但因不了然其真正意义所在，亦姑妄听之。我之恍然有悟，实在经过几多步骤来的。领悟到社会结构是文化的骨干，而中国文化之特殊，正须从其社会是伦理本位的社会来认识，这是开初一步。这是早先讲东西文化及其哲学时，全未曾懂得的。到讲乡村建设理论时，固已点出此伦理本位的社会如何不同于西洋之个人本位的社会或社会本位的社会;然只模糊意识到它是家族本位的宗法社会之一种蜕变,还未十分留意其所从来。最后方晓得孔子特别着眼到此,而下了一番功夫在。这就是我以前所不了然的"名分"与"正名"。假若不经过这一手,历史亦许轻轻滑过。而伦理本位的社会未必能形成。

封建社会例有等级身份等区别;此所谓"名分"似又其加详者。等级身份之所以立,本有其政治的意义和经济的意义;但其建立与巩固,则靠宗教。盖一切宗法的秩序,封建的秩序要莫不仰托神权,而于宗教植其根,此验之各地社会而皆然者。阶级身份之几若不可逾越不可侵犯者,正为此。中国之伦理名分,原出于古宗法古封建,谁亦不否认;却是孔子以后,就非宗法封建原物,愈到后来愈不是。此其变化,与礼乐、宗教之一兴一替,完全相联为一事,同属理性抬头之结果。

我们试举几个浅明事例——

印度和中国,同为具有古老传统的社会,在其社会史上皆少变化进步。但他们却有极端不同处:印度是世界上阶级身份区别最多最严的社会,而中国却最少且不严格(这种较量当然不包含近代欧美社会)。像印度之有几千种区别,举其著者犹有八十几种,在中国人是不得其解的,且不能想象的。像印度有那种"不可摸触的人",中国人听说只觉好笑,没有人会承认这事。此一极端不同,与另一极端不同相联。另一极端不同是:印度宗教最盛,而中国恰缺乏宗教,前者正是由于宗教,而使得社会上固执不通的习俗观念特别多;后者之开豁通达,则理性抬头之明征也。

再一个例,是日本。日本渡边秀方著《中国国民性论》一书(北新书局译本),曾指出中国人计君恩之轻重而报之以忠义,不同乎日本武士为忠义的忠义(见原书23页)。如诸葛亮总念念于三顾之恩,其忠义实由感激先帝知遇;在日本的忠臣更无此计较之念存。难道若非三顾,而是二顾或一顾,就不必如此忠义吗?他不晓得这原是伦理社会的忠义和封建社会的忠义不同处,而却被他无意中点出了。封建社会的关系是呆定的;伦理社会,则其间关系准乎情理而定。孟子不是说过:君之视臣如手足,则臣视君如腹心;君之视臣如犬马,则臣视君如国人,君之视臣如土芥,则臣视君如寇雠。儒家的理论原如是,受儒家影响的中国社会亦大致如是。唯日本过去虽承袭中国文化,而社会实质不同于中国,亦犹其后来之袭取西洋文化而社会实质不同于西洋一样。关于此层(日本社会是封建的而非伦理的),本书以后还论到,可参看。

三则,中国社会向来强调长幼之序,此固伦理秩序之一原则,封建秩序所鲜有。然即在重视长幼之序中,仍有谚语云"人长理不长,那怕须拖尺把长",可见其迈往于理性之精神。

从上三例,恰见有一种反阶级身份的精神,行乎其间。其所以得如是结果,正由当初孔子所下的功夫(所谓"正名",所谓"春秋以道名分"),初非强调旧秩序,而是以旧秩序为蓝本,却根据理性作了新估定,随处有新意义加进去。举其显明之例:世卿(卿相世袭),在宗法上说,在封建上说,岂非当然的?而春秋却讥世卿非礼。又如弑君弑父于宗法封建之世自应绝对不容;然而依春秋义例,其中尽多曲折。有些是正弑君的罪名,使乱臣贼子惧;有些是正被杀者的罪名,使暴君凶父惧。后来孟子说的"闻诛一夫纣,未闻弑君",正本于此。司马迁说"春秋文成数万,其指数千",如此之类的"微言大义"、"非常异义可怪之论",是很多的。旧秩序至此,慢慢变质,一新秩序不知不觉诞生出来。

新秩序,指伦理社会的秩序,略如我前章所说者。其诞生尚远在以后——须在封建解体之后,约当西汉世。不过寻根溯源,不能不归功孔子。孔子的春秋大义,对当时封建秩序作修正功夫,要使它理想化,结果是白费的。但虽没有其直接的成就,却有其间接地功效:第一便是启发出人的理性,使一切旧习俗旧观念都失其不容怀疑不容商量的独断性,而凭着情理作权衡。固然那些细微曲折的春秋义例,不能喻俗;而情理自在人心,一经启发,便蔚成势力,浸寝乎要来衡量一切,而莫之能御。此即新秩序诞生之根本。第二便是谆谆于孝弟,敦笃家人父子间的恩情,并由近以及远,善推其所为,俾社会关系建筑于情谊之上。这又是因人心所固有而为之导达,自亦有沛然莫御之势。中国社会上温润之气,余于等威之分,而伦理卒代封建为新秩序者,原本在此。

伦理之代封建为新秩序,于此可举一端为证明。例如亲兄弟两个,在父母家庭间,从乎感情之自然,夫岂有什么差别两样?然而在封建社会一到长大,父死子继,则此兄弟两个就截然不同等待遇了——兄袭爵禄财产,而弟不与。此种长子继承制由何而来?梅因(Henry S. Maine)在其《古代法》名著中,曾指出一个原则:"凡继承制度之与政治有关系者,必为长子继承制。"大抵封建秩序宗法秩序,都是为其时政治上经济上有其必要而建立;而超家庭的大集团生活则具有无比强大力量,抑制了家庭感情。及至时过境迁,无复必要,而习俗相沿,忘所自来,此一制度每每还是机械地存在着。战前(1936)我到日本参观其乡村,见有所谓"长子学校"者,讶而问之。乃知农家土地例由长子继承,余子无分。余子多转入都市谋生,长子多留乡村;因而其教育遂间有不同。此足见其去封建未久,遗俗犹存。其实,就在欧洲国家亦大多保留此种风俗至于最近,唯中国独否。中国实行遗产均分诸子办法,据梁任公先生《中国文化史》说,几近二千年了(见《饮冰室合集》之专集第18册)。这不是一件小事,这亦不是偶然。这就是以人心情理之自然,化除那封建秩序之不自然。所谓以伦理代封建者,此其显著之一端。在一般之例,都是以家庭以外大集团的势力支配了家庭关系,可说由外而内;其社会上许多不近情不近理不平等的事,非至近代未易纠正。而此则把家庭父子兄弟的感情关系推到大社会上去,可说由内而外,就使得大社会亦从而富于平等气息和亲切意味,为任何其他古老社会所未有。这种变化行乎不知不觉;伦理秩序初非一朝而诞生。它是一种礼俗,它是一种脱离宗教与封建,而自然形成于社会的礼俗。——礼俗,照一般之例恒随附于宗教,宗教例必掩护封建,而礼俗则得封建之支持。但此则受启发于一学派,非附丽于宗教,而且宗教卒自此衰歇。它受到社会广泛支持,不倚靠封建或任何一种势力,而且封建正为它所代替。

即此礼俗,便是后二千年中国文化的骨干,它规定了中国社会的组织结构,大体上一直没有变。举世诧异不解的中国社会史问题,正出在它身上。所谓历久鲜变的社会,长期停滞的文化,皆不外此。何以它能这样长久不变?十八世纪欧洲自然法思潮中魁斯奈(Francois Quesnay)尝解答说:中国所唤作天理天则的,正是自然法其物,中国文物制度正是根本于自然法,故亦与自然同其悠久。这话不为无见。礼俗本来随时在变的,其能行之如此久远者,盖自有其根据于人心,非任何一种势力所能维持。正如孟子所说"圣人先得我心之所同然",孔子原初一番启发功夫之恰得其当,实最关紧要。

以我推想,孔子最初着眼的,与其说在社会秩序或社会组织,毋宁说是在个人——一个人如何完成他自己;即中国老话"如何作人"。不过,人实是许多关系交织着之一个点,作人问题正发生在此,则社会组织社会秩序自亦同在着眼之中。譬如古希腊一个完满的人格与最好的市民,两个观念是不易分别的。这就是从团体(城市国家)之一份子来看个人,团体关系遂为其着眼所及。中国情形大约最早就不同,因而孔子亦就不是这看法,而着眼在其为家庭之一员。而在家庭呢,又很容易看到他是父之子,子之父……一类的伦偶相对关系,而置全体(全家)之组织关系于其次。一个完满的人格,自然就是孝子、慈父……一类之综合。却不会说,一个完满的人格,就是最好的"家庭之一员"那样抽象不易捉摸的话。——这是开初一步。两条路就从此分了:一则重在团体与个人之间的关系;一则重在此一人与彼一人之间的关系,且近从家庭数起。一个人既在为子能孝,为父能慈……而孝也,慈也,却无非本乎仁厚肫挚之情;那么,如何敦厚此情感,自应为其着眼所在。——这是第二步。而孔子一学派所以与其他学派(中国的乃至世界的)比较不同之点,亦遂著于此;这就是人所共知的,孔子学派以敦勉孝弟和一切仁厚肫挚之情为其最大特色。孝子、慈父……在个人为完成他自己;在社会,则某种组织与秩序亦即由此而得完成。这是一回事,不是两回事。犹之希腊人于完成其个人人格时,恰同时完成其城市国家之组织,是一样的。不过,市民在其城市国家中之地位关系与权利义务,要著之于法律;而此则只可演为礼俗,却不能把它作成法律。——这是第三步。而儒家伦理名分之所由兴,即在此了。

礼俗与法律有何不同?孟德斯鸠《法意》上说:

> 盖法律者,有其立之,而民守之者也;礼俗者,无其立之,而民成之者也。礼俗起于同风;法律本于定制(严译本 19 卷 12 章)。

这是指出二者所由来之方式不同。其实这一不同,亦还为其本质有着分别:礼俗示人以理想所尚,人因而知所自勉,以企及于那样;法律示人以事实确定那样,国家从而督行之,不得有所出入。虽二者之间有时不免相滥,然大较如是。最显明的,一些缺乏客观标准的要求,即难以订入法律;而凡有待于人之自勉者,都只能以风教礼俗出之。法律不责人以道德;以道德责人,乃属法律以外之事,然礼俗却正是期望人以道德;道德而通俗化,亦即成了礼俗。——明乎此，则基于情义的组织关系，如中国伦理者，其所以只可演为礼俗而不能成法律，便亦明白。

张东荪先生在其所著《理性与民主》一书上说，自古希腊罗马以来，彼邦组织与秩序即著见于其法律。唯中国不然。中国自古所谓法律，不过是刑律，凡所规定都必与刑罚有关。它却没有规定社会组织之功用，而只有防止人破坏已成秩序之功用。社会组织与秩序大部分存在于"礼"中，以习惯法行之，而不见于成文法（见原书62—67页，原文甚长，大意如此）。他正亦是见到此处，足资印证。不过为什么，一则走向法律，一则走向礼俗，张先生却没有论到。现在我们推原其故，就是：上面所言之第三步，早决定于那开初一步。西洋自始（希腊城邦）即重在团体与个人间的关系，而必然留意乎权力（团体的）与权益（个人的），其分际关系似为硬性的，愈明确愈好所以走向法律，只求事实确定，而理想生活自在其中。中国自始就不同，周孔而后则更清楚地重在家人父子间的关系，而映于心目者无非彼此之情与义，其分际关系似为软性的，愈敦厚愈好，所以走向礼俗，明示其理想所尚，而组织秩序即从以奠定。

儒家之伦理名分，自是意在一些习俗观念之养成。在这些观念上，明示其人格理想；而同时一种组织秩序，亦即安排出来。因为不同的名分，正不外乎不同的职位，配合拢来，便构成一社会。春秋以道名分，实无异乎外国一部法典之厘订。为文化中心的是非取舍，价值判断，于此昭示；给文化作骨干的社会结构，于此备具；真是重要极了。难怪孔子说"知我者其唯春秋乎；罪我者，其唯春秋乎！"然而却不是法典，而是礼。它只从彼此相对关系上说话，只从应有之情与义上说话，而期望各人之自觉自勉（自己顾名思义）。这好像铺出路轨，引向道德；同时，使前所说之礼乐揖让乃得有所施。于是道德在人，可能成了很自然的事情。除了舆论制裁

(社会上循名责实)而外,不像法典有待一高高在上的强大权力为之督行。所谓以道德代宗教者,至此乃完成;否则,是代不了的。

不过像春秋所设想的那套秩序,却从未曾实现。此即前面所说的:"孔子对当时封建秩序,作修正功夫,要使它理想化,结果是白费。"其所贻于后世者,只有那伦理秩序的大轮廓。

(节选自梁漱溟《中国文化要
义》,路明书店1949年版)

本文选自《中国文化要义》第六章。文章阐述了关于宗教、周孔礼乐教化、儒家以道德代宗教、中国以伦理组织社会等问题的基本观点,是作者系统的关于儒学与宗教或儒学宗教性问题的代表性论说。

原始的儒、儒家与儒教

许地山

一

在原始社会中,凡长于一技,精于一艺底人,他必定为那群众中所敬重。因为他能办群众所不能底事,所以他在那社会中底地位最高,且具有治人底能力。在草昧时代,人民最怕底是自然界一切的势力,疾风、迅雷、景星、庆云乃至山崩、河决,无一不是他们所畏怖底。他们必要借着"前知"或"祈禳"底方法来预防,或解救那一切的灾害。然而"前知"、"祈禳"底事不是人人能办底。在一个团体中至多不过是三五个人而已。这样具超常人能力底人,必能制度创物。这等人在中国古代,高明者为"圣人",次者也不失为"君子"。但无论是圣人也罢,君子也罢,他们底地位即是巫祝,是宰官,或者也是君王。女娲炼石、神农尝药、蚩尤作雾、史皇(苍颉)制书等等,都是圣人能作物底;同时,他们是君主(史书多说蚩尤好乱喜兵,少说到他底好处,可是他也不定是很暴虐的人。他也是个儒者,《管子·五行》:"昔者黄帝得蚩尤而明于天道,得大常而察于地利,得奢龙而辨于东方,得祝融而辩于南方,得大封而辩于西方,得后土而辩于北方。黄帝得六相而天地治、神明至。"看来蚩尤还是一位助人君知天时底人哪)。时代越下,依圣人曾经创作底事物而创作底人越多,"圣人"、"君子"底尊号,当然不能像雨点一般,尽落在这些不发明而制物底人底头上,于是古人另给他们一个名字叫做"儒"。

"儒"这个字,《说文》解作"术士"。依这两个字底解释,是办事有方法底人底意思（"术"说文解作"邑中道"，广雅解作"道"。"术""道"相通，可见"术士"即是"道士"）。从制字底本谊说。"儒"从人需。"需"《易》象说是"云上于天"。《序卦》说是"饮食之道"。由前说是天地之道，而后说是人道，那就是说，儒是明三才之道底人。这个意思，汉朝底扬雄给他立个定义说"通天、地、人曰儒"（《法言·君子篇》）。最初的儒——术士——都是知天文，识旱潦底。他底职分近于巫祝，能以乐舞降神。他是巫官，是乐官，又是教官，《虞书》载舜命夔典乐教胄子，以谐神人即是此意。其后衍为司乐之官，"掌成均之法，以治建国之学政，使有道有德者教国之子弟，死则为乐祖，祭于瞽宗"（《周礼·大同乐》）。儒者皆以诲人为职志，其渊源未必不在于此。怎么说最先他也不过是巫觋瞽矇一流人呢？古人以衣冠为章身序官之具，因其形式辨别那人底职分。儒者所戴底帽子名"术氏冠"，又名"圜冠"，圜冠是以鹬（翠鸟）羽装饰底帽子，用来舞旱暵求雨底。《庄子·田子方》有一段话说，"儒者冠圜冠者知天时，履句屦者知地形，缓佩玦者事至而断"。可见周代底儒，虽不必尽为舞师之事，而他底衣冠仍然存著先代底制度，使人一见就可以理会他是"通天地人底人"（参看章太炎《国故论衡·原儒》）。又《诗传》所谓"建邦能命龟，田能施命，作器能铭，使能造命，登高能赋，师旅能誓，山川能说，丧纪能诔，祭祀能语，君子能此九者，可谓有德音，可以为大夫。"这九能中，巫祝之事占了一大半，然而不失其为大夫，君子。

　　儒者既为术士底统称，所以凡有一技一艺之长对于所事能够明了、熟练和有法术能教人底都可以称为儒，称为术士。故"教之以事，而谕诸德者"为师（《文王世子》文），"有六艺以教民者"为保，保就是儒。"艺"、"术"、"道"三字，在典籍中几成为儒者底专卖品。《天官·大宰》职说"儒以道得民"；《地官·保氏》职说"养国子以道，乃教之六艺。"这里底"道"，是技术材艺底道。《晏子春秋·内篇第五》说，"燕之游士，有泯子午者，南见晏子于齐，言有文章，术有条理,巨可以补国,细可以益晏子者三百篇"。又《吕氏春秋·博志》,"孔,墨,宁越,皆布衣之士也,虑于天下,以为无若先王之术者"。我们可以看出泯子午所有底是补国益身底法术;孔、墨、宁越所学底是先王底经术。"法术"、"经术"都是儒者底职志,是圣人所务底。《礼记·乡饮酒义》说"古之学术道者,将以得身也,是故圣人务焉"。"术道"就是艺术。到这里,我们不能不略讲一点"艺"底意思。

保氏所授底是艺。《汉书·儒林传》"古之儒者,博学乎六艺之文。六学者,王教之典籍,先圣所以明天道、正人伦、致至治之成法也"。明六艺是先圣致治底道术,是世儒所习所教底。六艺是改教学艺底基础,自来就有今文古文两派说法。主道说底,为"纯乎明理"为今文六艺;"兼详纪事",为古文六艺。此外还有保氏所教底六艺——礼、乐、射、御、书、数,《大戴礼》有"小艺"、"大艺"底分别,故此,我以为六艺可以分为小学六艺和大学六艺。小学六艺是小艺,就是童子八岁出就外舍所学底五礼、六乐、五射、五驭、六书、九数。大学六艺是大艺,即所谓六经,是束发时在大学所学底《易》、《书》、《诗》、《礼》、《乐》、《春秋》。不过大学所习底大艺,古时只有四样,《王制》:

> 乐正崇四术,立四教,顺先王诗、书、礼、乐以造士。

《庄子·天下篇》也说:

> 古之人其备乎!配神明,醇天地,育万物,和天下,泽及百姓,明于本数,系于末度。六通,四辟,小大精粗,其运无乎不在。其明而在数度者,旧法世传之,史尚多有之。其在于诗、书、礼、乐者,邹鲁之士、晋绅先生多能明之。《诗》以道志,《书》以道事,《礼》以道行,《乐》以道和,《易》以道阴阳,《春秋》以道名分。其数散于天下而设于中国者,百家之学,时或称而道之。

这里明明有大小艺的分别,"其明在数度"即是先圣遗留下来、揖让、升降、舞勺、诵诗、白矢、连参、谐声、转注、鸣惊、逐禽、均输、方程等等技艺底成法，所谓"六通"，是通于此；世人所传，也是传此。至于载于竹帛底诗、书、礼、乐，是古圣政事、典章、学术、名理之所从出，要辟这四艺非入大学不成，故只为邹鲁一部分底士和缙绅先生所能明。道阴阳底《易》和道名分底《春秋》，本不在大学六艺之列，也许因为这两样是卜史所专掌，需要在官然后学习底缘故。韩宣子观《书》于鲁大史氏，见《易》象与《鲁春秋》(见《左》昭公二年传，这时孔子11岁)。孔子晚年才学《易》，删定《春秋》，足见这两书不藏于王宫，孔子在大成之年也未必猎涉过底。

二

凡是一种理想，都是由许多成法挤出来底。六艺既是先王经世底成迹，那钻研经术底儒生在习诵之余，必要揣摩其中的道理。于是在六艺中抽出一个经纬天下底"道"，而"道"、"艺"底判别，就越来越远了。这个"道"是从六经产出，是九流百家所同宗底，所以不习六艺所产底"道术"观念就不能观九家之言，即不能明白儒家底渊源。百家所持，原来只有从六艺产出底一个"道"字，这个"道"本不专为一家，乃是一个玄名，自刘向以后，始以老庄之说为道家，《汉志》说"道家者流盖出于史官"，其实古代神政，能诵习典册底也只有祝史之流，正不必到衰周王官失守，然后流为一家之言。且在官者皆习六艺，各家底思维也是趋于大同，也是"违道不远"底。

"道"是什么意思呢？说起来，又是一篇大文章，我只能将他底大意提些出来和儒家所主底比较一下而已。道只是宇宙间惟一不易的根源，是无量事物之所从出底。《韩非·解老篇》，"道者，万物之所然也，万理之所稽。"《庄子·天下篇》说，"古之所谓道术者，果恶乎在？曰无乎不在"。又《在宥篇》说，"一而不可不易者，道也"。《中庸》"天命之谓性，率性之谓道，修道之谓教"。《易》说"一阴一阳之谓道"。又说"立天之道,曰阴与阳;立地之道,曰柔与刚;立人之道,曰仁与义"。这阴阳、柔刚、仁义之道,是一般术士所传习底,所以道家主柔弱,说"致虚极,守静笃",而"儒"训为"柔"。道主"无为",而孔子说"无为而治天下其舜也欤?夫何为哉?恭己正南面而已"。道推原于天,如《天道篇》说:"古之明大道者,先明天,而道德次之。道德已明,而美次之。……以此事上,以此畜下,以此治物,以此修身。知谋不用,必归于天,此之谓太平,治之至也。"而儒以顺阴阳为职志,故《祭义》说,"昔者圣人建阴阳天地之情,立以为《易》。《易》抱龟南面,天子卷冕北面,虽有明知之心,必断其志焉,示不敢专,以尊天也"。《易》是中国最古的书,是六艺之祖。百家,尤其以道家底思想都从这里出发底。孔子所修底道,多在实用方面,故说"修道以俟天下"。而他底行教目的,也是要和这经纬六合之"道"同流底。看他所说"吾道一以贯"和"志于道,据于德,依于仁,游于艺"四个大教义,也可以理会得道儒之分别。

我们既然知道,"艺"、"术"、"道"是一般儒士所常道底,儒不过是学道人底名称,而后人多以儒为宗师仲尼底人。这是因为孔子和他底门人自己认定他们是儒底正支,是以道艺教乡里底。孔子对子夏说"女为'君子儒',无为'小人儒'"。因为子夏当时设教,夫子告以为儒之道,教他要做识大体而可大受底"君子儒"。此后社会上就把儒这个字来做学"孔子道"底人底专名(见《淮南·俶真训》"儒墨"注)。原来在孔子以后不久,这字底意义就狭窄了。孟子自己说他底道理是儒,而墨者夷子亦称孟子所传为"儒者之道"(参见《滕文公上》、《尽心下》)。儒既成为学"孔子道"底专名,所以《汉志》说,"儒家者流,盖出于司徒之官,助人君顺阴阳,明教化者也。游文于六经之中,留意于仁义之际,祖述尧舜,宪章文武,宗师仲尼,以重其言。于道为最高"。又应劭《风俗通》说"儒,区也。言其区别古今,居则玩圣哲之词,动则行典籍之道。稽先王之制,立当时之事，此通儒也。若能纳而不能出，能言而不能行，讲诵而已，无能往来，此俗儒也"。训儒为"区"，明其对于道与诸家有不同的地方。这和犹太教中一部分持律底人自以为"法利赛"底意思相仿。至于"通儒"、"俗儒"，仍是孔子"君子儒"、"小人儒"底意思。

儒这个名字，怎样到孔子以后就变为一种特殊的教义呢？这有三个缘故。

一，当时社会底光景，使他成为一家之说。要知道孔子正生于"天下无道"底时代，他对于当时的人民要积极地在思想和行为方面去救度他们。他对于邪说、横议，要用"正名"底方法去矫正。要为他们立一个是非底标准，故因鲁史而寄他"正分名"、"寓褒贬"底大意思。孟子发明孔子作《春秋》底意思说"孔子成《春秋》，而乱臣贼子惧"。又说"王者之迹熄而《诗》亡。《诗》亡，然后《春秋》作。晋之《乘》，楚之《梼杌》，鲁之《春秋》一也。其事则齐桓、晋文，其文则史。孔子曰，'其义，则丘窃取之矣'"。孔子用这个方法，本来是很好的，因为人都愿意留个好名声在史册上，若个人的善恶行为在史册上都有一定的书法，实在可以使"乱臣贼子惧"。我见这个比舆论更有势力。

二，他要实行他师儒之职，以道德教人。道德不是空洞的，是要举出些人来做榜样底。所以他所立底标准人物是古代的"圣人"、"君子"。他要"祖述尧舜，宪章文武"，可见还是行着师保之职，只以先圣底道艺教人。《汉志》说儒家盖出于司徒之官，这"盖"字用得很好，因为儒者都以教学为职志如司徒底属官一般，儒者既是"游文于六经之中，留意于仁义之际"，故凡事必师古，从典籍上传来底成法，都要学底。"子所雅言《诗》《书》《艺》《礼》"。为重先王之典训，故"正言其音"，也是为学底方法。

三，他对于政教底理想是偏重"书的"。胡适说孔子对于改良社会国家底下手方法全在一部《易经》。但"易的思想"，是士君子意识中所共有,在百家中没有一家不归根于《易》底。我以为儒所以能成为一家,是出于孔子底"书的思想"。就是他所解说底《易经》,也是本着这个去解释底。《尚书》即所谓古昔圣贤底典型,孔子说到政事或他底理想底时候,少有不引他来做佐证,或摄取其中的意思说出来。

三

(甲)孔子第一个政治理想是"孝友",看《为政》载:

或谓孔子曰:"子奚不为政?"

子曰:"《书》云,'孝乎惟孝!友于兄弟,施于有政'(逸《书》。东晋伪古文采入《君陈》)。是亦为政。奚其为为政?"

孔子这段逸《书》,意思说政治的根本是在"孝于父母,友于兄弟"。因为孝友是齐家底要政,孝弟既"不好犯上",那也就"不好作乱"了。所以孝弟之道明,则天下后世底"乱臣贼子"无所养成。

孔子底孝说,也是托于《尚书》底。孝是儒教底重要教义,也是要入儒教团体(做圣人之徒)底人所当履行底。儒者看父母像天神一般地不可侵犯,在生时固然要尽孝尽敬,死后也不许你一下就把他们搬在脑后,要终身追慕他们,——形式上要行三年底丧服。这三年丧服底观念也是出于《尚书》底。《说命》载"王宅忧,亮阴三祀。既免丧,其惟弗言",引起子张底问(文在《宪问》)。以后孟子更伸引《尧典》"二十八载,放勋乃徂落,百姓如丧考妣。三年,四海遏密八音"(见《万章》,原文今入《舜典》。伏生《尚书》原只《尧典》一篇,无"粤若稽古帝舜"20字,至齐建武年,始误分为二篇)底话,历说舜禹,行三年之丧底事实。

三年之丧是否儒家"托古改制"底一例,自来就是一个疑问,毛奇龄《剩言》有一段,很可以帮助我们。

滕文公问孟子,始定为三年之丧,岂战国诸侯皆不行三年之丧乎？若然，则齐宣欲短丧，何靳？然且曰吾宗国鲁先君亦不行，吾先君亦不行，则是鲁周公伯禽、滕叔绣并无一行三年之丧者。往读《论语》子张问高宗三年不言，夫子曰"何必高宗，古之人皆然"，遂疑子张此问，夫子此答，其周制当无此事可知。何则？子张以高宗为创见，而夫子又言"古之人"，其非今制昭然也。及读《周书·康王之诰》，成王崩，方九日，康王遽即位，冕服出命令诰诸侯，与"三年不言"绝不相同。然犹曰，此天子事耳。后读《春秋传》晋平公初即位，改服命官，而通列国盟戒之事，始悟孟子所定三年之丧，引"三年不言"为训，而滕文奉行。即又曰"五月居庐，未有命戒"，是皆商以前之制，并非周制。周公所制礼，并未有此，故侃侃然曰，周公不行，叔绣不行，悖先祖，违授受，历历有辞，而世读其书，而通不察也。盖其云"定三年之丧"，谓定三年之丧制也。然则，孟子何以使行商制？曰，使滕行助法，亦商制也。

看来，"三年之丧"是儒家"好古敏求"底事实，大概古来只行于王侯辈，不过儒家把他推行到士庶身上，为底要"民德归厚"便了。

（乙）孔子第二个理想是法天。《泰伯》载：夫子赞美尧底话说："大哉，尧之为君也，巍巍乎，唯天为大，唯尧则之。"这是发明《尧典》"乃命羲和，钦若昊天，历象日月星辰，敬授民时"底意思。以后他在《易·系辞》上说，"古者，包牺氏之王天下也，仰则观象于天；俯则观法于地"。又说，"黄帝、尧、舜，乘衣裳而天下治，盖取诸乾坤"。又《尧曰》全章（"尧曰"至"公则说"，是一篇《论语》后序。《论语》自微子说夫子之言已讫，故《子张问》皆记弟子之言。至此更集夫子遗语遗意缀于册末，以为后序。可惜文字脱佚不少，后人遂把《子张问》并在里头。《子张问》以下，古原分别为篇，因书成后，才得着故附于后序之后）是总结孔子政教思想底全部底，我们看在这零篇断简中，出于典、谟、诰、范底也不为少。

（丙）第三是孔子底"富教主义"，《洪范》所陈第九畴底五福——寿、富、康宁、攸好德、考终命——是一个具足生活顺序底理想。说人先要多寿（健全的生命），然后能享诸福。既有了生命，不可不有资生底财禄。既有财禄，当使之身心没有疾病、忧患。衣食既足，身心既健，然后教之，使好好德。这个理想变成孔子底话，看《颜渊》，

> 子贡问政。子曰："足食，足兵，民信之矣。"

又《子路》有一段，也可以说明这个意思。

> 子适卫，冉有仆。子曰："庶矣哉！"
>
> 冉有曰："既庶矣，又何加焉？"
>
> 子曰："富之。"
>
> 曰："既富矣，又何加焉？"
>
> 曰："教之。"

（丁）第四孔子底"礼乐主义"也是出于《尚书》底。礼乐是陶冶品性、养成道德习惯底利器。我们借着礼乐可以调节身心，更能发展我们道德意识底习惯。所以要调节底原由，是因人从天地底气质受生，性格底刚柔厚薄，各各不同，务要使大家达到一个中和的地步。礼是要实践底，一个人有没有礼，只要先看他底容貌行为如何。孔子服膺典谟里所言九德——宽而栗、柔而立、愿而恭、佩而敬、扰而毅、直而温、简而廉、刚而塞、强而义。——所以他自己是一个"温而厉，威而不猛，恭而安"（《述而》）底人。他底学生子夏也说"君子有三变：望之俨然；即之也温；听其言也厉"（《子张》）。要这个样子才能达到中和底地步。不然孔子就说"恭而无礼则劳，慎而无礼则葸，勇而无礼则乱，直而无礼而绞"（《泰伯》）。又说，"敬而不中礼谓之野，恭而不中礼谓之给，勇而不中礼谓之逆"（《仲尼燕居》）。

礼乐本是相为表里底，所以虞舜令夔典乐，对他说："夔，命汝典乐，教胄子，直而温，宽而栗，刚而无虐，简而无傲。诗言志，歌永言，声依永，律和声，八音克谐，无相夺伦，神人以和。"（《舜典》）孔

子以为"达于礼而不达于乐"底是"素","达于乐而不达礼"底是"偏"。夔只达于乐没有办到舜所嘱咐底话，只说"於——予击石拊石，百兽率舞"。所以说他是"偏"（参照《益稷》和《仲尼燕居》）。

礼乐本是儒者旧业（巫史之事），不过孔子特别提了出来，且变本加厉，把他们纳入他底中心教义"仁"字里头。他说礼节是"仁之貌"，歌乐是"仁之和"（《儒行》）。又说："人而不仁，如礼何？人而不仁，如乐何？"（《八佾》）因为礼乐所以饬仁，故只有仁者能行礼乐。

孔子以孝弟和礼乐底教义，传授弟子们。但在他生时，弟子也未必都服从他一切教训，如漆雕开、颛孙师是其最著者。自他死后，派别渐多，二百年间已有八派。《韩非·显学篇》"自孔子之死也，有子张之儒，有子思之儒，有颜氏之儒，有孟氏之儒，有漆雕氏之儒，有仲良氏之儒，有孙氏（荀卿）之儒，有乐正氏之儒"。诸儒底派别，据《群辅录》说，"夫子没后，散于天下，设于中国，成百氏之源，为纲纪之儒。'居环堵之室，荜门圭窦，瓮牖绳枢，并日而食'，以道自居者，有道之儒，子思氏之所行也。'衣冠中，动作顺，大让如慢，小让如伪'者（说明子思子张学派底话都出于《小戴·儒行》），子张氏之所行也。颜氏传《诗》为道，为讽谏之儒。孟氏传《书》为道，为疏通致远之儒。仲良氏传《乐》为道，以和阴阳，为移风易俗之儒。乐正氏传《春秋》为道，为属词比事之儒。公孙氏传《易》为道，为洁净精微之儒"。录中所列八儒，与《显学》互有出入，所说"纲纪之儒"是孔子底正传，亲自随从夫子学过度底。说孟氏传《书》，很有道理，因为《书》的思想，到孟子以后更成正统派儒家底专用品了。诸家宗旨，许多已经失传了，我们念《显学篇》《儒行》、《荀子》《儒教》《非十二子》诸篇，大概还可以窥探一点。

无论什么道理，若经多人公订，或实现于行为之后，必要发生"劳相"，不是趋于极端，便是因循故事。荀卿讥子张派，只会装圣人底威仪、子夏氏务于沈嘿、子游氏只图哺啜，说："弟佗其冠，神襌其辞,禹行而舜趋,是子张氏之贱儒也。正其衣冠,齐其颜色,然而终日不言,是子夏氏之贱儒也。偷儒惮事,无廉耻而耆饮食,必曰:'君子固不用力',是子游氏之贱儒也。"漆雕氏一派很有儒侠之风。他所传底,是儒行所谓"儒有委之以货财,淹之以乐好,见利不亏其义。劫之以众,沮之以兵,见死不更其守"一流底人。故韩非给他们底评语说,"不色挠,不目逃,行曲则违于臧获,行直则怨于诸侯"。以后这派流为任侠,荀卿底辅弼信陵,也带着几分侠气(参看太炎《检论·儒侠》)。又孔子底正传,孝弟思想底毒焰,到现在还没有完全熄灭。这因当时曾子一流底人物把"孝"字看得太重了,结果使人只存着"身为父母之遗体"底观念。走到极端,反动便来了。这反动形成了《大学》、《中庸》底教义,《大学》、《中庸》是明"修己"、"治人"底方法底。为什么要修身?为底是事亲、知人、知天。以身为一切行为思想底基础,早已把正教的"孝"改换过来了。孝是"家人的",身是"个人的"。这注重个人底教义,开了孟子、荀子以后的派别。

《大学》、《中庸》底思想,简明而有系统,我们可以不费工夫来讲他们,只要列个表出来,就够了。

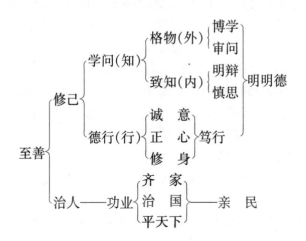

《大学》、《中庸》底主养在使人止于至善,而其方法只用一个"诚"字。"诚"是个人天性尽量的表现,这成为后来儒家重"心术"底源泉。孟、荀二家就是从这潮流中泛出来底。孟子、荀子生于战国之世,天下儒术,几于废绌,他们两个幸而生于齐鲁附近的国,故能沾一点"圣泽"。孟子之学是出于子思底。荀子底师承不明,但他底书中常以仲尼与子弓(有人说是仲弓)并称,也许是出于冉雍之门。孟子底思想,还是《尚书》的,所以对于修己治人之道,主用仁义,而称先王。冉子曾学《礼》于孔子,假使荀子之学是从他出来底,那么,他底《礼》论就有出处了。因为他是主礼底,礼于三代犹有所损益,故先王之典型不尽是可法,当法后王(后王不是未来的王底解法,只是指近代的王。荀子底意思大概是指文、武)。

自孟、荀以后,我们又要顾一顾战国末年和秦代底一般思想和社会,知道儒教在那时期底境地如何。对于这个我们应当从几方面看。

一,在西纪元前四世纪至三世纪,中国正是要从分割归一统底时候,人民因厌乱而起出世思想,神仙底迷信大为盛行,尤其以山东诸国为最。神仙之说,本出于江汉底巫祝或灵保,以后渐向北方蔓延底。照当时光景,登莱半岛是最适于神仙观念发展底地方。因为那时齐国是收海利底,许多人入海,入海底人难免不会到了一个他们所不曾到过底境界。加之,海边底蜃楼,悬在天上,要使不明白物理底人不猜到那是神山,也是不可能底。于是有一派人造出求仙之说,说仙人有灵药,人服了可以长生不老。有些自说到过神山,见过仙人,仙人授给制药之方,回来就大讲起炼丹底道理。这一等人,即所谓"方士"者。

二,从《易经》产出来底阴阳思想,充满了当时人底脑筋。《易》有《连山》、《归藏》、《周易》三种,虽是一部极古的字书,其中寄托许多神话和哲学思想,然而许久就给人当做卜筮之书了。《周易》是成周王朝所用底卜筮书,当时的侯国也少有知道这书底底细底。当惠王五年(西纪元前672,鲁庄公二十二年),周史始以《周易》见陈侯。灵王二十四年(西纪前548年,鲁襄公二十五年)流行于齐,景王五年(昭二年)韩宣子始在鲁国见着《易象》。可见《周易》这书流通得很晚。而在列国中,得着孔子所解释过底,恐怕很少。《易》仍然以卜筮书底资格流行,是意中底事。《周易》此后,渐渐流入民间,因时代关系,一变而为阴阳五行之说。所谓阴阳家,即起于此。

三,儒教虽然不语神怪,而其教义底实行,却立在古代遗下来底祖灵崇拜和自然崇拜底基石上头。他们对于丧礼、祭礼,都变本加厉地奉行。加以当时淹中、稷下儒墨底接触频繁,于是在思想行为上,二家互为影响。天、帝、鬼、神、报应等等观念都为二家所乐谈,不过儒家少说天帝,多说天命而已。

儒家对于天底观念,多是从《诗》、《书》来底。孔子因召《诰》"天其命哲;命吉凶,命历年"底话,说"天生德于予"。他以为天既生得他那么明哲,吉凶自有天命在,不能为人事所转移底。又"居易以俟命"(《中庸》),"妖寿不二,修身以俟之,所以立命"(《尽心》)等等,都是从《诗》、《书》底"天秩有礼"、"天生蒸民,有物有则"一派的遗训生出来底。

四,谶纬说底成立,影响了秦汉底儒教不少。谶底意思,是"执后事以验前文",与《老子》所谓"前识"、《中庸》所谓"前知"相似。战国末年,大有复现,少昊时代"民神杂糅,家为巫史,民渎斋盟"底光景。所以太史公述荀子著书底意思说:"荀卿嫉浊世之政,亡国乱君相属,不遂大道,而营于巫祝,信机祥。鄙儒小物,如庄周等,又滑稽乱俗。于是推儒墨道德之行事兴坏,序列著数万言而卒。"(《史记·荀卿列传》)是当时上下笃信机祥,侈言豫察,于是大多数的儒生多用这样的话语来做经籍底"索隐"。以后今文家用谶说经底时候尤其多。

四

经学分古文今文始于秦。但起先不过是传写文字底不同,后来今文经生以图谶之说殽乱经义,致二家分途而行。图谶本不是儒家所有底,看《中庸》"索隐行怪,吾不为之",和夫子言"天道不可得闻"底话可以知道,秦人信神仙,采纳方士之说,故秦底诸生皆通其学术。《史记·始皇本纪》所载博士为仙真人诗,博士言"水神不可见,以大鱼,蛟龙为候",是知当时所谓诸生、博士,于经学外实兼明推步占候之术。图谶之起,根于纬书。《隋书·经籍志》说"孔子既序六经以明天人之道,知后世不能稽同其意,故别立纬及谶以遗来世"。纬书托于孔子底缘故,是因"孔子道"在战国末年己形成了一种特殊的教门。六艺虽是孔门底经典,然而为诸儒所共有,单说经文,不足以号召异学,加之孔子自己说过"圣则吾不能"、"述而不作",他又不是帝王,习孔子道者以为这空前的教主既不是王,又不作圣,乍能擅革典章,来言行他作君作师底职务,故不得加之以"素王"之号,强派他有写纬书底事实。这意思,我们可以在郑玄底话探出来,《礼记》孔疏引郑玄释"三时田"说,"孔子虽有圣德,不敢显然改先王之法以教授于世。若其所欲改,阴书于纬藏之,以传后生"。其实孔子何尝不敢改作旧贯,只因当时,一方面看他过于神圣,一方面又要用"非天子不制度,不考文"底律令来科他,所以有这个结果。纬书既经流行,又加上方士的迷信,于是图谶大有决河东下之势,浸润了一般明王贤师底头脑了。

秦朝底期间很短,可是做了一件惊动天地底事,始皇三十四年(西前213年)因历行"同文"和"挟书"之令大烧书籍,又明年,大坑儒生,以致经学博士们死底死,逃底逃,经籍也随着失散了许多。秦楚之际,项羽焚秦宫室,萧何入关只顾收检秦丞相、御史所掌的律令图籍,于是六艺存在官府底也没了。所留只有少数私自埋藏着底和几位老博士底记忆。儒教受这样大的迫害,自然是很恨秦廷。故陈涉一起兵(秦二世元年,西前209年),鲁国诸儒抱着孔氏底礼器去归附他,甚至孔君底八世孙孔甲也愿意去当他底博士。

原来孔子死后(敬王四一年,西前479年)弟子们不但为他服心丧三年,且当他底坟墓为圣地,弟子们和鲁国底人甚至于搬家到他墓边住去。因就孔子旧宅立庙,以岁时奉祀。诸儒亦在那里讲礼,如乡饮、大射之类,都照时节举行。这个宗教团体平平安安地继续了二百多年。孔子底嫡派子孙简直和传经的祭司没有什么区别。自挟书和偶语诗书弃市底律令行了以后,这儒教底"正教会"也就几于离散了。

汉高帝十二年(西前195年),自淮南过鲁,始以太牢祀孔子,是帝王对于孔子第一次底祭祀。但高帝起先也是厌恶儒术底。《史记·郦生传》说"沛公不好儒,诸客冠儒冠来者,沛公辄解其冠,溲溺其中。与人言,常大骂"。又骂陆贾说,"乃公居马上而得之,安能事诗书"(《史记·陆贾传》)?叔孙通以儒服见他,他很厌恶,乃变服短服。这都是高帝不知"皇帝之贵"以前,对于儒术底态度。惠帝四年(西前191年,自令行至是凡二十三年),始除挟书律,然而朝廷并未显然以"孔子道为重",文帝和窦皇后都不是儒者,他们夫妇二人雅好黄老之学。文帝临崩,遗诏短丧,显与孔门教义牴牾。而《汉书·外戚列传》说"窦太后好黄帝老子之言,景帝及诸窦不得不读《老子》,尊其术"。又以议明堂事下赵绾、王臧吏;问辕固《老子》,对不称意,命他入圈刺豕。足见窦后对于儒术窘迫得很厉害。

自文景以后,儒教渐见尊崇,但武帝既好儒术,又好神仙,于是谀儒多以"曲学阿世"。董仲舒以大经师犹身为巫师,作土龙以求雨,侈陈炎异,其他更可想而知了。儒生以曲学阿世底结果,一方面虽使经义殽乱，而他方面又使儒教增几分势力。文景以前百家都是平等底，到武帝时，才推崇儒术，罢黜百家，使不得在学官之列。由是只有六艺底博士，其余底，都归失败了。

在这个"罢黜百家，表章六经"底关键中，和儒家抗衡得最厉害底是黄老和法家。汉家以阴谋得天下，开国元勋多是这一流人物，忽然要使这班仗着一张嘴谈仁说义底儒生来做士林底纲领，势必惹起许多反动。宣帝好以刑名绳天下，太子劝他进用儒生。他很生气地说，"汉家自有制度，本以霸王道杂之，奈何纯任德教，用周政乎？且俗儒不达时宜，好是古非今，使人眩于名实，不知所守，何可委任"？他甚至说"柔仁好儒"底太子会乱汉家天下。看来，宣帝时代还不是很崇儒术底。但他也不是绝对排斥儒教底，如信梁丘贺底筮法，至以他为大中大夫。甘露三年（西前51年）又召诸儒讲五经异同于石渠阁，都可以看出他对于六艺也不忽视。元帝、成帝都是好儒术底。元帝遵儒教底事实很多，如永光三年（西前41年）因贡禹底奏章，而罢在郡国底祖宗，以应古礼。复以韦元成议，毁太上皇、孝惠诸寝庙园，是他服膺儒道底表现。他又诏褒成侯霸，以所食祀孔子，这是世爵奉祠之始。成帝河平三年（西前26年），以中秘书颇散亡，使谒者陈农求遗书于天下，命刘向刘歆父子操校理底责任，由是尊儒底政策大告成功。不幸儒教正在公布成立底时候，王莽早又怀着"周公辅成王"底心事。因为这个，不得更崇孔子，所以在平帝元始元年（西1年）追谥孔子为褒成宣尼公。孔子有谥号，实从此始。

孔子道给王莽借用了不少：他假《符命》四十二章以愚民，故能偷了十几年底天下。西汉底儒者，不过推步灾异，缘饰阴阳，犹不敢以偏说淆乱先王旧典。自王莽引经作谶，以《易·巽卦》"伏戎于莽"为己之应，而图谶之说大行了。光武之兴，本不必假借纬候，但以王氏既假符命灭汉，故亦欲假符命以明汉氏之当再立，互为提倡，便形成东汉道士派底儒学了。东汉经师每信图谶，如郑康成以经学大师，且为纬作注，其《六艺论》至云"六艺，皆图所生"是很可怪底。这派道士的儒学实为儒教正式成立后底神学。明帝永平二年(西 59 年)始命辟雍及郡县学校，行乡饮酒礼，皆祀周公、孔子，牲用犬。国学郡县祀孔子自此始。十五年帝东巡，过鲁，始以七十二弟子从祀。此后，所有的衣冠制度，都就了孔子道底范式，再没有何等迫害了。

讲了半天，儒底道理底精华处到底是那一点呢？我可以说是在君师底理想上头。我们所学所问，不是专为学问而学问，是要致用底。致用是在齐家、治国、平天下上头。学底是古典谟，而功业在当世，所以说"修己以安百姓"，"修己正南面"。这儒底君师理想，弥漫了我民族几千年底头脑里头。我们当以为单是学问不能算为学问，非得把他现于实用才算，历来在政府有势力底，所谓负有经时济世底才干底都是大儒者。章太炎、康有为、梁启超乃至胡适们，都是不以他们底学问为满足，都怀着不同的治人理想底。太炎自己承认他是政治家，若说他底政见不能比他底学问强，他就不高兴了。儒教里头，积聚了许多可贵的道理，可惜现在只有少数人从事寻绎，而多数人正在做西方文化底转运手，把他鄙弃了。

儒教在今日若能成为一种宗教，那他就是一个具社会灵魂底宗教，他所求底只在社会底安宁，和"立身、行道、扬名于后世"这样底名誉恭敬。他底运动方向只以社会安宁为至善底鹄。至于人和宇宙间更深远玄渺的连络，个人对于"我"底去处，是儒者所不乐道底。伦教运动，计起来似乎要比神教运动更合理性，但人生本是很滑稽的，我们常不能满足于这样不玄的动作。科学家说花是某某等原质凑成底，要怎样培养他才能使他好看。但这只是讲堂内和园丁底事，一般人都是赏花底。一般人对于花，各个心中只有各别的奇妙理解和欣赏赞叹罢了。我不是要儒教做出些神怪，或印行些感应篇,只是要他在人群上找一个更高的连络,因为社会在宇宙间本算不得什么,本不是生活底根源。要万事治理,需从根源起,治末梢是不中用底。儒教能用宋儒底精神,用新宗教底方法去整理他底旧教义,他便能成为一个很高尚的宗教。

十二年六月十日脱稿于燕京大学。

(原载《晨报副刊》第 171—
175 号,1923 年 7 月 2—7 日)

许地山(1893—1941),原名赞堃,笔名落花生,广东揭阳人。1920 年毕业于燕京大学。次年与茅盾等发起组织文学研究会。1923 年留学美国哥伦比亚大学、英国牛津大学,获文学硕士学位。1927 年回国后任燕京、北京、清华等大学教授。1935 年任香港大学教授,并主持中华全国文艺界抗敌协会香港分会工作,参与抗日救亡活动。著有散文集《空山灵雨》、小说集《缀网劳珠》,编著《印度文学》、《大藏经索引》、《中国道教史》等。

本文论述了儒、儒家、儒教的含义、形成及演变。作者认为,最初的儒是术士的统称,后来成为学孔子之道的专名,即儒家是宗师孔子的人。战国秦汉之后,儒教逐渐形成并受到尊崇。儒教的精华在于修齐治平、经世致用的君师理想,是一个具社会灵魂的宗教。作者指出,儒教若能用宋儒的精神、用着眼于根源的新宗教的方法去整理其旧教义,就能成为一个很高尚的宗教。

三教异同说

姚永朴

《易大传》曰："天下同归而殊涂，一致而百虑。"老佛之于儒，亦若是尔矣。盖老子所宗，本周先王遗教，其后鉴文胜之弊，持论稍偏，然《道德经》述侯王，称孤寡不穀，及吉事尚左，凶事尚右，于礼何尝不言之津津，岂真以为可去哉？佛生西方，与吾国圣贤未尝相接，因悼世人迷于根尘，而入五蕴、惑四相、囿二执、造三业，爰导之解脱，俾永断无明，以成正果。此其修己之严，教人之切，又何如。或据弃君臣，去父子，禁相生相养之道为之罪，不知彼特以求道之急而然，非必率天下之人而缁之、而髡之也。观佛在时，令出家者冬夏入兰。若听讲，春秋归养父母。在家者亦冬夏入兰，若思欲则归，重来者听。迨灭度后遗制，凡受戒，每坛三人，过为滥法其意可见矣。间尝即二氏书与吾儒参考之，夫人之生也，自无中来亦自无中去，惟性之命于天者为真，其诱于物而动者，妄也。老子言："为学日益，为道日损，损之又损，以至于无为。"佛言："一切贤圣，皆以无为法"，正以此。《论语》曰："无意，无必，无固，无我。"曰："无适，无莫。"曰："无可，无不可。"曰："吾有知乎哉？无知也。"曰："予欲无言。"其论尧曰："民无能名。"论舜曰："无为而治。"论泰伯曰："民无德而称。"而《中庸》篇末归于无声无臭，此《诗》之所以咏文王也。吾先圣何尝不出一辙，但所谓无者，就诱于物者言之，非谓命于天者亦可无也。故《老子》曰："惚兮恍兮，其中有象；恍兮惚兮，其中有物;窈兮冥兮,其中有精。其精甚真,其中有信。"佛言空相,又言实相,而曰此道非实非虚,此与《易大传》成性存存又何以异? 然则三教将无同乎? 曰:其归一也。何谓归? 去妄存真是也。若夫所从入之路,则有不容牵合者。盖老子以生不辰,而有厌世之意。佛之道,尤以出世为宗。故一尚自然,一归圆觉。其所以自修者在此,斯其所以诏人者亦在此。孔孟则不然。其为道也,主乎经世,虽了然于死生之说,而必务民之义,故谆谆焉教以人伦,维之以礼乐刑政。观六经所言,何其恳挚而详备也。昔孔子曰,彼游方之外者也,而丘游方之内者也,外内不相及。斯言也,其老佛与儒之辨也与? 惟其所从入者之异路,故曰道不同不相为谋。惟其归也一,故曰道并行而不相悖。方今沧海横流,人心之陷溺已深固不可拔,故老佛之言,吾徒自不妨取之,以为他山之助。若夫事亲从兄与所以治天下国家者,孔孟遗书具在,抑何可置而不讲哉! 唐宋儒者,必诋二氏为异端,甚至比之淫声美色而不敢近。使诚如此,何以孔子惜子桑伯子之简,未尝不许其可,而见老子且叹为犹龙。至崇信二氏者,又或谓孔子未若彼所造之深广,是但以词章考据家之所得者为六经,而昧昧于诸经之微言大义,亦所谓不登其堂不哜其胾者也。

(选自《民彝杂志》1927 年 7 月第 6 期)

　　姚永朴(1862—1939),字仲实,晚号蜕和老人,安徽桐城人。光绪举人。早年深得家学,精于诗文经史。曾先后在山东、安徽高等学堂、京师大学堂任文科教员。1914 年任北京大学教授及清史馆协修。1920 年后,在东南大学、安徽大学任教。著有《尚书谊略》、《论语解注合编》、《十三经举要》、《群经考略》、《诸子考略》、《蜕和轩诗文集》等。

　　本文认为,儒、释、道三教同归而殊途,一致而百虑。去枉存真,是三教之同归;所出入之路,是三教之所异。正因为其殊途而同归,所以三教之道并行而不相悖。

孔门的泛神思想史略

朱谦之

《系上》曰:"神无方而易无体。"又曰:"阴阳不测之谓神。"又曰:"穷神知化,德之盛也。"又曰:"知变化之道者,其知神之所为乎。"又曰:"易无思也,无为也,寂然不动感而遂通天下之故,非天下之至神,其孰能与于此。"又曰:"惟神也故不疾而速,不行而至。"又曰:"利用出入,民咸用之谓之神。"又曰:"鼓之舞之以尽神。"

《系下》曰:"于是始作八卦,以通神明之德。"又曰:"精义入神,以致用也。"又曰:"天生神物,圣人则之。"又曰:"知几其神乎⋯⋯几者动之微吉之先见者也。"

《孟子》曰:"大而化之谓之圣,圣而不可知之谓神。"又曰:"所过者化,所存者神,上下与天地同流。"

孔子曰:"心之精神是谓圣。"(《尚书大传略说》)

子曰:"鬼神之为德,其盛矣乎! 视之而弗见,听之而弗闻,体物而不可遗,使天下之人斋明盛服,以承祭祀,洋洋乎如在其上,如在其左右,《诗》曰:'神之格思,不可度思,矧可射思。'"(《中庸》)

《诗》曰:"德辅如毛,毛犹有伦,上天之载,无声无臭至矣。"(《中庸》)

"至诚如神"(《中庸》)。

"子不语怪力乱神"(《论语·述而》)——皇侃《义疏》引李充曰:"力不由理,斯怪力也,神不由正,斯乱神也,怪力乱神,有兴于邪,无益于教,故不可言也。"

"祭如在,祭神如神在"(《论语·八佾》)。

"寂然不动诚也,感而遂通神也,动而未形有无之间者几也,诚精故明,神应故妙,几微故幽,诚神几曰圣人"(《周子通书》)。

"夫化不见其迹,莫知其然之谓神"(《周子通书》)。

"动而无动静而无静神也,动而无动,静而无静,非不动不静也,物则不通,神妙万物"(《通书》)。

"《中庸》言诚便是神"(《程明道》)。

"惟神也故不疾而速,不行而至,无速亦无至,须如此言者,不如此不足以形容故也"(同上)。

"冬夏寒暑阴阳也,所以运用变化者神也,神无方故易无体。若如或者别立一天,谓人不可以包天,则有方矣,是二本也"(同上)。

"生生之谓易,生生之用则神也"(同上)。

"穷神知化,化之妙者神也"(同上)。——刘蕺山曰:"神更不说体,精义入神以致用也,神无方化之妙处即是,故以用言。"杨开沅案诚便是神之体,但体物不遗,故不可以体言。"

"气一而已,主之者神也,神亦一而已,乘气而变化,能入于有无死生之间,无方而不测者也"(邵雍《观物外篇》)。

"气者神之宅也,体者气之宅也"(同上)。

"一消一长,一阖一辟,浑浑然无迹,非天下之至神,其孰与于此"(同上)。

"形可分神不可分"(同上)。

"因物则神,神则明矣,潜天潜地不行而至,不为阴阳所摄者神也"(同上)。

"神无所在无所不在,至人与他日通者,以其本于一也,道与一神之强名也,以神为神者至言也"(同上)。

"神无方而性有质"（同上）。

"人之神则天地之神，人之自欺，所以欺天地，可不慎哉"（同上）。

"利用出入之谓神，名体有无之谓圣，惟神与圣能参乎天地者也"（《渔樵问答》）。

"天地之道备于人，万物之道备于身，众妙之道备于神"（同上）。

"惟神为能变化，以其一天下之动也，人能知变化之道，其必知神之为"（横渠《易说》）。

"非至精至变至神不能与，故曰神而明之，存乎其人，无知者以其无不知也，若言有知，则有所不知也，故能竭两端，《易》所谓寂然不动，感而遂通也。无知则神矣，苟能知此，则于神为近，无知者亦以其术素备也，道前定则不穷，一故神，譬之人身，四体皆一物，故触之而无不觉，不待心使至此而后觉也，此所谓感而遂通，不行而至不疾而速也"（同上）。

"天下之动，神鼓之也，神则主于动，故天下之动皆神为之也"（同上）。

"易所以明道，穷神则无易矣"（同上）。

"一物两体气也，一故神① 两故化② 此天之所以参也，两不立则一不可见，一不可见则两之用息"（同上）。

"圣人心术之运，固有不疾而速，不行而至默而识之处，故谓之神"（同上）。

"阴阳不测之谓神"（《大全》）。——朱子曰阴阳不测之谓神，是总结这一段，不测是在这里又在那里，便是这一个物事走来走

---

① 两在故不测。

② 推行于一。

去,无处不在,六十四卦都说了,这又说三百八十四爻,许多变化,都只是这一个物事,周流其间。

"大率天之为德,虚而善应,其实非思虑聪明可求,故谓之神,老氏况诸谷以此,太虚者气之所体,气有阴阳,屈伸相感而无穷,故神之应也无穷,其散无数故神之应也无数,虽无穷其实湛然,虽无数其实一而已"(横渠《语录》)。

"神与易虽是一事,方与体虽是一义,以其不测故言无方,以其生生故言无体,然则易近于化"(同上)。

"神不可致思,存焉可也,化不可助长,顺焉可也"(同上)。

"阴阳不测其德神"(同上)。

"神德行者,寂然不动,冥会于万化之感,而莫知为之者"(同上)。

"化之不已,须臾之化则知须臾之顷,一日之化则知一日之顷,况有殊易知变化之道则知神之所为,又曰知几其神乎"(同上)。

"惟神故能变化,以其一天下之动也,人能知变化之道,则必知神之为也"(同上)。

"一故神,譬之人身四体皆一物,故触之而无不觉,不待心使至此而后觉也,此所谓感而遂通,不行而至,不疾而速也。物形乃有大小精粗,神即无精粗,神即神而已,不必言作用"(同上)。

"《易》言感而遂通者,盖语神也"(同上)。

"用之不穷,莫知其乡,故名之曰神"(同上)。

"虚静昭鉴神之明也,无远近幽深,利用出入,神之充塞而无间也"(同上)。

"神而明之,存乎其人,道至有难明处而能明之,此则在人也。凡言神亦必待形然后著,不得形神何以见,神而明之,存乎其人,然则须待人而后能明乎神"(同上)。

"非神不能显诸仁,不知不能藏诸用"(同上)。

"神则不屈,无复回易,鼓万物而不与圣人同忧,此直谓天也,天则无心,神可以无诎"(同上)。

"变化者其神之所为乎?无象无形则神之所为远矣,此一动一静,天地之间理之不得已焉者,其相摩相荡,非有机缄纲维而然也"(《杨氏易稿》)。

"变化者神之所为也,其所以变化,孰从而见之,因其成象于天,成形于地,然后变化可得而见焉"(同上)。

"曰通乎昼夜之道,而知神无方而易无体,圣人所以体神易者,以其通昼夜而知也,知刚柔一气之往来,则昼夜之道可知矣"(同上)。

"鬼神体物而不遗,盖其妙万物而无不在也"(同上)。

《说卦传》曰:"神也者妙万物而为言也,动万物者莫疾乎雷,挠万物者莫疾乎风,燥万物者莫燥乎火,说万物者莫说乎泽,润万物者莫润乎水,终万物始万物者莫盛乎艮,故水火相逮,雷风不相悖,山泽通气然后能变成既成万物也。"——韩氏伯曰:"于此言神者,明八卦运动变化推移,莫有使之然者,神无物妙万物而为言,则雷疾风行火炎水润,莫不自然相与为变化,故能万物既成也。"吴氏澄曰:"乾坤主宰万物之帝,行乎六子之中,所谓神也者妙万物而为言者也,万物有迹可见,而神在其中无迹可见,然神不离乎物也,即万物之中而妙不可测者神也,故曰妙万物,雷之所以动,风之所以挠,火之所以燥,泽之所以说,水之所以润,艮之所以终始,皆乾坤之神也。"胡氏炳文曰:"去乾坤而专言六子,以见神之所为,言神则乾坤在其中矣。"梁氏寅曰:"神即帝也,帝者神之体,神者帝之用,故主宰万物者帝也,所以妙万物者帝之神也。"蔡氏清曰:"如雷专于动,风专于挠,则滞于一隅,不得谓之妙,天地则役使六子,以造化乎万物,而六子之伸缩变化,皆天地之为也所以谓神当乾坤也,于此盖可验合一不测之义,无在无不在之意,盖神如君后,六子则六官之分职也,六官所施行,皆帝后所主宰,然后六职交举而治功成矣。"叶氏尔瞻曰:"天地功用惟一故神,非两不化,先天之六子各得其偶者所谓两也,两者体之立也,后天之变化成万物者,所谓两格者之化也,两者之化用之行也,就此两化之合一不测处乃所谓神。"

阴阳不测之谓神。——梁氏寅曰:"阴阳非神也,阴阳之不测者神也,一阴一阳变化不穷,果孰使之然哉,盖神之所为也,惟神无方故易无体,无方者即不测之谓也,无体者即生生之谓也,若为有方,则非不测之神,而其生生者亦有时而穷矣。"蔡氏清曰:"合一不测为神,不合谓之一,不一不为两在,不两在不为不测,合者两者之合也,神化非二物也,故曰一物两体也。"

神无方而易无体——韩氏伯曰:"方体者皆系于形器者也,神则阴阳不测,易则惟变所适,不可以一方一体明。"孔颖达曰:"凡无方无体各有二义,一者神则不见其处所云为,是无方也,二则周游运动不常在一处,亦是无方也,无体者一是自然而变而不知变之所由,是无形体也,二则随变而往,无定在一体,亦是一体也。"《朱子语类》云:"神无方而易无体,神便是在阴的又忽然在阳,在阳底又忽然在阴,易便是或为阴,或为阳,交错代换,而不可以形体拘也。"

知变化之道者,其知神之所为乎——韩氏伯曰:"变化之道,不为而自然,故知变化之道者,则知神之所为。"苏氏轼曰:"神之所为不可知,观变化而知之矣,变化之间,神无不在。"龚氏焕曰:"变化者神之所为,而神不离于变化。易有圣人之道四焉,以言者尚其辞,以动者尚其变,以制器者尚其象,以卜筮者尚其占,《本义》曰:'四者皆变化之道,神之所为者也。'"

《易》无思也,无为也,寂然不动,感而遂通,非天下之至神其孰能与于此——孔氏颖达曰:"既无思无为,故寂然不动,有感必应,万事皆通,是感而遂通天下之故也,言易理神功不测。"邵子曰:"无思无为者,神妙致一之地也,所谓一以贯之,圣人以此洗心退藏于密。"林氏希元曰:"感而遂通天下之故,即是上文遂成天地之文,遂定天下之象,受命如向遂知来物之意,盖即上文而再誊说,以归于至神也。"李氏光地曰:"遂通天下之故,即上文遂知来物,遂成天地之文,而此谓之至神者,以其皆感通于寂然不动之中,其知来物非出于思,其成文定象非出于为也。"朱子曰:"变化之道莫非神之所为也,故知变化之道,则知神之所为矣。易有圣人之道四焉,所谓变化之道也,观变玩占可以见其精之至矣,玩辞观象可以见其变之至矣,然非有寂然感通之神,则亦何以为精为变,而成变化之道哉,此变化之所以为神之所为也。"

东坡《易传》曰:"神之所为不可知也,观变化而知之尔,天下之至精至变与圣人之所以极深研几者,每以神终之,是以知变化之间,神无不在,因而知之可也,指以为神则不可。"

温公《易说》曰:"可测则不为神。"

(朱子)问上蔡说鬼神云:"道有便有,道无便无,初看此二句与有其诚则有其神,无其诚则无其神一般,而先生言上蔡之言未稳如何,曰有其诚则有其神无其诚则无其诚,便是合有底我若诚则有之,不诚则无之,道有便有,道无便无,是合有的当有,无底当无,上蔡而今都说得粗了,合当道合有底从而有之,则有,合无底自是无了,便从而无之,今却只说道有便有,道无便无则不可。"

程子曰:"祖考来格者,惟至诚为有感必通。"

上蔡谢氏曰:"人以为神则神,以为不神则不神矣。先王祭祀鬼神则甚,曰是他意思别,三日斋,五日戒,求诸阴阳四方上下,盖是要集自家精神,所以假有庙必于萃与涣言之,如武王伐商所过名山大川致祷,山川何知,武王祷之者以此,虽然如是,以为有亦不可,以为无亦不可,这里有妙理于若有若无之间,须断置去始得。曰 如此却是鹘突也。曰不是鹘突,自家要有便有,自家要无便无,始得鬼得在虚空中辟塞满，触目皆是，为他是天地间妙用，祖考精神便是自家精神。"

朱子曰："何故谓祖考来格？曰此以感而言，所谓来格亦略有些神底意思，以我之精神，感彼之精神，盖谓此也。祭祀之礼，全是如此。且天子祭天地，诸侯祭山川，大夫祭五祀，皆是自家精神，抵当他过，方能感召得他来。鬼神二事，古人诚实于此处，只见得幽明一致，如在其上，如在其左右，非心知其不然，而姑为是言而设教也。问祭祀之理还是有其诚则有其诚，神，无其诚则无其神否？曰鬼神之理，即是此心之理。"

上蔡谢氏曰："动而不已其神乎，滞而有迹其鬼乎，往来不息神也，摧仆归根鬼，致生之故其鬼神，致死之故，其鬼不神。"

北溪陈氏曰："范氏谓有其诚则有其神，无其诚则无其神，此说得最好。诚只是真实无妄，虽以理言，亦以心言，须是有此实理，然后致其诚敬，而副以实心，方有此神，苟无实理，虽有实心，亦不歆享。且如李氏不当祭泰山而冒祭，是无此实理矣，假饶极尽其诚敬之心，与神亦不相干，泰山之神，决不吾享。大概古人祭祀须是有此实理相关，然后三日斋七日戒，以聚吾之精神，吾之精神既聚，则所祭者之精神亦聚，必自有来格底道理。"

朱子精变神说："变化之道莫非神之所为也，故知变化之道则知神之所为矣。易有圣人之道四焉，所谓变化之道也。观变玩占可以见其精之至矣，玩辞观象可以见其变之至矣，然非有寂然感通之神，则亦何以为精为变而成变化之道哉？此变化之道所以为神之所为也，所以极深者以其精也，所以研几者以其变也，极深研几所以不疾而速不行而至者，以其神也。……或曰至精至变皆以书言之矣，至神之妙亦以书言可乎？曰至神之妙，固无不在，群考之文意，则实亦以书言之也，所谓无思无为寂然不动云者，言在册象在画著在楼而变未形也。至于玩辞观象而撲著以变，则感而遂通天下之故矣。推而极于天地之大，反而验诸心术之微，其一动一静循环终始之际，至神之妙亦如此而已矣。此其所以不疾而速不行而至也与？"

圣人以此斋戒以神明其德夫（《系辞》）——程子语：易要玩戒索斋戒以神明其德夫。柴氏曰："斋戒以致其诚，以自神明其德，人心诚则神，神则与理无间断。"

利用出入，民咸用之谓之神（《系辞》）——渊"问百姓日用则谓之？神曰是如此。又曰利出入者便是人生日用都离他不得。又曰民之于易，随取而各足，易之于民，周偏而不穷，所以谓之神，所以谓之活泼泼地便是这处"（《学蒙》）。

"程子语：神是极妙之语，（良佐）天者理也，神者妙万物而为言者也，帝者以主宰事而名绚神也者妙万物而为言，若上竿弄瓶至于斲轮诚至不可得而知，上竿初习数尺而后至于百尺习化其高，斀圣人诚至之事，岂可得而知"（《河南语录》）？

"朱子语问如雷风水火山泽自不可唤做神，曰神者乃其所以动所以挠者心之神乎？是做范围天地而一念不逾时，经纬万方而半武不出户，岂假疾而后速，行而后至，何为其然也？心之神也。"

《周易会通》卷十二："显诸仁易说，藏诸用极难说？这用字如横渠说一故神，神字用字一样。"

南轩张氏曰："变者不能自变，有神以变之，化者不能自化，有神以化之，故知变化之道，疑若窥测其妙也。"

杨氏万里曰："天下之理惟疾故速惟行故至，未有不疾而速不行而至者也，盖不如是不足以为神也。然则圣人之神果何物也？必之精也。岂惟心之能神哉？物理亦有之：铜山东倾而洛钟西应。岂惟物理哉？人气亦有之：其母啮指而其子心动。此一物之理一人之气相应相同有不疾而速不行而至者也，况圣人也。"朱氏曰："神妙万物而为言者，物物自妙也。"郑康成曰："共成万物不可得而分故合谓之神。"横渠曰："一则神两则化,妙万物者一则神也。"南轩张氏曰："夫八卦各有所在也,而神则无在而无不在八卦;皆各有所为也;而神则无为而无不为,强名之曰神,即妙其万物而为言也。"

梁寅《周易参义》："凡物皆有神也,而物莫大于天,则神亦莫尊于帝,故主宰万物者帝也,而所以妙万物者帝之神也。……六子之致用,皆神之所为也,然雷风山泽水火此象也,非神也,雷之动风之挠火之燥泽之说水之润艮之终始此气也亦非神也,所谓神者果何哉,盖其所以动挠所以燥说所以润所以终始,是之谓神也。六子者各有在而神则无在无不在,六子者各有为而神则无为无不为,其妙之至不可名,姑强名之曰神。"

横渠《易说》："鼓天下之动者存乎神。"

又曰："大抵过则不是着有则是着无,圣人自不言有无,诸子乃以有无为说说有无,斯言之陋也,在易则惟曰神则可以兼统。"

紫岩《易传》："夫天下万物一神耳,数变象显理无逃焉。神者何易之神也？寂然不动,感而遂通,化育万物,无乎不在曰神无方。神之无思无为,寂然不动之体,感而遂通之用,初不离于精变之间,故夫精变之迹有思有为也,精变之道无思无为也。夫自至精至变以极于至神,易之为易无余蕴矣。帝与万物相终始,有神以运动其中。"

南轩张氏曰："变者不能自变,有神以变之,化者不能自化,有神以化之,故知变化之道者,疑若窥测其妙也。"

王心斋《答黎洛大书》曰："来书所谓动之即中,应之至神,无以加矣,是故人受天地之中以生,而动之即中,随感而应,而应之即神,先生为民父母,如保赤子,率真而行,心诚求之,当拟议则拟议,是故拟议以成其变化,又何惑之有哉。"

罗近溪曰："夫神也者妙万物而为言者也,亦超万物而为言者也,阴之与阳是曰两端,……分之固阴阳互异,合之则一神所为,所以属阴者则曰阴神,属阳者则曰阳神,是神也者浑融乎阴阳之内,交际乎身心之间,而充溢弥漫乎宇宙乾坤之外,所谓无在而无不在者也,惟圣人与之合德,故身不徒身而心以灵乎其身,心不徒心而身以妙乎其心,是谓阴阳不测,而为圣不可知之神人矣。"

（选自朱谦之著《一个唯情论者的宇宙观及人生观》附录,泰东图书局 1928 年版）

朱谦之（1899—1972）,字情牵,福建福州人。早年就读于北京大学。1929 年留学日本。回国后任暨南大学教授、中山大学历史系主任、哲学系主任、文学院院长等职。1952 年后任北京大学教授、中科院世界宗教研究所研究员。主要著作有《一个唯情论者的宇宙观及人生观》、《中国思想对于欧洲文化之影响》、《文化哲学》、《历史哲学》、《谦之文存》、《中国景教》、《扶桑国考证》、《老子校释》等。

本文围绕儒家关于"神"的论述,广征博引,全部罗列儒家典籍材料,对于研究儒家宗教思想具有一定的资料价值。

朱熹的宗教哲学

周予同

　　古代儒家,鲜及鬼神。《论语》谓:"未知生,焉知死。""未能事人,焉能事鬼。""子不语:怪、力、乱、神。"盖孔子以实践道德为依归,故不尚幽冥玄虚之谈。虽儒家注重丧葬祭祀,近似宗教;然实则假借仪式,以为修养内心、维系社会之工具;故与其斥为宗教的,不若指为伦理的之为当。下迄宋儒,于本体论多所发挥,自不能不涉及"鬼神"一观念;然其所谓鬼神,已脱离原始宗教的解释,而进于哲学的思辨,故每籍《易·系辞》"精气为物,游魂为变,是故知鬼神之情状",及《中庸》"鬼神之为德,其盛矣乎! 视之而不见,听之而不闻,体物而不可遗"等语,以为发端。张载谓鬼神为二气之良能,程颐谓鬼神为天地之妙用,其哲学的意味已极显著。及至朱熹复本其本体上理气二元论之见解,而演化为阴阳二元论,更演化为鬼神二元论。虽其指导门徒,不愿多及鬼神;如云:"鬼神事自是第二着,那个无形影,是难理会底,未消去理会,且就日用紧切处做工夫。""此(鬼神有无)岂卒乍可说? 便说,公亦岂能信得及? 须于众理看得渐明,则此惑自解。""待日用常行处理会得透,则鬼神之理将自见得"等等;然一涉哲学的论辨,则其广譬妙喻,殊见其趣味之浓厚;故就其所遗之《语类》而言,其论及鬼神,亦颇足供吾人论述之资也。

　　朱熹以为本体可析为理气,气又可析为阴阳,而鬼神则不过为阴阳之灵之别名。阴阳二气,在宇宙间,无所不在,故鬼神亦无所不在。西洋哲学有所谓泛神论,附会言之,朱熹之宗教哲学亦殊有此种思想之倾向,不过其所谓神再析为鬼神二元而已。其言曰:"以二气言,则鬼者,阴之灵也;神者,阳之灵也。以一气言,则至而伸者为神,反而归者为鬼。一气即阴阳运行之气,至则皆至、去则皆去之谓也。二气谓阴阳对峙,各有所属。"又云:"鬼,阴之灵;神,阳之灵;此以二气言也。然二气之分,实一气之运;故凡气之来而方伸者为神,气之往而既屈者为鬼。阳主伸,阴主屈,此以一气言也。故以二气言,则阴为鬼,阳为神。以一气言,则方伸之气亦有伸有屈;其方伸者神之神,其既屈者神之鬼。既屈之气亦有伸有屈;其既屈者鬼之鬼,其来格者鬼之神。天地人物皆然,不离此气之往来屈伸合散而已。"朱熹既以鬼神为阴阳二气之往来屈伸合散之名,故其鬼神之含义殊广。其言曰:"日自午以前是神,午以后是鬼。月自初三以后是神,十六以后是鬼。""草木方发生来是神,彫残衰落是鬼。人自少至壮是神,衰老是鬼。鼻息呼是神,吸是鬼。""魄属鬼,气属神。如析木烟出是神,滋润底性是魄。人之语言动作是气,属神;精血是魄,属鬼。""神,伸也;鬼,屈也;如风雨雷电初发时,神也;及至风止雨过,雷住电息,则鬼也。""问日是神,月是鬼否? 曰:亦是。""指甘蔗曰:甘香气便唤做神,其浆汁便唤做鬼。"上所引述,吾人骤聆之,直可斥为鬼话;顾细按之,亦自有其玄学上之系统。总之,鬼神一观念,由原始的宗教的意味而进于修正的玄学的思辨,则朱熹或不无功绩焉。

朱熹于鬼神一观念,虽哲学的视为阴阳之灵之别称;然对于世俗之所谓鬼神,以及人鬼物魅等,绝不加以否认,而且客观的承认其存在。就此点而言,朱熹之鬼神论,实未完全脱离原始宗教之意味,而不无大纯小疵之讥。彼以为玄学上之鬼神系正直之气所表现,世俗之所谓鬼神系邪暗之气所凝聚,又落于二元论之论调。其言曰："雨风露雷，日月昼夜，此鬼神之迹也。此是白日公平正直之鬼神。若所谓有啸于梁，触于胸，此则所谓不正邪暗，或有或无，或去或来，或聚或散者。又有所谓祷之而应，祈之而获，此亦所谓鬼神，同一理也。世间万事皆此理，但精粗小大之不同尔。"至于人类死后之生命（即所谓人鬼），朱熹虽排斥佛家轮回之说，斥人死为鬼、鬼复为人之言为误谬；但死后之灵魂，在特殊情境之下，得以暂时存在，并非绝不可能。简言之，朱熹之人鬼论不过世俗见解之修正者而已。其言曰："天道流行，发育万物，有理而后有气，虽是一时都有，毕竟以理为主，人得之以有生。气之清者为气，浊者为质。知觉运动，阳为之也；形体，幽为之也。气曰魂，体曰魄。高诱《淮南子注》曰：'魂者，阳之神；魄者，阴之神。'所谓神者，以其主乎形气也。人所以生，精气聚也。人只有许多气，须有个尽时；尽则魂气归于天，形魄归于地而死矣。人将死时，热气上出，所谓魂升也；下体渐冷，所谓魄降也。此所以有生必有死，有始必有终也。夫聚散者，气也；若理，则只泊在气上，初不是凝结自为一物。但人分上所合当然者，便是理，不可以聚散言也。然人死虽终归于散，然亦未便散尽，故祭祀有感格之理。……然已散者不复聚，释氏却谓人死为鬼，鬼复为人；如此，则天地间常只是许多人来来去去，更不由造化生生，必无是理。"又云："神祇之气常屈伸而不已，人鬼之气则消散而无余矣。其消散亦有久速之异。人有不伏其死者，所以既死而此气不散，为妖为怪。如人之凶死，及僧道既死，多不散（僧道务养精神，所以凝聚不散）。若圣贤则安于死，岂有不散而为神怪者乎？"又云："游字（游魂为变）是渐渐散。若是为妖孽者，多是不得其死，其气未散，故郁结而成妖孽。若是尪羸病死底人，这气消尽了方死，岂复更郁结成妖孽？然不得其死者，久之亦散；如今打面做糊，中间自有成小块核不散底，久之渐渐也自会散。"总之，朱熹以为在普通情境中，人死则气散，如圣贤与凡人，故无鬼之可言；

若在特殊情境之下,如不伏其死及僧道之凝聚精神,则其鬼得暂时的存在;盖与通俗之见解殊无大差异也。

朱熹不仅以为人鬼有暂时不散之可能,而且进一步承认物魅之客观的存在。其言曰:"《家语》云:'山之怪曰夔魍魉,水之怪曰龙罔象,土之怪羵羊。'皆是气之杂揉乖戾所生,亦非理之所无也。专以为无,则不可。如冬寒夏热,此理之正也;有时忽然夏寒冬热,岂可谓无此理;但既非理之常,便谓之怪。"又如:"问今人家多有怪者。曰:此乃魑魅魍魉之为。达州有一士人,行遇一人,只有一脚,问某人家安在。与之同行,见一脚者入某人家,数日,其家果死一子。"观此,则朱熹之物魅论,直类村姖女巫之谈,其哲学的气息已澌灭无余矣。

朱熹既承认鬼神之客观的存在,则其祭祀观亦殊有论述之必要。祭祀之起原,本为野蛮时代避祸祈福之原始宗教的行为;及至儒家,托古改制,虽客观的否认鬼神之存在,而主观的利用祭祀以为报本返始之内心的表示,盖已由宗教的仪式而演化为伦理的手段。朱熹之祭祀论,不能于论理方面多无发挥,而复返于宗教的解释,实为宋儒哲学思想退化之一证。朱熹以为人类与鬼神之相关在于气,而一切祭祀之所以有效亦在乎气之感应。故其言曰:"鬼神是本有底物事。祖宗亦只是同此一气,但有个总脑处。子孙这身在此,祖宗之气便在此;他是有个血脉贯通。所以神不歆非类,民不祀非族,只为这气不相关。如天子祭天地,诸侯祭山川,大夫祭五祀,虽不是我祖宗,然天子者天下之主,诸侯者山川之主,大夫者五祀之主,我主得他,便是他气又总统在我身上;如此,便有个相关处。"又如:"问子孙祭祀,却有感格者,如何?"曰:"毕竟子孙是祖先之气;他气虽散,他根却在这里;尽其诚敬,则亦能呼召得他气聚在此。如水波样,后水非前水,后波非前波,然却通只是一水波,子孙之气与祖考之气亦是如此。他那个当下自散了,然他根却在这里;根既在此,又却能引聚得他那气在此。此事难说,只要人自看得。"吾人如以朱熹之祭祀观与《礼记》中《祭义》、《礼器》、《郊特牲》之祭祀观相较,则一般以宋儒为能于古代儒家思想加以哲学的解释,而视为中国学术思想之进步者,不足凭信矣。

(选自《朱熹》第三章,商务印书馆 1929 年版)

　　本文节选自作者著作《朱熹》第 3 章。作者认为,宋儒所论鬼神已由原始的宗教意味而进于哲学的思辨。朱熹的鬼神观既有哲学的思辨又未完全脱离原始宗教的意味。一方面,朱熹根据其本体理气二元论见解,以为鬼神不过是阴阳二气之灵的别名;另一方面,朱熹对于世俗的所谓鬼神以及人鬼物魅等,又承认其客观的存在,并认为祭祀是人类与鬼神之气相感应的有效方式。

纬谶中的孔圣与他的门徒

周予同

> 孔子、墨子俱道尧、舜，而取舍不同，皆自谓真尧、舜。尧、
> 舜不复生，将谁使定儒、墨之诚乎？——韩非《显学》篇。

这是计划中的《孔学演变史》一书中的一章。无疑的，孔子问题是两汉以来中国文化的核心问题；孔子问题不解决，则中国现在文化的动向无法确定。然而这也是无疑的，两汉以来的孔子只是假的孔子而不是孔子的真相。至少，这可以说的，两汉以来的孔子只是已死的孔子；他随着经济组织、政治现象与学术思想的变迁，而换穿着各色各样的奇怪的服装。不信，在最近几年，孔子不是穿着不相称的"中山装"在摇摇摆摆的吓人吗？那末，现在发表这篇文章，命意也不过是在看看两汉间孔子所穿着的怪装，好使刁黠的政客与忠厚的书生们清醒清醒点；同时希望研究原始宗教的谣俗学者，对于这里所搜集的材料加以注意。

一 孔圣的诞生

当公元前 551 年间（周灵王二十一年，鲁襄公二十二年），有一位少女，颜徵在，某天，曾在大冢的斜陂上游玩。——一说是大泽——她大概是玩得疲倦了；就在那里睡觉。她忽然梦见一位黑帝

请她去。她不能自主的跟着他去,居然和他发生性交。他并且告诉她说:她将来养小孩一定是在空桑里面。这位少女醒来,回想梦境,似乎有些异样的感觉。后来,她居然养了一位小孩,并且的确是生在空桑里面。这位小孩就是我们的圣哲,孔子。因为他是黑帝的后裔,所以称为"玄圣",——"玄"就是"黑"的意义①。

他,孔子,由这位少女抚养,渐渐的长大了。因为自己有母亲而没有父亲,不知道应该姓什么,于是某一天依照古代圣人的办法,吹乐律以定自己的姓。他吹得"阴"声,是以"羽"做"宫"声,因此遂决定姓孔②。他是黑帝的儿子,和殷朝是同一祖先③。"黑"在"五行"是属"水","水"在音律方面的配合是"羽","羽"是"阴"声,

---

① 《春秋纬演孔图》:"孔子母(颜氏)微在游于大冢(《太平御览》作泽)之陂,睡,梦黑帝使请己。已往,梦交。语曰:'女乳必于空桑之中。'觉则若感,生丘于空桑之中,故曰玄圣。"——见《艺文类聚》卷八十八,《太平御览》卷三百六十一人事部二及卷九百五十五木部一引。又《路史》前纪卷三,《后汉书·班固传》注及《文献通考·学校考》引,文义略同。"故曰《玄圣》"四字据《后汉书》注及《通考》补。

② 《春秋纬演孔图》:"孔子曰:'丘援律而吹,命阴,得羽之富。'"——见《太平御览》卷十六时序部一及《路史·黄帝纪》注引。《乐纬》:"孔子曰:'丘吹律定姓,一言得土曰宫,三言得火曰徵,五言得水曰羽,七言得金曰商,九言得木曰角。'"——见《黄氏逸书考·乐纬》,据《大义释名》第一引。《孝经纬援神契》:"圣人吹律有姓。"见《太平御览》卷十六时序部一引。

③ 《春秋纬元命苞》:"夏,白帝之子;殷,黑帝之子;周,苍帝之子。"——见《礼记·大传正义》引。

所以他吹律就知道自己是殷朝的后裔孔氏的子孙①。

　　但另一种传说，说孔子是有父亲的。他的父亲名叔梁纥。叔梁纥曾经和他的少妻徵在到尼丘山求子，感受黑龙——也就是黑帝——的精灵，因生了孔子②。总之，孔子是黑帝的儿子是无疑的。

二　孔圣的异表

　　孔子为什么名丘，字仲尼呢？这是因为他的状貌的缘故。据说，孔子的头顶很像尼丘山，四周高，中央低。这叫做"反宇"；这是道德家，思想家的骨相③。

　　但孔子的异表不止这一样，孔子身长十尺，大九围，坐着像蹲龙，立着像牵牛。他的仪表非常堂皇，发射出一种光彩，近看好像

　　①　杨应阶曰："……《是类谋》云：'吹律卜名。'又云：'圣人兴起，不知其姓，当吹律听声，以别其姓。黄帝吹律定姓。'《孝经钩命决》云：'圣人吹律有姓。'是吹律以定姓名，古盖有之。……京房吹律改李姓为京；盖其法失传，亦非唯圣能之矣。……孔子祖殷玄王，为黑帝精。又孔子感黑帝精而生，为玄圣，故吹律定姓名得羽。羽为水；水色黑也。羽为阴，故曰'命阴'；'命'即《（乾元）叙制记》所云'（因象）箸命'也。'羽之宫'者犹言'羽为宫'也。"——见《黄氏逸书考·春秋纬演孔图》引。

　　②　《论语撰考谶》："叔梁纥与徵在祷尼丘山，感黑龙之精，以生仲尼。"——见《礼记·檀弓正义》引。

　　③　《春秋纬文耀钩》："首类尼丘山，故以为名。"——见蔡复赏《孔圣全书》引。《礼纬含文嘉》："孔子反宇，是谓'尼丘'，德泽所兴，藏元通流。"——见《白虎通》"圣人"章及《路史·高辛纪》引。

昴星,远看好像斗星①。

　　此外,孔子海口②,牛唇③,骈齿④,辅喉⑤,舌头的纹理七重⑥,这些都是表显一位说教者的面相。至于躯干部分,据说是虎掌⑦,龟脊⑧。最特别的,是他的胸部。他的胸成方形,和"矩"相合⑨;并且有文字,据说是"制作定世符运"六个字⑩。

三　孔圣的使命

　　这黑帝的儿子孔子为什么在这春秋时代降生呢? 换言之,就

---

　　①　《春秋纬演孔图》:"孔子长十尺,大九围;坐如蹲龙,立如牵牛;就之如昴,望之如斗。"——见《太平御览》卷三百七十七人事部十八引。又《初学记》人部,《困学纪闻》评文章及《太平御览》卷三百九十三引,较简略。

　　②　《孝经纬援神契》:"孔子海口,言若含泽。"——见《太平御览》卷三百六十七人事部八引。又《艺文类聚》卷十七引,文略同。

　　③　《孝经纬钩命决》:"仲尼牛唇。"(牛或作斗)——见《白孔六帖》卷三十一引。

　　④　《孝经纬钩命决》:"夫子骈齿。"——见《太平御览》卷三百六十八人事部九引。

　　⑤　《孝经纬钩命决》:"夫子辅喉。"——见《太平御览》卷三百六十八人事部九引。

　　⑥　《孝经纬钩命决》:"仲尼舌理七重,吐教,陈机,授度。"——见《太平御览》卷三百六十七人事部八引。

　　⑦　《孝经纬钩命决》:"仲尼虎掌,是谓威射。"——见《太平御览》卷三百七十人事部十一引。

　　⑧　《考经纬钩命决》:"仲尼龟脊。"——见《太平御览》卷八百七十二引。

　　⑨　《孝经纬钩命决》:"孔子胸应矩,是谓仪古。"——见《太平御览》卷三百六十八人事部九引。又卷三百七十一人事部十二引入《论语谶摘辅象》。

　　⑩　《春秋纬演孔图》:"孔子之胸有文,曰:'制作定世符运。'"——见《白孔六帖》卷三十引。又《太平御览》卷三百七十一人事部十二引,文略同。

是上天为什么一定使孔子降生在周朝的末世,秦汉的前夜,所谓"春秋时代"呢?这是大有道理的。

依据"五行"说起来,夏朝属金,白色;殷朝属水,黑色;周朝属木,青色,也可说是苍色(见《春秋纬元命苞》)。继周朝而起的,应该是赤色的火,孔子有帝王的道德,有帝王的才干,但是,不幸得很,他却没有帝王的命运。因为他是黑帝的儿子,是"水精",依据五行,他无法继承木精的苍帝的周朝[①]。

那末,孔子不是白白的降生吗?决不是的。他负了上天给他的很重大的使命。这使命,就是他应该替天下制法[②]。或者更确切的说,他的降生是替火精的赤帝的汉朝制法[③]。

照这样说,孔子不是好像现在国内制宪专家吗?对的;或者不是孔子像他们,而是他们正在学孔子。

孔子很明了这上天所给付的使命;他曾经翻览古代的史记和"图录"——这图录是上天赐给古代的帝王而遗留在人间的符命——推算天象的变异,知道继起的朝代是"汉朝",大约距当时三百年间,就要兴起来"改宪",于是孔子就郑重的负起这替汉朝"制宪"

20世纪儒学研究大系

---

① 《春秋纬》:"黑龙生,为赤,必告示象,使知命。"——见《公羊传》隐元年《疏》引。又:"丘,水精,治法,为赤制功。"——见《公羊传》隐元年《疏》引。又《孝经纬援神契》:"丘为制法主,黑绿不代苍黄。"——见《礼记·中庸正义》引。又《曲礼正义》引,入《孝经纬钩命决》。

② 《春秋纬演孔图》:"圣人不空生,必有所制,以显天心。丘为木铎,制天下法。"——见《礼记·中庸正义》引。又《诗·鲁颂·閟宫正义》引首两句,入《孝经纬援神契》。《孝经纬钩命决》:"丘以匹夫徒步,以制正法。"——见《公羊传》哀十四年《疏》引。

③ 《春秋纬感精符》:"墨孔生,为赤制。"——见《后汉书·郅恽传》注引。《春秋纬演孔图》:"玄丘制命,帝卯行也。"——见《文选》班孟坚《典引》注引。又后汉《史晨碑》作:"玄丘制命帝卯金"《黄氏逸书考》入《孝经纬援神契》。

的使命①。因为孔子是上帝的儿子，所以他是一位先知者或预言家。

孔子制宪成功，将起草好的两部"图书"——《春秋》与《孝经》——遗留下来。后来火精的赤帝儿子刘邦起兵，就拿着这上天留给他的"图书"，也可以说是"符命"，灭秦，平楚，继承木精的苍帝的周朝，统一天下，于是天下人民直接在汉朝的统治之下，间接在孔子的"宪法"之下得了救②！这都是上天特别安排好的天意！

四　上天的启示之一——获麟

孔子为什么晓得上天命他替汉朝"制宪"呢？这因为上天曾经用各种的方法启示他。

某晚，孔子忽然梦见丰沛一带地方有赤色的烟气升腾起来，他于是叫颜渊、子夏两位门徒一同驾了车子去看。他们到了楚国西北的范氏庙，看见一个扒柴草的小孩在那里殴打麒麟。它的前左腿已经打伤了，躺在那边，这小孩取些柴草将它遮盖起来。孔子招这小孩来，说："小孩，你来啊，你姓什么？"小孩说："我姓赤松，名子乔，号受纪。"孔子说："你也有些什么看见吗？"小孩说："我看见一

---

① 《春秋纬汉含孳》："孔子曰：'丘览史记，援引古图，推集天变，为汉帝制法，陈叙图录。'"——见《公羊传》隐元年《疏》引。《春秋纬保乾图》："孔子曰：'汉三百载，升历改宪。'"——见《后汉书·郎颛传》注及《文选》王元长《永明九年策秀才文》注引。《孝经纬钩命决》："丘乃授帝图，掇祕文。"——见《文选》颜延年《三月三日曲水诗序》注引。又《文选·西都赋》注及《后汉书·班固传》注引末句。

② 《书纬考灵曜》："卯金出轸，握命孔符。"——见《初学记》卷二十七及《太平御览》卷八十七皇王部十二引。又《太平御览》加以注释，说："卯金，刘字之别。轸，楚分野之星。符，图书，刘所握天命；孔子制图书。"

只兽,好像麞一样,羊的头,头上面有角,角的末尖又有肉,正从这里往西边走。"孔子说:"啊!天下已经有了救主了!这救主是'赤刘',陈、项辅助他,五星走入了井宿跟从着岁星。"这小孩将盖在麟身上的柴草拿去,麟看看孔子。孔子赶近去看,麟垂下耳朵,嘴里吐出了三卷书。每卷宽三寸,长八寸,有二十四个字。孔子拿来一读,是说赤刘应当兴起。原文传到现在已经不完全,是"周姬亡,××赤气起,×××火曜兴,×××玄丘制命,帝卯金"二十四个字①。

另一种传说,说公元前四百八十一年(周敬王三十九年,鲁哀公十四年)春天②,鲁国叔孙氏的车夫钼商在山野里砍柴,得到一只麒麟。大家不认得它,以为是不祥的东西,将她丢弃在五父的街道上。孔子的门徒冉有告诉孔子说:"有一只麟,但是角上有肉,这大概是天下的妖异吧!"孔子说:"现在什么地方?我打算去看看它。"他即刻动身,和他的驾车的门徒高柴说:"照求(冉有的名)的话说来,大概一定是麒麟吧!"到那里一看,果然是麟。孔子说:"现今周朝将要灭亡,天下没有圣主,你是为了谁出现啊?今天麟出来

---

① 《孝经右契》:"孔子夜梦三槐之间,丰、沛之邦有赤氲气起,乃呼颜渊、子夏侣往观之。驱车到楚西北范氏街,见刍儿捶麟,伤其左前足,束薪而覆之。孔子曰:'儿,汝来,汝姓为谁?'儿曰:'吾姓为赤松,名时乔,字受纪。'孔子曰:'汝岂有所见乎?'儿曰:'吾所见一禽,如麟,羊头,头上有角,其末有肉,方以是西走。'孔子曰:'天下已有主也!为赤刘,陈、项为辅,五星入井从岁星。'儿发薪下麟,视孔子。孔子趋而往。麟向孔子,蒙其耳,吐书三卷。孔子精而读之。图广三寸,长八寸,每卷二十四字。其言:'赤刘当起日周亡。赤气起,火曜兴,玄丘制命,帝卯金。'"——见《搜神记》,《初学记》卷二十九,《白孔六帖》卷九十五及《太平御览》卷八百八十九引。

② 《春秋纬》:"十有四年春,西狩获麟。赤受命,仓失权,周灭,火起,薪采得麟。"——见《公羊传》隐元年《疏》及《路史余论·麟本说》引。

而被人打死，我的道完了！"于是他作了一首诗歌，说："唐、虞之世麟凤游，今非其时来何由？麟兮！麟兮！我心忧！"①

这两种传说虽表示两种不同的意见，但无疑的，都是上天所以启示孔子。

依第一种传说，扒柴草的小孩得到麒麟，是上天表示汉要代周而起的意思。因为麟是木精，所以麟的毛色是苍黄；周朝是苍帝的儿子，以木得王，和麟的五行正相配合。现在麟出来被人家打伤，这正是表示周朝快要倒霉了。并且打倒麟的是一位扒柴草的平民的小孩；柴草是烧火用的，火是赤色；这正是表示赤帝的儿子从平民间起来打倒这苍帝的儿子周朝②。孔子自己是黑帝的儿子，他看见这上天的启示，再精读麟嘴里所吐出来的图书，已经很明了自

---

　　①　《论语谶摘衰圣》："叔孙氏之车子曰鉏商，樵于野而获麟焉。众莫之识，以为不祥，弃之五父之衢。冉有告孔子曰：'有麏，肉角，岂天下之妖乎？'夫子曰：'今何在？吾将观焉。'遂往，谓其御高柴曰：'若求之言，其必麟乎！'到，视之。曰：'今宗周将灭，无主，孰为来哉！兹日麟出而死，吾道穷矣'！乃作歌曰：'唐，虞之世麟凤游，今非其时来何由？麟兮！麟兮！我心忧！'"——见《公羊传》哀十四年《疏》。又《孔丛子·记问》篇文小异，《古微书》收入《论语摘衰圣承进谶》，《玉函山房辑佚书》、《黄氏逸书考》仍之。今姑依引，待考订。

　　②　《春秋纬演孔图》："苍之灭也，麟不荣也；麟，木精也。"宋均注："麟，木精，生水，故曰阴。水气好土。土黄木青，故麟色青黄。不荣谓见继。"——见《初学记》卷二十九兽部及《太平御览》卷八百八十九兽部一引。又《路史余论·麟本说》引，文次序稍异。又《艺文类聚》木部引末句。《尚书中候》："夫子素案图录，知庶圣刘季当代周，见薪采者获麟，知为其出。何者？麟者，木精；薪采者，庶人燃火之意。此赤帝将代周。"——见《公羊传》哀十四年《解诂》及《疏》引。

已应该负替这将兴的赤汉制法的使命了①。

依第二种传说,麒麟出来而被人打死,是上天表示孔子本人不能作帝王的意思。麒麟是圣王的祥瑞;现在没有圣王,而麒麟居然出现;这麒麟是为孔子出现的;因为孔子虽不是当位的圣王,而却是具备帝王的圣德的"素王"②。不过麟出而死,这正是证明孔子无法当位,所以孔子很感慨的说:"我的道完了!"又说:"麟兮麟兮吾心忧!"

五　上天的启示之二——血书

上天已经将麒麟向孔子启示,恐怕他还延搁着不替赤汉制法,于是接着又有"血书"的启示。

孔子曾向他的门徒子夏说:"得麟这个月,上天一定有血书在鲁国端门上启示他。到了那时期,端门上果然发见血书,原文是"趋作法,孔圣没,周姬亡,彗东出,秦政起,胡破术,书纪散,孔不绝"。第二天,子夏去看,逢着一位路人,说端门上有血书。子夏到那边去抄写,血书变作红色的鸟飞去,门上发见白色的图,署名"演

---

① 《春秋纬》:"麟出,周亡,故立《春秋》,制素王,授当兴也。"——见《文选》班固《幽通赋》注引。《易乾凿度》:"孔子曰:'丘按录谶,论国定符,以《春秋》西狩,题钓表命。'"

② 《孝经纬援神契》:"麟,中央也,轩辕大角兽也。孔子备《春秋》者,修礼以致其子,故麟来为孔子瑞。"——见《古微书》辑引。

孔图",绘画孔子作图制法的形状①。

另一种传说,说孔子已经作《春秋》,天才将"演孔图"赐给他。这图中有一块大玉,刻有字,原文是"璇玑一低一昂,是七期验败毁灭之征也"等字。并且传说这话是孔子自己亲口说的②。

六　孔圣的宪法草案之一——《春秋》

黑帝的儿子,孔子,因获麟与血书的启示,晓得自己无法得位行道,只能替赤帝的儿子刘邦制法,于是开始写作《春秋》③。

他写作《春秋》是非常郑重的。先卜吉凶,得了夏殷的"阳豫"

---

①　《春秋纬说题辞》:"孔子谓子夏曰:'麟得之月,天当有血书端门。'子夏至期往视,逢一郎,言门有血书。往写之,血飞鸟化为帛。鸟消书出,署曰'演孔图'。"——见《艺文类聚》卷九十八引。又《太平广记》卷一百四十四,《文选·魏都赋》注、《鲁灵光殿赋》注及司马绍统《赠山涛诗》注引,文稍简异。《春秋纬演孔图》:"得麟之后,天下血书鲁端门,曰:'趋作法,孔圣没,周姬亡,彗东出,秦政起,胡破术,书记散,孔不绝。'子夏明日往视之,血书飞为赤鸟,化为白书,署曰'演孔图',中有作图制法之状。"——见《公羊传》哀十四年《解诂》及《疏》引。

②　《春秋纬演孔图》:"孔子曰:'某作《春秋》,天授演孔图。中有大玉,刻一版,曰:璇玑一低一昂是七期验败毁灭之征也。'"——见《太平御览》卷六百零六及蔡复赏《孔圣全书》引。

③　《春秋纬》:"哀十四年春,西狩获麟,作《春秋》,九月书成。以其春作秋成,故曰《春秋》也"。——见《公羊传》隐元年《疏》引。《春秋纬》:"昔孔子受端门之命,制《春秋》之义,使子夏等四人求周史记,得百二十国宝书。九月,经立。"——见《公羊传》隐元年《疏》引。

卦①。为了《春秋》的历法，又去研究殷朝的古历②。为了《春秋》的史料，又曾派遣门徒子夏等十四人到处搜求周代的史记，得了一百二十国的宝书(《公羊传》隐元年《疏》引)。

孔子为汉制法，本可以写些理论的书，如什么主义之类，为什么一定要写这带有历史形式的《春秋》呢？这因为孔子以为用空话来写作，不如借史事来表见比较得深切显明③。所以，《春秋》决不能作为历史看待，它备具"三圣"的法度④，陈述天人的道理⑤，改革当时的乱制⑥，表现王道的完成⑦，以显示赤汉将兴的天命⑧。所以《春秋》虽然依据周代的旧史，但的确是孔子新制的经典⑨。

---

① 《春秋纬演孔图》："孔子欲作《春秋》，卜之，得阳豫之卦。"——见《公羊传》隐元年《疏》引。又《仪礼·士冠礼疏》、《路史·炎帝纪》注及《玉海》引，文稍异。宋均注云："阳豫，夏、殷之卦名。"

② 《春秋纬命历序》："孔子为治《春秋》之故，退修殷之故历，故其数可传于后。"——见《晋书·律历志》引

③ 《春秋纬》："孔子曰：'我欲载之空言，不如见之于行事之深切著明也。'"——见《史记·太史公自叙》及《史记索隐》引。

④ 《春秋纬说题辞》："《春秋》经文备三圣之度。"——见《北堂书钞》卷九十五及《初学记》卷二十一引。

⑤ 《春秋纬握诚图》："孔子作《春秋》，陈天人之际，记异考符。"——见《初学记》卷二十一引。

⑥ 《春秋纬》："伏牺作八卦，丘合而演其文，渍而出神；作《春秋》以改乱制。"——见《公羊传》隐元年《疏》引。

⑦ 《春秋纬元命苞》："丘于《春秋》，始于元，终于麟，王道成也。"——见《文选》班固《答宾戏》注引。又刘歆《移让太常博士书》注引，稍简异。

⑧ 《尚书纬考灵曜》："丘生仓际，触期稽度，为赤制，故作《春秋》，以明文命，缀纪撰书，定礼义。"——见洪适《隶释·鲁相史晨祀孔庙奏铭》引。

⑨ 《春秋纬》："据周史，立新经。"——见《公羊传》隐元年《疏》引。

这经典包含有许多微言大义，如所谓"三科，九旨"①，"七缺，八缺"②。又根据天象，分爵禄为"三等"③，分赏罚为"七等"④。而其中最重要的，是"三科"中的"三世"。

---

① 《春秋纬》："《春秋》设三科九旨。"——见《公羊传》隐元年《疏》引。按：三科九旨，后儒解释不一。依何休《解诂》九旨就在三科之内，"三科九旨者，新周，故宋，以《春秋》当新王，是一科三旨也。""所见异辞，所闻异辞，所传闻异辞，是二科六旨也。""内其国而外诸夏，内诸夏而外夷狄"，"天下远近大小若一"，"是三科九旨也"。但依宋均注，九旨另在三科以外。"三科者：一曰张三世，二曰存三统，三曰异外内，是三科。九旨者：一曰时，二曰月，三曰日，四曰王，五曰天王，六曰天子，七曰讥，八曰贬，九曰绝。时与日、月，详略之旨也；王与天王、天子是录远近亲疏之旨也；讥与贬、绝，则轻重之旨也。"

② 《春秋纬》："《春秋》书有七缺。"——见《公羊传》隐元年《疏》引。按《疏》云："七缺者：惠公妃匹不正，隐桓之祸生，是为夫之道缺也。文姜淫而害夫，为妇之道缺也。大夫无罪而致戮，为君之道缺也。臣而害上，为臣之道缺也。僖五年，晋侯杀其世子申生；襄二十六年，宋公杀其世子痤，残虐枉杀其子，是为父之道缺也。文二年，楚世子商臣弑其君髡；襄三十年，蔡世子般弑其君固，是为子之道缺也。桓六年正月己卯，烝；桓十四年八月乙亥，尝；僖三年夏四月，卜郊，不从，乃免牲，犹三望；郊祀不修，周公之礼缺，是为七缺也矣。"又按：《黄氏逸书考·春秋纬》辑引，多"八缺之义"四字，以为："隐元年，不书即位，君道缺。祭仲来，非王命，臣道缺。郑伯克段，兄弟道缺。惠公，仲子，夫妇道缺，父子道缺。其八缺之义与！"

③ 《春秋纬元命苞》："《春秋》爵三等，象三光。"——见《礼记·王制正义》引。

④ 《春秋纬运斗枢》："《春秋》设七等之文，以贬绝录行，应斗屈伸。"——见《公羊传》庄十年《疏》引。按《黄氏逸书考》辑引而加以按语云："《公羊传》：州不若国，国不若氏，氏不若人，人不若名，名不若字，字不若子。《解诂》谓：周本有夺爵称国、氏、人、名、字之科，孔圣加州，文备七等，以进退之。徐《疏》谓：必备七等之法者，正以北斗七星主赏罚示法，《春秋》者赏罚之书，故则之。引此纬之文及《说题辞》'北斗七星有政，《春秋》亦以七等宣化'为证。"

　　所谓"三世"，是说孔子假借鲁国的十二公表示社会演进的三个阶段。第一阶段称为"所见之世"，指昭、定、哀三公时代；第二阶段称为"所闻之世"，指文、宣、成、襄四公时代；第三阶段称为"所传闻之世"，指隐、桓、庄、闵、僖五公时代①。这三世的每一世都以九九八十一年为极限②。

　　《春秋》对于天变非常注意，更其是日蚀。因为孔子相信"天人合一说"，以为君主应该通晓天文星象；君主如果圣明，天道自然得正，那末，日月也自然光明，五星也自然有度。太阳是君主的象征，日蚀正所以表明君主政治的紊乱。《春秋》记载日蚀，先后共三十六次之多，这正是表示上天很谴责执政者的意思③。

　　至于这部经典所以称为《春秋》，因为这部书是孔子在鲁哀公十四年春季开始写作，到那年秋季九月完成，所以简称为《春秋》④。《春秋》全书共计一万八千字，其中间有重书复辞。孔子的门徒子夏平时虽曾对于《春秋》的用字提出疑问，但孔子完成以后传给子夏和子游时，他们不能改换一个字，可见这部经典的谨严与

---

　　①　《春秋纬》："昭、定、哀为所见之世，文、宣、成、襄为所闻之世，隐、桓、庄、闵、僖为所传闻之世。"——见《公羊传》隐元年《疏》引。

　　②　《孝经纬援神契》："《春秋》三世，以九九八十一为限。"——见《公羊传》隐元年《疏》引。按《疏》云："隐元年尽僖十八年为一世，僖十九年尽襄十二年又为一世，自襄十三年尽哀公十四年又为一世。所以不悉八十一年者，见人命参差，不可以齐之义。""郑玄曰：'九者，阳数之极；九九八十一，是人命终矣。'"

　　③　《春秋纬感精符》："人主含天光，据机衡，齐七政，操八极。故君明圣，天道得正，则日月光明，五星有度。"——见《后汉书·明帝纪》注引。按《注》云："日明则道正，不明则道乱，故常戒以自饬厉。日食皆象君之进退为盈缩。故《春秋》拨乱，日食三十六，故曰至谴也。"

　　④　《春秋纬》："始于春，终于秋，故曰《春秋》。"——见《公羊传》隐元年《疏》引。

完美①。

孔子对于传《春秋》的后儒也早已预先知道,他曾经说过:"传我书的是公羊高。"② 后来汉代传《春秋》的果然是他。

七　孔圣的宪法草案之二——《孝经》

孔子接受天命,为赤汉撰著《春秋》以后,又从事第二部的著作,那就是《孝经》。《孝经》一篇,共十八章。这部书也是天地的喉舌,所以说明道德的要本。当时孔子的门徒曾子因记录《孝经》,对于经文的异同曾提出疑问,于是孔子告诉他所以作《孝经》的理由。孔子说:"我所以作《孝经》,因为我只是一位'素王',有帝王的道德而没有帝王的禄位。我不能拿爵禄去赏人,也不能拿刑戮去罚人,所以只得称说圣王的道理。"曾子觉得这话很严重,离开坐席,又重新坐下。孔子说:"你坐,我再告诉你。我主张和顺谦逊,以避免灾祸。我自己虽没有权势,但可以假托古代的圣王,作为自己的力量。我注意至德要道,以记载天子以下的德行。现在这经文中先提出我的字号'仲尼',以表示我的态度。又用'子曰'两字,以表示我是受了天命。又列你的姓名'曾子',以表示你帮助我共治天下。

---

① 《春秋纬》:"孔子作《春秋》,一万八千字。九月而书成,以授游、夏之徒,游、夏之徒不能改一字。"——见《公羊传》昭十二年《疏》引。《春秋纬元命苞》:"子夏问:夫子作《春秋》,不以初、哉、首、基为始,何?"——见《尔雅序正义》引,《春秋纬》:"孔子曰:'书之重,辞之复,呜呼! 不可不察,其中必有美者焉。'"——见《公羊传》僖四年《解诂》及《疏》引。

② 《春秋纬说题辞》:"传我书者,公羊高也。"——见《公羊传注序疏》引。《春秋纬演孔图》:"公羊全孔经。"——见《初学记》卷二十一引。

同时,我们还有《诗经》、《书经》两部书以和这部《孝经》合作。"①

　　孔子对于他所制作的《孝经》,和《春秋》同样重视。他曾经说过这样的话:"我的思想表见于《春秋》,我的行动表见于《孝经》。后人要想明了我褒贬诸侯的思想,可以在《春秋》里去找;要想明了我着重伦理的行动,可以在《孝经》里去找。"②

　　孔子将这两部书作好以后,曾经将《春秋》亲自传授给他的门徒卜商,将《孝经》传授给曾参③。

　　孔子所以这样着重孝道,根本的原因,由于他以为忠孝是互相关连的。他曾经说过:"奉事两亲孝顺的人可以将忠心奉献给君主,所以君主寻求忠臣,一定要在孝子的门庭。"④

八　孔圣的告天

　　黑帝的儿子孔子既然接受天命,为赤帝的儿子刘邦制宪,作好

---

　　①　《孝经纬钩命决》:"《孝经》者,篇题就号也。所以表旨括意,叙中书名出义,见道自箸。一字包十八章,为天地喉,襟道要德本,故挺以题符冠号。曾子撰斯问曰:'孝文乎驳不同,何?'子曰:'吾作孝经,以素王无爵禄之赏,斧钺之诛,故称明王之道。'曾子避席复坐,子曰:'居,吾语女,顺逊以避灾祸,与先王以托权,目至德要道以题行,首仲尼以立情性,言子曰以开号,列曾子示撰辅,有《书》、《诗》以合谋。'"——见《太平御览》卷六百十学部四引。按"言子曰以开号"句,注云:"若夫子所以自开于受命也。"

　　②　《孝经纬钩命决》:"孔子曰:吾志在《春秋》,行在《孝经》。欲观我褒贬诸侯之志在《春秋》,崇人伦之行在《孝经》。"——见《礼记·中庸》郑注及《正义》引,又《孝经注疏序》引"欲观"以下二句。

　　③　《孝经纬钩命决》:"以《春秋》属商,以《孝经》属参。"——见《公羊传》隐元年、哀十四年《疏》及《艺文类聚》卷二十六人部引。

　　④　《孝经纬》:"孔子曰:'事亲孝,故忠可移于君,是以求忠臣必于孝子之门。'"——见《后汉书·韦彪传》引。

《春秋》和《孝经》以后,于是向天"告成"。某晚,孔子命他的七十二位门徒向北辰星鞠躬站着,命曾子也朝北捧着《河图》、《洛书》等。孔子自己呢,先斋戒,簪上青白色的笔,穿上赤色的单衣,朝着北辰星礼拜,并且说:"《孝经》四卷,《春秋》和《河图》、《洛书》等共八十一卷,已经慎重的写好。"天上忽然有云气起来,白色的烟雾一直降到地。一条赤色的彩虹从天上下来,变作黄色的玉,有三尺长,上面刻有文字。孔子急忙的跪下接受来读它。原文是"宝文出,刘季握,卯金刀,在轸北,字禾子,天下服"十八字。大意是说刘邦在轸宿的分野北起事,后来要统一天下①。

另一种传说,说孔子将经典整理好以后,有一只鸟飞来,,化为"图书"。孔子捧着这图书向天祷告,又有一只红色的鸟飞来停在书上,化为黄色的玉。这玉上刻有文字;原文是"孔提命,作应法,为赤制"等字,大意是说孔子应该为赤汉制法②。

又另一种传说,将"获麟"、"血书"等启示也混在一起,说:孔子因《孝经》已经作成,天道已经表现,于是斋戒向天报告。忽然黑色的云从北极涌起,紫微宫星座的"北门"也开开,角亢两星宿向北下

①　《孝经右契》:"孔子作《春秋》、制《孝经》,既成,使七十二弟子向北辰磬折而立,使曾子抱《河》、《洛》事北向。孔子斋戒,簪缥笔,衣绛单衣,向北辰而拜,告备于天,曰:'《孝经》四卷,《春秋》、《河》、《洛》凡八十一卷,谨已备。'天乃洪郁起,白雾摩地,赤虹自上而下,化为黄玉,长三尺,上有刻文。孔子跪受而读之,曰:'宝文出,刘季握,卯金刀,在轸北,字禾子,天下服。'"——见《北堂书钞》卷八十五、《太平御览》卷五百四十二及《宋书·符瑞志》引,详略各稍异。

②　《春秋纬演孔图》:"孔子论经,有鸟化为书。孔子奉以告天,赤雀集书上,化为黄玉,刻曰'孔提命、作应法、为赤制'。"——见《艺文类聚》卷九十九、《太平御览》卷九百二十二羽族部九及《路史余论·麟本说》引,文略有异同。

落,天派遣司命星下来题书名,称为《孝经》,并题了"玄神辰裔孔某知元命,使阳衢乘紫麟下告地主要道之君"等字,大意是说黑帝的后裔孔子明白天命,将来还有麒麟会下来。后来,果然有麒麟出现,嘴里吐出图文。又有血书在鲁端门出现,子夏去抄录,只写得十七个字,其余的字消灭不见,化为红色的乌鸦高飞到青云里去①。

九 孔圣的其他法典

除了《春秋》与《孝经》两部法典以外,孔子又曾草定其他著作,总称为五经。这五经,运以天地的妙理,考以古代的图箓,可以上比于三代圣王,可以推行于四海天下②。

五经的第一部书是《诗》,这是孔子从卫国回到鲁国以后所删

---

① 《孝经中契》:"某作《孝经》,文成道立,乃斋以白之天。则玄云涌北极,紫宫开北门,角亢星北落,司命天使书题号云'《孝经》篇:玄神辰裔孔某知元命,使阳衢乘紫麟下告地主要道之君。'后年,麟至,口吐图文,北落郎服,书鲁端门,隐形不见。子夏往观写之,得十七字,余字灭消。其余文飞为赤鸟,翔摩青云。"——见《太平御览》卷六百十及《路史余论》卷五引。

② 《春秋纬演孔图》:"孔子作法五经,运之天地,稽之图象,质于三王,施于四海。"——见《初学记》卷十六文部、《太平御览》卷六百零八学部四引。按陈立《白虎通疏证》卷九云:"谓《易》、《书》、《诗》、《礼》、《乐》为五经者,此先秦之说。以时《春秋》有二:孔子未修之《春秋》,则藏于祕府,人莫能习;孔子已修之《春秋》,传诸弟子,亦未著于竹帛也。……《御览》引云:'五经何谓也?《易》、《尚书》、《诗》、《礼》、《乐》也。'……《初学记》引云:'五经:《易》、《尚书》、《诗》、《礼》、《乐》也。'"

定的①。《诗》里面包含有所谓"五际、六情"等的道理②。

五经的第二部书是《书》，这也是孔子从卫国回到鲁国以后所删定的。据说孔子曾经求得黄帝的玄孙帝魁的书，一直到了秦穆公时候，总共有三千三百三十篇。——一说是三千二百四十篇——孔子大加删订，专取可以作后世法戒的，选择一百篇作为《尚书》——一说是一百零二篇——另选十八篇作为《尚书中候》③。从这《书》里面，可以考见上天赐给帝王的符命，如《河图》、《洛书》等等④。

---

①　《论语谶》："自卫反鲁，删《诗》，《书》、修《春秋》。"——见《文选·刘歆移让太常博士书》注引。按六经次序，今文学派主张：一，《诗》；二，《书》；三，《礼》；四，《乐》；五，《易》；六，《春秋》。详见拙著《经今古文学》。纬学与今文学相通，所以现在《五经》次序先从《诗》起。

②　《春秋纬演孔图》："诗含五际六情。"——见《诗·关雎叙正义》及《文选·文赋》注引。按五际说见《诗纬汜历枢》。原文云："午亥之际为革命，卯酉之际为改正，辰在天门出入候听。……亥为革命，一际也；亥又为天门出入候听，二际也；卯阴阳交际，三际也；午为阳谢阴兴，四际也；酉为阴盛阳微，五际也。"又六情说见《汉书·翼奉传》。原文云："知下之术在于六情十二律而已。北方之情，好也；好行贪狼，申子主之。东方之情，怒也；怒行阴贼，亥卯主之。……南方之情，恶也；恶行廉贞，寅午主之。西方之情，喜也；喜行宽大，巳酉主之。……上方之情，乐也；乐行奸邪，辰未主之。下方之情，哀也；哀行公正，戌丑主之。"

③　《尚书纬璇玑钤》："孔子求得黄帝玄孙帝魁之书，迄秦穆公，凡三千三百三十篇。乃删以一百篇为《尚书》，十八篇为《中候》。"——见《史记·伯夷列传索隐》引。又《尚书叙正义》引云："孔子求书，得黄帝玄孙帝魁之书，迄于秦穆公，凡三千二百四十篇，断远取近，定可以为世法者，百二十篇为《尚书》，十八篇为《中候》。"按篇数各异。

④　《孝经纬援神契》："《易》长于变，《书》考命符授河。"——见《初学记》卷二十二及《太平御览》卷六百零九引。注云："授河者，授《河》、《洛》以考命符也。"

　　孔子对于礼与乐，也非常注意，因为他以为这都是治天下的工具。他曾经因为自己不得帝位，不能够制礼作乐，很感慨的对他的门徒子夏说："用礼治外，用乐治内，我是没有份了！"①

　　在古代帝王的音乐里，他很赞美虞舜的"箫韶"乐。他曾经说："箫韶乐温润和平，好像南风吹来一样。它的音律的感人，好像寒暑风雨感动万物，好像万物感动人类。"他并且由这联想到道德问题；他以为万物、人类都容易接受外界的刺激或诱惑，所以君子应该留意道德的根本涵养②。

　　五经的第五部书是《易》。《易经》起源于伏牺，成就于周文王，演明于孔子③。孔子对于《易经》，曾经加以长期的研究，据说订书的皮缐和写字的铁擿断了三次、竹简上的漆书也模糊了三次④。

---

　　①　《礼纬稽命征》："孔子谓子夏曰：'礼以修外，乐以治内，丘已矣夫！'"——见《后汉书·张奋传》引。

　　②　《乐纬动声仪》："孔子曰：'箫韶者，舜之遗音也。温润以和，似南风之至。其于音，如寒暑风雨之动物，如物之动人。雷动禽兽，风雨动鱼龙，仁义动君子，财色动小人，是以君子务其本。'"——见《太平御览》卷八十一皇王部六引。又《文选》嵇叔夜《琴赋》注、刘公干《公燕诗》注引风雨二句。

　　③　《易纬通卦验》："苍牙通灵，昌之成运。孔演命，明道经。"郑玄于《通卦验》注云："苍精牙肩之人，能通神灵之意，谓虑羲将作《易》也。昌，文王名也。又将成之，谓观象而系辞也。"《易纬乾凿度》："孔子曰：'洛书摘六辟'曰：'建纪者，岁也。成姬仓，有命在河圣，孔表雄德，庶人受命，握麟征，《易》历曰阳纪天心。'"郑玄注云："建纪者，谓夫《易》爻六、七、八、九之数，此道成于文王圣也。孔表雄，著汉当兴，以庶人之有仁德受命为天子。此谓使以获麟为应。易犹象也，孔子以历说《易》，名曰象也。"

　　④　《论语比考谶》："孔子读《易》，韦编三绝，铁擿三折，漆书三灭。"——见孙毂《古微书》辑引。

因此,他能在《易经》里发见了许多变化的道理①。

孔子书写五经、《春秋》和《孝经》的竹简,长短各相不同;据说五经的竹简长四尺,《春秋》二尺四寸,《孝经》一尺二寸②。

除了这些经典以外,孔子又曾研究《河图皇参持》和《雒书摘亡辟》,知道伏牺始作八卦,又预言亡秦朝的是胡亥③。

十　孔圣的史观

孔子因为撰著法典,对于古代史曾经有一种特殊的研究和见解。

他以为皇、帝、王是人君因为德行的高低而区别的三种称号。德与"元"相合的称为皇;德与天相合的称为帝,天赐给他祥瑞;德

———————

① 《易纬》今存《乾坤凿度》二卷、《乾凿度》二卷、《稽览图》二卷、《辨终备》一卷、《通卦验》二卷、《是类谋》一卷、《坤灵图》一卷、《乾元序制记》一卷,在纬谶中,保存最多。其中《乾坤凿度》及《乾元序制记》两种虽出宋代伪托,但其他各种中假借孔子名义以说《易》义的仍不少,拟另撰文。

② 《孝经纬钩命决》:"六经策长四尺,《春秋》二尺四寸之策书之,《孝经》一尺二寸之策书之。"——见《通典》卷五十四引。

③ 《易纬辨终备》:"孔子表《河图皇参持》曰:'天以斗视,日发明;皇以戏招始挂八卦谈。'"郑玄注云:"言以北斗之星视听,而以日月发其明,以昭示天地。三皇、伏戏始卦以示后世之人,谓使观见之矣。"

又《易纬通卦验》:"孔子表《洛书摘亡辟》曰:'亡秦者胡也。丘以推:秦,白精也。其先星感,河出图。挺白以胡;谁亡,胡之名行之。名行之萌,秦为赤驱,非命王。故帝表有七五命,七以永庆,王以火代黑,黑畏黄精之起因威萌,虑牺作《易》仲,仲命德,维纪衡。'"按原文疑有误夺,待考。

合于仁义的称为王,天下的人民归依他①。他又以为三皇时代,只要说话,人民就不会违背;五帝时代,需要画像,社会才能够顺应;到了三王,定了肉刑和许多法律,才能制止刁黠欺诈②。所以他的历史观是主张退化的。

他对于尧、舜禅让的故事,曾经说过下列的话。他说:他曾经听说,帝尧带领舜等游览首山和河渚,遇见五位老人。第一位老人说:"《河图》将来告帝期。"第二位老人说:"《河图》将来告帝谋。"第三位老人说:"《河图》将来告帝书。"第四位老人说:"《河图》将来告帝图。"第五位老人说:"《河图》将来告帝符。"一些时光,忽然一条红色的龙衔了玉版的图书下来。这图书装饰得非常庄严,玉的函盖,用金泥填封着。龙开口说话:"晓得我的是'重瞳'啊!"(按相传舜目重瞳)当时五位老人忽然都变为流星,飞上归入昴宿。正恍惚间,龙也不见了,只留下图书。尧和太尉舜将这图书打开,中有文字,是"帝枢当百则禅于虞"八个字。尧于是感慨的长叹着向舜说:"啊!舜啊!天位的列次现在是轮到你的身上了。做君主的方法,应该很忠诚的把握着那中庸的道德。这样,那么你的统治就可以穷极到四海,而天赏赐的禄籍也永远在你了!"尧说了以后,就把帝

---

① 《春秋纬说题辞》:"孔子曰:皇象元。逍遥术,无文字,德明谥。"——见《公羊传》成八年《解诂》引。按《解诂》云:"德合元者称皇。""德合天者称帝,《河》、《洛》受瑞。可放仁义,合者称王;符瑞应天,天下归往。"《书纬璇玑钤》:"孔子曰:'五帝出,受录图。'"——见《文选》陆士衡《汉高祖功臣颂》注及沈休文《齐故安陆昭王碑文》注引。

② 《孝经纬钩命决》:"孔子曰:'三皇设言民不违,五帝画像世顺机,三王肉刑揆渐加,应世黠巧奸伪多。'"——见《公羊传》襄二十九年《解诂》及《疏》引。

位让给舜①。

　　关于唐、虞、夏间的政治，孔子曾经和他的门徒颜回讨论过。颜回因为夏、商、周三代的政教各有变易，于是问孔子说："虞、夏时代怎么样？"孔子说："政教以补救衰败、改革混乱为目的，所以称为'治'。舜继承尧，一切都依照尧的治道，没有什么变改。"② 他的意思是说尧、舜、禹治道相同，所以"三教"应该从夏朝起。

　　关于周朝的史实，孔子曾经考查图录，观察五行，知道周文王姬昌是苍帝的精灵③。他说：周朝始祖后稷的母亲姜嫄感受了苍帝的精灵，这在卦位是"震卦"。震能动而发光，所以苍周伐殷的一定是姬昌。姬昌降生在岐山，成长在丰邑；人的形状，龙的面，又长又大，被日精所保护，外表有一层青色的光彩。他后来当西伯时，

------

　　① 《论语比考谶》："仲尼曰：'吾闻：帝尧率舜等游首山，观河渚，乃有五老游河渚。一老曰：《河图》将来告帝期。二老曰：《河图》将来告帝谋。三老曰：《河图》将来告帝书。四老曰：《河图》将来告帝图。五老曰：《河图》将来告帝符。少顷，赤龙衔玉苞，舒图刻版，题命可卷，金泥玉检封盛威，曰：知我者，重童也。五老乃为流星，上入昴。黄姚视之，龙没图在。与太尉舜共发，曰：帝枢当百，则禅于虞。尧喟然叹曰：咨！汝舜！天之历数作汝躬，允执其中，四海困穷，天禄永终。乃以礼舜。'"——见《路史余论》卷七引。又《艺文类聚》卷一、《太平御览》卷五卷三百八十三、《文选》王元长《三月三日曲水诗》注、任彦昇《宣德皇后令》注、《开元占经》卷七十二引，文繁简各异。

　　② 《乐纬稽耀嘉》："颜回问：'尚三教，变虞、夏何如？'曰：'教者，所以追补败政，靡弊涸浊，谓之治也。舜之承尧，无为易也。'"——见《白虎通德论》三教章引。

　　③ 《春秋纬感精符》："孔子案录书，合观五常英人，知姬昌为苍帝精。"——见《太平御览》卷八十四皇王部九引。

蓄意想伐纣,只有十刻的时间,就把纣消灭掉①。

十一　孔圣言行散记

孔子曾经拜老聃为师②。

孔子平素在乡党之间,将自己美好的道德保藏着,不使外露③。后来孺悲特来拜访孔子,于是乡党的人才仰慕他的道义④。

孔子对于"名"非常重视,所以水名"盗泉",孔子也不用以漱口⑤。

孔子不大说到"利",因为他以为利每每可以损害行为⑥。

孔子对于政治,主张安静。他曾经作了一首诗歌说:"违山十里,蟪蛄之声,犹尚在耳。"他以为政治不是蟪蛄,叫叫"口号"就算

---

① 《春秋纬元命苞》:"孔子曰:'扶桑者,日所出,房所立,其耀盛。苍神用事,精感姜原,卦得震。震者动而有光,故知周苍伐殷者为姬昌。生于岐,立于丰。人形,龙颜;长大精翼日,衣青光。迁造西,十刻消。'"——见《文选》沈休文《齐故安陆昭王碑文》注及《太平御览》卷八十四皇王部九引。宋衷注云:"姬昌之言基始也。昌,两日重见,言明象……为日精所羽翼,故遂以为名也。木神,以其方色表衣。迁造西,盖文王为西伯时,西方造意,东人讨纣。十刻之间,则消灭之,言圣人所向无前也。"

② 《论语谶》:"孔子师老聃。"——见《白虎通》引。

③ 《论语谶》:"仲尼居乡党。卷怀道美。"——见《文选》沈休文《齐故安陆昭王碑文》注引。

④ 《论语撰考谶》:"孺悲欲见,乡党慕义。"——见《文选》司马长卿《喻巴蜀檄》注引。

⑤ 《论语比考谶》:"水名盗泉,仲尼不漱。"——见《艺文类聚》卷九、《太平御览》卷六十三地部三十五、《后汉书·列女传》注引。

⑥ 《论语撰考谶》:"子罕言利,利伤行也。"——见《文选》邹阳《在狱上书自明》注引。

了事的①。

叔孙氏的武叔曾经毁谤孔子,说孔子说尧对于人民没有什么功力②。他们不知道尧、舜的政治本来是无为而治的。

当时,鲁国叔孙氏、季氏的家臣时常据他们的采邑反叛,于是去请教孔子。孔子以为家臣所以屡次叛变,因为采邑有坚固的城池,家中可以保藏甲兵,根本的办法只有把城拆掉。季氏居然听从他的话③。

孔子对于妇女道德,主张服从。他根据天象,以为天、太阳是阳,地、月亮是阴。月亮随着太阳走,所以妇人也应该服从着丈夫④。

孔子非常博学。他明晓天文,知道占卜妖祥的法术;但是不是适当的人,虽是告诉他,也仍旧不肯明显的说⑤。

他知道《河图》、《洛书》以及神蛇等祥瑞怎么出现。他说:"上

---

① 《诗纬含神雾》:"昔孔子歌云:'违山十里,蟪蛄之声,犹尚在耳。'政尚静而恶哗也。"——见《古微书》辑引。

② 《论语比考谶》:"叔孙武叔毁孔子,譬若尧民曰:'我耕田而食,穿井而饮,尧何有焉。'"——见《太平御览》卷八百二十二引。又《路史后纪》卷十一引,文稍略,末句作:"尧何功力者。"

③ 《春秋纬》:"以问孔子。孔子曰:'陪臣执国命、采长数叛者,坐邑有城池之固,家有甲兵之藏故也。'季氏悦其言而堕之。"——见《公羊传》定十二年《解诂》及《疏》引。按《解诂》原文云:"郈,叔孙氏所食邑;费,季氏所食邑。二大夫宰吏数叛,患之,以问孔子。……"《疏》谓"以问……堕之"是《春秋》说。

④ 《孝经纬援神契》:"孔子曰:'日者,天之明;月者,地之理。阴契制,故曰上属为天,使妇从夫放月纪。'"——见《周礼》天官九嫔注及《太平御览》卷三引。

⑤ 《春秋纬握诚图》:"孔子明天文,占妖祥,若告非其人,则虽言之不著。"——见《黄氏逸书考》辑引。

天将要降赐祥瑞的时候,河水先清三天,变成青色四天。后来青变为红,红变为黑,黑变为黄,各三天。那时候,河水安静,天气清明,于是《河图》出现,而且必定有龙说话。它出现的日子,是三天、六天、九天、十二天或十五天一次。"①

他又说:"上天将要降赐《洛书》以应帝德的时候,洛水先温暖九天,后五天变成五色玄黄。那时候,天地清静,于是《洛书》出现,由灵龟背负着。它出现的日子是五天、十天、十五天、二十天、二十五天或三十天一次。"②

他又说:"君子也可以得有上天的祥瑞,那是像龙而没有角的东西,称为神蛇。它出现的时候,河水先清两天,以后变为白、红、黑、黄等色,各两天。它出现按着每日的时辰,就是今天是丑时出现,明天也是丑时出现。"③

他又说:"《河图》、《洛书》以及神蛇在夜晚出现的时候,水中发

---

① 《易纬乾凿度》:"孔子曰:'天之将降嘉瑞应,河水清三日,青四日,青变为赤,赤变为黑,黑变为黄,各各三日。河中水安井,天乃清明,图乃见。见必南向仰天言。见三日以三日,见六日以六日,见九日以九日,见十二日以十二日,见十五日以十五日,见皆言其余日。'"郑玄注云:"南之向天者,龙也。"又云"余"字误,当为"陵之"。

② 《易纬乾凿度》:"孔子曰:'帝德之应,洛水先温九日。后五日,变为五色玄黄。天地之静,书见矣,负图出午圣人。见五日以五日,见十日以十日,见十五日以十五日,见二十日以二十日,见二十五日以二十五日,见三十日以三十日。'"郑玄注云:"午者,龟。"

③ 《易纬乾凿度》:"孔子曰:'君子亦于静,若龙而无角。河二日清,二日白,二日赤,二日黑,二日黄。蛇见水中,用日也,一日辰为法:以一辰二辰,以三辰,以四、五辰,以六、七辰,以八、九辰,以十辰,以十一辰,以十二辰。'"郑玄注云:"以一日辰为法,谓用其明日期也。……丑辰而无受者,期(明)日丑辰见。"

现红色的光彩,好像火花。"①

据说,吴王阖闾曾经想欺骗孔子,但终被孔子穿破。这故事是这样的:太湖中洞庭山上的林屋洞天,是夏禹保藏真文的地方。也叫作包山。吴王阖闾某次登包山,命龙威丈人在山里得到一卷书,凡一百七十四字。吴王不认识,派人请教孔子,并骗他说是红色的乌鸦衔了这卷书送给吴王。孔子说:"从前,我曾经游玩到西海,听见童谣说:'吴王出游观震湖,龙威丈人名隐居,北上包山入灵墟,乃造洞庭窃禹书,天帝大文不可舒,此文长传六百初,今强取出丧国庐。'我按据谣言,这卷书是龙威丈人在洞里到得,现在说是红色的乌鸦衔来,这我可不晓得。"吴王于是害怕起来,重新将这卷书放在原地方②。

孔子对于鸟兽草木,也加以研究。他曾经对他的门徒子夏说:"群鸽飞来,这不是中国的鸟。"③ 又将粝米、粺米、糳米、毇米、晶米分别得很清楚④。

---

① 《易纬乾凿度》:"夜不可见,水中赤煌煌如火英,图、书、蛇皆然也。"郑玄注云:"英犹华也。"按此文本接上页注③下,亦是孔子的话。

② 《河图降象》:"太湖中洞庭山林屋洞天,即禹藏真文之所,一名包山。吴王阖闾登包山之上,命龙威丈人入包山,得书一卷,凡一百七十四字而还。吴王不识,使问仲尼,诡云赤鸟衔书以授王。仲尼曰:'昔吾游西海之上,闻童谣曰:吴王出游观震湖,龙威丈人名隐居,北上包山入灵墟,乃造洞庭窃禹书,天帝大文不可舒,此文长传六百初,今强取出丧国庐。某按谣言,乃龙威丈人洞中得之。赤鸟所衔,非某所知也。'吴王惧,乃复归其书。"——见《古微书》辑引。又见《灵宝要略》及《越绝书》,文详略各异。

③ 《礼纬稽命征》:"孔子谓子夏曰:'群鸽至,非中国之禽也。'"——见《太平御览》卷九百三十二羽族部十引。

④ 《春秋纬说题辞》:"孔子言曰:'七变入臼,米出甲,谓硙之为粝米也。春之,则粺米也。肺之,则糳米也。耑之,则毇米也。又薁择之,旸暴之,则为晶米。'"——见《古微书》辑引。

孔子因为道不行，非常悲观，曾经想隐居九夷，和凤凰嬉游；因为凤凰遇到乱世也要逃居九夷的①。

后来，孔子死，用上天赐给他的那块黄玉殉葬在鲁国的城北②。他的坟四周方一里；他的门徒各将四方奇异的树木栽植在这坟边，枝头多朝南③。

十二　孔圣的门徒

孔子的门徒，也如孔子一样，有许多异表。

据说：颜渊是山庭、日角④。或说：颜渊是月角，额角像月亮的形状。他所以名渊，和这异表是有关系的。因为月是水精，渊是水，所以他名为渊⑤。

子贡山庭，口边绕有斗星⑥，所以他很能说话⑦。

---

①　《论语谶摘衰圣》："子欲居九夷从凤嬉。"——见《初学记》卷三十、《太平御览》卷九百十五引。宋均注云："凤遇乱则潜居九夷。"

②　《春秋纬说题辞》："孔子卒，以所受黄玉葬鲁城北。"——见《水经注》卷二十五泗水、《太平御览》卷八百四珍宝部三引。

③　《礼纬稽命征》："夫子坟方一里，弟子各以四方奇木植之，杪多南向。"——见《艺文类聚》卷八十八引。据《黄氏逸书考》辑，补末四字。

④　《论语摘辅象》："颜渊山庭，日角；曾子珠衡，犀角。"——见《古微书》辑引。

⑤　《论语撰考谶》："颜回月角，额似月形。渊，水也。月是水精，故名渊。"——见《文选》任彦升《王文宪集序》注引。

⑥　《论语摘辅象》："子贡山庭，斗绕口。"——见《文选》任彦昇《王文宪集序》注引。又《太平御览》三百六十七人事部八引，文稍异。

⑦　《论语摘辅象》："子贡掉三寸之舌，动于四海之内。"——见《文选》扬子云《解嘲》注引。

曾子珠衡、犀角；子夏、子张都是日角、大目①；南容井口；大公大夫鼻有伏藏②；澹台灭明歧掌③；樊迟山额，月衡，且如孔子样的"反宇"④。

此外，孔子的门徒如仲弓、宰我、子游、公冶长、子夏、公伯周等，他们的手都有异表，这也是显示一群哲学家，道德家的骨相⑤。

其中，子路最特别。子路的母亲感受雷精而生他，所以他的性格刚强好勇⑥。据说，有一次，他曾经用脚将宰我从车厢里踢下来。这事情是很简单的：某次，孔子的一群门徒经过朝歌这地方，他们对于名都够注意，觉得"朝歌"是早上起来歌唱的意思，是不合礼的。所以这地方，颜渊不停留，其余七十位门徒也将眼睛闭着经

---

① 《论语摘辅象》："子夏日角大目。""子张日角大目。"——见《古微书》辑引。

② 《论语摘辅象》："南容井口"，"大公大夫鼻有伏藏。"——见《太平御览》卷三百六十七人事部八引。

③ 《论语摘辅象》："澹台灭明歧掌，是谓正直。"——见《太平御览》卷三百七十人事部十一引。

④ 《论语摘辅象》："樊迟山额，有若月形，反宇陷额，是谓和喜。"——见《太平御览》卷三百六十四人事部五引。

⑤ 《论语摘辅象》："仲弓钩文在手，是谓知始。宰我手握户，是谓守道。子游手握文雅，是谓敏士。公冶长手握辅，是为习道。子夏手握正，是谓受相。公伯周手握直期，是谓疾恶。"——见《太平御览》卷三百七十人事部十一引。

⑥ 《论语比考谶》："子路感雷精而生，尚刚好勇。亲涉卫难，结缨而死。孔子闻而覆醢；每闻雷鸣，乃中心恻怛。故后人忌焉，以为常也。"——见陈耀文《天中记》卷二引。又《太平御览》卷十三引作《论衡》原文，《古微书》辑入《比考谶》。

过,只有宰我张开眼睛看看,子路大生气,一脚将他踢到车下①。又有一次,子路因为太卤莽了,几乎被人家扣留。这事情也是很简单的:某天,子路和子贡一同走过郑国的神社。神社的树上有鸟。子路不问皂白,就在那里打鸟。于是神社里的人出来将子路拉住。幸得他的同伴子贡去说情,方把他放了②。后来,子路死在卫难。他临死的时候,还将帽缨结好,以表示不苟。他死后,卫人将他斩作肉酱。孔子得到这消息,将肴菜中的肉酱盖着不忍吃。听见雷响,因为子路是雷精化生,也觉得悲哀。后人所以常常忌雷,这是一种原因。

这许多门徒中,孔子最赞美颜渊。他以为他和颜渊几乎交臂失掉③。

其次,曾子最有孝道。他时常请问安亲的道理④。他听见胜母的里名,也感到不安⑤。

又其次,仲弓很贤明而有条理,可以担任一国的卿相⑥。

---

① 《论语比考谶》:"邑名朝歌,颜渊不舍,七十弟子掩目,宰予独顾,由蹙堕车。"——见《水经注》卷九淇水及《续博物志》卷八引。

② 《论语比考谶》:"子路与子贡过郑神社。社树有鸟,子路捕鸟。神社人牵挛子路。子贡说之,乃止。"——见《博物志》。《古微书》辑入《论语比考谶》。

③ 《孝经纬钩命决》:"孔子谓颜渊曰:'吾终身与汝交臂而失之,可不哀与!'"——见蔡复赏《孔圣全书》引,《黄氏逸书考》辑入《钩命决》。

④ 《论语摘辅象》:"曾子未尝不问安亲之道也。"——见《文选》嵇叔夜《幽愤诗》注引。

⑤ 《论语比考谶》:"里名胜母,曾子敛襟。"——见《太平御览》卷一百五十七引。

⑥ 《论语摘辅象》:"仲弓淑明清理,可以为卿。"——见《文选》张平子《思玄赋》注引。

子夏曾经说过:孔子是素王,颜渊是司徒,子路是司空①。可惜他们师徒因为运命不幸,都无法得位行道。

孔子死了以后,他的门徒子夏等六十四人共同编撰孔子的微言大义,以表示孔子是一位"素王"②。

纬谶中关于孔圣的材料,这里已大致搜集完备;但因此间书籍过于缺乏,不敢说没有遗漏;读者如有所见,请抄示,不胜感激。

二二,三,一一于安庆安徽大学

（原载《安徽大学月刊》第1卷第2期,1933年3月）

周予同（1898—1981）,原名毓懋,字予同,浙江瑞安人。早年入北京高等师范学校,毕业后曾任厦门大学教员、商务印书馆编辑、《教育杂志》主编。1932年后,任安徽大学、暨南大学、复旦大学教授。1949年后,任复旦大学历史系主任、上海社科院历史研究所所长等职。主要著作有《经今古文学》、《孔子》、《群经概论》、《朱熹》等。

本文根据谶纬材料叙述了被神化了的孔子及其门徒的形象,揭示了秦汉以降儒学神学化、经学谶纬化、儒教宗教化的特点。

---

① 《论语摘辅象》:"子夏曰:仲尼为素王,颜渊为司徒。""子路为司空。"——见《北堂书钞》卷五十二引。《太平御览》卷二百零七引子路作子贡。

② 《论语崇爵谶》:"子夏六十四人共撰仲尼微言,以事素王。"——见《文选》刘子骏《移让太常博士书》注、蔡伯喈《郭有道碑》注及曹颜远《思友人诗》注引。

孔　佛

欧阳渐

有体,有用。有依体之用,有用满之体。宇宙万有群众思虑莫不依于一心,心必有其体而后可心,状体之相貌强而名之曰寂,非寂而谁足以当之? 心必有其用而后能心,状用之相貌强而名之曰智,非智而谁有以能之? 智非寻常分别之慧也,必有以见寂而常与寂相应也。宇宙万有无非幻化,群众思虑莫非习成,于斯时也,幻有廓然,习思不起,一切皆空。身涉其境谓之见寂,见寂而不住。百为万事以致其巧便之能谓之为智,此智与寂须臾不离也。若须臾离,则邪见偏见,执断执常,狂瞽异端,是非蜂起;须臾不离,则凡所为,丛脞而条理井然,权变而适当其可,大小内外时措之宜无不自得。寂静而有为,有为而寂静,斯谓之为应体之用。是用也,与体相依,而致力图功,乃在于用。是故正名谓之为行。寂则有全体大寂,智则有一切智智。全体大寂,尽人所有,圣亦不得而增,愚亦不得而减。障而不显之谓凡,障净全显之谓圣。一切智智,则非尽人有。所谓常人,但有其种,种须发生,生充其量,然后乃有。寂以智生而显,智以障去而生,障以修积而净。净一分障生一分智,显一分寂,净纤悉细障生一切智智,显全体大寂。寂固无为也,不生也,仗智之有为智之发生以为显也,此寂与智亦须臾不离也。若须臾离,则灰身灭智,沉空趣寂,但了一身,焉知大道。须臾不离,则观一切无所有而不舍离一切众生,必使宇宙齐放光明,然后真身证住清净,斯谓之为用满之体。是体也,以用而显,而目注心营乃在于体,是故正名谓之为果。知行果之解义者,可以谈孔佛矣。

孔道,依体之用也,行也。天行健之谓性。君子法天自强不息之谓道。天命不已,天之所以为天;文德之纯,文之所以为文。子在川上曰:"逝者如斯夫,不舍昼夜!"健也,不息也,不已也;纯也,不舍也,皆所以为行也。然君子素位而行,思不出位;位也者,中庸也。寂然不动之谓中,感而遂通天下之故之谓庸。知能大小费显隐微不可得而限之,随举一隅毕张全体;行然后可以素位,知如此之为中庸,然后可以入德。入德之初,诚也;及其成功,至诚也,无非诚也。诚固物之终始也,必极于鬼神不测,无声无臭,是之谓见寂之智,是之谓应体之用。

佛法,依体之用而用满之体也,行而果也。二转依之谓佛。空其所知之障,转所依为智曰"菩提";空其烦恼之障,转所依为寂曰"涅槃"。有本来自性清净涅槃,具诸功德,无生无灭,湛若虚空,所谓全体大寂也,名之曰法身。有无余"涅槃",烦恼既尽,依灭无余,由此而证得全体大寂也,名之曰"解脱"。有无住涅槃,无余无为,为令众生皆入无余,则必有为,而于无为依而不住,所谓依寂之智也,名之曰"般若"。由般若而解脱,由解脱而法身,顿证之时,三德不分。故谈果者,皆举无余涅槃也。所谓有因有因因,有果有果果;菩提为果,涅槃为果果是也。证大涅槃则法界清净,法界一真常我,乐净安隐而住也。何谓常我乐净耶?金刚不坏之谓常;得入自在,离系超然不属于他之谓我;非受非觉,上妙无伦寂灭之谓乐;无障无染,一味平等之谓净。有如是不可思议之乡,是故结愿在是,趣向在是,归止究竟在是也。顿空其分别所生之二障,窥见真如谓之见道;渐空其无始以来之二障,真如多分显现,谓为修道;二障全空,真如出缠,顿证佛果,圆满转依,谓为究竟道。故曰:依体之用而用满之体也;故曰:行而果也。

上来所说孔佛如此。知孔道之为行者说生生；生生，行也，非流转于有漏，奔放于习染也。知佛法之为果者说无生；无生，果也，非熏歇烬灭，光沉响绝之无也。淆孔于佛，坏无生义；淆佛于孔，坏生生义。知生生而无生，是依寂之智，则知行之相貌有如此也；知无生而无不生，是智显之寂，则知果之相貌有如此也。佛与孔之所判者，判之于至不至、满不满也，其为当理适义一也。

（选自《孔学杂著》，山东人民出版社 1997 年新版）

欧阳渐(1871—1943)，字竟无，江西宜黄人。早年习程朱理学，后从杨文会研佛学。1911 年经营金陵刻经处，主持佛典校刊。次年与李证刚等创立佛教会，从事佛学研究。1918 年与章太炎等在南京筹建支那内学院，后任院长，讲授法相、唯识学，编校唐代法相、唯识经典及章疏百余卷，流通海内外。抗战爆发后，率院众携经板入川，建内学院蜀院。晚年手订《竟无内外学》26 种，后由金陵刻经处编为《欧阳竟无先生内外学》。

本文以佛学立场、体用角度阐述了孔道与佛法异同。就体用而言，有依体之用，有用满之体。寂静而有为，有为而寂静，是应体之用，是行；寂与智须臾不离，观一切无所有而不舍离一切众生，必使宇宙齐放光明，然后真身证住清净，是用满之体，是果。孔道，是依体之用，是行，是生生；佛法，是依体之用而用满之体，是行而果，是无生。

孔佛概论之概论

欧阳渐

　　佛学渊而广,孔学简而晦,概论所以需要也。顾概论亦难,今日且谈概论中之概论。

　　毗卢遮那① 顶上行,六经皆我注脚,求人之所以为人斯己耳,何佛之学?何孔之学?然圣人先得我心之所同然者,求然不同,故佛须学,孔须学。孔学是菩萨分学,佛学则全部分学也。斯义亦据圣言量耳,知必以圣言为量,故不具四例,不可以为学。

　　一,不可以凡夫思想为基,而必以等流无漏为基也。有漏,称凡夫;杂故染故,无量劫来,烦恼扰乱,识海汪洋,充满其种。譬如读书,岂能一字一字,如定者数息,终日不摇,处囊之锥,东西突出,空中楼阁,结撰奔驰,一息之条贯不能,万里之蛛丝安索;盐车之浑水无灵,尘刹之根株何鉴。以如是杂染心判断不可思议无上法门,而曰圣言之量不如我思之量也,天下有如是理耶?若夫圣言,则等流无漏也,从心所欲不逾矩。畏天命,畏大人,畏圣人之言,君子有三畏;小人则不知天命,而不畏也。狎大人,侮圣人之言,乌足以为学。

　　二,不可主观,而必客观也。主观心实,客观心虚;主观有对,

---

　　① 梵文 Vairocana 的音译,佛名。法相宗以毗卢遮那佛为自性身。

客观无对。实故不入，虚故能入；有对故封拒，无对故到处皆学。主观者先有结论，但采纳以为敷佐，可利用则断章节取，有何义之研讨？客观者先无结论，博学审问，慎思明辨，比较而择善，舍己而从人 。主观有心，客观无心。深山有宝，无心于宝者得之，故主观不可以为学。

三，不可宥于世间见，而必超于不思议也。公孙宏曲学阿世无论矣，子诚齐人，但知管晏，且畏蒪羲皇，况秕糠尧舜。是故顺世外道无当于理事，仲尼之徒，不道乎桓文。盖身在山中，不识匡庐真面；欲穷千里，要知更上一层也。豪杰之士，举足下足自道场来，动念生心无非尚友。临济观佛有鼻有口，曰我可作佛，他日竟作祖开宗。象山幼时思天际不得，读古往今来悟无穷无尽，遂为南宋大儒。一乡之迷倾一国，一国之迷倾天下，天下尽迷谁倾之哉？如有必为圣人之志者，是必超于不可思议也。

四，不可以结论处置怀疑，而必以学问思辨解决怀疑也。天下有二种人：一盲从，盖无知识、不用思想者，此无论矣；二怀疑，是有知识、能用思想者，学以是而入，亦以是而得也。疑必求析，若急于析，则稍相应必作结论，以是处置怀疑者，古之人、今之人，驱而内诸罟护陷阱之中，盖比比也。吾尝终日而思矣，不如须臾之所学也；学不析则问，能问于不能，多问于寡，则无不可问矣；问而不析又思，思曰慎，有矩有绳矣；思犹不析，则彻底而剖辨之，所谓明辨是也；分析必于极微，至教不可以人情也，以是而析疑而疑可析，结论乃得焉。

四例既具，可学矣，可以谈孔学佛学概论矣。略举四义而谈：一，寂灭寂静义，二，用依于体义，三，相应不二义，四，舍染取净义。四义皆本诸二家之经，佛家则凡大乘经除疑伪者皆是，孔家则性道如《中庸》、《大学》、《论语》、《周易》皆是，文章如《诗》、《书》、三《礼》、《春秋》皆是。

一，寂灭寂静义。自韩欧诸文学家误解清净寂灭，以为消极无物、世界沦亡之义，于是千有余年，仇弃根本，不识性命所归，宁非冤痛。原夫宇宙人生必有所依以为命者，此为依之物舍寂之一字，谁堪其能？是则寂之为本体无可移易之理也。寂非无物也，寂灭寂静即是涅槃。灯灭炉存，垢尽衣存；烦恼灭除，一真清净，所谓人欲净尽，天理纯全是也。欲明斯旨，佛家当读《大涅槃经》《瑜伽师地论》无余依地也，孔家应读《学》、《庸》、《周易》也。孔道概于《学》、《庸》，大学之道又纲领于在"止于至善"一句。至善即寂灭寂静是也。何谓善？一阴一阳之谓道，继之者善也，成之者性也，就相应寂灭而言谓之道，成是无欠谓之性，继此不断谓之善。道也，性也，善也，其极一也。善而曰至何耶？天命之谓性，于穆不已之谓天，无声臭之谓于穆；上天之载无声无臭至矣，则至善之谓无声臭也。至善为无声臭，非寂灭寂静而何耶？明其德而在止至善，非归极于寂灭寂静而何耶？不知寂灭寂静是无本之学，何有于学？何有于佛学？何有于孔学？吾为揭橥孔学佛学之旨于经而得二言焉，曰古之欲明明德于天下者，我皆令入涅槃而灭度之。

二，用依于体义。寂灭寂静，常也，不生不灭也，真如也，涅槃也，体也；变生万有，无常也，生灭也，正智也，菩提也，用也。体则终古不动，用则毕竟是动；动非凝然，非凝然者不为主宰，故动必依于不动，故用必依于体也。此依即依他起之依，依他有净，即菩提是；依他有染，即无明十二因缘是。盖用之为物，变动不居，非守故常，幻化而幻化之是曰菩提；幻化而真执之是曰无明也。用之性质有如此也，是故说用依体可也。有去来故也，说体随缘不可也，祖父从来不出门也，大衍之数五十，其用四十有九，余一不用也。不用者何也？与体相应也。何以必与体相应耶？盖不用而后能生用。用根于不用，其用乃神。孔家肝髓实在乎此。发而皆中节，根于未发之中；感而遂通天下之故，根于寂然不动。两仪、四象、八卦根于太极皆是也。然此不用非即是体,何也? 仍是五十内之数,数之性质犹在也。凡孔家言性、言命、言天,皆依体之用也。易之道广矣备矣,而命名为易。易者,用也。曰交易,阴阳交而成卦也;曰变易,六爻发挥惟变是适也;曰不易,与体相应,无思无为,而能冒天下之道,所谓生生之谓易是也。吾尝有言:孔学依体之用也,佛学则依体之用而用满之体也。

三,相应不二义。用依于体,而用犹在,不可说一;明明相依,不可说二。是故阐般若义者曰不二法门,是故阐瑜伽义者曰相应善巧。既曰相依矣,相应于一处矣,无孤立之寂,亦无独行之智,而言无余涅槃者,就寂而诠寂故也。独阳不长,不可离阴而谈阳也;而乾之为卦,六爻纯阳,就阳而诠阳也。孤阴不生,诠坤亦尔也。是故谈涅槃者,须知三德,伊字三点,不纵不横,不即不离,是涅槃也。唯有不二法门,唯有相应善巧之可谈也。

四,舍染取净义。舍染取净,立教之原。无著菩萨显扬圣教,作显阳圣教论,一部论旨唯明是义而已。扶阳抑阴,孔学之教。阳,善也,净也,君子也;阴,恶也,染也,小人也。扶抑即取舍,则孔亦舍染取净也。易之夬姤复剥泰否,六卦于义尤显。比而观之,可以知要。

䷪夬,扬于王庭,孚号有厉。阴势已微,犹扬犹号者,极其力而夬去之也。

䷫姤,女壮勿用,取女。阴之初起,侈而言之曰壮,厉而禁之曰勿用也。

䷗复,至日闭关,商旅不行,后不省方。养之令长如是。

䷖剥,硕果不食。珍之护惜如是。

䷊泰,小往大来,君子道长,小人道消。

䷋否,大往小来,君子道消,小人道长。往来消长而判泰否,其义又如是。

　　了此四义，可知人之所以为人，天之所以为天，孔佛无二，循序渐进，极深研几，是在智者。

　　　　　　　（选自《孔学杂著》，山东人民出版社 1997 年新版）

　　本文从佛家立场以寂灭寂静、用依于体、相应不二和舍染取净"四义"概论了孔学与佛学，认为明了此四义，可知人之所以为人，天之所以为天，孔佛无二。

中国宗教之特质

唐君毅

要认识中国民族特殊的民族性,可以从各方面看。但是,我认为最好从中国的宗教思想上看。中国的宗教思想,在我看来,有好几点特色。这几点特色都可多少反映出中国民族的特殊的心灵。这个题目,似尚未见近人作过,所以我选来试作初次的讨论。

一 中国民族无含超绝意义的天的观念

中国人对天有个普遍的观念,就是天与地是分不开的。但在其他民族,则无不把天视作高高在上,与地有极大的距离。姑无论近代西洋人把天看作无穷大,地只太空中一小点;即在希腊虽把地作为宇宙的中心,然仍认为在地之外,更有一重一重的天。辟萨各拉氏(Pythagonas)的天文学是希腊第一次成系统的天文学,他的天文学中的天体,便是一层一层的重重圆圈套合而成的。他所谓天体,最中心一层是火,火外是地,地外是月。在月与中心之火间,属于无秩序的世界。月与其他六行星金星木星水星火星土星太阳,属于有秩序的世界。七行星以外是为恒星世界或神的世界。以后,在柏拉图的提姆士(Timeaus)中,亚里士多德托勒姆的天文学说中,虽对于辟萨各拉氏之说均有所修正,然而对于天体有层叠天超于地之外一点,却无异辞。所以到了中世纪来,遂径直谓在我们日常所见之天外另有天堂之天。虽然在基督教中所谓天堂，乃指一种精神上的境界；然其来源，实系从自然之天有层叠的观念——或天外有天的观念——推广而来。天堂在英文中名 Heaven，但 Heaven 又可指 Sky 上面较高远部分的天。可见天堂的观念之产生，与天有层叠之信仰间的关系。此外，其他民族，如印度犹太波斯埃及亚拉伯的民族，亦无不有一种超乎地之上的天的信仰。在中国，则自来把天与地连论。自《易经》《老子》以来的哲学书，无不把天与地乾与坤视作不可离的。关于这点之证据，俯拾即是，今姑不论。天有层叠的观念，中国自来没有具体形成。通常所谓三十三天的观念，乃自印度传来。中国古代虽有四天九天之说，然四天之分乃纯本于时节。所以《尔雅》及刘熙《释名》，都说："春为苍天，夏为昊天，秋为旻天，冬为上天。"九天之分初见于《楚辞·天问》。《天问》有云："九天之际，安放安属？隅隈多有，谁知其数？"其所谓九天，据王逸注：即全系以方向而分，以东、南、西、北、东南、西南、东北、西北、中央，分为九天，我们看天问中用隅隈二字，亦可推知其九天为平列之九天。后来张揖博雅之九天，则全本王逸之说。此外，在扬子云《太玄》卷八，亦分天为九。其所谓九天，意义如何，亦不能确定。但就九天之名——中天、羡天、从天、更天、睟天、廓天、减天、沈天、成天——而言，则显系自天之功用而分天为九。又其所谓九天与九地相对。其九地为沙、泥、泽地、沚厓、下田、中田、下山、中山、上山，显为连绵于一地平面唯有功用不同之一地；可知其九天亦唯为功用不同之一天。所以关于（Sky 与 Heaven）的分辨，中国就没有。高远的（Heaven）是此天，低近的（Sky）亦是此天。罗列星辰的是此天，笼盖四野的亦是此天。因天不能离地，所以中国的神话中，一向有最初天地混沌如鸡子的神话。这神话实表示中国人天地不相离的原始信仰。所以，后来邵康节遂有天依地地依天天地自相依附的说法。现在一般人之常说的天圆地方,也全是从天之覆罩地面上看。至于《曾子家语》所载曾子对天圆地方怀疑,说:"天圆地方,则四角之不掩也。"而于天圆地方之义作进一解,则正是更进一步要求天地处处相附合的表现。即在以天代表宗教的意义时,中国人亦从不把天认为高高在上。所以《诗经》说:"天高听卑。"俗语说:"举头三尺有神明。"中国祭天之坛,都是平卧地上,与西洋教堂之上耸云霄者,正是一对照。一般所谓天堂虽含在上之意,然此观念在学术思想上迄未正式建立起来。在一般人心理中,对于天堂的企慕远不及对于极乐世界的企慕;然而,极乐世界在西方,并不在上面。这都可见中国人对于含超绝意义的天无所信赖。

二　中国民族不相信神有绝对的权力

在中国以外的其他民族的宗教思想中,上帝均有绝对的权力。犹太教中的耶和华的权力,简直是至高无上的权力。宇宙为他所造;宇宙造成之后,他觉人类及生物不听他的命令,遂放洪水淹灭人类同生物。基督教中的上帝,虽变成人的父亲,与人亲近许多,然而仍是全知全能的。此外,回教中的上帝,则不特是全知全能的,且启示谟哈默德用武力去杀戮不信仰他的人。希腊的 Zeus 虽与 Poseibon Pluto 分掌三界,然其权力仍最大。荷马的依利亚特中所描述雅典与托洛之数十年战争,即全是以 Zeus 一时的决意而引起的。其他的宗教中,上帝的权力亦无不极大。在中国,则上帝或天,此天作天神之义解的权力并不大。《书经》中虽常有"天命殛之"一类的话,《诗经》中常有"上帝震怒"一类的话。《左传》中常有"天将兴之谁能废之"一类的话;然而这些都只是表现一种天有权力的观念,至于天的权力的实质的想象,天如何施行其权力去灭一朝代死一君主的想象,则中国古代典籍中并没有记载得见。可见中国古代人对于天的权力，实无具体之意识，并非真相信天有绝对的权力。因为真相信天有绝对的权力，便绝不会没有关于天的权力的实质如何，及如何表现的想象。而且，《尚书》所载天的意志，通常均表现于民的意志中，《尚书·泰誓篇》尤明显的说"民之所欲天必从之"的话。是天的意志尚须顺从民的意志。这种思想到春秋时更甚。所以《左传》上屡次征引"民之所欲天必从之"的话。自春秋以后，天便完全成自然之天。老子已有"天法道"的话，孔子把人视作天地之心（《礼运》），《易系辞》以天地人为三才，《中庸》以人赞天地之化育，孟子说知性则知天，到荀子便要"制天而用之"。天的地位日益低下。墨子虽极力推尊天志，但他说："我为天之所欲，天亦为我之所欲。"是人与天的关系仍只是一种交互对待的关系，天并无绝对的权力。而且就是墨子这种推尊天志的思想，后人也不肯承认。汉儒虽认为天能降祸福，然汉儒的天早失了人格的意义，已不是权力的中心，不过一种能与人的善恶相感应的流行之气。如何去感应，则全在人的意志，不在天的意志。宋明以来，因理学之影响，一般人均知天理即良心。天的权力更全移于人身了。就是从中国神话上看，中国有共工氏触不周之山天柱折的神话，有女娲氏炼石补天的神话，有后羿射日的神话，有夸父追日的神话，小说中有微带人性的孙行者大闹天宫的描写；然而中国却从来没有上帝创造天地创造人的神话或小说。据《列子·天瑞》、《淮南·精神训》、《神仙通鉴》、《开辟演义》诸书所载，在天地之先都只有一种元始的气或连气尚未显出的虚无状态。其他民族的神话中所谓上帝创造天地的办法，如《旧约》所载"上帝说，宜有光，即有光；又说，宜有穹苍，即有穹苍；又说宜有大陆，即有大陆"。中国人从来未想到。中国一向有盘古开天辟地的神话，但却从来没有盘古创造天地的神话。《太平御览·天部》所载："天地混沌如鸡子，盘古生其中，万八千岁。天地开辟，清阳为天，浊阴为地，盘古在其中，一日九变,神于天,圣于地。天日高一丈,地日厚一丈,盘古日长一丈。如此万八千岁,天数极高,地数极厚,盘古极长。"是盘古与天地同时存在。任昉《述异记》所载与此微有不同。《述异记》载:"昔盘古氏之死也,头为四岳,目为日月,脂膏为江海,毛发为草木。秦汉间俗说,盘古氏头为东岳,腹为中岳,左臂为南岳,右臂为北岳,足为西岳。先儒说,盘古氏泣为江河,气为风,声为雷,目瞳为电。"但即从这段看起来,盘古亦不曾创造天地;不过盘古死了,遂变为天地。有盘古时,没有天地;有天地后,亦没有盘古。盘古若有上帝之权力,何不造一个天地? 可见盘古不能比上帝。后来在小说中,又有所谓玉皇及所谓造化小儿。但玉皇亦不曾创造天地。造化小儿中"造化"二字,乃宇宙变化过程之象征,而非一权力之象征;小儿二字,顾名思义,更无创造天地之能力。中国神怪小说中有一部《后西游》,其中曾记载关于造化小儿之故事,颇有趣。谓小孙行者遇见造化小儿,造化小儿之法宝是十八个圈,圈名酒、色、名、利……共十八个,以十七个套小孙行者,均未套着,最后抛一圈,名好胜圈,遂将小孙行者套住。由这个故事,可知造化小儿本身并无特殊的权力;他所能运用的法宝,都从人本身的性质的弱点中取来的而已。

三 中国民族的神与人最相像

人类对于神,本来都是以自己的像貌或性质来想象。不过各民族中的神,与人类相像到什么程度,却各自不同。婆罗门教中的梵天,是印度教的上帝,其与人的相似性,便简直不显著。犹太教、基督教、回教,都相信神以其自己之像貌造人;但神之性质,终于与人不同,在人之先存在。希腊人的神,则不仅像貌像人,性质也像人。他们的主要神是 Zeus Gupiter,Zeus Gupiter 原意都是天,以后才变成神名。天显然在人之先，所以希腊的神亦都是先人而存在；是人与神间还有时间的距离。同时，希腊的神只居住于 Olympus 山；神与人又有空间的距离。然而，在中国神话中，则不仅神与人像貌相似，而且一切神像都可画出塑出；不仅神与人性质相似，而且神常有不愿为神愿变为人的趋向。所以，中国小说中，星宿下凡的事特别多。最流行的《水浒传》，是记载百八零宿下凡的；《镜花缘》是记载天上仙女下凡的。在模仿《西游记》的小说中，尚有一部名玉帝下凡的《北游记》。玉帝即相当于其他宗教中之上帝，然而他也思凡；可知中国的神之人间性之重，简直在希腊诸神之上。希腊诸神虽亦如人之同有恋爱战争之事，然与人恋爱战争之事仍不很多。中国之神则专欲在人间当才子佳人，当英雄好汉。而且，中国的神不似希腊的神之有一定的居处。希腊的神居于 Olympug 山，中国则没有这样一个相当的地方。昆仑山虽指为神之居所，但昆仑山为神之唯一居处的观念，则即在古代亦不曾正式建立起来。到后代，神更无一定之居处。中国的神到处都有(土地是每地都有的，这不用说)，韩愈《与孟尚书书》中所谓"天地神祇，昭布森列。"最可表示中国神无处不在的思想。所以，中国哲学中一直普遍着"鬼神之为德，体物而不遗"。"神也者，妙万物而为言者也"。"神无方而易无体。"的泛神论思想。这些话立意虽不同，然同样表示中国的神与人间无空间的距离。至于神与人间时间的距离也没有。因为神在人先的神话，在中国向来便没有天神照理应在人先。但据最近《燕京学报》顾立雅《释天》一文所论，"天"之文在甲骨文中作"大"乃像有位之贵人。是天的观念，乃从人之观念引来，非在人先。中国最流行而又最符合过去之神话传说的神怪小说是《封神演义》，据《封神演义》所载：一切神均由仙来，而仙则均是人修炼而成的。也可见神并不在人先。盘古虽在人先。但盘古虽可谓之神，而一般人仍只认之为最早之一人。至于上帝与天定在人先的神话,中国从来不曾有。神话中虽有女娲氏抟土为人之说(《太平御览·人事部》所引),但女娲氏后虽成神,原仍是一人(或一族人)。可见中国的神与人之相似性实在其他各民族中的神与人的相似性之上。

四　重人伦关系过于神人关系

世界其他有宗教的民族,无不把神人关系看来比人伦关系着重,主张爱上帝的心应过于爱人的心,爱人亦当为上帝而爱人。其他宗教固不必说,即世界公认为含有最充分伦理意识的基督教,亦还不免把爱上帝当着比爱人重要的事。耶稣一方说人应当爱邻如己,同时又教人爱上帝重于自己。耶稣在劝人爱人的时候,通常总是说:"人类都是上帝的儿子,所以你应爱他人。"《路加福音》与《马可福音》并载有两段论爱上帝应过于爱父母及其他一切人的道理。《马可福音》第三章载:"耶稣之母及其兄弟至,立于外,遣人呼之。众环坐,谓之曰:'尔母及兄弟在外觅尔。'耶稣曰:'孰为我母?我兄弟乎?'遂四顾环坐者曰:'试观我母我兄弟。盖凡行上帝旨者,即我兄弟姊妹及母也。'"《路加福音》十八章载耶稣之言曰:"善者唯一上帝而已矣。未有为上帝国舍屋宇父母兄弟妻子,而今世不获倍蓰,来世不获永生者也。"都可见基督教之把神人关系看来过于人伦关系。所以西方的道德哲学书大半都把道德隶属于宗教,从爱上帝的意义来讲爱人的根据(虽所谓上帝之意义,不复为基督教之原义)。然而在中国,则从来不曾有主张爱神应过于爱人,及爱人应本于爱神的学说。即在古代中国,对于天对于上帝,都从来不曾说过爱字,只曾说过敬字畏字(畏即敬)。敬即表示一种间隔,表示不视之为至亲。所以孔子有"敬鬼神而远之",庄子有"以敬孝易以爱孝难"的话。可见敬自来即含疏远之意。对神爱尚说不上,更何能有爱神应过于爱人之事?拿夏商周三代来说,据《礼记·表记》所载,亦只有殷代尊敬鬼神,夏周均远鬼神。至于爱人本于爱神之说,中国哲人亦从不曾主张过。墨子主张天志在爱人,所以人亦应爱人。此不过谓人应体天之心,如天一般之爱人,此正是表现一种想以人之德齐天之德的心理;或一种怕不顺天志会受天处罚的心理。并非谓人应爱天,更非谓人应为爱神而爱人。至于墨家以外的哲学,则更找不出爱神应过于爱人,或为爱神而爱人的思想。在迷信中虽有以人作牺牲之事,如以人祀河之类,但其动机全为祈福利,避灾害,并非真出于爱神之心理。反之,在中国的宗教思想中主张爱人应过于爱神的思想,到是有的。《左传》载:"夫民,神之主也。是以圣王先成民而后致力于神。……故务其三时,修其五教,亲其九族,以致其禋祀,于是乎民和而神降之福。"《论语》载季路问事鬼神,子曰:"未能事人,焉能事鬼。"这都是爱人过于爱神的思想之表现。至于以后儒者更无不把事人看来较事鬼重要。这可不必论了。

五 祖先崇拜与圣贤崇拜之宗教

表面看来崇拜祖先崇拜圣贤是一切民族之所同,因世界民族无不祀祖先,不敬圣贤者。但是其他民族之崇拜祖先,均不及崇拜上帝之甚,而且只有上帝才是人民共同崇拜的对象。然而在中国,即在古代人,对于上帝或天之崇拜,亦未必能超过其对于祖先之崇拜。殷人所事鬼神,大都为其祖先。到后代,一般人也只能祀其自己之祖先。所以孔子说:"非其鬼而祭之,谄也。"上帝或天,唯天子可以祀之。《礼记·曲礼》说:"天子祭天地,祭四方,祭山川,祭五祀,岁遍。诸侯方祀,祭山川,祭五祀,岁遍。大夫祭五祀,岁遍。士祭其先。"这一种把祀天的资格限于天子,虽一方面似乎把天的地位抬高,然一方面亦无异于把天的地位抑下。因天由此对于一般人就逐渐失去神的意义,而渐变成自然之天了。所以,在《诗经》中即已多怀疑天德的话,如"浩浩昊天,不骏其德"、"如何昊天,辟言不信"之类。到了春秋以后,一般人对于天的信仰更全失人格之天,全化成自然之天了。现在每家的神龛上虽仍旧书"天地君亲师"五字,然而,在一般人礼拜时,对于天是否尚有宗教的情绪,却根本是问题,恐怕其宗教的情绪完全寄托在"亲"字上面了。中国人之崇拜圣贤,亦在崇拜上帝、天或其他神之上。上帝、天或神在中国智识阶级的心目中,除哲学的意义外,几无别的意义,然而圣贤却妇孺皆知敬礼。所以全国每县都有孔庙,每县都有先贤祠,圣贤的书人人都知道是不可亵渎的。《易经》这部书,一般乡下人都相信其可以降伏鬼神。中国人因为相信字是圣人造的,所以中国最下愚的人都知敬惜字纸。流行民间的功过格中,把焚化字纸作为一种极大的功德。这乃是其他民族所没有的。

六　以人与人间交往之态度对神

在其他民族的宗教中,大都把神视作与人根本不同,所以其与神交往之态度,与与人交往之态度亦迥然相异。在中国人则因不承认神与人间有根本差别之故,所以其与神交往之态度,与与人交往之态度简直差不多一样。在其他民族中,因为相信神有较大之权力之故,所以人对神唯一的态度就是祈祷神赐与我的力量。在得神的助力之后,对神的态度遂为极深厚的感谢之情——因觉无从报答故。然而中国人则虽信神力时可大于人力,却不凭空祈求神力降临,常相信自己有能力转移神意或天意。所以,中国古代人在希望神来相助时,不纯用其他民族祈祷礼拜的方式,而重在卜筮以测神的意向。若神的意向相悖,则专从修德上努力,相信德盛神自会来相助。这种思想，从《书经》《诗经》《左传》中都可看出。到了孔子时，则径完全不主张对神祈祷；而说："丘之祷久矣。"为什么说"丘之祷久矣"？因为孔子相信其数十年之修德，即是祈祷。由此再进一步，便是人只当从修德上努力简直不要管天意如何；而儒家中遂逐渐产生尽人事听天命的教义。尽人事听天命的意思，后来虽含教人不要愿乎其外之义，然而最初实含你能尽人事自然能转移天命用不着祈求祷告之意。中国人既然相信人力能回天，所以人在得神之助之后，虽一方感谢，但并不觉无从报答。中国先儒请祭祀的意义，便是为报答。祭天地是报答天地好生之德，祭祖宗是报答祖先养育之恩，祭圣贤是报答圣贤设教德。中国人并不觉得这报答不相称，因为只要祭祀之意诚，照先儒看起来，则可动天地感鬼神。这种地方都可表示中国人对神的态度，与对人的态度相同。修己以交贤，有恩必报，这不是人与人间交往的正常态度吗？

七　现世主义的宗教观

在其他民族中，一般人信仰宗教的目的，大都为求升入彼界或天堂。此在信仰耶教回教佛教犹太教的民族皆然。但中国一般人信仰宗教的动机，则充满现世主义的动机。中国人希望神赐予我们力量时，大都是希望神助我们解决实际的困难，并非望神助我们从此世间得着解脱。所以财神与观音成为一般人崇拜的神。中国人崇拜天以外，尤崇拜地，崇拜玉皇不及崇拜阎王。因为天与我们实际生活的关系，似尚不及地之直接。天之能生万物以养人，乃全靠地能长育。所以社稷之神从古至今均普遍的为一般人所崇拜，土地庙遍于乡间。城隍之所以每县都有，亦由其管一方土地，与人实际生活关系最密。玉皇之所以不及阎王为人所崇拜，因玉皇只管天上诸神而阎王则管人。人之生死,及其来生之富贵贫贱,全靠阎王一枝笔。阎王在一般人心目中的地位,较玉皇重要得多。所以中国本土的宗教一直盛行的,只有道教。道教的主要目的在求长生,炼成万古不老的金仙,或在为人治病驱魔(炼养服食采补诸派均以长生为目的,丹鼎派则兼以长生与炼金为目的,符箓派则以为人治病驱魔为目的。然无论前者与后者,均同样表现一种极端的现世主义的精神)。此外,中国宗教思想中之现世主义的精神,还可从两方面去看:就是从中国对于基督教与佛教之态度去看。基督教在唐代已传入中国,然而迄未在中国文化中生根。近代基督教之入中国亦有好几百年的历史,仍然对中国人生没有多大的影响。其中最根本的原因,就是:中国人相信人性是善的,不相信基督教原始罪恶的观念,不相信人是生而有罪非赖上帝之拯救不能超拔。中国人不相信人有原始罪恶,是因中国人只从现世的人生看。从现世的人生看,当然看不出人有什么原始罪恶,须待上帝来超拔了。佛教输入中国后,也染了不少现世主义的色彩。佛教本来偏重出世的,然中国的佛教徒,却最爱倡出世间法与世间法并行不悖之论。在家人士之信佛者,尤好"三教同源"、"孔子为大菩萨"之说。佛教中的大乘是比较最能与世间法以地位者,所以中国佛教中大乘教遂最盛,十宗之中大乘竟占其八。而且,中国佛教徒常有把讲佛理看来比修行求解脱还重要的趋向。魏晋时之僧徒,其兴趣便大都偏于讲佛理一方面。禅宗的末流,只重呈机锋。这明是把佛学当作世间的玄学来谈玩,也是表现一种现世主义的精神。此外,中国的佛教徒尚有一种特色,即好选好风景之地居住,好作诗文书画;这又是一种现世主义精神之表现。中国一般人之学佛者,多系欲以今生之苦行换取来世之富贵,真想成佛者已占少数;而想成佛者复大都信赖"不立文字直指本心见性成佛"之禅宗(尤以倡顿悟之南派为得势),或"临终一念不乱凭仗佛力升西"之净土宗,印度三大阿僧祇劫而后成佛之说,一般人简直不愿闻。这种学佛而想速成的心理,正是一种彻底的现世主义的精神之表现。

八　宗教上之宽容精神

世界其他有宗教的民族,均无不曾经宗教战争,以至许多次的宗教战争。世界其他民族的宗教徒,对于异教徒通常总是用惨杀或流放的办法来对付。然而中国却是世界上唯一不曾经过宗教战争的民族(太平天国之战,不能算宗教战争,因太平天国诸领袖,并非真相信基督教,不过藉基督教以推翻满清耳),中国的宗教徒从来不曾用惨杀或流放的态度来对付过异教。中国民族可以说是世界上唯一富有宗教上宽容精神的民族。"道并行而不悖","殊途而同归,百虑而一致",自来便是中国一切宗教或非宗教徒共同的信仰。所以,在中国,一切宗教都可自由施教。汉武帝虽曾罢绌百家,独尊孔子,但罢绌百家独尊孔子,不过把孔子抬高放在百家之上,并不曾禁止百家之学。此早经人考订过。后来的君主也不曾因之而排斥其他宗教。佛教在中国只曾经过三武之厄。周世宗晚年曾废佛寺,乾隆皇帝曾颁布限制男女出家的命令。然而,这不过极少数君主的意旨。儒者中如宋明儒者虽极力辟佛,韩愈并主张"人其人火其书",然而,这并不曾在社会上造成一种排佛的运动。而且,韩愈即曾与大颠往还——想人其人的结果,却是友其人。此外濂溪之于寿涯,朱子之于妙喜,亦都极交好。就是纯粹儒家的程子,见佛像亦表示敬礼谓:"某虽反对其学,亦敬其为人。"可见中国儒者实无不富于宽容精神。中国人对于道教徒,历代皆任其自由施教。道教之厄只有一次,即元世祖曾下令焚道藏伪经。至于中国对于基督教徒亦未曾禁止其施教。康熙之逼害天主教徒,乃因罗马教皇不许信徒祭祖先,一时引起康熙愤怒之故。可见中国民族实是宗教上最富宽容精神的民族。所以中国很早就有三教同源的说法。张融死时左手执《孝经》、《老子》，右手执《小品法华经》，乃一最富象征意义的事实。到了近来又有种种五教同源、六教同源的说法，及什么佛化基督教运动，科学化佛法运动。这些都可以说是中国宗教徒富于宽容精神的表现。

（原载《中心评论》1936 年第 1 卷第 3 期）

唐君毅（1909—1978），四川宜宾人。早年就读于中俄大学、北京大学，毕业于南京中央大学哲学系。曾任教于华西大学、中央大学、金陵大学。1949 年赴香港，与钱穆等创办新亚书院，兼教务长、哲学系主任。1963 年受聘为香港中文大学首任文学院院长和哲学讲座教授。1967 年任新亚研究所所长。现代新儒家第二代代表人物之一。主要著述有《中西哲学比较研究集》、《道德自我之建立》、《心物与人生》、《人文精神之重建》、《中国文化之精神价值》、《中国人文精神之发展》、《中国哲学原论》、《生命存在与心灵境界》等。

本文从八个方面论述了中国宗教思想的特质：无超绝意义的天的观念；不相信神有绝对的权力；中国的神与人相像；重人伦关系超过神人关系；祖先崇拜与圣贤崇拜的宗教；以人际关系的态度对待神；现世主义的宗教观；宗教上的宽容精神。

孔子与心教

钱 穆

人生最大问题是"死"的问题。凡所谓人生哲学人生观等,质言之,都不过要解决此死的问题而已。若此问题不解决,试问人生数十寒暑,如电光石火,瞬息即逝。其价值安在?其意义又安在?

人皆有死,而人人心里皆有一个共同的倾向,共同的要求,即为如何而能不死、不朽与永生是也。此种要求,不独人类有之,即其他动物亦莫不有之。人类为满足此种要求而有宗教。宗教信人有灵魂,可以脱离肉体而存在。现实人生限于肉体,空幻不实,变化无常。灵魂生活不限于肉体与现世,他乃贯串去来今三世,永恒不灭,真常不变。不过,这种说法有两个缺点:(一)与科学冲突;(二)忽略了现实。

人生的另一个问题是"我"的问题。无我则人生问题无着落。所以人生问题也可说是"我生的问题"。但是原于我见而使人类都不免有自封自限自私自利的习性,因而人我之间不能不有激荡,不能不相冲突,由此招致社会之不安。人类为防止此种不安,而有正义自由与法律。自由属诸各人自己的范围,正义则为人我自由之界限。法律则为维持正义限制自由而设,在正义界限以内,人各享其自由,若有逾越,则受法律之裁制。西方社会的现世安宁,即借此正义自由与法律的观念而维持。所以他们即在父子夫妇兄弟朋友之间,亦有很明显的界限。但是我们禁不住要问:若人生唯有此等正义自由与法律,则人与人间全成隔膜,全成敌体,试问人生价值又何在,其意义又何在,再以何者来安慰此孤零破碎漠不相关的人生呢?

西方人在这一点上还是乞灵于宗教。他们用宗教灵魂出世之说来慰藉现世孤零的人心,他们把人生不朽的要求引到别一世界(天国)去。因此之故,他们特重牧师与教堂。而在现世里则以法律来维持秩序,处理纷争,因此他们又特重律师与法堂。我们可以这样说,他们的人生是两个世界的。来世的人生是宗教的,现世的人生是法律的。二者相互为用,他们的政治社会以及一切文明,都支撑在此上。

中国人则与此不同,中国社会不看重律师与牧师,亦不看重法堂与教堂。但中国人又何以能解决生死的问题,以及人我的问题的呢? 欲知此事,当明孔子学说。

中国人也要不朽,但中国的"不朽观念"和西方人的不同。《左传》里载叔孙豹之言,谓不朽有三:立德立功与立言是也。我们细看,这三种不朽都属于现世的,可以说是现世的不朽,而非来世的不朽。人生的不朽,仍在这个社会里,而不在这个社会外。因此中国人可以不信灵魂而仍有其不朽。我之不朽,既仍在这个社会里,则社会与我按实非二,儒家思想里面仁的境界即由此建立。在仁的境界内,自私自利之心自不复有,而我的问题亦牵连解决。人生并不是一个个隔膜敌对的小我,各自独立,则人生自不必以小我自由为终极。不讲小我自由,便不必争论那个为自由划界的正义。既不争论那个为你我自由划界的正义,则维持此正义判决此争论的法律自更不为中国观念所重。扩充至极,则中国社会可以不要法律不要宗教,而另有其支撑点。中国社会之支撑点,在内为仁而在外则为礼。

西方人的不朽为灵魂,故重上帝与天堂。中国人的不朽即在人群之中,故重现世与人群。两者相较,中国人的不朽观念实较西方人的为更著实亦更高超,实在不能不说是更进步的观念。从事宗教生活者必须求知上帝的意旨,求三不朽现世生命者必须求知人群的意志。中国人的上帝即是人类大群。人能解脱小我的隔膜与封蔽,而通晓人类大群的意志者,其心的境界即谓之仁。孟子说,仁人心也,正指这一种心的境界而言。西方人所谓心,与灵魂离为两物,心只为小我肉体之一机能。中国观念反是,中国人以心即仁,中国人看心,虽为肉体之一机能,而其境界可以超乎肉体。西方人认超肉体者只有灵魂,中国人看心则包容西方人灵魂观念之一部分,而与西方人之所谓灵魂者自不同。中国人看心可以超乎肉体而为两心之相通。如孝,即亲子间两心相通之一种境界也。子心能通知父心即为孝。耶稣《圣经》中说"你依上帝的心来爱你的父母与兄弟",可见西方人只认自己的心可与上帝相通,却不认人我之间的心可以直接相通。人我之心直接相通,此乃中国观念,此即儒家所谓仁。

若以生物进化之观点论之,自无生物进而为有生物,自植物又进而为动物,又自动物进而为人。人与其他动物之差别点,即在人有人心。人心能超出个体之隔膜与封蔽而相通,此乃中国人观念;西方人则认人兽之别在有灵魂与无灵魂。西方人看心为肉体的,人兽相似,无大差别。因此近世西方宗教观念渐渐淡薄,便认人与禽兽同一境界,同属自然。像中国人观念下之人心更高境界,为西方人所不易接受。至于西方宗教上之灵魂观念,则又为中国观念所不了。因此可说,中国的人生观念是"人心"本位的。此所谓人心,非仅指肉体的心,肉体的心凡动物皆有之而不能相通,故动物仅自知痛痒而哀乐不相关,相互间无同情。西方科学里的心理学,即以这类的心态为研究题材,当然不能得人心之真实境界。此因西方人把人心之一部分功能划归灵魂,而又认灵魂只与上帝相通,人与人之间,则须经过上帝的意旨之一转手,而不能直接相通,因此其对人心的认识实嫌不够。中国人之所谓心,则并不封蔽在各各小我自体之内,而实存于人人之间,哀乐相关,痛痒相切,首论此者则为孔子。

我们可以说,孔子讲人生,是直指人心的。由人心显而为世道,这是中国人传统的人生哲学,亦可说是中国人的宗教。当知科学知识虽可愈后愈进步,而人生基本教训则不必尽然,因人生大本大原只有这些了,并可以历万世而不变也。中国古人也有上帝神鬼之信仰,直到孔子,才把此等旧说尽行舍弃。以后的人,但讲"人心世道"而不谈上帝,这实是中国的大进步。所谓人心,应著重人字上看。所谓世道,应著重世字上看。西方人看人心只如兽心,耶教教义认为人皆有罪,一切唯有听从上帝的意旨,以上帝之心为心。西方人既看不起人心,宜其看不起世道,而另要讲出世之道。迨到西方人回过头来,舍却灵魂而单言人心,又因为不看重人心与兽心之分别,故而陷世道于重大罪恶中。

我们可以说西方的宗教为上帝教;中国的宗教则为"人心教"或"良心教"。西方人做事每依靠上帝,中国人则凭诸良心。西方人以上帝的意旨为出发点,中国人则以人类的良心为出发点。西方人必须有教堂,教堂为训练人心与上帝接触相通之场所。中国人不必有教堂,而亦必须有一训练人心使其与大群接触相通之场所,此场所便为家庭。中国人乃在家庭里培养其良心,如父慈子孝兄友弟恭等是也。故中国人的家庭,实即中国人的教堂。

孔子认为培养良心最直捷的方法,莫过于教子孝弟。故曰孝弟也者,其为仁之本与。再由孝弟扩充,由我之心而通人类大群之心,去其隔膜封蔽,而达于至公大通之谓圣。心之相通,必自孝始,因此中国宗教亦可说是孝的宗教。孝之外貌有礼,其内心则为仁。由此推扩则为整个的人心与世道。因此既有孔子,中国便可不需再有宗教。

孔子之后有墨子，墨子思想颇近宗教。"兼爱"则如耶稣之博爱，"天志""明鬼"都是宗教的理论。然而墨子有一最大缺点，他没有教堂以为训练人心上通天鬼之场所。他既没有宗教的组织和形式，所以只可说他是一个未成熟的宗教。孔子则不然，他不从来世讲永生，孔子即避免了先民素朴的天鬼旧观念之束缚。子路问死，他说"未知生，焉知死"。他直捷以人生问题来解决人死问题，与其他宗教以人死问题来解决人生问题者绝不同。他看祭祀不过是一种心灵的活动，亦可说是一种心灵的训练与实习。故他说"祭如在，祭神如神在，我不与祭如不祭"。他只看重人心的境界，不再在人心以上补一个天鬼的存在，他实在是超宗教的、进步的。惟孔子虽超宗教，而又有家庭为训练人心之场所。墨子不能超宗教，而又无他的教堂为训练人心以供人神之接触而相通。这是孔墨相异的一点，亦即孔学之所以兴，与墨学之所以废的大本原所在。

今再剀切言之，孔子的教训，实在已把握了人生的基本大原，如孟子所谓先得吾心之固然是也。人生进于禽生与兽生，已不限于肉体的生命，而别有心的生命。所谓人生，即在人类大群心之相互照映中。若只限于六尺之躯之衣食作息，此则与禽生兽生复何区别。故我的人生即存在于人类大群的公心中。所谓人生之不朽与永生，亦当在心的生命方面求之。其人之生命，能常留在人类大群的公心中而永不消失，即是其人之不朽。肉体生命固无不朽，而离却人类大群之公心，亦无不朽可言。故知真实人生，应在大群人类之公心中觅取，决非自知自觉自封自蔽之小我私心便克代表人生之意义。因此必达到他人心中有我，始为我生之证。若他人心中无我，则我于何生。照孔学论之，人生即在仁体中。人生之不朽，应在此仁体中不朽。人生之意义，即人的心在他人的心中存在之谓。永远存在于他人的心里，则其人即可谓不朽。孔子至今还存在人的心中,所以孔子至今还是不朽,还是生存于世。只因"人心之所同然"为孔子所先得,所以孔子能生存在人的心中历久不灭。只因有孔子的心教存于中国,所以中国能无需法律宗教的维系,而社会可以屹立不摇。此后的中国乃至全世界,实有盛唱孔子心教之必要。

（原载《思想与时代》第 21 期,1943 年 4 月 1 日）

　　钱　穆(1895—1990),字宾四,江苏无锡人。早年任小学、中学教员。1930 年后历任燕京大学、北京大学、清华大学、四川大学、齐鲁大学、西南联大教授及江南大学文学院院长。1949 年迁居香港,创办新亚书院,任院长。1966 年移居台湾。曾获香港大学、美国耶鲁大学名誉博士称号。现代新儒家早期代表人物之一。主要著述有《国学概论》、《先秦诸子系年》、《中国近三百年学术史》、《国史大纲》、《朱子新学案》、《中国学术思想史论丛》等。

　　本文通过比较中西方人生观,认为在解决生死问题上,西方乞灵于宗教,中国着眼于人心(仁);西方重上帝与天堂,中国重现世与人群。中国的人生观念是"人心"本位,其宗教为孔子首论的"人心教"或"良心教"。孔子心教优于西方之教,所以有在未来中国乃至世界倡导之必要。

中国"人本主义"之宗教及其典礼

程石泉

一 立总义

中国之宗教情绪,得自艺术之神思,诗兴之触发。

中国人之宗教精神,不以超性生命为理想,不以天堂永福为鹄的,只在体会天地之神功妙用,鉴照天德,律己向善,而以天人合德为理想,天人交感为表征。盖所以尽生灵之本性,合内外之圣道,赞天地之化育,参天地之神工,以完成人之所以为人,故谓之为"人本主义"。

中国人之所以为斋戒牺牲,钦崇膜拜之事者,盖出于神道设教之意,是故中国宗教无圣迹,无圣事。有官守者其祭祀有典,庶人之祭祀无常规。邀圣宠端在为善,"天威"、"天命"、"天谴告"皆所以昭炯戒;其改过迁善者,天无弃民。

中国人所谓上帝鬼神,皆为古之圣王,而为执政者之祖宗(如见于"五典"者),但非"拟人主义"。盖以圣王功德在民,死后民受其利,民感其德,民畏其威,但又无以名之,于是神之、圣之,钦崇敬畏之心,油然而生。其源本乎崇德报功,其过程则为民族铸圣(Defiecation)。

中国民族重生德,为政亦以好生而治民。天地者生之本也,先祖者类之本也,他如日月星辰,民所瞻仰,山林川谷丘陵,民所取

20世纪儒学研究大系

用,故皆是以引起崇德报功之心;加以其生德妙用,莫可明言,故亦足以触发虔诚膜拜之情;更以洪钧运转,生死无常,有非证理所可明者,焄蒿凄怆,亦足抒发神灵在上之感。凡此与"生殖器崇拜"、"自然物崇拜"大异其趣,原难牵涉。

至于巫觋通灵,鬼魂作祟,天灾地异,人妖物怪,魑魅魍魉之谈,原背乎宗教之圣情,事出于人类推理作用之失败。其崇、祓、禳、祷之道,行于黎庶愚氓,一概不入国家祭典;且士大夫之有官守言职者,如申繻、宫子奇、荣季、晏子辈,向不予以鼓励,但持人本主义,以阐明神道设教之旨而已。

二　辨称谓

(甲)天　稽于六经诸子百家,多有疑于鬼神者,但人事之外,更有所谓天者,似无所用其怀疑。孔子论鬼,则谓:"未能事人,焉能事鬼,未知生,焉知死。"又曰:"吾欲言死者有知也,恐孝子顺孙弃而不养;吾欲言死者无知也,恐孝子顺孙弃不葬也。"有知无知,皆从人事立论,然一言及天,则毅然断曰:"获罪于天,无所祷也!"至临危殆,则曰:"天生德于予,桓魋其如予何!"又曰:"天之未丧斯文也,匡人其如予何!"又曰:"知我者其天乎?"颜渊死,曰:"天丧予!天丧予!"子见南子,子路不悦,则曰:"余所否者,天厌之,天厌之。"此盖于无可如何中,呼天以自托者。孟子崇仁义而尚王政,以仁义之在人心,如日月之丽乎天。天者乃性命之所赋者,故谓"尽其心者知其性,知其性则知天,存其心养其性,所以事天"。譬如耳目之官受之天,心之官亦受之天,若不思则耳目蔽于物,而心则驰放不得矣。故孟子之天,乃性命之天,并引《泰誓》"天视自我民视"、《太甲》"天作孽犹可违"之语,用以策励人君,努力于尽性知命,施行王政。故孟子乃人本主义者也。荀子论天,重在材官天地,役使万物,盖所以重乎人治者;故谓"天有其时,地有其财,人有其治,夫是之谓能参,舍其所以参,而愿其所参,则惑矣"。国之兴亡,人之祸福,非操自天者,故"圣人不求知天"。凡崇天威者为可耻,畏天命者为无益。荀子于墨子之尊天事鬼,则谓:"大天而颂,孰与制天而用之!"此乃极端之人本主义者。孟荀两氏,乃孔后儒之大宗,其对于天人关系,所见如此,而于天之所以为天,亦鲜神秘之感,不作宗教之推演。孟子谓:"莫之为而为者天也。"荀子则谓:"皆知其所以成,莫知其所形,夫是之谓天。"盖皆感于宇宙间颇具神功妙用,有非人知所可尽知者,于是悉呼之天。此乃本乎哲学之直觉,艺术之想象者也。老庄哲学之妙谛,端在称述冲虚周行之妙道。《老子》有谓:"道冲而用之或不盈……湛兮似或存","大道氾兮,其可左右,万物恃之而生而不辞,功成不名有,衣养万物而不为主"。故道乃"万物之奥","天地之根"。《庄子》有谓:"天不产而万物化,地不长而万物育。"天所以不产而万物化育,盖有道之妙用在,故盈天地之间,无非"妙道之行相"也。凡老庄所论之"道"、"天"、"鬼"、"神",俱为哲学之"名言",原不具若何宗教之含义也。墨子论天,颇具主宰万物之义。天为最初之创造者,为最尊贵,最智明,最公平之权威者。然天亦不能恣己为政,有万民政之。盖天之于民,恰如父母之于爱子,故曰"天之独厚于民","天之爱民厚也"。墨子虽歌颂天德,但亦赞美人生,故力倡"兼爱利以尚同"。盖爱者乃藏于心而用之不竭之圣情也(墨子有谓"生以见爱","藏于心者无以竭爱")。利者乃材官万物,役使群能,而以美利利天下者。是则墨子之道,并无大毂难行之处,一本乎人情之所同,特以天道为之推动力耳。《诗》、《书》每言天与上帝,如"皇矣上帝,临下有赫,监观四方,求民之瘼","夏氏有罪,予畏上帝,不敢不正"。此言上帝者。又如"天叙有典……天秩有礼……天命有德……天讨有罪","自天降康","丰年穰穰","唯天生民,有欲无主则乱"。此言天者。综合

《诗》、《书》论天之品德,有天秩、天叙、天命、天休、天讨、天罚、天戒、天监、天视、天听、天矜、天威、天聪明、天眷佑、天孚佑、天降灾、天震怒、天弗保,而君王虽可"恭行天罚"、"克享天心"、"克配上帝",但应"弗僭天命"、"顾諟天命"、"永保天命"、"钦崇天道"、"明天所欲"、"避天所憎"。是则于人类外而有一"拟人"之皇天上帝在,司人世间善恶赏罚,而为意志之裁判者。究实仍依神道而设教,籍皇天上帝以劝善耳。所谓"天道福善祸淫"(《汤诰》),"惟上帝不常,作善降之百祥,作不善降之百殃"(《伊训》)。且也"民之所欲,天必从之"(《泰誓》),"天视自我民视,天听自我民听"(《泰誓》),"天聪明自我民聪明,天明威自我民明威"(《皋陶谟》)。是则吉凶祸福之事,其权仍操之在人。若我德彰,则"惟德动天,无远弗届"(《大禹谟》)。若我诚著,则"至诚感神,矧兹有苗"(《大禹谟》),"鬼神无常享,享于克诚"(《大禹谟》)。若不幸而夭,则"非天夭民,民中绝命"(《高宗肜日》)。若不幸而败,则"天非虐,惟民自速辜"(《酒诰》)。即如尊天事鬼之墨子,亦谓:"我为天之所欲,天亦为我所欲。"是则与摩罕默德左手执剑、右手执《古兰》,以训示下民者,大异其趣;又与犹太人上帝,身居昊天,号令万方者,亦不相牟。吾前言中国人之宗教为人本主义之宗教,就西方历史中之宗教而言,乃为一自相矛盾之名称:其故一以中国人向未假想在人世之外另有一超人世之计乐界;二以中国人之"天人关系观",既非牧者与羊群之关系,又非治者与非治者之关系,乃天人交感之关系也。其详当于下文中见之。

(乙)神、鬼、妖精、魑魅、魍魉 《易经》对于神之解释最尽其妙,有谓"阴阳不测谓之神"(《系传》),"知变化之道者,其知神之所为乎"(《系传》)? "利用出入,民咸用之,谓之神"(《系传》)。总括其义,则见于《说卦传》所谓"神也者,妙万物而为言者也"。故后世往往以"神妙"并称。盖万物中有妙不可言之品德在,既妙而不可言矣,但又不得不言,姑以"神"字形容之。老子论神,亦有妙解。"道之为物,惟恍惟惚,惚兮恍兮,其中有象,恍兮惚兮,其中有物;窈兮冥兮,其中有精;其精甚真,其中有信"。"信"、"申"为叠韵而通假,申则为神之本字。所谓"其中有信"者,即谓"其中有神"也。据此则老子所谓神,乃惟恍惟惚之象,窈兮冥兮之精也。其意亦重妙用。《礼记·谥法》则谓"民无能名曰神"。《孟子》则谓"圣而不可知之谓神"。《论语》赞尧之为君,则谓"荡荡乎民无能名"。民所以无能名尧者,盖以尧之为君,克配天德,民蒙其泽,而感其恩,于是呼之为神,赞之为圣,以倾其钦崇感佩之情。

　　古人每以鬼神并举。《易系传》有谓:"精气为物,游魂为变,是故知鬼神之情状。"精气游魂,皆所以貌情况,非实指。《中庸》有传"鬼神之为德,其盛矣乎,视之不见,听之弗闻,体物而不遗",是在表明鬼神之德无实体性,非可以感觉知者。又《礼记》宰我问鬼神于孔子,孔子答曰:"气也者神之盛也,魄也者鬼之盛也,合鬼神教之至也,众生皆死,死必归土谓鬼,骨肉毙于下,阴为野土,其气发扬于上为昭明,焄蒿凄怆,此百物之精也,神之著也。"(《祭法》)此种解释,似有就人之死后灵魂着眼之意,但究实其形状,则为精气,则为昭明,盖仍为恍惚窈冥无状之状、无物之象也。章太炎先生于《国故论衡》中,就文字学之立场,对鬼、神、祇各字之义更有解说:"何以言鬼? 鬼者归也。何以言神? 神者引出万物者也。何以言祇? 祇者提出万物者也。此皆以德为表者也。"此说最得鬼、神字之本义。实则皆所以形容宇宙间神功妙用之德者也。

　　就《老子》言"精"者窈兮冥兮,亦为道体品德之一。就孔子言,乃人死之后气,扬于上之昭明。王充则有谓:"物之老者其精为人。"此亦就"精华"、"精神"而言者也。

　　《老子》有谓:"正复为奇,善复为祆。"复者倾反也,正之反为奇,善之反为妖,正之于奇,善之于妖,乃相反相对之名词,与《老子》上文祸福相反相对之义相似。荀子论妖,着重人事:"人妖则可畏也,楛耕伤稼,耘耨失岁,政险失民,田岁稼恶,籴贵民饥,道路有死人,夫是之谓人妖。政令不明,举错不时,本事不理,夫是之谓人妖。礼养不修,内外无别,男女淫乱,则父子相疑,上下乖离,寇难并生,夫是之谓人妖。妖生于乱。"《左传》宣公十五年,晋之伯宗说明当伐酆舒之理,有谓:"天反时为灾,地反物为妖,民反德则乱,乱则妖灾生。"盖无论其为人妖物妖,皆以其失时反常,违背情理故。

江绍原于《中国古代旅行之研究》一书,对于"魑魅"、"罔两"有精密之考订。其属于同音及形类而通假者,有"魑魅"、"罔象"、"方良"、"罔浪"、"罔阆"、"无伤"、"魍魉"诸字。就其意义言,皆为形容词之名词:"其所形容者,明明是'恍惚窈冥'、'虚无'无形体、无实质、若云若烟若影而又决非云非烟非影的状态,似有实无,似无而又实有的状态,简言之'神'或'精神'的状态。"

综合上文之义,所谓神、鬼、妖、魑魅、罔两者,无一非形容词,或者本乎哲学之直观,或者本乎艺术之想象,盖皆感于天体人物间,有某种"不可究诘"、"不可方物"、"反乎常道"、"出乎意表"之"无状之状无物之象",其品德为"莫知其然而然"者。于是以神、鬼、精、妖、魑魅、罔两诸词形容之耳。至于是有是无,亦在未定之天。善哉庄子之言曰:"有以相应,若之何其无鬼也!无以相应也,若之何其有鬼也。"

三　人神典礼

吾前言中国宗教,无宗教人,有之则为史、祝、宗、巫。但观其职掌,实为朝廷之官吏。据《国语·楚语下》谓:"昭王问于观射父曰:《周书》所谓重、黎实使天地不通者,何也?若无,然民将登天乎?对曰:非此之谓也。古者民神不杂,民之精爽不携贰者,而又能齐肃衷正，其知能上下比义，其圣能光远宣朗，其明能光照之，聪能听彻之，如是则神之，在男曰觋，在女曰巫（巫觋见鬼者——韦昭解）。是使制神之处位次主，而为之牲器时服，而后使先圣之后之有光烈。而能知山川之号，高祖之主，宗庙之事，昭穆之世，齐敬之勤，礼节之宜，威仪之则，容貌之崇，忠信之质，禋洁之服，而敬恭明神者，以为之祝（祝太祝也，掌祈福祥——韦昭解）。使名姓之后，能知四时之生，牺牲之物，玉帛之类，采服之仪，彝器之量，次主之度，屏摄之位，坛物之所，上下之神，氏姓之出，而心率旧典者，为之宗（宗，宗伯也，掌祭祀之礼——韦昭解）。于是乎有天地神民类物之官，谓之五官，各司其序，不相乱也。"由此以观，巫、祝、宗各有其职守，但不外乎熟习祭仪，管理祭器、祭品，心知祭典而已。韦昭于另又解巫觋为"主接神"、史为"主次位序"。故合之为史、祝、宗、巫、觋之五官，各有专职，奉行故事。其职守见于《周礼》者，则"大宗伯之职，掌建邦之天神地示之礼……凡祀大神，享大鬼，祭大示，帅执事而卜日宿，脈涤濯，莅玉鬯，省牲镬，奉玉簋，诏大号，治其大礼"。又"大宗伯职建国之神位，右社稷，左宗庙……掌舵四时祭祀之序事与其礼"（《春官》）。"大祝掌六祝之辞，以事鬼神示，祈福祥，求永贞，国有大故天灾，弥祀社稷祷祠"（《春官》）。"大史……祭之日，执书以次位常，辨事者考焉，不信者诛之"。"小史……奠系世，辨昭穆……大祭祀读礼法，史以书叙昭穆之俎簋"（《春官》）。"司巫……若国大旱则帅巫而舞雩，国有大灾，则帅巫而造巫恒，祭祀则共匿主及道布入馆，凡祭祀守瘗，凡丧事掌巫降之礼"（《春官》）。他如见于《周礼》之占人菙人占梦脈祲保章诸人，其职掌亦不外"辨吉凶，观妖祥"，其分位似卑于史、祝、宗、巫耳。如今见于甲骨卜辞之卜人（即史官），亦不过为朝廷掌史料，或参与灼龟辨兆刻辞而已。以上五官及卜人，其职掌见于《国语》《左传》者，大抵备君王之咨询，解说灾异之事，其自身实无若何神权可言，当不能与其他宗教之宗教人相提并论。

　　然则就中国宗教而论,其堪为神人之中介,且操万民幸福之运者,究属何人? 观于人祀典之古代帝王圣贤豪杰,无不具"通神明"、"参化育"之圣德,此辈人格神为几王所崇礼,百姓所膜拜,皆以其在生之时,功德煊赫,百姓蒙其恩,感其惠;日居于其恩惠而不明其德业成就之所以,不觉发生敬畏之思,呼之为神,赞之为圣。《易系传》赞包牺氏之作八卦,可以通神明之德,类万物之情。盖以天地化育,日月运转,四时代兴,其神妙处皆有莫知其然而然者,唯明君、哲王、圣贤、君子方能"穷神知化"、"知几通神",又以天道"包容万类"、"变通化裁"、"敦仁存爱"、"继善成性"、"无偏无私"、"悠久长存",虽"生而不有",虽"为而不恃",虽"成功而不居"。

　　唯大人:与天地合其德,与日月合其明,与四时合其序,与鬼神合其吉凶;先天而天弗违,后天而奉天时。天且弗违,而况人呼? 况于鬼神呼(《易·乾卦·文言传》)?

　　唯天子:与天地参,故德配天地,兼利万物,与日月并明,明照四海而不遗微小……居处有礼,百官得其宜,万物得其序(《礼记经解》)。

　　唯圣人:若天之高,若地之普,其有昭于天下也,若地之固,若山之承,不折不崩,若日光若月之明,与天地同常……故圣人之德,盖总乎天地者也(《墨子·尚贤中》)。

　　唯君子:所过者化,所存者神(《易·系辞传》)理天地,君子者天地之参也,万物之总也,民之父母也(《荀子·王制》)。

　　唯大圣:知通乎大道,应变不穷,辨乎万物之情性者也……是故其事大辨乎天地,明察乎日月,总要万物于风雨,缪谬肫肫,其事不可循。若天之嗣,其事不可识,百姓浅然不识其邻(《荀子·法行》)。

唯包牺氏能通神明之德,类万物之情,唯神农、黄帝、尧、舜能

"通其变,使民不倦,神而化之,使民宜之"。至于孔子乃不位之"素王",但其通德类情参赞化育之功,上可配天,下可仪民,《中庸》言之綦详,而归结谓:"苟不固聪明圣知达天德者,其孰能知之。"所谓参天地之化育,所谓"聪明圣知达天德",原为"理想人格"。此种理想之产生,实本乎中国人之"天人之际"观。盖中国人自始即未尝离乎天者。人之于天,原取协作参与共同扮演之态度,天地如为欢愉欣悦热闹之场所,人便为其参与者。两者相需相待,实难畸轻畸重,缺一则无以实现价值矣。荀子见之最明,论之最当,如谓"善言天者,必有征于人"(《性恶》),"故天地生君子,君子理天地,君子者天地之参也"(《王制》)。就中国民族哲学智慧而言,所谓"道"者,分言之为诸般价值,合言之乃价值之统会。"圣人为道之管"(《荀子·儒效》),即圣人为价值统会之枢纽。凡见于天地之诸般品德,大人、君子、圣王、明君亦应有诸般品德符合之,是为参乎天地,是为"天人合德"。《书》之《尧典》有谓:"光被四表,格于上下。"《大禹谟》有谓:"旁德广运,乃圣乃神,乃文乃武。"《舜典》有谓:"重华协于帝,濬哲文明,温恭允塞,玄德升闻。"①凡此称赞,无不一一本于"天人合德"之价值标准。考古代帝王入享祭典,其功德可得而言者,计有下列五项:

(一)法施于民则祀之;(二)以死勤事则祀之;(三)以劳定国则祀之;(四)能御大灾则祀之;(五)能捍大患则祀之。(据《礼记·祭法》及《国语·鲁语》)

其入于五典,如黄帝、颛顼、喾、汤、契、冥、鲧、禹、稷、文王、武王(以上为禘、郊、祖、宗四祀之人格神)。又如舜之后幕,禹之后杼,契之后上甲微,后稷之后高圉(以上为报祀之人格神),无不功

① 《老子》谓:"生而不有,为而不恃,长而不宰,是谓玄德。"

德在民，合乎上列标准者。兹依《礼记·祭法》《礼运》、《国语·鲁语》、《左传》昭公二十九年之五典两祀人格神，表列于下：

祭典＼＼时代＼帝名	有虞氏	夏后氏	殷 人	周 人	杞	宋
禘	黄帝	黄帝	喾(舜)	喾		
郊	喾(尧)	鲧	冥	稷	禹	契
祖	颛顼	颛顼	契	文王		
宗	尧(舜)	禹	汤	武王		
社	后土(句龙)					
稷	农(柱)		周　　弃			
报	(幕)	(杼)	(上甲微)	高圉		

　　※凡见于括弧中之人格神，为《国语·鲁语》所举者；而社稷两社人名，为《左传》昭公二十九年所举者。

　　其功德：

神	功　　　　德	
	《礼记·祭法》	《国语·鲁语上》
喾	能序星辰以著众	序三辰以固民
尧	能赏均刑法以义终	能单均刑法以仪民
舜	勤众事而野死	勤民事而野死
鲧	鄣鸿水而殛死	鄣洪水而殛死
禹	能修鲧之功	能以德修鲧之功
黄帝	正名百物以明民共财	能成命百物以明民共财
颛顼	能修之(能修黄帝之功)	能修之
契	司徒而民成	为司徒而民辑
冥	勤其官而水死	勤其官而水死
汤	以宽治民而除其虐	以宽治民而除其邪
文王	以文治(去民之灾)	以文昭

神	功　　德	
	《礼记·祭法》	《国语·鲁语上》
武王	以武功去民之灾	去民之秽
农 稷　周弃	能殖百谷	能殖百谷（柱） 勤百谷而山死（周弃）
（句龙） 社　后土	能平九州	能平九土
幕		帅颛顼者也
杼		帅禹者也
上甲微		帅契者也
高圉		帅稷者也

　※在周用以配郊之稷为周弃，周以前作为社稷之祀的稷，乃厉山氏之子农（《国语》《左传》作烈山氏之子柱），商以后则为弃，是则周人社稷之稷，与用于配郊之稷一人也。

　　由此观之，凡入祀之古代帝王，无不有赫赫之功，万民共沾其利，而后之帝王不论其何所自出，亦概以其功而禘之、祖之、宗之、报之，一所以自尊自神，一所以从民望也。故孔子称黄帝，谓民得其利百年，畏其神百年，用其教百年，于以见其膏泽之悠久，而民族崇敬之忱，亦历久而不替也。

　　人神之祀，除五典外，尚有五祀，祀名为门、户、灶、井、中霤，亦皆以功德在民，因以入祀。据《左传》古有善于木工、水工、金工之三官守，谓之三正，继以火正、土正，名为五正。是则五正者，乃五种工程师也，死后以其功在万民，经帝王"受以氏姓，封为上公，祀为贵神"，于是由工程师一变而为神明，受朝廷及人民之礼拜。五祀成立似有先后，《礼记·祭法》有二祀、三祀、五祀、七祀，月令以五祀配春、夏、秋、冬、冬夏之节令，而神名祀名，亦排列整齐。至于其功德究竟如何，《白虎通》亦有说明：

官　正	人　名	神　名	祀　名	品　　德
木正	重	句芒	户	人所出入
火正	犁(黎)	祝融	灶	人所以自养也
金正	该	蓐收	门	门以闭藏自固也
水正	修熙	玄冥	井	井水之生藏在地中
土正	句龙(后土)	后土	中霤	象土在中央

五祀之形成，究因户、灶、门、井、中霤各具妙用，入于祀典；抑古代原有五正之官守，与制木火金水土五项工程，以其功劳在国，泽惠下人，而入祀典？殊难论断。若属前者，则所祭者为妙用，若属后者，则所祭者为功德。要以不背中国人之宗教心灵也。

前言五典禘、郊、祖、宗、报之人格神，于春秋战国时，"各有后裔，世有分疆"（《国语·鲁语》），故虽入于朝廷祀典，为万民崇拜之对象，其神化之程度，究不甚深。后以年代悠久，神化日益加深。汉儒司马迁《五帝本纪》已有谓："百家言黄帝，其文不雅驯。"而班固《白虎通》演说圣人，更显过情刻画。至于梁五代人沈约注《竹书纪年》，对于入祀之古代帝王，其诞生与仪表，更多怪诞不经之谈矣。究其实似仍受"天人合德"之理想所支配耳。班固有谓：

圣人皆有异表。传曰伏羲禄衡连珠，唯大目，鼻龙伏，作《易》八卦，以应枢。黄帝颜得天匡阳上法中宿，取象文昌（星名）。颛顼戴午，是谓清明，发节移度，盖象招摇。帝喾骈齿，上法月参，岁度成纪，取阴阳。尧眉八彩，是谓通明，历象日月，璇玑玉衡。舜重瞳子，是谓玄景，上应摄提，以象三光。《礼》曰：禹三漏，是谓大通，兴利除害，决河疏江。皋陶三肘，是谓柳翼，攘去不义，万民蕃息。文王四乳，是谓至仁，天下所归，百姓所亲。武王望羊，是谓摄扬，盱目陈兵，天下富昌。周公背偻，是谓强俊，成就周道，辅于幼主。孔子反宇，是谓尼甫立,德泽所与,藏元通流(《白虎通·圣人》)。

上举伏羲、黄帝、帝喾、尧、舜、禹、皋陶、汤、文王、武王、周公、孔子,皆以其圣神而入祀典,不期于容貌上亦有如此异表。班固据纬书,将其异表举而出之,作一论断,谓"圣人所以能独见前睹,与神通精者,盖皆天所生也。"其心理或出愚昧,但似仍不背"天人合德"之理想。据《礼记》及《孔子家语》所载《帝系姓》、《五帝德》所言五帝德,更不雅驯①。后之《竹书纪年》(梁沈约注、明范钦订)对于古帝王诞生及仪表,更多怪诞不经之谈矣。

考五典、五祀,非必尽属帝王之礼。据《礼记·月令》,帝王奉行五典五祀,而五祀似亦流行于民间。五典中之祖、宗两典,民间亦可奉行,唯礼有隆杀,祭庙祭品有差等耳。《祭法》有谓:"王立七庙……皆月祭之,诸侯立五庙,皆月祭之,大夫立三庙……享尝乃止。显祖考无庙,有祷焉,适士二庙……官师一庙……庶士庶人无庙,死曰鬼。"盖庶士庶人所祭者仍为祖考父母,以其无专庙,故名之为祭鬼耳。于此足觇祖宗两祀不论朝廷民间,皆应重典。其故则《祭义》有谓:"筑为宫室,设为宗祧,以别亲疏近远,教民反古复始,不忘其所由生也。"又谓:"君子反古复始,不忘其所生也,是以致其敬,发其情,竭力从事,以报其亲,不敢弗敬也。"《郊特牲》有谓:"万物本乎天,人本乎祖。"《孝经·圣治章》谓:"父母生之,续莫大焉。"荀子于《礼论》中论之更为精辟:"天地者生之本也,先祖者类之本也……无天地恶生,无先祖恶出。"先祖乃类之本,无先祖则人类绝,无父母则族类无以续,于是"报本返始"、"追宗溯远"之情不觉油然而生。是为人类孝思之所源,儒家厚葬久丧之所本也。孝敬之忱至乎其极,对于祖考父母,亦有"神化"之要求,故《孝经·圣治

① 据司马迁《五帝本纪》谓:"孔子所传宰予问五帝德及帝系姓,儒者或不传。"则今之《帝系姓》与《五帝德》皆非真。

章》谓："子(孔子)曰天地之性人为贵,人之行莫大于孝,孝莫大于严父,严父莫大于配天。"《礼记·郊特牲》则谓："万物本乎天,人本乎祖,此所以配上帝也。"《哀公问》则谓："仁人之事亲也,如事天,事天如事亲。"事天所以如事亲者,盖以天者、亲者并为宇宙万类之生原也。论究其情,仍不背乎"天人合德"之要求也。

四　演说灾异

　　吾前文谓见于《诗》、《书》中中国人认为于人类外,有一拟人之皇天上帝在,司人间之善恶赏罚,而为意志之裁判者。盖认为天地之间,有交感之作用,民之为善者,天隆之百祥,民之为不善者,降之百殃。但祸福殃祥之未降也,往往天垂象以示告之;示告之不足,则以灾异惊骇之;惊骇之而尚不知畏恐,其殃咎乃至。此董仲舒之高论,实为古代星象学发生之根源也。星象学志在究明天人之关系,基于如下之信念,即认为人事天象间,具有普遍因果性,所谓"天事恒象"者也。此种信念以今日观之,或有背于科学理趣,但当时实有无上权威,既足以指示政治之设施,又足以支配个人之行为。观乎《左传》《国语》所载天灾人祸之事,及史臣大人演说灾异之辞,深感"人本主义"之宗教圣情,日益隳坠,而坏宗教(迷信为坏宗教)日渐滋长。迄乎秦汉,如大儒司马迁(事见《封禅》《天官》两书)、班固(《五行传》)、董仲舒(《春秋繁露》)亦深中坏宗教之毒害,而嗜星象灾变之谈,甚至拘牵琐碎,禁忌重重,殆若天地间乃百忧之所窟,而人生则日在殃祸袭击之中者也。所幸代有贤明,不忘人本,仍以神道设教为旨,持天人交感之说,用以破除迷信,劝人为善。

　　古之执政者,对于天体天象本有祀典,如《礼记·祭法》有谓:

　　　　燔柴于泰坛,祭天也;瘞埋于泰折,祭地也……埋少牢于泰昭,祭时也;相近于坎坛祭寒暑也;王宫祭日也,夜明祭月也,幽宗祭星也,雩宗祭水旱也,四坎坛祭四方也,山林川谷丘陵能出云,为风雨,见怪物,皆曰神。有天下者,祭百神,诸侯有其地,则祭之,亡其地则不祭。

据《春官》则天子亦祭风师、雨师、五岳、百物、四望、坟衍,据《月令》则更有四海、名源、渊泽、井泉等等,遇有天灾物怪(即天象之反常者),则祓之、禳之、崇之、祷之、祈之、诅之、献之、痁之,盖所以求免者也。

于《易》有所谓"天垂象,示吉凶",但圣人可以"象之"、"定之"、"断之"①,换言之,圣人可以预测,可以先见。于《易》又传"吉凶以情迁",《左传》僖十六年周内史叔兴谓"吉凶由人",盖谓吉凶随人之情以转移,是则天象于吉凶之间,并无因果必然之关系。《荀子》论之最为精审:"星坠木鸣,国人皆恐,曰是何也? 曰无何也。是天地之间变,阴阳之化,物之罕至者也,怪之可也,而畏之非也,是无世而不常有之。上明而政平,则是虽并世起而无伤,上暗而政险,则是虽无一至者无益也。"(《天论》)是则灾异与政事之间,亦无因果必然之关系。

但洪水倏至,庐台为墟,火灾降临,人兽为灰,惊骇恐怖,不可抑止,至此理性推论,往往失其作用。于是智者出而劝善,史者出而弹政。其见于《左传》、《国语》,有周内史过,内史叔兴,鲁之臧文仲,楚之子玉,郑之申繻子产,虞之宫之奇,齐之晏子。他如史嚚、伸几、伯阳父、范蠡,无不藉灾异以纠弹政事,对于民间愚昧行为,颇多指摘。此盖假神道以设教,认天人交感为可能者,故《荀子》所论是也。

---

①　如《系传》"八卦定吉凶",又谓"定天下之吉凶……莫大乎蓍龟","系辞焉以断吉凶"。

日月食而救之，天旱而雩，卜筮然后决大事，非以为得求也，以文之也。故君子以为文，而百姓以为神；以为文则吉，以为神则凶（《天论》）。

所谓"文之"者，盖以其行动非出诸知识之信念，乃故为节仪以安慰人心者。据《春秋左传》所载之灾异，计有陨石、彗星、日食、大雨雹、火灾、山崩、川竭、地震等等，史臣大夫之所见，各有不同。

陨石

十六年春，陨石于宋，五陨石也，六鹢退飞过宋都，风也。周内史叔兴聘于宋，宋襄公问焉，曰：是何祥也？吉凶焉在？对曰：今兹鲁多大丧，明年齐有乱，君将得诸侯而不终。退而告人曰：君失问。是阴阳之事，非吉凶所生也。吉凶由人，吾不敢逆君故也（僖公十六年）。

叔兴之"吉凶由人"论，诚为"至理名言"，误在以造作之谎言，迎合襄公之意旨耳！后之贾逵于《谷梁疏》将叔兴之言加意渲染，有谓："石，山岳之物，齐太岳之允，而五石陨宋，象齐桓卒而五公子作乱，宋将得诸侯，而治五子之乱。鹢退，不成之象，后六年霸业退也。鹢，水鸟，阴中之阴象，君子之讼阋也。"似乎言之凿凿，颇能耸人听闻也。而《史记》、《汉书》亦屡引此事，作为"天事恒象"之例。

彗星

据《史记·天官书》谓，春秋二百四十二年间，彗星凡三见，张守节《正义》谓系文公十四年、昭公十七年、哀公十三年。据《左传》昭公十七年及二十六年之彗星见，言之颇详。

冬有星，孛于大辰，西及汉，申须曰：彗所以除旧布新也。天事恒象，今除于火，火出必布焉。诸侯其有火灾乎？梓慎曰：往年吾见之，是其征也，火出而见。今兹火出而章，必火入而伏，其居火也久矣，其兴不然乎。火出，于夏为三月，于商，为四月，于周，为五月，夏数得天，若火作其四国当之，六物之

占,在宋、卫、陈、郑乎? ……郑裨灶言于子产曰:宋卫陈郑将

同日火,若我用瓘斝玉瓒,郑必不火,子产弗与(昭公十七年)。

申须以彗星见必有火灾,用以除旧布新。梓慎以彗见之时间方向,
而推论宋卫陈郑同有火灾,以水火干支之相配,而推论火灾之时
日,裨灶则思出郑国除火之方法。子产以为"天道远,人道迩"为理
由,拒不之信。明年郑果大火,子产乃"迁火死者之柩","出新客禁
旧客","使郊人助祝史襄于玄冥回禄",更"为火故大为社,袚襄于
四方,振除火灾"。子产之所为,似乎有背于其理知信仰,实则子产
为之节文,以安慰人心者耳。正如《荀子》所谓"非以为得求也,以
文之也"。

日食

据《史记·天官书》谓,春秋二百数十年间,日食凡三十六见,总
《左传》对于日食之解释,谓阳气为日,阴气为月,阴气侵夺阳气,是
以日食。伐鼓可以助阳气之长,用牲于社,可以媚阴,是为日食应
行之礼也。文公十五年《左传》:

　　日有食之,天子不举,伐鼓于社,诸侯用牲于社,伐鼓于
　　朝,以昭事神,训民事君,示有等威,古之道也。

又宣公十七年《左传》:

　　太史曰:在此月也,日过分而未至,三辰有灾,于是乎百官
　　降物,君不举,乐奏鼓,祝用币,史用辞。

据《左传》所载关于日食之礼,似乎颇有争议,据平子谓伐鼓用
币,只行诸正月朔之日食,其余则否,且日食非必为灾祸之征兆,梓
慎谓"二分至二分,日有食之,不为灾",因为"日月之行也,分同道
也",若是"至相遇也,其他月则为灾",有则以为日之有食为阴胜
阳,有水灾;有则以阴阳薄斗,而旱灾,如昭公二十四年五月日食,
梓慎谓将火,昭子则谓将旱。

以上所举之陨石、彗见、日食都属天体自然之象,皆非直接加

害于人者,俱为殃祸之先见,凶灾之征兆也。唯火水雨雹,直接致祸于民。

大雨雹

　　大雨雹,季武子问于申丰曰:"雹可御乎?"对曰:"圣人在上,无雹,虽有不为灾。古者日在北陆而藏冰,西陆朝觌而出之。其藏冰也,深山穷谷,固阴冱寒,于是乎取之;其出之也,朝之禄位,宾食丧祭,于是乎用之。其藏也,黑牡秬黍,以享司寒,其出之也,桃弧棘矢,以除其灾……夫冰以风壮,而以风出,其藏之也周,其用之也遍,则冬无愆阳,夏无伏阴,春无凄风,秋无苦雨。……今藏川池之冰,弃而不用,风不越而杀雷,不发而震,雹之为灾,谁能御之。"(昭公四年)

　　申丰防雨雹之策在藏冰与用冰,藏之所以固寒冱阴,用之所以消阴免灾,盖皆所以助天地阴阳之宣化者。今既不能防患于未然,灾眚之生,亦莫可如何矣。

火灾

　　九年春,宋灾,乐喜为司城,以为政,使伯氏司里,火所未至。彻小屋,涂大屋,陈畚挶,具绠缶,备水器,量轻重,蓄水潦,积土涂,巡丈城,缮守备,表火道;使华臣正徒,令隧正纳郊保,奔火所;使华阅讨右官,官庀其司,向戌讨左,亦如之;使乐遄庀刑器,亦如之;使皇郧令校正出马,工正出车,备甲兵,庀武守;使西鉏吾庀府守,令司宫巷伯儆宫,二师命四乡正敬享,祝宗用马于四墉,祀盘庚于西门之外(昭公九年)。

　　子产于十八年之火,亦曾有种种布置。大体有关于消防营救者多,而于禳袚之事亦略有举动,实则奉行故事,慰安人心而已。

　　除上举之灾异外,其他灾异见于《左传》、《国语》者,大都语焉不详。如《国语·周语》载周幽王三年,西周三川皆震,伯阳父因以推论周亡。《左传》成公五年,载晋侯以梁山崩而问计于伯宋,伯宋谓"山崩川竭,君为之不举,降服、乘缦、出次、祝币、史辞,以礼之"。又襄公二十八年,春日无冰,梓慎推论宋郑将有饥谨之灾。又昭公八年,九年,晋国史、赵郑裨灶都谓岁在鹑火,陈国将亡。又昭公二十年,日南至,梓慎望氛,谓"宋有乱,国几亡,蔡有大丧"。司马迁演绎其义,总论秦晋燕齐吴楚宋郑之疆,皆有星象为应。

> 秦之疆也,候在太白占于狼弧,吴楚之疆,候在荧惑占于鸟衡,燕齐之疆,候在辰星占于虚危,宋郑之疆,候在岁星占于房心,晋之疆,亦候在辰星占于参罚(《史记·天官书》)。

因以开后人演说灾异之风,如董仲舒、班固、刘安、王充辈务在鼓吹"天威",以耸人听闻,其距"人本主义"之精神愈远。至于后之王莽、刘秀辈伪造瑞应符谶,以为政争之藉口,是乃制造迷信,其去乎宗教之圣情,实不可以道里计矣。

但春秋时代,对于天人之际或人神之际有正确认识者,并非无人。如《左传》桓公六年,载随之季梁止随侯追楚,有谓:"夫民,神之主也,是以圣王先成民,而后致力于神。"如《左传》庄公十四年,申繻谓郑厉公曰:"人之所忌,其气焰以取之,妖由人兴,人无衅焉,妖不自作,人弃常,则妖兴。"如《左传》僖公五年,载宫之奇谏虞公曰:"臣闻之鬼神,非人实亲,唯德是依……如是则非德,民不和,神不享矣,神所冯依,将在德焉。"如《左传》僖公二十一年夏大旱,晋公欲焚巫尪,臧文仲曰:"非旱备也。修城郭,贬食省用,务穑劝分,此其务也。巫尪何为。天欲杀人,则如勿生,若能为旱,焚之滋甚。"如《左传》僖公二十八年,荣季谓:"非神败令尹,令尹不勤民,实自败也。"昭公二十年,齐侯病疥,有诛杀祝史之意,晏子藉此讽谏修德:

> 若有德之君,外内不废,上下无怨,动无违事,其祝史荐信,无愧于心矣。是以鬼神用飨,国受其福……为信君使也。

其言忠信于鬼神。其适遇淫君,外内颇邪,上下怨疾,动作辟违,从欲厌私,高台深池,撞钟舞女,斩刈民力……其祝史荐信,是言罪也。其盖失数美,是矫诬也。进退无辞,则虚以求媚。是以鬼神不飨其国,以祸之,祝史与焉。所以夭昏孤疾者,为暴君使也。其言僭嫚于鬼神……虽其善祝,岂能胜亿兆人之诅。君若欲诛于祝史,修德而后可。

晏子之言,冰雪聪明,此于一班淫君暴主,拟借"丰粢肥腯"以邀福于神者,可谓当头棒喝。盖人神之间,原非谄媚贿赂之事。邀福端在为善。

所谓神者,乃聪明睿知之士,假之以设教者,藉之以劝善讽德者也。其理趣则本乎中国人之"天人交感"说,究实以人为本者也。

其上焉者,则以天道神明,为诸般价值之统会。其能通德类情、参乎化育者,乃人之所以为人之至高理想。凡能达乎此种理想者,人亦神也。其理趣则本乎中国人之"天人合德"说,而其精神,则为中国宗教之圣情也。

(原载《东方杂志》第 39 卷第 6 号,1943 年 5 月)

程石泉(1909—),安徽歙县人。哲学博士。曾先后任美国匹兹堡大学、宾州大学以及台湾大学、台湾师范大学、东海大学哲学教授。

本文从上帝(天)鬼神之称谓、人神祭祀之典礼、因果灾异之演说等角度阐述了中国传统宗教的人本主义特征。作者认为,中国人的宗教精神不以超性生命为理想,不以天堂永福为鹄的,只在体会天地之神功妙用,鉴照天德,律己向善,而以天人合德为理想、天人交感为表征。中国宗教通过尽生灵之本性,合内外之圣道,赞天地之化育,参天地之神工,以完成人之所以为人,所以称之为"人本主义"。

作为宗教的儒教（节选）

牟宗三

我之所以得在台南神学院讨论这个题目，是归因于荷兰人贾保罗先生的盛意。去年，我和几位朋友发表了一篇关于中国文化的宣言，其中有涉及中国的宗教精神处。当时贾保罗先生首先注意及此，且节译为英文，期使基督教方面多予以了解。我们所以涉及此点，乃是因为：依我们的看法，一个文化不能没有它的最基本的内在心灵。这是创造文化的动力，也是使文化有独特性的所在。依我们的看法，这动力即是宗教，不管它是什么形态。依此，我们可说：文化生命之基本动力当在宗教。了解西方文化不能只通过科学与民主政治来了解，还要通过西方文化之基本动力——基督教来了解。了解中国文化也是同样，即要通过作为中国文化之动力之儒教来了解。

一 儒教作为"日常生活轨道"的意义

儒教若当一宗教来看时，我们首先要问一宗教之责任或作用在那里。宗教的责任有二：

第一，它须尽日常生活轨道的责任。比如基督教就作为西方文化中日常生活的轨道，像祈祷、礼拜、婚丧礼节等等。佛教也是同样的情形，它也可以规定出一套日常生活的轨道，如戒律等是。

在中国,儒教之为日常生活轨道,即礼乐(尤其是祭礼)与五伦等
是。关于这一点,儒教是就吉凶嘉军宾之五礼以及伦常生活之五
伦尽其作为日常生活轨道之责任的。此与基督教及佛教另开日常
生活之轨道者不同。作为中国人的日常生活轨道之五伦,不是孔
子所定的,而是由周公制礼所演成的。所以古时候周孔并称。因
为能制作礼乐,能替人民定伦常及日常生活轨道者,非圣人不能。
故《礼记·乐记篇》有云:"作者之谓圣,述者之谓明。"故周公也是圣
人。此即古人所说"圣人立教","化民成俗","为生民立命"的大
德业,这也就是孟子所说的道揆法守①。

圣人非空言,他不是哲学家。凡是圣人立教,依中国传统的解
析,他必须能制作礼乐,故云"作者之谓圣"。即不制作礼乐,亦必
须能体道,而不在空言。此即《易传》所谓"默而识之,不言而信,存
乎德行"。能将道体而履之于自家身心,无言而信,其境界是比空
言玄谈之哲学家为高的。故中国认周公的制作是圣人的事业。

礼乐、伦常之为日常生活的轨道,既是"圣人立教",又是"化民
成俗",或"为生民立命",或又能表示"道揆法守",故这日常生活轨
道,在中国以前传统的看法,是很郑重而严肃的。所以近人把伦常
生活看成是社会学的观念,或是生物学的观念,这是错误的。因为
此中有其永恒的真理,永恒的意义。这是一个道德的观念,非一社
会学的观念。比如父子所成的这一伦,后面实有天理为根据,因此
而成为天伦,故是道德的、伦理的。严格讲,天伦只限于父子、兄
弟。夫妇并不是天伦,但亦为一伦。父慈子孝,兄友弟恭,这是天
理合当如此的。孔子说:"子之爱亲、命也。不可解于心……无所
逃于天地之间"(《庄子·人间世》引)。夫妇相敬如宾,其中除爱情

---

①　孟子说:"上无道揆,下无法守,国亡无日矣。"

外,亦有一定的道理,故《中庸》云:"君子之道造端乎夫妇。"故夫妇也是一伦。师友一伦,代表真理之互相启发,此即慧命相续。伦之所以为伦,皆因后面有一定的道理使它如此,而这一定的道理也不是生物学或社会学的道理。皆是道德的天理一定如此,所以其所成之伦常也都是不变的真理。圣人制礼尽伦,为天地立心,为生民立命,有其严肃的意义。周公制礼,因而演变成五伦,孔子就在这里说明其意义,点醒其价值。故唐朝以前都是周孔并称。到宋朝因为特重义理,所以才孔孟并称。

二　儒教作为"精神生活之途径"的意义

儒教能作为日常生活的轨道,这是尽了其为教的责任之一面。但教之所以为教,不只此一面,它还有另一更重要的作用,此即:

第二,宗教能启发人的精神向上之机,指导精神生活的途径。耶稣说:"我就是生命,我就是真理,我就是道路。""道路"一词就是指导精神生活之途径。故耶稣的这句话在这里有了意义,不是随便说的。在佛教亦是如此,他们精神生活的途径在求解脱,要成佛。佛教经典中的理论及修行的方法,都是指点给佛徒一条精神向上之途径。

儒教也有这方面。周公制礼作乐,定日常生活的轨道,孔子在这里说明其意义,点醒其价值,就是指导精神生活之途径。孔子开精神生活的途径,是不离作为日常生活轨道的礼乐与五伦的。他从此指点精神生活之途径,从此开辟精神生活之领域。故程伊川作《明道先生行状》云:"尽性至命,必本乎孝弟。穷神知化,由通于礼乐"。但是基督教与佛教却不就这日常生活轨道开其精神生活的途径。中国人重伦常,重礼乐教化,故吉凶嘉军宾都包括在日常生活轨道之内,并没有在这些轨道之外,另开一个宗教式的日常生活轨道,故无特殊的宗教仪式。

从孔子指点精神生活之途径方面看,它有两方面的意义:广度地讲,或从客观方面讲,它能开文运,它是文化创造的动力。在西方基督教也有这意义,故基督教是西方文化的动力。深度地讲,或从个人方面讲,就是要成圣成贤。此在佛教就是要成佛,在基督教就是要成为基督徒①。故宗教总起来可从两方面看:一、个人人格的创造,此即要成圣、成贤、成佛、成基督徒。二、历史文化的创造,此所以有中国文化、印度文化以及西方基督教文化等(文化之特殊性与共通性俱含在内)。现在人只从个人处来了解宗教,这是不全尽的。宗教除个人内心事情外,还有在客观方面担负文化创造的责任。

我们说孔子启发人的精神向上之机,指导精神生活之途径,此只是初步如此说。但我们当如何起步去做呢?这在孔子也有其基本的教训,基本的观念。《论语》一书在中国已讲了二千多年,到底这基本观念在那里呢?那几句话可以代表呢?孔子的基本观念,总起来只有两个:一为仁,二为性与天道。子贡说:"夫子之文章可得而闻,夫子之言性与天道不可得而闻。"性与天道为圣人立教,开辟精神生活最基本的观念。后来宋明儒者即环绕此中心而展开其义理。

三　儒教在"精神生活之途径"上的
基本观念:仁及"性与天道"

要了解性与天道,须先从仁说起。什么是仁? 仁的意义是很难把握的。我们可以从两方面来了解:一、浅讲,此即视仁为德目

---

① 　存在主义哲学家契尔克伽德说:"我不敢自居为基督徒,我只是想如何成为基督徒。"

的意义,即仁义礼智信中之仁。孟子亦仁义礼智四德并举。这样,仁即仁爱、爱人。"亲亲而仁民,仁民而爱物",都是仁的表现。这似乎比较简单而粗浅。但德目的意义实不能尽孔子心目中的仁之根本意义,亦即不能使我们了解仁之深远的意义,丰富的意义。故须二、深一层讲。以我这几年来的体悟,孔子的仁,就是"创造性本身"。孔子在《论语》中讲来讲去,对于仁有种种表示。假若我们能综括起来,善于体会其意义,则他那些话头只在透露这"创造性本身"。谁能代表这创造性本身? 在西方依基督教来说,只有上帝。孔子看仁为宇宙万物之最后的本体,它不是附着于某一物上的活动力。这"创造性本身",后来又说为"生命之真几"。

仁之为宇宙万物之本体,首先它不是物质的,而是精神的。从拨开一切,单看仁之本身的意义,在宋明理学家他们都不会有误解。但后来清朝的谭嗣同在其"仁学"里,却把仁讲成以太,成为物理学的概念。这完全是错误。其次,此种精神实体要通过两个观念来了解:一为觉,二为健。觉是从心上讲。觉先不必从觉悟说,而须是从心之本身之"怵惕之感"来说。它有道德的意义。从怵惕之感看,觉就是生命不僵化,不粘滞,就是麻木不仁的反面意义。故我们现在从生命之怵惕之感来了解觉。所谓健,即"健行不息"之健,此亦是精神的。这不是自然生命或生物生命之冲动。《易经》上说:"天行健,君子以自强不息。"《诗经》上说:"维天之命,于穆不已。"《中庸》引此语而赞之曰:"此天之所以为天也。""天之所以为天"即天之本质,天之德。儒家的天非天文物理之天,他重天之德。从"苍苍者天",见天之内容。这个天之内容,即天之德,也就是天道也。"维天之命,于穆不已"。即天道运行到那里,就命令到那里。故天道运至此,就在此起作用,运至彼即在彼起作用。此"天行之命"是永远不停止的,纵使我们不觉到,它也在默默地运行,故曰"于穆不已","于穆"是深远的意思。

《中庸》接着又说:"文王之德之纯,纯亦不已,此文之所以为文也"。文王的人格与天道一样,文王的生命与天一样。这就因为文王生命之背后,有真实的本体在起作用,故能不堕落而和天一样的健行不息,故其德之纯亦"不已"。并不是今天如此,明天便不如此。这就表示一个健行不息的真几永远呈现在他的生命中。这句话用来说孔子也可以,因为孔子也是这样,所以我们才称他为圣人。孔子就由这地方点出生命的真几,点出仁的意义。故我说:仁就是"创造性本身"。有谁能永远呈现这"创造性本身"呢?孔子称"颜渊三月不违仁",此可见"不违仁"之难了。你有时好像可以三年不动心,一直在那里用功读书,这不是比颜子还要好吗?其实这不算数。因为你用功读书,由于外面有个引力在吸引你用功。一旦那引力消失了,恐怕你就不会再用功读书了。而"不违仁"的工夫,是要通过一个人的自觉的,自己要时时自觉不歇的在做成德的工夫。此谈何容易。

通过仁来了解性就容易了。此性不是时下一般所说的人性(Hum an nature)。孔孟所讲的性,不指生物本能、生理结构以及心理情绪所显的那个性讲,因为此种性是由个体的结构而显的。孔孟之性是从了解仁那个意思而说。所谓"性与天道"之性,即从仁之为"创造性本身"来了解其本义。人即以此"创造性本身"为他的性。这是人之最独特处。为人之性即为人之本体。它为你的本体,我的本体,亦为宇宙万物的本体。只有人可以拿这创造性本身作他的性,而动物就只能以本能来作它的性。更不必讲瓦石了。瓦石之性就是其个体之结构。儒家叫人尽性,不尽性就下堕而为禽兽。"尽性"即充分实现此创造性之意。这创造性本身落在人处,为人之性。若从宇宙大化流行那里看,就是天道。性是主观地讲,天道是客观地讲,此由仁那个观念而确定。此两面皆为仁所涵,贯通起来是一个观念。但创造性本身,就是生命的真几。我们讲恢复性，即恢复创造性本身。如何恢复呢？此就是孔子只是要人践仁成仁者，在孟子则要人尽性，尽性就是尽仁。尽性尽仁即可知天。此两点，即为孔孟立教之中心。

四　儒教何以未成为普通宗教的形式

现在我们要问，儒教何以未成为基督教形态、或普通宗教的形式呢？儒家讲天道，天道是创造性本身，而上帝也是创造性本身。如果把天道加以位格化，不就是上帝，不就是人格神吗？儒家的创造性本身，从人讲为仁、为性，从天地万物处讲为天道。人格神意义的上帝或天，在中国并非没有。《诗》、《书》中就常有"皇皇上帝"、"对越上帝"、"上帝鉴汝，勿贰尔心"之语。孔孟虽讲性与天道，但亦有上帝意义的"天"。如"知我者其天乎"？"获罪于天，无所祷也"。"天之将丧斯文也，后死者不得与于斯文也。天之未丧斯文也，匡人其如予何"！都表示一个有意志的天。从情方面讲是上帝，从理方面讲是天道。既从情方面讲是上帝，则主观方面呼求之情亦并非没有。如司马迁也说"人穷则反本"，"未尝不呼天也，未尝不呼父母也"。此不但普通人有，即圣人也有。不但古人有，即今人也有。此呼求之情即类乎祈祷。

在主观方面有呼求之情，在客观方面天道就转为人格神、上帝。但儒家并没有把意识全幅贯注在客观的天道之转为上帝上，使其形式地站立起来，由之而展开其教义。在主观方面也没有把呼求之情使其形式地站立起来。如使其形式地站立起来，即成为祈祷。此两方面在儒家并非没有，他只是把它轻松了。因为儒家的中心点不落在这里。其重点亦不落在这里。而这种呼求之情是每一民族、每一个人都有的。但基督教最彰显此点。所以基督教乃原始宗教精神保留得最彻底的宗教。儒家呼求之情未转为宗教仪式之祈祷,故客观方面上帝之观念也不凸出。它的重点并未落在上帝与祈祷上。

五　儒教的重点与中心点落在哪里

　　然则儒家的重点落在哪里? 曰:它是落在人"如何"体现天道上。儒家不从上帝那里说,说上帝的意旨怎样怎样。而是从如何体现上帝意旨,或神的意旨,或体现天道上说。在此如何体现天道上,即有我们常说的重"主观性"之意义。开出主观性,则上下可通气。即主观性与客观性打通,而以道德实践为中心。儒教是真能正视道德意识的。视人生为一成德之过程,其终极目的在成圣成贤。所以其教义不由以神为中心而展开。而乃由如何体现天道以成德上而展开。自孔子讲仁,孟子讲尽心,《中庸》《大学》讲慎独、明明德起,下届程朱讲涵养察识、阳明讲致良知、直至刘蕺山讲诚意,都是就这如何体现天道以成德上展开其教义。这成德的过程是无限的。故那客观的上帝以及主观的呼求之情乃全部吸收于如何体现天道上,而蕴藏于成德过程之无限中。这里尽有其无限的庄严与严肃。

　　一般人常说基督教以神为本,儒家以人为本。这是不中肯的。儒家并不以现实有限的人为本,而隔绝了天。他是重如何通过人的觉悟而体现天道。人通过觉悟而体现天道,是尽人之性。因人以创造性本身做为本体,故尽性就可知天。此即孟子所说:"尽其心者,知其性也。知其性,则知天矣。"这尽性知天的前程是无止境的。它是一直向那超越的天道之最高峰而趋。而同时尽性知天的过程即是成德的过程,要成就一切价值,人文价值世界得以全部被肯定(这不是普通所说的人文主义)。家国天下尽函其中,其极为"仁者与天地万物为一体"。罗近溪也说"大人者连属家国天下而为一身者也"。人之成德过程只有在连属家国天下而为一身,与天地万物为一体上,始能充其极而立住其自己。"己欲立而立人,己欲达而达人"。一立一切立,亦只有在"一切立"上,一己始能立,一得救一切得救,亦只有在"一切得救"上,一己始能得救。这不是个人的祈祷得救。这与佛教所说的"有一众生不成佛,我誓不成佛",有其同一的饱满精神。

普通又说儒家比较乐观,把人的能力看得太高。如人有罪恶,而儒家却乐观地说性善,以为人能克服其罪恶。基督教不那么乐观,基督教认为罪恶没那么简单,人之能力不那么大,不能克服罪恶,须靠祈祷,求上帝加恩。但上帝加恩否,是上帝的事,不是人所能知的。上帝加不加恩还在上帝本身。关于这点,我们认为注意人如何体现天道,体现上帝的意旨,并不表示人可克服全部罪恶。罪恶无穷,尽有非人所能意识到者。故体现天道的过程亦无穷,成圣成贤的过程亦无穷。因儒家重体现天道,故重点不落在上帝加恩与个人呼求之情上,故重功夫,在功夫中一步步克服罪恶,一步步消除罪恶。但生命大海中之罪恶无穷,而功夫亦无穷,成圣成贤的过程亦无穷。这其中的艰难,并非不知。故罗近溪云:"真正仲尼临终不免叹一口气。"但不因艰难而不如此作。这是不能推诿的,理当如此的。但原则上理性终可克服罪恶,如上帝可克服撒旦。在基督教,凡上帝所担负的,在儒教中,即归于无限过程中无限理性之呈现。所以这不是乐观与否的问题,乃是理上应当如何的问题。

人力有限,儒家并不是不知道。天道茫茫,天命难测,天意难知,这在孔孟的教义中意识得很清楚。但虽然如此,它还是要说尽性知天,要在尽性中体现天道。所谓"知天"之知也只是消极的意义,而尽性践仁则是积极的。"知天"只是在尽性践仁之无限过程中可以遥契天。故《中庸》云:"肫肫其仁,渊渊其渊,浩浩其天。"并非人的意识可以确定地知之而尽掌握于手中。故孔子"五十而知天命"是极显超越的意义的。又,所谓体现天道也只是把天道之可以透露于性中、仁中、即道德性中者而体现之,并不是说能把天道的全幅意义或无限的神秘全部体现出来。故《中庸》云:"及其至也,虽圣人亦有所不知,有所不能。"尽管如此,还是要在尽性践仁之无限过程中以遥契之并体现之。故孟子曰:"圣人之于天道也、命也、有性焉。君子不谓命也。"

依以上粗略的解析,我们可以说,宗教可自两方面看:一曰事,二曰理。自事方面看,儒教不是普通所谓宗教,因它不具备普通宗教的仪式。它将宗教仪式转化而为日常生活轨道中之礼乐。但自理方面看,它有高度的宗教性,而且是极圆成的宗教精神。它是全部以道德意识道德实践贯注于其中的宗教意识宗教精神。因为它的重点是落在如何体现天道上。(下略)

(原载《人生杂志》1960 年 5 月第 20 卷第 1 期)

牟宗三(1909—1995),字离中,山东栖霞人。1927 年入北京大学。初从张申府治西方哲学,后长期追随现代新儒家熊十力。1933 年毕业后曾在中学、大学任教,并主编《再生》、创办《历史与文化》杂志。1949 年后历任台湾师范大学、东海大学、香港大学、香港中文大学、中国文化大学、中央大学教授或荣誉讲座教授。现代新儒家第二代代表人物。著有《认识心之批判》、《道德的理想主义》、《中国哲学的特质》、《心体与性体》、《从陆象山到刘蕺山》、《圆善论》等。

本文论述了作为宗教的儒教的基本特征。作者认为,儒教具有宗教的日常生活轨道和精神生活途径两方面的责任和作用;仁及性与天道是儒教在精神生活途径上的基本观念;儒教的重点与中心落在如何体现天道上,所以它虽不具普通宗教的仪式,却极具圆成的宗教意识和精神。

义理学与宗教异同

张君劢

　　吾国处于东亚,以尧舜禹汤文武周公孔子之教义立国,实以学术为基础。至于中国以外之亚洲国家如印度,阿拉伯,犹太皆以宗教立国。印度之印度教佛教,又与回教耶教之性质微有不同,耶教回教为纯信仰之宗教。印度教佛教则一半为教义,一半为信仰。故欲明吾族立国之本,不可不与亚洲其他各国相比较,因而孔子之教义,与亚洲他国之宗教之异同,不可不先加研究。

　　所谓宗教之要素,不外乎四:(一)信仰,凡为信徒者,应一心向往。一个予人以幸福之主宰,或曰上帝,其传授此教者,为上帝之代表。如耶教称上帝为父,而自居于上帝之子,墨罕末德自称为上帝之代言人,其代主宰立言,而旁人不得与之论难之意,显然可见,所以为信仰也。(二)主宰,耶教以上帝为世界惟一之造物主,不容有他神在旁,故名曰一神,且此一神为世界一切之父,为人身的(Personal)与佛教中真如之为抽象的理想的,迥然不同。(三)仪式,凡为宗教,有教堂跪拜祈祷之仪,以示虔敬信奉之诚。其读圣经即为祈祷中之一部分,与吾国士子读十三经为学问功名之资者,其性质不相类。(四)来生,凡宗教必以来生之说,勉人于为善去恶,如耶教之天堂,佛教之净土是也。此四者,求之于孔子教义中,可谓无一而具,欧美人称孔子之教为宗教,且与道教佛教同列,其不识孔子教义之性质,明矣。

试进而考世界各宗教创造者之生平,其与孔子为人之各殊,更显而易明。

(甲)耶稣 耶稣初生,遇有杀婴之举,曾与其母同赴埃及,年三十受洗礼于圣约翰之手,自称为上帝之子,遁荒四十日,能变水为酒。年卅一说教山上,医病驱魔。年卅二自称为世界之救主,以五块馒头供五千人之食。自许以其身为人类牺牲。年卅三,罗马总督卜乐脱拘捕耶稣钉之于十字架以死。由是以观,耶稣之行谊,与孔子好古敏求,诲人不倦之平淡无奇之生活,可得而相提并论者乎。

(乙)释迦牟尼 释迦佛在世,早于耶稣五百六十年,生于迦毗罗卫国蓝毗尼胜园,父为净饭王,母为摩耶夫人。年二十九,感人类生老病死之苦,弃其王子之尊,宫室之富,入摩竭提林中,遵苦行之旨,以忍受饥寒为入道之门,继而悟饥饿之不合于道,乃恢复日常饮食,静思八年之久,悟大道所在,入鹿野园,第一次说转法轮法,其教义与耶教正相反,不信世界之有造物主,但言其苦空无常,创为八正道说:一曰正信,二曰正意,三曰正言,四曰正行,五曰正命,六曰正精进,七曰正静,八曰正定。更辅之以五戒:一、戒杀,二、戒偷盗,三、戒谎语,四、戒邪淫,五、戒酗酒。此五戒之旨,不异于耶稣之山上说教。其说教时期凡三十余年,年八十涅槃。释迦佛为印度人,长于潜心思索,创为无常无我,因缘和合之说,以空为人生归宿,亦即真如之真相,其与孔子之肯定人生,一刻不离人生,与以人生中君臣父子夫妇朋友为不可移易者大相反矣。

(丙)回教 阿拉伯人原为日月星辰之皈依者,自墨罕末德,始提倡绝对一神教。墨氏生于公元五七○年,年六岁父母俱逝,育于叔父之家,早年为御骆驼之行商,奔走于埃及、波斯、叙利亚各地,年廿五,娶富商寡妇卡地杰为妻,悯阿拉伯人之拜偶像与嗜酒与赌博而思有以改造之。平日旅行所至,通犹太与耶稣之教,乃入墨加山中修道,遇天使与之晤谈,其妻告之再入山中待天之昭示,继而自信上帝托之为预言者,乃开始传教,其要义曰唯有"阿拉"独为上帝,墨罕末德为阿拉之预言者,是时年已四十矣。其平和说教,计时十有三年,其一生最后一段则训练军队十万人。尝告罗马皇帝曰:凡从我者,与之和平,其不从我者,我以刀与之相见,此所以有一手执可兰经,一手执刀之说也。其兵力及于阿拉伯全国及其邻近部落。墨氏逝于六三二年,其继起之回教教主,更扩其领土及于波斯与北非洲。回教之信仰方面,类似耶教,然其教律与法典之合一,为耶教所无,其以刀剑为宗教之后盾,为世界宗教之所绝无仅有者。

自以上各教主之言行观之,虽孔子亦当有天生德于予之言。然其思想由于好古敏求,学如不及,博学多识,未闻自称曰上帝之子或上帝之预言者,耶教有末日审判之说,回教亦然。佛教名之曰孽,孔子虽有为善有庆,为恶有殃之言,其意限于伦理范围之内。与宗教中之天堂地狱绝不相类。况乎孔子有未知生焉知死之言。有不语怪力乱神之言,有敬鬼神而远之之言。此孔子对于"不可知之事物"审慎立言之意。乃以译孔子各书著名之来格氏,有大责孔氏之言一段,为国人所不经见。兹译而出之。

孔子不语怪力乱神,原不应责备。特其对于此等事之无知,乃孔氏之不幸。既无所闻,又无所见,且但知注意于日用之事,故视苦心焦思于不确定之事为无用。

依我观之,孔子非反宗教,乃不知宗教,孔子性情与头脑之冷静,不利于中国人宗教热情之鼓动,其所走途径,或为中古与近代文人学士中无神论之准备。

我所提出一项问题,即孔子是否将古代宗教有变更,我不信孔子对于古代宗教教条,故意有所隐匿,倘使孔子癖性不若是冷静其论及宗教之处,不至若今日书中之犹移不定,更可进而怀疑孔子是否十分忠实于先代文献。以上云云,非指孔子关于信仰之文有所增损之谓。

孔子云："我不与祭如不祭。"此习惯定由于死者在死后继续存在之信念而来，既有祭礼，则彼等当信死后之有知，但孔子关于此事，向不明确言之，且有规避之意。

我初无意于主张对死者以祭礼，所以提起此问题者，因孔子既承认有祭礼，何以不明言祭礼出于信仰，而孔子但视之为礼节，则他人可以不诚意责之。

夫鬼神之事，属于"不可知"者。孔子之不确定，与十九世纪英国哲人斯宾塞氏所谓"不可知"，其意正同。欧人发见此界线于两千年后，而孔子已见及于两千年前，此孔子之所以伟大也。

或者曰，孔子非宗教，何以孔子对于中国社会有莫大之威力，吾国何尝不称之为名教乐地，其类似于宗教之处：(一)有圣庙与祭祀。(二)有汉武帝定六经于一尊。他家学说难以比拟。吾以为此由于孔子以文化传统为基础，国人受其益，乃思有以报之尊之。自韩愈后更有道统之说。孔子之后，继之以孟子，孟子之后，继以宋之程朱，虽亦颇似耶稣门徒或教皇之继承。然此皆由于学者与政府之公共评论，初不若罗马教皇之由选举而执行职务，其定六经由于一尊，乃为士子必读之书，且为考卷题目所自出。然孔门之内，初有孟荀之争，汉代有今文古文之争，至宋明有朱陆朱王之争，可见一尊之下，思想自由仍在发展之中，未尝因此而受阻也。

或曰，因孔子之非教主，吾国乃成为一个非创造宗教之国家，因此而有佛教、回教、耶教之侵入。如何改孔教为国教以抵制之，戊戌前后康南海倡言保教，在其戊戌奏稿中有以孔教为国教之条陈，然其门下梁任公则反对之，所著《保教非所以尊孔》一文中，有昔为保教之骁将，而今为其敌人之语，其激昂慷慨之情见乎辞矣。吾以为孔子之教，以六经为基础，其性质为先代文献，其所以教之者曰博学笃志，切问近思，既非上帝之子，又非代上帝立言，宜仍二千馀年来之旧，不必因西方之有宗教，而为东施效颦之举也。

况乎吾人今日读欧洲与各国历史矣,因宗教而致战争,为吾国之所无。同国之人因宗教而分裂如印巴者,为吾国之所无。宗教与科学之冲突,为吾国之所无。有神论无神论,在孔子教义之内,无自而生,吾人宜感谢孔子胸襟之阔大,分析之精密,服膺其学不厌,教不倦,道并行而不相悖,万物并育而不相害之宗旨,他国宗教之来,吾人一律接受或研究之。异时或有如佛输入后引起宋明新儒家运动之一日,在受取他人长处之中,仍有自己树立之可能,是视吾族聪明才智之努力如何耳。

　　　　　　　　(节选自《义理学十讲纲要》第2章,台湾商务印书馆1970年版)

张君劢(1887—1969),名嘉森,字君劢,上海宝山人。早年留学日本、德国,回国后曾任浙江交涉署长、上海《时事新报》总编、国际政务评论会书记长、总统府秘书、顾问等职。1918年起游学欧洲,结交倭铿、柏格森,广泛涉猎西方唯意志论和生命哲学。1923年在清华发表"人生观"讲演,引发"科玄论战"。曾历任北京大学、燕京大学、中山大学教授,上海国立自治学院、民族文化学院院长,并曾任中国民主政团同盟常委、民社党主席等职。1951年后寓居美国。现代新儒家代表人物之一。著有《中西印哲学文集》、《新儒家哲学发展史》、《思想与社会序》、《民族复兴之学术基础》等。

　　本文认为,义理学(孔学、儒学)与其他宗教不同,宗教要素信仰、主宰、仪式、来生,孔子教义中无一具有,而且,孔子之言行与其他教主亦不同;孔子之教,以先代文献六经为基础,其所以教之者是博学笃志、切问近思,既非上帝之子,又非代上帝立言。

儒家宗教哲学的现代意义

刘述先

一 引 言

儒家是不是一个宗教？关于这个问题由来争讼已多。

如纯粹以基督教的观点立论，儒家显然不足构成一个宗教。儒家既不崇信超自然的人格神，也不表现任何出世襟怀，无原罪观念，无基督神格之信仰，也无特殊之教会组织以处理人之宗教事宜。西人每每把儒家当作一套伦理系统，只是着眼实际生活，缺少宗教形而上之欣趣。

站在反宗教的立场，除了所作的价值判断正好相反以外，对于中国文化本质的了解，与传教士实相距不远。如罗素游华，即指出中国文化为一实例，证明人无超自然上帝信仰与死后之永恒审判之畏惧，也可以享有高度的文明秩序与过合理的道德生活。

这样看来，建立在儒家基础的中国文明似乎是一支信仰无神、并彻底实行人文理想的文明。谈儒家，每集中在谈儒家的典章制度、伦理规范、社会组织。这样的看法自不无它的道理，但不足以尽儒家的全幅义蕴。

论者指出，儒化家庭祭祖，历代帝王祭天，似也不乏其宗教层面。吾人自当更进一步追问，由纯哲学的观点省察，依据儒家内在的义理结构，究竟是否必须肯定"超越"之存在。如果答案是肯定的,则儒家的祭祀固不止只有实用或教化的意义,而自有其深刻的宗教理趣。只不必一定能嵌进一般时兴的宗教观念以内而已!

事实上,西方"宗教"(religion)一词包含歧义甚多。所谓原始宗教固不可与高度精神性之宗教混为一谈。但西方一般皆接受宗教为对一神或多神之信仰之笼统定义,以为这一定义可以适合于任何宗教。质之事实,大谬不然。东方之伟大宗教传统竟无以神之问题为中心者。佛教乃被称为"无神宗教",显然为一吊诡。民初欧阳竟无先生讲"佛法非宗教非哲学",也即以西式之宗教或哲学之观念为楷模。但却又似有代替西式宗教之作用。历来西方传教士在华之努力一般认为徒劳无功,即其明证。若中土三教全无宗教性格,则此一事实殆不可解。

由此可见,从宗教现象学之观点,宗教之定义必须重新加以修正。这一问题之迫切性,尤以基教内部观念之变革而更形彰著。十九世纪末无神论者尼采宣称上帝死亡。今日神学家中竟有倡导"上帝死亡神学"(The Death of God Theology)之论。显然由基教内部前卫思想家之要求,宗教之问题实不可与神或上帝之问题混为一谈。上帝尽可死亡,但宗教意义之问题则不会死亡。然则宗教之意义究竟何在? 要答复此一问题,首先必须捐弃传统以神观念为中心之宗教定义。专就此点而论,东西双方之精神要求似有合辙之势。

如何寻求一全新之宗教观念? 在今日尚未成定论。当代基督教重要神学家田立克(Paul Tillich)之努力即指向一新方向。田立克把宗教信仰重新定义为人对"终极之关怀"(Ultimate Concern)。依田立克的见解,任何人无法避免终极关怀的问题。自然每个人有他自己不同的终极关怀。有的人终生为名,有的人终生为利,有的人终生为国家民族。如果把终极关怀的对象界定为神,那么每个人都有他自己的神,虽然内容可以完全不同。在这个意义下,乃至一个无神论者也有他自己的神,虽然他的神可以完全不同于一般人所信仰的神。在这一意义下,人的宗教的祈响是普遍的,因为每个人必有他自己的终极的关怀。问题在有怎样的终极关怀才是真正的终极关怀,这是田立克的"系统神学"所要致力解决的问题①。

田立克的基本宗趣是要在一方面批评反宗教之宗教,另一方面则批评教会组织之偶像崇拜(idolatry),把相对有限之存在提升为绝对无限之存在。田立克最后归宗于基督之体证。基督之被钉十字架表示自我的渺小的生命之终结或否定,但却同时亦表示另一个充实的精神生命的实现或肯定。田立克的宗教体验自有其深刻的意义,此处不拟对之加以详细介绍与批评②。本文所论限于对儒家哲学之宗教义蕴之厘清。依笔者之见,儒家自有其独特的终极之关怀。只是其对"超越"的体验与基督教所感受的不同,决不可与一般无神论的看法混为一谈。儒家自有其义理结构,不能用西方现成的思想范畴加以范围。下文首先阐明传统儒家之宗教哲学义蕴,其次比观传统儒家与基督教之异同,最后列述当代西方宗教哲学与神学之新发展,以求在未来觅取彼此融通会合之道。此应预先声明者,本文所论限于哲学义理之反省,社会民间宗教崇拜之实际情况,因与本题无关,故不加以论述③。

二 传统儒家之宗教哲学观

中国古代也曾经过多神之信仰阶段,似无疑义。关于古代宗

---

① 田立克之说见其 Dynamics of Faith 与 Systematic Theology。

② 我在博士论文中曾详介田立克之说,并从儒家观点给予详细的批评。

③ 关于这一方面可以参阅 C.K.Yang,Religion in Chinese Society。

教信仰之情况虽无定论,但商周以降一般之发展轨迹大体如下:商代的诸神之中特别崇信"帝",显为一人格神,并与祖先崇拜有极密切之关系。周兴,帝之观念虽仍有沿续,但逐渐减退而为"天"之观念所取代①。天仍然有人格意味,但象征一客观自然与道德秩序之主宰。天之意旨,决非随意偶然。所谓"天命靡常"并不是说天命全无准则,而是警告人君不能任意胡为,否则天命将会转移有德。如是天之明命即表现于人事,所谓"天视自我民视,天听自我民听"。这样的人文主义并不隔绝于天。由这样的起点乃发展出中国哲学之一特殊型态,与西方之宗教所走之途径截然不同。西方之犹太教、基督教,乃至伊斯兰教皆由多神而进至一神,彰显超越之人格神观念。宗教启示与理性知识打成两橛,造成一二元分割之心灵②。中国则彰显一直贯之圆教型态③,其思想之规模实奠基于孔子,确定于孟子,完成于易庸,光大于宋明儒。本文即循此线索作一简单之儒家道统形成之历史之回溯。

关于孔子之思想,自古以来即有今古文学派之争,究竟孔子是"托古改制"抑或"述而不作"? 历来学者,聚讼不息。依个人之见,孔子的思想决非无所传承,但也有其创新,在旧观念中注入新内容,并确定一些新的焦点,遂有其划时代之意义。征诸现存之文献即可知:如孔子之"君子"、"仁"等等之观念即为显著之例证。孔子对于传统的宗教信仰的态度也可以作为如是观。从外表上看来,孔子似乎完全因袭传统"天"之观念。《论语》中所记孔子所谓"天

---

① 参阅 D. Howard Smith, Chinese Religions. H. G. Creel 早年之作,对于此点颇有论述。

② Jseph Neeham 之论文集 Within the Four Seas 即曾对此一二元之心灵极尽非难之辞。

③ 牟宗三先生新著《心体与性体》于此点固论之已详。

生德于予"、"天丧予"、"天之将丧斯文也",都好像仍以天为一具有意志之超越人格神。但案上下文,此皆孔子于危殆时机情感激动时所宣泄,于天之实义并无所窥。在《论语》中远更重要的一段话是:"子曰:'予欲无言。'子贡曰:'子如不言,则小子何述焉?'子曰:'天何言哉!四时行焉!百物生焉!天何言哉!'"天既不言,人只能于流行之宇宙中体现天道。故超自然之启示在儒家之规模中无地位。人由化迹以知天道流行之刚健不已!在此天之具备人格性与否根本不是一重要问题。孔子又言:"获罪于天,无所祷也。"大实规范一确定的自然与道德秩序。此处孔子把一般人的请祷祈福的思想彻底扫荡干净。由此也可以了解孔子对于鬼神的态度。孔子并未武断否认鬼神之存在。但义利之分既明,人与鬼神之交道也必出之以义,出之以礼,此外不可复问。此所以孔子坚持"未知生,焉知死"、"未能事人,焉能事鬼"而拒绝讨论怪力乱神。"人能弘道,非道弘人",孔子确彰显一彻底人文主义之精神。由殷人之尚鬼到周人的尚文,孔子在此是总结一个时代的发展而下开一个新的时代的风气。

祭祀在孔子也产生了全新的意义。在《论语》中有一段极重要的话:"祭如在;祭神如神在。子曰:'吾不与祭,如不祭。'"如不能彻底澄清这一段话的意义,即不能了解孔子对于宗教的态度。这一段话里面的几个"如"字实在大有意趣。就孔子的立场,鬼神之灵的实际存在与否,根本就不是一个重要的问题,重要的乃是祭礼本身的意义。在祭礼之中,人恒表现出一种自然的虔敬的心情。问题在这样的虔敬的心情的基础何在? 曾子曰:"慎终追远,民德归厚矣!"但如果纯粹只由葬礼祭礼的社会效用来看问题,实未能鞭辟近里,把握到问题的核心。孔子深信有所谓礼之本。《论语》中虽未明言礼之本究竟是什么,但就孔子所谓:"人而不仁,如礼何? 人而不仁,如乐何?"可见仁实为礼乐教化之精神。然则仁又究竟是什么？孔子在《论语》中拒绝给予仁以一精确的形式定义。但大半部《论语》是在以具体的方式指陈仁的作用。就较浅的层次说，仁表现在爱人。就比较深刻的层次说，孔子曾谓："克己复礼为仁"。人之所以爱人，所以崇礼实因这些在人之生命之中有一自然之基础。人必在此处克服自己非礼的倾向，才能显发出内在道德生命的意义。如果我们借用田立克的术语，则我们可以谓人人内在有一"深层"(Depth Dimension)可以相应。对于此一"深层"之体现使我们首先肯定自己的生命的意义。而肯定自己生命之内在意义即不能不对自己的生命之源表示一种自然虔敬的心情。故此我们要祭祖——个体生命的泉源，祭天——一切生命的泉源。而祖先的神灵是否实际存在与天是否具备人格性皆为不甚相干的问题。同时我们也有社会的担负，所谓"己欲立而立人，己欲达而达人"。此处孔子的思想是有其一贯之道在内。至于论者指出孔子罕言性与天道也可以简短答复如下：盖天道既具现于人道——仁道，乃不必舍近求远，盖彻底实现仁道即所以实现天道。再就孔子在川上之叹"逝者如斯夫，不舍昼夜"，暨前引"天何言哉！四时行焉！百物生焉！"来看，孔子对天是有一种刚健流行的体验。所谓"天行健，君子以自强不息。"如果这样的断述不即出自孔子本人之口，至少是孔子必然会赞许的辞句。

　　孔子虽奠定儒家思想的基础，但要到孟子，正统儒家思想的义理结构才得以确定。孟子的性善论与孔子的思想完全合辙。但孔子虽着重道德修养，相信人性有巨大的可能性，对于性的问题却只是说："性相近也，习相远也。"对于天的观念也不明朗透澈，可以容许作不同的解释。到了孟子，义理的进路便完全清明，不能再作模棱两可之论。

　　孟子的性善之论义理甚为显豁，虽然他的论证用类比之法，颇有不善巧处，但主要的思想线索却不应该因此而模糊。孟子所谓的性显然决非指谓现在心理学家所谓本能。首先他阐明所谓"大体""小体"的分别。并谓"耳目之官不思而蔽于物,物交物则引之而已矣。心之官则思,思则得之,不思则不得也。此天之所与我者。先立乎其大者,则其小者弗夺也。此为大人而已矣。"人的异于禽兽者只是几希,但善端却内在于每一个人。故曰:"恻隐之心,人皆有之。羞恶之心,从皆有之。恭敬之心,人皆有之。是非之心,人皆有之。恻隐之心,仁也。羞恶之心,义也。恭敬之心,礼也。是非之心,智也。仁义礼智,非由外铄我也。我固有之也,弗思耳矣。故曰:求则得之,舍则失之。"以此,"学问之道无他,求其放心而已矣!"而圣人与常人之不同,只在他能充分实现自己内在的善端。至其极也则"君子所过者化,所存者神,上下与天地同流。"人若能够超越自己的小我,实现自己的大我,则必然得以体现"超越"的意义。孟子的宗教哲学清楚地表现在下一段话之中:"孟子曰:尽其心者,知其性也。知其性,则知天矣。存其心,养其性,所以事天也。殀寿不贰,修身以俟之,所以立命也。"人道之充分实现即所以体现天道,别无他途。在此一意义下故可以说:"反身而诚,乐莫大焉。"孟子之有进于孔子在他明白肯定性善,规定养心的程序,最后得以接上对天的体验,此确定儒家正统思想之间架。

孟子以后儒家之天道观经《中庸》、《易传》而发扬光大。《中庸》开宗明义即断定"天命之谓性"。又发挥诚之哲学曰:"唯天下至诚为能尽其性。能尽其性则能尽人之性。能尽人之性则能尽物之性。能尽物之性,则可以赞天地之化育。可以赞天地之化育,则可以与天地参矣。"《易传》则宣泄一生生创造之宇宙观而肯定"天地之大德曰生"。"一阴一阳之谓道,继之者善也,成之者性也",宋明儒因受二氏刺激而更思入精微,辅以理气之论,但其基本精神则与先秦儒初无二致,此间不及备论①。

总结儒家所开出之思想型态。由外而言,则宇宙有物有则,有一洪蒙生力默运其间,成就一切存在价值。人得其秀而最灵,故可自觉参与造化历程。由内而言,人如能超越自己的本能习染生命,自然有一新的精神生命相应,把握寂感真几,在体证上有不容疑者在。故中国的人文主义实表现一特殊型态。天人之间关系非一非二。天地无心以成化,而圣王则富深厚忧患意识,故不一。然人道之实现至其极,孟子所谓的"践形",则上下与天地同流,内在无所亏欠,故不二。由此可见,儒家之义理结构是表现一"超越"与"内在"之辩证关系。对"内在"之体验不离"超越",对"超越"之体验也不离"内在"。以此"超越"之成分对儒家思想实有其内在必然性。无超越体验相辅之,寡头人文主义则必陷于现实功利之态度。但依超越义理以变化气质而体现人之存在价值,实为儒家最重要之修养功夫,此处不可不加以明确之简别。

三　传统儒家与基督教观点之比较

如果儒家也自有其独特的关于超越之体验,则不能说儒家只是一套俗世的伦理学,只是其终极关怀所表现之型态不同于基督教而已!本节就基督教之上帝、人、基督、恩宠与教会等基本观念与儒家对较以确定此一传统之意义。

(一)基督教崇信一超越之人格神。上帝由无而创造整个世界。创造主之性质不可以被创造之世间性质来加以测度。故基教

---

① 本文之宗旨不在详征博引以解析儒家之义理,关此可参阅牟宗三先生《心体与性体》、唐君毅先生《中国哲学原论·原性篇》,本文重在比观中西,而看儒家的宗教体验在一般宗教现象学的应得地位。

之上帝诚如神学家巴特(Karl Barth)所言为一"绝对之他在"(The Wholly Other)。但在另一方面,离开神意的了解即不能够把握人类的历史与命运的意义。不仅人之种族乃为光耀上帝而创造,事实上上帝遣送人子耶稣进入历史以救赎人性的沉沦。依基教之观点,人类历史之中心在于基督降世之一大事,人类之历史也指向一确定之目标。但儒家有不同的关于超越与内在之辩证关系之体验。自孔子以来,上帝之人格性即非一重要之问题,超自然之启示不能构成知识之泉源,在自然秩序之外也不需建立另一个超自然之秩序。但我们不能因此而谓儒家即无关于超越或宗教之体验。儒家相信宇宙有一洪蒙生力不断作用。而其活动决非盲触,所谓"乾知大始,坤以简能"。在宇宙演化之过程中,"乾道变化各正性命",儒家实从未把人与天混为一谈,或完全抹煞二者之间之差别。只有天道才能范围万物、生生不已!非现实有所限定之人道所可比拟。但人心可通于天,而于有限体现无限之意义。

(二)基督教相信人为上帝所创造的最高贵的生物,而禀赋之以自由意志。但人误用此一自由以至陷于沉沦。其唯一的救赎之道即是通过对于基督之信仰。儒家也认为人为万物之灵。只人有自觉的能力以参天地之造化。但人之禀赋虽善,其实际却不免受到环境习染的牵累而未能脱颖而出。故儒家坚决否定原罪之说,而重道德修养与教化的力量。只要私欲一旦得以克除,即可恢复其内在明德,俯仰无愧于天,而在当下实现其生命之意义。

(三)对于基督之信仰使基督徒有别于其他宗教之信众。基督为上帝所遣以为人们赎罪。他牺牲了自己的生命以传递另一个世界的消息。基督同时具备人格以及神格,故对于他的信仰不可以为任何其他信仰加以取代。然儒家决无法信仰这样的神话以及圣经上所记载的奇迹。孔子虽为至圣先师,但不具备神格。在事实上固然是他决定了中国文化开展的方向,在理上则并无任何必然性。在他之前固有历代圣王，在他之后又有无数贤哲相继。中国之圣贤以身作则，可以为万民之楷模，不似基督之为信仰之对象，在理上决无任何人可以与他同样的伟大。当然从另一个角度观察，孔子与基督间相似之处也很多，两人均出身贫贱，有强烈使命感，生前一无所成，死后其所流传之精神教训却分别宰制中西两大文明。

（四）就基教的观点看，人的最大罪恶即是骄傲（hubris），以为人生可以自圆自足，而切断其与超越之关连。故此自力救赎殆不可能。唯一的机会乃是扬弃自我，把自己完全托付给基督的信仰，依仗神恩而获得终极解脱。此一传统乃必须抑人智而重视超自然之启示。但儒家在本质上却是一自力传统。宇宙生源本作用于事事物物之中。人性本禀赋有无穷之可能性。但以习心作梗，顺躯壳起念，乃为气禀所拘，而不能实现这样的可能性。一旦幡然改悟，通过德性之自觉体悟与修养工夫，便能与宇宙生生之泉源汇而为一。则个人形躯诚然有限，即在此有限之中可以体现无限。所谓"廓然而大公，物来而顺应"。个人之荣辱诚超之于度外。在此一义下，虽"尧舜之事亦只如太虚一点浮云过目"。儒家之重人文并不与其对超越意义之体验相违，两下形成一辩证之关系，彼此实相反而相成也。

（五）基督既有所谓"凯撒归于凯撒"之论，俗世与天国之向往不可混为一谈，故必须在世俗组织以外另有一超世俗之组织之设施：是即为教会之组织。教会在此义下乃成为一吊诡；彼虽具备一超世之精神之目的，在实际上却成为一支庞大的世俗之力量。儒家以其生生之形上体认未曾在自然与超自然之间打成两橛。故也无需额外之教会组织。君主祭天，家家户户祭祖，而祭祀本身即为礼之一部分。由于世俗与神圣之间无截然划分，而论者乃谓中国之心灵无宗教之体认，此根本忽视中国对于超越之体认是以不同于西方之形式出之,故不可以谓之为谛实之论。

由以上五端可见儒家虽不合乎西方传统之宗教定义,然针对西方之宗教信仰,有其相当之信仰而固有其独特之方式以表现其对超越与终极之关怀。比观双方的进路对人类如何表现其宗教情操之了解,自有其莫大的价值。

四　由西方现代神学与宗教哲学之发展以看儒家宗教哲学之现代义蕴

如果我们坚守传统基督教与儒家对宗教体悟之分野则双方虽有许多平行的体验,却无彼此相交会合之可能。但二十世纪西方神学与宗教哲学之发展却展露意外的曙光以看到双方彼此接近会通的可能性。

(一)存在主义神学(Existentlalist Theology)①:西方神学自从巴特以后即在存在主义哲学找到新的灵感的泉源。存在主义不以为科学的客观研究能够把握比较深刻层次的人性真理。祈克果断定:"真理即主体性。"(Truth is Subjectivity)。存在主义神学者相信只有个人作实存的抉择,通过对基督的信仰才能够克服生命的背谬或无意义性。儒家从来即是一追求安心立命之实存传统。然德性之知自不可与见闻之知放在同一层次。我们无法通过感官的观察或经验的推概以建立道体。然而在另一方面儒家却体证到显微无间、内外合一的实理。穷神以知化,这是儒者所宗奉的方法,为此则不彰显理性与信仰的冲突对立,然在日用行常之内可以体证到天理流行。穷理尽性以至于命,穷理之对比于量智之作用自

---

① 　关此可参阅 John B. Cobb, Jr., Living Options in Protestat Theology, PP. 199—226。

表现一跳跃之过程,但决不可与背理混为一谈。故田立克所用之
"理性之深层"(Depth of Reason)一辞实更切合于儒家之传统。

(二)解消神话之企图(Demythologization):欧洲神学家蒲尔
脱曼(Rudolf Bultmann)与其徒从企图解消传统基督信仰之神话
性,而令基督的真正消息大白于世。但田立克曾指出要把基督教
的神话彻底解消殆不可能①。但儒家自孔子以降为一最缺乏神话
色彩之传统。汉儒虽有谶讳乃至迷信之说,然经王弼、宋明儒之努
力而彻底解消殆尽。真正的生命的神秘实内在于每一个人之中,
孟子所谓"反身而诚,乐莫大焉"。何待乎外在的神话。圣王的启
迪实有待于个人内在之觉醒,此无可假借者也。

(三)宗教语言之象征性(A Symbolic Approach to Religious
Language)②:与上一潮流密切相关为田立克之指出宗教语言之象
征性。田立克分别"记号"(signs)与"符号"(symbols),前者惟是约
定俗成,故可任意替换。后者如基督之十字架,开启人对另一精神
真理之了解。故信仰之语言为符号象征之语言,不可与一般经验
之语言混为一谈。儒家之正统每谓言不尽意,危微精一之体验,自
非一般语言所可穷尽。故必得善巧立言解意,切忌死在句下始可
自得之也③。

(四)"上帝死亡之神学"(The Death of God Theology)④:美国

---

①　理由见 Tillich,Systematic Theology,Vol Ⅱ,P.152,VolⅢ,P.142。

②　关于田立克之宗教符号之论,见其 Dynamics of Faith。

③　田立克因受 W. Urban 之批评之影响,认为"上帝为存在本身"(God
is Being Itse'f),为唯一直叙之语句。从中国之传统看,这是不必要的。人之
语言限于符号象征,并不表示人不能与实在接触。详细之批评见前提及之本
人之博士论文。

④　关于此一潮流,可参阅 Thomas. J. J. Altizer and William Hamilton,
Radical Theology and the Death of God。

20世纪儒学研究大系

近来有一批神学家深切感受到,传统之神观念实与现代人生不甚相干,故企图把基督之消息与上帝之信仰两下分开,而发展一套基督之无神论。在中国,神、上帝之问题自孔子以后从来不成为重要之问题。儒家固不必待现代工业社会之发展而了解真正之超越宗教消息固与一神秘超自然力量之干预自然行程之信仰了无相涉也。

(五)俗世化之要求(Secularization)①:今日世界与中世纪之世界之结构之有异固不待言,但尚有待于巴特之高弟庞豁天(Dietrich Bonhoeffer)断然宣称今日人之心智成熟:上帝造人,而意欲人可以不必依仗神之存在而肩挑起世界之责任。基督即为此一运动之原始推动力。故此人不当再把世俗的世界与神圣的世界打成两橛。超越的宗教消息即寓于俗世的日用行常之内。儒家从来无自然超自然两面之分割,于此潮流自有会心之感受。但俗世化自非谓人徒追求俗世之物质享受,而为把深刻的精神体证贯注入俗世之中,不在避世另求解脱也。

(六)上帝生成之观念(The Concept of God of Becoming)②:西方中世沿袭希腊传统向以上帝为永恒不变存有而超乎一切变化之上,但今日有神学家以怀德海之观念为宗而重新构想上帝为一变化生生不已之历程。此一观念自与儒家生生之形上宇宙观若合符节,彼此之可望融通固不在话下也。

总结以上所论,西方现代神学、宗教哲学所发展之新潮流颇有其与儒家思想之互相呼应处。这些潮流自不必为抱残守缺之基督教信徒所赞许,它们之间也不必互相同意。但当代既产生这样的潮流,自指点一些倾向可以为吾人咀嚼反省。吾人今日正当重新

---

① 参 Bonhoeffer, Ethics, Letters and Papers from Prison。
② 这一潮流之健者为 Charles Hartshorne, 与 Henry N. Wieman。

反省儒家思想之义理结构,也自可以由西方相应之思想发展之中
吸取一些营养的资粮。

<h2 style="text-align:center">五　结　语</h2>

如果我们承认传统宗教的定义必须更改,如果我们承认儒家
在一新的思想间架之下也自可谓有其深刻的宗教哲学体验与意
趣,则对这一问题必须作一番全新的省察。

有趣的是中西间之接触最先是通过传教士,把儒家当作宗教
而忽视其他之方面。以后转而注重儒家之典章制度、伦理规范、社
会组织,乃漠视儒家之宗教性。今日似乎正好转了一整个圆周,西
方之宗教观念既有急遽变革,而儒家在这一方面竟不可不谓有其
重大的贡献,对于这一层次的问题,学者必须重新加以慎重考虑。

西方今日之宗教日走下坡,以其传统僵化未能适时适切之故。
但现代人之物质生活虽因科学工艺之发展而进步,却在精神方面
感受生命之无意义。年青一代之纵情于性,借助于药物不能不为
识者所忧。要解决此一问题则必须改造吾人的宗教观念,而对于
东西伟大宗教传统之精神体验的深刻反省是向未来走去必须经过
的一个重大的阶段。

(原载《中国学人》(台北)1970 年 3 月第 1 期,收
入《生命情调的抉择》,台北志文出版社 1974 年)

刘述先(1934—　　),祖籍江西吉安。台湾大学哲学硕
士,美国南伊利诺大学哲学博士。曾任职于台湾东海大学、美
国南伊利诺大学、香港中文大学和台湾中央研究院中国文哲
研究所。当代新儒家第三代代表人物之一。主要著作有《文

学欣赏的灵魂》、《中国哲学与现代化》、《朱熹哲学思想的发展与完成》、《文化与哲学的探索》、《传统与现代的探索》、《当代中国哲学论》等。

　　本文在于论述儒家哲学的宗教义蕴及其现代意义。作者认为,儒家自有其独特的宗教信仰意义上的超越与终极之关怀,只是其对超越的体验与基督教所感受的不同,决不可与一般无神论的看法混为一谈。儒家自有其义理结构,不能用西方现成的思想范畴加以范围。儒家宗教哲学与西方现代神学、西方宗教哲学有彼此接近会通的可能性。

论儒教的形成

任继愈

中国哲学史是在中国这块土地上生长、发展的,中国社会历史的特点,决定了中国哲学史的面貌和性质,正像欧洲的社会历史决定欧洲哲学史的面貌和性质一样。

中国有文字记载的历史绝大部分是封建社会的历史,中国哲学史的发展主要是在中国封建社会历史时期进行的。研究中国哲学史,如果把中国封建社会的哲学史研究清楚了,找到它的基本规律,中国哲学史的主要任务也接近完成了。中国封建社会历史有哪些特点,大家的意见还不一致,剔除其分歧的部分,总还有些基本上被人们公认的部分。简略地说,中国封建社会的历史约有以下几个特点:

(1)中国封建社会维持的时间长久而稳定;

(2)封建宗法制度发展得比较完备;

(3)中央集权下的多民族的大一统国家结构形成得早、分裂不能持久;

(4)农民起义次数多、规模大;

(5)在中国的封建制度下,资本主义没有得到很好的发展。

如果把中国封建社会发展的阶段再进一步划分,可以分为以下的六个时期:(1)分散割据的封建诸侯统治时期(春秋战国到秦统一前);(2)中央集权的封建专制制度建立时期(秦汉);(3)门阀

士族封建专制时期(魏晋南北朝);(4)统一的封建国家重建、兴盛
与地方割据时期(隋唐五代);(5)封建国家中央集权制完备与社会
停滞时期(宋元明);(6)封建社会僵化没落时期(清)。以上六个时
期,隋唐以前封建社会在发展、在前进,宋元明以后封建社会制度
则开始停滞以至僵化。在上述经济、政治形势变动的同时,代表统
治阶级利益的思想体系也相应地发生着变化。

封建社会的上述历史特点和历史过程,造就了以儒学为核心
的封建意识形态,这种同封建宗法制度和君主专制的统一政权相
适应的意识形态,对劳动人民起着极大的麻醉欺骗作用,因而它有
效地稳定着封建社会秩序。为了使儒家更好地发挥巩固封建经济
和政治制度的作用,历代封建统治者及其思想家们不断地对它加
工改造,逐渐使它完备细密,并在一个很长时间内,进行了儒学的
造神活动:把孔子偶像化,把儒家经典神圣化,又吸收佛教、道教的
思想,将儒家搞成了神学。这种神学化了的儒家,把政治、哲学和
伦理三者融合为一体,形成了一个庞大的儒教体系,一直在意识形
态领域占据着正统地位,对于巩固封建制度和延长其寿命,起了十
分巨大的作用。

春秋时期孔子创立的儒家学说本来就是直接继承了殷周奴隶
制时期的天命神学和祖宗崇拜的宗教思想发展而来的,这种学说
的核心就是强调尊尊、亲亲,维护君父的绝对统治地位,巩固专制
宗法的等级制度。所以这种学说稍加改造就可以适应封建统治者
的需要,本身就具有再进一步发展成为宗教的可能。但是在先秦
它还不是宗教,只是作为一种政治伦理学说与其他各家进行争鸣。
由儒学发展为儒教是伴随着封建统一大帝国的建立和巩固逐渐进
行的,曾经历了千余年的过程。孔子的学说共经历了两次大的改
造。第一次改造在汉代,它是由汉武帝支持,由董仲舒推行的,这
就是中国历史上所谓"罢黜百家,独尊儒术"的措施。汉代大一统

的中央集权封建宗法专制国家需要一套在意识形态上和它紧密配合的宗教、哲学体系。孔子被推到了前台,董仲舒、《白虎通》借孔子的口,宣传适合汉代统治者要求的宗教思想。第二次改造在宋代,宋统治者集团利用机会从唐末五代分散割据的混乱局面中捞到了政权。他们鉴于前朝覆亡的教训,把政治、军事、财政、用人的权力全部集中到中央。宋朝对外宁可退让,对内则强化中央集权的封建宗法专制制度;思想文化领域里也要有与它相适应的意识形态相配合。汉唐与宋明都是中央集权的封建宗法专制制度的国家,但中央权力却是越来越集中,思想文化方面的统治方法也越来越周密。为了适应宋朝统治者的需要,产生了宋明理学,即儒教。儒家的第二次改造,虽说完成于宋代,追溯上去,可以上溯到唐代。韩愈推重《大学》,用儒教的道统对抗佛教的法统。李翱用《中庸》来对抗佛教的宗教神秘主义。到宋代朱熹则把《论语》、《孟子》、《大学》、《中庸》定为"四书",用一生精力为它作注解。朱熹的《四书集注》被宋以后的历代封建统治者定为全国通用的教科书。"四书"从十三经中突出出来,受到特殊的重视。

　　下面,我们就从汉代起回溯这个历史过程。

　　封建大一统的局面形成之后,必然要求与它相适应的哲学作为指导思想。秦王朝不加掩饰地实行严刑峻法,结果很快覆亡了。贾谊《过秦论》就总结了这一教训。汉初的黄老之术,虽有一时的作用,也不是封建国家长治久安之策。统一的封建帝国需要这样一种思想体系:它能够用统一的神权来维护至上的君权,它能够用祖先崇拜来巩固宗法等级制度,它又能够用仁义道德的说教来掩饰统治者对劳动人民的压迫和剥削。为了寻求合适的思想体系,西汉王朝探索了六、七十年之久,终于选中儒家,出现了儒家的代表人物董仲舒。董仲舒为了巩固政治的统一,主张思想统一,提出罢黜百家、独尊儒术。从董仲舒起,孔子被抬上了宗教教主的地位。春秋时期的孔子是一位政治家、思想家、教育家和儒家学术团体的领袖，但常常被嘲弄、被冷遇；汉代的孔子就成了儒教的庄严、神圣的教主，他被塑造成神，成了永恒真理的化身。汉代封建统治者希望人民去做的许多事，都假借孔子的名义来推广，封建宗法制度进一步得到巩固、加强。"三纲"说在荀子、韩非的著作中已开始提出，但那时只是一家之言，表达一种政治伦理思想。汉代董仲舒以后，通过政府把它推广到社会生活中去。东汉的地方察举制度曾规定了许多道德品目，如"孝廉"，既是一种道德品质，同时又是一种做官仕进的条件。儒家的封建伦理和社会政治的制度结合得更紧了。西汉和东汉统治者为了巩固中央集权，他们使王权与神权进一步合流，为王权神授制造理论根据。但在实际政治生活中，他们把神权限制在王权之下，而不允许平起平坐，更不用说神权凌驾王权之上了。

中国封建统治者，由于和农民起义打交道的经验多，日益感到利用宗教化的儒学来麻痹人民的反抗意志十分必要。因此，汉代开始采用儒家的经典来为他们的政治、法律的措施作说明。汉武帝时，张汤决狱，要从《春秋》中找根据（其实是捕风捉影，与《春秋》没有关系）。东汉以皇帝名义召开的白虎观的会议，更是用政权来推行神权、用神权维护政权的典型例子。这时的儒家的面貌已经不同于先秦的儒家，孔子地位被抬高了。

汉代的儒家，先按照地上王国的模特儿塑造了天上王国，然后又假借天上王国的神意来对地上王国的一切活动发指示。这就是汉代从董仲舒到白虎观会议的神学目的论的实质。天为阳、为君、为父、为夫；地为阴、为臣、为子、为妇。天地自然界的秩序被说成像地上汉王朝那样的社会秩序。自然界也被赋予封建伦理道德的属性。虽然没有西方上帝造人类那样的创世说，但也有类似的地方。儒家定于一尊，儒家的经典成为宗教、哲学、政治、法律、道德、社会生活、家庭生活以及风俗习惯的理论依据。哲学虽不像欧洲中世纪那样都成为神学的婢女，但成了六经的脚注，非圣等于犯法。所谓圣人就是尧、舜、禹、汤、文、武、周公、孔子等儒家所崇拜的偶像。

东汉末年的黄巾大起义，动摇了汉王朝的政治统治基础。王权与神权紧密配合的汉王朝崩溃，代之而起的是分散割据的地方封建势力。政治上出现了三国分立的局面。三国时，商业交换基本停止，不再铸造货币，出现了更典型的自然经济。以王权、神权相结合的儒家正统思想——神学目的论也受到了致命的冲击。这时出现了魏晋玄学，在民间和社会上层相继发展了佛教、道教。这时，我国北方、南方少数民族也纷纷武装起义来反抗汉族的政治压迫。他们的领袖人物中有的是被卖的奴隶，后来起义成功，建立了王朝①。在思想领域，他们首先冲击的是儒家内中华而外夷狄的思想。少数民族统治者信奉佛教。汉族群众信奉佛教和道教。五斗米道、太平道在农民中间广泛流行。

由于中国广大地区已具有高度的封建经济、政治和文化，少数民族掌握政权后，由奴隶制社会很快被带进了封建社会。封建社会的统治和被统治的关系，也很快被他们接受。具有中国特点的封建宗法专制主义也还得被重视。因为这一套统治人民的经验行之有效，而这一套封建伦理道德规范在儒家有深远传统。当然，起决定作用的是中国封建的经济结构和社会结构。中国封建社会的宗法制度是与中国封建社会相终始的，"三纲"、"五常"被儒家说成为万古不变的规范。说"万世不变"，这是古人的局限性，因为古人不知道封建社会以外还有其它生产方式。仅就中国的社会情况而论，说它是封建社会"万世不变"的秩序也未尝不可。

在魏晋南北朝时期，佛教、道教广泛流行，儒家失去独尊的地

---

① 如以刘聪、石勒等人（《晋书》卷一〇二及卷一〇四）为代表的北方少数民族的起义。

位,但统治者并未抛弃它,它仍然是封建思想的正统。梁武帝崇奉佛教,但梁武帝的《敕答臣下神灭论》的主导思想仍是儒教而不是佛教。当时的统治者用佛、道作为儒教的补充,三者并用或交替使用。三教之间有斗争,有妥协,也互相吸收。既然封建宗法制度未变,维护封建宗法制度的伦理纲常就不会被抛弃,"三纲"、五常"的秩序非维持不可。因此,佛教、道教也要适应封建宗法制度的要求,才能得到地主阶级的支持。佛教五戒十善,采用的善恶道德标准仍然不能超出三纲五常的规定范围,违反了就是十恶不赦。封建地主以造反为罪大恶极,佛教也认为无君无父是构成入地狱的罪行。难怪宋文帝发自肺腑地说,佛教虽主张出世,但有助于王化①。魏晋玄学否定了神学目的论,但未对儒家的封建宗法制度、三纲五常触动一根毫毛。当时名教与自然的争论,反映了玄学家们如何对待三纲、五常的根本态度。不论哪一派,都不敢说不要名教。玄学最大的代表人物之一如王弼,还是认为孔子比老子高明②。农民不是先进的生产关系的体现者。农民的思想随着生产资料、政治权利的被剥夺,也被迫接受统治阶级的王权神授、天命决定论,也被封建宗法制度所束缚③。

---

① 宋文帝:"若使率土之宾,皆敦此化,则朕坐致太平矣,夫复何事?"(见《广弘明集·宋文帝集朝宰论佛教》)

② 〔裴徽〕问弼曰:"夫无者,诚万物之所资也,然圣人莫肯致言,而老子申之无已者何?"王弼回答说:"圣人体无,无又不可以训,故不说也。"(何劭《王弼传》引)

③ "统治阶级的思想在每一时代都是占统治地位的思想。这就是说,一个阶级是社会上占统治地位的物质力量,同时也是社会上占统治地位的精神力量。支配着物质生产资料的阶级,同时也支配着精神生产的资料,因此,那些没有精神生产资料的人的思想,一般地是受统治阶级支配的"(《德意志意识形态》,《马克思恩格斯选集》第1卷,第52页)。

　　虽然政治上南北处于分裂状态,中国历史这一时期在某些方面仍有所发展。北方和南方在各自的统治范围内有相对安定的政治局面,于是北方和南方各民族在经济、文化的交流中有了进一步的融合。许多落后的氏族部落和奴隶制初期的民族,由于同汉族不断交往,相互了解、通婚、学习,很快赶上来,进入封建社会,这就给以后隋唐建立的多民族繁荣昌盛的封建统一王朝准备了条件。

　　隋唐时期由于封建经济的进一步繁荣、发展,对世界经济文化交流有过贡献。南北朝时期分裂割据的影响逐步泯除。佛教结束了南北朝各宗派长期分裂的局面,形成了统一的各宗各派;道教也混合南北,形成了统一的唐代道教。佛教、道教各自发展自己的寺院经济并建立宗派传法世系。儒家的经学也兼采南北经学流派,形成具有唐代特点的经学。儒、释、道三家鼎立,都得到封建王朝的大力支持①。三家学说有异,服务的对象却是一家②。朝廷遇有大典,经常让三教中的代表人物在殿上公开宣讲。儒家讲儒家的经典,佛教、道教也各自讲各自的经典,时称儒、释、道三教。儒、释、道所讲论的内容,也逐渐由互相诋毁而变得互相补充。政府明令禁止道教攻击佛教和佛教攻击道教的文字宣传。唐初朝廷举行公开仪式中,有时规定佛教徒在先,有时规定道教徒在先,中唐以后规定齐行并进,不分先后。儒家对佛、道有所攻击,主要说他们不生产、不当兵、不纳税、不负担政府的义务、不符合中国传统的风

---

　　①　唐大足元年(公元701年),武则天当政时,已明白宣示,三教有共同的任务,并令人撰写《三教珠英》(《唐会要》卷三六)。

　　②　文宗诞日,召秘书监白居易、安国寺沙门义林、上清宫道士杨弘元入麟德殿内道场谈论三教。居易对语中有谓"儒门释教虽名数则有异同,约义立宗,彼此亦无差别,所谓同出而异名,殊途而同归者也"(《白氏长庆集》卷六七)。

俗习惯等等。但儒家在哲学观点上,则大量吸收佛、道的东西。

久为人们熟悉的宋代理学的开创者周敦颐的代表著作是他的《太极图说》和《通书》。周敦颐的学术渊源,来自道士(陈抟——种放——穆修——周敦颐),他们的传授关系是有案可查的。维护周敦颐的朱熹一派,极力否认周氏与道教的关系,给以新的解释;也有一派如陆九渊弟兄,认为"无极"之说源出老子(道教),为了维护儒家的正统,他们提出这不是周氏的主张,不然就是他早年思想体系不成熟的作品。又据记载,周敦颐与僧寿涯也有学术上的交往①。宋代的朱熹与道教的牵连更深,对道教的经典《阴符经》、《参同契》曾大力钻研。儒道合流的代表人物,由北宋上溯,如唐朝司马承祯,由此再上推,到南朝的陶弘景、北朝的寇谦之,都是结合封建伦理学说来宣传道教的。宋以后的道教更是公开宣扬三教合一,如假托吕洞宾的名义的一些宋明道教著作,都在宣扬忠孝仁义等封建宗法世俗观点。

儒佛互相渗透的情形更普遍,如唐代的柳宗元、刘禹锡、梁肃、白居易,这是人所共知的。过去人们对柳宗元、刘禹锡以唯物主义而信佛,觉得不好理解,有的哲学史工作者出于爱护唯物主义哲学家的感情,对这个现象也进行过解释,对他们的信佛表示遗憾。宋代的唯物主义者王安石,同时又是佛教的信奉者,晚年还舍宅为寺。这些唯物主义者都受儒教的熏陶,并且认为儒佛并不矛盾,可以相通②。以佛教徒和尚而公开主张儒教的,如宋代的孤山智圆,自号"中庸子",他自称:

---

① 僧寿涯赠诗有:"有物先天地,无形本寂寥,能为万象主,不逐四时凋。"

② 柳宗元:"浮图诚有不可斥者,往往与《易》、《论语》合,诚乐之,其于性情奭然,不与孔子异道。"(《柳河东集》卷二五)

中庸子智圆名也,无外字也,既学西圣之教,故姓则随乎师也。尝砥砺言行以庶乎中庸;虑造次颠沛忽忘之,因以中庸自号,故人亦从而称之。或曰:"中庸之义其出于儒家者流,子浮图子也,安剽窃而称之耶?"对曰:"夫儒释者言异而理贯也,莫不化民俾迁善远恶也。儒者饰身之教,故谓之外典也;释者修心之教,故谓之内典也。惟身与心则内外别矣,蚩蚩生民岂越于身心哉? 非吾二教何以化之乎? 嘻! 儒乎,释乎,其共为表里乎!"(《闲居编·中庸子传上》第一九)

故吾修身以儒,治心以释,拳拳服膺、罔敢懈慢犹恐不至于道也,况弃之乎? 呜呼! 好儒以恶释,贵释以贱儒,岂能庶中庸乎(同上)?

自然现象不同于社会现象,它不具有人类社会的道德属性,但智圆用儒家的仁义观点,加给自然界生物以道德属性[①],与朱熹等以仁义礼智释元亨利贞的思想方式是一个路数。

至于佛教与道教的合流、交互影响,也是随着隋唐在政治上的大一统而形成的。道教经典很多取自佛经,这已是公认的事实[②]。天台宗的创始人慧思,既是佛教徒,又信奉道教的长生求仙的方术,要作"长寿仙人"(见慧思:《南岳誓愿文》)。史传有明文,并不避讳。

---

① "钱唐县西北水行十八里,有村曰'义犬'者。昔人养犬甚驯,行迈于是,醉卧草间,野火四至,将焚焉。犬能亟至河岸,以身濡水,湿其草,主遂免祸。睡觉,犬力殚毙矣。感其义,因葬之。乡人命其地曰'狗葬'。后刺史以'义犬'之名,易'狗葬'之名,予舟行过其地,遂为文以感之:'浩浩动物,唯人为贵。立人之道,曰仁以义。二者不行,与畜同类。畜能行是,与人曷异。懿矣斯犬,立功斯地。救主免焚,濡草以智。其身虽毙,其名不坠。'"(《闲居编·感义犬》第二七)

② 陶弘景的《真诰》有数十处抄自《四十二章经》。

从唐代的儒、释、道三教鼎立发展为宋代的三教合一,这个长期的历史过程,也就是儒教在封建政权的支持下逐渐酝酿成熟的过程。

从汉武帝独尊儒术起,儒家已具有宗教雏型。但是,宗教的某些特征,尚有待于完善。经历了隋唐佛教和道教的不断交融、互相影响,又加上封建帝王的有意识地推动,三教合一的条件已经成熟,以儒家封建伦理为中心,吸取了佛教、道教一些宗教修行方法,宋明理学的建立,标志着中国儒教的完成。它信奉的是"天地君亲师",把封建宗法制度与神秘的宗教世界观有机地结合起来。其中君亲是中国封建宗法制的核心。天是君权神授的神学依据,地是作为天的陪衬,师是代天地君亲立言的神职人员,拥有最高的解释权,正如佛教奉佛、法、僧为三宝,离开了僧,佛与法就无从传播。宋朝理学兴起的时候,恰恰是释道两教衰微的时候。风靡全国,远播海外的佛教,形式上衰微了,实际上并没有消亡,因为儒教成功地吸收了佛教。看起来中国没有像欧洲中世纪那样宗教独霸绝对权威,但中国中世纪独霸的支配力量是不具宗教之名而有宗教之实的儒教。

儒教这个宗教,看起来不同于其它宗教,如基督教、伊斯兰教、佛教等,甚至打出反对上述宗教的幌子。清代学者颜元早已指出程颐的思想"非佛之近理",乃程颐之理"近佛"(见《存学编》)。还指出:

> 其(朱熹)辟佛老,皆所自犯不觉。如半日静坐,观喜怒哀乐未发气象是也,好议人非,而不自反如此(《存学编》)。

进入高级阶段的宗教都有他们不同的"原罪"说。宣传人生下来就有罪,必须靠宗教的精神训练来拯救人们的灵魂。程颐说:

> 大抵人有身,便有自私之理。宜其与道难一。

儒教宣传禁欲主义:

> 甚矣,欲之害人也。人之为不善,欲诱之也。诱之而弗知,则至于天理灭而不知反。故目则欲色,耳则欲声,以至鼻则欲臭,口则欲味,体则欲安。此则有以使之也。然则何以窒

其欲？曰：思而已矣。学莫贵于思，惟思为能窒欲。曾子之三省，窒欲之道也(《宋元学案·伊川学案》)。

这种禁欲主义，一直成为宋以后儒教修养的中心思想。他们甚至连五欲排列的次序也按佛教的眼、耳、鼻、舌、身五欲排列。

宗教都要树立一个至高无上的神(名称各有不同)。儒教亦宣传敬天、畏天，称国君是天的儿子。君权与神权紧密结合起来。国君被赋予神性。儒教还有祭天、祀孔的仪式。

宣传"以贫为荣"、"以贫为乐"，也是儒教的一个重要内容。儒教著作中称赞有道之士"虽箪瓢屡空，宴如也"。穷了，就避免了声、色的物质诱惑。儒教认为生活水平越低，道德品质越高，他们把物质生活的改善看作罪恶的源泉，把生活欲望与道德修养摆在势不两立的地位。"不是天理，便是私欲"，"无人欲即是天理"(《宋元学案·伊川学案》)。

儒教把一切学问都归结为宗教修养之学。儒教不去改造客观世界，而是纯洁内心；不向外观察，而是向内反省；不去认识世界的规律，而是去正心诚意当圣贤。圣贤的规格就是儒教规格的人的神化，即典型的僧侣主义的"人"。他们说：

> 颜所好者何学也，学以至圣人之道也。……喜怒哀乐爱恶欲，情既炽而益荡，其性凿矣。是故觉者约其情，始合于中，正其心，养其性，故曰："性其情"。愚者则不知制之，纵其情以至于邪僻，梏其性而亡之，故曰："情其性。"(《颜子所好何学论》)

> 伊川见人静坐，便叹其善学(《宋元学案·伊川学案》)。

宗教都主张有一个精神世界或称为天国、西方净土，宗教都有教主、教义、教规、经典，随着宗教的发展形成教派。在宗教内部还会产生横逸旁出的邪说，谓之"异端"。儒家则不讲出世，不主张有一个来世的天国。这是人们通常指出的儒家不同于宗教的根据。

　　但是我们应当指出,宗教所宣扬的彼岸世界,只是人世间的幻想和歪曲的反映。有些宗教把彼岸世界说成仅只是一种主观精神状态。在中国的历史上,隋唐以后的佛教、道教,都有这种倾向。以影响最大的禅宗为例。中国出现过许多宗派,禅宗受中国封建文化影响最多,他们宣称"菩提只向心觅,何劳向外求玄? 听说依此修行,西方只在眼前"(《坛经》)。禅宗主张极乐世界不在彼岸而在此岸,不在现实生活之外,就在现实生活之中,所谓出家、解脱,并不意味着离开这个世界到另一个西天。在日常生活之中,只要接受了宗教的世界观,当前的尘世就是西天,每一个接受佛教宗教观的众生即是佛,佛不在尘世之外,而在尘世之中。

　　宋明理学吸收了禅宗的这种观点。虽然它不讲出世,不主张有一个来世的天国,但是却把圣人的主观精神状态当作彼岸世界来追求,这和禅宗主张在尘世之中成佛是完全相同的。

　　程颢的《定性书》被宋明理学家公认为经典性的权威著作,这种"定性"与佛教禅宗的宗教修养方法一脉相承,所谓"动亦定,静亦定,无将迎,无内外"(《定性书》),即是禅宗的"运水搬柴,无非妙道"。把人性区别为"义理之性"与"气质之性","人欲"又是挟"气质"以俱来的罪恶,实质上是宗教的"原罪"观念。程颐的《颜子所好何学论》是一篇典型的宗教修养方法论,是一篇宗教禁欲主义的宣言书。张载的《西铭》也是一篇歌颂"天地君亲师"的儒教宣言,他认为人生的一切遭遇天地早安排定了,享受富贵福泽是天地对你的关怀,遭受贫贱忧戚,是天地对你的考验。天地与君亲本是一家人。二程教人主敬,程颐终日"端坐如泥塑人"。"存天理,去人欲"更是一切唯心主义理学家全力以赴的修养目标。他们所谓"天理",无非是封建宗法制度所允许的行为准则,内容不出"三纲"、"五常"这些儒教教条。儒教追求的精神境界更偏重于封建道德修养,巩固宗法制度。儒教的孝道除了伦理意义外,还有宗教性质

（见《孝经》）。儒教没有入教的仪式，没有精确的教徒数目，但在中国社会的各阶层都有大量信徒。儒教的信奉者决不限于读书识字的文化人，不识字的渔人、樵夫、农民都逃不脱儒教的无形控制。专横的族权，高压的夫权，普遍存在的家长统治，简直象毒雾一样，弥漫于每一个家庭，每一个社会角落。它像天罗地网，使人无法摆脱。

宋明理学所普遍关心并反复辨明的几个中心问题有"定性"问题、"义理之性"与"气质之性"的问题、"孔颜乐处"问题、"主敬"与"主静"问题、"存天理去人欲"问题、"理一分殊"问题、"致良知"问题，等等。这些问题虽以哲学的面貌出现，却具有中世纪经院神学的实质和修养方法。看起来问题虽多，最后都要归结到"存天理，去人欲"这个中心题目上来。

宋明理学各家各派，不论是政治上进步的、保守的、唯心的、唯物的，都在围绕一个中心问题阐述自己的观点：如何正确处理（对待）"天理"与"人欲"的关系，它不是一个哲学问题而是一个神学问题，即如何拯救灵魂，消灭"罪恶"，进入"天国"（理想的精神境界）的问题。中国哲学史涉及社会伦理思想的特别多，而涉及自然的比较少，这也是被中世纪封建社会的特点所决定的。欧洲中世纪的哲学是神学的奴婢，它的注意力也不在认识自然界而在拯救人类的灵魂。恩格斯指出，特别在近代才突出思维与存在、精神与物质的关系问题①，古代不是这样，那时人是靠天吃饭，是自然的奴隶，也就没有能力摆脱神学的束缚。西方中世纪神学的中心观念是"原罪"，中国中世纪神学的中心观念是"存天理，去人欲"。这不是谁抄袭谁的，而是封建社会的共性决定了的。只要是中世纪封建社会，必讲天理人欲之辩。只是欧洲有欧洲的讲法，印度有印度

① 全部哲学，特别是近代哲学的重大的基本问题，是思维和存在的关系问题（《马克思恩格斯选集》，第4卷，第219页）。

的讲法,中国有中国的讲法。

在资本主义出世以前,人们都受神的统治,神学笼罩一切。因为中外中世纪的经济是封建经济、小生产的自然经济,靠天吃饭。物质生产要靠天,精神上就不能不靠天。人们不能摆脱宗教这个异己的力量。统治者则充分利用牧师这一职能来维持其统治。由于这个原因,封建社会里的唯物主义阵营在实力上无法与唯心主义阵营旗鼓相当,唯物主义者总不能摆脱宗教和唯心主义的巨大影响。欧洲中世纪宗教和教会具有垄断一切的势力,曾经发生过的唯名论与唯实论的争论,唯名论属于唯物主义阵营,但要披上宗教的外衣。后来十八世纪法国唯物主义者则是踢开上帝,抛开神学的外衣,大讲无神论。像斯宾诺莎实质是唯物主义者,还保留着"神"这个外壳。中国哲学史上提出唯物主义观点的思想家,如宋代的陈亮、明代的王廷相、清代的王夫之、颜元、戴震等人都在不同的领域对儒教的某一方面的问题有所抨击①。与正统的儒教——程朱陆王的理学在哲学路线上相对立,但他们都抛不开孔子,摆脱不了六经,他们都自称得到孔子的正统真传,假借孔子、孟子的衣冠来扮演革新儒教的角色。他们对孔子这位教主则不敢怀疑。明代的李贽曾提出过"不以孔子之是非为是非",这是他敢于突破藩篱的地方,他怀疑的限度只限于孔子的个别结论,而不是怀疑孔子这个教主,更不是要打倒孔子。他竭力抨击那些口诵圣人之言、败坏封建纲常的假道学假圣人之徒,他提倡忠孝仁义,维持封建宗法制,他是爱护这个制度的孤臣孽子。李贽对佛教五体投地,他是儒教异端,而不是反封建的英雄。

宋明理学体系的建立,也就是中国的儒学造神运动的完成,它

---

① 他们给"人欲"以合法的地位,主张唯物论,反对唯心论,这都不符合儒教的原则。

中间经过了漫长的过程。儒教的教主是孔子,其教义和崇奉的对象为"天地君亲师",其经典为儒家六经,教派及传法世系即儒家的道统论,有所谓十六字真传①。儒教虽然缺少一般宗教的外在特征,却具有宗教的一切本质属性。僧侣主义、禁欲主义、"原罪"观念、蒙昧主义、偶像崇拜,注重心内反省的宗教修养方法,敌视科学、轻视生产,这些中世纪经院哲学所具备的落后宗教内容,儒教应有尽有。

佛教禅宗曾把僧侣变成俗人,以求得与中国的封建宗法制度配合;儒教则把俗人变成僧侣,进一步把宗教社会化,使宗教生活、僧侣主义渗透到每一个家庭。有人认为中国不同于欧洲,没有专横独断的宗教;我们应当看到中国有自己的独特的宗教,它的宗教势力表面上比欧洲松散,而它的宗教势力影响的深度和广度、控制群众的牢固性更甚于欧洲中世纪的教会。欧洲中世纪设有异教裁判所,中国的儒教对待叛道者使用的教条教规也是十分严酷的。凡是触犯了封建宗法规范,被认定为大逆不道、逆伦灭理的,可以在祠堂里当众处置,直到死刑。更重要的一个手段是"以理杀人"。被儒教残害的群众,连一点呻吟的权利也被剥夺干净,丝毫同情、怜悯也得不到。千百年来,千千万万男男女女无声无息地被儒教的"天理"判了死刑。儒教"视人之饥寒号呼、男女哀怨,以至垂死冀生,无非人欲"(戴震:《孟子字义疏证》),必尽除之而后快。真是"杀人如草不闻声",精神的镣铐比物质的镣铐不知道严酷多少倍。

董仲舒对孔子的改造,已经使孔子的面目不同于春秋时期的孔丘。汉代中国封建社会正在上升时期,统一的封建王朝继秦朝以后,富有生命力,配合当时的政治要求而形成的儒教虽有其保守

---

① 人心惟危,道心惟微,惟精惟一,允执厥中(《尚书·虞书》)。

的一方面,但它有积极因素。宋明以后,中国的封建社会已进入后期,出现的资本主义萌芽都不幸没有得到正常发展的机会。宋明封建王朝的统治者推动儒教的发展,朱熹对孔子的改造,与孔子本人的思想面貌相去更远。如果说汉代第一次对孔子的改造,其积极作用大于消极作用,那末宋代第二次对孔子的改造,其消极作用则是主要的。

儒教限制了新思想的萌芽,限制了中国的生产技术、科学发明。明代(十六世纪)以后,中国科技成就在世界行列中开始从先进趋于落后。造成这种落后,主要原因在于封建的生产关系日趋腐朽,使社会经济停滞不前,中国的资本主义没有得到发展的机会,而儒教体系对人们探索精神的窒息,也使得科学的步伐迟滞。上层建筑对它的基础决不是漠不关心的,它要积极维护其基础。中国封建社会特别顽固,儒教的作梗应当是原因之一。

自从五四运动开始提出"打倒孔家店"的口号,当时进步的革新派指出孔子是中国保守势力的精神支柱,必须"打倒孔家店",中国才能得救。当时人们还不懂得历史地看待历史事件和历史人物,不善于用发展变化的眼光看待事物,因而把春秋时期从事政治活动和教育文化事业的孔子和汉以后历经宋元明清封建统治者捧为教主的孔子混为一谈。孔子只能对他自己的行动承担他的历史功过,孔子无法对后世塑造的儒教教主的偶像负责。作为一个教育家、政治思想家、先秦儒家流派的创始人,我们应当给以全面的恰当的评价,历史事实不容抹掉,而且也是抹不掉的。孔子这个人在历史上的功过,现在学术界还没有一致的意见,这是一个学术争论的问题,不可能短期取得一致的意见。儒教的建立标志着儒家的消亡,这是两笔账,不能混在一起。说孔子必须打倒,这是不对的;如果说儒教应当废除,这是应该的,它已成为阻碍我国现代化的极大思想障碍。

有人认为中国历史上不曾出现过像欧洲中世纪那样的政教合一的黑暗统治时期，是得力于孔子的儒家学说。儒家起了抵制宗教的作用，儒家不迷信，所以抵制了神学的统治。

中国没有出现欧洲中世纪那样的基督教，这是中国社会的特点所决定的；说中国有了儒家从而避免了一场宗教神权统治的灾难，是不对的。因为儒教本身就是宗教，它给中国历史带来了具有中国封建宗法社会的特点的宗教神权统治的灾难。

宗教、迷信、神权是人类历史上不可避免的现象，迄今还没有发现过有哪一个民族、国家有过对宗教的免疫能力。不过在不同国家和不同地区，宗教具有不同的表现形式罢了。中国儒教顽强地控制着中国，它与中国封建社会相始终，甚至封建社会终结，它的幽灵还在游荡。

还应当看到宗教有它的形式和内容。形式上可以有信奉的偶像不同、教义教规的不同，但寻求彼岸世界的宗教世界观是一切宗教的共同的特点。教权与王权的关系，西方与东方形式上有所差异，西方是教权高于王权，中国除从前西藏地区外，则是王权高于教权。但王权与教权的紧密配合，及其禁锢人们的思想的程度，东方与西方没有两样。

有人认为中华民族屹立于世界民族之林，经历了多少次风雨，儒家提倡的气节，起了重要作用。所以历史上出现了临危不惧、见义勇为的英雄人物。当民族面临危机严重的关头，我国出现过不少英雄，他们是民族的脊梁。应看到，临危不惧、以身殉其理想，历史上屡见不鲜，如墨子的门徒们为维护墨家的利益、理想，赴汤蹈火，死不旋踵；田横有五百壮士同日自杀以殉齐国；董狐秉笔直书，视死如归。他们都不是孔子或儒家的信徒。还有一些为宗教狂热的驱使到西方取经的佛教徒，也能不避死亡，策杖孤征。可见把曾子所说的"可以托六尺之孤，可以寄百里之命，临大节而不可夺"的坚强品德记在孔子或儒家名下,是不符合事实的。像曾子所标榜的这个要求,儒家创始人孔子就没有做到。孔子周游列国,遭到蒲人的围困,孔子对天发了假誓,作了假保证,才逃脱包围。一旦脱离险区,发的誓就不算数了,还自己解嘲说"要盟不信"①。孔子还看不起那些"言必信,行必果"②的人们,他在气节这一点上偏偏表现得不好。一个民族,不论大小,都有它的长处。世界大门已经敞开,可不能再抱着"河东白豕"那种自我欣赏、自我锢蔽的态度。欧洲人的书里也曾讲由于有了基督教的好传统,使他们保持了宽容、忍让、慈爱为怀的高尚情操。事实果真如此么?我们中华民族早就有过深刻体会——当年大炮、军舰、圣经、鸦片同时莅临,这就是他们所宣扬的高尚情操。所谓宽容、忍让的美德是有的,它出自劳动人民,而不是圣经的教训的结果。

有人认为儒家有爱国主义的好传统,儒家保存了中华民族的文化,形成一种团结的向心力。

爱国主义,不是抽象的名词,它有实际的内容。春秋战国时期诸侯国林立。许多学有专长的人,有政治抱负的人,到处游说,想依靠一个国家的国君支持他们的主张,推行他们的政治理想。孔子就是其中的一个。孔子离开了他的祖国鲁国,到处游说,他到过齐国、卫国、楚国等大国。哪一个国君用他,他就在哪个国家当官。后来孔子的弟子们、诸子百家的领袖们都是这样做的。当时没有人议论他们背离祖国,或不爱国。战国末期,李斯的《谏逐客书》不但没有想到要好好为祖国效力,而是举出种种理由,规劝外国君主重用有才学的外国人,而不必管他们来自哪个国家。当时各民族之间经济、文化、婚姻的联系频繁,视为当然,诸侯贵族曾与邻近的

---

① 要盟也,神不听(《孔子世家》)。

② 《论语·子路》:"言必信,行必果,硁硁然,小人哉。"

少数民族通婚①,春秋战国时期,民族之间、国与国之间的关系是正常的,开放的,不是封闭的。

到了秦汉以后,中国创立了多民族的统一的宗法封建专制主义的大一统的国家。这时的国内各民族关系也是平等和睦的。只是来自北方游牧地区,尚处在奴隶制前期的匈奴部落对农业地区经常掠夺,把早已进入封建社会的内地居民掠为奴隶,这就遭到进入封建社会的全体人民的反抗。掠夺与反掠夺的斗争,加深了民族的界限。长期的战争和经济交流(战争也是一种代价很高的文化交流),使多民族的封建大一统国家在安定的政治局面下不断得到发展。隋唐皇室就不是纯汉族。唐代任用朝廷和地方官吏,对蕃汉各族一视同仁,这对于封建的发展繁荣起着促进作用。民族融合,和平相处,这是历史发展的主流。

但也应当看到,由于地理形势的远隔,我国与东南海外的往来关系远不如西北陆上的密切。我国历史上不断地一批一批地把西北民族从部落社会、奴隶制社会带进了封建制社会,同时又不断接触一些新的部落民族。长期以来,形成了汉族的自大优越感,以"天朝"自居。宋以后,历代统治者致力于控制内部、防止造反,再加上儒教的长期灌输,从而形成一种极不健康的民族思想意识。对外来的东西,又怕又恨,产生一种儒教变态心理②。

———————

① 《史记·晋世家》:晋献公娶狄女、娶骊姬,晋文公娶季隗。

② 宋的文艺,现在似的国粹气味就熏人。然而辽金元陆续进来了,这消息很耐寻味。汉唐虽然也有边患,但魄力究竟雄大,人民具有不至于为异族奴隶的自信心,或者竟毫未想到,凡取用外来事物的时候,就如将彼俘来一样,自由驱使,绝不介怀。一到衰弊陵夷之际,神经可就衰弱过敏了,每遇外国东西,便觉得仿佛彼来俘我一样,推拒、惶恐、退缩、逃避,抖成一团,又必想一篇道理来掩饰,而国粹遂成为屠王屠奴的宝贝(《看镜有感》,《鲁迅全集》第1卷,第300—301页)。

有人认为有了以儒教为中心的文化共同体，团结了中华民族。华侨中多半相信儒家思想，他们的爱国主义精神，多得力于儒家的传统。

这是用思想去说明社会历史，而不是用社会历史去说明思想，而且这个说明也是不正确的。华人海外谋生，很不容易，他们多半是冒着生命危险去的。明清以前出国谋生的华侨得不到政府的支持和保护，近代中国又处在半殖民地的地位，政府无力保护，在海外受尽了凌辱和种族歧视。华侨如不团结，不互相帮助，就难以生存，更不用说发展了。华侨渴望祖国繁荣、昌盛，他们的处境决定了他们热爱祖国的思想感情。

中国是一个封建宗法制度占统治地位的国家，华侨离乡背井，往往依靠封建宗法关系、同乡邻里关系、行会关系。以这些关系为纽带，加上语言、习惯、经济的联系，自然结成了自己的相互依存的共同体。他们可能把"天地君亲师"的神位一齐带出国，但团结他们的主要力量是现实的生活而不是什么儒教的遗泽。多少世纪以来，世界上失去祖国的犹太人，顽强地生存着，他们都不信儒教。流浪的吉卜赛人，也顽强地生活着，他们也不知道什么是儒教。

有人说，儒教集中体现了中华民族优秀的文化传统，它培育了许多"取义"、"成仁"、可歌可泣的民族英雄。不错，中华民族是有优秀的传统，在它的历史上也涌现出许许多多伟大的民族英雄，但不能把功劳记在儒家或儒教的账上。中华民族的优秀文化传统和自强精神是在同民族压迫和阶级压迫的斗争中，在同自然界的斗争中形成的，主要是指反抗精神、牺牲精神、科学精神和民主精神。这些优良传统首先体现在广大劳动人民身上，也体现在代表人民利益的一些先进的人物身上。历来反抗黑暗的专制统治、反抗暴政、反抗民族压迫，最终把封建制度推翻的并不是正统的儒家人物，而是农民的革命力量。创造了中国灿烂的古代文明，在农业、手工业和建筑、绘画、雕塑等方面创造出高度的技艺和举世闻名的伟大作品的作者们甚至连名字也没有留下,他们是农民、手工工人和各种巧匠艺师,却不是儒教信徒。否定天命鬼神,高举无神论和唯物论旗帜的并不是儒教正统学者,而是敢于冲破儒教传统的先进人物。宋元及明清优秀的文学作品,其指导思想多半是发不平之鸣、离经叛道之作。近百年来,在民族危亡、社会昏暗的时刻,从伟大的太平天国运动、辛亥革命,直到五四运动,这些斗争唤醒了沉睡的中国,为在中国共产党领导下使中国重立于世界各国之林开辟了道路。这些伟大的运动,一个重要的斗争目标,就是反封建制度,反儒教思想。

宋明以后的儒教,提倡忠君孝亲、尊孔读经、复古守旧,都是文化遗产中的糟粕,是民族的精神赘疣。像岳飞这个民族英雄,由于儒教灌输给他的忠君思想,使他违背了民族利益,放弃已经到手的胜利,自己冤死,国家受难。文天祥在《正气歌》里说的"成仁""取义"的名句,虽出自儒教圣训,但推动他行动的根本动力,还是他面临的民族压迫的现实。我们同样应当指出,外来侵略者也提倡儒教,内部的投降派也提倡儒教。抗战时期日本帝国主义者也修过孔庙,大小维持会的头目,多为儒教信徒,而抗日根据地的军民群众并没有靠"成仁"、"取义"的口号来作为抗战的动力的。

中国文化确实有好传统,像奋发有为、刚毅顽强、吃苦耐劳、不畏强暴,这都是劳动人民的优秀品质。这些优秀品质并非来自儒教,甚至是反儒教的产物。如果我们的广大群众和海外侨胞都照儒教的规范行事,那就要脱离生产,轻视劳动,"畏天命,畏大人,畏圣人之言",他们神龛里供奉着"天地君亲师"的神位,虔诚礼拜,终日静坐,"如泥塑人",天天在"存天理,去人欲",将是什么样的精神面貌,又怎能立足于世界呢?

总之,历史事实已经告诉人们,儒教带给我们的是灾难、是桎梏、是毒瘤，而不是什么优良传统。它是封建宗法专制主义的精神支柱，它是使中国人民长期愚昧落后、思想僵化的总根源。有了儒教的地位，就没有现代化的地位。为了中华民族的生存，就要让儒教早日消亡。我们只能沿着"五四"时代早已提出的科学与民主的道路，向更高的目标、社会主义前进，更不能退回到"五四"以前老路上去。倒退是没有出路的。

（原载《中国社会科学》1980 年第 1 期）

任继愈（1916—　　　　），山东平原人。1941 年毕业于西南联大北京大学研究院文学研究所。曾任教于北京大学、中国社会科学院研究生院并担任中国社科院世界宗教研究所所长、中国宗教学会会长、中国哲学史学会会长和北京图书馆馆长等职。主要著作有《汉唐佛教思想论集》、《中国哲学史论》等，并主编《中国哲学史》、《中国哲学发展史》、《中国佛教史》等。

本文论述了儒家逐渐演化为儒教的过程。作者认为，先秦儒学经过汉代和宋代两次大的改造，逐渐演变为宗教（儒教）。儒、释、道三教合一的宋明理学的建立，标志着中国儒教的完成。中国中世纪独霸的支配力量即是"不具宗教之名而有宗教之实的儒教"。儒教虽然缺乏一般宗教的外在特征，却具有宗教的一切本质属性。儒教对中国社会具有极大的消极影响。作者的观点引发了大陆学界对于儒学宗教性问题的激烈争鸣。

论宋明理学的基本性质

张岱年

一 道学 理学 心学

北宋中期，周敦颐、张载、程颢、程颐，对于宇宙人生的根本问题，进行了比较深入的探讨，著书立说，各自提出了比较完整的哲学体系。他们宣扬所谓"圣人之道"，标榜所谓"圣人之学"，有时以道、学二字并举。后来，他们的学说被称为"道学"，亦称为"理学"。

程颐在所作《明道先生墓表》中说："先生名颢，……周公没，圣人之道不行；孟轲死，圣人之学不传。道不行，百世无善治；学不传，千载无真儒。……先生生于四百年之后，得不传之学于遗经，将以斯道觉斯民。"(《伊川文集》卷七)这里，以"道"与"学"分开来说。他在《上孙叔曼侍郎书》中又说："家兄学术才行，为世所重。……其功业不得施于时，道学不及传之书。"(同上书，卷五)这里以道、学二字连用，事实上道学是指道与学，还不是称其兄程颢之学为道学。

南宋初年，朱熹编定《河南程氏遗书》，在所写序文中说："夫以二先生唱明道学于孔孟既没千载不传之后，可谓盛矣。"这里也以道、学二字并举。后来反对朱熹的人就以标榜"道学"为朱熹的一个罪状，于是道、学二字就成为一个学派的名称了。

《宋史》设立"道学传"，将周、程、张、朱列入"道学传"中。周、程、张、朱,被认为是道学的代表人物。

与朱熹同时讲学而见解有所不同的陆九渊,没有列入"道学传"中。事实上,陆九渊也是继承、发挥程氏学说的,也应属于道学。后来到了明代,王守仁又发展了陆氏学说,他标榜"心学"。陆王之说区别于程朱之说,可称为心学。程朱学说虽也讲心,但所讲与陆氏心学不同,亦可专称为"理学"。

一般认为,周、程、张、朱是程朱学派的代表人物。周敦颐是二程的启蒙教师,他的学说是二程的先导。张载与二程同时讲学,他的学说与二程学说有同有异。张载讲学关中,称为关学;二程讲学洛阳,称为洛学。张载以"气"为最高范畴,二程以"理"为最高范畴,其间还是有重要区别的。朱熹宗述二程,也采纳了张载的一些思想。他把关学看作洛学的附庸,这是不符合实际情况的。

应该承认,所谓"道学",实际包括三个流派:一是张载的"气"一元论,后来到明代的王廷相才得到进一步的发展。二是程颐、朱熹的"理"一元论,后来成为南宋中期至清代中期的官方哲学。三是陆九渊的"心"一元论,到明代的王守仁得到了充分的发展。

理学有广狭二义。广义的理学包括"气"一元论、"理"一元论、"心"一元论三派。狭义的理学专指程朱学说。

理学是宋、明时代占统治地位的思想,在历史上曾发生广泛的影响。

二　理学的主要特点

理学虽然分为三派,但也有一些共同的特点。这些特点主要有三:

(1)理学为先秦儒家孔丘、孟轲的伦理道德学说提拱了本体论的基础。

(2)理学把封建地主阶级的道德原则看作永恒的绝对的最高原则,这样来为封建等级秩序提供理论辩护。

(3)理学认为在现实生活中提高一定觉悟即可达到崇高的精神境界,而不需要承认灵魂不死,不需要承认有意志的上帝。

周、张、二程比较深入地研讨了本体论的问题,他们的本体论是和孔孟的伦理道德学说密切地联系在一起的。

理学家把孟子所讲"仁义礼智"四德和"父子有亲,君臣有义,长幼有序,夫妇有别,朋友有信"五伦看作天经地义,并加以较详的论证,实际上是为封建社会的等级秩序大唱赞歌。

理学强调在"人伦日用"中体现"至理",在平时"履践"中"尽性至命"。所谓"日用"即日常生活,所谓"履践"即实际活动。所谓"尽性至命"即实现最高理想。理学不信仰有意志的上帝,不肯定有不灭的灵魂,反对"三世轮回"之说,主张在现实生活中达到崇高的精神境界。

这三个特点是统一的,是不可分割的。

我们可以从张载、程颐的自述中看一看他们的学术的独特风格。

张载讲述自己的学术宗旨说:"为天地立心,为生民立道,为去圣继绝学,为万世开太平。"(《语录》)这里"为天地立心"是说:天地本来无心,人在天地之间生存,人对于天地的认识,也可以说就是天地的自我认识,人对于天地有深刻的理解即是为天地立心。"为生民立道"是说为人民建立生活的最高原则。"为去圣继绝学"是说要继承发扬先秦儒家孔孟的学说。"为万世开太平"是说寻求一个长治久安的方案。

这四句的主要意义即是要求把对于自然界的了解与关于人类生活的理想密切结合起来。

程颐在所作《明道先生行状》中叙述其兄程颢的学术宗旨说:

"明于庶物,察于人伦,知尽性至命必本于孝弟,穷神知化由通于礼乐;辨异端似是之非,开百代未明之惑。……其言曰:道之不明,异端害之也,昔之害近而易知,今之害深而难辨;昔之惑人也乘其迷暗,今之入人也因其高明,自谓之穷神知化,而不足以开物成务;言为无不周遍,实则外于伦理;穷深极微,而不可以入尧舜之道"。这是理学宗旨的最深切扼要的说明。这就是说:程颢的学说着重"尽性至命"与"孝弟"的统一,着重"穷神知化"与"礼乐"的统一,要求把"穷神知化"与"开物成物"结合起来,把普遍的原理与人伦德行结合起来。也就是说,要对于宇宙"神化"有深刻的认识,而在现实生活把这种认识体现出来。程颐的这些话,固然是叙述其兄的学术宗旨,实际上也是讲明自己的学术宗旨。

程颐所说"自谓之穷神知化,而不足以开物成务,言为无不周遍,实则外于伦理,穷深极微,而不可以入尧舜之道",是对于佛教的批判。这也是表明,佛教是出世的宗教,而理学则反对出世,要求既能"穷神知化"、"穷深极微",也能"开物成务"、实行"伦理"。

宋明理学接受了佛、老的一些影响,这是事实。理学家在建立本体论之时,参照了佛、老的学说,有所择取,有所批判。在历史上,不同学派,交光互影,这是思想发展的规律,无足怪者。但理学的中心思想确实来自先秦儒家,这更是必须承认的。

吕大临《横渠先生行状》说:"上书谒范文正公,公知其远器,……劝读《中庸》,先生读其书,虽爱之,犹未以为足也,于是又访诸释老之书,累年尽究其说,知无所得,反而求之六经。"程颐《明道先生行状》说:"慨然有求道之志,未知其要,泛滥于诸家,出入于老释者几十年,返求诸六经而后得之。"张、程研究过老释之书,但是他们最终离开了佛老,归本于孔孟的学说。张载在《正蒙》中批判了道家"有生于无"之说,更批判了佛教"以山河大地为见病"之说,他的学说基本上是老释的对立面。程颐讲儒佛的区别说:"天有是理，圣人循而行之，所谓道也。圣人本天，释氏本心。"(《遗书》卷二十一下)程氏学说与佛学的区别，也是显然的。

历来佞佛之士，大都贬抑理学，以为理学家著书立说，窃取了佛教的许多论点。例如金朝的李纯甫曾说："伊川诸儒，虽号深明性理，发扬六经圣人心学，然皆窃吾佛书者也。"(《宋元学案》卷一百《屏山鸣道集说略》引)事实上，这是李纯甫的主观偏见，是佛徒对于理学的诽谤。

又如晚清学者沈善登说："心性之学，莫精邃于佛书，宋儒千言万语，或录全文，或括大旨，皆本于此。"(见沈著《报恩论》)沈氏举出"事理对举，无为善恶对举，心要内外两忘，心有全体大用及体用一原，显欲无间"诸说为证。事实上，理学家所谓"事理"与佛教华严宗所谓"事理"根本不是一个意义，而事理二字连用已见于先秦书中；"无为善恶"、"内外两忘"，源出老庄；"体用"之说，亦非佛教专用语；"显微"语本《中庸》。沈氏未尝深考，说是都本于佛书，恐难免"浅见寡闻"之讥。

沈善登又说："宋儒恶佛教之胜己，尤不信因果三生之理，遂并鬼神而疑之，创为一气屈申之说，谓死则还之太虚，殊不可通。"(《经正民兴说》)这还是不得不承认，宋儒理学与佛教之间，确实有重要的区别。宋儒不信来世，不信鬼神，表现了无神论的倾向，至少在这一方面，理学包含了一些真理。

总之，理学基本上是先秦儒家孔孟学说的进一步发展，虽然探讨了佛老所提出的一些问题，吸取了佛老的一些思想观点，而其基本倾向是与先秦儒家一致的。

三　理学是哲学而非宗教

理学与佛教之间，还有一个最重要的区别，就是：佛教是宗教，而理学只是哲学,不是宗教。

理学不信仰有意志的上帝,不信灵魂不死,不信三世报应,没有宗教仪式,更不作祈祷,所以理学不是宗教。

道家与道教也有区别。道教是宗教,但先秦道家老庄学说是哲学而不是宗教。道教尊崇老子为教主,但是不能因为道教以老子为教主就认为老子学说也是宗教。

理学家中,张载学说基本上是唯物主义,程朱学说是客观唯心主义,陆王学说是主观唯心主义。哲学唯心主义与宗教有联系,也有区别。不承认哲学唯心主义与宗教的联系,是不对的;不承认哲学唯心主义与宗教的区别,也是不对的。

张载猛烈抨击佛教的迷信,他说:"浮图明鬼,谓有识之死、受生循环,遂厌苦求免,可谓知鬼乎? 以人生为妄,可谓知人乎?……今浮图极论要归,必谓死生流转,非得道不免,谓之悟道可乎?"(《正蒙·乾称》)张氏是坚决反对"死生流转"的轮回之说的。

程颢也批判佛教说:"佛学只是以生死恐动人,可怪二千年来,无一人觉此,是被他恐动也。圣贤以生死为本分事,无可惧,故不论死生。佛之学,为怕死生,故只管说不休。下俗之人固多惧,易以利动。至如禅学者,虽自曰异此,然要之只是此个意见。"(《遗书》卷一)佛教以生死问题为出发点,儒家根本不重视生死问题。这是儒、佛的一个根本区别,也是宗教与非宗教的一个根本区别。如果把不重视生死问题、不讲来世彼岸的理学也看做宗教,那就混淆了宗教与非宗教的界线了。

程颐也谈到所谓上帝,《遗书》记载:"曰:天与上帝之说如何? 曰:以形体言之谓之天,以主宰言之谓之帝,以功用言之谓之鬼神,以妙用言之谓之神,以性情言之谓之乾。"(卷二十二上)又说:"又问天道如何? 曰:只是理,理便是天道也。且如说皇天震怒,终不是有人在上震怒? 只是理如此。"(同上)这是从理一元论的观点给予传统所谓天或帝以及鬼神以新的解释。所谓天，所谓帝，只是理而已。这个帝是没有意识，没有意志的，并不是人格神。

自南北朝隋唐以来，有儒道释三教之说。其所谓教，泛指学说教训而言。《中庸》云："天命之谓性，率性之谓道，修道之谓教。"儒教之教，即"修道之谓教"之教。儒教即是儒学，并非一种宗教。

理学吸取了道教和佛教的一些修养方法，如周敦颐讲"主静无欲"，二程经常静坐，这是理学家的一个严重缺点。虽然如此，周、程的学术宗旨，基本倾向还是与佛教、道教大不相同的。我们不能因为理学家采取了佛教、道教的一些修养方法便认为理学也是宗教。

四　理学与宋明封建制度

宋明理学，实际上是为宋明时代的封建等级秩序提供理论根据，为宋明封建制度进行哲学的论证。

张载以为气是天地万物的本原，而气的聚散变化表现为理。他说："天地之气，虽聚散、攻取百涂，然其为理也顺而不妄。"（《正蒙·太和》）气凝聚而成万物，万物有一定的秩序。他又说："生有先后，所以为天序；小大高下，相并而相形焉，是谓天秩。天之生物也有序，物之既形也有秩。知序然后经正，知秩然后礼行。"（《正蒙·动物》）天秩、天序是自然的秩序，自然秩序是礼的根据。张载从宇宙论的高度来论证封建礼制的必要性。

程颢、程颐以理为天地万物的本原，而强调所谓理即是父子关系、君臣关系的原则。程颢说："父子君臣，天下之定理，无所逃于天地之间。""为君尽君道，为臣尽臣道，过此则无理"（《遗书》卷五）。程颐论上下尊卑的关系说："天而在上，泽而处下，上下之分，尊卑之义，理之当也，礼之本也。……夫上下之分明，然后民志有定。民志定，然后可以言治；民志不定，天下不可得而治也。"（《程氏易传》履卦)二程从宇宙论的高度来为封建等级秩序进行辩护。后来朱熹更发挥了二程的这些观点,宣称君臣上下的等级秩序是理所当然。

理学是反映封建时代等级秩序的哲学,起了加强封建等级制度的作用。

但是理学家并不赞成绝对君权,不赞成君主个人专断。程颐说:"古之圣人,居天下之尊,明足以照,刚足以决,势足以专,然而未尝不尽天下之议,虽刍荛之微必取,乃其所以为圣也,履帝位而光明者也。若自任刚明,决行不顾,虽使得正,亦危道也,可固守乎?有刚明之才,苟专自任,犹为危道,况刚明不足者乎?"(《程氏易传》履卦)程颐反对君主专断自任,更反对以顺上为忠,他说:"弗损,益之:不自损其刚贞,则能益其上,乃益之也。若失其刚贞而用柔说,适足以损之而已,非损己而益上也。世之愚者,有虽无邪心,而唯知竭力顺上为忠者,盖不知弗损益之之义也。"(《程氏易传》损卦)程颐主张人臣应保持"刚贞"的态度,坚持原则,这样才有益于国家的统治。程颐是不同意绝对君权的。《程氏遗书》记载:"先生旧在讲筵,说《论语》南容三复《白圭》处,内臣贴却容字,因问之,内臣云:是上旧名。先生讲罢,因说:适来臣讲书,见内臣贴却容字。夫人主处天下之尊,居亿兆之上,只嫌怕人尊奉过当,便生骄心,皆是左右近习之人养成之也。"(《遗书》卷十九)程颐反对过分的尊君,这在当时是有进步意义的。理学是统治阶级根本利益的反映,反对过分尊崇君主,是为了维护统治阶级的长久利益。

在政治思想上,程颐主张开发民智,反对愚民政策,他说:"民可明也,不可愚也;民可教也,不可威也;民可顺也,不可强也;民可使也,不可欺也。"(《遗书》卷二十五)程颐强调学者有启迪民智的责任,他说:"君子之学也,使先知觉后知,使先觉觉后觉,而老子以为非以明民,将以愚之,其亦自贼其性矣?"(同上)区分先觉后觉,在当时历史条件下是不可避免的。反对愚民，发扬明民，这还是进步的。

程颐强调，研究学问是知识分子应尽的义务。他说："今农夫祁寒暑雨，深耕易耨，播种五谷，吾得而食之；今百工技艺，作为器用，吾得而用之；甲胄之士，披坚执锐，以守土宇，吾得而安之。却如此闲过了日月，即是天地间一蠹也。功泽又不及民，别事又做不得，惟有补缉圣人遗书，庶几有补尔。"（《遗书》卷十七）"士之于学也，犹农夫之耕。农夫不耕，则无所食，无所食则不得生。士之于学也，其可一日舍哉"（《遗书》卷十八）？在封建时代，程颐能以士的生活与农夫、百工和兵士的生活相对照，指出如果"闲过了日月"，便成为"天地间一蠹"，这是难能可贵的。他强调研究学术、从事著述是士的义务。程颐是一个思想家，也是一个著作家，也是一个教育家，他的学术著作与教育事业在中国文化史上是有贡献的。

理学虽然是为封建制度提供理论根据的哲学，但也包含了一些进步的观点。

五　理学与反理学思想的对立

理学是宋明哲学的主要潮流。但宋明时代在理学之外，还有反理学或非道学的思想。

北宋时代有王安石的"新学"与苏轼、苏辙的"蜀学"，都是与理学不同的。南宋时代，有陈亮、叶适重视事功的学说。北方金国还有尊崇佛教的李纯甫，更是猛烈反对理学的。

理学家中，既有唯物主义者，也有唯心主义者。反理学的思想家中，也是既有唯物主义者，又有唯心主义者。王安石曾经阐扬了一些唯物主义观点，陈亮、叶适都反对唯心主义。苏轼、苏辙则是赞扬唯心主义的。至于李纯甫，更是佛教唯心主义的信仰者了。

　　王安石讲学,比张载、二程早几年,他的学风与张、程不同。王安石的学说,号为新学。程颐尝说:"杨时于新学极精,今日一有所问,能尽知其短而持之。"(《遗书》卷二上)杨时是二程弟子中攻击新学最力的人物。当时洛学反对新学的斗争是很激烈的。王安石是一个积极有为的政治家,但没有提出完整的哲学体系来。

　　二苏的思想融会儒、道、释三家,不批判佛老。北宋元祐年间,有洛蜀之争,洛学与蜀学的理论分歧也是很明显的。二苏主要是文学家,在哲学上影响不大。

　　南宋陈亮、叶适发表了许多反对理学的言论。陈亮说:"二十年之间,道德性命之说一兴,迭相唱和,不知其所从来。……以圣人之道为尽在我,以天下之事无所不能,能麾其后生以自为高而本无有者,使惟己之问,而后欲尽天下之说一取而教之,顽然以人师自命。"(《送王仲德序》)又说:"自道德性命之说一兴,而寻常烂熟无所能解之人自托于其间,以端悫静深为体,以徐行缓语为用,务为不可穷测以盖其所无,一艺一能皆以为不足自通于圣人之道也。于是天下之士始丧其所有,而不知适从矣。为士者耻言文章行义而曰尽心知性,居官者耻言政事书判而曰学道爱人,相蒙相欺以尽废天下之实,则亦终于百事不理而已。"(《送吴允成运干序》)这就是说,理学家专门研讨"道德性命"的问题,不注意实际事务,没有解决实际问题的能力。陈氏对于当时理学学风的批评有切当之处,但也不尽合于事实。当时朱、陆两家并不"耻言文章行义",更非"耻言政事书判",只是特别重视"尽心知性"、"学道爱人"而已。所谓"相蒙相欺以尽废天下之实,则亦终于百事不理而已",更是过甚其词,危言耸听,与当时理学家的言行是不相符合的。

　　叶适评论周、张、二程的学说云:"本朝承平时,禅说尤炽,儒释共驾,异端会同。其间豪杰之士,有欲修明吾说以胜之者,而周张二程出焉,自谓出入于佛老甚久,已而曰:'吾道固有之矣'……于子思孟子之新说奇论,皆特发明之,大抵欲抑浮屠之锋锐,而示吾所有之道若此。……岂非以病为药,而与寇盗设邪郭助之捍御乎?"(《习学记言》卷四十九)他还说:"佛之学入中原,其始因为异教而已,久而遂与圣人之道相乱。有志者常欲致精索微以胜之,卒不能有所别异。"(《李氏中洲记》,《水心集》卷九)这就是说,对于佛教,不必进行辩论,张、程宗述子思、孟子,批判佛教,只是以病为药;研讨精微的问题,与佛教辩论,其结果将不可能与佛教划清界限。叶氏认为张、程之学不能与佛教"有所别异",这只能说明他不能理解张、程之学与佛教的别异,并不能说明张、程之学与佛教没有别异。叶氏不但反对张、程之学,对于《周易系辞》、子思、孟子关于"性与天道"的学说,也一概反对。此外,叶氏也反对荀子的学术。叶适在政治上是进步的,在学术上却是一个哲学无用论者,他表现了轻视理论研究的狭隘态度。

陈、叶批评朱、陆所讲的义利之辨,这有一定的进步性,但他们在哲学理论上贡献不大。陈亮、叶适反对理学的斗争最终归于失败,这是有其内在原因的。

理学是封建思想,反理学思想也是封建思想。二者在政治立场上基本是一致的。推崇理学,轻视反理学的思想,是不对的;褒扬反理学思想,不作具体分析,也是不对的。

六　批判理学与清除封建影响

宋明理学是封建时代占统治地位的哲学,是封建意识在哲学上的表现。我们现在进行社会主义建设,要清除封建意识的影响,所以必须批判宋明理学。

宋明理学是维持当时现存制度的哲学,是维持现状的哲学。宋明理学是保守性的思想。归根到底,宋明理学是当时的生产关系在哲学上的反映,实际上也起了巩固当时生产关系的作用。

在明代中期以前,中国还没有出现资本主义生产关系的萌芽,当时的封建生产关系还没有过时。从这一意义来说,在明代中期以前,理学还不能说是反动的思想。后来,时代前进了,理学就逐渐成为陈腐的了。

明清之际的进步思想家黄宗羲、顾炎武、王夫之等突破了理学的局限,提出了一些新的观点,建立了新的理论,对于哲学思想的进一步发展作出了重大的贡献。

五四运动开始的反封建的思想革命,打倒孔、孟的偶像,也摧毁了理学的基础。解放以来,伟大的社会主义革命已经取得了光辉的成就,但是现在仍然有一个彻底清除封建意识的任务,对于宋明理学进行批判是完全必要的。

但是,批判理学也并不意味着对于理学全盘否定。理学在中国民族文化的发展史上曾经有过巨大的影响,不能简单地予以抛弃。

理学在历史上起过消极作用,也起过积极作用。

程朱学派的有害作用是加强了封建礼教,勒紧了君权、父权、夫权的封建绳索,铸造了束缚人民思想的精神枷锁。吃人的礼教就是在程朱学派的影响下形成的。

陆王学派专门强调反省内求,拒绝探求自然界的规律,造成空疏虚玄的学风,对于自然科学的发展起了严重的阻碍作用。

但是,理学也有一些积极的影响。理学家讲究操守,强调气节,提倡"舍生取义"的精神。宋代以后,许多反抗侵略的民族英雄表现了坚贞不屈的民族气节,这与理学的薰陶是分不开的。

理学不借助于宗教信仰,而充分肯定精神生活、道德修养的重要;不信有意志的上帝,不信灵魂不死,不信来世彼岸,而充分肯定人的价值、人的尊严、人生的意义,力求达到崇高的精神境界。虽然他们的精神境界具有历史的局限和阶级的局限,但这种在无神论的基础上充分肯定人类精神生活的价值的学说,确实具有重要的理论意义。

至于理学把封建地主阶级的道德原则仁义礼智看作永恒的、绝对的,看作天地万物的本原,看作人心的固有内容,这充分表现了理学家的阶级偏见,其为谬妄,在今日已是显而易见的了。

宋明理学在中国的理论思维的发展史上有重要的地位。张载讲"气"一元论,程朱讲"理"一元论,陆王讲"心"一元论,虽然有正确与错误之分,但在理论思维上都达到了较高的水平。张载深研变化,阐发了对立统一("两一")的观点;程朱宣扬"即物穷理",对学术的发展起了推动作用;陆王强调独立思考,对个人的主观能动性有所发挥。宋明理学在认识史上的作用还是不可忽视的。所以,批判理学,要对理学进行科学分析。

我们现在的任务之一是对于宋明理学作出科学的总结。本文则仅仅试图对于宋明理学的基本性质作一点扼要的说明。唯有对于宋明理学作出科学的分析,然后对于宋明理学的批判才能够显得深刻而有力。

(原载《哲学研究》1981 年第 9 期)

张岱年(1909—　),字季同,原籍河北献县。1933 年毕业于北京师范大学,曾任教于清华大学、私立中国大学。1952 年起任北京大学教授。1979—1989 年任中国哲学史学会会长。主要著作有《中国哲学大纲》、《中国哲学史方法论发凡》、《玄儒评林》、《中国古典哲学概念范畴要论》等。

本文从宋明"理学"的含义出发,分析探讨了理学的主要特点、理学是哲学而非宗教、理学与宋明封建制度、理学与反理学思想的对立等问题。在理学是否宗教的问题上，作者认为理学不借助于宗教信仰，而充分肯定精神生活、道德修养的重要；不信有意志的上帝、灵魂不死、来世彼岸，而充分肯定人的价值、尊严和人生的意义，力求达到崇高的精神境界；理学虽然吸取了道教和佛教的一些修养方法，但基本宗旨与佛道大不相同，所以理学不是宗教。

是吸取宗教的哲理，
还是儒学的宗教化

李锦全

近几年来，由于任继愈同志坚持使用宗教意义上的"儒教"这个概念，在中国哲学史界引起了大家的关注。他认为在先秦时虽有儒家，但孔子学说经历了汉代和宋代两次大的改造，使儒家逐渐成为具有中国特点的宗教——儒教，而宋明理学的建立，却标志着中国儒教的完成。继愈同志这个观点，曾在多次讲演和连续发表的文章中，反复加以申明。最近看到他在《朱熹与宗教》一文（载《中国社会科学》1982年第5期）中更明确指出：儒教的建立，到南宋的朱熹，正式完成了这一历史使命。并说朱熹的为学，不是纯思辨之学，而是指导行为的学问，它是宗教而不是哲学。

对继愈同志的论断，国内学术界有不同的反应。但对于复杂的思想形态，需要作深入的探索，不可能很快有统一意见。我这里只是谈点个人看法，以供讨论。

一　哲学与宗教有什么联系和区别

为要弄清中国的儒家思想是归属于哲学还是宗教，先秦儒家会不会和怎样演变、形成为儒教的问题，对于哲学和宗教的分野,两者之间如何联系和区别,这是先要弄清楚的。从继愈同志《朱熹与宗教》一文看来(下面简称任文),对这个问题的回答是不能令人满意的。如文中举出:社会为什么有灾难,人们为什么有富贵贫贱,世界是什么样子,应当以什么生活态度对待这个世界,人活着为什么,等等,认为这些问题只有哲学和宗教有兴趣来回答,但两者的道路不同,哲学采取思辨的方法,宗教走的是信仰的道路;哲学从理性方面做出解释,宗教从感情方面给以满足。依此说来,哲学和宗教应该是有区别的。但是任文接着却说:就理论上讲,哲学与宗教各有自己的领域,但这种清楚的领域划分,只有人们从中世纪冬眠中觉醒以后才能认识到,才能获得哲学的完全的意义。中世纪的哲学还没有从宗教中独立出来,只是宗教的附庸。中国没有经历像西方那样的产业革命,长期停留在封建社会,哲学没有条件从宗教中分离出来,宗教仍然统治着哲学,两者划不清界限,这就造成了中国封建时代的哲学、宗教浑然一体的状况。不仅如此,任文还认为西方中世纪的经院哲学,也讲"天理人欲"之辨和"身心性命"之学,东圣西圣若合符节,而中国和印度古代思想也是相近的。这里无非想说明,在西方经历产业革命以前,科学和生产力没有现代化,哲学和宗教也是难以分开的。

按照任文上面的论述,既然在中世纪的封建时代,哲学和宗教只能从理论上加以区分,实际上却难以分开,那么讨论儒家思想归属于哲学还是宗教,不是变得毫无意义了吗? 对封建社会中任何一派的思想,不是都可以说成既是哲学又是宗教吗? 同时按照任文的观点,哲学要从宗教中分离出来,科学和生产力水平的提高是主要条件。那么一个学派的思想,应该在早期宗教的味道浓些,越到后来越多点哲学的味道。但儒家为什么相反,先秦时的孔子还可以算是一个哲学流派,但后来的董仲舒直到朱熹,儒家哲学却每况愈下,越来越演变为宗教,难道宋代的科学和生产力发展水平反不如先秦吗？是否中华民族的认识史、中国哲学发展史，是越来越向宗教化方面发展？这符合人类理论思维的发展规律吗？上述问题使人不能不感到困惑。

对哲学和宗教两者的区别和联系，我和继愈同志有点不完全相同的理解。任文说中世纪的哲学还没有从宗教中独立出来，只是宗教的附庸。过去也经常有人说，欧洲中古的哲学只是神学的婢女，这些话意思相同，也是历史事实。但是不管附庸也好，婢女也好，和主人总是有区别的，两者之间是统治与被统治的关系。任文说在中国封建社会宗教仍然统治着哲学。即使情况属实，也不能因此得出中国封建时代的哲学、宗教浑然一体的结论。其实这个结论，继愈同志自己也并没有遵循，如果哲学与宗教始终浑然一体，何以说儒学会演变为儒教呢？这不是有点自相矛盾吗？

按照我的看法，在中国封建时代，即使承认宗教仍然统治着哲学，但两者并非没有区分。虽然唯心主义哲学和宗教神学最容易混淆在一起，可是承认创世说的思想，并非都是宗教。恩格斯指出："凡是断定精神对自然界说来是本原的，从而归根到底以某种方式承认创世说的人（在哲学家那里，例如在黑格尔那里，创世说往往采取了比在基督教那里还要混乱而荒唐的形式），组成唯心主义阵营。凡是认为自然界是本原的，则属于唯物主义的各种学派。"（《马克思恩格斯选集》第四卷，第220页）这里恩格斯用哲学基本问题来区分两大阵营，而把承认创世说的归入到唯心主义的一方。他列举了黑格尔式的创世说和基督教式的创世说，前者是哲学，后者才是宗教。我们从这里可以得到启发，像儒家从孔子、董仲舒到朱熹，他们是唯物主义者还是唯心主义者，他们是否以某种方式承认创世说，他们坚持的是哲学家的创世说还是宗教界的创世说，这些通过研究是应该可以区分的。

在中国封建社会里，我们不否认有不少的唯心主义哲学家是有宗教信仰的，或者说与宗教思想相通；但他们还是被称为哲学家而不是宗教徒。退一步说，即使是名符其实的宗教徒，同样可以有他们的哲学思想。如佛教毫无疑义是宗教，但佛教哲学却是哲学史中不可缺少的部分。玄奘、慧能等人在中国哲学史中总会占有一席之地吧，其原因不是别的，正是由于他们的世界观用一定的方式回答了哲学基本问题，并有一定的特点和代表性，这样就不可能将他们排除出哲学史而只归入宗教史。应该说：从宣传宗教信仰这一个侧面看，这些人是宗教徒；但从阐发了人类认识史上理论思维某些必经环节这个角度看，却又不失为哲学家。宗教观与哲学思想可以并存在一个人的头脑里。情况是复杂的，却不是什么怪事，这说明宗教与哲学两者之间的紧密联系，但也不难看出其中的区别。

二　中国社会的特殊形态给中国宗教带来什么特点

任继愈同志认为中国特殊的社会历史条件决定了中国宗教的特殊表现形式，即儒教不同于佛教、回教、基督教等外来宗教，而是植根于中国特殊社会的一种特殊宗教形态。

那么所谓中国特殊的社会历史条件是什么呢？任文认为在中国古代，长期存在着以血缘关系为纽带的宗法制度。文中指出：宗法制度产生于氏族公社后期。一般在生产落后、劳动不发达、产品数量极为贫乏的条件下，社会制度更大的程度上受血缘关系的支配。世界上许多民族随着社会经济生产的发展，冲破了血缘关系的束缚，建立了以地区划分的国家组织。在中国却不是这样。国家组织形成后，氏族社会遗留下来的血族关系的旧形式不但没有被摒弃，反而作为一种有效的社会组织形式，对国家社会的活动继续起着调节作用，甚至是支配作用，成为调整社会关系的杠杆。宗法制度在阶级社会里，仍然以自然的血缘纽带把社会成员牢固地联系在一起,共同的风俗习惯、心理状态、行为规范,在社会上仍然具有普遍意义。儒家在维护宗法制度方面,不断地利用旧形式,填充新内容。

任文上面这段表述,无非想说明在中国长期的封建宗法社会中,氏族社会遗留下来的原始宗教仪式,容易得到保留。如说六经中礼乐部分即包括了原始宗教的记录和解释。儒家经典中的"敬天法祖"、"尊尊亲亲"、"敬德保民"的教训,都带着原始宗教的遗迹,其中始终具有浓重的宗教性。由于儒家的经典本身已具备了以宗法制为核心的天人观、社会观、宗教观等芜杂的内容,而秦汉统一后,需要维持统一的思想工具,经过七十年的探索,武帝时终于定儒家于一尊,董仲舒鼓吹神学目的论,《白虎通》把经学神学化,终于把儒家引向宗教化的道路。经过魏晋南北朝,佛道二教盛行,到隋唐统一,儒、释、道三教并称,受到朝廷的承认,儒家作为宗教也就在政治上取得合法地位。

对于继愈同志上述的观点,我也颇有疑问。他所谓中国特殊的社会历史条件,主要指的是我国在进入阶级社会后,氏族公社所遗留下来以血缘关系为纽带的宗法制度没有被冲破,反而在封建社会中长期起作用。而世界上别的许多民族却随着社会经济生产的发展,冲破了血缘关系的束缚,建立了以地区划分的国家组织。这些当然是事实,但能否由此得出我国古代的宗教气氛必然比外国浓重的结论呢?古希腊、罗马进入阶级社会的途径和我国是有些不同,它们最早建立了以地区划分的国家组织,但是欧洲中世纪宗教势力迅猛发展,教权高于王权。我国虽然封建宗法势力非常厉害,但王权却始终抑制着教权。至于原始宗教在社会上的痕迹,在民间流传下来的多神崇拜,其中包括祖先崇拜,可能是原始氏族公社中图腾崇拜的孑遗。当然,为着适应封建统治者和宗法制度的需要,这些受崇拜的诸神,也不断经过加工和改造。我认为,祭祀祖先和崇拜鬼神,才真正是封建宗法制度的产物。但是这种鬼神崇拜,既没有统一崇拜的最高神,又没有教主、统一的教义和规定的仪式。至于神职人员,也无非是社会上一些杂七杂八的迷信职业者。因此我们无法将之概括出一个宗教名称,而往往习惯上称之为封建迷信。我认为在中国特殊的社会历史条件下,民间的多神崇拜,虽然还构不成严格意义的宗教,但它正是中国宗教的一种特殊表现形式。

在中国封建专制主义中央集权的统治下,封建神权是受政权支配的,反过来又为封建政权服务。专制帝王既是世俗的最高统治者,又是天上神权的最高代表。在中国的长期封建社会中,绝不容许宗教权力超出于王权之上,而教权只能作为王权的附庸。继愈同志在文章中也列举了这样的事例:来自外国的佛教,从东晋到唐初,发生过“沙门不敬王者”、“沙门不应拜俗”的争辩,均以沙门失败而告终,僧众要求治外法权,也遭到失败。佛经原著与中国宗法伦理制冲突,则删略不译,或改译,或增字以迎合封建宗法制度的需要。对佛教徒来说,“圣言量”是最高准则,倘故意违犯,将堕地狱、受恶报。中国佛教徒宁肯冒堕地狱、受恶报的后果,也不敢触犯封建伦理、“三纲五常”的尊严。

任文所举事例,正好说明封建王权的独尊,并不容许教权的挑战。外来宗教,如佛教,为了自身生存和发展,不得不走向中国化和世俗化一途。继愈同志这样分析本来是对的,但他把宗教的世俗化与儒学的宗教化相提并论,还说二者至隋唐之后更呈合流的趋势,以此来证明儒学向儒教的演变,终于成为宗教而不是哲学,这个结论却值得考虑。

按照我的理解,佛教走向世俗化并不是宗教性的加强,相反是削弱了。既然连佛经的教义也可以增删改译,以此来为宗法、纲常名教服务,这不是背叛或违忤了原来的宗教吗? 至于根据外来的佛教与中国的儒学都是为封建宗法制度服务这一点断定二者呈合流趋势,并断言儒学的宗教化,我认为这是欠妥的。

从历史事实看,隋唐统一后都面临如何加强思想统治的问题。特别是唐初统治者鉴于隋末农民起义的教训,更需要寻求长治久安之术。他们除在政治思想上讲求所谓"安人之道",借以缓和社会矛盾外,对佛教所讲"因果轮回"、"出世解脱"等一套,由于它可以起到欺骗和麻醉劳动人民的作用,因而也加以重视。但佛教是外来宗教,对君臣父子之义起码在表现形式上是与封建宗法制度相违背的,所以唐高祖李渊曾向僧徒提出:"弃父母之须发,去君臣之章服,利在何门之中,益在何情之外?"(《大正藏》卷52,第380页)傅奕也认为:"礼本于事亲,终于奉上,此则忠孝之理著,臣子之行成。而佛踰城出家,逃背其父,以匹夫而抗天子,以继体而悖所亲",所以斥之为"无父之教"(《旧唐书·傅奕传》)。正因为这样,唐初的宗教政策虽仍然尊重和利用佛教,但同时抬高道教,使之与佛教平分秋色;而更重要的是以儒家的君父之义来约束二教,使之纳入"周、孔之教"的范围。李渊曾说:"父子君臣之际,长幼仁义之序,与夫周、孔之教,异辙同归,弃礼悖德,朕所不取。"(《唐会要》卷47)唐太宗李世民也说:"朕今所好者惟在尧舜之道,周、孔之教,以为如鸟有翼,如鱼依水,失之必死,不可暂无耳。"(《贞观政要》卷6)唐高宗李治对僧道是否拜君亲问题也明确表示:"朕禀天经以扬孝,赞地义以宣礼,奖以名教,被兹真俗。"(《大正藏》卷52,第455页)在封建帝王的倡导和干预下,佛教明显向周、孔之教靠拢。如华严宗的宗密,宣传什么"佛且类世五常之教,令持五戒"(密宗《原人论》)。将佛教的"五戒"与"五常"相比附,表示佛教徒是拥护儒家"五常"等道德观念的。当时佛教徒为表示忠于封建国家,有的把皇帝看成为活佛、活菩萨,还有的为封建王朝的国运祈祷。他们又宣扬《孝子报恩经》、《父母恩重经》,鼓吹"孝道"是"儒释皆宗之"

(密宗《盂兰盆经疏序》)，表示佛教徒也拥护儒家提倡的孝道。忠君和孝亲是封建宗法制度的根本要求，而佛教徒的出家这方面易为世人所诟病，因此他们对此极力加以修补，所谓佛教的世俗化也就是趋向于儒学化。

这里值得注意的是，隋唐时发生所谓宗教的世俗化，主要表现为援释入儒；似不见有儒家代表人物主张援儒入释，或将儒学加以神学化的情况。任文提到：隋唐统一，儒、释、道并称三教。国家大典，召三教代表人物讲论于宫廷殿上。儒学被公认为宗教，自此时始。这里讲的虽有历史事实的一面，但结论还要作分析。关于"三教"的提法，早在三国时，《吴书》中就有"吴主问三教"的记载，南朝时梁武帝也有"三教同原"之说。隋代王通在《中说》一书中，当学生问他"三教如何"时，他回答说"三教于是乎可一矣"。唐白居易也著有《三教论衡》。上面这些指的就是儒释道三教。所谓三教九流，后来社会上一直都在沿用。但能否据此说儒家已被公认为宗教呢，似难得此结论。即如王通本人也是以"继周公"、"绍宣尼"的正统儒宗自命的，他赞扬孔子说："大乎哉！君君臣臣，父父子子，兄兄弟弟，夫夫妇妇，夫子之力也"。他强调儒家礼乐教化的作用，认为"仁"为"五常之始"，"性"为"五常之本"，这里丝毫看不出他把儒家看成是宗教的意味。唐太宗提倡儒学，也是"尧舜之道"与"周孔之教"并提。我的理解，这不是说周公、孔子创立了宗教，指的仍然是儒家的礼乐教化作用。至于说，遇到国家大典，召三教代表人物讲论于宫廷殿上，用现代的话说，那是邀请了宗教界(佛、道)和教育界(儒)的知名人士来参加座谈，这里的所谓儒教，只是个教育团体，而不是宗教。

按照我的理解，中国特殊的社会历史条件，长期推行专制主义中央集权的封建宗法制度，是不容许产生具有独立权力的宗教的，即使是外来的宗教，也要按照中国的国情来加以改造。中国儒家在其所本之六经中，即使带有较多原始宗教的遗迹，但其创始人孔子，并不将之发展为宗教的教义。他虽然也相信天命，但"不语怪、力、乱、神"。对于祭祀父母祖先，他只是主张"祭如在"，为的是"慎终追远"，使"民德归厚"。正因为这样，所以儒家创始时并没有形成为一个带有神秘性的宗教团体，它建立的只是一个教育阵地。当然，孔子和儒家也曾主张"神道设教"，这为的是恐吓、欺骗、愚弄劳动人民。毛泽东同志所概括的由阎罗天子、城隍庙王以至土地菩萨的阴间系统以及由玉皇上帝以至各种神怪的神仙系统，从某种意义上说也可以算是儒家神道设教的指导思想的产物，但儒家本身却不是宗教。

三　从先秦到汉唐儒学的演变说明什么

继愈同志也不是主张开始就有儒教的。他说过儒教的形成曾经历了上千年的过程，从周、程、张、邵到南宋朱熹，才逐渐把这个宗教思想体系完善化。至于儒教为什么到宋代才最后建成，他认为除了封建后期由于碰上不可避免的社会困境外，儒家哲学也面临着思想危机，这是来自佛教和道教的威胁。危机非解决不可，而努力的结果就是建立了儒教，到南宋朱熹，才正式完成了这一历史使命。总的来说，认为从汉代到宋代儒学的发展是一个造神运动过程。

中国儒学的发展，是否始终经历着一个造神运动过程呢？这要作具体分析。先秦儒家从孔子以后，虽被说成是儒分为八，但重要的是孟、荀两派。荀子是坚持唯物主义自然观的，当然谈不上搞造神运动。孟子虽然是个唯心论者，也有天命思想，但孟子的思想核心，是要发挥人的善性和良知良能，把"四端"扩而充之（《孟子·公孙丑上》），从尽心、知性到知天，讲修身以立命（《孟子·尽心上》)。他并不强调要人崇拜和信仰天神,而是要发挥先验的主观精神,加强道德修养,以求作到天人合一。从整个思想体系看,孟子的造神运动是不明显的。

要说儒家中真正有人搞过一点造神运动,那么汉代的董仲舒似乎可以算上一个。继愈同志在《论儒教的形成》一文中曾说:"汉代的儒家,先按照地上王国的模特儿塑造了天上王国,然后又假借天上王国的神意来对地上王国的一切活动发指示,这就是汉代从董仲舒到白虎观会议的神学目的论的实质。"

董仲舒的思想体系是鼓吹"天上感应"的神学目的论,这为国内学术界所公认,似无异议。但能否因此说,他是把儒学向着儒教的方向演变呢?似不能简单作答。因为塑造天上王国并不是汉代儒家或董仲舒所能独力搞成的。由于汉武帝已经统治着一个空前的大帝国,实现了集权和统一,为加强王权,重建天上神权的工作就提上日程。当时一方面把五行即土、木、金、火、水,塑造成了人格神的黄、青、白、赤、黑五帝,同时又把阴阳说加以附会,塑造出阳神天一、阴神地一、和产生天地阴阳的泰一神。让泰(太)一取得天神中最尊的地位,而成为汉代的上帝。董仲舒在对策的时候,泰(太)一至上神已经建立了,这是地上王权在天上的投影,但是神权和王权之间的联系,还缺乏系统的理论说明。汉武帝为要解决这个问题,在举贤良文学之士的策问中,特别提出"天人之应"的"垂问",而董仲舒的对策正是回答了这个问题。他提出天人感应的神学目的论,就是为汉武帝的王权神授作论证的。从这里可以看出,汉代的最高神并非董仲舒"造"出来的,但他的确参加了这个运动,他还把儒家的伦理道德学说和神学目的论联系起来,变成神权、王权、父权三位一体,为巩固中央集权的封建统治服务。

董仲舒鼓吹天人感应、王权神授等等,的确包含有宗教神学的思想内容;而儒家经典中维护伦理纲常的道德说教,因之也带上了神秘的色彩,这些都是事实。但能否说儒学就因而变成儒教了呢?似还值得研究。因为作为宗教,创始人变成了教主,地位往往是至高无上的,如佛教的释迦牟尼,回教的穆罕默德,都是受到教徒顶礼膜拜的佛祖或真主。基督教的最高神虽是上帝,但耶稣是上帝的儿子,其地位是无可争议的。董仲舒讲"天者百神之大君"(《春秋繁露·郊语》),虽有点最高人格神的味道,但天子只能是世俗的封建君主,唯有"天子受命于天"(《顺命》),"王者上谨于承天意"(《举贤良对策》),作为上帝的代表。如果说这也算教主的话,教主却是封建皇帝而不是孔子,所以也难以称之为儒教。董仲舒也只是为人作嫁,为汉武帝的天上王国提供一点理论根据而已。

汉代的儒生是否都不想建立儒教呢? 看来也并非如此。有些人确实作了一点尝试,主要表现在谶纬神学中,如在汉代残存下来的纬书里,还可以看到这种痕迹。

在纬书中为要把儒学宗教化,其中重要的一环就是把孔子打扮成为教主,并极力加以神化。如说孔子母亲与黑帝"梦交"怀胎,孔子出生时胸前就有"制作定世符运"的文字,是天生神种。还捏造出"元邱制命,帝卯行也"的神话。就是说,刘邦作皇帝(刘字可以破为卯金刀,帝卯指刘姓皇帝),是由孔子"制命"定下来的。在"演孔图"中还"有作图制法之状"(《春秋纬·演孔图》)。这里孔子被描述成为通天教主,他代天"制命",决定由谁来当皇帝。要说中国历史上有过儒教,这还有点像。

对儒家经典,纬书也尽量加以神秘化。如说《易》是"上经象天,下经计历"(《春秋纬·说题辞》);《尚书》是"上天垂文象","书如天行也"(《尚书纬·璇玑钤》);"诗者天地之心"(《诗纬·含神雾》);"孔子作春秋,陈天人之际,记异考符"(《春秋纬·握诚图》)。又说孔子作《春秋》,制《孝经》,既成,告备于天,"天乃虹郁起白雾摩地,赤虹自上下,化为黄玉,长三尺,上有刻文,孔子跪受而读之曰:宝文出,刘季握,卯金刀,在轸北,字禾子,天下服"(《孝经纬·援神契》)。这里的用意虽是为刘季(即刘邦,作皇帝寻找神学根据,而孔子的形象也确实越来越宗教化了。

但是儒家向儒教方面的演变,却似乎仅到此为止。谶纬神学原来为刘姓皇朝服务,后来王莽利用它,东汉光武帝刘秀也以此作为自己当皇帝的根据。由于这套东西非常荒诞和肤浅,稍具常识的人就不会相信,同时正宗儒家也不愿意多搞这些玩意儿,所以宗教化这条路子终于没有走通,谶纬神学逐渐不那么行时了。作为东汉官方儒学代表作的《白虎通》,为了宣扬封建纲常思想,往往歪曲一些自然现象来比附人事,如说什么"子顺父,妻顺夫,臣顺君,何法?法地顺天也"。又说"君有众民,何法?法天有众星也"(《五行》)。这类比附固属荒唐,但宗教色彩并不浓厚。对"天"的解释,只是说"居高理下为人镇也"。"地"则是"元气之所生,万物之祖"(《天地》)。这比之各种宗教的创世说,其神秘性显然少一些,若称之为儒教,还是不够格的。

两汉以后到魏晋南北朝,由于玄学的兴起、佛教的传入和逐渐流行,儒学的教化作用不能不受到一定的限制。但儒家所要维护的名教纲常,是任何封建统治者所不能抛弃的。如曹操在用人之际,下过《举贤勿拘品行令》,宣称可以任用一些"不仁不孝而有治国用兵之术"的人才。但在对待培养下一代的问题上,他说"后生者不见仁义礼让之风,吾甚伤之"。他下了《修学令》,要求做到"先王之道不废,而有以益于天下"。还是需要儒家教化的一套。至于继起的晋代司马氏,更以孝道治国作标榜,不用说是属于儒家货色了。当时尽管玄学盛行,但谁也不敢公然违反名教。何晏、王弼巧妙地调和道儒。如何晏提出"老子与圣人同"(《世说新语·文学》注)。王弼进一步说"圣人体无"(《魏志·钟会传》注引《王弼传》),将孔子装扮成超于老子之上的贵无论者。他们都宣称"名教"出于

"自然"，说明玄学并不违反儒家的教义。当然这并不是将儒家变成宗教，而是还其伦理哲学的本来面目。西晋时也有人将名教与自然对立起来，如嵇康提出"越名教而任自然"（《释私论》），要"非汤武而薄周孔"（《与山巨源绝交书》），结果为司马氏所杀害。但嵇康之死并非因为他是个宗教神学异端，他只是不满于儒家那套虚伪的仁义道德说教，触着司马氏的痛处，而招来杀身之祸。这从反面说明，儒家的名教只是封建世俗的道德伦理教条，并非神创世界的宗教教义。嵇康之死，与欧洲中世纪由于扮演了神学异端角色而遭受迫害的情况是不相同的。

作为儒学一度宗教化标志的谶纬神学，两汉以后是每况愈下，在隋代被焚毁了一次，到了宋代绝大部分都丧失了。儒家在社会上虽也被称为儒教，但正如刘谧所说："儒教在中国，使纲常以正，人伦以明，礼乐刑政，四达不悖，天地万物以育，其功于天下大矣，故秦王欲去儒而儒终不可去。"（《儒释道平心论》）这里的儒教，显然说的是儒家思想（封建伦常）的教化作用，并不具有宗教的意义。

四　朱熹的理学是儒学的宗教化，
还是儒学的哲理化

儒家思想的演变在汉代出现过一股宗教化的回流。但孔子作为代天制命的教主地位在纬书中只是昙花一现，没有得到发扬光大。封建统治者对孔子虽然重视，他的地位也不断得到升级，如唐玄宗时给加上"文宣王"的头衔，宋代成为"至圣文宣王"，元代更加码为"大成至圣文宣王"，到清代终于成为"大成至圣文宣先师"。但这里不管什么封号，他总是封建王朝的世俗之臣，而不是制命定世的通天教主。唐代韩愈另辟蹊径，从尧、舜开始排列出世代相传的儒家道统，以此来排斥佛老，并为他自己争取儒家的正统地位。

宋儒对韩愈是师其意不师其辞,在列圣相承的道统中丢开了韩愈,把周敦颐和二程上接孟轲,而朱熹上接周、程,这就是宋朝理学家所建立的道统。在中国后期封建社会中,程朱理学打着孔、孟的招牌,取得儒学的正宗地位,同时也成为官方的统治思想,朱熹在这方面确实扮演了重要角色。但我不同意说他最终建成了儒教。朱熹理学是儒学的宗教化还是儒学的哲理化,值得考虑。

任继愈同志认为北宋时在政治上碰到危机,因而出现王安石变法的几经反复。同时儒学由于来自佛教和道教的威胁,也面临着思想危机,不改变就没有出路,改变的结果是建立了儒教。针对这个观点,上文已从历史上作了回顾。因为儒学受佛、道的威胁,并不始于宋代,两晋南北朝和隋唐时,这种威胁还严重得多,但儒学并不因此向佛、道看齐,即向宗教化方面发展;相反,已经被谶纬神学搞得乌烟瘴气的儒家经典,反而逐渐恢复其伦理哲学的本来面目,孔子也从神秘的通天教主回归到儒家先师的地位。至于当时所以与佛、道被并称为"三教",这是统治者从它们的社会作用来衡量的,认为这是三根维护封建统治的精神支柱。儒家这个周孔之教,以伦理纲常作为它的思想核心,这是封建统治的命根子,在王权至上的中国,是不怕任何宗教势力的威胁的,相反出世的宗教却要走向伦理化、世俗化的途径,以求与此相适应。

隋唐时站在正宗儒学立场的人是排斥佛老的,如唐初的傅奕和中唐的韩愈是著名的例子。但由于他们在理论上的贫乏,除想从政治上压倒对方外,对儒学思想本身却拿不出多少花样翻新的东西,而这个任务却落在宋代理学家的身上,但他们走的不是儒学宗教化而是儒学哲理化的途径。

包括继愈同志在内,有不少人认为理学是儒、释、道三教合流的产物,这话有几分道理。理学确实糅合了不少佛、道的东西,但我认为它主要是吸收其哲学思辨性的一面,而排斥其宗教神秘性的一面，特别是朱熹，他更是努力完成了这一历史使命。

任文指出：朱熹继承周敦颐的《太极图说》的"无极而太极"的思想并有所发挥，建立了"理一分殊"的学说，论证事物的多样性与统一性的关系，比较完整地阐发他的唯心主义本体论。继愈同志所说的情况我是同意的，也说明朱子之学确实糅合有佛、道两家的思想。但能否据此说他把儒学引向宗教化呢？似难得此结论。

大家知道，周敦颐的《太极图说》虽然标榜是对《易传》的一种阐发，但正如朱彝尊在《太极图授受考》中所说："自汉以来，诸儒言易，莫有及太极图者。惟道家者流，有上方大洞真元妙经，著太极三五之说"，后"衍有无极、太极诸图"。黄宗炎在《太极图说辨》中，也认为周敦颐的太极图是来自陈抟的无极图，这些说法都有一定根据。我国早期道教著作，如东汉魏伯阳的《周易参同契》就是把周易、黄老学说和炼丹术结合在一起，以阴阳交合和八卦相配的学说来阐明炼丹成仙的理论，后来的道教徒并推衍出许多图式，既是讲炼丹术，又是讲宇宙论。周敦颐的太极图说扬弃了其中关于炼丹术的内容，使之成了宇宙发生论的图式。但是周敦颐虽将道教的无极图改头换面，却由于保留了"无极"这一术语，所以陆九渊断言周说以无极加于太极之上不合儒家宗旨，可见他看出了周说来自道教思想的秘密。按照道教的内丹说，"虚"是成仙得道的最高境界，无极图的最上图就是炼神还虚，复归无极。由于周敦颐的思想有明显袭用道教的痕迹，故容易为世儒所诟病。

对周敦颐这些来自道教的思想，二程采取回避态度。他们从未提过太极图，也没有讲过"无极"，这一点后来就成为陆象山兄弟怀疑太极图说为周敦颐所作的口实。朱熹的态度不同于二程，他一方面不得不承认周敦颐学说与陈抟有关；但另方面却又尽力为之洗刷，认为周敦颐发明太极图，是"不由师传，默契道体"，是"得之于心，而天地万物之理，巨细幽明，高下精粗，无所不贯，于是始为此图以发其秘"(《再定太极通书后序》)。这些话就是企图为周敦颐的思想来自道教打掩护。

但是朱熹的主要作用，不是一般地为周敦颐辩解，他对《太极图说》的首句作了具体修订。朱熹承认，他看到宋史实录中原来所载的图说，首句是"自无极而为太极"，九江本则作"无极而生太极"。这是明白说出无极是在太极之先，痕迹过于显露。他借口说这些本子是增字失误，却断定首句应为"无极而太极"，并对此句做了新的解释：

> 极，是道理之极致，总天地万物之理，便是太极，太极只是一个实理。

> 周子所谓无极而太极，非谓太极之上，别有无极也，但言太极非有物耳。

> 无极而太极，正所谓无此形状，而有此道理耳(《周子全书·太极图说·集说》)。

经过朱熹这样的解释，太极图说中的道教思想，就得以消弭于无形；而封建纲常之理，却成为宇宙本体的最高范畴，取代了传统儒学中"天"的地位，这怎能说他是把儒家思想引向宗教化呢？应该说他是将儒家的天命神秘思想加以哲理化了。

至于朱熹建立的"理一分殊"学说，这与华严宗所谓"一多相摄"的观点近似，他也用"月印万川"作比喻来加以解释。他说：

> 本只是一太极(理)，而万物各有禀受，又自各全具一太极尔。如月在天，只一而已，及散在江湖，则随处可见，不可谓月已分也(《语类》卷94)。

> 格物穷理，有一物便有一理，穷得到后，遇事触物，皆撞着这道理(《语类》卷15)。

> 理只是这一个，道理则同，其分不同。君臣有君臣之理，父子有父子之理(《语类》卷6)。

　　应该说,朱熹这种思想渊源于佛教,但内容不同。它只是吸取佛教的思辨形式,却没有承袭其宗教教义。朱熹通过"理一分殊"这个命题,把三纲五常、忠孝节义等封建政治伦理道德,说成是至高无上的天理,就像天空皓月一样普照大地。在天理的笼罩下,人们只能按照自己的本分,依从天理行事。大家知道,在宋代以前,儒家传统的天命思想是比较流行的,加上佛教宣扬因果报应的一套,把一个人的穷通贵贱,说成是"命"该如此。宋代理学家高明的地方在于,他们虽然也讲命,但更强调的是"理"该如此,或是"分"该如此。他们并不过多宣扬宗教迷信,但只要人们接受"理一分殊"的理论说教,就会自觉自愿地去遵守封建纲常,否则就会被社会舆论骂为"伤天害理"、不守本分,就会变成名教罪人,永世不得翻身。

　　由上可见,朱熹的思想虽与佛、道有关,但他把修仙入道、成佛做祖的宗教思想加以抛弃,而吸收其理论思辨部分为儒家的伦理哲学作论证,并提到哲理化的高度。至于任文提出:由于朱熹把自然和人打通,讲天人同理、天人一贯和天人相通,所以说他比秦汉的天人合一的神学目的论前进了。这里要看"前进"是什么意思,是向宗教化还是哲理化前进? 依照我上文的论证,应是属于后者而不是前者。

　　不过我这样说,继愈同志可能还不会同意。因为他在文章中提到:朱熹的"天",不是活灵活现的人格神,而是封建宗法化的理性之神,它不具有人形,而具有人性,有"盎然生物之心"。儒教崇拜的对象是天、地、君、亲、师,天是君权的神学依据,师是代天地君亲立言的神职人员。儒教以气质之性为恶的起源,即宗教的"原罪"说。总之,他承认朱熹的理学与董仲舒以及《白虎通》的儒教神学相比,是向理性化方面发展;但又认为这是不具人形的神,故最终是宗教而不是哲学。

　　我认为如果以恩格斯提出的哲学基本问题作为划分两个阵营

的标准,朱熹无疑是一个以某种方式承认创世说的人。他认定"理"是宇宙的本原,说"未有天地之先,毕竟也只是理。有此理便有此天地,若无此理便亦无天地,无人无物,都无该载了"(《语类》卷1)。又说"理是帝是主"(《语类》卷1)。这个无人身的理性,可以说是具备了创世主的品格,是一种精巧的信仰主义。

但是恩格斯并没有把黑格尔的创世说称为宗教,那么朱熹的创世说是否已具备成为宗教的必要条件呢? 继愈同志曾说过:宗教都宣扬有两个世界,一个是世间的精神世界,即天国、西方净土、彼岸世界;另一个是现实世界。他又说:也有的宗教把彼岸世界说成是一种主观精神境界。我国隋唐以后的佛教道教都有这种倾向。宋明理学也正是这样,它给人指出一个所谓"极高明而道中庸"的精神境界,这是不离开世俗生活而达到一种超世俗的精神修养境界。所以朱子之学不是一种思辨之学,而是指导人们贯彻一种宗教世界观。这是继愈同志对宋明理学是宗教的又一论证。

我认为即使承认朱熹的创世说是一种精巧的信仰主义,它要人们在世俗生活中修养出一套超世俗的精神境界,并不等于说朱子之学就是宗教。因为宗教信仰总有它崇拜的偶像和宗教仪式,所谓理性之神虽然可以作为统治人民的精神枷锁,但只能通过教化来引导人们自觉遵守封建信条,却不能让人们去顶礼膜拜。至于说佛教中有些宗派承认接受宗教世界观的众生即是佛,运水搬柴可以见性成佛,佛不在尘世之外,而在尘世之中,我认为这种教义和理学的修养经也不能相提并论。因为立地成佛毕竟是一种不脱离世间而成出世的理论。人可以不离开这个世界,但要成佛思想上就要达到超尘出世的精神境界。理学的修养经却不是这样,他们即使宣扬的是天机活泼、生意盎然,将现实世界的苦难作了歪曲的反映;但这里并无出世思想,没有成仙做佛的宗教理想国。因为凡是宗教徒精神上都有两重世界,所谓运水搬柴无非妙道,只是世俗修养的手段, 他们所要达到的, 却是要在内心中形成一个西天极乐世界。而这一点, 当时最高明的理学家, 即使能达到一种超世俗的精神修养境界, 他们的内心无论如何是不会形成一个彼岸世界的。他们事父事君可以成圣成贤, 但形成不了宗教性的精神王国。

最后说到儒教的崇拜对象、神职人员以及性恶为"原罪"说等等, 任文的解释有点牵强。崇拜天帝祖先, 殷周以来就是中国民族的传统, 能否说自古以来人人都是儒教徒呢? 要说"师"是神职人员, 是否孩童从小入学都算受过宗教的洗礼呢? 宋明理学以气质之性为恶的起源, 宣传禁欲主义, 这是封建统治者压制劳动人民要求改善物质生活的一种欺骗说教; 至于极本穷源的天命之性, 他们认为还是善的, 这并不同于宗教的"原罪"说。总之, 朱熹理学虽有其信仰主义的一面; 但无可否认, 较之董仲舒的神学, 其思辨性是大大加强了。总的趋向, 他不是把儒学引向宗教化, 而是把曾经谶纬神学化的儒家教义导向了哲理化。

对朱熹思想总的评价, 继愈同志在文章中的最后一部分("朱熹与新中国")曾作了详细的阐述。他认为朱熹思想的流毒和封建宗法制残余在新中国的不良影响, 已深入人心, 积重难返, 因而妨碍着社会的前进。这种估计我是同意的。特别文中提到: 作为一个新中国的学者的切身感受和站在这个文化圈以外的学者的印象是不同的, 对继愈同志这句话, 我也深有同感。近几年来由于对外进行学术交流比较多, 国外有些学者总觉得国内还在批判宋明理学, 感到不好理解, 有的总希望对朱熹思想多唱点赞歌。国内学术界也有些同志与此相呼应, 企图把朱熹等人打扮成为理性主义者, 或是带有点人文主义味道的启蒙思想家。这种观点我是不赞成的。程朱理学宣扬的是理性主义还是蒙昧主义, 这个问题当然可以讨论, 我是倾向于后者而不是前者。

继愈同志在文章中还指出: 对宋代儒教思想对人民的禁锢作

用决不能低估。中国封建主义的核心是封建宗法制度"三纲"说，这与社会民主是不相容的。中国十年"文化大革命"，许多罪恶的行动，就是用封建主义冒充马克思主义所造成。其他还有什么家长制、一言堂以至个人崇拜等等，这些封建主义文化的糟粕，确实给我们的国家民族带来了无穷灾难，教训是深刻的。而产生这种思想的历史根子，我同意说是来自宋明理学，是来自程、朱等人所宣扬的封建蒙昧主义。但是我又认为：肯定这一点，并不等于说朱子之学就是宗教。同是宣扬封建蒙昧主义，但宋儒，特别是朱熹，力求用哲理的思辨形式来表现，这同以天命思想为核心的封建前期儒家思想相比而言，应是有所进步——宗教的味道不是浓了而是淡了。如果我们不是全面地看问题，而是单单抓住宋儒所倡导的要人们达到一种超世俗的精神修养境界这一点，就说朱子之学与其说是哲学，毋宁说是宗教。这样所下的结论是不够公允的。

（原载《中国社会科学》1983 年第 3 期）

李锦全（1926—　　），广东东莞人，中山大学哲学系教授。

　　本文针对先秦儒学在朱熹时正式演变成为宗教（儒教）的观点，认为，儒家虽然主张神道设教，但它本身只是讲道德伦理的教化作用，并没有形成宗教信仰。汉代的谶纬神学虽然一度想将儒学宗教化，奉孔子为教主，但没有成功。朱熹的理学虽有不少佛老思想，但主要是吸取其中的哲理为儒家的伦理哲学作论证，他要人们在世俗生活中达到一种超世俗的精神修养境界，却形成不了宗教性的精神王国。朱熹不是把儒学引向宗教化，而是吸取宗教的哲理，从而把儒家的伦理教义导向哲理化。朱熹宣扬的虽然是精巧形态的信仰主义，但毕竟不是世俗的宗教。

论儒学的宗教性(节选)

杜维明

在这一章里,我将用我个人所理解的《中庸》的"微言大义"来及时地讨论下面这个问题,即"儒学之具有宗教性意味着什么"或"何谓成为宗教的人的儒家取向",说讨论这个问题是及时的,乃是因为目前中国国内与海外华人学者正在讨论"儒家人文主义的第三期发展"问题①。儒学的宗教性对于这场讨论至关紧要,更宽泛一点说,它对于当前西方神学家和比较宗教学家之间的会话也至关紧要。这场会话不是偶然的,而是由在日渐多元化的世界里个人和社群为追求实现本真性和全整性的共同需要所引发出来的。

一 成为宗教的人的儒家取向

根据诸如《中庸》一类经典提供的资源,在儒家的心目中,成为宗教的人意味着一个人投身于充分地成为一个人(或做人)的学习过程。我们可以把成为宗教的人的儒家取向界定为一种终极的自我转化,这种转化既是一种群体行为,又是对超越者的一种诚敬的对话性的回应。这个界定也是儒家对学习做人所作的界定。如果

① 参阅杜维明:《儒学人文主义第三期的背景理解》,见《儒学:一个动态的传统》,艾琳·艾伯编(纽约,麦克米兰,1987年。下引此书,不注版本)。

运用先前各章所阐明的思想范畴,我们可以说儒家的宗教性是经由每个人进行自我超越时具有的无限潜在和无可穷尽的力量而展现出来的。这里涉及到了三个相互关联的层面:个人,社群和超越者。

儒家相信:修身为社会秩序之本,而"平天下"则有赖于社会秩序。这一信念对于我们理解个人同社群之间的关联以及社群同超越者之间的关联都具有深远意义。例如,对个人情感状态所作的私人心理处置与公众的福利不可分割;而社会责任和宗教信仰则是并不冲突的两项要求。自我经由社群上达于天的过程是基于对自我超越采取一种全整的观点,要把握这种观点,靠现代大学中心理学、社会学或神学等各种"学科"分门别类的方法是远远不够的。

我们作为普通公民在私人家庭的范围内所作的事情总具有社会的和政治的意义;我们作为公仆在世俗世界里所扮演的角色及发挥的作用总具有宗教的意义;这样一种信念反映了儒者对"作为神圣的世俗"的深切关怀①。在后马基雅弗利、霍布斯、马克思和弗洛伊德的时代,人们要想象出在个人、社群和超越者的背后还有一个或还可能有一个有机统一体在支撑着,已经极其困难了。事实上,如果你认为这些联系仍是整全统一的,那么对这种看法有任何一点暗示都可能造成一种印象,认为你是在鼓吹一种人类"堕落"之前的世界观。这种世界观虽然还可以想象,但作为一种精神上和思想上的选择,对于精巧的现代心灵来说,已不再具有生命力了。

儒家并不颂扬历史上从未存在过的乌托邦,但是却力求真实地描述那些作为人我们自然地和不可避免地所处的状态。正如儒

---

　　①　这一说法是从赫尔伯特·芬格里特富有生命力的著作《孔子——以凡俗为神圣》(纽约,哈珀与罗,1972年)借用过来的(下引此书,不注版本)。

家所极力主张的,把我们想象成可以孤离的个体,要比把我们想象成在人际关系的动态网络中不断相互作用的关系的中心更加困难;相信有一个万能的上帝出于某些神秘的理由破坏自然法则要比相信持守人类理性所能发现的宇宙规律更加困难。这并不意味着我在向个人主义学说挑战,这一学说无疑曾鼓舞了一代又一代人寻求自律、独立和尊严;这也不意味着我在向万能上帝的概念挑战,这一概念是由精密的神学论证提供给我们的。我只是想强调指出:尽管表面看来,有机统一体的概念好像天真、素朴,但它却是基于一种包容并蓄的人文主义构想的。而儒家所特有的宗教性则是理解这种构想的一种手段。

"终极的自我转化"意味着学习做人的过程是永无止境的(尽管儒家并不认同"存在主义"的信条,即既然我们的存在先于我们的本质,我们就能够通过有意识的活动按照我们自己的独立的行为来塑造我们的本性了)。我们的无可逃避的人性给我们规定了某种最低的要求,某种最小公约数;而"终极"所指的则是人性的最大限度的实现。"自我转化"意味着尽管我们现在还不是我们之应是,但是我们经过修身是能够达到人性的这种最高境界的。学习充分地成为一个人就是去学习成圣(成圣是我们的本性的本真的呈现,这种本性实际上是一种天所赋予的我们的本质)。既然只有圣人才是纯正的人,则自我转化的目标就不在于超离人性,而是去尽可能完整地体现人性。我们永远不可能把我们普润万物的人性无所不遗地充分体现出来。

我们天生自然地并不可避免地是人,这个说法和我们必须努力学习充分地成为人乍看起来是相互悖反的。如果我们已经是人的话,那我们为什么还要努力学习成为人呢? 相形之下,理解下面这个论点似乎倒要容易一些,这就是:超越作为人的状态就是把人变成比人更优越的东西,变成超人或神。然而,儒家坚持认为:终极的自我转化不是超离人性而是实现人性；儒家这种看法是一种具有实质的和伦理宗教意义的宣称。这一人之为人的最低要求可以作为最大限度地实现人性的基础，就如涓涓溪流可以成为浩浩长江的源头一样。我们虽然不能否认涓涓溪流中也存在有水，但是我们也必须承认，长江的浩浩江水已赋予了它以质上不同的意义。

把人性比喻为水，意味着为了流动就必须上升到一定高度。儒家的这个比喻表明儒家把人性设想为动态的。自我转化，犹如一条越来越宽、越来越深的人性之流，是一个不断地"立"又不断地"达"的过程（《论语·雍也》第 30 章）。这跟一个可孤离的个人追求内在的精神性是截然不同的。在这种脉络中，"终极"意味着人性的充分实现：既是它的最大限度的完成，又是它所能上达的顶峰。

如果我们把一个人的终极实现设想成一条由其源泉喷薄而出的小溪，那么当这条小溪始而"立己"，继而"达己"的时候，它将和其他小溪汇聚。两条以上小溪的这种汇聚也就是我们所说的"社群行为"。为了实现这种汇聚，一个人如果不遭遇到志趣相投的人就根本不可能通过精神的转化去"立己"和"达己"。即使我们设想一条地下河单独地流向大洋，我们也必须设定它从别的水源获得了益处。强调信赖社群之为终极的自我转化中一种不可消解的终极的真实，乃儒学宗教性的一个规定性特征。

一个人只有在社群中才能充分地成为人。儒家深信，一般说来，我们最好通过社群参与同超越者进行富有成果的沟通。只有在异常的情势下，如在屈原那种"众人皆醉我独醒"的情势下，我们才能够直接地上诉于天。作为一个孤离的个体无需诉诸社群而单独面对上天的这样一种作为，无论对于整个社群还是对于他个人来说，都会带来严重后果。采取这种行动必须非常谨慎，甚至于带有某种悲剧感①。较为可取的作法，是把社群的所有层面(家庭，邻里，宗族，种族，民族，世界，宇宙)都整合进自我转化的过程之中。儒家相信，这一不断包容的过程是学习充分做人的筹划所固有的。

儒家倡导的人文主义，既不否认也不轻视超越者。我之使用"包容的人文主义"这个用语，一方面是为了强调儒家心目中的人文主义概念的广涵性或包容性，另一方面又为了使之同大家所熟悉的排他的世俗的人文主义区别开来。根据儒家的包容的人文主义，学习充分地成为人的过程不仅必须有社群的参与，而且也必须有"一种对超越者的诚敬的对话性的回应"。这种向人类理性所永远不可能完全理解的那种真实层面敞开心怀的意愿(这种意愿本身就意味着他具有这种能力)，不仅是一种想象，而且是一种行为。这种敞开既是对天命的回应，也是人性的完成。这种天人之间的互动性使我们有可能把超越体察为内在。认为天的全部意义可以在人性中体现出来会被看作是亵渎神明。更确切地说，我们可以对天的嘱咐作出回应的这种天赋能力推动我们不断地拓展我们的视域，从而使人性的内在性便获得了一种超越的意涵。

在这个意义上，一个人要充分地成为人，就必须同天建立一种恒常的对话关系。儒家深信，经由自我努力，人性是可以不断完善的。这样一种信念，严格地说，就是对自我超越的一种信念。像神一般的圣人之所以能够成为宇宙的共同创造者，并不是因为这个超越者被全部人化了，而是因为这人通过同这个超越者的诚敬的对话性的回应而实现了终极的转化。信赖社群，作为儒学宗教性的一个规定性特征，并不受同超越者无涉的社会伦理的支配。正

①　有关屈原自己的作品，请参阅《楚辞》，大卫·霍克斯译：《楚辞——南方之歌》(牛津，克拉伦东出版社，1959年。下引此书，不注版本)。

相反,基于信赖的而非基于契约的社群其本身便是对天命之谓性的一种神圣的肯认。如果设想,在儒学意义上我们同天地"盟约"就是要充分实现作为天自身之终极转化的人性,这或许也不算牵强附会。

二 人的处境

正如《中庸》所清楚指明的:具体的、活生生的人是对人的处境进行全面反思的出发点。作为活生生的个人,我们不可避免地嵌陷于这个地球上。再者,我们每一个都注定要成为一个在特定时空中的特定的个人。正如儒家所喜欢说的那样,对身边的事物进行反思("近思"或"能近取譬"),就是把我们的这种嵌入性作为自我教育的最基本的原始素材。通过理解我们究竟是谁,我们就可以明白我们如何改进自己了。针对这种情况,儒家所作出的总体诊断及预后发展看起来貌似简单,其实不然:我们虽然不是我们之应然,但我之应然却为我们之实然的结构本身所固有。虽然我们尚未能做到符合规定我们之实然的人道所提出的要求,但是要消除我们这种不幸处境,还是得靠我们自己和我们的社群。

即使我们意识到人性并非一个不可企及的理想,而是一种亲身体验的现实,但甚至我们中最标准的君子也常常无法充分把握人道的意涵。对人生的这样一种人文主义的取向似乎是吊诡的。《中庸》是用下面这个比喻来解决这一难题的,这就是:"人莫不饮食也,鲜知其味也。"尽管我们是作为人在生活的,但在追求人道的过程中,我们的自我意识需要不断地更新和精细,不仅个人需要这样,社群也需要这样。

儒家坚持认为,在自我有意识地追求人道的过程中,我们必须首先认识到,道与我们的普通日常生活"不可须臾离也"。人生的终极意义是可以通过日常生活实现出来的。除非我们把反思的基本焦点放在我们的实然上，我们就很可能在理智的诡辩和形而上学的玄思中使自己迷失掉，从而无力转化我们的生存处境。当我们把转化生存处境看作我们的直接关切时，我们就需要知道能否通过我们自己的努力获得成功。即使有一种更高层次的存有（一种完全为我们所不可能理解的超越的力量）在决定我们的命运，我们仍然想知道我们自己具有哪些力量来改进我们的处境。

儒家的这种乐观主义态度基于这样一个本体论的论断，即如果人性是天所赋予的，则人性的实现也就等于完成了天所赋予的使命。人道是一个过程，人就是通过这一过程来实现天道的。所有的人都总得在一定程度上自动地遵循人道。如果我们深切地意识到我们作为人修道的方式，那我们就能更好地实现我们的人性了。而如果我们能够充分地实现人性（"尽性"），我们就将不仅理解了我们的人性，而且也理解了天性（"知天"）（《孟子·尽心上》）。

儒家包容的人文主义提供的一个明显的信息是自力更生的重要性。因为人道是一种被体验的现实，所以它不断地呈现在眼前，我们过日常生活时就经常与之照面。我们所需要作的只是认识其中的道，并把它付诸实践。我们无须担心天如何反应。只要我们很好地追求人道，我们就可以设定天会认可的。这种人文主义内蕴着一种与天的"盟约"，因为我们的道德责任不在于把我们自己作为一个孤立的个体来实现自己，也不在于把我们的社群完善成某种自足的实存，而是通过自我实现和社群完善去实现"与天地参"的人类的最高理想。

然而，同超越者合一的这种渴望，并不意味着我们的终极承担不是针对自己的修身，也不是针对社群的改进，而是针对天的。事实上，孟子就曾警告过他那个时代的统治者。他说，即使他们在祈祷和献祭时完全服从天，但是如果人民不支持他们，他们也很可能丧失掉他们的天命。他引用《尚书》中的一个誓词以为其立证的依据：“天视自我民视，天听自我民听。”(《孟子·万章上》第 5 章)其中的信息是极为清楚的：如果我们抛弃了人道，我们就永远得不到天的“盟约”，因为天道是透过人道而体现出来的。在这个意义上，自力更生非但不拒斥一种超越的指涉，反而进一步证实了下面一点：如果我们充分地理解了人道，我们也就因此而获得了理解天的正确途径。

虽然在我们的日常生活中不难发现人道(实际上，要避免人道也完全不可能)，但是我们不能因此而假设，人道会自然地呈现在我们面前。“人莫不饮食也，鲜能知味也”，这样一个思想意味着我们中很少有人理解人道的真实意涵。活在人道之中而不知道为什么这样活，就会导致沾沾自喜和一种消极被动，而后者又会扩大我们的实然与我们的应然之间的缺口。古代希腊有句格言，说缺乏反思的生活是不值得过的。儒家则在此基础上前进了一步，认为缺乏修养的生活对自己是“自暴自弃”，对别人则起一种非人性化的作用(《孟子·离娄上》第 10 章)。

一个优秀的儒者决不可能把人道视为当然之事。遵循天所赋予我们的人性行事(“率性”)，要求奋发努力来实现自我转化。培养人道乃“教”的真正目的之所在(“修道之谓教”)，这是绝对必要的。天所赋予我们的性虽然是善的，但自我修养对于我们之充分地成为人也是必不可少的，儒家对待人生处境的这种特有的取向，使他们坚持认为自然生长与精心培育相结合是建立和拓展人道的最好方法。这意味着，如果我们不去建立和拓展人道，它就会丧失掉，犹如一条小河会在沙洲中干涸一样。在儒家看来，人类的灾难来自人性的流失而不是由于积极的恶的力量的存在。正如儒家的一句格言所说，人可以经历自然灾害而生存下来，但承受不了他们自己的麻木不仁①。

虽然仁心的丰满漫溢可以使我们上升到"与天地参"的崇高境界,但是麻木不仁则可以毁灭掉我们自己乃至我们的周围世界。人可能达到的境界的差别很大。既然仁心不是静态的而是动态的,则学习做人也就是去提高我们作为人的感受性,其实也就是拓展我们的仁心。儒家建议,我们应通过个人和社群培植内在仁量的供应来发展我们的感受性。为了开发我们自己内在的精神资源,为了通过同他人的交往来建立("立")和拓展("达")我们的仁量供应,为了通过连续不断的回应天命来拓宽和深化我们共有的源泉,我们就需要理解我们的真正的人性。

人类处境是可以经由个人和社群的努力而予以改变的。儒家的这一信念意味着,我们必须依赖我们的人性来拯救我们自己。尽管我们束缚在大地上面因而陷入困境,并且因此而永远不可能完全摆脱某种理想失落、虚度年华乃至自我毁灭的感受,但是人类所固有的本性则永远是善的。我们之所以让自己陷于这种困境,乃是由于我们没有真正理解人性究竟会给我们带来什么:诚然我们嵌陷在这个世界上,但说来吊诡,这却为我们提供了为自我超越所必要的物质条件。其实,我们的精神性就嵌陷于我们的物质性之中。然而,我们中有许多人却把受人照顾视为当然。诚然,我们还是可以为英雄行为所鼓舞,为悲剧所哀伤,为激动人心的场面所折服,为异常的事件所震惊(即孟子所谓孺子"将入于井"所造成的震惊)(《孟子·公孙丑上》第6章);但是,我们却既没有看到人性之所同然,也没有听到内在自我的呼声。

① 孟子曾经说过:"祸福无不自己求之者。"孟子接着引用《尚书》中今已佚失的一段话来例证他的观点:(商代君主太甲说过)"天作孽,犹可违;自作孽,不可活。"(有关译文,可参阅D.C.劳译:《孟子》第81页)。

　　儒家所提供的信息,如《中庸》所表明的,就在于我们必须作有意识的和诚心的努力,以保证可以察觉人类社群所有成员所共有的普遍性("庸"),并听到其内心所发出的旋律。这种努力要求我们细心察听,因为我们所能看见的迹象往往非常精微,我们所能听见的声响往往非常微弱。一旦心量的源泉萎缩,我们大多数人就再也看不见(或听不到)作为我们存在的这种规定性特征了。因此,我们迫切需要寻回原本就属于我们自己的东西。

三　天人一体观

　　人虽然束缚于大地,但却力求超越自身与天结合。儒家的这样一个思想清楚地表明:"人"不仅是个人类学的概念,而且还是一个具有天人关系的或宇宙与人伦关系的观念。既然人的价值不是人类中心主义的,则人是万物的尺度这样一个论断就不足以充分体现人文主义的精神。为要充分表达我们的人性,我们就必须同天进行对话。因为人性既是天所赋予的,就不可能通过离开它的源头,而是通过回归它的源头来实现自己。如此理解的人性,乃宇宙的公器,而非人类学世界的私产;而且它之为我们存在的规定性特征,正如它之为天的自觉的彰显一样。人性是天的自我彰显、自我表达和自我实现的形式。如果我们不能按照我们的人性来生活,我们从整个宇宙来说,就不能成就我们作为天、地的共同创造者的使命,从道德上讲,就不能克尽我们作为宇宙大化的共同参与者的责任。

　　儒家天人一体观的人的概念为儒家的伦理学增添了超越的层面。其实,天人一体观是儒家道德信念的不可分割的一部分,如果不理解天人一体的(即元伦理学的)基本原理,我们就根本不可能理解儒家伦理学是如何实际运作的。这些原理中,"仁"、"恕"、

"孝"、"敬"和"诚"在我们的讨论中应受到特别关注。既然我们在上一章中讨论了"诚"，我们下面就将把力量集中到讨论其他四项原理上。让我们通过内在与超越的创造性张力来继续探索"仁"，这种张力就是：我们不仅束缚在大地上，而且也同天连为一体。

由于我们束缚在大地上，所以我们是有限的。我们是存在于特定时空的独特的个人，我们每一个都遭遇到和生存于一个独特的人的处境之中。然而，我们之嵌陷于某一特定的尘世处境并不妨碍我们参与群体的，而且事实上也是神圣的终极的自我转化的工作。把结构性的局限转化成自我实现的工具的机会是人人相殊的，但对所有的人来说都是可资利用的。有意识地建立和扩展每个人各自的人性，以便使作为一个整体的人性得以充实丰富，这种任务本是人人都应承担的。然而，即使只有很少几个人认真对待这项任务，我们也无权放弃自己的责任。我们应该承担起我们自己所应负的责任，从而希望他人会跟上来。不过，我们这样作不是为了某种利他的缘故，而是为了更好地实现我们自己的人性。只要还有一个人仍在进行修身，则人性的火焰就不会熄灭，人性之流就不会干涸。

人类能够存活至今，就是人性之流尚未干涸的一个具体证明。人性将像一条潺潺小溪继续向前流动，因为它能不断地对周围世界作出回应。人性的内在动力和适应性使我们能够在我们的环境之内进入各种不同的相互关系，并且形成一个同天地万物沟通的错综复杂的网络。宇宙中没有什么事物能够处在人的感受性的运转轨道之外。人的这种回应能力有助于我们同自然进行一种充满同情的互动，而不是试图去宰制它、统治它。

如果人与自然互动中的对等和互惠为榨取和掠夺所取代，则人类和自然便都会遭受灾难。我们运用自己的才智和力量迫使自然向我们打开她的秘密。在这个意义上,击碎亚原子微粒可视为人类意志强制探明自然最内在的核心的一种要求,同时自然作为一种回应,则放出它的致命的射线或有毒的流体,既摧毁了自己,又摧毁了它的入侵者①。这种生动形象尖锐有力地提醒我们:应有的人与自然的对等和互惠在这里是根本不存在的。

"恕"被儒家视为人道的卓越体现。它把个体的人同人类群体联系了起来。人际中基本的对偶关系,包括"五伦"(父母子女,夫妻,兄弟,朋友和君臣),全都受"恕"原理的支配。这项原理的显著特征在于具有"己所不欲,勿施于人"的意识(《论语·卫灵公》第24章)。儒家的这条黄金律表明:体谅别人并不只是利他的,它对我们自己的修身是必不可少的。如果我们表现出这种人文价值,我们就算诚于己了。儒家的这项原理是从一个简单的自我反思的问题开始的:"如果我是我的父亲(儿子,女儿,母亲,丈夫,妻子,君,臣和朋友),我想受到什么样的对待呢?"这个答案既可以用作建立同他人相互关系的基础,又可以用作个人自我转化的基础。随着对偶关系发展成一种具有稠密结构的人际网络,我们的生命就变得更其复杂,我们就可以由他人的生命得到充实和滋养。这样,维持一种富有成果的对偶关系这一表面看来非常简单的行为就变成了一种重大的挑战。

当孔子列举自己修身方面的缺失时,他并不是出于谦卑:

> 君子之道四,丘未能一焉:所求乎子,以事父未能也;所求乎臣,以事君未能也;所求乎弟,以事兄未能也;所求乎朋友,

---

①　我非常感谢托马斯·贝里,他给我们描绘出了这样一幅生动的画面。即使我意识到人们通过科学发明设计出种种理解自然的强有力的工具乃人类的一种相当可观的成就,但是,这一生动的描绘对于有力地批判人的"麻木不仁"也有明显的意义。

先施之未能也(《中庸》第 13 章)。

如果根据"五伦"的说法,我们还可以加上一句,"所求乎夫以事妻,未能也"。"恕"这条肯认他人完善性的普通的为人之道,不断地向我们渴求培养的人性品质提出挑战。孔子在列举自己在修身方面的缺失后,要求我们认真地诚心诚意地省察我们的道德活动:

庸德之行,庸言之谨,有所不足,不敢不勉,有余不敢尽;言顾行,行顾言,君子胡不慥慥尔(《中庸》第 13 章)!

在基本的对偶的人际关系中担当父亲或儿子的角色都是相当困难的。当我们长大成人进入社群时,我们担当的每一种角色都要求细心关怀,以体现儒家伦理的特有的一些中心关怀。然而,儒家并没有恰当的术语来描绘所谓的社会角色。把父亲、母亲或朋友描述成我们在社会舞台上扮演的角色似乎不够真实,而且还有些令人厌恶。毋宁说,我们是通过做父亲、母亲、朋友、儿子、女儿、兄弟或姐妹的切身体验而表现为一个成熟的人的。当我们成为父亲或母亲时,我们之做儿子和女儿的体验就取得了新的意义。学习做人包含着一个不断的自我意识的过程,这是通过在一个不断扩大的人际网络之内精神上和思想上的互动而实现的。

通常认为,在儒家伦理中,父亲的权威是永远不会受到怀疑的。做儿子的就是简单地接受或顺从父亲的权威。这样,所谓父子关系就是一种固定不变的单向度的隶属或统治,这是对儒家伦理的一种狭隘的理解。诚然,儒家承认父子关系是一种不可逆转的纽带。这也意味着,所有的家庭关系,除夫妻关系外,也都是一种不可逆转的纽带。相形之下,君臣关系是按照"义"的精神建立起来的,在非常的情势下是可以割断的。大臣可以辞去他的职务,向君王上谏,甚或参加革命,改朝换代。儿子虽然永远不可能不承认同他父亲的纽带,但是他无须盲目地服从父亲的命令。儿子在道德上有义务察看他父亲的行为是否符合作为人父的标准("父父")。儿子对父亲的规劝虽然可能得微妙些和耐心些,但是如果父亲干的事不像一个父亲(即"父不父"),儿子为了自己的修身,也为了他父亲的好处,就必须担当起改进这一局面的责任。由此看来,支配父子关系的原理显然还是"恕"①。

"恕"不仅是和谐社会关系的人道,而且也是达到同自然沟通、建立同天的对话关系的人道。它既是一条规定社会行为规则的基本伦理,又是一条构成天人一体世界观基础的元伦理学原理。通过"恕",人便与宇宙的生化通而为一("赞天地之化育"),从而作为大化的一个共同创造者,形成与天地的"三才合一"。从这种观点看来,人类乃宇宙的孝子孝女。因此,在儒家的社会伦理中,孝是一条元伦理学原理,隐含在天人一体的世界观之中。

《中庸》是通过传承和连续的概念来界定孝的。《中庸》第19章说:"夫孝者,善继人之志,善述人之事也。"父亲活在儿子的记忆中,他通过儿子继续活着,并对社会变革产生某种社会影响。圣王如文王、武王和周公都是孝子,因为他们传承了周朝奠基人的教化能力,从而使他们祖先开创的事业得以代代相传下去。

虽然作为道德价值的孝是由生物学的事实产生出来的,但它不是对氏族血缘关系的特殊偏爱。毋宁说,我们的存在不是偶然的,而是漫长而连续的传承序列中的一个环节;承认这一点将会赋予我们一种根源性的感受。从天人一体观出发对之作出恰当解释之后,这种根源性的感受就会提醒我们:我们不仅对先人负有责任,而且对于后代也负有责任,他们也将传承我们的希望,并继承和推进我们的事业。尽管我们束缚在大地上,并且从生物学上讲

---

①　参阅杜维明:《自我与他者——儒家思想中的父与子》,载安东尼·马尔萨拉、乔治·德·沃斯与弗兰西斯·休合编:《文化与自我》(伦敦,塔菲斯托克出版社,1985年,第231—251页。下引此书,不注版本)。

总围于一定的环境之内,但我们却负有终极自我转化的使命,以致我们能够个体地和社群地成为天地化育过程的一个组成部分,形成与天地的"三才合一"。

儒家看到了我们对祖先的孝敬与对天的敬畏之间的对应关系。孝祖和敬天在儒家天人一体世界观中是两条并行不悖的原理。这些原理并不是为了维护现存的权力关系或现状而设计出来的保守观念。它们在过去时代为这些政治目的服务,实际上派生于一种更为基本的关切,即对宇宙整体的关切。若用当代的话语说便是:它们作为生态学原理,虽然是从人的角度设计的,但是它们都是受天的激励为了给宇宙带来和平与和谐这一首要目的而产生的。因而,孝祖敬天不是一种保守的观念而是一种保护自然的观念;它们试图在天人之间建立一种互存互动的有机统一体的范式。

按照儒家的天人一体观,学习做人的本真道路是从接受我们生存处境的嵌陷性和根源性起步的。我们总是作为活在历史上某一特定时刻的特定的个人而存在的。当我们把这种存在吊诡地理解成我们终极的自我转化之工具时,我们就为了践履与天的"盟约"而进入了同我们同胞的各种不同的对等关系之中了。这样一种行为,虽然表面看来是社会学性质的,但是却具有深刻的伦理宗教的意义;因为我们不仅是尽力维护我们群体团结的世俗的社会存在者,而且也是宇宙的孝子孝女。我们对于赋予我们生命的父母的孝敬自然地扩展到天地,以之为我们宇宙的父母。我们之所以表现出来对天的敬畏进而对地与万物的敬畏,乃是因为我们依赖于它们来供养我们的生存;而且也因为我们在其间所取得的安身立命之所,并不只是我们的成就,而且也是它们的赐予。

四　作为创造性转化的自我认同

至此我已经通过儒学宗教性的特征,概述了人给自己作出的筹划,并且确定了一些元伦理学原理,根据这些原理把人的筹划标示为"天在其终极转化中的一种自我意识"。我还坚持认为,人们所熟悉的儒家观念,如"仁"、"恕"、"孝"、"敬"和"诚"等,既可视为社会伦理中的行为规则,又可视为天人一体观的基本原则。现在我将集中讨论儒学中所包含的一些特殊问题。

(1)真我

为了方便起见,我用"真我"来指称儒学以"修身"或"修己"这样一些术语所表达的自我观念,以对照于诸如自我中心一类的术语所表达的"私我"的观念。区分真我与私我,乃儒家思想的一个突出特征。其实,儒家伦理可以看作是一种克治私我的艺术和科学,以便自我得以在一个有规矩的健康环境中成长起来,在这种环境中真我可以在和谐的礼的世界中彼此互动。

真我乃一开放的系统。尽管它有镶嵌性和根源性,但它却是从共同的人性源泉中吸收其精神资源的。它通过深探自己的存在根基而达到人性的公共源泉。自我无需离开其自身所在的处所去寻找一个精神发展的安身立命之所。然而,自我却必须认出它自己的面孔(一个为人类社群所有成员所共有的面孔),倾听它自己的心声(一种渴望同他人和自然建立同情性共振的心的旋律)。如果没有这种自我意识,它就很容易蜕化成私我的狭隘而自缚的结构。

《中庸》倡导"慎独"的艺术和科学,以为修身的本真方法,传统的实践把"慎独"表达成"当一个人独处时也须戒慎恐惧",这可能会使我们认为它所强调的是在私下和公共场合都须行为检点。这种解释虽然也有意义,但它只是抓到了"慎独"所指谓的"问题性"

的皮毛。在《中庸》中,"独"这个词有可能意指"孤处",但似乎是强调"自我"的单一性、独特性和其最内在核心。在这个意义上,"独"意指一个人的孤然独在,而且是一种不为变化着的周围处境所影响或烦扰的独在。固然,个人的这种品格当一个人在肉体上孤离时比较容易得到理解。但是,《中庸》倡导"慎独"的一套艺术和科学的真正用心在于强调自我的那种本质上的"孤独",即那种单一性、独特性及其最内在的核心。

《中庸》所透露的消息是相当明确的,即如果我能"慎独",我就能听到我的真我所表达的天命所赐予我之性的那种品质,我也就因此而知道宇宙之"大本",因为我将知道究竟是什么使我得以真正地成为人。但是,那种单一的、独特的和内在的东西也是普通的和普世的。质言之,我的内在核心,我的真我,也是人类社群所有成员所共有的。既然我作为人类社群的一个成员,被赋予了天所赐予的性,那么,当我通过"慎独"而认识到我自己时,我也就必然知道人性本身了。再者,既然我的尘世存在本身体现了一种超越的指涉,而这种指涉又是我的自我认识和人的认识所固有的,我也就同时可以知天了。

我作为一个普通的人竟具有一种通天人之际的转化性智慧。然而这种伟大的许诺却不应使我沾沾自喜。即使人的生存处境远非尽善尽美,但这种知识却是一种我们每一个人,不论老幼、贫富、聪明或愚蠢,都必定能够得到的赐予。既然如此,《中庸》关于人性的似乎乐观的论断便极大地仰赖于一种极易失去但却至关紧要的平衡,这种平衡是我们本真地持守人性所必需的。虽然具有转化性的知识是我们与生俱有的权利,但是若要使自己摆脱私我的结构性限制,则需要我们奋发努力:

　　人皆曰予知,驱而纳诸罟擭陷阱之中,而莫之知辟也;人皆曰予知,择乎中庸,而不能期月守也(第7章)。

20世纪儒学研究大系

(2)家庭

真我,作为一个开放的系统,是一个关系的中心,而不是一个孤离的个体。儒家人文主义的一个基本假定在于:家庭作为培育自我的自然的家园,尤其是帮助自我建立富有成果的对偶关系的自然的家园,是必要的,也是称心合意的。这些关系使自我得以扩展它的内在资源,深化它对周围世界的意识,超越私我的自我中心。

在儒家伦理中,孝的中心地位基于下面这样一个信念:人是通过自然地回应身边人们的爱护而意识到自己的。这样一种相互回应,由于充满了人类的传承性和连续性所必须具备的丰富的象征符号,所以被儒家视为个人成长的坚实基础:"孝悌也者,其为仁之本。"(《论语·学而》第2章)

一直有人主张:即使父母之爱是自然的,孝也是一种被反复灌输的道德价值,因而并不必然地是人性的自然表达。然而,儒家则坚持认为,孝即使被适当地培育也是子女对父母双亲的爱护的自然回应。孝并不是由于所谓"超我"对于天真无知的子女所作的一种巧妙的社会外加之物因而才获得特别值得珍视的价值。毋宁说,孝是人的感受性的不可避免的结果,因为它是同情之心自然流露的过程。既然作为子女,我们爱我们的父母,他们便是我们情感的直接对象。当我们意识到我们的幸福,事实上我们的存活,在很大程度上都是由于他们的不断支持时,我们就感受到一种回报的需要。这样一种需要是自然的和自发的。

对于受到精密的精神分析的见解熏陶的现代心灵来说,这种显然合理的思想方式可能看上去非常天真。关于父母子女关系的精神动力学要比我们刚才描述的模式复杂得多。我们关于婴儿的性的知识以及虐待儿童的知识,更不必说大家都知道的恋母情结的跨文化的渗透,可能会使儒家的主张难以原原本本地接受。

　　然而,我们需要记住,儒家的主张是一种最低要求。它远非对父母子女关系的综合笼统的陈述;它只是断言:父母的爱护与子女的孝敬的回应是自然的,并且具有深刻的道德意义。将整个伦理学一直建立在这个表面上看来似乎有问题的意见之上,其缘由是相当复杂的。然而,我们必须记住:儒家赋予生物学实存以复杂的文化符号含义,认为我们的"身体"作为人性的具体表现,是父母赐予的;这一点不仅是一种伦理学方面的抉择,而且也是一种形而上学方面的抉择。对于儒家来说,我们对待父母的方式象征着我们作为人活着的方式以及与自然互动并与天沟通的方式。

　　尽管父母子女的这种关系是儒家伦理的最突出的特征,但我们不能把它单独提出来作为其他家庭关系的规范。毋宁说,每一种对偶关系都处于一定的脉络中,这种脉络可确保它具有作为整个网络之有机组成部分的意义。儒学往往由于被理解为一种以父亲对儿子的统治为特征的权威主义而受到攻击。其实这种看法所涉及的是一个性质不同的问题,即政治化的儒家意识形态问题;这种意识形态在传统中国是作为一种符号控制机制而出现的。这种以"亲"的原理为基础的父子关系,当然可以蜕化成无情的统治。然而,孝的存在理据并不是为服从而服从,而是对那种构成我们存在的不可化除的终极实在之生物的、社会的和文化的一种赐予所作出的自然的回应。

　　儒家常常把兄弟姐妹关系看作深受欢迎的赐予。我们总是为有兄弟姐妹而感到幸福。当兄弟姐妹帮助家庭扩展到新的方向时,他们就拓宽了我们的关系网络,并且由于相互之间休戚与共而丰富了我们的生活。儒家把兄弟姐妹视为"手足",强调兄弟姐妹之间的亲密关系。儒家伦理通过协调人体的这些自然的延展而提供了一个经过精心培育的方法,就如在一个交响乐团中诸多乐器互补相成一样。"兄友弟恭"受到特别的珍视,它们差不多可以视为人类社群的一般行为模式。甚至对于那些无缘具有兄弟姐妹的人,"四海之内皆兄弟"这句格言对于增进兄弟(姐妹)之间爱的感情来说,既是一种鼓励,又是一种训令(《论语·颜渊》第 5 章)。

夫妻关系与父母子女或兄弟姐妹的关系不同,是社会契约的产物。它是通过选择而形成的。虽然我们不可能选择我们的父母、子女、兄弟和姐妹,但是我们却可以和那些关怀我们的人一起作出特殊的努力来选择我们的配偶。然而,夫妻关系是可以切断的。传统的中国法典,在儒家伦理的影响下,详细地规定了解除婚约的条件。据说圣王舜结婚的时候,事先并没有告知他的父亲,孔子的父母亲结成伉俪时并未举行过适当的婚礼,孔子本人不只一次地离婚;这些著名的传说似乎暗示夫妻关系方面的流动性或可变动性。然而,既然从人类演生的观点看,夫妻关系先于所有别的家庭关系,则儒家在宇宙论上就把它视为人类关系之"端"。这样,夫妻关系就获得了一种神秘的光环。宇宙论方面的阴阳模式就常被用来解释这种潜在的相互冲突而又本质上相互补成的关系。

儒家伦理在夫妻关系方面强调的是社会责任而非浪漫的性爱。这表明:儒家对家庭中的私人争论可能会破坏社会团结的这种危险有敏锐的意识。儒家把夫妻之间的恰当关系规定为"劳动分工"(即"夫妇有别")(《孟子·滕文公上》第 4 章)。如果我们熟悉妻子—母亲在传统中国家庭中诸如经济资源的分配使用、家庭纠纷的协调和年青一代的教育一类事务上的权利和影响,以及父亲在公众事务领域的无庸置疑的权威,那我们就会感到"劳动分工"或"夫妇有别"似乎很恰当地描绘了这种情势。传统儒学把家务界定为妻子合法的活动范围,可能已经过时,但是"别"的观念,传达了一种"区别"的意义,是植根于阴阳力量之间的既相互区别又彼此补充这种矛盾互补关系。只要性别的生物学上现实的性的区别继续存在,则"别"的社会的、文化的和宗教的意义也就不可能轻易地被消解掉。

父母子女、君臣和夫妻三种关系在儒学文献中被称作"三纲"。由于现代中国知识分子已经把这些纲常视为支配弱者(指年轻者、无权者和妇女)的权威主义行径的理据,三纲便常常被用作具体例证来说明儒家伦理是家长制的,老人统治的和大男子主义的。在传统的中国社会中,政治化了的儒家意识形态是作为一套符号控制的机制而发挥作用的。在官方儒学的影响下,中国社会的特点往往被说成是父对子、君对臣、夫对妻的权威。在现代一浪接一浪的反对儒学的运动中"三纲"成了攻击的主要目标,被看作是三种奴役的形式。

然而,确认"三纲"为一种统治范式并不意味着对那些基本家庭关系具有感情没有根据。相反,儒家把"家"视为终极自我转化发生的场所,这样一种洞见从精神性上来说是深刻的,从社会政治学上来说是富有意义的。

(3)社群

真我,作为一个开放的系统,不仅是关系的中心,而且也是一个精神和身体成长的动态过程。创造性转化中的自我是人际关系的不断扩张着的网络的具体"体现",而这种"体现"本身也在不断扩展和深化;我们可以把这一网络看成一系列的同心圆。既然这一体现过程是永无止境的,则我们就永远达不到这些同心圆的外部边缘。我们不断地伸展出去,以达到"与天地万物一体"。然而,当我们向外扩展,与最概括的普遍性或一般性("庸")形成一体的时候,我们也就回到了中心("中"),以便重新建立和重新确认这个自我。

我们(即我们的真我)创造性地转化我们的有限而束缚人的结构(诸如性别、种族、天赋智力和社会背景)以实现我们的全部人性,其具体步骤是多种多样和相当复杂的。然而,每个同心圆都表示在某一特定的时间、结构上的局限性转变成自我超越的工具。

例如,当真我克服私我结构上的局限性时,它就超越了自我中心主义而达到同家庭其他成员的富有成果的融合。当真我变成规定着家庭的对偶关系网络的一个组成部分时,它就重新再建立和重新再确认了其真实的自我认同。

儒家并不认为,促进自我认同的方式在于为了确认我们的精神独立而疏离家庭,因为我们对家庭其他成员的真实感情是自我转化的有力手段。当我们在心灵中培育足以体现"齐家"的能力时,我们就使自己超出了自我中心主义,而把封闭的私我转化成了开放的自我。

同样,如果我们不能同那些与我们没有血缘婚姻关系的人们建立有意义的关系,则我们的家庭主义就蜕化成了裙带关系。这也是另一种形式的结构上的局限性。同自我中心一样,裙带关系也使自我局限于一个小的圈子里。从短期来看,外加于自己的孤立主义或保护主义可能会给我们一种虚假的安全感,但是最终它将使我们麻木不仁,减弱我们的创造力,并且腐蚀上天赋予我们的人性。结果,我们就将不再能够保护我们家庭的幸福或维护自己的正直与完满。正如个我中心主义会伤害自我一样,裙带关系也会给家庭带来不幸。

儒家常常用家庭来比喻社群、国家和世界,这倒不是由于他们缺乏描述大规模的社会和政治组织的专门性术语。毋宁说,他们是由于这种以家庭为中心的词语表中内蕴着一种不断超升的理念,而宁可把帝王称呼为天子,把国王称呼为父王,把地方行政长官称呼为"父母官"。这种自我不是自我中心主义的,因为为充实自身而体现家庭人际关系的动态过程是自我的结构本身所固有的。这种家庭不是裙带关系的,因为作为有机统一连续体的体现为社群、国家和世界的这一动态发展过程是家庭结构本身所固有的。当有人批评孔子,说他不直接参与政府管理时,他回答说:照料家庭事务本身也就是参与政治了(《论语·学而》第21章)。自我修养("修身")和家庭治理("齐家")都是国家管理("治国")的基础。它们不只是私人的事情,因为公众利益正是由它们体现出来的①。

　　以"修身"、"齐家"为"本",以"治国"、"平天下"为"枝",这样一种逻辑可能会给人造成一种印象,即将复杂的政治秩序还原成了可以用个人和家庭术语予以解释的简单关系。然而,这种"本"与"枝"的二分却传达了一种从自我到家庭,再到社群、国家和天下的整个动态转化的意义。"修身"是本,在家庭中所要达到的和睦,就像树枝一样,是我们的经过修养的自我自然成长的结果。家庭是本,而在社群、国家和天下中所要达到的和谐,则是治理良好的家庭的自然成长的结果。在整个意义上,我们在自己家里私下处理的一切都深刻地影响着整个国家生活的素质。

　　然而,注意到下面一点是相当重要的,这就是:儒家并不由于强调修身的中心地位而减弱使家庭、社群、国家和天下富有同情或充分具有人性所需要的那种共同努力。正如自我要本真地体现人性,就必须克服自我中心主义一样,家庭要本真地体现人性,也必须克服裙带关系。同样,为要本真地体现人性,社群必须克服狭隘的地方观念,国家必须克服种族中心主义,世界必须克服人类中心主义。依儒家的包容的人文主义,经过转化了的自我通过个人和社群渐次超越自我中心主义、裙带关系、狭隘地方观念、种族中心主义和人类中心主义,而达到"与天地万物一体"。

五　从包容的人文主义看超越

　　在考察儒学的宗教性时,我们需要提出超越这样一个饶有兴

---

　　①　这种看法在《大学》第1章里最扼要地表达出来了。

趣的问题。我们必须自问：使犹太教、基督教和伊斯兰教具有显著特征的有神论的上帝观念是否同儒学具有宗教性的特殊方式相干？这样一种提问方式并不是从儒学传统本身产生出来的，但是我们在这里提出这个问题，就可以通过界定一种最适合于儒学自我理解的超越，把儒学宗教性的轮廓鲜明地勾画出来。的确，有神论的上帝观念，更不必说所谓的"全然的他者"，在儒家传统中是完全没有这类符号资源的。在探究儒学宗教性中的超越问题时，我们必须小心谨慎，不要把一种外来的解释模式强加上去，或者把那些仅只是边缘性的问题引进到它的中心层面。

儒学的宗教性是从"终极的自我转化"这个短语出发的。"终极的自我转化"既意味着一个人生命中的关键时刻，也意味着精神修养的连续过程。我们若要积极地投身于终极的自我转化，我们就必须作出准备这样做的有意识的抉择。既然具有宗教性就等于学习充分地做人，那具有宗教性就不是由于无所行动而是出于抉择。这同"宗教的人（homo religiosus）的观念并不必然矛盾，这种观念是一个关于人性的本体论上的论断。我们本性上是宗教的，但是我们必须作出存有论的决定来启动我们的终极的自我转化。

实际上，有意识的选择或存有论的决定也可以根据克尔凯郭尔的"或者—或者"的两分法予以理解。具体地说，一个人必须作出两种"或者—或者"式的决定。首先，一个人必须决定：学习做人（它是用传统儒学方式表示的终极的自我转化），或者是为了他人的缘故（"为人"），或者是为了自我的缘故（"为己"）①。从理论上说，学习做人既可以"为人"，也可以"为己"。其实，对个人与社会

---

① 《论语·宪问》第 2 章。关于对儒学教育这一重要方面的论述，请参阅 W. 西奥多·德·巴里：《中国的自由传统》（香港，中文大学出版社，纽约，哥伦比亚大学出版社，1983 年，第 21～24 页。下引此书，不注版本）。

的冲突宁可采取"既可—又可"的包容的解决方式，而不愿采取"或者—或者"的排他的解决方式，是儒家伦理的一个明显特征。然而，从实践上说，"为己之学"与"为人之学"之间的差别是基本的和至关紧要的。

"为人之学"表面看来，好像是利他的，但是孔子却批评它并非本真的。因为它常常是由并非为了改进自己的真实愿望的考虑所激发起来的。严格地讲，即使社会的要求及父母的催促对于推进我们意识到自己的责任十分必要，它们对于我们学习充分地成为人也只是第二位的理由。第一位的理由只是为了我们自己的好处而学。把我们的注意力转向内部，以便同我们的内在自我即真我打交道并达成和解，是终极自我转化心灵旅程的起点。为己之学乃学习充分地做人的本真方式。

然而，内在的反思不仅包含选择自我而非他人作为学习的首要焦点，而且也包括发展真我而非私我的鉴别能力。另一种必须进行的"或者—或者"的决定是："或者"是实现真我，即通过不断扩展的人际关系的网络，进行富有成果的沟通，创造性地把建立和扩展作为开放系统的自我，"或者"是受私我的支配，被封闭在自己的"意，必，固，我"之中（《论语·子罕》第4章）。这种实现真我的内在的决定并不会导致自我中心（也不会导致个人主义），因为它永远不意味着成为一种与社会毫不相干的孤立的精神性的要求。然而，我们也必须记住：尽管具有社会相关性，它首先不是作为社会伦理的一种机制发挥作用，因而不能够还原成社会关系中的一种决定。

用孟子的话来说，求知真我的内在抉择的目的就是去"认出"我们身上的"大体"（《孟子·告子上》第15章）。"大体"是相对于"小体"而言的，它指的是能够同天地万物形成一体的真我。孟子单挑出同情—移情（"不忍人之心"）来作为我们人性的独特的和规定性的特征(《孟子·公孙丑上》第6章)。虽然他有"食色,性也"的说法,把"食色"这样一些本能的要求看作合法地属于人的("小体"),但是他注意到它们也是其他动物所共有的。他承认,既然本能的要求构成我们自然之所是的大部分,在我们和禽兽之间的差别也就非常不显著,因此研究禽兽可以大大帮助我们在生物学层次上去理解人。孟子感兴趣的首先是在他看来使人成为独特的人与禽兽之间的存在的差别。因此,在人与禽兽之间的这种微小的差别("人之所以异于禽兽者几希"),就成了他关注的焦点。在孟子看来,"大体"既是培养我们成为人之所以为人的独特性的基础,也是这种培养的自然结果。这种观点对于我们理解孟子的整个构想至关紧要。

把人与禽兽之间的"几希"之别界定为"大体",这意味着实现做人所蕴涵的独特性不是一种静态的性质,而是一个动态的过程。既然同情和移情是人性的源泉,它也就是我们终极的自我转化的基础。通过增加我们的同情和移情的感情供应,我们就能丰富我们的人性;这样我们就能够充分地成为人。如果再次使用河流比喻的话,除非来自源头的供应充足,我们的人性就不可能流得很远。

孟子的"从其大体"的观念实际上与更为人知的孔子的说法"立志"是同义的①。正如孟子所指出的,当我们认识到这种使人异于禽兽的微小差别时,我们就认识到了我们人性中所固有的大体,就会认真地修身,渴望成为君子。君子就在于保存和扩大我们所有的人身上所共有的东西。然而,我们不只是承认和认识到我们每个人都能够具有的同情和移情这条原理,我们还应当肯认在

---

①　对儒学传统中孟子一系中这一至关紧要的观念的简短讨论,请参阅杜维明:《仁与修身:儒家思想论文集》(巴克莱,亚洲人文出版社,1979年,第89—99页)。

我们行动时我们将接受这些情感的指导。因此，"立志"就可以解释为作出一种抉择，去依照"大体"，尤其是依照赋予"大体"以本质特征的同情和移情这种感情行事。

"大体"不是一种静态的结构，而是人类关怀的一种动态的展开，因此这种"从其大体"的抉择就不可能一劳永逸地建立起来。这种意志也不可能通过一瞬间的行为建立起来。它只有通过一个无限的坚定而连续的"决意"过程才能够建立起来。这种决意并不是另外一件事物的功能（"用"）；它也不采取某种有限的形式。它是一种实体（"体"），标示着"大体"所具有的本体论实在性。

这种决意可以看作是"大体"的一种自我返照；因此，它总是作为一种自主自律的创造中心发出明熙。父母的亲切关怀，老师的启发教导，都无法代替我们自己"立志"。为了达到"为己之学"，我们必须自觉地超越"为人之学"的局限性。然而，一旦我们意愿要自己学习，我们就获得了自我转化的用之不竭的内在资源。

这种决意是立志的必要的和充分的条件。这里，也只有在这里，我们才能绝对地确信意愿必然带来拥有。孔子使我们确信"我欲仁，斯仁至矣"（《论语·述而》第30章）。孟子反复申明这样一种信念：只有在这种独特的情况下，"求则得之"。如果我们确是通过自己得到的，我们就会真正地"自得"。这种"自得"感是孟子作为学习做人的本真方式推荐给我们的：

> 君子深造之以道，欲其自得之也。自得之，则居之安；居之安，则资之深；资之深，则取之左右逢其原。故君子欲其自得之也①。

君子希望通过"自得"而得之道并不是到另外什么地方去求，

---

① 《孟子·离娄下》第14章。对这一思想的富于启发性的讨论，请参阅德·巴里：《中国的自由传统》，第44—48页。

不是离开我们此时此地的生存处境把它"攫为己有"。正相反,道就在当下,就在我们身边,它和构成我们日常生活基础的生存处境不可分离。似乎吊诡的是,一旦我们通过承担起自我教育的全部责任而获得道,我们就可以从几乎任何人际交往中获益,包括父母的亲切关怀及老师的启发教导。在培育人道的过程中,我们可以从大自然和超越她的"彼岸"世界获得益处。

因此,我们的决意立志意味着心不仅是作为一种体验的实存而呈现,而且从本体论意义上,也作为一种绝对的超越的实存而呈现。对儒家筹划的这一解读可能会给人造成一种印象:它还可以是"上帝话题"("God talk")的另一种版本,这个问题最近在神学界引起了许多争论。如果由于涉及一种绝对的、超越的实存而带来某种特殊的神学意味,则这并不是有意从神学角度思考儒家宗教性的结果,而毋宁是努力从宗教上理解儒学人文主义的自然产物。

使我们得以作出内在的决意以培育我们的敏感性("仁")的心就是孟子的所谓"大体"。它也是"立志"的终极根据。然而,它并不是一种可以离开和独立于我们生活具体性的一种客观实存。这种把心实在化的诱惑力由于宁可把它理解为一种无限存有和连续创造性的强烈倾向而得以减弱。心是通过一种内在昭明的无休止过程而展现自己的。它通过根本转化那些使其存在具体化的特殊形式而不断地超越自身。任何一种有限的形式,不论如何壮观,都不能把对它的不可穷尽的可能性充分实现出来。心所采取的种种不同形式表明其创造性不可能在任何一个特定的时刻、地点或个人都充分地具体体现出来,尽管它只有通过这种处于特定时刻、地点和个人中的具体情况才能展现自己。

心永远不可能通过赋予自身以"全然的他者"的身份来维持它作为绝对超越者所具有的那种纯粹的客观性。为了实现自己,它必须通过一个处于时空之中的个人的主体性运作。心是无所不在的,但不是无所不能的。它不可能从它的创造性所寓居的活动场所抽身。它的真实本性不在于一种彻底的超越,而在于一种具有超越层面的内在。归根到底,儒家的超越是它的包容的人文主义的一个有机的组成部分。

(节录自杜维明《论儒学的宗教性——对《中庸》的现代诠释》,段德智译,武汉大学出版社1999年版。该书英文版曾于1989年由美国纽约州立大学出版)

杜维明(1940——　　　),祖籍广东南海。美国哈佛大学哲学博士。曾先后任教于美国普林斯顿大学、加州大学、哈佛大学,并担任美国夏威夷东西文化中心文化与传播研究所所长、哈佛燕京社社长。美国人文科学院院士。新儒家第三代代表人物之一。著有《今日儒家伦理》、《儒家思想:创造转化的人格》、《新加坡的挑战》、《现代精神与儒家传统》等。

本文节选自杜维明《论儒学的宗教性——对〈中庸〉的现代诠释》第五章。作者认为,所谓儒学的宗教性归根结底是一个成为宗教的人的儒家取向问题,这种取向可界定为一种"终极的自我转化"。

中国宗法性传统宗教试探

牟钟鉴

问题的提出

中国历史上存在过哪几种大的宗教？这个问题似乎是不言而喻的。撇开原始宗教和古代国家宗教（指夏商周三代的宗教）不讲，也撇开普遍而持久存在的世俗迷信不论，在长达两千多年的封建社会里，大的宗教当然有佛教、道教、基督教、伊斯兰教，说得再宽泛一些，还包括各种民间宗教及少数民族传统宗教。儒学算不算宗教？儒学在中国中世纪思想文化中占主导地位，佛、道为之辅翼，其他宗教的影响更无法与它相比。假如儒学是宗教，它便是中国历史上最大的宗教。史家习称"儒、释、道三教"，然而这里的"教"乃是教化之义，非宗教之称。宗教的基本特性是出世性，构造出一个超人间的世界，认为它能拯救人间的苦难，使人得到解脱。儒家的天命鬼神思想确实包含着某种宗教性，但其基本倾向是入世的，以修身为出发点，以平治天下为最后归宿，所以它不是宗教。历史上凡是离开这一基本轨道而企图使儒学宗教化的儒者，如董仲舒、林兆恩等，都受到正统儒家的批评，未能成为主流派。假如儒学不是宗教，上述佛、道等教便没有哪一种曾经成为中国人的主要信仰。佛教在隋唐时期鼎盛，其影响远远超出僧尼的范围而及于社会各文化领域，然而它的正式信徒也只有数十万人，以后各代也并没有增加很多。在家信教者比出家人多得多，但在全国人口中仍然占少数，而且这些人又染了多神崇拜之习，信佛只是他们崇拜活动中的一项而已。道教可以说是中国土生土长的大教了，然而它的信徒人数始终比不上佛教，它的宗教活动一般不列入朝典国事，道教信仰在民间影响大，但虔诚的信教者不多。至于基督教和伊斯兰教，主要在局部地区和某些民族中流行，对于中国的社会生活，并不具有全局性影响。现在的问题是：在中国历史上有没有一种大的宗教一直作为正宗信仰而为社会上下普遍接受并绵延数千年而不绝呢？我认为是有的，这就是宗法性传统宗教。

中国宗法性传统宗教以天神崇拜和祖先崇拜为核心，以社稷、日月、山川等自然崇拜为翼羽，以其他多种鬼神崇拜为补充，形成相对稳固的郊社制度、宗庙制度以及其他祭祀制度，成为中国宗法等级社会礼俗的重要组成部分，是维系社会秩序和家族体系的精神力量，是慰藉中国人心灵的精神源泉。不了解这种宗教和它的思想传统，就难以正确把握中华民族的性格特征和文化特征，也难以认识各种外来宗教在顺化以后所具有的中国精神。

中国宗法性传统宗教在古人心目中占有崇高的地位，它不仅在实际生活中为官方所尊奉，为民众所敬仰，而且为学者和史家所关注。

在《尚书》、《周易》、《诗经》及《春秋三传》中，特别是在《仪礼》和《礼记》中，都有关于早期宗教祭祀活动和祭祀理论的记述。《史记》的《封禅书》，《汉书》的《郊祀志》，《后汉书》的《祭祀志》，对于历来的宗教祭祀活动作了专题的记载。由于宗法性传统宗教越来越与礼俗打成一片，汉以后的官修史书，多将祭祀事项载入《礼志》或《礼乐志》或《礼仪志》，而关于郊社、宗庙的制度与活动又总是放置在诸礼之首位、二位，在内容上占的比重也很大。唐宋以后典志体史书和大型类书，都给予宗法性传统宗教以重要的地位。《通典》

中的"礼典"，《通志》中的"礼略"，《文献通考》中的"郊社考"、"宗庙考"，不仅仅汇集了祭礼丧礼的资料，还对古往今来的传统宗教祭祀制度的沿革作了认真的考证。《太平御览》有"礼仪部"，有关宗教祭祀的资料相当丰富。《古今图书集成》更是集古今宗教文献之大成，上起周秦，下至清初，包罗的时间最长。可见古人是极重视传统宗教祭祀的，他们把这种宗教视为最正宗的信仰，作为国家宗教来对待。然而，它却被近现代学者所忽略了。面对如此确凿的历史事实和如此丰富的文献资料，研究中国宗教史的学者似乎是视而不见，大家眼里只有道教和佛教。有些论著涉及到历代的祭祀和丧礼，但多着眼于社会习俗，而不把它当作可以与佛教道教相提并论的正统宗教；或者把它与儒学混为一谈，用儒学宗教化的说法来代替传统宗教祭祀独立存在的客观事实；或者只把它看成是夏商周三代的宗教，秦汉及其以后则付之阙如，似乎这种宗教已经中绝，被佛道教完全取代了。例如王治心的《中国宗教思想史》和香港陈佳荣的《中国宗教史》都是把祭天、祭祖、祭社稷当作战国以前的古代宗教来处理，秦以下便转到佛道教上面，不再提及它，这是令人遗憾的。按照这种写法，便会出现一个奇特的现象：汉代只有迷信而无宗教，因为它处在三代以下，和佛道教兴起（汉末）之前，这当然是说不通的。

宗法性传统宗教在历史上确实形成为礼俗，影响到人们的日常生活，但它不是一般的礼俗，而是宗教礼俗，具有鲜明的宗教特征。宗教礼俗化就是宗教的世俗化，这是多数宗教的共同趋势，佛道教也不例外，因此不能以此来否定传统信仰的宗教性。宗法性传统宗教与儒学确有交渗的地方，例如儒家经学中的礼学，有很大一部分就是研究祭礼和丧礼的，它是传统宗教的理论基础；一批儒家学者热心于宗教祭祀，不同程度地参与了祭丧之礼的修定和实行；儒学中的天命论和鬼神思想是传统宗教神学的重要内容。但儒学不等于宗教：儒学只是有一定的宗教性，但又有更多的非宗教性，它的轴心不在宗教祭祀，而在修身治国，所以主流派重人事轻鬼神，出现过一批主张无神论的儒者；传统宗教有确定的典章制度，有独立的前后相继的历史传统，为官方所掌握，基本上不受儒学学派分化和儒学思潮起伏的影响，也就是说，儒学有自己的学统，宗教有自己的教统，彼此影响但保持着相对独立的地位。中国宗法性传统宗教也不能混淆于一般的世俗迷信，它不仅有基本的信仰、严格的制度、经常的活动，它还有系统的理论、周备的礼仪，并为历代官方所尊奉，也为全社会所敬信，其正统地位是无可争议的。还要着重指出一点：宗法性传统宗教并非只存在于三代，它不间断地延续了两千多年，而且越往后越加系统完备；研究中国中世纪的宗教而不研究传统的祭天祭祖祭社稷，就不止是部分的短缺，而是主导线索的丧失，其失误是根本性的。

由此可见，研究宗法性传统宗教非常必要，不弄清楚它，就不足以澄清目前中国宗教研究中的一系列混乱，也就难以开创中国宗教研究的崭新局面，一部综合性的中国宗教史就无从着手进行。现在的任务，并不是由我们研究者利用一些资料把宗法性传统宗教拼凑出来，创造出来；现在所需要的仅仅是由我们研究者重新发现它，如实介绍和正确评价它。至于把它称作什么宗教是在其次的事情。我把它称作宗法性传统宗教自有我的理由，下文将有申述，别人也可以给它起另外的名字，但它是中国历史上客观存在的正宗大教，却是不容怀疑的铁的事实，只是还没有引起我们足够的注意罢了。

宗法性传统宗教的特点

1. 来源的古老性　天神崇拜、祖先崇拜以及其他一系列自然

崇拜都起源于原始社会或国家形成初期。考古与古文献资料表明，土地崇拜、谷物崇拜和日月山川风雨雷电崇拜发生很早，是先民的普遍信仰。在君主等级制社会出现不久，鬼神观念也开始了等级的分化，在百神之上诞生出至上神，殷人称之为帝，周人称之为天。天神是人君在天上的后台，人君是天神在人间的代表，君权天授成为千古不移的真理，祭天成为历代君王独擅的特权。祖先崇拜发生于氏族社会，而男性祖先崇拜则盛行于父权制氏族社会。当中国从原始社会跨入私有制社会之后，非但没有抛弃氏族组织的外壳，反而更加强化了扩大了氏族与部落的血缘网络，家庭、家族成为社会国家稳定的基础，所以以父系血缘为脉络的祖先崇拜更加系统发达，祭祖与敬祖成为中国人的普遍的基本的信仰。总之，原始宗教、古代国家宗教、中世纪传统宗教，都是一脉相承下来的。

2. 发展的连续性　从世界范围来说，希腊、埃及、波斯、印度等文明古国，在原始社会和早期国家的阶段上，同中国一样，也盛行着天神崇拜、祖先崇拜、自然崇拜。但这些国家在进入中世纪以后，其古代宗教传统都发生了较大的转向甚至断裂。古代的希腊宗教为基督教正教所取代，埃及与波斯都转而信奉了伊斯兰教，印度则有佛教的崛起。在阿拉伯地区，在欧洲多数地区，古代宗教信仰基本上改变为伊斯兰教和基督教信仰。在大的文明古国中，唯有中国，其古代宗教传统没有中断，进入中世纪以后越加兴盛发达，越加严整周密。不论朝代如何更替，都没有影响到它的正宗地位；道教的兴起，佛教的传入也不曾动摇它的国家宗教性质。对于多数中国人来说，敬天祭祖是第一义，不可放弃，而佛道的信仰属第二位第三位，可以信，也可以不信。这种情况一直延续到近代辛亥革命前后，说明这种宗教有极为稳固的传统。

3. 仪规的宗法性　这种宗教的基本信仰就是"敬天法祖"。

《礼记·郊特牲》说："万物本乎天，人本乎祖"，这是中国人对万物与人生本源的基本看法，祭天祭祖就是报本答恩的方式，敬天必忠君，于是忠道得以伸张；法祖则重丧祭，于是孝道得以发扬。忠孝之道乃是宗法等级社会的主要伦理规范，所以传统宗教有着强烈的宗法性。所谓宗法，就是巩固父系家族实体的一套体制，它以男性血统的继承关系为轴心，形成上下等级和远近亲疏的人际网络，以此决定财产与权力的分配与再分配，上有皇族，中有宗族、家族、下有家庭，它们是联系社会人群的普遍性纽带。嫡长子继承制是宗法制的关键所在，由此而有大宗小宗、嫡子庶子之分。由于宗法制最重父权和父系血统，所以它需要崇拜男性祖先，包括远祖与近祖，需要人们具有强烈的亲祖观念与感情。儒家伦理在本质上就是宗法伦理，它直接产生于宗法等级社会的土壤。这样看，传统宗教与儒学是同一株宗法等级社会的大树上结出的两个果实，前者是宗法主义的宗教形态，后者是宗法主义的理性形态。从宗教的组织活动上说，传统宗教没有一套独立的教团组织系统，它的宗教祭祀活动由国家、宗族、家族、家庭所组成的宗法组织体系来兼管。一个人在宗教祭祀活动中的地位与作用并不决定于他的宗教学识、才干、经验，只决定于他在宗法组织中的等级地位。天子是皇族的首席，所以独揽主祭天神和皇族先祖的神权。宗族、家族、家庭的祭祖活动，当然由族长和家长主祭。宗教祭祀是宗法组织的经常性的和份内的事务，没有另设宗教组织的必要，因此也就没有入教手续和教徒非教徒之分，宗法组织属下的成员都是信徒，除非他明确信仰了别的宗教。所以对于多数中国人来说，传统宗教是接近于全民性的宗教。这种泛世性导致如下后果：公开背叛敬天法祖信条者固然罕有，虔诚而狂热的信徒也在少数。总之，与宗法制度、伦理紧密结合在一起，缺乏组织上的独立性，是传统宗教的最大特点，也是我称之为宗法性传统宗教的主要根据。

4. 功用的教化性　宗法性传统宗教一般不特别追究鬼神世界的具体情状和个人灵魂如何得救,也不特别看重祭拜仪规的细节,它最看重的是宗教祭祀发生在政治和伦理方面的教化作用。所谓"神道设教",就是通过崇建神道来设立教化,是把宗教祭祀作为基本的教育手段来实施的,所以有"祭者教之本也"(《礼记·祭统》)的说法,这种宗教观点是伦理型的,很有代表性。为了达到神道设教的目的,宗法性传统宗教要求人们敬祭神灵时要有诚心,要严肃认真,其目的固然是为了获得神灵的好感,使之保佑自己,也同样是为了培养人们恭敬孝顺之心,改善人性,净化心灵。神道设教本身包含着神道和教化两大因素,凡强调先诚信神道而后才能教化人心的,属于有神论,这是传统宗教的主流派;凡只着重教化的功能,而把神道视为单纯教育手段的,则有走向无神论的可能,成为一种异端。荀子说:"君子以为文,而百姓以为神。"王充说:"缘先事死,不敢忘先;五帝三王,郊宗之祭,不敢忘德,未必有鬼神能歆享之也。"在这种思想泛滥的时候,祭祀活动就有可能流于形式,失落其宗教性,而与世间的礼俗融为一体。

5. 神界的农业性　中国地处温带,土地肥沃的中原地区早就发展出锄耕农业,并成为整个古代中国的经济命脉。在这种发达的农业经济基础上产生出种种光辉灿烂的物质与精神文明成果,因此中华文明主要是农业文明。与此相适应,从原始时代一直延续下来的自然崇拜,明显地以农业神崇拜为核心,自然诸神的神性都关系着农业生产。农业祭祀很早就出现了,对天地日月风雨雷电山川的祭拜主要是为了祈求丰年,而对土地和谷物的崇拜尤其成为农业祭祀的核心,于是有社稷崇拜。社是土地神,稷是谷神,代表着最重要的农业生产资料和劳动成果,因此享有殊荣。在整个中世纪,社稷之祭仅次于祭天,几与祭祖相等,这是因为民以食为天,农业是立国之本,收成的好坏直接影响到宗法等级社会根基的稳固性,所以社稷成为传统宗教的重要组成部分。中国历史上还尊奉一位农业大神号称神农氏,他被认为是农耕事业的创造者,世世代代受到祭祀,叫着祭先农。

敬天与祭天

天神崇拜大约发端于父系氏族社会的后期——部落联盟时期,具体情形已微茫难考。《论语·尧曰》说:"唯天为大,唯尧则之。"《尚书·尧典》说:舜"肆类于上帝"。《墨子·兼爱下》引《禹誓》说,禹征伐有苗乃"用天之罚"。《尚书·汤誓》说:"有夏多罪,天命殛之","夏氏有罪,予畏上帝,不敢不正"。《孝经》说:"周公郊祀后稷以配天,宗祀文王于明堂以配上帝。"按照上述文献的说法,尧、舜、禹、汤、周公都敬祭天神,不过有时称天,有时称上帝,有时兼称而已。殷代的天神崇拜已由殷墟考古资料确切证明,卜辞中有"帝其令风"、"帝令雨足年"、帝能"降莫"、"降祸"的记载,说明上帝是自然和社会的主宰。周人有时也沿用"上帝"旧称,但多使用"天"或"皇天"、"昊天"、"苍天"或者将天与帝结合起来,称"天帝"、"昊天上帝"(后世用此称号最多)、"皇天上帝"等,《尚书》、《诗经》可以证明"天"是茫茫太空的神化,它被赋予至上神的神性以后,仍然保留了原有的浩渺性覆盖性,比"帝"的称谓更能表现至上神的高深莫测和包容无边,因而也具有很大的模糊性,使得后来中国人的天神观念歧义纷出,在理解上有较大的发挥、回旋的余地,也容易被泛化为"天命"、"天道"等概念。如果说殷人的上帝只是该部族的保护神,它是喜怒无常的人格化了的至上神,那么,周人的天神便具有了主持正义公道、关心全社会利益、具有恒常赏罚标准的神性;它"唯德是辅",不仅仅是王权的赐予者和保护者,同时又是王权的监督者控制者;天子从天神那里取得统治人间的权力以后,还要"以德配天"、"敬德保民",承担一系列社会责任,才能得到天神的恒久信任,保持政权的稳定,否则天命就会转移到异姓的有德者身上。这一思想的主要缔造者是周公。儒家的天命论可以用"死生有命、富贵在天"一句话来代表,它赋予天以非人力性,凡主观努力所不能达到的地方即可归之于天命。这样,先秦时期关于天的观念就有主宰之天、道德之天、命运之天三重性质,后世人们心中的天神就是混同了这三重性质的支配人间的力量。

敬天祭天其义有四。其一,效法天道以定人事。《周易》云:"天垂象见吉凶,圣人则之。"《论语》云:"唯天为大,唯尧则之。"其二,承天之佑,畏天之罚。《论语》:"获罪于天,无所祷也。"《周易·困卦》:"利用祭祀,受福也。"《春秋繁露·郊语》:"不畏敬天,其祸殃来至闇。"其三,感天之德,报天之恩。《礼记·郊特牲》:"郊之祭也,大报本反始也。"《物理论》:"祭天地,报往也。"其四,王者受命于天,祭天可以巩固王权。《五经通义》:"王者所以祭天地何?王者父事天母事地,故以子道事之也。"《汉书·郊祀志》:"帝王之事莫大乎承天之序,承天之序莫重于郊祀,故圣王尽心极虑以建其制。"由此可知,敬天是天下人普遍应该持有的信仰,但祭天则主要是君王自家的事情,天神崇拜是王权的精神支柱。

祭天的活动基本上有四种方式,即:郊祭、封禅、告祭、明堂祭,现分别简述如下。

1. 郊祭　这是历代君王祭天的主要方式。根据《礼记》、《周书》和《孝经》的记载,大约自周代起,正式于京城南郊祭天,当时天地合祭,以祖先配祭,行"燔柴"礼,就是积薪于坛上,放置玉帛及牺牲,点燃后使烟气上达于天空,还有相应的贡品、音乐、祈祷等种种仪节。战国中期以后阴阳五行思潮流行,天帝因而分裂为五,出现五帝说:黄帝居中,具土德;太皞居东方,具木德,主春,亦称青帝;炎帝居南方,具火德,主夏,亦称赤帝;少皞居西方,具金德,主秋,亦称白帝;颛顼居北方,具水德,主冬,亦称黑帝。又有后土、句芒、祝融、蓐收、玄冥五神配五帝而为之辅佐。天子依四季的顺序分次祭祀五帝和五神。据《史记·封禅书》,秦国于四時祀白青黄赤四帝,刘邦入关后增立黑帝祠,自此而正式有五帝之祀。但五帝之祀削弱了传统天神的统一性和至上性,不利于统一的中央政权的巩固,所以汉武帝依谬忌之奏,立祠祭天神太一,五帝降为太一之佐,而在祭祀制度上并无严格的规定。东汉时受谶纬的影响,在太皞、炎帝、黄帝、少皞、颛顼五人帝外,复有灵威仰、赤熛怒、白招拒、叶光纪、含枢纽五天帝出现,而每一朝代皆感应五帝之一而兴,故又称感生帝,其祀典亚于祭天而同于祭五人帝。《孝经》上有"郊祀后稷以配天,宗祀文王于明堂以配上帝"的话,郑玄据以将天神分裂为二:祭昊天于圜丘,祭上帝于南郊。又以昊天加五天帝而为"六天"之说,魏明帝祭天即采郑说。晋武帝摈弃郑说,采用王肃之说,以为圜丘与南郊是一回事,并五帝为一神,同称昊天上帝,又于北郊设方泽祭地。自此以后有天地分祭之制。祭天有诸天体、气象之神配祭,祭地有诸山川河海之神配祭,南北朝各代时有增删变动,但都没有中断祭天的典礼。隋代因于前朝。唐代初采郑玄说,圜丘祀昊天上帝,南郊祭太微感帝,明堂祭太微五帝。高宗时又弃郑取王,合圜丘与郊为一,罢感帝祠,复又用以祈谷。开元礼大体确定了国家祭祀制度,以昊天上帝为最高天神,以地祇相配,五帝神从祀,余及各种神灵,以尊崇的祖先神配祀,皇帝亲祭天于南郊。宋因唐制,无大变动。明代嘉靖皇帝以制礼作乐自任,确定分祀天地;复朝日夕月于东西郊;在正阳门外五里大祀殿之南作圜丘祀天;于大祀殿祈谷;作方泽坛于安定门外之东用以祭地;在坛制、神位、祭器、供品和礼仪上均臻于完备。清代基本仿效明代祭天之制,以圜丘北为祈年殿。郊天之礼仪一般是:由钦天监预卜吉期时辰,前一日皇帝至天坛斋宫斋戒,祀日穿天青礼服,上香并行三跪九叩礼,奠玉帛,燔柴,奏祀乐,献祭。正月祈谷与夏季雩祈亦在天坛举行。各朝皇帝南郊祭天,或一年一次,或二年、三年一次,有时因战乱而停止稍长时间,但大致上未曾中绝,只要社会安定下来便及时加以恢复。皇帝亲郊的时候居多,有时也遣官代祭,但主祭的名分仍归皇帝一人,这是天子独享的神权。

　　2.封禅　如果说郊祀是国家经常性的祭天方式,那么封禅就是特别隆重、难得举行的祭祀天地的大典。祭祀的地点必须在东岳泰山。祭祀的方式是:在山上筑土为坛以祭天,报天之功,曰封;在山下小山除地,报地之功,曰禅。行封禅之礼须有两种情况之一出现:一是改朝换代,"易姓而王,必升封太山,报告成"(《白虎通》);二是世治国盛,"昔古圣王,功成道洽,符瑞出,乃封太山"(尚书·中候)。封禅大典虽然隆盛光彩,但要耗费巨大人力物力,以供应皇帝一行沿途费用,所以即使自视为治世之君者,也常因财用不足而放弃封禅的打算。历史上行封禅大典的君王屈指可数。《史记·封禅书》载管仲所说古者封禅七十二家之事,微茫难信,三代封禅之事当或有之,亦难细考。史料有确凿记载的封禅皇帝有:秦始皇、汉武帝、汉光武帝、唐玄宗、宋真宗数人。齐桓公、魏明帝、晋武帝、宋文帝、梁武帝、隋文帝炀帝、唐太宗等君王皆有封禅之议而未能行。汉光武封禅,曾封藏玉牒于山顶祭坛石函内,外人不得见其内容。唐玄宗行封禅礼时,出玉牒以示百僚,其词曰:

　　　　有唐嗣天子臣某敢昭告于昊天上帝:天启李氏,运兴土德。高祖太宗受命立极。高宗升中,六合殷盛。中宗绍复,继体不定。上帝眷祐,锡臣忠武,底绥内艰,推戴圣父,恭承大宝,十有三年,敬若天意,四海晏然。封祀岱岳,谢成于天,子孙百禄,苍生受福。

此即奉天承运、敬天安民、祈天赐福之意。

　　3.告祭　在新朝初建、新君初立、建都、迁都、封国以及其他国家大事进行之际，要举行告天之礼，以表示事情重大，需要特意报告上天，求得上天的认可，取得合法的名义，用以稳定政局，安定民心，此之谓告祭。告祭不同于郊祭，没有相对确定的祀期，也不经常举行；又不同于封禅，无需皇帝亲自到泰山举行大典。《论语·尧曰》载商汤灭夏以后行告天之祭，曰："予小子履敢用玄牡，敢昭告于皇皇后帝，有罪不敢赦，帝臣不蔽，简在帝心。朕躬有罪，无以万方，万方有罪，罪在朕躬。"这大概是最早的告天文词。据《史记·周本纪》，周武王灭纣后举行过告天社祭，历数殷纣暴行，表示受天命代殷。周平王迁都洛阳，曾用牲于郊以告天。此后，东汉刘秀即帝位时筑坛告天，魏文帝登坛受禅时燎祭天地五岳四渎，开权臣以实力为后盾实行和平更权之先例。不久刘备于成都称帝，昭告皇天上帝后土神祇，历数曹氏篡汉之罪，以恭行天罚、复兴汉室自任。这样在曹魏与蜀汉两地同时出现了两种对立的天命，可见天命实际上是"人命"，是人根据自己的需要造出来的。晋武帝代魏、宋武帝代晋，齐高帝代宋，梁武帝代齐，陈高祖代梁，都是以实力为依凭的宫廷政变，又都要走一番"禅让"的过场，并且都于南郊设坛举行告天仪式。其告天文大同小异，无非是历数前朝罪恶，罗列自己的功绩，表示取彼而代之乃是上合天心，下顺民意，不得不如此，并非出于一己之私欲，又祈求上天多多保佑，国泰民安，祚运长久。此后，"天命不于常，帝王非一族，失德必坠，得道可王"的思想深入人心；天神的权威是永恒的，人间的君王是可变的。这样无论朝廷如何更替，天神崇拜都能够继续流传下去。隋文帝、唐高祖、宋太祖、宋高宗皆于即位时行告祭之礼。宋孝宗为帝行告祭，打破开国告天的惯例，光宗、宁宗仿效之。宋高宗巡行建康和兴师伐金时告天，宋宁宗兴师北伐亦告天，使告天的范围扩大。清代之制，凡登极、上尊号、万寿节、册立太子、册立皇后、亲征命将、修建郊坛太庙、岁旱祈雨等，皆祭告天地、太庙，有时加祀社稷。

4．明堂祭　明堂始于周代，是天子颁布政令、月令、教令和举行宗教祭祀的地方。按《孝经》的说法，周公"宗祀文王于明堂以配上帝。"则明堂乃文王之庙，同时也祭祀上帝。受五帝崇拜的影响，《吕氏春秋》十二纪规定天子按十二月的顺序轮番住进类似明堂的不同房间内，祭祀当月相应的五帝五神，不同于太庙祭祖。按《礼记·明堂位》的说法，明堂用于诸侯朝拜天子。在建制上，一般认为有殿无壁，有盖有室，上圆下方，四周环以水。室则有五室、九室、十二室之说。自汉武帝采公玉带之说建明堂祭祀太一与五帝以后，明堂与五帝祭紧紧相连，成为天神崇拜活动的重要场所。蔡邕著《明堂论》，认为明堂以祭祖为主，兼有赏功、敬老、显学、选士等功能。郑玄认为明堂祭五帝五神，它与太庙、路寝（天子斋室）三者制同而实异。从明堂的历史发展看，早期具有多功能，后来偏重于祀五帝，成为郊祭的一种补充。五帝在初期等同于上帝，后来降格为昊天上帝之下的天神，而在群神之上，并且常常与天混同，所以明堂祀五帝乃是祭天的方式之一。汉魏时期多宗祀先祖于明堂以配上帝，有时也祀五帝于明堂。晋代一度除五帝位，旋即恢复，南朝皆祀五帝。唐代诸帝多于明堂举行秋季大享之典，祀昊天上帝，以五帝从祀。宋代设明堂于宫禁之内，或祀五帝，或祭天地，或布政布历。明代嘉靖皇帝定秋享于明堂，如郊天之礼。清代有堂子祭天之制，类似于明堂，告天之礼多行于此。

祭祖与丧葬

中国中世纪是宗法等级社会，男性血缘关系制约着人们的经济、政治关系，所以敬祖和祭祖成为社会精神生活头等重要的大事。崇拜祖先包括崇拜远祖与近祖，《论语》上有"慎终追远"的话，慎终就是隆重地操办父辈或祖辈的丧事，追远就是祭祀和追念有功有德的先祖。从理论上说,祭天比祭祖在前,其顺序是"天地之祭,宗庙之事"(《礼器》),但在事实上,祭祖和丧葬比敬祭天神还要重要。因为:第一,天神的观念抽象而模糊,祖先的观念具体而确定;不敬天者历代多有,怨天骂天犹可为社会所容忍,但不敬祖者世所罕见,祖先受辱,祖坟被掘最不堪忍受。"不孝有三,无后为大",无后即无人祭祀先祖,祖灵不得血食,意味着一姓血统断绝,所以中国人极重后嗣,又热心于修祖坟、续家谱,确认门第宗系,有极强烈的寻根意识。第二,祭天活动限于朝廷皇室,祭祖的范围则要广大得多,几乎遍及社会各阶层。国有太庙,族有宗祠,家有祖龛,贫困之家也要立祖宗牌位。丧葬仪礼虽有厚薄之差,但在感情上重视的程度大都是强烈的。做官者父母去世,要辞官回家守丧,成为历代通制。第三,祖先崇拜的精神深深渗入天神崇拜,如视天与君王的关系如父子,故王称天子,又如将天看成众人之曾祖父(董仲舒),人们常用家族的眼光去看待天人关系,视宇宙为一家。

　　殷代的祖先崇拜颇为发达。据陈梦家《殷墟卜辞综述》的研究,殷人祀祖采用"周祭",周祭又有小中大之分。殷朝末年,祖先神太多,因而出现"选祭"。殷代虽重男性血统,但未能建立起宗子继承制度,王位的继承多是"兄终弟及"。周朝代殷后,宗法制趋于成熟。周天子是天下的大宗,其王位由嫡长子继承,百世不迁。各庶子受封为诸侯或大夫,对于周王是为小宗,在其封内又是大宗;其庶子受封为卿大夫是为小宗,在其宗族内又是大宗,层层相递,形成宗族式的社会。与此相应,周人建立起宗庙祭祖之制。天子七庙,太祖与三昭三穆;诸侯五庙,太祖与二昭二穆;大夫三庙,太祖与一昭一穆;士一庙;庶人祭于寝(据《王制》)。所谓昭穆就是隔代将先祖分成两列,便于合理确定其灵位与太祖灵位的远近位置。按《王制》的说法,天子诸侯祭祖一年四次:"春曰礿,夏曰禘,秋曰尝,冬曰烝。"事实上最重夏祭,故后也常用禘代表帝王祭祖之礼。

祭礼还有"祫",合祭先祖于太庙；"祔",新死者与祖先合享之祭；"祧",祭祀远祖或迁庙之祭。又有立尸制度，即用孙辈孩童作为祖灵的象征，对之供享祭拜，以明子事父之道。秦以后此制乃废，代之以木主。周人又重丧葬之礼，一般分成三大步骤：先殡，次葬，最后服丧。殡包括停尸与入敛，给亲友以吊唁哀哭的机会。葬包括出殡与下葬，正式安顿死者于地下。服丧包括穿丧服、节制饮食起居，定期祭悼等。所谓三年之丧是指死者神主入祖庙之日起到二十五个月后的大祥，守丧毕。

《周礼》《仪礼》《礼记》诞生于战国至汉初，在保存古代遗文旧制的基础上发挥出相当系统的典章礼制之学，其中也体现了儒家关于宗教祭祀的构想，尤以敬祭祖先为最详备。三礼把祭祖放置在仅次于祭天而与社稷平等的地位，云："建国之神位，右社稷而左宗庙。"（《周礼·春官》、《礼记·祭义》）认为丧祭乃诸礼之重心所在，故云："礼始于冠，本于昏，重于丧祭。"（《昏义》）"礼有五经，莫重于祭"（《祭统》）。它把祭祖与巩固宗法秩序和加强道德教化联系起来，故云："亲亲故尊祖，尊祖故敬宗，敬宗故收族，收族故宗庙严。"（《大传》）又云："修宗庙，敬祀事，教民追孝也。"（《坊记》）三礼在前人丧制的基础上整理出关于丧服的五服之制，其基本原则是依照生者对死者的远近亲疏来确定丧服样式上和穿戴时间上的轻重。最重为斩衰，服期三年；次为齐衰，服期一年；再次为大功，服期九月；再次为小功，服期五月；最后是缌麻，服期三月。三礼中本来有许多理想的成分，自从成为经书之后，被认为是圣人之言、周公之制，应当加以实行，于是上述理论逐渐变成国家的礼仪，又渐渐下移为民间习俗。

汉代叔孙通定宗庙仪法，但不成熟，虽各帝王皆立宗庙，而祭法各异，天子七庙之说未能实行。魏晋南北朝多立一庙七室，为七庙之礼。唐太宗立七庙，唐玄宗创太庙九室，其后又有九代十一室;五年一禘,三年一祫。诸臣依官位品级而定庙制,上品四庙,中品三庙,下品二庙,嫡士一庙,庶人祭于寝。唐制:庶子官尊而立庙,则以支庶封官依大宗主祭,兄陪于位,这是官本位对于宗法丧祭的某种超越和修正。宋立国以后,以七室代七庙,室遂题庙号。由于太祖之位难定,常虚其位,或以开国皇帝为太祖,而嫡长子继承制又常以兄终弟及和大臣议立为补充,难有百世不迁之大宗,故祖灵的设置往往一时一变。朱熹曾感慨地说:太祖昭穆庙制一事,千五六百年无人整理。盖因时移世变,古制不可必复也。宋代宗庙之祭,除禘、祫之外,每岁有五享:四孟月及季冬。朔望则上食、荐新。还有朝享、告谢、新主祔谒等都是宗庙大祀。元代蒙古贵族仿传统庙制在大都建太庙,具七室,后又扩为十室,定太祖昭穆之神位:所异于传统者,一为于太庙荐佛事,二为保留蒙古割牲、奠马湩等旧仪。明代宗庙仪制几经变动,初有四亲庙,后为同堂异室,嘉靖中新建太祖庙及祧庙,并创皇考庙,宫中又有奉先殿,是皇室经常祭告祖先的场所。清代建太庙于端门左,其昭穆之序及祔祭多有变更。至宣统元年始定庙制,四孟享太庙,岁暮祫祭。宗室封王者立家庙,品官依品级定祭祖规格,庶人家祭。

在丧礼服制方面,唐以后有细密化加重化的趋势。如唐代将曾祖父母齐衰三月改为五月,父在为母服一年改为齐衰三年。宋代取消了夫妻为男方父母戴孝的差异,妇人一从其夫。明代更为重男轻女,妇为舅姑、妻妾为夫皆斩衰三年,而夫为妻不过齐衰杖期,为岳父母不过缌麻三月。清代加重规定子妇亦得为子之众母服斩衰三年,并允许独子兼承两房宗祧,以大宗为重。

纵观中国历史上的祭祖与丧葬,就其宗法性的演化而言,可分为早期、中期、晚期三大阶段。周代为早期,行政系统与宗法体系相一致,全国如同一个大家族,祭祖既是宗教活动,又是政治活动。秦汉至宋为中期,以地域为基础的行政区划和选拔官僚制打破了无所不包的宗法体系,宗法制缩小为宗族内部的制度,祭祖不再是全国统一的政治行为,官阶品位有时比嫡庶之分还重要。明清是晚期,贵族的宗族与民众的宗族之间分野更显著,家庭的作用增强,祭祖活动更加分散和放宽,例如庶人以往只能祭父,明代就可祭祖父母,清代便可祭父、祖、曾、高四代祖先了。上述趋势并不表示宗法制的衰落,只意味着它的形态在变化,因为社会的行政系统固然在京都、州、县、乡、里,而人们的生活依靠和精神寄托仍在宗族与家庭,所以社会上祭祖敬宗的风气盛行不衰,它维系着上层社会与平民社会的正常运转,是中国人经久不懈的内聚力的重要保障。

社稷、日月及其他

　　社稷崇拜　这种崇拜在宗法性传统宗教里占有与祖先崇拜大致相同的崇高地位,政权赖之以维持,法统赖之以延续,皇室赖之以稳定。中国以农业立国,社稷就是高级的农业祭祀,所以受到特殊的重视,成为国家政权的代名词。唐初社稷列为中祀,天宝以后升为大祀,直至清末。"社"不是一般的大地崇拜,它只祭拜特定管辖范围内的土地和耕地,因此社祭向来与北郊祭地祇是分祭的。"稷"也不是一般的植物崇拜,它只崇拜人工培育的粮食作物,即五谷,如《孝经纬》所说:"社,土地之主也,土地阔不可尽敬,故封土为社,以报功也;稷,五谷之长也,谷众不可遍祭,故立稷神以祭之。"社稷之神最初就是指土地、谷物的神灵,后来出现宗教神话,由传说中的英雄人物来担当。传说后土为社,柱为稷,又说禹为社,周弃为稷,不同的族群有不同的说法。战国以后,五行说兴起,遂有"社者,五土之神也"(《礼记外传》)的说法,于是国家社坛要用赤黄青白黑五色土铺垫,以示居于中央、统有四方。此后遂成为传统。

古人祭社的习惯，选定某种树木或灵石作为社神的象征，使其神灵有所依凭。《论语》说："哀公问社于宰我，宰我对曰：'夏后氏以松，殷人以柏，周人以栗'"，也有用梓、槐的，而后代多用白石。从社的等级上说，可分为官社与民社，细分之则有：中央立太社，王国立国社，州县立州社县社，民间立乡社里社。社祭除有崇敬农神、祈求丰收的宗教意义以外，还是社会各阶层人群聚会、进行文体活动和情感交流的时节，具有团结地方、调节业余生活的社会意义，近代"社会"一词即源于古代社日聚会。

　　周代已立社稷，故《毛诗》有云"春耕籍田而祈社稷"（《闵予·载芟》）。根据《王制》的说法，"天子祭天地，诸侯祭社稷"，那么社稷就成为诸侯王国最高的祭祀。汉高祖立官社，配以夏禹，而未立官稷，至平帝时始立官稷，以后稷配食。魏晋南北朝常立太社、帝社、太稷。唐睿宋时，太社主用石，坛上被黄色，以四方色饰坛之四面及四陛。宋礼，太社太稷每年仲春、仲秋及腊日祭祀，州县社祭则春秋二祀。元代于和义门内筑二坛，社东稷西，社坛用五色土，稷坛一色黄土，社主用白石，埋其半于土中。明代京师及王国、府、州、县皆设社稷之祀，太社太稷共为一坛，太社以句龙配，太稷以后稷配。里社，每里一百户立坛一所，祀五土五谷之神。清代京师、省府、州县皆设社稷之祀。太社太稷之坛建于端门右，与宗庙对称，坛上敷五色土，每岁春秋仲月上戊日祭祀，皇帝亲莅坛奠祭。

　　祭先农　此祭与社稷直接相关。周制，春季天子有籍田之礼，以示劝农，并祠先农。汉魏以后因之不衰。唐代有时以帝社为祭先农之坛，有时称为先农坛，肃宗以后籍田之礼废弃五十年之久。宋代于朝阳门外为先农坛，以后稷配享，先农由中祀改为大祀。明代建先农坛于南郊，有籍六百多亩。清代建先农坛于正阳门外西南，顺治、雍正、乾隆皆祭先农并行籍田礼。社神、稷神与先农神皆是农业神，于是有人将三者混淆，实行合祭。但社是土地神，稷是谷神，而先农所代表的是整体农业，所以终于没有被取消，因而形成社稷与先农并存的局面。此外还祭先蚕，由皇后主祭，它是男耕女织的自然经济在宗教祭祀上的反映。

日月星辰之祭　此祭常依附于祭天，配祭于天坛，也有时另设坛位，作为祭天的补充，主要目的是祈求风调雨顺，保证农业丰收，故《左传》昭公元年说："日月星辰之神，则雪霜风雨之不时，于是乎禜之。"秦汉时期常祭日月于名山，或于殿下拜日月。魏以后，始于春分朝日于东郊，于秋分夕月于西郊。按《祭义》所说"祭日于坛，祭月于坎，以别幽明，以制上下"，北周祭月之坛建于坎中，方四丈，深四尺，隋唐因之。唐代以日月星辰之祭为中祀，宋代以朝日夕月为大祀。明代嘉靖中，建朝日坛于朝阳门外，西向；夕月坛于阜成门外，东向；夕月以五星、二十八宿、周天星辰从祀。降日月之祀为中祀。清代因明之制，皇帝于甲、丙、戊、庚、壬年亲祭，余年遣官祭祀。

圣贤崇拜　中国远古有英雄崇拜传统，后来转化为圣贤崇拜，诸如姜太公、伍子胥、孔明、关公等历史人物皆奉之若神明，而其中最持久普遍的是祭拜孔子，成为一种准宗教行为。西汉元帝时起奉祀孔子及弟子，以后陆续于鲁郡和各地修建孔子庙，尊孔子为先圣先师。唐玄宗赠封孔子为文宣王，祀孔升为中祀。宋代起，不仅祭祀孔子及十哲，而且以历代大儒从祀。元代加尊号为大成至圣文宣王，增设四圣神位：复圣颜回，宗圣曾参，亚圣孟轲，述圣子思，孔子之后袭封衍圣公，天下郡学书院皆修孔庙以时祀之。明代虽改称孔子为至圣先师，但崇祀有加，祭孔又祭四配、十哲，从祀先贤先儒近百人。清代以京师国子监为太学，立文庙。雍正中又追封孔子上五代王爵。光绪中，祭孔上升为大祀，礼乐仪注拟于君王。阙里有颜、曾、孟、子思四庙。历代祭孔可以视作儒学宗教化的倾向，但是在多数中国人心目中，孔子始终未能成为教主，而保持着大德先师的形象,所以祭孔的纪念意义要超过对偶像的膜拜。

山川之祭　此祭由来已久,以其能出财用为云雨,故崇祀之。山川之祭中最著者为五岳四渎。五岳是东岳泰山,南岳衡山,西岳华山,北岳恒山,中岳嵩山。四渎是长江、黄河、淮河、济水。每朝祭祀山川皆有常礼,有时单独祭祀,有时与地祇合为一坛。

高禖之祭　高禖是媒神,主管婚姻,合两姓之好,延子孙之脉,所以敬祖重嗣必祭高禖。常常是皇帝为求子嗣而祭高禖。

太岁　古无太岁之祀,元代始祭,明清因之。太岁即木星,乃十二辰之神。明代太岁坛在正阳门外西南,与天坛成对称,每岁孟春享庙,岁幕袷祭之日,遣官致祭。清代太岁殿在先农坛东北,正殿祀太岁,两庑祀十二月将。

蜡祭　蜡同腊,是冬季之祭,祭祀农业、田猎、畜牧业诸神,报岁终之功,祈求来年丰收。按郑玄的说法,天子大蜡有八:先啬、司啬、农、邮表畷、猫虎、坊、水庸、昆虫。后来蜡祭之神逐渐增多,宋代近二百位,包括星辰、岳镇海渎、山林泽丘、四灵五虫等,于是蜡祭成为年终百业报众神之恩、祈来岁诸事之福的大合祭。

历代帝王将相之祀　秦汉以前祭祀古圣王与英雄祖先。汉以后扩展范围,古贤臣成为祭祀对象。唐以后为历代开国皇帝和辅佐大臣立庙。宋代又增入历代中兴和守成帝王。明代京师历代帝王庙,岁以仲春秋致祭。清代康熙帝说:"凡为天下主,除亡国及无道被杀,悉当庙祀。"于是增祀帝王达一百四十三人,从祀功臣四十人。这是历代贵族正统在宗教祭祀上的反映。

除以上各类祭祀,历代尚有许多繁杂的名目。如秦时有陈宝、杜主;汉时有灵星、宛若、薄忌太一、三一、冥羊、马行等;魏晋南北朝及隋有司中、司命、风师、雨师、司禄等;唐时有武成王、司寒、马祖、先牧等;宋时有九宫贵神、五龙、寿星等;明代有旗纛、城隍、司户、关帝等;清代有先医、贤良、文昌等。

总　结

在论述了历代宗教祭祀的大致情况以后，我们可以对宗法性传统宗教的主要内容特质及其历史命运和作用作出如下概括。

第一，传统宗教的神灵杂多而又有主脉体系，大致可以归结为天神、地祇、人鬼、物灵四大类。天神以昊天上帝为最高神，其次有五帝五神，再次有日月星辰、风雨雷电、司命司中司民司禄等，共同组成天界。地祇有后土、社稷、山川、岳镇、海渎、江河、城隍等，共同组成地界。人鬼有圣王、先祖、先师、历代帝王贤士等。物灵有旗纛、司户、司灶、四灵等。这四大类又以祭天、祭祖、祭社为轴心，形成一套由高到低的完备的郊天、宗庙、社稷的典制。明代嘉靖帝说："天地至尊，次则宗庙，次则社稷。"这是对传统宗教祭祀层次性的典型看法。远且不说，以明清两代为例，看其如何划分大祀中祀小祀的。明代以圜丘、方泽、宗庙、社稷为大祀，以先农、日月星辰、风云雷雨、岳镇海渎、山川等为中祀，以其他诸神为小祀。清初以圜丘、方泽、祈谷、太庙、社稷为大祀，以其他天神、地祇、日月、先王、先师、先农为中祀，以先医、贤良、昭忠等为群祀。乾隆中升雩为大祀，光绪末升先师孔子为大祀。历朝的大祀大致都限制在祭天祭祖祭社稷的范围之内，是国家最重要的祀典。这样在中国人心目中就有了一个在人间之上的神界与人间背后的阴间，对神鬼的崇拜成为中国人普遍的正宗的信仰。

第二，传统的宗教神权与君权、族权、父权紧密结合在一起，成为社会政治生活、家族生活和精神生活的有机组成部分。宗教神权为国家所掌握，执政者将宗教祭祀作为国事活动的重要内容。如明代一年中经常的祭祀仅大祀就有十三：正月上辛祈谷，孟夏大雩，季秋大享，冬至圜丘；夏至方丘祭皇地祇；春分朝日，秋分夕月；

四孟季冬享太庙；仲春仲秋上戊祭太社太稷。共约中祀二十五,小祀八。这样看,封建执政者的宗教活动是异常繁忙的,传统宗教作为国家宗教的性质是突出的。历代君王在取得最高统治权力以后,必须实行祭天祭祖祭社稷,才能表示继承了华夏正宗的神统政统和礼统。君王对佛、道诸教可信也可不信,但必须敬天祭祖。这种宗教对其他外来宗教有很大的拒斥性,从而保持了自身的连贯性。清代康熙时,罗马教廷干预中国天主教徒敬天、祭祖、祭孔,其教士被严令排逐,证明中国固有的信仰和礼节凛然不可侵犯。

第三,传统宗教与传统礼俗融为一体。由于古人多从礼教的角度处理宗教祭祀,因此特重祭坛建制、仪规仪注,比较忽视宗教信仰与宗教理论的建设和深化,满足于关于天命鬼神的一般性观念。这样,宗教性常被世俗礼教的形式所淹没。从礼与俗的关系上说,上层贵族的宗教礼仪,逐渐影响到下层民间风俗,如祭祖、祭社、蜡祭等;而有些民间宗教习俗也被贵族所吸收,变成国家的正式祭典,如祭灶、祭户、祭关帝等;形成上下交流,使得传统国家宗教具有民间风俗的社会基础,因而能够盛行不替。

第四,宗法性传统宗教同儒家的礼学关系密切,或者说儒家的天命鬼神思想和关于吉礼凶礼的论述正是传统宗教的神学理论,因此两者有所交叉。但是儒学毕竟是理论形态的学术文化,而传统宗教是以祭祀活动为中心的实体化和实践化了的社会事物;儒学以理性为基础,追求成圣成贤、安民济世,传统宗教以信仰为基础,期望神鬼的护佑,两者不可混为一谈。儒学中有宗教的成分,有些儒者热衷于宗教祭祀,但敬鬼神而远之者居多,并且只是看重宗教的德性教化功能,并不真信鬼神,宗教祭祀并非儒学题中应有之义,儒家主流派的兴趣仍在现实人生与社会伦理上面。由于得不到儒家学者强有力的支持又受到中国传统文化重现实轻彼岸的影响,宗法性传统宗教的理论便发达不起来,未能形成博大严整的神学体系。

第五,宗法性传统宗教过分地依赖于国家政权和各阶层的族权,自身在组织上没有任何独立性,也没有教徒与非教徒的界限。这种情况一方面有利于宗法性传统宗教的存在和延续,只要宗法等级社会存在一天,它便需要支持和保护这种宗教;另一方面也使得这种宗教很难有跨越宗法等级社会的能力,如同佛教、道教那样延续到近现代,一旦中世纪社会土崩瓦解,传统宗教便随之消亡。因此,当中国从中世纪向近现代社会转变的时候,具体地说,在辛亥革命和倒袁之后,宗法性传统宗教便因得不到帝制的支持而从整体上坍塌了,剩下的只是余音的缭绕和民间习俗的惯性作用。

第六,宗法性传统宗教的历史作用具有两重性。一方面,它用"君权神授"的信条维护着君主专制制度,用天命鬼神思想来削弱下层人民对剥削压迫的反抗意识和对自然环境的改造意识,用崇宗敬祖的观念来束缚人们对狭隘性的族权、夫权的挣脱,因此具有很大的消极性,特别在帝制社会的末期。另一方面,当崇奉传统宗教的统治集团处在上升时期或者相对健康的状态时,传统宗教对政权的维护作用便具有积极的因素。当执政集团中有人肆无忌惮、置一般原则于不顾时,其他人也会用神权的威力和历史教训来劝导、限制乃至更换这样的成员(包括帝王),使执政者有所戒惧和收敛。传统宗教无疑是一种巨大的凝聚力,它所形成的宗教礼俗是维系中华民族共同体的重要精神力量,对于社会道德风尚的改良有积极推动作用,因此应当给予它一定的历史地位。

(选自《世界宗教研究》1990 年第 1 期)

　　牟钟鉴(1939—　　　),山东烟台人。中央民族大学哲学系教授、博士生导师。主要著作有《吕氏春秋与淮南子思想研究》、《中国宗教与文化》、《中国道教》、《中国宗教通史》(上、下卷)等。

本文提出了"宗法性传统宗教"的观点,认为它是中国历史上一直作为正宗信仰而为社会上下普遍接受并绵延数千年而不绝的、客观存在的正宗大教,它有着自己的崇拜信仰核心和相对稳固的祭祀制度,是中国宗法等级社会礼俗的重要组成部分,是维系社会秩序和家族体系的精神力量。儒学或儒家与宗法性传统宗教在礼学等方面有所交叉渗透,但二者并不等同,不能将其混为一谈。

试论儒家的宗教观

牟钟鉴

一

中国古代传统宗教形成于夏、商、周三代,它的重心是祭天祭祖祭社稷,它的特点是原生型宗教(不同于创生型宗教如佛道二教),即继承了原始宗教而来的。周代在农业文明的基础上建立起成熟的宗法制,宗教与政权、族权相结合,形成一套宗教的礼仪——郊社宗庙制度。周代宗教有两大新特点:一是宗教活动典制化,二是将天命与德政联系起来。周人之礼乐制度,是政治、宗教、伦理三位一体,郊社宗庙制度是国家典制的重要组成部分。周人以殷为鉴,在依靠上天的同时也注意争取民心,在神道里注入一定的人道成分。"天命靡常"、"皇天无亲,唯德是辅"(《尚书·蔡仲之命》)。《泰誓》指出"民之所欲,天必从之","天视自我民视,天听自我民听"。这样,周代的神道治国思想中,已经出现了最早的重人轻神的倾向,这就是儒家人文主义的滥觞。

随着周礼的崩坏,无所不包的宗教文化出现分裂。春秋时期一股人文主义思潮开始萌动勃兴,其特点是对神道表示疏远和怀疑,在人神关系上开始向人一方倾斜。最典型的例子有:《诗经》怨天(《小雅·节南山》:"昊天不惠")重人(《小雅·十月之交》:"职竞由人"),《左传》记季梁的话:"夫民,神之主也,是以圣王先成民而后致力于神。"(桓公六年)史嚚云:"国将兴听于民,将亡听于神。神,聪明正直而壹者也,依人而行。"(庄公三十二年)宫之奇云:"鬼神非人实亲,惟德是依。"(僖公五年)子产云:"天道远,人道迩。"(昭公十八年)先进的思想家并不直接否定鬼神的存在,他们只是把神道降为次要地位,突出人道的重要性,并把鬼神解释成助善为民者,认为神道依赖于人道才能发挥良好作用。这种思想为儒家鬼神宗教观的建立起了直接的催发作用。

二

　　孔子是儒家的创始人,也是儒家宗教观的创建者。他的思想是在摆脱传统宗教、发扬人文精神的过程中形成的。但他并不废弃宗教,他采取的是改良的态度,保留传统的天命论,但消除天神的人格特征,使之抽象化为命运之天、义理之天;又进一步限制天命的作用,把仁德修养、智慧积累、事业开拓放置在人的主观能动性支配之下,人生一定要尽人事,人事未尽,不可以言命。孔子还主张保留传统的宗教祭祀典制与活动,但不正面回答鬼神的有无问题,却要求人们对鬼神诚敬,以发挥神道的道德教化功能。孔子走了一条在信与不信之间的路,神道的形式,人道的立场,神道的手段,人道的目的。

　　首先,孔子提出"敬鬼神而远之"的命题,为儒家的宗教观定下基调。这一基调从两个相反的方向加以限制,一是敬而不慢,一是远而不迷,这是一种道德理性的态度。如果只敬诚而不保持一定距离(远之),则会溺于鬼神之事,从而忽略现实人生;如果只疏远而毫无敬畏之心,则会放纵行为而无所规约。其次,孔子拒绝从存在论的角度论证鬼神的有无和人死后的情状,他说:"不知事人,焉知事鬼","不知生,焉知死"。他只要求他的学生以一贯之礼事死如生："生，事之以礼；死，葬之以礼，祭之以礼。"在孔子看来，死是生的继续，神道是人道的继续。第三，孔子认为宗教祭祀活动不可缺少，而且人参予祭祀要具有诚挚的感情，故云："祭如在，祭神如神在"，"祭思敬，丧思哀"。子生三年然后免于父母之怀，故三年之丧毕而后孝子心安。明知鬼神未必有，却要人们祭以敬、丧以哀，这是可能的吗？是不是自相矛盾呢？按照孔子的看法，物源于天地（"天何言哉，四时行焉，百物生焉"），子生于父母，那么人之敬天祭祖实属一种忠孝之道，是祀者自身情意的需求和满足（所谓"心安"），发自内心，不是为了向鬼神求福消灾，所以应该敬诚，不慢不欺，并不必计较鬼神有无；只有祭祀求报者才希望鬼神必有，而且能为其所用，有此功利性考虑则是把鬼神降低为工具，反而不可能做到诚心诚意致敬了。所以"祭如在"是心理上真诚的要求，好比思念一位死去的朋友，必须达到如在眼前的程度，才算是相思之至，至于他的灵魂有无并不重要。第四，祭祀之重要，正在於通过情意的纯化和浓化而发挥其改良人心、纯厚风气的功能。故曾子云："慎终追远，民德归厚矣。"慎终是严肃操办父母的丧事，追远是追念远代的先祖。通过纪念性活动培养人们的孝悌之心，加强对祖先的敬爱和对家族的关怀，这对于维系家族的团结和稳定无疑是重要的。其中的关键在于行礼祭祀必须以仁心真情为基础，否则祭礼便会流于形式。所以孔子云："人而不仁如礼何"，"礼云礼云，玉帛云乎哉"，都是担心礼（包括祭礼）成为一种过场。既然孔子放弃了鬼神存在论的说明，那么他的宗教功能必然着重依赖于他的祭祀情意论，强调宗教心理的训练培植，而这种宗教心理不过是将人世间的亲情推广到鬼神上而已，所以立足点还在人道上。

　　孔子宗教观的特点是淡化宗教的成分，增强人文的意义，把神道归属于人道。这种态度按理说最符合宗教在社会生活中的实际地位,因为神道原本是为人道而设,是为人道服务的。不过宗教既是人的异化,它的存在必须以信仰者视神道高于人道、坚信神的崇高实在为前提,否则它就起不到支配人心的作用了。这就是矛盾:神道以高于人道的形式而服务于人道。孔子对鬼神不置可否的态度,绝不是一个宗教信徒应有的态度,只能动摇宗教信仰的基础,形成没有宗教信仰对象却要求保持宗教活动的深刻矛盾。墨子就指出儒者"执无鬼而学祭祀,是犹无客而学客礼也"(《墨子·公孟》),不首先肯定崇拜对象的实在性,崇拜活动又有什么价值呢?总之,孔子宗教观的人文主义倾向成为尔后儒家宗教观的主流,但他的宗教观的模糊性和内在矛盾,又导致后来儒家在宗教理论上的分化,产生出有神论和无神论两种极端的学派。

儒学宗教观的建立还得力于《易传》。《观》卦《彖辞》说:"观天之神道,而四时不忒。圣人以神道设教,而天下服矣。"此处所谓"神道",原指阴阳变化不测之道,但后人多理解成鬼神之道。于是"神道设教"便成为儒家宗教观最简炼的概括,它确也符合孔子的思想。《系辞》上有几句话,"原始反终,故知生死之说,精气为物,游魂为变,是故知鬼神之情状","阴阳不测之谓神"。这是首次用阴阳二气的变化来说明鬼神,在中国思想史上迈出了将鬼神观念哲理化的第一步,这几句话后来常为宋儒所引证。在《系辞》作者看来,所谓生死不过是阴阳二气的一合一离,合则生,离则死,合则始,离则终,万物如此,人也如此。人之生,精气聚而为形体;人之死,魂气散游而变迁;聚而生人则为神,散而化失就是鬼。《系辞》所谓"神",实指阴阳变化之妙用,故曰"阴阳不测之谓神"。这是关于鬼神的气化学说,是本体论的论证,它弥补了孔子宗教观之不足,开启了后儒从哲学高度说明鬼神的思路。

三

宗教信仰是宗教的核心,宗教祭祀是信仰的外化。杜尔凯姆(法国社会学家)认为,全部宗教现象可以归结为两个基本范畴,即信念与礼仪。宗教礼仪就是规范化了的宗教行为,而祭祀是宗教行为中最重要的一种。按照"神道设教"的观点,神道与设教是两大要素,神道可以不神,设教须靠神道,那么便可能发生没有宗教信念,只把神道作为教化的手段,使祭祀工具化,从而走上无神论。这是孔子宗教观的内在矛盾衍化的一种结果,这种情况果然发生了,这便是荀子的宗教文饰说。

荀子隆礼,以为礼乐之兴,不仅可以节制欲望,明分达治,更是为了报本反始,崇德继孝,故提出"礼有三本"之说。"天地者,生之本也;先祖者,类之本也;君师者,治之本也","礼,上事天,下事地,尊先祖而隆君师"。这里把祭礼与人礼打成一片,都看成是不忘和确立人生根本之大事,非徒为君王治人所设,这是对"慎终追远"思想的发挥。其次,仅就祭礼而言,它能够寄托人们的道德感情而使之有一个隆盛的表现形态,故云:"祭者,志意思慕之情也,忠信爱敬之至矣,礼节文貌之盛矣。"荀子认为,死是生的结果,死之道应与生之道一致,死道不善意味着生道不终,故云"生,人之始也;死,人之终也;终始俱善,人道毕矣"。敬始慎终,始终如一,才是君子之道。厚其生而薄其死,敬其有知而慢其无知,是奸人之道,是对亲人的背叛。所以送死是人道的一部分,如死如生,如亡如存,乃孝子一贯之道,若"朝死而夕忘之",是"鸟兽之不若",怎么能相与群居而不乱呢?所以祭礼是"称情而立文"。荀子在宗教祭祀上直接继承了孔子的情意论和功能论,表现出强烈的人文主义精神。但荀子又不同于孔子,他放弃了对鬼神"存而不论"的态度,明白承认鬼神并不存在, 祭祀仅仅是一种社会文化行为, 是一种民间风俗, 是一种传统的治国方式, 虽能善而不真。故其《天论》云: "雩而雨, 何也? 曰: 无何也, 犹不雩而雨也。日月食而救之, 天旱而雩, 卜筮然后决大事, 非以为得求也, 以文之也。故君子以为文, 而百姓以为神, 以为文则吉, 以为神则凶也。"《礼论》又云: "圣人明知之, 士君子安行之, 官人以为守, 百姓以成俗。其在君子以为人道也, 其在百姓以为鬼事也。"这两段话说破天机, 把神道的存在论基础给彻底抽掉了, 神道变成人道, 没有了任何出世性。荀子的无鬼神的宗教观, 一方面凸显了孔子宗教观的人文主义精神, 把宗教行为归结为人间的文化行为; 另一方面, 由于绝然否定鬼神, 不能不给传统的宗教观念带来危机, 多数人不容易接受, 执政者也不允许, 就是在士大夫阶层也很难得到广泛赞同, 故其学在后来的儒学发展中只能居于支流的地位。

荀子之后, 重祭礼者多有, 而主无神者少见。承荀学的宗教文饰说而影响较著者, 当推汉代之王充。王充将黄老的天道自然无为之学与儒家的礼学结合在一起, 主张无鬼而祭祀, 强调宗教的现实文化功用。《论衡·祭意》认为, 祭天地宗庙社稷五祀山川, 乃礼之常制, "王者父事天, 母事地, 推人事父母之事, 故亦有祭天地之祀, 山川以下报功之义也", 社稷五祀之祭, "皆为思其德, 不忘其功也", "宗庙先祖, 己之亲也, 生时有养亲之道, 死亡义不可背, 故修祭祀, 示如生存, 推人事鬼神, 缘生事死人, 有赏功供养之道, 故有报恩祀祖之义"。王充作出总结, "凡祭祀之义有二, 一曰报功, 二曰修先; 报功以勉力, 修先以崇恩", 皆在于弘扬人道, "未必有鬼而享之者"。《解除篇》更明白地指出: "祭祀无鬼神, 故通人不务焉。"《祀义篇》从心理学角度说明修祀治病之效在于"祀毕意解, 意解病已, 执意以为祭祀之助", 实际上是心理治疗的效果, 并非鬼神的妙用。王充的无神论锋芒锐利, 批判性强烈, 但影响不能普及。章炳麟说："汉得一人焉足以振耻,至于今亦鲜有能逮者。"(《检论》)备极赞颂,同时也说明王充曲高和寡,不能形成大潮流大传统。

四

儒家宗教观的系统建立,当以《礼记》的成书为标志。《礼记》将古代宗教祭礼加以综合、规范,并按照孔子宗教观的基本精神,加以多层次多侧面的解释,形成具有体系规模的理论形态。其要点如下。

(一)礼重祭祀论。《乐记》云:"明则有礼乐,幽则有鬼神。"宗教与礼乐互为表里,一显一暗,相辅相成。《祭统》云:"凡治人之道,莫急于礼,礼有五经,莫重于祭。"按《昏义》,五经礼是:冠、婚、丧祭、朝聘、乡射,"夫礼,始于冠,本于昏,重于丧祭,尊于朝聘,和于乡射,此礼之大体也"。礼以丧祭为重心,合于古代实际生活。丧以送终,祭以追远,祭以敬天,宗法制社会的稳定实赖于此,故其仪式最隆重,其流行最普遍。

(二)报本返始论。祭祀的功用之一是教人不忘自己的本源而生报德之心。故《礼器》云:"礼也者,反本修古,不忘其初也。"本源在何处?《郊特牲》云:"万物本乎天,人本乎祖,此所以配上帝也,郊之祭也,大报本反始也。""社所以神地道也。地载万物,天垂象,取财于地,取法于天,是以尊天而亲地也,故教民美报焉"。《祭义》云:"筑为宫室,设为宗桃,以别亲疏远迩,教民反古复始,不忘其所由也。"儒家认为天地是万物之本,先祖是人类之本,所以要尊天敬祖,而祭祀便是表达尊敬情感的方式。

(三)功烈纪念论。祭祀古代伟大人物,非为其有灵而能赏罚,实因其有功于民,祭祀以为纪念。《祭法》云:"夫圣王之制祭祀也,法施于民则祀之,以死勤事则祀之,以劳定国则祀之,能御大灾则祀之,能捍大患则祀之。"如神农、周弃、后土、帝喾、尧、舜、鲧、禹、黄帝、颛顼、契、冥、汤、周文武,"皆有功烈于民",故祭祀以资纪念,旁及"日月星辰,民所瞻仰也;山林川谷丘陵,民所取财用也。非此族不在祀典"。由此凸显祭祀的文化意义,减弱其宗教意义。

(四)事死如生论。传统宗教把世界一分为二:一个现实人间,一个鬼神世界。但儒家却要把这两个世界贯通起来,让人从心理上感情上把生死、人鬼看成是一体的,以生人之道对待死者才是完整的人道。《祭义》发挥孔子"祭如在"的思想,认为孝子祭祀亲祖,应当在心情上觉得死者如生,"斋之日,思其居处,思其笑语,思其志意,思其所乐,思其所嗜,斋三日乃见其所为斋者",这并非说真有亲祖的鬼魂出现,只是说思念已极,宛如听到看到亲祖的音容笑貌,"谕其志意,以其恍惚,以与神明交,庶或享之,庶或享之,孝子之志也"。孝道包括生道与死道,以生道尽死道,乃是祭亲的根本态度,故《中庸》云:"事死如事生,事亡如事存,孝之至也。"

(五)祭主敬诚论。既然祭祀的意义在主体,那么对于行祭者的心理和态度便要有严格要求。最重要的是有敬诚之心,仪节的周全与否倒在其次。《祭统》云:"夫祭者,非物自外至者也,自中出,生于心也,心怵而奉之以礼,是故唯贤者能尽祭之义","是故贤者之祭也,致其诚信,与其忠敬","不求其为",没有功利求报之心,这才是动机纯正的祭祀。这是尽自己心意之事,至于鬼神是否来享,可以不去管它。

(六)祭为教本论。祭祀的功效不在天赐鬼予,而在教化人心,显扬人道。《祭统》云:"崇事宗庙社稷,则子孙顺孝,尽其道,端其义,而教生焉。"它指出了古代宗教活动同时是教育方式,并明确地说:"祭者,教之本也。""祭为教本"是"神道设教"的进一步发展,而祭祀的教化功能是多种多样的,《祭统》把它归纳为十类:"夫祭有十伦焉,见事鬼神之道焉,见君臣之义焉,见父子之伦焉,见贵贱之等焉,见亲疏之杀焉,见爵赏之施焉,见夫妇之别焉,见政事之均焉,见长幼之序焉,见上下之际焉,此之谓十伦。"

《礼记》的宗教观继承了孔子的中庸路线,对鬼神不宣扬也不否定,只强调宗教祭祀的心理学和教育学的价值;同时把宗教祭祀活动作为一种社会管理方式,把天与人、生与死、神与民、祖与孙打成一片,又以现实人生为中心。由此之故,《礼记》虽然整理了古代的宗教祭祀礼仪,却不能给传统宗教提供出独立的神学,因为神学必须以神为本位才可能形成,而《礼记》的宗教观主体是人文主义的,它只能改变传统宗教,而不能加强传统宗教。

《礼记》以后,儒家主流派皆遵循孔子和《礼记》的精神,重祭祀而远鬼神,以人道精神对待神道。其中有两个典型事例足以说明问题。一个是《说苑》里托孔子师徒对话,"子贡问孔子,死人有知无知也。孔子曰:吾欲言死者有知也,恐孝子顺孙妨生以送死也。欲言无知,恐不孝子孙弃而不葬也。赐欲知死人有知将无知也,死徐自知之,犹未晚也"。《论语》中载孔子拒绝回答死后的问题,而《说苑》作者则替孔子说明了为什么要拒绝回答,原因之一是死后事说不清楚,故留待每个人"死徐自知之",而主要原因在考虑社会效应的利弊,欲言死者有知,担心孝子贤孙厚葬久丧,以死道妨生道,欲言死者无知,又担心不孝子孙不以丧礼送终,这两种结果都违背人道第一的原则,于是作者只好加以回避,以不了了之。另一个例子见于《旧唐书》,唐宪宗向宰臣李藩询问穰灾祈福之说是否可信,李藩回答说:"自古圣达皆不祷祠。""仲尼以为神道助顺,系于所行,既已全德,无愧屋漏","若苟为非道,则何福可求",汉文帝"每有祭祀,使有司敬而不祈",因为福不是人求来的,是道顺而自来的,所以人君只宜"履信思顺,自天祐之","故尧舜之务,唯在修己以安百姓;管仲云,义于人者和于神。盖以人为神主,故但务安人而已"。李藩的逻辑是:"若使神明无知,则安能降福? 必其有知,则私己求媚之事,君子尚不可悦也,况于明神乎?"这话说得很好,如无鬼神自然不须祈祷,如有鬼神而祈祷亦属无益,因为神代表善,无善行而徒媚神,神决不会护祐,所以有神无神,皆须以行善安人为务。"人为神主"的含义不是说人能支配神,而是说人的行为是决定吉凶的关键因素。李藩销神道以归人道,对孔子的人文主义宗教观有深刻领悟。

五

　　孔子相信天命,重视祭祀,对鬼神不失一个"敬"字,说明他对传统宗教采取宽容妥协的态度。这就使儒家的宗教观从一开始就带有宗教性,它是人文主义的,却不就是无神论的。这种情况给有神论者神化儒学提供了理论依据。当统一的汉帝国建立并巩固,急需正宗神学时,便出现了今文经学对孔子的神化,《公羊》学者认为孔丘受天命为王,为汉制法。进而有谶纬经学,把孔子描绘成教主,对六经作神秘化解释,大讲符命和灾异。其中形成神学体系的当推董仲舒,董仲舒的神学是将儒学宗教化,使之与传统宗教相结合的一次重大尝试。

　　董仲舒首先使儒家义理之天、命运之天,具有人格至上神的属性,又回到传统宗教的观念。他说:"天者百神之大君也。"(《郊祭》)天神是最高主宰,统领神界与世间,它有意志情感。《天地之行》云:"天执其道为万物主。"《阴阳义》说:"天有喜怒之气,哀乐之心,与人相副。"表现为四季,则"春,喜气也,故生;秋,怒气也,故杀;夏,乐气也,故养;冬,哀气也,故藏"。天授权于君,治理天下,故《顺命》说:"天子受命于天,诸侯受命于天子。"《深察名号》说:"受命之君,天意之所予也,故号为天子者,宜视天如父,事天以孝道也。"但天神又不像殷代的上帝,可以直接发号施令,它的意志情感通过阴阳二气与五行的变化来表达,阴阳五行的正常运行即是天道,于是董仲舒把阴阳五行学说纳入他的神学体系,从而与先秦的天神崇拜有了区别。《对策》说:"天道之大者在阴阳,阳为德,阴为刑。刑主杀而德主生。"《基义》说:"王道之三纲,可求于天。""君臣父子夫妇之义,皆取诸阴阳之道。君为阳,臣为阴;父为阳,子为阴;夫为阳,妻为阴"。

　　人道来源于天道,人道亦可以感应天道,可能有两种情况,一种是"世治而民和,志平而气正,则天地之化精,而万物之美起";一种是"世乱而民乖,志僻而气逆,则天地之化伤,气化灾害起"(《天地阴阳》)。人之感天,关键在君王,君王无德而行暴,则天降灾异,"灾者,天之谴也;异者,天之威也","国家之失,乃始萌芽,而天出灾害以谴告之;谴告之而不知变,乃见怪异以惊骇之;惊骇之尚不知畏恐,其殃咎乃至"(《必仁且知》)。君王若能及时革弊图治,则殃祸可以解除:"五行变至,当救之以德,施之天下则咎除。"(《五行变救》)改革的措施主要有薄赋敛、减刑杀、振困穷、举贤远佞等。《玉杯》认为《春秋》的重要原则是:"屈民而伸君,屈君而伸天",可见董仲舒的神学既有替贵族控制民众的意图,又有借神道约束君权的意义。

　　《白虎通》作为汉代经学法典,接纳了董仲舒的神学思想,对于崇天拜祖祀社稷作了神学的解释。《爵》篇宣明君权天授:"天子者,爵称也。爵所以称天子者何?王者父天母地,为天之子也。"其解说社稷云:"王者所以有社稷何?为天下求福报功。"(《社稷》)其解说灾变云:"天所以有灾变何?所以谴告人君,觉悟其行,欲令悔过修德,深思虑也。"(《灾变》)其解说宗庙云:"王者立宗庙何?缘生以事死,敬亡若事存,欲立宗庙而祭之,此孝子之心,所以追继者也。"《白虎通》保存了儒家神道设教的思想,但又大量吸收天人感应和谶纬神学,与董仲舒相呼应,也是儒家宗教化的一种表现。

汉代一派儒者把儒学宗教化的努力,虽获得暂时的成功,产生一定影响,但从历史的长河看,他们都失败了。扬雄批评神学经学为"巫鼓",韩愈的道统说中没有董仲舒的地位,宋明主流派儒家学者都不肯定董仲舒的神学。中世纪后期的统治者褒扬董仲舒,祭孔时列为陪祀,也只是看重他对三纲五常的阐发,董仲舒还是进不了正宗道统的行列。一个重要原因是,董氏违背了儒学的人学本质,过分抬高神道,把社会人生的价值之源,从内在的人性转移到高高的外在的天神上,减弱了"为仁由己"的道德感染力量,这样的儒学是没有发展前途的。

六

从北宋理学起,儒家的宗教观发展到一个新的阶段,即哲理化的阶段,这个阶段直到明清为止。

张载是理学宗教观的奠基人,他正式将阴阳气化论引入鬼神观之中,从哲学存在论的角度说明鬼神的本质。张载是气一元论者,《正蒙·太和》提出"太虚不能无气,气不能不聚而为万物,万物不能不散而为太虚",一切物象皆是气的形态,"其聚其散,变化之客形尔",聚而有形,散而无形,"但云知幽明之故,不云知有无之故",从天人合一的观点看,"聚亦吾体,散亦吾体,知死之不亡者,可与言性矣",因此所谓生死,只是变化,并非灭绝。他认为"鬼神者,二气之良能也","天道不穷,寒暑也;众动不穷,屈伸也。鬼神之实,不越二端而已矣"。鬼神并非世间所说的神秘之物,其实质就是阴阳二气屈伸变化的本能。动植物的生死乃二气之聚散离合,"至之谓神,以其伸也;反之为鬼,以其归也"(《动物篇》)。阴阳在聚合中生物,其化生不可测度,故曰神,"合一不测为神"(《神化篇》)。人生时气聚而不散,"死而游散者为魂;聚成形质,虽死而不

散者谓魄"。这样一来,鬼神的神秘性和超世性便被排除了。

继张载者为程颐。《周易程氏传》解释乾卦《文言》时说:"大人与天地日月四时鬼神合者,合乎道也。天地者道也,鬼神者造化之迹也。"注释《系辞》云:"鬼神,造化之功也。"伊川的鬼神观明显来源于张载,但朱熹批评其"鬼神造化之功"一语,兼形上与形下,不如张载精妙。

理学家中以朱熹的宗教观为最系统,他上承孔子、《易传》、《中庸》、《礼记》,综合张载、程颐诸家,集大成而有创造。第一,以阴阳二气的屈伸变化解说鬼神。如说:"鬼神只是气。""鬼神不过阴阳消长而已","神者伸也,鬼者归也","其气归而息,故谓之鬼。其屈升往来而不息者则神也"。这是继承张、程之说。朱熹又发挥说:"二气之分,实一气之运",以二气言之,"阴为鬼,阳为神",以一气言之,"方伸之气亦有伸有屈,既屈之气亦有屈有伸"。具体到人身,以二气言之,"生者为神,死者为鬼";以一气言之,"只今生人,便自一半是神,一半是鬼。但未死以前则神为主,已死之后则鬼为主"。再则,鬼神并不等于气,"问:鬼神便只是此气否? 曰:又是这里面神灵相似"。在别处又说:"气之精英为神。"实则以理为神,故云:"金木水火非神,所以为金木水火者是神。在人则为理,所以为仁义礼智者神也。"又云:"神是理之发用而乘气以出入者,故《易》曰:神也者妙万物而为言者也。将神者全作气看则误。"以理释神是朱子的新意,也正是他作为理学家的本色。

第二,以气类相感解说祭祀。朱子认为祭祀当祭者,必与祭祀对象发生相应相感。他说:"祭祀之礼,以类而感。""此身在天地间,便是理与气凝聚底。天子统摄天地,负荷天地间事,与天地相关,此心便与相通。"故当祭天地。"我之气即祖先之气,亦只是一个气,所以才感必应","祖考之精神魂魄虽已散,而子孙之精神魂魄自有些小相属,故祭祀之礼尽其诚敬,便可以致得祖考之魂魄"。

由此而言,祭祀活动并非单纯地报本崇德,在事实上也会感动神灵,否则便成伪事,所以他斥责单纯设教说,以为"后世设教二字甚害事",不过这个被感动的神灵只是与祭者相通的祖气而已。这种感应也是暂时的,"为坛以祭,此心发处,则彼以气感,才了便散",所以朱子不主张做许多神像加以膜拜。

第三,重人事轻鬼神,以生理兼死理。朱子受传统宗教的影响,思想里有许多神秘观念,但他主张少谈鬼神,多治实学,故云:"鬼神事自是第二着,那个无形影,是难理会底,未消去理会,且就日用紧切处做工夫。""待日用常行处理会得透,则鬼神之理将自见得","鬼神之理,圣人盖难言之。谓真有一物固不可,谓非真有一物亦不可。若未能晓然见得,且阙之可也"。他采取了搁置一边、暂勿深究的态度。这里固然有"存疑"的老实作风,亦由于儒者以生死鬼神为一,生理即涵盖着死理,故无须别立名目,妄费精神也(以上引朱熹资料,均见钱穆《朱子新学案·朱子论鬼神》)。

总之,朱子的宗教观代表了后期儒家主流派的观点,在理论上将敬鬼神而远之的精神与气化气感说结合起来,形成哲学的宗教观。

王阳明的宗教鬼神观亦主气化流通说,谓天地鬼神人物皆一气相通,相与一体,故云:"只为同此一气,故能相通耳","鬼神也与我同体的"(《传习录》)。但阳明心学力主心物一体、心理一体,强调主体心灵的涵盖性与幅射性,不同于朱子突出理的客观性,故在鬼神问题上,阳明阐扬心灵与鬼神相通并为主宰,重视主体的感受。他说:"我的灵明便是天地鬼神的主宰。""天地鬼神万物离却我的灵明,便没有天地鬼神万物了;我的灵明离却天地鬼神万物,亦没有我的灵明。如此便是一气流通的,如何与他间隔得"? 他的意思是说,天地鬼神万物的价值和意义需要人心赋予它,并不是说天地鬼神万物依赖于人心而存在。这是意义论的问题,不是存在论的问题,但容易引起误解,连他的弟子也感到困惑,问他:"天地鬼神万物,千古见在,何没了我的灵明,便俱无了?"这仍然是从存在论上发问。阳明回答说:"今看死的人,他这些精灵游散了,他的天地万物尚在何处?"(以上《传习录》)这是从意义论上作回答。但意义论中却包含着存在论的答案,既然人死精灵游散,等于承认世间所谓鬼神是不存在的,存在的只有一气之流行,所以阳明的鬼神观是倾向无鬼神的。

王夫之为晚期儒家中最有学问者,他的鬼神观直接继承张载,与朱子则有同有异。《张子正蒙注》肯定气有聚散,非是有无,聚而有散,散而可聚。张载批评佛教,"彼语寂灭者,往而不返"。王夫之注云:"释氏以灭尽无余为大涅槃。"张载批评道教,"徇生执有者,物而不化",王夫之注云:"物,滞于物也。魏伯阳、张平叔之流,钳魂守魄,谓可长生。"王夫之认为,佛教的错误在于主张人与物因缘散尽而消灭无余,不能复聚为有形;道教的错误在于固执于形体有聚无散,都是失于一偏。他认为张载以气之聚散明生死最为精当,故注云:"贞生死以尽人道,乃张子之绝学,发前圣之蕴,以辟佛老而正人心者。"据此,他不赞成朱熹关于人死气散不能复聚之说,"认为朱子之说,反近于释氏灭尽之言",不符合儒典的思想。他解释孔子的"未知生,焉知死"的含义,是指"生之散而为死,死之可复聚为生,其理一辙",解释《易传》"精气为物,游魂为变"云"游魂者,魂之散而游于虚也;为变,则还以生变化明矣"。王夫之的聚散往复说不同于佛教生死轮回说。以物而言,气之聚散往复不过是物的形态发生变化,故一面是器毁形散,一面是"造化日新"。以人而言,"尽神以尽性"者,"则与太虚通为一体,生不失其常,死可适得其体"。这是站在天人一体的"大我"立场上看待生死,故能死而不亡,只有尧舜周孔那样的圣人才能做到,因为"圣人与天合德之极致"。可见王夫之用气化论和道器论把生死问题哲理化了,从而排除了世俗的鬼神观念,也划清了与佛道二教的界限。他虽然反对屈君子之道以证鬼神之说,但他仍像孔子不愿从存在论和认识论上彻底否定鬼神。《读通鉴论·武帝》云:"盖鬼神者,君子不能谓其无,而不可与天下明其有","不能谓其无,六经有微辞焉,郊庙有精意焉",六经有鬼神之说,郊庙有设教之功。《太和篇注》不赞成人死神灭之说,认为"使一死而消散无余,则谚所谓'伯夷、盗蹠同归一丘'者,又何恤而不逞志纵欲,不亡以待尽乎"!王夫之顾虑无神论可能导致道德的瓦解,所以不反对保存一定的宗教观念和正常的宗教祭祀,但不能狂热入迷,这仍然是孔子敬鬼神而远之的传统。

与王夫之同时代的黄宗羲,除了用气聚散论解释鬼神外,他似乎更倾向于撇开鬼神问题从人格影响上说明死而不亡的道理。其《破邪论》云:"吾谓有聚必有散者,为愚凡而言也。圣贤之精神长留天地,宁有散理","凡后世之志士仁人,其过化之地,必有所存之神,犹能以仁风笃烈拔下民之塌茸,固非依草附木之精魂可以诬也";人之祭祖不能感其魂之来格,"其魂即在子孙思慕之中"。黄氏此说颇近于叔孙豹的"三不朽"说和今人所谓"精神不死"、"浩气长存",皆指其人品格事业感人至深,能长留人间。

七

近代儒家,我是指以康有为、梁启超、章炳麟为代表的儒家(不包括当代新儒家),他们处于帝制崩溃的前后,开始接受西方的新思想,在中国推行具有近代特色的社会改革。他们在宗教观上不再走宋儒的老路,他们有鉴于传统宗教的崩坏,传统儒学的危机,在西方社会思潮的强烈冲击下,试图以一种新的模式重建中国社会的精神信仰,吸收传统又改造传统,学习西方又对抗西方,在混乱中摸索出路。

康有为在政治上是改良主义者。在宗教问题上，他提出建立孔教的主张，形式上是保守的，事实上也行不通，但从精神风格上说，这也是近代改良主义的一种尝试，是文化改革的重要内容。康有为看到西方文明国家信一神教，专奉教主，以发德心；而中国的孔子，不假神道却能教化人心，受到敬仰，故应推尊为中国的改制教主，以孔子配天而祀之，由国人共推尊信。他又看到西方文明国家实行政教分离，遂主张仿效"治教分途"，建立有别于行政系统的教会体系，从中央到地方，从城市到农村，皆立孔子庙，以时祭祀，讲诵圣经。一乡有庙，庙有讲生，司（数十乡）有讲师，县有大讲师，府有宗师，省有大宗师，由各省大宗师公举祭酒老师，为全国教会之长，兼为教部尚书，专理文教。孔子定礼，祭止天祖，其他皆为淫祠，一律废除。他看到西方以宗教弥补法律的不足，认为神是"若有若无而必不可无"的对象，如尽弃宗教，则人即"无所畏惮，肆其作恶而已"，"夫将欲重道德之俗，起敬畏之心，舍教何依焉"（《中华救国论》）。许多人只知道西方文明之长处在政治与物质，不知道端赖维系人心之宗教；独中国为无教之国，使国无所立，民无所依，天下就要大乱。而中国所建之国教应是孔子之道，因其"配天地，本神明，育万物，四通六辟，其道无乎不在"，它是中国数千年立国之本，一旦弃之，国人将进退失据，"教亡而国从之"，前景不堪设想（《孔教会叙一》）。所以他不仅要保国保种，还要保教。康有为在宗教观上是民族本位论者，他学习西方的目标不是移植西方的宗教，而是按西方的模式把儒家变成宗教，用这种宗教来强种强国，以便与西方平起平坐。他说："人之生世，不能无教。教有二：有人道教，有神道教。耶、佛、回诸教皆言神，惟孔子之教为人道教。"（《陕西孔教会讲演》）这个教的好处是"道不远人，与时变通，为人道所不能外"，同时又讲"表祭之法，宗庙之礼"，"以人道而兼神道"

（同上）。此外，其他诸教都"坚持其门户"，独孔教"敷教在宽，故能兼容他教而无碍"（《中华救国论》），因此，孔子的人道教比西方的神道教优胜。

康有为建立孔教的主张有其进步性和深刻性：一、看到近代国家民族不能没有自己的主体信仰，这个问题不解决，国家民族在精神上就无所归依；二、看到宗教在近代仍有巨大作用，它的社会功能为其他精神形态所不能代替；三、看到孔子之道作为一种人道有其长久与普遍价值的内涵，是不能简单加以抛弃的。但康有为的建立孔教之举并没有成功，根本原因之一在于这种宗教化的努力同儒学的人学本质恰相抵触，两者不能同时并存。脱离神学，才有人学，摆脱宗教，才有儒学。儒家将人生价值根源放在人性自身之中。其学说的核心是在今生世间如何做人，没有彼岸的观念，是人伦日用之常道。儒家圣人是指道德完美的人（人伦之至），所以孔子尽管在历史上被抬到吓人的高度，封王祭拜，但最终还是落实到"师"的位置上，祭孔的主要意义在纪念与文化认同上。当孔子真的被当作教主和神的时候，他的形象便会失去光彩，儒学也要变质了。康有为一方面承认儒学的此岸性（人道教），另一方面又试图以政权的强制力量将人文主义的儒家纳入宗教组织系统并抬高为国教，用这种不相宜的宗教形式来推崇儒学，不仅帮不了儒学的忙，适足以阉割它的自律精神、诚挚情感、道德理性和从道不从君的人格力量，而使其名存实亡。加以清末儒学趋于衰败，儒家倡导的礼教已脱离人情而成为官方的僵死教条，成为束缚人心自由的枷锁，把这种僵化了的学说和信条再进一步规范化为国教而不作内容上的更新，就更没有出路。时代已经进到帝制社会崩溃和走向近代社会的时期，儒学不经过大的转化和再生，只在形式上做文章，是不能适应新时代需要的。

梁启超比康有为有见识，他也要尊孔，但反对把孔子抬高为宗教家,反对把儒学改造成宗教。他写下《保教非所以尊孔论》,认为西人所谓宗教,乃是"迷信信仰","以魂灵为根据,以礼拜为仪式,以脱离尘世为目的,以涅槃天国为究竟,以来世祸福为法门",奉其教者,"莫要于起信,莫急于伏魔",故窒人思想自由,持门户以排外,从人类进化前景而言,总究要被取代的。而"孔子则不然,其所教者,专在世界国家之事,伦理道德之原,无迷信,无礼拜,不禁怀疑,不仇外道",因此,"孔子者,哲学家、经世家、教育家,而非宗教家也"。持孔教论者,非但不能成功,其论即已厚诬孔子,"孔子,人也,先圣也,先师也,非天也,非鬼也,非神也",强孔子以学佛耶,是"误解宗教之界说,而艳羡人以忘我本来也"。梁氏颇受西学熏陶,已具有近代关于宗教的概念,以信仰主义和理性主义为区分宗教与哲学的标志,故能够断定孔子不是宗教家。他指出康有为等保教论是仰慕西方而忘掉孔学根本,这也是深刻之见。梁氏断言:"世界若无政治、无教育、无哲学,则孔教亡;苟有此三者,孔教之光大,正未艾也。"但在思想信仰上可以自由选择,这就必须"画定政治与宗教之权限,使不相侵超",主张"凡一人之言论行事思想,不至有害他人之自由权者,则政府不得干涉之。我欲信何教,其利害皆我自受之,无损于人者也,故他人与政府皆不得干预",这也是相当开明的近代思想。梁氏撰《论宗教家与哲学家之长短得失》,指出"哲学贵疑,宗教贵信",宗教与迷信常相为缘,故对真理有妨碍,但宗教之道德不可毁坏,且信教必至诚,故能任重致远,感人动物,成就惊天动地的事业,而哲学便无此巨大威力,哲学与宗教实可以互补。

梁启超关于宗教的界说、信仰自由、政教分离、信仰神圣等观点,在传统学术中是找不到的,完全属于近代思想范畴,清末民初学者很少能达到这样高的认识水平,在中国宗教观发展史上有划时代的意义。

　　章炳麟是近代国学大师，既是革命家，也是古文经学家。他坚决反对君主专制主义，但不反对儒学，倡导尊孔读经，对于除佛教外的其他诸多宗教，他都持批判态度。他批判传统的天命鬼神论，云："天且无物，何论上帝。"（《訄书》）"曰：天者自然而已，曰：命者遭遇而已"（《儒术真论》）。人死之后，身体分解成各种元素，"而人之性亡矣"（《菌说》），故无鬼；"死而不忍致死之，荐祭之设，情也"（《訄书》）。他批判道教，认为"徒绝其生或与其长生者，其愚则同"（《四惑论》）。他不赞成基督教，所谓上帝"无始无终"，"全知全能"、"绝对无二"、"无所不备"，皆不能自圆其说。既说世界有始、世界末日、则耶和毕"起灭无常"。既说上帝全知全能，则何以有恶魔诱人？既说上帝造万物与人，那么上帝又从何而来？"然则神造万物，亦必被造于他，他又被造于他，此因明所谓'犯无穷过'者，以此断之，则无神可知也"（以上《无神论》）。章氏回顾中国思想史上神学与人学的消长，指出仲尼之导世，"始察于人伦，而不以史巫尸祝为大敌"（《訄书》），老庄孟荀申韩等皆"察于人文"；而墨子"尊天敬鬼"，汉代"谶纬之书，俱近宗教"，"而巫蛊之祸作，则仲舒为之前导也"；"今之倡孔教者，又规摹仲舒而为之矣"（《驳建立孔教议》）。他的结论是："神道绌，则人道始立。"（《訄书》）

　　章氏反对神学宗教，但主张建立无神的宗教，即佛教，而以法相为其根本。他认为释迦牟尼是师不是神，唯识学不讲灵魂而重心识，这与中国传统文化精神相合。中国德教之根本在"依自不依他"，"自贵其心，不以鬼神为奥主"（《答铁铮》），他要"用宗教发起信心，增进国民的道德"（《演说录》），故"立教以惟自识为宗"（《建立宗教论》）。章氏只看到佛教哲理化的一面，学者可以从中得到精神满足，但他忽略了佛教对超自然神灵的崇拜，而正是这一面才能吸引广大下层教徒，并使佛教保持着宗教的色彩。

　　我们不妨将康、梁、章三人当作近代儒家的代表，那么他们的

20世纪儒学研究大系

宗教观诚然各有不同，但他们在宗教与信仰上都是改良主义者，不是彻底的非宗教论和无神论者。

总之，儒家宗教观的主流不是神学的，也不是无神的，而是以人道包融神道的人本主义，这是一种相当早熟的理论和态度。从孔子起就放弃了鬼神的认识论证明，而从道德论上论证宗教存在的必要性。直到两千多年以后，西方学界才由康德提出，上帝的存在处在人的认识范围以外，无法证明，但宗教为道德和至善所必需。近代西方，宗教的发展以淡化神学、强化道德和人文为时尚。由此反观孔子与儒学的宗教观，我们不能不惊叹儒家先贤的睿智和远见。

（原载《齐鲁学刊》1993 年第 4 期）

　　本文系统地论述了儒家的鬼神宗教观。作者认为，儒家的宗教观是在春秋时期人文主义思潮的背景下建立的，孔子是其创建者。孔子的人文主义倾向成为后来儒家宗教观的主流。《礼记》的成书是儒家宗教观系统建立的标志。从北宋到明清是儒家宗教观的哲理化阶段。汉代董仲舒、清末康有为等都曾将儒学宗教化，但由于其主张同儒学的人学本质相抵触，故都未成功。总之，儒家宗教观从孔子起就放弃了鬼神的认识论证明，而从道德论上论证宗教存在的必要性，其主流是以人道包融神道的人本主义，它是一种相当早熟的理论和态度。

关于儒教的几个问题

李　申

　　1979 年,在南京市召开的中国无神论学会成立大会上,及在太原市召开的文化大革命之后中国哲学史学会第一次大型的学术讨论会上,任继愈先生提出了"儒教是宗教"的命题。此后又接连发表了《论儒教的形成》、《儒家与儒教》、《儒教的再评价》、《朱熹与宗教》等论文(参见《任继愈学术论著自选集》1991 年版,第 115—190 页),阐述了儒教的本质及其特征。从那时到现在,十几年过去了,学术界断断续续,以不同的方式对"儒教是教"说进行了讨论和争辩。从大体看来,可以说是赞同者少,反对者多。反对者的意见如果归结为一条,就是说儒教不具有一般宗教的特征。比如:儒者一般不信鬼神,儒教无宗教组织和宗教仪式,儒教无彼岸世界等等。对于上述这些学术观点,"儒教是教"说的主张者及其屈指可数的少数赞同者,多年来几乎未作答辩。本文不揣浅陋,欲就儒教的有关问题谈一点自己的认识。错误和不当之处,希望能够得到有关专家的指正和批评。

一　孔子与鬼神

　　"儒教非教"说的首要根据,是孔子不信鬼神,至少是不笃信鬼神。作为儒家学派的创始者,不信鬼神或不笃信鬼神,后世儒家又怎能相信鬼神成为宗教呢？因此，孔子对鬼神的态度问题，是我们首先要讨论的问题。

从《论语》这部书出发，一些人认为孔子信神，另一些人则认为孔子不信神，至少是不笃信鬼神。多年来关于孔子对待鬼神态度的争论，几乎都未超出《论语》的范围。

然而孔子一生，周游列国，欲于不可为之世，救礼崩乐坏之失，行先王之道，而终究一事无成。所成就者，只在教书育人。教书要有教材，教材就是载先王之道的各种文献和制度，这就是五经或六经。孔子自称"述而不作"，他所"述"的，也就是这些载先王之道的文献。而且孔子和今天的教师不同，他所述的，就是他所信的，教授什么内容，全由自己决定。《论语》，仅是孔子在教学过程中为学生答疑的记录，而不是孔子的全部思想。因此，必须和六经联系起来，才能看出孔子思想的全貌。

六经之中，《乐记》早亡。据朱熹说，《周易》当时也未成为教材；而《春秋》，则是孔子晚年所修。因此，六经之中，《诗经》、《尚书》和《礼》经，无疑就是孔子教授学生的教材。而且从《庄子》开始，"诗书"或"诗礼"，也被认为即儒家或儒学的特征，那么，这几部儒经，对鬼神的态度如何呢？

先说《诗经》，其《大雅·文王》篇说：

> 文王在上，於昭于天。
> 文王陟降，在帝左右。

在这一篇中，上帝不仅被认为是存在的，而且似乎是和人同形的存在。而《诗经》中，类似这样谈论上帝的诗篇，并不是少数。诗人们可以怨天，甚至恨天，但均不否认作为至上神的天或上帝的存在。

关于音乐史，专家们常有一种意见，认为音乐歌舞最初是用来娱神的，因此，音乐源于宗教。研究中国古代诗歌音乐的学者，也常说《九歌》等是娱神之歌等等。其实，《诗经》中的许多诗，也是娱神之歌。《毛诗·诗谱序》说：

> ……故孔子录懿王、夷王时诗，讫于陈灵公淫乱之事，谓之变风变雅，以为勤民恤功，昭事上帝，则受颂声，弘福如彼；若违而弗用，则被劫杀，大祸如此。

孔颖达在《毛诗正义序》道：

> 故曰：感天地、动鬼神，莫近于诗。此乃诗之为用，其利大矣。

诗的作用如此，诗的内容如彼，孔子"述"诗，对天地鬼神又持如何态度呢？

再说《尚书》。现存《今文尚书》二十余篇，第一篇《尧典》，说舜接受帝位之后，即：

> 肆类于上帝，禋于六宗，望于山川，遍于群神。

以下各篇，除《禹贡》仅讲山川物产以外，《甘誓》、《汤誓》、《盘庚》、《高宗肜日》以下，以至《周书》各篇，又有哪一篇不曾称天和天命呢？孔子"述"《尚书》，又将如何对待其中的天和上帝、天命和鬼神呢？

最后说《礼》。孔子重礼，已无疑义。但孔子所重的礼，其内容和意义又如何呢？孔子所痛心疾首的礼崩，其内容和意义又是什么呢？

《礼记·祭统》说："礼有五经，莫重于祭。"所谓重礼，首先和主要的，是重视祭礼；所谓礼崩，首先和主要的，也是祭礼被破坏。被破坏的祭礼之中，又主要是祭天之礼被破坏。

从周平王东迁那一年开始，秦国就违犯只有天子可以祭天的礼制，自以为主少昊之神，立畤祭祀白帝。不久，齐桓公又认为自己功侔古帝，要实行封禅。儒者的故乡鲁国，也不甘落后，实行郊祭天之礼。并且违背"不王不禘"的礼制规定，行禘礼。以致孔子虽知其错，而口不忍言。

现存的《礼》经有三种:《周礼》、《仪礼》和《礼记》(《礼记》又分《大戴礼记》和《小戴礼记》),其中关于祭天、祀神,都讲得详细而分明。诚然,这些内容,并非都出于孔子以前,然出于孔子以后者,就更与孔子所述有关。我们不能肯定,那其中的"子曰"、"孔子曰",果真都是孔子所说,但是,《礼》经对待天地鬼神的基本态度,却不能不说是孔子、乃至整个儒家的基本态度。

在《论语》中,我们可以读到孔子"敬鬼神而远之"的记述,读到孔子对有病祷神的消极态度。这类事例,我们还可以补充一些,比如《左传·哀公六年》,楚昭王有疾,既不祭河,也不祷神把疾病移于令尹、司马。孔子赞扬说:"楚昭王知大道矣。"然而此类事例,仅说明孔子时代传统的宗教观念发生了某种变化,而这种变化则是随着时代的进步不断发生的。当时的先进人物,包括孔子,已不再像以前那样,至少不再像商代的人们那样,事事都要请教、听命于鬼神,并不能说明孔子根本不信鬼神。而且,从世界其他宗教以及中国此后儒佛道三教的情况看来,宗教思想家反对某些鬼神或迷信现象倒正是为了维护本宗教信仰的高尚纯洁。这一点,我们以后还要论述。

以上的考察表明,孔子不是不信鬼神,而是虔诚地相信天命鬼神,并且为维护传统的宗教礼仪制度,进行了顽强的努力。

二　儒教的上帝和神灵(上)

在汉武帝采纳董仲舒对策,决定独尊儒术之后,即采纳亳人谬忌建议,以太一为至上神,五帝降为太一的辅佐。从此以后,上帝的名号及其意义,就完全由儒者据儒经加以规定和进行解释了。

西汉末年,王莽执政,据儒经,将上帝称作"皇天上帝太一"。东汉承王莽,称"皇天上帝"。其后或称"皇皇帝天"(曹魏),或称

"皇皇后帝"(孙吴),或称"昊天上帝"(晋),或称"天皇大帝"(南朝梁)。隋唐时代,据《周礼》,将上帝定名为"昊天上帝",遂为后代沿用。宋真宗曾向上帝献尊号"玉皇大天帝",未能延续下来,由儒者制订的国家祀典,仍称昊天上帝,直到清末。现存的北京天坛祈年殿中,仍保留着一块昊天上帝的神主牌位。玉皇大天帝的名号则被道教采用,并在道观内立像建殿(阁),作为道教上帝的正式名号。

"皇天"、"昊天"的名号,来自儒经,比如《诗经》、《周礼》等。在这些儒经中,还可见到"上天"、"苍天"、"旻天"等关于至上神的名号,这些名号的意义如何呢?《毛诗·黍离》:

> 苍天,以体言之。尊而君之,则称皇天;元气广大,则称昊天;仁覆闵下,则称旻天;自上降鉴,则称上天。

也就是说,那高高在上、望之苍然的一团广大元气,也就是君临世界、仁爱慈善的上帝。

后来,儒者们普遍接受了神人不同形的意见,并把它正式写入了国家祀典:

> 按《开宝通礼》,元气广大,则称昊天。据远视之苍然,则称苍天。人之所尊,莫过于帝,托之于天,故称上帝(《宋史·礼志》)。

北宋中期,儒者们又从气中体贴出了理,于是,程颐说道:

> 天者,理也;神者,妙万物而为言者也;帝者,以主宰事而名(《程氏遗书》卷十一)。

> 以形体言之谓之天,以主宰言之谓之帝,以功用言之谓之鬼神,以妙用言之谓之神,以性情言之谓之乾(《程氏遗书》卷二十二上)。

天、帝、鬼神,虽异名,却同实。所谓形体,就是那浩大元气。理主宰气,所说那个上帝,就是那浩大元气中的理。俗而言之,也就是说,那浩大元气是上帝的形体,气中之理是上帝的灵魂,或者说,是上帝本身。

这样的上帝,和人不同形,却和人同性。它具有人格,可以赏善罚恶,可以和人感应:

> 匹夫至诚感天地,固有此理(《程氏遗书》卷十五)。

> 棣问:"福善祸淫如何?"曰:"此自然之理。善则有福,淫则有祸。"……又问:"今人善恶之报如何?"曰:"幸不幸也。"(《程氏遗书》卷二十二上)

依程颐说,那些未遭报应的,不过是侥幸罢了。因此,天、上帝,是全知全能、无所不在的。人每时每刻都应以十分虔敬的心情来修饬自己,好像上帝就在您的身旁:

> "忠信所以进德","终日乾乾",君子当终日对越在天也……,故说,神"如在其上,如在其左右",大小之事而只曰"诚之不可掩如此夫"。彻上彻下,不过如此(《程氏遗书》卷一)。

程氏兄弟的上帝观被儒者继承,成为宋代以后正统的上帝观。朱熹的《敬斋箴》,把对上帝的敬畏作为儒者修饰自己的首要规条:

> 正其衣冠,尊其瞻视,潜心以居;对越上帝。

因此,宋以后儒者用于修饬自己的"主敬"原则,绝不仅是一种道德心态,而首先是一种宗教心态。敬,就是敬畏上帝。

那么,从孔子开始,作为一个儒者,有没有不信上帝、否认上帝存在的儒者呢? 可以说,一个也没有。

比如荀子,其《天论》篇反对雩祭、卜筮,主张"制天命",这些主张仅仅说明,天有自己的职分,它不会因为人的行为改变自己的主意,却并不否认作为至上神的天的存在。其《礼论》篇说:

> 礼有三本:天地者,生之本也;先祖者,类之本也;君师者,治之本也……。故礼,上事天,下事地,尊先祖而隆君师,是礼

之三本也。

> 故王者天太祖……郊止乎天子,而社止于诸侯……

> 祭祀,敬事其神也。

> 故社,祭社也;稷,祭稷也;郊者,并百王于上天而祭祀之也。

这些言论表明,荀子并不否认作为至上神的天的存在,也不否认其他神灵的存在。他和其他儒者一样,坚持礼制,主张天地君亲师的祭祀。

又如王充。他反对当时的天人感应说,认为人死无知,不为鬼。人们已经注意到,王充并不完全否认鬼的存在。人们还少加注意的是,王充不否认作为神灵的天的存在,不否认上帝的存在。《论衡·死伪》篇说:

> 上帝,公神也。

《论衡·辨崇篇》说:

> 天,百神主也。道德仁义,天之道也;战栗恐惧,天之心也……孔子云:"死生有命,富贵在天。"……人之于世,祸福有命。

《论衡·雷虚篇》说:

> 天神之处天,犹王者之居也。

本文以为,这是对古人将上帝称作天的最正确的解释。天人一理,后人也常用地望代人物。如以"昌黎"代韩愈(韩愈籍贯实为孟县),以"黄梅"代五祖弘忍等等。王充所反对的,只是说人的行为可使上帝发生感应。

三　儒教的上帝和神灵(下)

儒者承认上帝的存在,并对上帝的作用作出了阐释。

和一般的神灵一样,上帝作为至上神,其基本功能自然是主宰一切、赏善罚恶等等。贾谊说：

> 故天之诛伐，不可为广虚幽间，攸远无人，虽重袭石中而居，其必知之乎？……故曰：天之处高，其听卑，其收芒，其视察(《新书·耳痹》)。

陆贾说：

> (学者)上决是非于天文，其次定狐疑于世务(《新语·思务》)。

> 圣人因天变而正其失，理其端而正其本(同上)。

上帝主宰一切、全知全能、赏善罚恶的思想，到董仲舒发展为完备的神学体系。后来的儒者只是认为汉代儒者把天人感应说得太过分，却不根本否认上帝主宰、赏善罚恶的功能。《程氏遗书》卷二十二下，载伊川语：

> 又问："汉儒谈《春秋》灾异，如何？"曰："自汉以来，无人知此。董仲舒说天人相与之际，亦略见些模样，只被汉儒推得太过。亦何必说某事有某应。"

程颐的这个思想，也是宋代以来，儒者们的基本观念。

但是，作为儒教特点的是，儒者们认为，上帝给人类指派了君和师，让他们来教化、治理上帝的子民。《孟子·梁惠王下》载：

> 天降下民，作之君，作之师，惟曰其助上帝，宠之四方。

孟子说，这话出自《尚书》。《古文尚书·泰誓》，文字与《孟子》稍有出入：

> 天佑下民，作之君，作之师，惟其克相上帝，宠绥四方。

朱熹《大学章句序》，对这个意思讲得更加明白：

> 盖自天降生民，则既莫不与之以仁义礼智之性矣。然其气质之禀或不能齐，是以不能皆有以知其性之所有而全之也。一有聪明睿智能尽其性者出于其间，则天必命之以为亿兆之君师，使之治而教之，以复其性。

因此,依儒教教义,不仅君主是接受天命而立;师,也是天之所命。而自从独尊儒术之后;师,也就由儒者担任。儒者的领袖,是孔子,称"先师"。此后的许多儒者,颜回,甚至董仲舒、王弼等,都获得过"先师"的称号。而依周礼,先师也享受如同神灵一样的祭祀。《礼记·文王世子》载:

> 凡始立学者,必释奠于先圣先师

天子视学,也须祭先师。天子出征归来,要向先师行献俘礼,报告成功。

"始立学"所祭的先圣,汉朝以来,或指周公,或指孔子,后来则孔子集圣师于一身,称"至圣先师"。至于君主,那是当然的圣人。谁作了君主,谁就是圣人。刘邦作了皇帝,司马迁说:"此乃传之所谓大圣乎!""非大圣孰能当此受命而帝者乎"(《史记·秦楚之际月表》)。安禄山叛乱,抓到了哥舒翰,"安禄山问翰曰:汝常轻我,今定何如? 翰伏地对曰:臣肉眼不识圣人……"(《资治通鉴》卷二百十八)。哥舒之对,自然是为了求生,但反映了以君主为圣的普遍意识。君主的命令叫"圣旨",而圣旨,乃是天意的表现。圣人的话,就是天意。董仲舒说:

> 名号异声而同本,皆鸣号而达天意者也。
>
> 天不言,使人发其意,弗为,使人行其中。名,则圣人所发天意(《春秋繁露·深察名号》)。

邵雍《观物篇》道,圣人,"能以一心观万心,一身观万身,以一物观万物,以一世观万世"。

> 又谓其能以心代天意,口代天言,手代天工,身代天事者焉。

清末,康有为《春秋董氏学》卷五,列《孔子春秋代天发意》一条,其中说道:

> 杨子曰:"圣为天口。"孔子之创制立义,皆起自天数。盖

天不能言,使孔子代发之。故孔子之言,非孔子言也,天之言
也;孔子之制与义,非孔子也,天之制与义也。

康有为的说法,并不是他的发明,而是儒教的一贯传统。

圣人之言既是天之言,那么,由圣人所阐发的儒教教义,也就
是传达了天意。儒者们依儒经行事,也就是依天意行事。

天或上帝之下,是所谓的"百神"。百神的组成,从日月、山川,
到鸟兽、门窗、名儒、名臣、名人,也得忝居百神之列。百神的数量,
多时达一千七百位,少时也有六七百位。祭祀百神,使人们把中国
的宗教称为多神教,也使明末以来的传教士们发生了二三百年的
礼仪之争。称中国为多神教的人们以及传教士们,都不知百神之
上,还有一位主神,那就是上帝。而所谓一神教,实际上不过是在
众神之上还有一位主神罢了。至于众神的多少,那要视具体情况
来定。

儒教百神,组成像人间官僚系统那样的等级体系。每个神的
品级、爵位,一般说来,是由儒者规定的,并载入国家祀典。平素,
它们依照规定,享受一方祭祀,如同诸侯的有封地和食邑;大祭时,
则依品级配享、从祀于天坛之上。不入祀典的,被称为"淫祀"。儒
者或某些国家官吏,常常为废除淫祀而斗争,他们常被误认为无神
论者。有时候,已入祀典的也会被贬黜、降格,如同官吏的被罢免
和降职;民间兴起的淫祀也会被纳入祀典,如同造反者的被招安。
一般说来,这些事,都要由儒者出身的官吏提出建议,并在建议获
得批准后付诸实行。

四　儒教的彼岸世界

上帝和神灵们的世界,就是儒教的彼岸世界。和其他宗教似
乎不同的是,儒教不是主张人们死后要进入另一世界,因而也不主

张生前脱离世俗生活，而是主张把现实的事情办好。简而言之，也就是说儒教是入世的，而不是出世的。这一点，也是主张儒教非教的主要依据。

依儒经，上帝"作之君、作之师"，教给君师的任务，不是让他们带领人们到上帝的世界里去，而是要他们"克相上帝，宠绥四方"，即辅佐上帝，把天下治理好。这只是教义的不同，并不是教与非教的分水岭。

其实，宗教并不一定主张出世。主张出世，往往是一种不得已。

以基督教而论，所谓基督，不过是像大卫那样的圣帝明王。他的任务，不是超度人们升入天国，而是秉承上帝的旨意，解救人们的苦难，让人们获得幸福。耶稣，就是人们盼望的这样一位救世主。但是，耶稣没有成功，他为世人流尽了自己的血。只是在这个时候，他才说，"我的国不在这个世上"。人们也才开始追随他，盼望升入天国。

然而据奥古斯丁的解释，"天国"有两种含义。一种是指天上之国，也就是常说的"天堂"；二是指信教者的团体。后来，人们把教会就视作天国。直到洪秀全得到的《劝世良言》，仍然说，天国有两重意思："一样，指天堂永乐之福，系善人肉身死后，其灵魂享受之真福也。一样，指地上凡敬信救世主耶稣众人聚集礼拜天上帝之公会也。"那么，假如所有的人都敬信上帝、耶稣，让教会统治这个世界，又怎么样呢？

洪秀全的拜上帝会，就是"敬信救世主耶稣众人聚集礼拜天上帝之公会"。拜上帝会发展壮大，取得中国半壁河山之后，洪秀全就把自己缔造的国度叫作"太平天国"。也就是说，在洪秀全眼里，他的国度，就是天国。洪秀全还否认地狱、阎罗之说，因为外国的圣人只说皇上帝"审判世人"；中国的圣人只说皇上帝"阴骘下民，

临下有赫"(《原道觉世训》),未说什么地狱之事。洪秀全的理解,
符合《圣经》原意,也符合儒经本义。

就是说,基督教从开始到晚近,从未放弃对现实天国的追求,
彼岸天国并非基督教本义,至少不是他追求的主要目标。

基督教源于犹太教。对救世主的盼望是犹太教的基本教义。
虽然在千百年的历程中,犹太教中出现了不少假的救世主,但丝毫
没有影响他们对真的救世主的盼望。曾任以色列副总理的埃班,
深以犹太教此种教义而自豪。他说:

> 犹太教把先知——正直和真理的启示者——以及对救世
> 主的信仰赠给了基督教,他们是能够创造这样感人的神话的
> 唯一的民族。只有对救世主的信仰才可以说是人类历史向既
> 定目标前进的思想的合乎逻辑的发展(阿巴·埃班《犹太史》,
> 中国社会科学出版社 1987 年,第 106 页)。

救世主的降临,将带来一个"物质富裕(幸福、进步)和思想健康(完
美的人性)"的黄金时代(同上,第 232 页)。

也就是说,犹太教始终不渝地追求的,乃是一个尘世的天国。
在这个问题上,儒教盼望一个圣帝明王,实现"治国、平天下"的目
标,同样是宗教的追求,因为这是在天或上帝的名义下进行的,是
为着实现上帝的意旨。

起初,儒教只是把上帝的意旨化为一些外在的规条,如"三纲
五常",让人们遵守。并说如遵守这些规条,将受天的庇佑;不遵
守,将受天的惩罚。而天的庇佑和惩罚,也是有形可见的。比如是
否能获得财富和尊贵,是否子孙众多等等。这是汉代儒教的报
应观。

这种形诸事实的报应说,必将被事实本身所打破。所以到了
宋代,儒者们虽不完全反对这样的报应观,如程颐说报应与否只是
"幸不幸也",但他们接受儒教禅宗的方式,到内心去寻求慰藉。禅

宗讲,即心是佛,即心是西方佛国净土,觅佛只向心中觅,莫向外求。二程则说:"只心便是天,尽之便知性,知性便知天。"(《程氏遗书》卷二上)从此以后,儒者虽然没有放弃"治国平天下"、"克相上帝、宠绥四方"的现实理想,同时也在自己心里,为自己保存了一个上帝、一方净土、一个天国、一个彼岸世界。时至今日,这样一个彼岸世界,几乎是所有那些发展到高级阶段的宗教所追求的目标。

五　儒教的组织和祭仪

基督教是从民间发展起来的,它不得不在国家政权组织之外建立自己的组织。由于具体的历史条件,在基督教世界形成了政、教两套独立的组织体系。伊斯兰教诞生不久,就用武力取得了许多地区的国家政权。这样,他就直接通过国家政权的组织系统去贯彻自己的教义,而无须另立组织。宗教是否在国家政权之外建立自己的组织,要依具体情况而定,也不是教与非教的分水岭。

儒教没有在政权组织以外建立自己的组织,政权组织,同时也就是儒教的宗教组织。在这个组织中任职的官员,同时也是一种教职,执行宗教的职能。

高居于整个政权组织之上的,是君主。君主不仅是国家元首,同时也是最高的教职。他是天子,是"圣上",在最隆重的祭天大典上,担任主祭。

皇帝以下各级官员,依自己不同的品级,担任不同的祭祀任务。在朝廷任职的官员,还常常作为皇帝的使者,到京城之外去执行祭祀任务。

各级地方主官代替了原来的诸侯,祭祀境内的名山大川。其中一项重要任务是祈雨。古代的个人文集中,凡担任过地方主官的儒者,几乎都有与祈晴、祈雨、祭祀一方神灵有关的诗文。比如叶适，被认为是有唯物主义倾向的思想家。《叶适集》卷二十六，就有《祈晴文》、《祈雪文》、《祠山祷雨文》数篇。其《送龙水还潭文》道：

> ……而合境士民，私忧过计，方欲推龙功之所致，验雨职之所专，保佑此方，永永依怙。惟龙不倦特施，显发威灵。自今以往，有旱必告。邦人当竭其力，事龙无怠。龙其鉴之。

苏轼、陆九渊等人的文集中，都可以找到这样的文字。

担任国家职务的官吏，同时也具有宗教职能，这是儒教的特点。在这一点上，儒教类似伊斯兰教，而和基督教世界的情况不同，在基督教国家，行政职务和教职是分开的。

中国古代国家，有专管宗教事务的部门。这样的部门，不是现代国家的宗教管理部门，如我国的宗教局。宗教局是宗教组织体系之外的国家机构，而古代的宗教事务管理部门（如《周礼》的"春官"，后来的礼部）本身就是宗教组织中的一个机构。其任务是组织和实施宗教活动。

唐宋以后，专管宗教事务的部门归属于礼部。六部之中，礼部地位最高，礼部主官被称为"天官"。礼部的地位，就是宗教事务在国家事务中的地位。基督教国家中。也没有这样的部门。这样的部门，归于教会和罗马教廷。

也就是说，从独尊儒术开始，中国古代的国家组织，同时就是儒教的宗教组织。

据甲骨文和其他文献，商代君主，对神的祭祀非常频繁，几乎是每天必祭。而且往往规模宏大。直到春秋时代，还有人企图用祭品的洁净和丰盛去讨取神的欢心。儒教对祭祀的密度提出了新的主张。《礼记·祭义》："祭不欲数，数则烦，烦则不敬；祭不欲疏，疏则怠，怠则忘。"

依据祭不欲数，亦不欲疏的原则，儒教对祭祀的品级、次数、祭品的种类和数量,以及程序,都作了详细的规定,并且不断加以修订。

依儒教祭礼规定,天子祭天,祭天下名山大川,诸侯祭境内名山大川,卿大夫祭五祀,即门、户、井、灶等,一般庶民只能祭祀自己祖先。违犯规定,就是僭越。僭越行为轻则受到指责,被迫纠正;重则受到惩罚,甚至杀头。

祭祀的次数也有规定。比如祭上帝,一年有四次:春天祈年;夏初祈雨;秋季大享明堂;冬至郊祭,最为隆重。祭祖、祭孔,一般是春秋两次。规定之外,每逢大事,还有随时祭祀,将自己要作的事向上帝或祖宗报告,称"告"礼。封禅,是在获得巨大成功时实行的最隆重的告礼。

在这些较为隆重的礼仪之外,还有平素进行的简易礼节。比如学宫祭孔,在春秋两次大祭之外,每月朔望,还有两次较小的祭祀。再次,则学生每日上学,也都要向孔圣行礼。中国民间流传着一句话:"礼多人不怪",其实神也不怪。"早晚一炷香",也是比较正常的现象。

祭品,也有种种规定,从最隆重的太牢三牲,到瓜果蔬菜,都可充作祭品。祭祖礼仪中,有一项是"荐新":"其四时新物初登,皆先荐寝庙而后食。二月献羔开冰,四月以彘尝麦,七月登谷,八月尝麻,九月尝稻,十二月尝鱼。"(《通典》卷四十九)汉惠帝时,叔孙通说,古人有春天尝果一说,于是将樱桃进献宗庙。从此以后,瓜果蔬菜也成为祭品。

儒教虽然对祭祀作了种种规定,但人情所在,越礼之事几乎随时发生,厚葬深哭,往往使儒者倾家殒命;每年一度或三年一度的郊祭,往往给国家财政造成困难;至于封禅告天,甚至会弄得民穷财尽。其耗费之巨大,扰民之严重,远非今人可以想象者。儒教国度内的宗教虔诚,一点也不亚于他人。

局外人看到这个国度内各人所祀的神灵不同,就说什么这是多神教,仅是偶像崇拜,实在是不了情之论。

六 余 论

有关儒教的问题还多,论证有待来日。最后,我要提到两位学者:何光沪,在博士论文答辩时,特意阐述"儒教是教"。后来,论文以《多元化的上帝观》为名出版。《导言》中道:

> 儒教尊奉"天地君亲师",这个"天",不是自然的天,而是"天佑下民,作之君,作之师"的天,是"天叙有典"、"天秩有礼"、"天命有德"、"天讨有罪"的天,是"天监在下,有命既集"的天,是万物的主宰,是有意志的神。

并且自注道:

> 很多人反对"儒教"说,主要理由之一是,"天"不具有人格性,所以不是神。姑不论这是以对神的十分狭隘的、以基督教为标准的界定(神必须具有人格性)为前提的,也不论基督教的神的"人格性"并不是他们所理解的那种人格性,并不是对其上帝的本质性界说,就以这一说法本身而论,也是站不住脚的。孔子的"予所否者,天厌之!天厌之!"(《论语·雍也》)"天丧予!天丧予"(《论语·先进》)!"天之未丧斯文也,匡人其如予何"(《论语·子罕》)?等等说法中的"天",不可能指没有人格的天,否则也不会有"丘之祷久矣"(《论语·述而》)之说。归根到底,对丝毫不具人格性的"天"是无法祷告,也不必设立牌位的,因为这种天与人无法相通,当然也就不是宗教的神了。但儒教的"天"绝非与人无法相通(何光沪《多元化的上帝观》,贵州人民出版社1991年,第5页)。

另一位赞同"儒教是教"的学者为赖永海。他的近著《佛学与儒学》

说道：

>　……与世界上许多民族一样，中国的远古文化在相当程度上是一种宗教文化。不但孔子没有完全抛弃打倒"天"，整个古代思想史，都没有完全抛弃"天"这个外壳，都是在这个既"无声无臭"又至高无上的"天"之下去谈论和探讨各种问题，特别是人事问题。
>
>　……儒家所重之伦理，所谈之心性，其源头一直在"天"，在"天道"，是"天道"沿化之产物。
>
>　……就具有宗教性质而言，就带有浓厚的宗教色彩言，中国古代儒家学说在与宗教关系问题上与西方或印度古代没有什么原则的区别……人们对于儒家学说思维模式的把握，往往只顾及作为"后半截"的"人事"、"伦理"或者政治，而抛弃了作为本源的"天"或"天道"（赖永海《佛学与儒学》，浙江人民出版社1992年，第19—22页）。

"闻道有先后，术业有专攻"，我之所以大段摘引何、赖二人的意见，因为他们都是专治宗教学的学者，且都卓有成就。因此，在判断儒教是教非教问题上，应该多听他们的意见。

诚如赖永海所说，否认儒教为教，就是"拦腰砍去"了儒家学说的上半截，这样，我们就无法全面地认识儒家文化，无法全面地、正确地认识整个中国古代文化。

（原载《世界宗教研究》1995年第2期）

李申（1946—　　），中国社会科学院世界宗教研究所研究员，儒教研究室主任。主要著作有《中国儒教史》（上、下卷）等。

本文从一般宗教特征或者说从体制化宗教角度集中阐述

了"儒是宗教"的观点，即从"孔子和鬼神"、"儒教的上帝和神灵"、"儒教的彼岸世界"、"儒教的组织和祭仪"等几个方面系统论述了儒教是宗教的观点，并认为，否认儒教是宗教就无法全面、正确地认识儒家文化以及整个中国古代文化。

论儒学与新儒学中的
宗教实在与宗教认识

成中英

为了对作为一种宗教哲学形态的儒学和新儒学进行比以往更恰当更准确的特征描述,我们将首先设定一个宽泛然而又是贴切的关于宗教的概念,并且利用适当的篇幅讨论四种宗教哲学的基本类型。尔后我们将在这样的理论背景下对儒学及新儒学进行分析和描述,并试图确定它属于这些不同的宗教思想类型的哪一种。

论宗教的概念以及宗教哲学的四种类型

即使是同时代的哲学著作,也存在着关于宗教的本质特征及其对于人和个人自我的意义的众说纷纭的见解。然而人们都普遍承认,在人的发展和其生命的实现过程中,宗教起着至关重要的作用。

为了实现本文的目的,我们把宗教设想为:以最密切最直接的方式对人及其生命的根本意义的关切。但是倘若不考虑任何给定的观点,而从一个比较宽泛的角度看,更确切地说,宗教可以被看作一种活动,它涉及到个人与终极大全的关系以及终极大全与个人的关系问题。换言之，宗教可以被理解为自我和个人与终极大全相关联的一种方式。那么解释这种与终极大全的实在相关联的方式之意义，或许就是宗教哲学的主要关注之点。

根据对于宗教的上述理解，我们可以依照人类宗教经验中的一个普遍的认识，提出宗教思考的四种基本哲学类型。

对宗教进行哲学反思的第一种类型指向被实存地经验到的作为另一个人格存在的终极大全的实在，这个人格传统上被称为上帝。这种类型的宗教哲学反思的传统可以在正统基督教的一种形式中得到例证，特别是在奥古斯丁和阿奎那那里。这种宗教哲学的关键特征，在于对信仰形式中的上帝力量的实存经验。因为正如奥古斯丁和阿奎那所强调的，信仰本身只是一种被上帝启示出来的人的认同的内心经验，这个上帝则是一个异在的外部源泉和超越客体。我们在这种经验中感到兴趣和关心的是，一方面，对于人的认同以及上帝力量的经验被设想为最主观的，另一方面，这种经验的源泉和对象又被设想为最客观的。正是由于上帝的这种绝对的客观性，信仰经验的绝对主观性才能达到。然而这样一来，个体的宗教经验在某种意义上就以一种实存与本体的绝对分裂为其先决条件。我们似乎可以称这种类型的宗教经验为"终极大全在实存上的投影"。一种建立在对终极大全的实存投影的认识之上的哲学，就是把上帝作为实存投影的哲学。

对宗教进行哲学反思的第二种类型，指向被实存地经验到的作为自我或个人的更大的或内在的认同而存在的终极大全的实在。这类宗教经验与第一类型的主要区别在于，这里，终极大全的实在并非以个人内心认同的方式作为一个异己的对象（特别是一个他人）而被经验到。由于能经验的自我与被经验的实在的非异在性，经验对象被感到是作为整体的经验主体的一个部分。由于这种部分——整体的关系，所以不仅终极大全不被设想为一个人格,而且能经验的自我甚至被设想为作为一个人而被消解了。这种经验的源泉正是主体自身,一个处于自我修习的辩证的动态过程之中的自我,他终于切近地认识到终极大全的价值。从这种意义上说,终极大全的实在可以被认为是将自身注入而不是投射于个人的存在。这里所谓注入是一个自我的再发展和再造的问题。我们可以把佛教觉悟的经验和吠檀多自我实现的经验看作这种宗教经验的典型范例。因为佛教哲学和吠檀多哲学明显地与对这种宗教经验的哲学思考相联系。简而言之,这种宗教经验即是“终极大全注入实存”。而一种建立在这类经验之上的哲学可以被称为关于作为实存的注入的终极大全的哲学。

宗教思想的第三种类型可以说与“推理的宗教”有关。就是说,从一些合理的前提推演出一套关于终极大全的某些特征的基本信仰,或者把它们建立在理性的基础之上,或者使其符合理性的要求。在这种观点看来,宗教就像康德所说的那样被置于“理性的范围之内”。然而由于有一种要求宗教存在的理性需要,因此它成为一个有关的公设。这样,当康德试图在一种合理的道德的基础上证明宗教的合理性,证明需要假定一个无限的上帝存在及灵魂不朽的正当性时,他似乎至少赋予宗教一种客观的和理性的基础,并且成功地使宗教从属于道德,但却不是实体化的宗教。

这种哲学观点和方法的特点是,依靠作为指导原则的理性去建立一种理性的宗教。指出这一点是十分重要的,那就是这种形式的哲学思考把宗教关怀看作一种理性的需要或者是被合理性地保证的东西。它进而把宗教意识的对象看作是对这种理性需要的合理感知。这样一个对象其本性仅仅是一个假设的和建构的对象,它的设立只是为了满足人在道德实现中的感情和实践的需要。这种类型的宗教哲学可以被认为是使宗教成为一种理性论证问题。终极大全的宗教性质则是由这种理性的论证所设置的实体,这些方面完全可以从康德的宗教观点中推演出来。

最后,我们来看宗教哲学的最后一种类型。这种宗教哲学将第三类宗教哲学的合理性因素和第二类宗教哲学的实存之实现的因素结合起来,不同于康德体系中把终极大全设置为一种为满足实践与道德需要的必要的理性结构,这里的合理性的实存实现的哲学表明和展示了一个实践和道德的过程。实际上,两种宗教思想的这种结合也可以被看作道德和人的实存之实现的一种合理性的展现。由于道德人的实存之实现并不是被投射进一个作为终极大全的绝对超越客体,而是被理解为内在于人之中并作为终极大全被体验,同时被赋予合理性的形式以便在理性运用之中获得一席之地。这里,最重要的意义自然是,合理性的实存的实现和实存的实现的合理性展现之间的这种等价性,使得个人的理性和生命成为一个内心发展和精神融合的动态过程。因而超验与内在的统一,主观性与客观性的统一,生命与理性的统一,都可以在一个形而上学的体系内得到理解。在别的一些著作中,我曾指出儒学代表了一种类型的宗教哲学,其中人的道德意识具体化为人对于终极大全的意识的一种表现形式,并且对于在人之中的终极大全的意识也具体化为人性及其至善的一种道德实现。而且,道德存在于把个人与终极大全连结起来的关系和意义的同时实现之中(参见我的论文《儒家道德的辩证法与人的形上学》)。

作为第四种类型宗教哲学之范例的
儒学和新儒学的本质特征

本文的宗旨在于,以上面理论地概括出的四种类型的宗教哲学为背景,将儒学和新儒学的哲学传统作为一种宗教哲学形式进行讨论和分析。也许正是由于我们没有对宗教问题一般地进行一种理论的透视,没有发展出一套与现有观点不同的可供选择的观点,这使得我们没有能够正确评价儒学和新儒学的宗教意识。事实上,儒学和新儒学正像多数人理解的那样,不适用于第一种类型的宗教哲学,因为对于作为一个存在客体的绝对超验的上帝的敬畏和崇拜的概念是与儒学传统格格不入的。第二种类型的宗教哲学也不能描绘儒学与新儒学整个传统的基本倾向的特征,因为在一个道德价值与理性秩序同时实现的相互联系的系统中,那种个人非理性的神秘经验是没有真正的地位的。

至于第三种类型的宗教哲学,它只能从一个完美地定义的科学与逻辑的理性主义的背景中发展出来。既然在中国的思维中不存在这种自我批判的明晰性和形式上的合理性,因而在儒学和新儒学传统中也就没有提出任何实质性的建议,去从理性上论证作为实践和道德之前提的宗教的需要。那么,唯一的可能性只剩下第四种类型的宗教哲学了,对于它,儒学和新儒学可以说提供了一个丰富而最有启发性的范例。

为了对儒学及新儒学的宗教哲学的各种问题和特征进行深入探讨,我们首先试图澄清儒学和新儒学传统中关于终极大全的实在的意识,然后,我们将讨论在儒学和新儒学传统中把握终极大全的方式。我们将把第一个问题称作宗教的实在,而把第二个问题称作宗教的认识。由于作为体验实在的方式的认识和作为认识终极大全的源泉的实在是不可分割的,所以我们将看到,在儒学和新儒学中,关于宗教实在的问题与关于宗教认识的问题是不可分离的。我们还将看到,正如"对终极大全的认识"与"认识到的终极大全"作为一种合理性的表达形式,二者是一个动态的同一一样,这种不可分性实际上是建立在自我与天(或曰终极大全)之间的本体论的统一性基础之上的。

论儒学和新儒学中对于宗教实在的意识

在儒学中,对终极大全的意识经历了一个由前儒学的思想来源到孟子和《中庸》的人性哲学的辩证发展过程。显然,前儒学的天代表着世间万物的终极本源和权威。它首先赋予生物以生命,赋予世间万物以秩序。它是宇宙中一切运动的持续不断的创生力,因为这被认为是天的至德。有关天的创造功能的值得注意的一点是,天与人之间存在着直接产生和血缘的关系。这一点在《诗经》中的天帝这一复合概念中表现得十分明显。天帝作为超越世界和人的至上力量与远古时代的一个祖先帝王是同一的。在这种意义上,作为生命的一个源泉的天的存在显然是全体人类的一个标志。这个天与人的血缘关系的单纯事实强调了一个非常意味深长的观点:在人与天之间既不存在本体论上的也不存在任何其他形式的分离和异化。因而,不同于前面提到过的出现于第一种宗教哲学中的基督教上帝,这里的天与人原初形成一个统一整体,这里有一个两种存在的单一体。无论是儒家还是道家,它们表现出来的对于人之内的终极大全的意识都产生了重要的推论,我们有必要指出其中两个重要推论。它们分别构成了(除了创造力、血缘关系、以及天与人的存在的统一性以外的)中国哲学中关于宗教实在的两个主要特征。

来自人与天之实在的存在的血缘关系和统一性的观点的第一个推论,就是天的宗教实在的世俗性。不是暗示而是直接要求天去干涉尘世的政治统治事务。天总是被假定为认真地关心着全体人民的福利,因此握有统治权的人民的统治者也承担着照管人民福利的重大责任。天对于人世间人民福利的政治上的关心是通过对人民的现实政治统治实现的。这与西方宗教形成鲜明对照,在那里,个人灵魂获救的需要是通过从这个世界中赎救出来而引渡到另一世界来获得满足的。这种差异并非仅是表面上的差别,它揭示了关于宗教世界观的一些基本问题和观点:在儒教和道教哲学中,缺少个人灵魂的实体性概念,缺少对世界的否定性的评价,也缺少关于人的自我实现的潜力以及人的命定的堕落的本质上的有限性,这些统统应该用这两种哲学理论上的完全自足性来解释。儒教和道教哲学分别而又相似地看出这些条件是不必要的,它们提出了一种宗教世界观,从这种观点看,这种缺少的反面反而被认为是应该说明的问题。换句话说,在儒学和道教中,这种世俗性不需要用外在原因来解释,世俗性可以被看作是对终极大全的意识的一种表现形式,终极大全满足了儒学与道教所理解的人的基本需要。

根据儒学的观点,一个人被认为是与一个他人的社会交织在一起的,而且只有在人类社会秩序的发展中他才能变得完善和得到发展。因此,政治统治被看作只不过是自我修养和使所有人达到完美的道德原则的扩大和应用。因此,在儒学对于终极大全的意识中这种独特的世俗性与儒学关于(人是一个能动的实体,在他身上,天展示了自己并看到了与自己同型的副本)的观点内在地、有机地联系在一起。这说明了天的内在本性是人性的一部分,人性善是先天固有的。它还进一步说明了关于一个被称为灵魂的不可毁灭的封闭实体的假定是肤浅的和不必要的。

天人统一并有血缘关系的观点的第二个推论是上面指出过的天的内在本性是人性的一部分以及人性善的先天性。《中庸》有力地断言:"天命之谓性",由天所命令的也就是由天所制定的,因为命就是在必然性和规律性的形式下对于天的实际分有。在《周易大传》中有这样的观点:来自本性的东西就是派生于天的东西,所谓"来自"云云也就是在自发性的形式下对天的分有。乾道与坤道相互作用的必然性和规律性产生包括人在内的万物的本性。这正是作为人性一部分的天的内在本性的一个方面。

人类本性的一个更显著的方面在于这一事实,即天所赋予的人性可以通过修养而进入最全面的完美境界,从而实现了作为终极大全的天的精神潜能。这一点表现在以下观点中,一个至真至诚的人可以实现人与万物的本性到其极至,而且可以参与天地共同创造万物的活动,并与天地一起形成三位一体①。《周易大传》宣称,人类本性的力量可以完成道的伟大工作,进入神圣光明(神明)和微妙变化的终极至上的境界。据此而论,实际上天的内在本性恰恰派生于人类本性的潜能以及实现这种潜能的能动力量。人不仅具有天赋的全部潜力,而且他也具有实现其潜力的原动力。这是在儒学对于天的经验中对终极大全的意识的一个重要方面。这一意识包含了人的本性与天的实在之间内在的亲密关系的意识,它同样包含了对于在人之中实现天的实在的驱动力和信心的意识。这一点与基督教传统中最终依靠上帝拯救人类的观念形成了鲜明对照。

人生而固有的善来自于在人之中的天的内在本性。天的全部实在性及其不断的创造活动,以及它将可能转化为现实的活动就是一种内在的善,这个善被认为是可望达到的。

还有两个需要明确阐述的关于终极大全的古典意识的更基本的特征。首先,是对于作为一种道德上和智慧上实现了的存在的宗教实在的意识的意识。在前儒学的思想来源和儒学著作中,例如天,就被说成恰似一个活生生的人,他的知觉和判断看透了人的善恶的根基。根据这一事实,天被认作人的祖先也就不足为奇了。

----

① 唯天下至诚,……能尽人之性,……能尽物之性。……则可以赞天地之化育,……则可以与天地参矣(《中庸》——译者)。

天不仅从政治上统治人，天也产生了人。然而正如我们将看到的，把终极大全看作一个人格的观念在后来的著作中发生了相当程度的变化。对于孟子，天不过是可以通过修养而趋向于善的本性，而在荀子那里，天变成了自然，人为了自己可能的外在福利对之进行研究。发生于公元前3世纪的天的这一非人化，可能是与道家有关的自然主义思想家们对于人格天所进行的理性的、自然主义的、形而上学的批判的结果。天从属于道，道是一个具有规律性的包罗万象的实在的自发而必然的活动。这样，天逐渐失去了它的人格特征。但是即使发生了这种向着非人格化的转变，广泛存在的对于天的意识仍然带有作为内部投影的结果的对天的意识的意识。

可以说，为了使对于作为生命和价值源泉的终极大全的天的意识充分活跃起来，人的自我意识当然是一个必要的问题。自我意识这一因素在《中庸》里作为以下律令明确提了出来，由于掩蔽的东西正是最暴露的东西，晦暗的东西正是最明显的东西，因而在上者(应当)对其独处小心谨慎①。但是这种明察力和对终极大全的意识更明显地展示为对于人的自身本性的善和真的内在自我意识。这种善和真也就是天的原始创造性存在的善和真。它在孟子那里被称为良知。在《中庸》里被称为"至诚感"，而在《易经》中则被称作"感通"。很明显它与孔子《论语》中的仁是一致的。

在人的自我意识中对于终极大全的内在知觉，尽管可以被认为是必然导致宗教实在的人格概念的一个因素，但是这样考虑并非必要。已经指出的一个意义深远的事实是，在古典儒学后来的发展中，作为宗教意识对象的宗教实在与其说是人格化的不如说

---

① 莫见乎隐，莫显乎微，故君子慎其独也。——译者

是非人格化的。这可以被看作是由于高扬了作为人性一部分的天的内在本性的意识而产生的一个自然结果。然而,这是否与宗教实在具有知觉能力的属性不相容呢? 显然这种不相容性是不必要的。因为在终极大全之中,人性的理想发展是可以实现的,并且没有理由认为终极大全不能被看作一个充分实现了的具有全部知觉的人。但是,在达到这种绝对完美之前,对于善的意识只是实现过程中的人的一个特征,而且是为了这一实现而努力的一个特征。换言之,关于天的儒家学说的发展表明,我们应当把终极大全看作一种相互作用,这种相互作用发生在人努力达到由终极大全的概念所代表的非人格的潜在理想的过程与人通过自身及其意识的修养以认识到这一点的过程之间。神圣的至上的光明(神明)是一个应该实现的状态。它是人性中内在固有的,然而它应该由每一个人在其自我认识的过程中去努力实现。

　　这样理解的终极大全可以说既不是绝对人格的,也不是绝对非人格的,因为它可以既是人格的又是非人格的。天在人性中的内在本性使这一点成为可能。它之所以不能被限制于人格性的观点是由于天是人的发展的潜在性。而天之所以可以被称为一个人则是因为个人已经达到了自己与终极大全相互同一的理想。这种人格天的观点是一种内在论(上帝存在于万物之中——译者)的观点,而不是关于人格上帝的超越观点。因为在第二种观点中,上帝对于我的存在(being)和实存(existance)来说,是一个本体论上异己的他人。而在第一种观点中,天并不是一个他人,而是我的存在和实存的一种理想的延伸,或是我的能量的一个内在创造源泉和我对内在固有的善的感知。

　　以上,我们对于古典儒家哲学关于终极大全的意识,已经给予了一个充分的说明和特征描述。我们可以概括地说,这样一种意识包括了以下全部七个特征:创造力的意识,天人血缘关系的意识,此岸世俗性的意识,内在本性的意识,对终极大全的自我意识的意识,生来固有的善的意识以及人格与非人格同一的意识。现在我们要对新儒学进行一个相似的探讨以确定这些关于终极大全之意识的特征在新儒学传统中是否得到了继承。

新儒家的宗教实在意识

无论是在早期新儒家如周敦颐、张载和二程兄弟那里,还是在晚期新儒家如朱熹、陆象山和王阳明那里,关于终极大全的实在的意识的确得到了明确的肯定,甚至是完善的发展和存养。朱熹用了一个综合的术语"道体"(the substance of the way)来指这种终极大全,这是很有意味的。道体一词表达了对于辩证地说明万物产生的终极大全的综合意识。这个观念也包含了道家的无极(ultimateless)观念。但诚如朱熹所正确地看到的,这种包含所表达的是终极和大全的广大(immensity)、悉备(infinisity)和无限(unlimitedness)。张载的气(the vital force)的理论中也有与此类似的关于终极和大全的形而上学。人是道的创造物,就在道中;他分有了道的创造力和潜能,因而也是一个创造者。

根据这些新儒家的观点,我们可以看到,在新儒家多多少少系统化的形而上学推理中,对于人具有根本意义的终极大全的实在已经获得了明确的合理结构(rational structure)。但这不是从理性的设定中推演出来的。诚如新儒学大师们的生活所表现的那样,这是个人深刻、严肃的体验的结果。有人甚至认为,惟有通过新儒学大师们的体验,才能对这些体验进行合理的反思。新儒学对于体验和存养终极大全的这种强调,为我们把握和理解终极和大全提供了背景。我们将会看到,在儒家和新儒家那里,终极大全的实在以及对终极大全的实在的理解是相互渗透的,它们构成了在人那里体认终极大全的动力过程的两个方面。本文要强调的是,这在新儒家的思想中得到了明确的发展和保持——关于道体的形而上学和存养理论并不是分裂的,也是不可分裂的。

由于新儒家的系统的形而上学的发展,在他们对于终极大全的意识中几乎是没有人格主义(personalism)的。在概念理(即principle of being)的演进中,人的固有本性也被赋予了广泛的形而上学结构。理的引进明确地保证,在反思的基础上,一切事物就其本性而言,是适合于合理的、明晰的理解体系的。本性是需要理解的,而不仅仅是体验的东西;或者说体验的东西必须首先作为感知和思考的心灵的东西来理解。

对于理,可能有各种各样的形而上学解释,这也是新儒家们的分歧所在。但显然所有的新儒家都会同意,对于理的理解可以满足我们理解世界和我们自己的愿望。所以,理也是一种具有本体论意义的理性和知识的功能。理在一些场合(如在朱熹那里)被进一步视为客观地设想的终极自我(ultimate self);而在另一些场合(如在王阳明那里)却又被视为主观地设想的感知、理解的心灵的活动。在一般的新儒学框架中,终极和大全的形而上学实在和直觉体验的或理智地提出的理性和心灵之间的全部认同也是很有可能的。理成了联结终极和大全的合理意识和这些意识的终极和大全的东西。理包融、也明确地统一了物的世界和心(亦即自我)的世界。显然,不必对理做更为深入细致的研究即可明确,理是属于终极和新的方面的,这个新的方面就是合理性。在此可以根据终极大全的这一特点的意识的发展,在理的实存的和具体的落实中,加上另外一些特点和因素,我们可以言及理的统一性、创造性和人格等特点。另一方面,我们当然也可以认为,新儒家的理的哲学是古典儒家的体验及其意识所揭示的终极和大全的实存性落实的展现。

关于新儒家对于儒学的终极大全的意识的贡献,在此可以提出两点。首先,正如我们在上文所看到的,新儒家的理的观念的发展(亦可称之为关于客观性的理论)同时也包含了主观性(即心灵或心的理论)理论的发展。古典儒家也谈到过心,但心具有包融客观的理和落实道的微妙潜能却是在新儒家那里才得到认真的考虑的。始于张载的"心统性情"的说法,在二程和朱熹关于终极大全的实在及对其理解的哲学中,起了很重要的理解作用。在陆象山和王阳明的哲学中,心也具有本体论和道德的特性。程朱、陆王的哲学探索是存在着很大的差异的,但出于对本文的目的的考虑,此处只注意其共同点。心既是一种活动,也是最高的呈现(manifestation),它是自我活动(self-activity)和德性(virtue)的根源,同样,作为世界万物的创造的源泉,它也是富于创造性的;它还是善和落实善的根源,所以才可能有意识地努力发展善。至于其极致。扼要言之,这种心的观念表明了对于终极大全的内在性的充分把握,并且使达到终极大全类似于个人直接、内在地实现自己。

新儒家关于终极和大全的意识的新异性的第二点是对道德的本体意义和本体理解的道德意义的充分和明确的认识。例如,程颢和朱熹都明确地把儒家的德性仁(benevolence)、义(righteousness)、礼(propriety)和智(wisdom)视为理,这样就提供了一个合理的形而上学基础。仁尤其被认为是宇宙生生的根源,从而也是天地之德性以及终极大全的具体代表。由此可知,既然仁、义、礼、智等德性最初是根源于人的,所以也可以认为它们是终极和大全的落实。另一方面,既然人心最初是能够拥有仁、义、礼、智的,它们也是理的本体理解的应用。在朱熹外别的新儒简那里,也有与此相似的基本观点。正是据此我们才可以认为,新儒家哲学构成了阐释儒家对于作为合理的和形而上学的东西的道德性(或实存的)落实的、终极大全的体验和意识的一个条件,它也为把理阐释为对于终极大全的存在的和道德的体验的合理理解,提供了一个自然的基础。这与我们所描述的,与其它三种状态相对立的第四种宗教哲学类型是密切吻合的。

儒家和新儒家关于宗教理解的存养

在儒学之前的史料如《书经》和《诗经》中,了解和理解天的意志(天命)以作为人的抉择和行为的指导,就是培养一种对天的敬畏感。并服从已被认为是天命的东西。天命并非随意决定的,它被认为是为了此世广大群众的高度的善的一种形式。这就意味着理解天的实在就是根据价值观领会历代王朝的兴衰及其兴衰的原因。这种理解必然会涉及到什么是善的知识和善怎样才能得到落实和维持的知识,这两种知识都需要群体和历史上的实际典型,这是个别人在个别时间内是无法获得的理解。获得这种理解并不是轻而易举的事,相反,它需要经过一代代的积累、证实和提炼,是一种要不断地根据新经验而改善的理解。可以说,它是形成中的理解。这是一种根深蒂固于群体中的个人的心灵的理解,它也真实地反映了此一群体所盛知和规定的宗教实在。更进一步而言之,它是一种必然要引导人们过创造的生活,从而也有助于形成宗教实在的意识的理解。

儒家关于终极大全的理解的观点显然是与上述模式相吻合的。这是一条缓慢地存养并依赖人们自己进行修正和完善的道路。所以,《中庸》说"修道之谓教"。不修就不可能会对天和天命有真实的理解。根据以上可知,修(亦即存养——译者)必然要涉及到两个基本的工作,感知并认真地评价天命隐含于其中的群体发展的历史过程,经历并体验根据善意对待一切的规范,尽可能地发展个人的本性并落实其潜能的动力过程。这两方面的修养在孔子那里都有典型。孔子曾说过要向历史和实际学习；他说自己并非生而知之者，好古，敏以求之(见《论语·述而》)。他甚至说自己是述而不作。这说明他是从对过去的人类经验的理解中发现有价值的东西的。另一方面，孔子也不仅仅是学习过去的历史，他所关心的问题是建立和落实义和真的客观价值。他说："务民之义，敬鬼神而远之，可谓知矣。"(《雍也》)他还在《卫灵公》中指出，"君子谋道不谋食，忧道不忧贫"。这个道，就是人间的秩序和和谐。显然，这种忠于和献身于道并不是要人们依过去的习惯，花费时间祭拜本地神灵。事实上，它是超越了这一习俗的，它直接引导人们合理地理解所谓和所能。

最后，在孔子那里，对于宗教实在的理解也是自我修养和内在的自律的结果。所以，孔子历数了他陶冶自己的性情和熏陶自己的精神的过程。他在《为政》中指出自己"五十而知天命"是在"四十而不惑"、"三十而立"和"十有五而志于学"之后才达到的。显然，获得对终极和大全的理解并确立其对实际生活的意义是研究人们日积月累的实际生活体验，尽管仅限于此是不充分的，但应该认为这是落实德性(如仁、义等)于人的生活的根基。后者也是三十而立和四十不惑，这样，乃至五十，即可理解天命。这种理解根本上是内在于生活的终极目标——精神不断地向着自由和充实(solidarity)——之中的，而且也是由这一目标启示的。所以，必须这样认为，天命是个人生活的整体和终极的充分的意义；也是整体和终极的个人的充分的意义。它是勇、仁、智等一切和谐地呈现生活的德性。

从以上儒家的观点来看，了解天的意志也就是要为道德生活提供一个形而上学的整体基础，从而加强其修养和发展，使之成为创造性生活的持久源泉。因此，这种意义上的了解天命，其自身并不是目的，它更进一步引导在实际生活中获得完全的自由。所以孔子说自己六十耳顺,七十从心所欲而不愈距。因而可以把宗教理解的目标描述为具有道德意识的道德实践生活。之所以说它是一种生活,是因为人的生活的知和行(knowledge and practice)是相互支持的,它们共同构成了终极自由的源泉。终极自由即不受约束地抒发自我,而同时却又是严格地在责任和善的范围内行事。较为复杂一点说,达到这种自由和理解也就是达到创造责任和秩序。惟其如此,它才被确认为创造性活动和终极之道的能力。

孔子没有明确地表示,理解终极大全的根基就在人性之中;但他实际上达到了这一理解以及他的理解的性质都毫无疑问地表明:人性和天性原本是统一的,在通过学、行、修养自我的过程中,人们可以自然而然地体味终极大全的实在,并从这种体味中引申出生活的意义。《孟子》明确地强调,人就其本性而言,是存在于落实本真(genuine)和适合于人的东西(即被认为善的和作为德性而实现的东西)的状态的,这种状态一般称为感情的心灵(feeling-mind)或心灵感情(mind-feelings)(心)。德性就是从这些情感中得到抒发和成长的。也正是在此基础上,才可以说人性是善的。人不仅被认为具有这种直接抒发德性的情感之心,而且也被认为具有天赋的道德知觉(叫良知)。通过它,人才能认识和遵守善的行为原则。因此,人是自发地处于对于正确和错误的界限的精神警觉状态中的,此亦即是非之心。这也是智的知识的根源。显然,孟子认为,对于复杂的价值观的道德知觉是深植于人的自然情感,从而也深植于人的实存状态中的。换句话说,道德的警觉(aware-ness)即道德的实存;道德的实存即道德的警觉。既然人的本性根本上是与终极大全相同的,那么,人的道德知识和道德警觉就必须得到存养和维持,以作为完全理解终极大全的基础。这也是孟子所说的万物皆备于我的心灵状态。孟子是用"浩然之气"这个观念来表达它的。这种同时涉及到天、地的扩展的主体生活既是人的行为的义的来源，也是对它的洞见。

在《中庸》中，宗教理解的性质又获得了新的高度的发展。关于这种发展的一个关键的概念即是诚（sincerity）。诚并不是简单地使人能够参与终极大全（被认为是天、地）的创造性活动（天地之生生——译者）的人类性质，它更是一种从人的根本本性上向人启示终极之道及其力量的性质。由此而言，诚也是终极大全的实在中阐明实在（reality-demoustrating）的性质。所以，它的确是属于终极大全的实在的，也是属于把握实在的人的，因而它也是与终极大全的本性形成统一的最初本性。而且，它还是在人身上激发人对实在的感觉，进而在适当的条件下，借助于"尽性"（fulfilling natures）来丰富自己的方法，阐明和丰富真实者（the real）的潜在力量。这也是《中庸》把落实真实者的力量和行动称为人之道的原因。这诚然表明了真实者的本性的无限创造活动。我们或许可以进行这样的概括：既然诚的力量主要包含了落实主体和客体（世界和心）的终极合一、根据终极和大全落实个体的创造潜能，从而也是完满地落实个人的价值的能力，所以，它便是理解终极大全的一个途径。由于这种落实，就没有必要提出笛卡尔式的怀疑，也不必提出任何怀疑论和自我主义（solipsism）的东西。儒家哲学也的确缺乏这两点。这可以通过检查儒家传统遗留下来的大量典籍，得到广泛的证实。

最后需要指出的是，根据《中庸》的观点，对实在的真实和可信（authenticity）的感觉以及落实事物本性的力量有两个方面，《中庸》也提出"诚则明矣，明则诚矣"的命题。明是对实在的精神洞晓（mental illumination），这种洞晓会引发对诚中的实在进行更为有力的把握，诚则是一种存在状态。它具有探索终极之道的激情和光芒。俟后本文将讨论这种动力的认同关系。

在这方面，我们还必须提到《大学》在存养对终极和实在的理解的重要贡献。《大学》提出：“大学之道，在明明德，在亲民，在止于至善。”《大学》在释“明明德”时，提出了著名的修齐治平八条目。这八条目首先是“格物”和“致知”，直到“治国”和“平天下”。《大学》没有细究这八个条目，但它显然是树立了涉及感知、实践（行）思维和观察世界的事物和关于事物的东西，并引导自己和别人在社会和群体中合适于行动的一系列必要步骤。

这意味着“明明德”这个最终目标为了社会的秩序和和谐，预设了一系列积极地参与世务的要求。如果我们视“明明德”为落实阐明实在的性质，从而视之为终极大全的诚，那么显然，《大学》非常明确地指出，不参与世务就不可能知道终极大全的实在。认识终极大全的必要前提就是完全投身于伦理和实践生活。这与《中庸》中“诚（参与）则明（理解）”是极其吻合的。另一方面，把“格物”作为第一步也与《中庸》的”明则诚”极其吻合。

《大学》对“明明德”之后的两个步骤未做过多的阐明，这两个步骤是“亲民”和“止于至善”，它们在存养对于终极和实在的理解的哲学中并没有获得确切的位置。根据本文的讨论，我想可以简单地设想，“亲民”即落实人和物的本性，止于至善则是获得维持终极的诚的力量，亦即转化和创造的力量，因而也是参与终极大全的工作和活动的力量。由此言之，《大学》的方法论提供了把政治和伦理生活中的知与行与最终理解和落实终极和大全联结起来的基础。最后一步骤在《易》中称为“神明”。人是可以达到这种状态的。因为他可以和终极大全感通（communicate），这种感通显然是人性中与终极和大全的真实本性一致的“神”和“明”的功能。

新儒学明确地指出，清楚地理解终极和大全是人的主要关怀。在周敦颐、张载、朱熹及其它新儒家的传统中，把握道体（从而也是终极大全本身）是人投身于实践事务的基础。所以新儒家对于培养终极和大全的理解甚至还有一个更为系统的强调。在周敦颐和张载的形而上学著作中,维持和体验人的诚的品质是达到理解终极和大全的最重要的步骤,至于称这一步骤为"太极"或者"太和",是没有什么妨碍。事实上周敦颐甚至明确地指出,诚是成圣的基础。因为在他看来,太极实在的一切创造性和秩序性活动都是诚的作用。由此而言,诚甚至可以被认为就是太极自身,从而成为变化和行为的终极源泉。这种品质是应该由人来体验的,因为人本来是从太极的这种品质中产生的;人能够通过区别德性和非德性的东西追求终极实在。

在张载那里,诚的感知方面是被放在首位的。在他看来,诚、明是相互联系的,它们是天德的内在知识,亦即"诚明所知"是"天德所知"。诚是实在的直接呈现,从而构成了人的初始本性。张载可能正是在这个基础上才得出民胞物与、参天地赞化育的结论的。因为人性的东西,按照诚的启示应该是开放的(open)和普遍化的(universalizable),并且应该在体认作为诚来体验的本性的开放性和普遍性中得到体认(realize)。这就导致了这种观点,仁(love)的体验是最终理解实在的重要因素,仁的体验是一切事物的亲合(affinity)和有机的体验。理解终极大全就是理解它的仁爱活动,也就是理解那个创造的、开放的和本真的实在。根据天、地活动感受(feel)仁和根据感情(feeling)状态和态度观摩天地的活动,是理解终极大全的唯一途径。从这种意义上说,对从与人的本性相通的本真实在的意义中引申出来的仁的体验,正是理解终极大全的途径。所以,张载和朱熹(可参看他们的《西铭》和《仁说》)都强调了诸如仁、义等儒家德性的形而上学意义。仁被认为是综合的创造活动,甚至是创造活动自身,义则是合理地安排世界事物的秩序。所以,诸如怎样存养对终极大全的理解之类的问题,其答案就是观摩代表了终极大全的形而上学活动的道德德性,在这方面的成功就是体会道德生活的形而上学基础和本体论意义。

　　怎样才能达到这种对道德的形而上学理解呢？二程兄弟具体地提出了哲学的启示观点。明道首先告诉我们要"观天地生物之象"（见《近思录·一》）。这种观并不仅仅是观察，而是包含了深深的体味于其中的。事实上"生物之象"也不是可以简单地观察的，必须感受和体验它们才行。人的这种使"观"成为可能的初始能力被认为是人的天性的内在性（innateness of heavenlynature），所以，可以认为，天地中的终极大全的生生力量是对仁（feeling of love and sympathy）的确证，这是不足为怪的。"观"这个活动代表了人和天地之间自然的和切近的相互作用——宗教理解的目的就是扩大、加强同时发展人和终极大全之间的初始联结。从缺乏宗教意义的理解中是无法获得宗教情感的。理解就是以观宇宙生物之象的形式存养既有的、把握终极和大全的力量。孔子也有过这种观宇宙生物之象的体验。他曾说过"逝者（水）如斯夫！"，"天何言哉，四时行焉，百物生焉，天何言哉"（《论语·阳货》）。

　　根据周敦颐和张载关于诚的看法，可以认为，二程兄弟明确地提出了有关终极大全的宗教理解的自我修养教条。这就是他们所说的"居敬"（residing in state of serious concentration）和"穷理"（exhausting the principles of things）。"居敬"和"穷理"究竟是什么意思呢？它们与理解终极大全的过程存在着怎样的关系呢？根据上文的讨论可知，敬是一种心灵导向作为个人生活的目的和源泉的终极大全的状态。它是不受个人的和自私的利益支配的存在的坚韧和精神的警觉，它是一种情感和情绪。仁、义等德性正是从这种状态中引申出来的。从这种意义上说，敬就是初始的、独立意义上的创造性生活和充分的宗教理解的起始。的确，伊川是把它描述、定义为主一和无适的（a state of concentratedness and undeviatedness or undominatedness），所以，它也是实存的独一状态和初始的与自然的合一。它是植根于对与自然初始合一的、天地初始的、根本的、无限的创造性的警觉的，所以说，它是心灵的一种状态。它也是自然的一种状态。因为它是落实于人的初始的和根本的创造性。发现和维持"敬"就是发现和维持天的根本性质，并保持对此性质的警觉，惟其如此才叫做"涵养"（the achievement of preserving and maintaining one's virtue）。这是辨认和理解终极与大全的途径。

　　必须指出的是，二程兄弟并没有把居敬作为理解道的唯一途径，他们也指出了格物的重要性。在他们那里，格物和居敬具有同样的重要性，因为只有通过格物致知，人才能有用，才能投身于生活的实际事务。格物尤其可以通过穷尽事物之理而达到。这就要求学习和研究。没有任何迹象表明，在这些概念中产生了科学探索的观念。因为科学探索是要发现事实的客观真理，它不预设人和全部自然的本性的合一，而格物穷理则首先使人们依据终极大全，其次使人们依赖实践和实践生活，了解个别具体的事物。所以，事物之理（principle）并不是科学规律，也不是事物的模式，而是根据居敬的人所启示的终极和大全而确立的事物的意义。的确，只有通过这种主一，才能把个体与终极大全联系起来，才能获得可以应用于实践生活的知识。因为敬还是一种行为最自然地依道流溢的状态。因此，格物穷理才能导向一些能够应用于实践生活的、具体的义的原则。这些原则维持了生活的连续和平衡。所以，使敬得以持续和提高的存养也是对终极和大全的理解。

　　正如我们现在所看到的，在二程兄弟及其系统的追随者朱熹等新儒家那里，对于终极和大全的理解有两个方向，这两个方向是相互关联的，就像处于一个循环中。其一是维持个人体验到的创造的、初始的心灵和本性，这是正确的格物穷理的基础；其二是发现和完善实践生活的具体原则，这将为在存养诚敬中不断地扩展和固守对终极和大全的意识的强化体验提供更为牢固的基础。因此而言,敬和诚既是理解道的起点,也是其终点。二程兄弟和朱熹发明的这种理解终极大全的方法论明确地表明了他们是对古典儒家传统的继承和系统化,理解的两个方向是他们的成就的高峰,它使人们能够更加清楚地认识到宗教理解在儒家和新儒家中的真实本质和作用。他们的这种理解可以称为对生活"有机的和综合的理解",这可以根据二程兄弟和朱熹的居敬和"敬"的说法得到阐明。

这种"有机的和综合的理解"的方法论在陆九渊和王阳明那里也得到了不太明确的发展。在对人把握和落实道的初始和基本的能力的认识方面,程朱的"居敬"和"陆九渊的"发明本心"(seeking one's original mind)和王阳明的"致良知"(fulfilling one's innate knowledge of goodness)之间有一些细微的差别。若详细分析起来,致良知的实存和实践方面在动机上和居敬根本上是一致的,而在范围上却和后者有别。由于篇幅的关系,本文不拟对此做深入的探讨。我在此只想指出,陆王为了获得把握和落实道(the ultimate and the total)的圣人之智,比程颐和朱熹更为强调致良知的潜在能力。但陆王缺乏完成个别的生活的实践意义,这些在程朱那里都是从规范和控制的学习和研究德性中引申出来的。

结论一:论儒家和新儒家中宗教实在和宗教理解的有机统一和动力认同。

作为谈论儒家和新儒家的宗教哲学基础,上文论述了他们的哲学中的宗教实在和宗教理解的观念。我们可以看到,在论述儒家和新儒家关于终极大全的宗教实在和宗教理解的观念及其存养宗教理解的上、下文中,儒家和新儒家哲学所理解的宗教,是由他们关于终极大全及其与人的关系的哲学来规定和定义的。我们可以看到,人就其本性和心灵而言,是可以自然而然地认识和体会与终极大全的合一的。这种体验的合一,可以促使人们产生真实的和有意义的欲望和意志去追求充分地理解和把握终极大全。根据孔子对这种人道合一的本质实存的实际应用，以及新儒家哲学对于终极实在的"有机和综合的理解"，同样明显的是，这种人道合一是应该作用于个人完全投身于伦理和政治活动的落实个人生活的自然过程，并得到充分的展示和落实的。道德实践和人的实践的道德反映，作为维持与他人接触和发生关系的统一性前提，是存养对于人道合一的体验和理解的努力的自然结果。但它也是存养对道的体验和体现道的一个根本方面。程朱或多或少明确地意识到了这一点。

同样可以理解，行仁、行义甚至行礼的道德生活在真正的儒家意义上的实行，将会在终极大全意识的自然的呈现和启示过程中得到实现。或者说，终极大全的宗教或意识将是道德生活的自然延伸和道德生活的统一。因为道德生活揭示了一个被认为、被接受为和被激发为生活自身的（包括对生活的自我体认和自我呈现的表现）源泉和目标的实在。我们甚至可以说儒家的宗教就是对作为道德生活的复杂源泉和本体论证明的终极大全的理解。就此而言，对终极大全的肯定和意识丰富了生活和道德情感。道德和伦理生活成为创造落实实在的无限创造过程的持久的推动力。另一方面，对于道的意识也将永久地推动实践生活和道德实践。在此可以提到康德的道德悖论，却不必因此而提出一套使道德成为有意义的假定。因为道德拥有极其复杂的意义，同时又是作为人的终极大全的实存状态和意识的宗教的充分体认。

如果我们把实践生活和道德实践作为实现一切生活潜能的有秩序和极其平衡的途径，如果我们认为它达到了生活的具体的和有机的合理性，那么显然，宗教便是合理的和理性的东西的充分展示。宗教意识是不能与合理的和理性的东西分割开来的，二者是紧密结合在一起的。宗教意识是合理和理性的东西的继续。所以,宗教从儒家术语的意义而言,并不是推理出来的假定,相反,它是合理地呈现于道德生活的自我落实和获得过程中的。这种意义上的宗教和西方宗教不同,它并不与自然和理性的客观性相对立,而是主客观的统一,是主客之间有机的、完美的统一。因为在这种意义的宗教上,自然的和道德的东西既是其手段,亦是其目的。

还可以进一步认为,在儒家和新儒家的著作中,宗教实在和宗教理解在效果上是相同的。也就是说,宗教理解是宗教实在的体现,宗教实在是宗教理解的创造。事实上,宗教理解的有机和综合的性质,诚如业已论述的那样,准确地反映了宗教实在的性质和特点。宗教实在作为终极大全只有在心灵的理解和存养中才能发现。心灵的理解和存养不仅仅是对作为创造的和道德的生活的目标和源泉的宗教实在的警觉。认识宗教实在就是宗教地意识,是让人内在的本质充分地表达其本真、可信的全体性和圆满性。

为了更清楚、更系统地阐明宗教实在和宗教理解的关系,我们可以列举儒家和新儒家哲学中,宗教实在和宗教理解的动力同一的几个方面。

1. 对终极大全有机和综合的理解清楚地表明了宗教实在和对宗教实在的理解的同一。因为只有在宗教实在的创造性的基础上,宗教才能成为可能的,而宗教理解一旦得到存养,就会增加在客观方面和人的本性与意识方面落实宗教实在的生动性和强度。宗教实在的这种自我说明的创造性和人的宗教理解之间的相辅相成的关系,十分明确地表现在《中庸》中关于诚和明在人和物间相互渗透的论述中。这点前文已有所论及。

2. 根据知行的动力的和创造性的合一,宗教实在和宗教理解之间也有一个创造的和动力的合一。十分显然,儒家和新儒家的宗教实在只不过是宇宙不息的创生的实际和普遍的历程。宗教理解开始于、并历诸个别的了解、研究、学习和探索。这点是在新儒家的格物穷理的教义中得到证实的。所以，可以认为宗教实在和宗教理解之间的关系，就是知与行的关系。知行合一有多种方式，其中之一就是认为知是从行中引发出来的，并且是行的一种；而行在其最为精微的形式中总是导致产生一种自我意识（self-aware-ness）或对自我的知识的认识。据此而言，宗教实在和宗教理解在人那里必然是密切相关的，就像文艺中的理论和实践那样。伊川曾说："知道了自然会爱，爱了自然会去寻，求了即可得。"知识和宗教理解一定会引发人们把握（实存的体验）宗教实在，相反，把握宗教实在也一定会引导人们感知和了解（perceptive seeing and know）自己心中的宗教实在。因为行和德性定然会相互强化，并随着关于它们的知识而发展，这种发展肯定会强化并使自身的继续发展成为可能。

3. 最后，我们可以认为，就客观的和本体的意义而论，宗教实在和宗教理解是同一事物的不同方面或不同呈现。所以可以认为，宗教理解就是存在于人的宗教实在的一种；而宗教实在，若被意识到，就是最完备、最综合的宗教理解。至于终极大全的宗教实在，伊川曾说它"在天曰明，在义曰理，在人曰性，统人身则曰心，皆一"（in Heaven it is called the necessity, in righteousness it is called the principle, in man it is called nature, when Controlling the body of a person, it is called mind, these are in fact one）。明、理、性、心的统一并不妨碍它们在不同的落实中动力地展示自己。同样，它们的动力的多样性也不妨碍它们汇聚到并产生于同样的源泉和目标的统一和整体，所以，从本体的意义而言，人的宗教理解和作为自我说明的过程的宗教实在是同一个。它们通过各自的创造功能和潜能，在动力上也成为一个：它们不得不成为（become）一个。

结论二：以儒家和新儒家的宗教哲学为依据，论一个新的宗教神秘（numinous）观念。

20世纪儒学研究大系

鲁道夫·奥托在他的著作《神圣的观念》(由 J. W. 哈维译,纽约,牛津大学出版社,1936)一书中提出了对宗教的一个独特特征,即宗教神秘的分析。宗教神秘显然是宗教独一无二的心理体验。奥托的有趣的贡献是他排列了宗教神秘的心理体验的几个因素;包括:(1)极端的尊严和伟大。(2)神圣的颤慄(畏惧或敬畏)。(3)超常的力量。(4)存在的充实。(5)"能量"或个人的善的推动力。(6)被创造意识。(7)吸引力(见该书第 2、6 章)。

如果对于奥托分析宗教或宗教神秘所排列的几项要素有正确的背景性知识,那么我们就会看到,我们所提出的儒家和新儒家的宗教哲学框架中的任何宗教体验和宗教情感,都和奥托所提出的有所差异。尽管西方西基督教基础上的宗教神秘和儒家、新儒家基础上的宗教神秘感可以有许多共同方面。显然,在新儒家哲学中,作为精神态度和情感的宗教理解是会允许或接纳极端的尊严(和伟大)和存在的(力量)的充实等因素。古典儒家经典也常把道的极端尊严说成是"神明"(Divine illumination),或者径直叫"神"(Divine)。存在的(或力量的)充实感在儒家哲学中也是明显地存在的,孔子对天不言的评论和二程对于天广大的生生力量的评论都是典型的例子。从某种意义上说,超常力量和个人意志的推动力也引人注目地存在于儒家的全部宗教意识中。孟子所说的尽性和养气正是这里所说的超常力量的一种。如果我们的分析认为,这种超常力量感觉是个人自我的扩张,却又不是来源于外界的强制力吞的话,那么,人格神的驱动力或能量只有在不必参考人格目标的情况下才能起作用。但是,这种驱动力作为人心把握太极的稳定性力量,无论如何是不重要的。达到深刻的道德结合肯定会在儒家和新儒家致力存养的努力中产生力量感和驱动力感觉。

此外,儒家显然缺乏上文提到的其它因素,而且这些因素在他们那里本质上是不必要的。例如,在儒家和新儒家的天或道的体验中是找不到任何神圣的颤慄或敬畏的。新儒家所说的"居敬"状态中没有敬畏，只有平静和清醒；而且也没有被创造意识（creature-consciousness）和完全异在（wholly other）的因素。因为新儒家在本体论上从未感觉到，作为创造者的终极大全和作为被创造者的人类的分离和异化。人并不被认为是藐小的东西，而是被理解和当作创造者或共同创造者（co-creator）。他们可以参与展示终极实在的特点的创造工作。所以，他们没有被创造意识，而只有创造者意识（creator-consciousness）。他们完全没有外在的感觉，只有完全同一的意识。因为人和道是不分离的，道正是在人身上显示自己的，而且也正是通过人，道才能得到具体的落实。由于缺乏这两个因素，所以也就没有增加爱上帝和吸引力等几项的必要。后者自身就是一种宗教因素。在基督教中，爱上帝是指爱某种超越的东西，这种爱被认为是人首要的责任。但在儒家思想中，爱首先是天对人的爱，而不是人对天或帝的爱。因为儒家认为爱（亦即仁）是天的根本特性，它使生者得其生，使创造和改善成为可能。因为在儒家和新儒家看来，吸引力这一因素是人对宗教实在的合适反应，尽管这种因素可以促使人们去追求善。相反，存养合理的宁静，过一种有用、理智的生活和对道的理解，既是古典儒家，也是新儒家的生活原则。之所以如此，是因为在他们看来，本来就没有人格神，因而也就没有对人格神强烈的个人情感的缘故。

为了弥补和完善描述儒家和新儒家的宗教神秘的疏漏，我们可以提出一个新的宗教神秘观念。这个观念在理论上是排除以前所缺乏的因素的，但也引进了新的宗教神秘因素。这一因素，奥托在他的宗教神秘概念中看到了。这些在儒家和新儒家的基础上重新定义的宗教神秘因素如下：人性潜在的完满性，一切不同的生活过程的有机统一，事物的德性和理的普遍呈现，天、地无限的生生之爱（这个也可以叫做仁）。对这些因素可以根据上、下文的讨论进行解释。为了不扩大篇幅，我们可以提出这种新的、包含了上述各种因素的宗教神秘观念，它会完善从奥托的角度来看完全遗失了的东西。根据我们在奥托的基础上的批评的建构，可以说，我们提出了一个新的宗教神秘观念。我们可以称它为儒家和新儒家的宗教神秘观念。

（选自《国际儒学研究》，中
国社会科学出版社1996年）

成中英，早年毕业于台湾大学。美国哈佛大学哲学博士，美国夏威夷大学哲学教授。曾任国际中国哲学学会创始会长、《中国哲学》（英文）季刊主编、国际东西方大学校长，当代新儒家代表人物之一。著有《中国哲学与中国文化》等。

本文以设定宗教概念的涵义和概括宗教哲学的类型为理论背景，分析和探讨了作为一种宗教哲学形态的儒学和新儒学传统中，关于终极大全的实在（宗教实在）的意识和把握终极大全的方式（宗教认识）及二者关系的问题。

当代新儒家对儒学宗教性问题的反思

郭齐勇

面对西方精神文化的挑战和某些传教士直至黑格尔(Hegel)以来西方学界视儒学为一般世俗伦理的误导,当代新儒家的主要代表人物,无不重视儒学内部所蕴涵的宗教精神的开掘。从一定意义上说,20世纪儒学的一个重要的面相是通过讨论儒学的宗教性问题,一方面与西方精神资源相沟通并对话;另一方面由此而深化对于先秦、宋明儒学等五经传统、四书传统的认识。扬弃清世汉学,经受五四洗汰之后,始有当代新儒家重新省视东亚精神文明及其价值内核。儒学是一种特殊的人生智慧,是生命的学问。儒学是否是宗教或是否具有宗教性的问题,不仅涉及到对"宗教"的界定和对宗教的价值评价,而且涉及到对中国传统人文精神的界定与评价。只有扬弃"绝对他者"的一元神宗教的界定方式,只有扬弃排斥性的、二分法的寡头人文主义的"启蒙心态",才能真正理解"儒学是什么"、"儒家的特质是什么"和"儒学精髓与精义是什么"的问题。对于儒家道德所具有的宗教性功能的讨论,只是这场讨论的浮面的前奏,真正有意思的是关于儒家道德实践、儒家安身立命之道背后之超越理据的发掘和发挥。因此,围绕此一问题而展开的"性与天道"、"天人合一"、"超越内在"、"两行之理"、"自我转化"等方面的讨论,成为当代儒学的中心与重心。本文拟通过对唐君毅、牟宗三、杜维明、刘述先四人关于道德宗教意蕴的研究,展示当代新儒家这一方面的重大贡献,及其给下一世纪中国精神之继承与创新的多重启示。

一　概　　述

本世纪曾不断发生过儒学究竟是不是哲学或是不是宗教的怀疑与争论,原因盖在于人们往往以西方思辨哲学或一元宗教作为唯一参照来评释东方儒家思想。世纪初,唯科学主义盛行,"宗教"在中国近乎成了贬词,与"迷信"打上等号。蔡元培"以美育代宗教";胡适以进化论、生存竞争学说的信仰代宗教;章太炎、梁启超、王国维重佛法而不忍以佛法与宗教等量齐观;欧阳竟无亦说"佛法非哲学非宗教"。唯有处在广州、香港中西文化接触地带的康南海、陈焕章师徒,面对基督教势力的扩张,欲化儒家为儒教(孔教),但他们有太强的政治功利心,且对宗教的精神价值并无深层理解。

我国知识精英出于救亡图存、求富求强的心结,几乎全都接受了近代西方的启蒙理性,并使之变成 20 世纪中国的强势意识形态。这就包括了对宗教的贬斥,以及人类中心主义、科学至上,乃至以平面化的科学、民主的尺度去衡量前现代文明中无比丰富的宗教、神话、艺术、哲学、民俗等等。其解释学框架是单线进化论,如孔德(A. Comte)的"神学——形上学——科学"的三段论,特别是已成为我们几代人心灵积习的"进步——落后"的二分法。其"成见""前识"正是以"排斥性"为特征的(排斥宗教、自然等)寡头的人文主义。

当代新儒家的第一代人物梁漱溟、熊十力等,虽承认宗教,特别是佛法有较高价值,但也受到强势科学主义氛围的影响。故梁氏一面认为佛法能满足宗教的两个条件:神秘与超绝,是真宗教;另一方面又认为宗教是未来人类的人生路向,当今却应力加排斥。

梁氏肯定西方科学与宗教有不解之缘,着力讨论中国文化何以没有产生科学与民主的原因。熊氏则力辩儒学不是宗教,严格划清儒学与宗教、儒学与佛学的界限,批评佛教反科学,强调儒学中包含有科学、民主等等。盖因为他们面对的、需要回答的问题是:西学最有价值的是科学、民主,中国文化或儒学中却没有①。

当代新儒家的第二代人物唐君毅、牟宗三等,亦只是在四十年代末、五十年代初才开始肯定宗教的价值②。移居香港后,他们进一步认识到西文文化中最有底蕴和深意的不是别的,恰恰是宗教。同时,在西方宗教意识与宗教价值的启发下,基于与西方文化抗衡与护持中国文化精神的心结,开始以新的视域认识、掘发、诠解儒家、儒学中所蕴含的宗教精神。以 1958 年元旦唐君毅、牟宗三、徐复观、张君劢四先生《中国文化与世界》宣言③ 为代表,标志新儒家已有成型的一整套关于儒学宗教性的看法。他们认为,中国没

---

①　关于本世纪部分华人学者对儒学是否宗教或是否具有宗教性的看法,另请见拙作:《儒学:入世的人文的又具有宗教性品格的精神形态》(《文史哲》1998 年第 3 期);又请见拙作:《中国大陆地区近五年来的儒学研究》,1998 年 4 月 3 日曾演讲于哈佛大学,并即将刊载于台北"中央研究院"中国文哲研究所筹备处李明辉主编之《当代儒学研究丛刊》。文中详细介绍了李申的《儒教、儒学和儒者》(《中国社会科学院研究生院学报》1997 年第 1 期)和何光沪的《中国文化的根与花——谈儒学的"返本"与"开新"》(《原道》第 2 辑,团结出版社,1995 年 4 月)等。

②　例如唐君毅说:"直到民国三十七年写《宗教意识之本性》一文后,至今五六年,我才对宗教之价值有所肯定,同时认识儒家中之宗教精神。"(见唐君毅:《我对于哲学与宗教之抉择——〈人文精神之重建〉后序兼答客问》,项维新、刘福增主编:《中国哲学思想论集》,台北牧童出版社,1978 年,第 8 册,第 186 页)

③　这一宣言的起草者是唐君毅,初发表于《民主评论》,香港,1958 年元旦。现收入《唐君毅全集》,卷四,台北学生书局。

有像西方那种制度的宗教教会与宗教战争和政教分离,中国民族的宗教性的超越感情及宗教精神,与它所重视的伦理道德,乃至政治,是合一而不可分的。"天"的观念在古代指有人格的上帝,古人对天的宗教信仰贯注于后来思想家关于人的思想中,成为天人合德、天人合一、天人不二、天人同体的观念。儒家天人交贯的思想一方面使天由上彻下以内在于人;一方面使人由下升上而上通于天。气节之士杀身成仁、舍生取义即含有宗教性的超越信仰。儒家义理之学、心性之学是打通人的生活之内外、上下、天人的枢纽。在一定意义上,唐、牟称儒学为道德的宗教、人文的宗教或成德之教,充分论证其既超越又内在、既神圣又凡俗的特性。要之,第二代新儒家潜在的背景(或潜台词)是:西学最有价值的是宗教,中国却没有宗教的传统。因此他们从强势的排斥性的启蒙心态中摆脱出来,掘发儒学资源中的宗教精神价值,分析了儒学与世界上其他大的宗教的同一与差异,并开始试图与各宗教对话。

当代新儒家的第三代人物杜维明、刘述先等,具有开放宽容心态,对西方宗教有了更全面的理解。他们在唐、牟、徐的基础上,又借助西方宗教存在主义或其他宗教学家等有关"宗教"的新界定、新诠释,面对西方读者或听众,积极阐发儒学的价值与意义,主动与基督教、天主教、回教对话。他们对神性与人性、道德精神与宗教精神、终极关怀与现实关怀、内在超越与纯粹超越的问题作了进一步探讨,尤其阐发宋儒"身心之学"、"自我"观念与自我实践过程中的本体论意蕴和伦理宗教的特质。面对两种西方模式——科学主义模式与绝对外在的上帝模式的夹击,他们作出了创造性回应,努力与西方神学界沟通,为其提供儒家资源中把超越外在的天道与俗世生活、自我反思连在一起的慧解。

从以上描述不难发现,对儒学内蕴的精神价值层面的抉发和诠释,与诠释者自身对西方精神价值的理解程度(或方面)密切相关。三代现代新儒家对西学的回应由对抗式的，逐渐转变成理解中的对话，汲取中的发挥。对话亦由被动变为主动。关于儒学是否是儒教，或是否具有宗教性的问题，本来就是从西方文化出发的问题意识。第二代现代新儒家借此阐明中国文化、儒家精神的特质——"内在的超越"的问题。第三代当代新儒家增事踵华，更加主动。总之，当代新儒家不同意把一元宗教的"外在超越"移植过来，而是充分重视儒学在凡俗世界中体现神圣的特点，充分发挥儒学中许多未被认识的珍贵资源。

二　唐君毅：人文涵摄超人文，本心本性即天心天性

唐先生是最具有悲悯恻怛之心与存在实感的哲学家。他对世界各大宗教都有相当同情的理解，认为当今世界、人类，极需宗教、道德与哲学加以救治，主张宗教间的相互宽容、融通，企盼建立中国的新宗教，由传统宗教精神发展出来，主要由儒家的安身立命之道发展出来。

首先，唐主张超人文与人文的和合。宗教精神是超人文的，宗教家追求现实生命以上的另一生命，肯定超现实世界超人文世界的形上实体，有超越的信仰，由此见宗教的神圣与庄严。同时，一切宗教事业又与人相关，宗教家一般都从事社会人文事业。因此，宗教也是人文的一支。在现当代，超人文的宗教精神对人文为必需。人文世界中的人，可以相信有神。神灵世界的信仰，可以提升人的精神，使我们不致只以物的世界、自然的世界为托命之所，可以平衡我们精神的物化、自然化和背离人文的趋向，自觉了解人文

的价值意义①。儒家讲极高明而道中庸,使超世间与世间不二,而肯定一切人生人文的价值。儒者不是只有干枯的神的观念,而是通过"仁"的流行,通过人与天、人与人的精神感通以见神,体验神境。儒者的宗教情绪、宗教精神,是通过我们对人伦、人文之爱,通过社会历史文化活动而生发建立的。唐的思想,肯定自觉能通贯到超人文境界之人文精神,肯定儒家之人重于文,由人文世界,以通超人文世界之天心天理的修养之路(见唐君毅:《中国未来之文化创造》,《中国哲学思想论集》,第 8 册,第 220—221 页)。

其次,唐主张天知与良知的和合,以良知作为判断宗教信仰的标准。宇宙本原是天知或天心或上帝,但我们不能说天知与良知是绝对分离的二物。良知可说只是天知之呈于我,天知只是良知的充极其量。二者为互相保合关系,而不是因果关系、本体属性关系、创造者与被创造者的关系。良知是人的一切判断的自主之原。"依良知为标准,可以说一切高级宗教中的超越信仰,都出自人之求至善、至真、完满、无限、永恒之生命之要求,求拔除一切罪恶与痛苦之要求,赏善罚恶以实现永恒的正义之要求,因而是人所当有的"(《中国哲学思想论集》,台北牧童出版社,1978 年,第 8 册,第204 页)。"依良知的标准,我们可以说,一切高级宗教中所讲的上帝、阿拉、梵天,在究竟义上,都不能与人的良知为二,而相隔离"(同上)。中国古代实信天为一绝对的精神生命实在。孔子的时代,有郊祀之礼,人民相信天,故孔孟的精神在继天的前提下偏重

①　见唐君毅:《理想的人文世界》,《中国哲学思想论集》,第 8 册,第 262页。唐氏认为人文包含宗教,也依赖于宗教。他把宗教界定为人文世界的一个领域,视宗教为"整个人生或整个人格与宇宙真宰或真如,发生关系之一种文化,亦即是天人之际之一种文化"(见唐著《心物与人生》,台北,学生书局,1984 年 2 月全集校订版,第 205 页)。

尽心知性立人道,融宗教于道德。宋明时期人们不信天神,故宋明儒重立天道,即道德以为宗教。前者承天道以开人道,后者由人道以立天道,都讲天人交贯。儒家讲性与天道、天心与人心的不二。儒教是以人之本心本性即天心天性的天人合一之教。儒家以良知判断和反求诸己的精神,不会走入宗教战争、宗教对抗、宗教迷狂和盲目崇拜。

第三,唐在儒家思想的信仰中,发现宗教性的安身立命之所,是为儒家教化的基础。这是含宗教性而又超一般宗教的(见唐君毅:《中国人文精神之发展》第 34 页)。宗教并不必以神为本,而以求价值的实现过程中的超越、圆满、悠久为本。儒家不同于一般宗教在于它的平凡。儒家精神与一切人类高级宗教的共同点,即是重视人生存在自己之求得一确定的安身立命之地的。儒家肯定根据心灵的无限性、超越性形成的种种宗教信仰,而且能回头见此信仰中的一切庄严神圣的价值,都根于吾人之本心本性。儒者在信仰一超越的存在或境界之外,转而自信能发出此信仰的当下的本心本性。唐氏强调儒家的自我、主体即具有超越性无限性的本心本性。儒家由人自觉其宗教精神,有高层次的自知自信。儒家的信仰中,包含着对道德主体自身的信仰,其"重在能信者之主体之自觉一方面,而不只重在所信之客体之被自觉的一方面"(唐君毅:《中华人文与当今世界》下册,第 465 页)。儒家强调,肫肫之仁种直接蕴藏在吾人的自然生命与身体形骸中,而直接为其主宰。人之仁德充内形外,显乎动静,发乎四肢,而通于人伦庶物、家国天下。尽伦尽制看起来平庸,实际上并不平庸,此中之心性、仁种,既超越于此身形骸之上,又贯彻于身体形骸之中,并达之于社会关系之他人的精神,对他人的心性、仁种加以吹拂。其他宗教缺乏这种自信,遂不免视此身为情欲、罪恶、苦业的渊薮。儒家则凝摄外向的信仰成自信,自安此身,自立此命,身体力行,由近及远,把仁心一层层推扩出去，由孝亲而敬长，由齐家而治国，而平天下，并及于禽兽草木。仁心的流行，凝聚于具体的人伦关系上，不似基督教、佛教一往平铺的人类观念、众生观念。人在现实的家庭、社会、国家、人类之道德实践的层层推进中，透显了本心本性的超越无限性，并上达一种形上的及宗教性的境界。

第四，唐重视发掘"三祭"的宗教意义与宗教价值。中国人对天地，祖宗与圣贤忠烈人物的祭祀含有宗教性。这不是哲学理论，也不是一般道德心理与行为。祭祀对象为超现实存在，祭祀礼仪与宗教礼仪同样具有象征意义。祭祀时，祭祀者所求的是自己生命精神的伸展，以达于超现实的已逝世的祖宗圣贤，及整个天地，而顺承、尊戴祖宗圣贤及天地之德。此敬此礼，可以使人超越于其本能习惯的生活。唐主张复兴祭天地与对亲师圣贤的敬意，对人格世界、宗教精神，宗教圣哲的崇敬。通过三祭，报始返本，使吾人的精神回到祖宗、圣贤、天地那里去，展示人的心灵超越现实的局限，具有超越性与无限性，亦使人的心灵兼具保存与创造两面。

最后，唐先生晚年有融摄世界各大宗教、哲学的《生命存在与心灵境界》的巨构，即心通九境之说。心灵生命次第超升，从客观境界的三境到主观境界的三境再到超主客观境界的三境。通过升进与跌落的反复，通过超升过程中感觉经验、理性知识、逻辑思维、道德理想、宗教信仰之正负面作用的扬弃，最终达到"仁者浑然与物同体"的"天人合一"之境。这也就是"天德流行"、"尽性立命"境。在唐氏看来，儒家融摄了西方一神教和佛教，其说最为圆融。达到最终境界的方式是"超越"。"超越"是本体即主体的特质，是主体超越了思维矛盾律的相对相反，超越了主体所表现的活动之用以及一切境物的有限性，达到自我与天道的冥会。当然，在这里，"超越"主要是指的内在超越，指的心灵的无限性。唐氏所做的是一种广度式的判教工作，对东西方宗教与哲学的主要传统，予以包容和定位。

总之,唐君毅以儒家的"良知"、"仁心"学说作为涵摄各宗教和判教的根据。唐氏肯定儒家由道德向超道德境界的提升,由尽性知命的道德实践向"天人合一"或"天德流行"的无上境界的提升。就终极之境而言,此与基督教"上帝"、佛教的"涅槃"之境相类似,就达成的路径而言,儒教不走否定现实人生之路,而是走道德实践的路,以此融通种种超越的信仰,把宗教的价值转入人的生命之中,生命心灵由"经验的我"到"理性的我"到"超越的我",心灵境界由"客观境"到"主观境"到"超主客观境",次第升进,不断超越。每一重境界对生命也是一种限制。但生命心灵具有不断自我超越、自我提升的本性。唐氏进一步把儒家的信仰内化,肯定人能完善自己,肯定而且张大了"合神圣以为一兼超越而亦内在于人心之神圣之心体"(唐君毅:《生命存在与心灵境界》下册,第 292 页)。这实际上是对作为价值之源的,积淀了"天心天性"的"无限的仁心"、"本心本性"的完满性的信仰。

三　牟宗三:内在而超越,道德的宗教

牟先生是最具有思辨智慧的哲学家,他对儒学宗教性的问题亦有一番特别的论说。首先,他对儒佛耶三教作了粗略的比较。他认为,儒家的悲悯,相当于佛教的大悲心和耶教的爱,三者同为一种宇宙的悲情。耶教的恐怖意识,佛教的苦业意识,从人生负面的罪与苦进入;儒家的忧患意识(借用徐复观的说法),则从人生正面进入。儒家凸显的是主体性与道德性。"在耶教,恐怖的深渊是原罪,深渊之超拔是救赎,超拔后的皈依为进天堂,靠近上帝。天堂是耶教之罪恶意识所引发的最后归宿。在佛教……由无常而起的痛苦(苦),由爱欲而生的烦恼(业),构成一个痛苦的深渊,它的

超拔就是苦恼的解脱,即是苦恼灭尽无余之义的灭谛,而超拔苦恼深渊后的皈依就是达到涅槃寂静的境界"(牟宗三:《中国哲学的特质》,上海古籍出版社1997年版,第13—14、15—16页)。中国人的忧患意识,引发的是一个正面的道德意识,是一种责任感,是敬、敬德、明德与天命等等观念。中国上古"天道"、"天命"等"天"的观念,虽似西方的上帝,为宇宙的最高主宰,但天的降命则由人的道德决定。这就与西方宗教意识中的上帝大异其趣。天命、天道通过忧患意识所生的"敬"而步步下贯,贯注到人的身上,成为人的主体。在"敬"之中,我们的主体并未向上投注到上帝那里去,我们所作的不是自我否定,而是自我肯定。这个主体不是生物学或心理学上的所谓主体,而是形而上的,体现价值的、真实无妄的主体。孔子的"仁",孟子的"性善"都由此真实主体而导出(同上书,第16—18页)。

其次,牟通过对"性与天道"的阐释,论述了儒学"超越"而"内在"的特色。他说,天道一方面高高在上,有超越的意义,另一方面又贯注于人身,内在于人而为人之性,因而又是内在的。天道兼具宗教(重超越)与道德(重内在)的意味。在中国古代,由于特殊的文化背景,天道观念在内在意义方面有辉煌的发展。孔子以前就有了性命与天道相贯通的思想传统。孔子以仁、智、圣来遥契性与天道。"天道"既有人格神的意义,更是"生生不息"的"创生不已之真几"。天命、天道可以说是"创造性本身"(然而,"创造性的本身"在西方只有宗教上的神或上帝才是。"本身"就是不依附于有限物的意思)。"天道"是从客观上讲的,"性"是从主观上讲的。这个"性"是人的独特处,是人之所以为人的本质,是人的本体,是创造性本身,而不是生物本能、生理结构、心理情绪所显者。"成圣"是从应然而非实然的层面讲的,意思是正视自己的精神生命,保持生命不"物化",以与宇宙生命相融和,相契接。"仁"就是精神生命的感通、润泽,层层扩大,以与宇宙万物为一体为终极。"仁"代表了真实的生命,是真实的本体,又是真正的主体。孔子讲"下学而上达",意即人只须努力践仁,便可遥契大道。古人训"学"为"觉",即德性的开启或悟发。孔子之"天"仍保持着它的超越性,为人所敬畏。孔子对天的超越遥契,有严肃、浑沌、神圣的宗教意味。《中庸》、《易传》一系和《孟子》一系,都讲内在的遥契,有亲切、明朗的哲学意味。所谓内在的遥契,即不再要求向上攀援天道,反把天道拉下来,收进自己内心,使天道内在化为自己的德性,把人的地位,通过参天地而为三的过程,与天地并列而为三位一体。故天命、天道观念发展的归属,是主体意义的"诚""仁"观念的同一化,由重客体性到重主体性,凸显了"创造性自己"的创造原理、生化原理①。

再次,牟论证了作为宗教的儒教。他说,了解西方文化,不能只通过科学与民主政治来了解,还要通过西方文化的基本动力——基督教来了解;同样,了解中国文化也要通过其动力——儒教来了解。(一)儒教首先尽了"日常生活轨道"的责任,周公制礼作乐,替民众定伦常制度,既是"圣人立教",又是"化民成俗"。伦常在传统社会是郑重而严肃的,背后有永恒的意义,有道德价值,有天理为根据,不仅仅是社会学、生物学的概念。如父慈子孝,兄友弟恭,是天理合当如此的。(二)儒教之所以为教,与其它宗教一样,还为民众开辟了"精神生活的途径"。它一方面指导人生,成就人格,调节个人内心世界,另一方面在客观层面担负着创造历史文

---

① 牟宗三:《中国哲学的特质》,上海古籍出版社1997年版,第21—22、29—31、37—40页。又,关于《中庸》、《易传》与《论语》、《孟子》之关系的看法,牟先生日后有所修订,详见《心体与性体》之《综论》部。但就性命天道相贯通,就践仁体道的道德实践而蕴涵的宗教意识和宗教精神而言,《心体与性体》非但没有改易,反而更有所发展。

化的责任,此与一切宗教无异。(三)儒教的特点,其注意力没有使客观的天道转为上帝,使其形式地站立起来,由之而展开其教义,也没有把主观呼求之情形式化为宗教仪式的祈祷;其重心与中心落在"人'如何'体现天道"上。因此,道德实践成为中心,视人生为成德过程,终极目的在成圣成贤。因此,就宗教之"事"方面看,儒学将宗教仪事转化为日常生活之礼乐,就宗教之"理"方面看,儒学有高度的宗教性,有极圆成的宗教精神。孔子的"践仁成仁者",孟子的"尽心知性知天",都是要恢复、弘大天赋予我们人的创造性本身,即精神生命的真几。一般人说基督教以神为本,儒家以人为本。这是不中肯的。儒家并不以现实有限的人为本,而隔绝了天。人通过觉悟和成德过程,扩充本性,体现天道,成就人文价值世界。儒家并不是盲目乐观,不把人的能力看得太高,不认为人能把握天道的全幅意义、无限神秘,也不肯定人能克服全部罪恶;相反,儒家重视修养功夫,在无穷的成德过程中,一步步克服罪恶,趋向超越的天道(同上书,第93—106页)。

　　第四,牟就儒教的特点,阐发了"道德的宗教"说。从前节我们可知,唐君毅先生并不抹煞道德与宗教的界限,主张通过道德实践走向超越的"天德流行"之境。通过此节,我们亦可知牟与唐都把天道的超越性与仁心的无限性贯通了起来。牟更进一步,直接把儒教界定为道德教、成德之教、人文教。他认为,道家之"玄理"、佛家之"空理"、儒家之"性理","当属于道德宗教者。宋明儒所讲者即'性理之学'也。此亦道德亦宗教,即道德即宗教,道德宗教通而一之者也"(《心体与性体》,第1部《综论》第4页)。牟宗三先生指出,宋明儒之中点与重点落在道德的本心与道德创造之性能(道德实践所以可能之先天根据)上。这种"本心即性"的"心性之学"又叫"内圣之学",意即内而在于个人自己,自觉地作道德实践(即圣贤功夫),以发展完成其德性人格。一方面,它与一般宗教不同,其道德的心愿不能与政治事功完全隔开，只退缩于以个人成德为满足。另一方面，此"内圣之学"亦曰"成德之教"。"'成德'之最高目标是圣、是仁者、是大人，而其真实意义则在于个人有限之生命中取得一无限而圆满之意义。此则即道德即宗教，而为人类建立一'道德的宗教'也"。牟氏指出，这既与佛教之以舍离为中心的灭度宗教不同，亦与基督教之以神为中心的救赎宗教不同。在儒家，道德不是停留在有限的范围内，不像西方某些学者那样，以道德与宗教为对立的两阶段。牟认为"道德即通无限"。意思是说，尽管道德行为有限，但道德行为所依据之实体以成其为道德行为者则无限。"人而随时随处体现此实体以成其道德行为之'纯亦不已'，则其个人生命虽有限，其道德行为亦有限，然而有限即无限，此即其宗教境界。体现实体以成德(所谓尽心或尽性)，此成德之过程是无穷无尽的。要说不圆满，永远不圆满，无人敢以圣自居。然而要说圆满，则当体即圆满，圣亦随时可至。要说解脱，此即是解脱；要说得救，此即是得救。要说信仰，此即是信仰，此是内信内仰，而非外信外仰以假祈祷以赖救恩者也。圣不圣且无所谓，要者是在自觉地作道德实践，本其本心性体以彻底清沏其生命。此将是一无穷无尽之工作。一切道德宗教性之奥义尽在其中，一切关于内圣之学之义理尽由此展开"(同上)。

最后，牟进一步提出圆教与圆善学说，指出真正的圆教在儒家。牟先生在《智的直觉与中国哲学》、《现象与物自身》、《圆善论》等巨著中，消化康德，分疏了两层存有论。此两层存有论是在成圣、成佛、成真人的实践中带出来的。牟先生发挥佛教天台宗判教而显之圆教观来会通康德的圆善论，重释中国儒释道的精神方向。他指出，基督教认为人有限而不能无限，上帝无限而不能有限，人神之间睽隔不通，因此可称之为"离教"(隔离之教)。佛家的"般若智心"，道家的"道心"，儒家的道德意义的"知体明觉"，都是"无限心"。儒释道三教都承认人虽有限而可无限,都把握了"慎独"(在佛家是"修止观",在道家是"致虚守静")这一枢纽,都认为人可通过自己的实践朗现无限心,故称之为"盈教"(圆盈之教)(参见牟宗三:《现象与物自身》,台北学生书局1976年再版本,第453—455页)。牟论述了儒释道三教的圆教与圆善,指出佛家的圆教是由"解心无染"入,道家的圆教是由"无为无执"入,而儒家则直接从道德意识入。儒家的圆教自孔子践仁知天始,经孟子、《中庸》、《易传》直至宋明儒,得到大的发展。相比较而言,佛道两家缺乏创生义,不能直贯于万物。儒家"预设一道德性的无限智心,此无限智心通过其创造性的意志之作用或通过其感通遍润性的仁之作用,而能肇始一切物而使之有存在者也"(牟宗三:《圆善论》,台北学生书局,1985年版,第328页)。牟认为,儒教具有道德创造的意义,纵贯于存在界,十字打开,是大中至正的圆教。道德主体使圆教成为可能,只有在此圆实教中,德福一致的圆善才真正可能。在康德那里,德福一致的实现需要上帝作保证,在儒教这里,按牟氏的说法,是以自由无限心(道德主体)取代了康德的上帝。自由无限心本身就是德福一致之机。上帝对象化为人格神,成为情识所崇拜祈祷的对象。然而,儒教的道德主体(无限智心、自由无限心)却能落实而为人所体现,在道德实践中达到圆圣理境。"圆圣依无限智心之自律天理而行即是德,此为目的王国;无限智心于神感神应中润物、生物,使物之存在随心转,此即是福,此为自然王国(此自然是物自身层之自然,非现象层之自然……),两王国'同体相即'即为圆善。圆教使圆善为可能;圆圣体现之使圆善为真实的可能。因此,依儒圣智慧之方向,儒家判教是始乎为士,终乎为圣神。……由士而贤,由贤而圣,由圣而神,士贤圣神一体而转。人之实践之造诣,随根器之不同以及种种特殊境况之限制,而有各种等级之差别,然而圣贤立教则始而成终矣。至圣神位,则圆教成。圆教成则圆善明。圆圣者体现圆善于天下者也。此为人极之极则矣"（同上书，第332—334页）。在这里，有士、贤、圣、神四位教，亦可以说是四重境界。

总之，牟宗三关于儒学即"道德宗教"的反思，打通了性与天道、道德与宗教、超越与内在，圆教与圆善，明确提出了儒学即是宗教的看法，奠定了理论基础，是迄今为止，当代新儒家关于此一问题尚未逾越的里程碑。

四　杜维明：作为群体行为的终极的自我转化

杜先生为儒学的源头活水流向世界而不懈陈辞，是目前最活跃的新儒家代表。在主动与世界主要宗教对话的过程中，在新诠儒家传统的过程中，他对儒学的宗教性问题作出了多方面的揭示。

首先，他不同意以一元宗教（超越外在上帝）作为衡量是否"宗教"的普遍标准。他在70年代初就提出不要把西方文明的特殊性作为人类文化的普遍性。以希腊的哲学思辨、基督的宗教体验作为范式，或"哲学"、"宗教"的抽象观念来分析儒家，可能会犯削足适履的谬误。他主张把作为哲学或宗教的儒家的问题转化为儒家的哲学性与宗教性问题。在哲学与宗教的交汇处与共通处理解儒家的学术或体验的特征，它恰恰是体验式哲学或智性的宗教。要之，哲学与宗教在西方是两个传统，但在中国乃至东方只是指向同一传统之两面①。80年代，杜批评了马克斯·韦伯（Max weber）关于儒家只是对世界的适应的说法，认为此说"严重地贬抑了儒家的

---

①　参见杜维明：《儒家心性之学——论中国哲学和宗教的途径问题》，原发表于纽约《联合》杂志，1970年11月，后收入《人文心灵的震荡》，台北时报出版公司，1976年，第29、30—34页。

心理整合和宗教超越的能力"①。90年代,他反驳了中国文化的缺失是没有上帝等说法。他认为,五四时以为缺科学民主,现在又认为缺宗教传统,都是从西方文化出发的问题意识。前者从启蒙思潮,后者从一元宗教。杜既不接受从工具理性的角度来宣扬儒家的所谓无神论,也不赞成以基督教或其它一元宗教的"超越外在"来补救儒家传统的"超越内在"的不足。他对时下一些华人学者一厢情愿地把西方特殊形态的宗教移植过来,或为了开拓一种宗教领域,而把自家文化中还相当有说服力和生命力的价值资源,在没有深入研究之前就消解、遗弃的作法,提出了善意的劝告和批评②。凡此种种,都是要自立权衡,善待或正视自家资源的特色,避免西方中心论的影响。这都具有方法论的启迪。

其次,在儒家及其心性之学具有宗教性的思考方面,杜受到多方面的影响,其中主要有四个方面:第一,他直承唐、牟、徐的传统,可谓"接着讲"。第二,他深受宗教存在主义者马丁·布伯(Martin Buber)、保罗·田力克(Paul Tillich)、戈伯·马赛尔(Gabriel Marcel)等人的影响,齐克果(Kirkegaard)也是杜感到亲切的人,这对心性之学内蕴的宗教体验层面的发挥不无启发。第三,他受到美国宗教学家史密斯(W.C.Smith)关于宗教的界定及宗教意义、目的研究的影响。史密斯区分了"宗教"与"宗教性",前者指静态结构、客观制度,后者指传统、信仰,特别是某一信仰群体中的成员在精神上的自我认同。后者对作为一种精神传统的宋明儒学的内在层面的揭示颇有补益。第四,他在与当代神学家、宗教学家对话的过程

① 杜维明:《儒家论做人》,《儒家思想——以创造转化为自我认同》(以下简称《儒家思想》),台北,东大图书公司,1997年11月版,第57页。
② 周勤:《儒学的超越性及其宗教向度——杜维明教授访谈》,《中国文化》第12期,1995年秋季号。

中亦得到启发。

再次，杜揭示了"为己之学"的伦理宗教涵义，界定了宋明儒学的宗教性。对于韦伯关于儒学缺乏一个超越的支撑点的说法，杜反驳道：这实际上是把一种基督教的，从而是外来的解释强加在儒学之上。在儒家，虽并不相信有位超越的人格化的上帝，但相信人性最终是善的，而且有包容万物的神性。这种人性是天命所赐，必须通过心的有意识的、致良知的活动才能充分实现。杜把这称为"存有的连续性"。这不仅仅指人与自然之间，而且指自我与社会、物质与精神、宗教与世俗、文化与自然、创造者与创造物之间的连续。这是"天地人交互影响"的观念，也是"天人合一"的信仰。天的实体对人决不是陌生的，能为人的意志、感情和认知功能所领悟。通过心灵的培育和修养，人可以察觉到神发出的最几微的声音，领悟天运作的奥妙。同任何神学证明不同，宋明儒坚持古代"天视自我民视，天听自我民听"的天人互动观念，这规定了宋明儒的宗教性①。人的自我在其自身的真实存在中体现着最高的超越，这不能理解为孤立的个体与上帝之间的关系。"儒家对人的固有意义的'信仰'，是对活生生的人的自我超越的真实可能性的信仰。一个有生命的人的身、心、魂、灵都充满着深刻的伦理宗教意义。具有宗教情操在儒家意义上，就是进行作为群体行为的终极的自我转化，而'得救'则意味着我们的人性中所固有的既属天又属人的真实得到充分实现"（杜维明：《儒家思想》第 67 页）。作为知识群体或旨趣相近的求道者的终极依据，不是一个作为"全然他者"的超越力量。儒家深信超越作为存在状况之自我，超越现实经验的转化，此转化的界限是使人与天所赋予的本性相符。天的密

---

① 参见杜维明：《宋明儒学的宗教性和人际关系》，《儒家思想》，第155、149 页。

码在人性中可以体现,当然不是说每个人在现实世界中都可以充分解读、完全体现。这种终极自我转化的承诺即包含着某种超越层面。杜把宋明儒的宗教性表述为:"它是由人的主体性的不断深化和人的感受性连续扩展的双重过程构成的。在这种情况下,作为群体行为的终极的自我转化必然产生一系列的吊诡:如对自我的培育采取了对自我的主宰的形式:自我为了实现其本性就必须改变它的以自我为中心的结构。"(同上书,第155—156页)又界定为:一种终极的自我转化,这种转化可以视为作为一种群体行为,以及作为对于超越者的一种忠诚的对话式的回应。简言之,就是在学做人的过程中,把天赋人的自我超越的无限潜力全面发挥出来(详见杜维明:《中与庸:论儒家的宗教性》之第五章)。从个人修身一直到成圣成贤,它的意义绝对不仅仅限于道德实践的范畴,而是有着相当深厚的宗教内涵。圣贤人格作为体现其超越性的最高理想,可以激励人们进行长期不断的奋斗,成为现实世界的人体现其生命价值的内在动源。

　　杜维明指出:"儒教作为宗教性哲学,它所追求的是'立人极'。它主要的关怀是研究人的独特性从而去理解他的道德性、社会性和宗教性……它的主要任务是在探究怎样成为最真实的人或成为圣人的问题。""儒家的成圣之道是以一个信念为基础的,就是人经由自己的努力,是可以臻于至善的。这样,作为自我修养形式的自我认识,也就同时被认作是一个内在自我转化的行动。事实上,自我认识、自我转化不仅密切相联,而且也是完全结合成一体的"。

　　最后,我们综合一下杜在儒学宗教性论说中的三项重点与贡献。(一)"自我"——是一个具有深远的宇宙论和本体论含意的伦理宗教观念。伦理宗教领域创造活动的中心是人的主体性。自我是开放的,是各种有机关系网络的动态的中心,是一个具体的人通向整体人类群体的过程。在自我的可完善性中,它不断深化,不断扩展,在修、齐、治、平过程中经历了与一系列不断扩展的社会群体相融和的具体道路。修身的每一阶段都是结构上的限制和程序上的自由之间的辩证关系。自我处境、社会角色的限制亦是自我发展的助缘。在前述过程中不断超越人类学的限制,体现着我们每个人之中的圣性。自我作为人际关系的中心,作为个人实现和个人发展的过程这一种观念,必然牵涉到对一个不断发展的大群体里的参与。这种参与超越了家庭、宗族或者国家的界限。自我不断克服形式、结构的限制,直至超出人类全体之上。只有突破人类中心主义,才能与自然、天道合一。(二)"圣凡关系"——儒学宗教性的特点是在现实、凡俗的世界里体现价值、神圣,把现实的限制转化成个人乃至群体超升的助缘。在轴心时代,中国凸显的是儒家为代表的对人本身的反思,即把一个具体活生生的人,作为一个不可消解的存在进行反思。其所涉及的四大层面是:自我、个人与群体、人与自然、人与天。儒家不从自我中心、社会中心、人类中心来定义人,又肯定天地之间人为贵。儒家把凡俗的世界当作神圣的,实然中有应然,高明寓于凡庸之中。这可以为世界各大宗教的现代化提供精神资粮。(三)"体知"——这不是认知领域中的理智逻辑之知,而是修身过程中的德性之知,是一种生命体验,自证自知。人与天、地、人、我的感通是动态的过程而非静态的结构,不可能脱离天人合一的宏观背景而成为隔绝的认识论[①]。体察、体味、体认、体会、体证、体验、体之等词汇表明用具体的经验在生活中实践,用整个的身心去思考,是成为真实的人的途径。杜进一步把"体知"疏理为感性的、理性的、智性的、神性的四层次,认为此四层

---

①　参见杜维明:《论儒家的"体知"——德性之知的涵义》,见刘述先先生主编:《儒家伦理研讨会论文集》,新加坡东亚哲学研究所出版,1987年1月;杜维明:《身体与体知》,台北,《当代》月刊,1989年3月,第35期。

体知交互滋养,是具备灵觉而又可以沟通神明的人的特性①。总之,杜关于身心性命、修养之学的伦理宗教性质的阐释,特别是以上三点,为儒学的现代化和世界化提供了创造性的生长点,值得重视和发挥。

五　刘述先:两行之理与理一分殊

刘述先无疑是当代新儒家阵营在现时代最活跃的学者之一,他代表儒家,积极参与世界宗教与伦理方面的交流互助。他有关儒学宗教性问题的中英文论文,最早发表于 1970—1971 年间②,基本论旨至今未有大变,然关于孔孟思想的宗教义蕴,近年来的论著显然有更深入的发掘。

首先,刘注重现代神学的成果及面对现代化的儒耶沟通。他取基督教神学家田立克(Paul Tillich)的见解,把宗教信仰重新定义为人对终极的关怀。他又借鉴现代神学家蒲尔脱曼(Rudolf Bultmannn)、巴特(Karl Barth)、魏曼(Henry Nelson Wieman)、赫桑(Charles Hartshorne)、庞豁夫(Dietrich Bonhoeffer)、哈维·柯克斯(Harvey Cox)和孔汉思(Hans Kung)等人的思想,从当代宗教的角度审视儒家传统的宗教意涵。现代神学扬弃中世纪的宇宙论等

---

①　参见杜维明:《从"体知"看人的尊严》,1998 年 6 月,北京"儒学的人论"国际学术研讨会论文。另请参见杜维明与冯耀明有关体知问题的论战,见杜维明:《宏愿、体知和儒家论说——回应冯耀明批评"儒学三期论"》和冯耀明:《"儒学三期论"问题——回应杜维明教授》,分别见台北《当代》月刊,1993 年 11 月第 91 期和 1994 年 1 月第 93 期。

②　刘述先:《儒家宗教哲学的现代意义》,原载台北《中国学人》,1970 年 3 月,第 1 期。此文后收入著者《生命情调的抉择》,台北,志文出版社 1974 年 3 月初版。英文论文发表于夏威夷《东西哲学》,1971 年第 2 期(总第 21 期)。

形式架构，一面坚持基督信息在现代的相干性，一面接受现代文明的挑战。从宗教现象学的观点看，宗教的定义必须重新加以修正，必须捐弃传统以神观念(特别是一神教)为中心的宗教定义。上帝可以死亡，但宗教意义的问题不会死亡。对于"他世"的祈向并不是宗教的必要条件，对于"超越"的祈向乃是任何真实宗教不可缺少的要素。对现世精神的注重未必一定违反宗教超越的祈向。刘述先从这一视域出发，判定孔子虽然不信传统西方式的上帝，并不表示孔子一定缺乏深刻的宗教情怀，中国传统对于"超越"的祈向有它自己的独特的方式①。通过对孔子"天何言哉"等"无言之教"和"三畏"的诠释，刘进一步肯定孔子彻底突破了传统，"天在这里已经完全没有人格神的特征，但却又不可以把天道化约成为自然运行的规律……孔子一生对天敬畏，保持了天的超越的性格。故我们不能不把天看作无时无刻不以默运的方式在宇宙之中不断创生的精神力量，也正是一切存在的价值的终极根源"②。刘注意到孔子兼顾天人的一贯之道，一方面把圣王之道往下去应用，另一方面反身向上去探求超越的根源。

刘认为，进入现代，面临科技商业文明的挑战，儒耶两大传统所面临的共同危机是"超越"的失坠与意义的失落。新时代的宗教需要寻找新的方式来传达"超越"的信息。就现代神学思潮企图消解神话，采用象征语言进路，重视经验与过程，并日益俗世化，由他

---

① 详见(A)刘述先：《儒家宗教哲学的现代意义》，《生命情调的抉择》，台北，志文出版社1975年5月2版，第47—48页；(B)刘述先：《由当代西方宗教思想如何面对现代化问题的角度论儒家传统的宗教意涵》，《当代中国哲学论：问题篇》，八方文化企业公司，1996年第12月初版，第85—93页。

② 刘述先：《论孔子思想中隐涵的"天人合一"一贯之道——一个当代新儒学的阐释》，台北，《中国文哲研究集刊》，第10期，1997年3月，第7页。

世性格转变为现世性格来说,儒耶二者的距离明显缩短。在现代多元文化架构下,宗教传统必须与时推移作出相应的变化,才能打动现代人的心弦,解决现代人的问题,既落实在人间,又保住超越的层面,使人们保持内心的宗教信仰与终极关怀。在这些方面,儒教比基督教反有着一定的优势,有丰富的睿识与资源可以运用。

其次,刘发展"超越内在"说,充分重视二者的张力,提出"超越内在两行兼顾"的理论。刘指出,孟子从不否认人在现实上为恶,孟子只认定人为善是有心性的根据,而根本的超越根源则在天。我们能够知天,也正因为我们发挥了心性禀赋的良知和良能。孟子虽倾向在"内在"一方面,但孟子论道德、政事同样有一个不同磨灭的"超越"的背景,由此发展出一套超越的性论,"只不过儒家把握超越的方式与基督教完全不同:基督教一定要把宗教的活动与俗世的活动分开,儒家却认为俗世的活动就充满了神圣性;基督教要仰仗对于基督的信仰、通过他力才能够得到救赎,儒家的圣人则只是以身教来形成一种启发,令人通过自力就可以找到自我的实现"(刘述先:《理想与现实的纠结》,台北学生书局,1993 年版,第 220—221 页)。刘指出,由孟子始,儒家认为仁心的扩充是无封限的,这一点与田立克之肯定人的生命有一不断自我超越的构造若合符节,儒家这一路的思想到王阳明的《大学问》,发挥得淋漓尽致。

刘肯定"仁"是既超越又内在的道,同时强调即使是在孟子至阳明的思想中,天与人之间也是有差距的,既尊重内在又尊重超越,并非过分着重讲天人的感通。"有限之通于无限不可以滑转成为了取消有限无限之间的差距。儒家思想中命的观念正是凸出了生命的有限性,具体的生命之中常常有太多的无奈不是人力可以转移的"。人的生命的终极来源是天,但既生而为人就有了气质的限定而有了命限,然而人还是可以就自己的秉赋发挥自己的创造性,自觉以天为楷模,即所谓"正命"、"立命"。刘认为,创造要落实则必具形,有形就有限制。宋儒分疏"天地之性"与"气质之性"。后者讲的是创造过程落实到具体人的结果,说明人的创造受到形器的、个体生命的、外在条件的制约。但"气质之性"只有返回到创造的根源,体证到性分内的"生生之仁",才能由有限通于无限。儒家强调,吾人接受与生俱来的种种现实上的限制,但又不委之于命,不把眼光局限在现实利害上,不计成败,知其不可而为之,支撑的力量来自自我对于道的终极托付。如此,超越与内在、无限与有限、天与人、天地之性与气质之性、道与器,都是有差别有张力的,两者的统一不是绝对的同一。刘氏认为,光只顾超越而不顾内在,未免有体而无用。"而超越的理想要具体落实,就不能不经历一个'坎陷'的历程,由无限的向往回归到当下的肯定。而良知的坎陷乃不能不与见闻发生本质性的关连。超越与内在的两行兼顾,使我有双重的认同:我既认同于超越的道,也认同于当下的我。我是有限的,道是无限的。道的创造结穴于我,而我的创造使我复归于道的无穷。是在超越到内在、内在到超越的回环之中,我找到了自己真正的安身立命之所"(同上书,第239页)。

再次,刘强调超越理境的具体落实,重新解释"理一分殊",以示儒家宗教哲学的现代性与开放性。刘认为,超越境界是无限,是"理一",然其具体实现必通过致曲的过程。后者即是有限,是"内在",是"分殊"。刘重新诠释"理一分殊",有三方面的意义:(一)避免执着于具体时空条件下的分殊,陷入教条僵化。他指出,超越的理虽有一个指向,但不可听任其僵化固着,不能把有限的分殊无限上纲。当代人必须放弃传统天人感应的思想模式、中世纪的宇宙观、儒家价值在汉代被形式化的"三纲"及传统一元化的架构。"理一分殊"使我们理解一元与多元并不必然发生矛盾,这有助于批判传统的限制,扬弃传统的负面,打破传统的窠臼。(二)鼓励超越理想的落实,接通传统与现代。刘指出,理想与事实之间有巨大的差距。我们要在现时代找到生命发展的多重可能性,采取间接曲折的方式,扩大生命的领域,以更新颖、更丰富的现代方式体现传统的理念,"有限(内在)与无限(超越)有着一种互相对立而又统一的辩证关系。我们的责任就是要通过现代的特殊的条件去表现无穷不可测的天道。这样,当我们赋与'理一分殊'以一全新的解释,就可以找到一条接通传统与现代的道路"(同上书,第172—173页)。

(三)肯定儒家传统智慧、中心理念与未来世界的相干性,刘通过对朱熹的深入研究指出,"仁"、"主"、"理"的三位一体是朱子秉承儒家传统所把握的中心理念,这些理念并不因朱子的宇宙观的过时而在现时代完全失去意义(同上书,第167页)。今天,我们完全可以打开一个全新的境界,以适合于现代的情势。刘认为:"儒家思想的内容不断在变化之中……仁心与生生的规约原则,在每一个时代的表现都有它的局限性,所谓'理一而分殊',这并不妨害他们在精神上有互相贯通之处。"(刘述先:《当代中国哲学论:问题篇》第237页)每一时代的表现,当然只是适合于这个时代的有局限性的表征而已,不能视为唯一或最终的表现。后人可以去追求更新的、超越现代的仁心与生生的后现代的表现。

　　总之,刘述先沿着牟宗三、方东美等人的思路,强调儒家仁心与生生精神可以作为现代人的宗教信念与终极关怀,通过对传统与现代的多维批判,肯定儒家思想的宗教意涵有着极高的价值与现代的意义。他着力论证、开拓、辩护了"超越内在"说①,并通过

---

①　冯耀明对"内在的超越"提出质疑,见冯文:《当代新儒家的"超越内在"说》,《当代》,台北,1993年4月,第84期。刘述先作文回应:《关于"超越内在"问题的省思》,《当代》,台北,1994年4月,第96期。另请见李明辉著:《儒家与康德》,台北,联经出版公司,1990年;李明辉著:《儒学与现代意识》,台北,文津出版社,1991年。

"两行之理"、"理一分殊"的新释,注入了新的信息,肯定超越与内在、理想与现实的有张力的统一。

六　结　语

　　唐、牟、杜、刘关于儒学宗教性问题的反思,深化、丰富了我们对儒家精神特质的认识,这本身已成为贡献给现代世界的、有价值的精神资源。在人的安身立命与终极关怀问题日益凸显而科技又无法替代的今天,这些论说就更加有意义。

　　他们反思的共同点是承认儒学资源中饱含有超越的理念和宗教精神,尤其肯定了其特点是"内在的超越",即相对于基督教的他在的上帝及其创世说,儒家的"天"与"天道"既是超越的,却又流行于世间,并未把超越与内在打成两橛。基督教相信一个超越的人格神,失乐园之后的人有原罪,需要通过对耶稣基督的他力得到救赎,超世与俗世形成强烈的对比。传统儒家体证的道在日用行常中实现。儒家相信无人格性的道,肯定性善,自己做修养工夫以变化气质,体现天人合一的境界。

　　他们的反思也各有特色。总体上是唐、牟打基础,杜、刘循此继进,有所发展。但相比较而言,唐、杜偏重从中国人文精神,从人文学或哲学的人学的角度涵摄宗教;牟、刘则偏重从存有论,从宗教哲学的角度阐明儒学之宗教之旨。唐注意宗教与道德的分别,牟直接指陈儒家即宗教即道德,为"道德宗教"。牟不重视伦理学,杜重视伦理学,更接近徐。杜只肯定到儒学具有"宗教性"的程度为止,即先秦、特别是宋明儒学观念中有着信奉精神自我认同的宗教倾向,在超越自我的精神修养中含有本体论和宇宙论的道德信仰。刘则把宗教定义为终极关怀,在此前提下,肯定儒学有极其深远的宗教意蕴。虽然在牟那里,天人也不是绝对同一的,但牟不太注重超越、内在之间的距离,刘则突出了这一点,强调"超越"、"内在"的并行不悖。唐、牟注重儒、耶之异,其比较还停留在一般水平上,对耶教等,唐、牟以判教的姿态出现,杜、刘则放弃判教,转向吸收神学新成果,在理解中对话。这看起来似乎是把儒家拉下来了,但却不是消极退缩,而是积极参与,为世界各大宗教的现代化提供儒教的智慧。杜、刘比唐、牟更重视《论语》。杜、刘的批判性、现实性较强。

　　唐的贡献在从存在实感上奠定了儒学所具有的宗教精神的基础,开拓了儒学宗教性研究之领域,揭示了仁心良知、本心本性即宗教性的安身立命之所,发掘了包括"三祭"在内的儒家的宗教价值,设置了"天德流行"、"尽性立命"等超主客观境界。牟的贡献在奠定了儒家道德宗教学说的主要理论基础,特别是从宗教哲学的高度创造性地解读了"性与天道"和相关的内圣、心性学说,融摄康德,架构了"内在的超越"、"有限通无限"、"圆教与圆善"论,凸显了道德的主体性。杜的贡献是在英语世界开辟了儒家论说领域,进一步揭示了"为己之学"的伦理宗教意义,并在儒家的"自我转化"观、"圣凡关系"论和"体知"问题上有全新的发展。刘的贡献在这一步推进了"内在超越"学说,为儒家宗教精神的现代化和落实化,重新解读"理一分殊",积极倡导"两行之理",发展了"仁"与"生生"之旨。所有这些,对儒家学说乃至中国传统精神的现代转化都有多方面的启迪。

　　我觉得还有一些尚待思考的问题需要提出来作进一步研究。(一)在学理上,当代新儒家主要关心的是心性之学和知识精英士大夫的信仰,而礼乐伦教是传统社会的制度性生活,对儒教设施、组织、祭祀活动、政教关系,特别是历史上民间社会、民心深处的宗教性问题却疏于探讨。在儒家伦范制度中体现了临近终极的强烈情绪和信仰,也渗透了对生死问题的最后意义的解答。不仅在士大夫中,而且在民间,人们并非凭藉超自然的力量,而凭藉人的道德责任。足见儒家体制对现世的重视,儒家宗教精神对民间的渗透。

但小传统中的民间鬼神信仰与儒学信仰毕竟有很大差别①。对这些问题,尚需作全面的研讨。(二)对儒学宗教性的负面效应,包括伦教之负面,还要作出进一步的检讨与批判。(三)无需讳言,儒学超越性不及,而内在性偏胜。如何从宗教现象学、比较宗教学和儒家史的角度,解答超越性不足所带来的中国文化中的诸多问题。(四)在诠释儒学的宗教意涵上,需要并重经学资源与理学资源。目前特别要加强考古新发现的简帛中的先秦儒学资料的研究。(五)在比较康德与儒学时,充分注意康德的近代知识学与理性主义的背景,此与仁心良知的体验实践路数有着重大区别。(六)本心仁体、自由无限心及知体明觉活动的限制问题,即道德的主体性的限制问题(此还不是“命”之限制性问题),道德的主体性与个体性不能互相替代的问题,作为生命存在的个体全面发展的问题,具体的人作为特殊的人本身才是目的而不是手段的问题,尚需作进一步的疏理。(七)儒家、儒学、儒教之精义能否或在什么意义、什么层次上重返现实社会,并为当代人安身立命的现实可能性的问题,还需要从理论与实践的结合上作出探讨。

(原载《中国哲学史》1999 年第 1 期)

郭齐勇,武汉大学哲学系教授,博士生导师。

本文通过对唐君毅、牟宗三、杜维明、刘述先等人关于道

---

① 参见郑志明:《当代儒学与民间信仰的宗教对谈》,收入林安梧主编《当代儒学发展之新契机》,台北,文津出版社,1997 年。

德宗教意蕴的研究,论述了当代新儒家在儒学宗教性问题方面的致思。作者指出,当代新儒家对儒学宗教性问题反思的共同点是承认儒学资源中饱含有超越的理念和宗教精神,尤其肯定了其特点是"内在的超越";他们的反思,深化和丰富了人们对儒家精神特质的认识,是贡献给现代世界的有价值的精神资源。

论著目录索引

康有为　孔子改制考　上海大同译书局 1898 年

陈焕章　孔教论　上海孔教会 1912 年 11 月

陈焕章　孔教教规　北京孔教总会经世报社 1922 年 3 月

林文庆　孔教大纲　上海中华书局 1914 年 3 月

刘仁航　孔教辨惑　上海中华书局 1914 年 3 月

康有为　康南海长安演说集　教育图书社排印 1923 年

程　淯　历代尊孔记孔教外论合刻　上海东方读经会 1938 年
　　　　12 月

黄赞钧　大同要素　台北孔教丛书颁行处 1949 年 9 月

杜维明　论儒学的宗教性　武汉大学出版社 1999 年 7 月

李　申　中国儒教史(上、下卷)　上海人民出版社 1999 年 12 月,
　　　　2000 年 2 月

任继愈　儒教问题争论集　宗教文化出版社 2000 年 11 月

梁启超　保教非所以尊孔论　《新民丛报》第 2 号,1902 年 2 月
　　　　22 日

蔡崔卿　说孔氏祖先教　《普通学报》第 4 期,1902 年 3 月

梁启超　论宗教家与哲学家之长短得失　《新民丛报》第 19 号,
　　　　1902 年 10 月 31 日

梁启超　论佛教与群治之关系　《新民丛报》第 23 号,1902 年 12
　　　　月 30 日

刘师培　论孔教与中国政治无涉　《警钟报》1904 年 3 月

东吴范袆　论儒教与基督教之分　《万国公报》第 182 期,1904 年
　　3 月

刘光汉　讖纬考　《国粹学报》第 1 卷第 6 期,1905 年

冯稟刚　孔子以人性立教论　《天铎》第 2 期,1909 年 12 月

陈焕章　孔教会序　《孔教会杂志》第 1 卷第 1 号,1913 年 2 月

孙德谦　孔教大一统论　《孔教会杂志》第 1 卷第 1 号,1913 年
　　2 月

张尔田　明教　《孔教会杂志》第 1 卷第 1 号,1913 年 2 月

陈宝征　孔教宜订为国教论　《孔教会杂志》第 1 卷第 1 号,1913
　　年 2 月

陈焕章　明定原有之国教为国教并不碍于信教自由之新名词
　　《孔教会杂志》第 1 卷第 1 号,1913 年 2 月

康有为　孔教会序一　《孔教会杂志》第 1 卷第 2 号,1913 年 3 月

康有为　孔教会序二　《孔教会杂志》第 1 卷第 2 号,1913 年 3 月

黎养正　孔教通史　《孔教会杂志》第 1 卷连载

顾震福　论孔氏与老氏　《孔教会杂志》第 1 卷第 2 号,1913 年 3 月

张尔田　政教终始篇　《孔教会杂志》第 1 卷第 2 号,1913 年 3 月

康有为　以孔教为国教配天议　《不忍》第 2 期,1913 年 4 月

孙德谦　孔子受命立教论　《孔教会杂志》第 1 卷第 3 号,1913
　　年 4 月

张尔田　释鬼神篇　《孔教会杂志》第 1 卷第 3 号,1913 年 4 月

陈焕章　祀天以孔子配议　《孔教会杂志》第 1 卷第 4 号,1913
　　年 5 月

顾震福　论孔子配天为教主之徵　《孔教会杂志》第 1 卷第 4 号,
　　1913 年 5 月

狄　郁　孔教平议(上)　《孔教会杂志》第 1 卷第 4 号,1913 年 5 月

狄　郁　孔教平议(下)　《孔教会杂志》第 1 卷第 5 号,1913 年 6 月

康有为　覆山东孔道会书　《不忍》第 5 期,1913 年 6 月

孙德谦　祀天以孔子配议　《孔教会杂志》第 1 卷第 5 号,1913 年
　　　　6 月

马其昶　祀天配孔议　《孔教会杂志》第 1 卷第 5 号,1913 年 6 月

张尔田　与人论昌明孔教以强固道德书　《孔教会杂志》第 1 卷第
　　　　5 号,1913 年 6 月

康有为　覆教育部书　《孔教会杂志》第 1 卷第 5 号,1913 年 6 月

陈焕章　论废弃孔教与政局之关系　《孔教会杂志》第 1 卷第 5
　　　　号,1913 年 6 月

顾震福　说孔教祈祷之真意　《孔教会杂志》第 1 卷第 5 号,1913
　　　　年 6 月

孙德谦　孔教功在文治论　《孔教会杂志》第 1 卷第 6 号,1913 年
　　　　7 月

廛　厂　孔教救亡论　《孔教会杂志》第 1 卷第 6 号,1913 年 7 月

陈焕章等　孔教会请愿书　《孔教会杂志》第 1 卷第 6 号,1913 年
　　　　7 月

孙德谦　祀孔无害他教说　《孔教会杂志》第 1 卷第 7 号,1913 年
　　　　8 月

廖道传　请尊孔教为国教议　《孔教会杂志》第 1 卷第 7 号,1913
　　　　年 8 月

劳乃宣　覆友人论丧服书　《孔教会杂志》第 1 卷第 7 号,1913 年
　　　　8 月

康有为　奏请尊孔圣为国教立教会教部以孔子纪年而废淫祀折
　　　　《不忍》第 7 期 1913 年 8 月

张尔田　论孔教与东南兵祸之关系及一年来对于孔教诋毁者之心
　　　　理　《孔教会杂志》第 1 卷第 8 号,1913 年 9 月

张东荪　余之孔教观　《孔教会杂志》第 1 卷第 8 号,1913 年 9 月

伍子衡　论昌办孔教学校之大关系　《孔教会杂志》第1卷第8号,1913年9月

孔教总会　为宪法起草委员会否决国教敬告全国同胞书　《孔教会杂志》第1卷第9号,1913年10月

孙德谦　尊圣教以端治本议　《孔教会杂志》第1卷第9号,1913年10月

王士杰　孔教大义　《孔教会杂志》第1卷第9号,1913年10月

䇛　海　国教评　《进步杂志》第4卷第6号,1913年10月

孙德谦　辨难篇　《孔教会杂志》第1卷第10号,1913年11月

孙乃湛　演教篇　《孔教会杂志》第1卷第10号,1913年11月

䇛　海　儒家出于史与宗教家出于祝不同说　《进步杂志》第5卷第2期,1913年12月

章太炎　驳建立孔教议　《雅言》第1卷第1期,1913年12月

孤　翔　孔学非宗教论　《雅言》第1卷第1期,1913年12月

张尔田　驳某君论孔教非宗教孔子非宗教家书　《孔教会杂志》第1卷第11号1913年12月

孙德谦　尊孔祀典无待集议说　《孔教会杂志》第1卷第11号,1913年12月

梁士贤　论国与教存亡之关系　《孔教会杂志》第1卷第11号,1913年12月

蒋　元　昌教论　《孔教会杂志》第1卷第11号,1913年12月

陈焕章　祭圣篇　《孔教会杂志》第1卷第11号,1913年12月

狄　郁　国教名义答问　《孔教会杂志》第1卷第12号,1914年1月

宋文蔚　原教　《孔教会杂志》第1卷第12号,1914年1月

陈焕章　祭天礼议　《孔教会杂志》第1卷第12号,1914年1月

张炳华　请祀天配孔文庙仍祀先师核文　民国经世文编宗教卷

陈独秀　再答俞颂华　《新青年》第 3 卷第 2 期,1917 年 4 月

蔡元培　致许崇清函　《新青年》第 3 卷第 3 期,1917 年 5 月

易白沙　诸子无鬼论　《新青年》第 5 卷第 1 期,1918 年 7 月

梁漱溟　宗教问题讲演　《少年中国》第 2 卷第 8 号,1920 年

朱谦之　我的新孔教　《民铎杂志》第 4 卷第 4 期,1923 年 6 月

许地山　原始的儒、儒家与儒教　《晨报》副刊第 171—175 号,
　　　　1923 年 7 月

卢汉章　孔子为教育家非宗教家说　《国学月刊》第 18 期,1923 年

刘　熔　孔子为教育家非宗教家说　《国学月刊》第 19 期,1923 年

陈延杰　谶纬考　《东方杂志》第 21 卷第 6 期,1924 年 3 月

周予同　纬书与经今古文学　《民铎杂志》第 7 卷第 2 期,1926 年

刘绍宽　《周礼》郑注方丘祭昆仑北郊祭神州说　《华国月刊》第 3
　　　　卷第 2 期,1926 年 5 月

顾　实　孔子教戒三章论　《国学辑林》第 1 期,1926 年 9 月

姚永朴　三教异同说　《民彝杂志》第 6 期,1927 年 7 月

周予同　“孝”与“生殖器崇拜”　《一般》第 3 卷第 1 号,1927 年 9 月

余牧人　谭嗣同的宗教观　《文社月刊》第 3 卷第 5 期,1927 年

冯友兰　儒家对于婚丧祭礼之理论　《燕京学报》第 3 期,1928 年
　　　　6 月

吴恩裕　韩愈李翱与佛教之关系　《清华周刊》第 38 卷第 7—8
　　　　期,1932 年

周予同　纬谶中的孔圣与他的门徒　《安徽大学月刊》第 1 卷第 2
　　　　期,1933 年 3 月

陈子怡　宋人理学由回教蜕化而出　《师大月刊》第 6 期,1933 年
　　　　9 月

谢祖贤　孔教兼仁智以救世　《大公报》宗教特刊第 4 卷第 14 期,
　　　　1933 年 12 月 14 日

姚宝贤　中国儒教思想之体系　《青年与战争》第 4 卷第 6、7、9 期,1934 年 5—6 月

梁启超　康南海之孔教观　《大道半月刊》第 18 期,1934 年 9 月

熊十力　易·佛·儒　《大公报》1934 年 9 月 20 日

杨大膺　宋明理学与佛学异同　《青鹤杂志》第 2 卷第 20—23 期, 1934 年 9—10 月

李翊灼　《易》感通义与佛说缘生义之比观　《国风》第 5 卷第 10—11 期,1934 年 10—11 月

黎正甫　《周易》卦爻辞之宗教观　《盘石》第 2 卷第 11 期,1934 年 11 月

杨翼心　孔子政教合一思想之解剖　《山东民众教育月刊》第 6 卷 第 2 期,1935 年 2 月

渠志廉　达昧圣王和孔子对于人生凶祸的观念　《盘石》第 3 卷第 10 期,1935 年 12 月

何　键　论儒教为欧洲学者误译为孔教　《国光杂志》第 13 期, 1936 年 1 月

唐君毅　中国宗教之特质　《中心评论》第 1 卷第 3 期,1936 年

熊十力　与张东荪论学书　《中心评论》第 1 卷第 9 期,1936 年 4 月

陈受颐　明末清初耶稣会士的儒教观及其反应　《国学季刊》第 5 卷第 2 期,1936 年 7 月

陈受颐　三百年前的建立孔教论　《历史语言研究所集刊》第 6 卷 第 2 期,1936 年 8 月

緎　民　孔教之源流及其地位　《学风》第 6 卷第 5 期,1936 年 8 月

郑学韬　谶纬起源及其学说之兴替　《国专月刊》第 4 卷第 5 期, 1937 年 1 月

高观如　唐代儒家与佛学　《微妙声》第 1 卷第 3 期,1937 年 1 月

高观如　李习之与佛学　《微妙声》第 1 卷第 4 期,1937 年 2 月

顾颉刚　董仲舒思想中的墨教成分　《文澜学报》第 3 卷第 1 期，
　　　　1937 年 3 月

净　名　儒释合参　《晨报》艺圃 1937 年 5 月 2 日

欧阳竟无　孔学佛学概论　《论学》第 5—6 期，1937 年 6—7 月

陈独秀　孔子与中国　《东方杂志》第 34 卷第 18—19 期，1937 年
　　　　10 月

牟宗三　宗教与礼教　《再生》第 50 期，1940 年 6 月

王梦鸥　先儒崇拜天鬼之伦理观　《时代精神》第 5 卷 2、4 期，
　　　　1941 年 11 月—1942 年 1 月

梁漱溟　理性与宗教之相遭　《文化杂志》第 3 卷第 2 号，1942 年

陈　槃　古谶纬全佚书存目解题(一)(二)(三)　《历史语言研究
　　　　所集刊》第 10、12、17 卷，1942—1948 年

成本俊　董仲舒天人合一说之继承人道　《中央日报》1942 年 12
　　　　月 9 日

程石泉　中国"人本主义"之宗教及其典礼　《东方杂志》第 39 卷
　　　　第 6 期，1943 年 5 月

钱　穆　孔子与心教　《思想与时代》第 21 期，1943 年 5 月

陈　槃　谶纬释名　《历史语言研究所集刊》第 11 卷，1944 年 9 月

陈　槃　谶纬溯原　《历史语言研究所集刊》第 11 卷，1944 年 9 月

钱　穆　说良知四句教与三教合一　《思想与时代》第 37 期，1944
　　　　年 11 月

钱　穆　禅宗与理学　《思想与时代》第 38 期，1944 年 12 月

钱　穆　再论禅宗与理学　《思想与时代》第 39 期，1945 年 1 月

钱　穆　三论禅宗与理学　《思想与时代》第 40 期，1945 年 2 月

钱　穆　中国民族之宗教信仰　《中央月刊》第 7 卷第 21—22 期，
　　　　1945 年

谢慧霖　论儒佛与理学　《志学月刊》第 19—20 期，1945 年 4—5 月

陈　槃　略论早期谶纬及其作者　《中央日报》1947 年 7 月 14 日

陈　槃　论古符应说之发展结果及其与谶纬产生之关系　《中央日报》1947 年 8 月 18 日

方觉慧　孔子创造仁教　《人言月刊》第 2 期,1947 年 10 月

刘法中　佛法与老孔耶教之异同　《海潮音》第 28 卷第 12 期,1947 年 12 月

陈立森　中国的儒释道三教　《建国月刊》(台北)新 1 卷第 3 期,1947 年 12 月

王　明　儒释道论报应　《世间解》第 7 期,1948 年 1 月

任继愈　禅学与儒学　《经世日报》读书周刊第 85 期,1948 年 4 月 7 日

陈　槃　略论谶纬互辞及谶与经义与纬书之关系　《学原》第 1 卷第 11 期,1948 年 4 月

周予同　儒、儒家与儒教　《青年界》(新)第 5 卷第 4 期,1948 年 5 月

季羡林　佛教对于宋代理学的影响　《申报》文史副刊第 24 期,1948 年 5 月 22 日

唐君毅　论中国原始宗教信仰与儒家天道观之关系兼释中国哲学之起源　《理想历史文化》第 1 期,1948 年 7 月

娄子匡　民间俗信中的孔子　《大公报》1949 年 9 月 5 日

唐君毅　宗教精神与人类文化　《民主评论》第 1 卷第 19 期,1950 年

唐君毅　人类宗教意识之本性及其诸形态　《理想与文化》第 9 期,1950 年

牟宗三　人文主义与宗教　《人生杂志》1955 年 4 月

唐君毅　宗教信仰与现代中国文化　《民主评论》第 7 卷第 22—23 期,1956 年

侯外庐　白虎观宗教会议与神学法典《白虎通义》《历史研究》1956 年第 5 期

钱　穆　儒释耶回各家关于神灵魂魄之见解　《学术季刊》第 5 卷第 3 期,1957 年 3 月

牟宗三　孔子与人文教　《人生杂志》第 14 卷第 7 期,1957 年 9 月

钱　穆　中国传统文化与宗教信仰　《景风》创刊号,1957 年 12 月

牟宗三　作为宗教的儒教　《人生杂志》第 20 卷第 1 期,1960 年 5 月

徐复观　道德地人文世纪之出现及宗教之人文化　《民主评论》第 11 卷 21 期,1960 年 11 月

唐君毅　儒家之学与教之树立及宗教纷争之根源　《大学生活》第 9 卷第 10 期,1963 年

徐复观　中国文化中的罪恶感问题　《华侨日报》1968 年 9 月 19 日

唐君毅　辨孔子教中之求仁之道及其言天命鬼神之涵义　《新亚学术年刊》1970 年第 12 期

刘述先　儒家宗教哲学的现代意义　《中国学人》(台北)第 1 期,1970 年 3 月

唐君毅　儒教之能立与当立　《新儒家》第 3 卷第 1 期,1972 年

任继愈　论儒教的形成　《中国社会科学》1980 年第 1 期

李国权等　儒教质疑　《哲学研究》1981 年第 9 期

张岱年　论宋明理学的基本性质　《哲学研究》1981 年第 9 期

任继愈　儒教的再评价　《社会科学战线》1982 年第 2 期

唐亥　儒学不是宗教　《光明日报》1982 年 7 月 14 日

崔大华　儒教辨　《哲学研究》1982 年第 6 期

任继愈　朱熹与宗教　《中国社会科学》1982 年第 5 期

李锦全　是吸取宗教的哲理还是儒学的宗教化　《中国社会科学》1983 年第 3 期

林金水　儒教不是宗教——试论利玛窦对儒教的看法　《福建师大学报》1983 年第 3 期

钱　穆　灵魂与德性　《故宫学术季刊》第 1 卷第 2 期,1983 年

张君劢　佛教对于新儒家之刺激　《中国佛教》(美国)第 28 卷第 6 期,1984 年

郝逸今　儒家·儒教·儒学　《内蒙古大学学报》1988 年第 1 期

周黎民等　儒学非宗教论——与任继愈先生商榷　《湘潭大学学报》1988 年第 2 期

任继愈　具有中国民族形式的宗教——儒教　《文史知识》1988 年第 6 期

朱　春　儒教是社会化、世俗化的特殊宗教　《西南民族学院学报》1989 年第 3 期

牟钟鉴　中国宗法性传统宗教试探　《世界宗教研究》1990 年第 1 期

张　践　儒学与宗法性传统宗教　《世界宗教研究》1991 年第 1 期

朱法贞　儒教之形成原因考略　《东岳论丛》1991 年第 2 期

侯玉臣　论儒家思想的原始宗教文化特征　《甘肃社会科学》1991 年第 6 期

钟肇鹏　以儒学代宗教　《学术月刊》1992 年第 2 期

张　坦　敬祖与敬主——儒教与基督教一种文化功能比较　《贵州社会科学》1993 年第 1 期

任继愈　从程门立雪看儒教　《群言》1993 年第 2 期

牟钟鉴　试论儒家的宗教观　《齐鲁学刊》1993 年第 4 期

任继愈　朱熹的宗教感情　《群言》1993 年第 8 期

史建群　帝王——儒教的至上神　《中州学刊》1993 年第 6 期

康占杰等　儒学非宗教　《宁夏社会科学》1994 年第 3 期

邹昌林　儒学与宗教的关系　《世界宗教资料》1994 年第 4 期

20世纪儒学研究大系

李　申　关于儒教的几个问题　《世界宗教研究》1995 年第 2 期

任继愈　中国的宗教与传统文化　《中国文化报》1995 年 11 月 19 日

何光沪　中国文化的根与花——谈儒学的"返本"与"开新"　《原道》第 2 辑,1995 年

郑家栋　儒家思想的宗教性问题(上下)　《孔子研究》1996 年第 2、3 期

郭豫适　论儒教是否为宗教及中国古代小说与宗教的关系　《华东师大学报》1996 年第 3 期

郭豫适　儒教是宗教吗　《文汇报》1996 年 6 月 12 日

张允熠　论儒学的宗教精神　《求索》1996 年第 4 期

李　申　儒教是宗教　《文汇报》1996 年 9 月 18 日

谢　谦　儒教:中国历代王朝的国家宗教　《传统文化与现代化》1996 年第 5 期

姜广辉等　儒学与宗教性问题——成中英教授与中国社科院专家对谈纪要　《现代传播——北京广播学院学报》1996 年第 6 期

李　申　儒教、儒学和儒者　《中国社科院研究生院学报》1997 年第 1 期

陈　东　儒教是关于死的宗教——加地伸行的儒教观　《中国哲学史》1997 年第 1 期

姜广辉　儒学是一种意义的信仰　《传统文化与现代化》1997 年第 3 期

张岱年等　"儒学是否宗教"笔谈　《文史哲》1998 年第 3 期

陈　赟　与鬼神结心　儒教祭祀精神　《孔子研究》1998 年第 3 期

任文利　儒家哲学中关于"教"的学说　《中国哲学史》1998 年第 4 期

苗润田等　儒学——宗教与非宗教之争　《中国哲学史》1999年
　　　　第1期

李　申　儒教研究史料补　《中国哲学史》1999年第1期

郭齐勇　当代新儒家对儒学宗教性问题的反思　《中国哲学史》
　　　　1999年第1期

张锡勤　论戊戌时期的孔教复原　《中国文化研究》1999年第2期

段德智　从存有的层次性看儒学的宗教性　《哲学动态》1999年
　　　　第7期

唐文明　顺天休命——孔孟儒家的宗教性根源　《孔子研究》1999
　　　　年第4期

王庆宇等　析儒学是否为宗教　《江西社会科学》1999年第11期

胡　凡　儒教与明初宫廷祭祀礼制　《齐鲁学刊》1999年第6期

李存山　评儒家的"以神道设教"的思想　《光明日报》1999年12
　　　　月24日

刘　平　"儒教"对民众、对清代秘密社会的影响　《江苏教育学院
　　　　学报》2000年第1期

解光宇　关于儒教的思考　《世界宗教研究》2000年第1期

王军风　研究儒学宗教性的概念体系的建构——《论儒学的宗教
　　　　性》一书评介　《武汉大学学报》2000年第2期

陈晓龙　论宗教及儒学的超越性　《西北师大学报》2000年第3期

黄俊杰　试论儒学的宗教性内涵　《原道》第6辑,2000年6月